常德市财政志

（1989～2010）

常德市地方志编纂委员会
《常德市财政志》编纂委员会 编

方志出版社
Publishing House of Local Records

图书在版编目（CIP）数据

常德市财政志：1989～2010／《常德市财政志》编纂委员会编. ——北京：方志出版社，2013.10
ISBN 978－7－5144－1014－3

Ⅰ. ①常… Ⅱ. ①常… Ⅲ. ①地方财政—财政史—常德市—1989～2010 Ⅳ. ①F812.9

中国版本图书馆CIP数据核定（2013）第244327号

常德市财政志（1989～2010）

编　　者：《常德市财政志》编纂委员会
责任编辑：罗　滔

出 版 者：方志出版社
（北京市东城区夕照寺14号院富瑞苑公寓6层）
邮编　100061
网址　http：//www.fzph.org
发　　行：方志出版社发行中心
（010）67110500
经　　销：各地新华书店
法律顾问：北京高文律师事务所
印　　刷：武陵区宏垣彩色印刷厂

开　　本：787×1092　1/16
印　　张：49
字　　数：1091千字
版　　次：2013年10月第1版　2013年10月第1版印刷
印　　数：0001～1200册

ISBN 978－7－5144－1014－3/F·114　**定价：**498.00元

常德市地方志编纂委员会

《常德市财政志》编纂委员会

主　　任　卢武福　尹正锡
副 主 任　刘慎松
委　　员　娄远军　赵安才　廖华春　王克文　余运俊
吴先军　郝介球　梅　宏　蒋金华　罗贻林
彭中好　詹　平　郑维菊　陈绪华　赵先仿
李爱华　鲁兰芳　张　凯　杨浩清　陈昌宏
周向阳　毛远征　肖丽斌　袁　志　李　华
吴金槐　何克明　陈家其　汪培儒　龚天园
谢志坚　王　林　熊　辉　王志新　陈武俊
谢永忠　黄新春　易继平　淡光兴　瞿宏辉
周　枭　陈学贵　杨爱国　谢学文　谌贵诚
吴鹏伟　韩先仿　施祖鸿　李国清　戴志宏
李福祥　梁　浩　戴文韬　王建辉　唐曾晶
刘文华　欧阳志　程民生　谢　翱　徐吉达
李真才　徐次才　梁德贵　汤　勇　王　政
王晓林　夏剑峰　徐定明　徐联风　徐联玉
张克勤　郑玉明

主　　编　刘慎松
总　　纂　柳明道
编　　辑　柳明道　陈章述　夏　智　廖金林
图表编审　柳明道　黄定先　李国清　刘　艳

审　　校　周　波　罗志清　曾祥云　廖金林

应邀出席财政志评审会的领导和专家

常德市方志办副主任　周华辉

常德市方志办副主任　梅亚利

常德市方志办副处级纪检员　葛　锐

常德市方志评审委员会委员、桃源县方志办主任　罗志秋

常德市方志评审委员会委员、津市市方志办主任　曾祥云

常德市方志办方志科科长　周　波

常德市方志办业务指导科科长　王　静

常德市方志办党史科科长　刘　飞

常德史志网记者　陈大鹏

常德市保密局保密科科长　程　关

财政局内部评审人员名单

卢武福　刘慎松　娄远军　廖华春　王克文　佘运俊

郝介球　梅　宏　詹　平　郑维菊　陈绪华　胡嫦娥

李爱华　蒋金华　鲁兰芳

参与财政志有关内容修改的科室和人员

办公室　李国清

预算科　王建辉

国库科　钟发义

综合规划科　王晓林

税政法规科　施祖鸿
行政政法科　郑玉明
教科文科　李福祥
经建科　张　凯
农业科　姚　梅
社保科　徐联玉
企业科　梁德贵
外经科　梁　浩
会计科　张克勤
资产科　王　政
监督检查局　汪培儒
人事教育科　戴志宏
监察室　文晓波
工　会　徐次才
团工委　施祖鸿
控购办　徐继达
财务办　姚赛芝
财源办　谢　翱
税改办　徐定明
采购办　袁　志
预算审核中心　王建辉
投资评审中心　杨浩清
契税局　易先云　李真才
工资中心　徐联凤
融资办　程民生
财培中心　龚新国
信息中心　汤　勇
后勤中心　夏剑峰

凡　例

一、以邓小平理论和“三个代表”重要思想为指导，以科学发展观为统领，遵循中华人民共和国宪法和法律法规以及中国地方志指导小组颁布的《关于地方志编纂工作的规定》，编纂本志。

二、本志上限起自1989年1月，下限截至2010年12月。为了记述完整，个别情况有上溯下延之处。

三、坚持求实存真方针和详近略远、详独略同、详主略次原则，全面记载22年来常德市财政工作的历史与现状、成就与经验，努力突出时代特点和地方特色，力求做到思想性、科学性和资料性的统一。

四、以常德市现行建制的行政区域为论述范围，以常德市本级为主，兼顾各区、县（市）财政的相关情况。

鉴于财政机构设置和职能的变化，如农业综合开发办、财经学校、住房公积金管理中心、财鑫投资担保公司、财经投资公司、国库集中支付局、非税局曾由市财政局管理、代管或兼管事项，均按管辖期间当时法定职责范围记述。

五、综合运用新方志通用的述、记、志、图（照）、表、录等体裁；以志为主，事以类聚，横分门类，纵述史实；以事系人，不设人物传。分篇、章、节三个层次，节下条目以一、（一）、1、(1)依次排列，均以事命题。

六、采用规范的语体文，行文力求朴实、简练、流畅。

七、一律用第三人称记述。记述有关地名、文件、会议、机构、职务等，用记事年代的全称，若用简称，则在出现时括注同用的简称。

八、统计数字，以统计部门的法定统计数字入志；统计部门没有的教字以业务主管部门的统计数字入志。由于国家统计口径的变动，按当时规定记述的则简要加注。

九、货币单位本志均以人民币为计量。

十、数字书写，以1996年6月1日颁布实施的《中华人民共和国国家标准出版物上数字用法的规定（GB/Tl15835－1995)》为准。

十一、计量单位，按照国务院1984年2月27日颁布的《关于在我国统一实行计量单位的命令》执行。

十二、对于前人志书和其他出版物所记相关事实确有失误之处，本志遵照“求实存真”方针，以实记之。

十三、《常德市财政志》，上溯到1989年初，下限于2010年末，是一部客观记述22年常德市财政事业发展历程和巨大成就的地方专业志。全书共分四篇二十七章一百零九节。共约110万字。以《凡例》、《概述》、《大事记》、《后记》、《附录》涵盖了财政收入、财税支出、财政管理、财政改革、机关和队伍建设以及常德市各县、区（市)，局属单位财政发展简况等主要内容。

十四、本志资料来源于常德市财政局机关档案、常德市现辖区县（市）财政局档案、常德市统计局、常德市档案局、常德市财政局各科室、各属管代管部门、湖南省财政厅、常德市市委办、常德市市政府办以及经过核实的口碑资料。

序

市委常委、市政府副市长　卢武福

历经四载，《常德市财政志》（1989～2010年卷）编纂完成，可喜可贺。送印之前，市财政局局长尹正锡同志让我为志书作个序，我欣然应允，倒不是我职位有多高、文笔有多好，只因为我曾是一个地地道道的财政人，还因为我见证了志书“十月怀胎”的历程，更因为我也是编纂志书的推动者之一。

盛世修志，志载盛事。手捧志书，几天来我一口气读毕，感同身受。本志书承接《常德地区志·财政志》（1940～1988年卷），比较全面系统地记述了1989～2010年22年间，常德市财政充分发挥优化资源配置、调节收入分配、促进经济发展、加强监督管理等职能，服务全市经济社会科学发展、跨越发展的成效。

透过志书，我们可以清晰地看到财政收入的大增长。全市财政收入由1989年的5亿元起步，稳步增长，1995年、2002年先后突破10亿元、20亿元，2005年开始收入增长步伐加快，2005～2009年分别登上30亿元、40亿元、50亿元、60亿元、70亿元台阶，2010年更是一举突破100亿元大关，达到101亿元，实现了历史性跨越。

透过志书，我们可以清晰地看到民生民本的大改善。仅从教育、卫生、文体广播、科技及社保支出来看，1989年全市接近1.6亿元，占财政一般预算支出的38.6%，2010年全市已超过90亿元，占财政一般预算支出的50%以上；由于财政投入的大幅增加，实现了城乡义务教育由“重负担”向“全免费”的转变、城乡居民医疗保险从“零”到“全覆盖”的转变、城乡居民基本养老保险从“无”到“快推进”的转变……文化、体育、科技、计生等社会事业蓬勃发展，基本公共服务均等化的进程正在加快，公共财政姓“公”的属性充分彰显。

透过志书，我们可以清晰地看到财政改革的大浪潮。财政体制从“包干制”到分税制再到乡财县管、省直管县，在发展中不断理顺完善；预算管理改革纵深推进，预算编制从单一预算提升到部门预算、综合预算、零基预算；国库集中支付改革活力迸发，基本实现了预算单位的“全覆盖”、财政资金的“全纳入”、银行账户的“全规范”；非税收入更是经历了波澜壮阔的变革，预算外资金收缴从“猛虎脱笼”到“赶虎入笼”，再到集中征收、全面规范；政府采购、财政投资评审、国有资产管理等改革应运而生、协调推进，不断增强了财政监管的实效。

透过志书，我们可以清晰地看到财政形象的大收获。磊磊硕果证明了财政人22年的心血与汗水，无数次的部、厅先进是对财政业务工作大丰收的最好证明，无数次的市委、市政府目标管理红旗单位是财政整体工作大丰收的最好证明，不夸张地说，这部志书就是一部财政人的拼搏史。

“两岸猿声啼不住，轻舟已过万重山”，但掩卷静思，记忆依然清晰，因为本志书见证了常德财政发展22年间的挑战与艰辛，还原了常德财政管理22年间的智慧与足迹，承载了常德财政人22年间的收获与喜悦！作为当代财政人，有责任、有义务把这22年来的历程真实地记载下来，既讴歌辉煌，又鞭策未来，把发展与进步、成功与艰辛完整再现，这是对历史的尊重，更是对后人的责任，当一切经历成为一种记忆的时候，这本志书就会为有心的同志留下一个驻足思考的空间，成为所有常德财政人和来者共同的激励。从这个意义上讲，本志书的编纂出版，圆满完成了历史赋予我们的使命。所以，我乐意向大家推荐这本志书，希望广大财政干部能够从中汲取营养、感受力量、增强信心，更加意气风发地投身到财政改革发展的实践中去，谱写更加精彩的篇章！

有感而发，权以为序！

二〇一二年十月

常德市市区图

常德美景·穿紫河

常德市财政局办公大楼图

常德市财政局领导班子合影

常德市财政局退休干部合影

调研财政投资的澧县红提基地

现场考察常德市老城区规划

电台为财政『惠民』政策答疑解惑

财政投资的金健
牛奶基地投产运行

财政小农水资金
治理的灵泉水库

财政建整扶贫
点村访贫问苦

财政招商引资项目调研

目　录

第二篇　财政收入

第三篇 财政支出

第四篇　县市区财政

CONTENTS

Section 2 Financial Revenue

Section 3 Financial Expenditure

Section 4 Finance of Counties and Districts

概 述

概　述

常德市纵横于沅澧流域湘楚大地之上，一片1.82万平方公里的沃野热土，一方控引吴蜀滇黔的要津险地，一座距今2280多年的古城名市。市境山丘平湖错落，百川交汇流碧，气候温润，风光秀美，物产丰饶，“非金属矿产之乡”驰名于世，全国农产品商品生产基地久负盛誉。古往今来，常德风物秀逸，人文兴盛。历代俊彦豪杰纷至辈出。曾有屈原、宋玉、陶渊明、李白、刘禹锡、范仲淹、米芾等文坛巨擘游历寓居，钟相、杨么、张献忠、李自成等农民领袖征战归隐，孕育过林修梅、林伯渠、帅孟奇、丁玲、翦伯赞、辛树帜、蒋翊武、宋教仁、刘复基等众多人杰英才。域内景观名胜耀光溢彩，芷兰民俗文化源远流芳。乘改革开放之天时，借立体交通之地利，融上下内外之人和，620万常德人民和3000多名财政人奋然进取，励精图强，社会经济、财政事业加速发展，城乡风貌日新月异。一座集交通枢纽、能源基地、现代化食都于一方，雄居湘西北区域经济、文化、科技、体育、会展、物贸流转中心的重城大市，正跃升于国际国内。一个具有“粮仓、纺城、烟都、酒市、茶乡”之称的常德正展现于神州大地。

常德乃风景之国，全境湖光山色秀丽，名胜古迹丰灵，文化底蕴深厚。桃花源东晋诗人陶渊明描绘的人间仙境、世外桃源，至今已有一千六百多年历史。柳叶湖垂柳依依，和风习习，碧水长天一色，为清山古城辉映。夹山寺两山拥峙，林木繁茂，风清水净，既是千年佛教圣地和日本茶道之源，更是李自成兵败归隐之所。花岩溪距市区53公里，山清水秀，幽静爽怡，白鹭翔集，是休闲游憩的郊野公园。壶瓶山海拔2098.7米，原始次森林茂密，是湖南省最高峰和亚热带动植物宝库。“城池之母、稻作之源”城头山，古文化遗址距今6000多年，是中国已发现的最早古城址，1996年被国务院公布为全国重点文物保护单位，对研究人类文明起源，早期城的起源以及阶级的产生和国家的形成都具有重大意义，它将改写人类古代文明史，佐证长江流域是中国文化的重要发源地。孤峰塔位于德山孤峰岭，始建于明万历年三十五年（1607），初名“文峰塔”，后毁于战火，两度修葺，现为原基新塔。铁经幢为国家重点保护文物，唐懿宗咸通元年（860）武陵刺史薛廷望奉旨修建，为生铁铸成，全国独此一座实属罕见。“诗国长城”常德诗墙荟萃中国当代名家诗词、书法、美术精品镌刻于一墙，被称为世界最长的诗、书、画、刻艺术墙，获“吉尼斯之最。”太阳山天然神像获吉尼斯纪录。这些山水景观、河流风光和森林生态环境构成了常德自然资源的基础，悠久的历史文化、民俗风情又构成了常德人文资源的主体。常德是历经2280多年风雨、闻名全国的历史文化名城，同时也是中国优秀旅游城市、全国文明城市、全国未成年人思想道德建设工作先进城市、国家卫生城市、全国交通管理模范城市、全国无偿献血先进城市、国家园林城市。

常德市财政22年来坚持以经济建设为中心、以事业发展为主线、以财政改革为动力、以市场经济为导向、以结构调整为主题、以机制转变为重点，理财思路日益拓展，财政收支随着社会发展、经济繁荣，实现了稳定持续增长。2010年同1989年比较：财政收入由1989年的5.49亿元增加到2010年的70亿元（按不变价格计算）增长12.75倍。

常德全市辖9个区县（市）、1个省级科技经济开发区和98个小城镇。鼎城区原名常德县，面积2451平方公里，农业闻名遐迩，粮、油、猪产量居全国百强，棉、蛋、禽、水产、水果列全省前茅。澧县古称澧州，面积2075平方公里，人口88万，是全国粮、棉、油商品生产基地县，工业以纺织、建材、采矿、建筑、化工、食品等为主，有十余种产品跻身国际市场。临澧县古称安福县，面积1204平方公里，人口45万人，全县乡镇企业不断崛起，农业产业化水平稳步提升，县域经济发展迅速。津市市，面积558平方公里，人口27万人，曾为湘北商业重镇和澧水流域重要的物资集散地，现已发展成为新兴的工业城市。石门县位于湖南省西北部，面积3970平方公里，人口71万人，县内矿产丰富，其中雄磺储量世界第一，优质橘橙畅销海内外，夹山寺、壶瓶山等旅游景观声誉鹊起。汉寿县位于洞庭湖滨，面积2089平方公里，人口81万人，是国家商品粮、油、鱼、麻基地县，中华鳖、珍珠蚌、名贵鱼等特种水产丰富，是唯一的中国甲鱼之乡。安乡县位湖南省北部，面积1087平方公里，人口58万人，素有“鱼米之乡”的美称，是全国商品粮、棉、油鱼和禽、蛋、珍珠生产基地，棉花、油料已进入全国百强。桃源县总面积4458平方公里，人口98万人，县域蕴藏着石煤、钒、锌、金等20多种矿产，粮、油、肉类总产已跨进全国百强和全省十强，风景名胜桃花源，驰誉海内外。

1989年到“八五”计划时期（1989～1995年）

1988年全市财政总收入为31633.3万元；财政总支出为41113.9万元（其中上解支出10843.0万元）。1995年全市财政总收入为148783万元，年均增加16735.7万元，平均增长52.9%。1995年全市财政总支出为110238万元，年均增加9874.9万元，平均增长24%。

1989～1995 年常德市财政收入分类统计

单位:万元

年度	总收入	工商税收类	农业税类	国有企业所得税类	国有企业调节税类	国有企业上缴利润类	国有企业计划亏损补贴类	专款收入类	其他收入类	国家预算调节基金类	国有企业承包收入退库类	社会保险基金收入类	国有企业上缴利润类
1989	54591	32410	6473	2921	141	406	－1228	623	1409	449	－1		
1990	57653	34106	6319	2541	125	941	－1202	1125	2299	494	－200		
1991	69479	36061	6037	2067	67	1057	－1229	1633	2745	512	－89	6481	
1992	73826	38989	7627	1434	12	1243	－1172	1776	2479	434	－10	6671	
1993	94217	55070	6936	946	12	2142	－1033	2178	3941	235	－225	12233	
1994	120886	32510	14162	2502			－1062	2933	8705	170		10426	2489
1995	148783	40287	14086	2748			－1003	3694	7144	31		10847	2568
合计	619435	269433	61640	15159	965667	1931334	－7929	13962	28722	2325	3899748	46658	5057

续上表

年度	所得税退税类	罚没收入类	行政性收费收入类	土地有偿使用收入	上级补助收入	调入资金	国债转贷收入	国债转贷资金上年结余	地方政府兑付有价券利息收入	地方政府兑付有价券利息收入	上年节余收入
1989					8794	349					1844
1990					9414	547				2	1142
1991					13041	874			1		221
1992					12317	904			28		1094
1993				396	14428	758					-3404
1994			2033	911	43369	819				3	3860
1995	-4	7741	3141	1373	47769	717				6	9011
合　计	-4	7741	5174	2680	149132	4968			29	11	13768

1989～1995 年财政支出分类统计

单位:万元

年度	合计	经济建设类支出	行政管理费支出	文教科卫卫生事业费支出	社会保障支出	政策性价格补贴支出	专项支出
1989	41145.5	10185.9	5290.2	13991.7	1892.1	2366	638
1990	44402.6	10279.9	5493.8	15154.2	1862.4	2167.4	1233
1991	55578.1	11635.2	1918.5	18148.2	2198.7	2550.2	1679
1992	55172	12408	9073	19766	1883	2047	1872
1993	65684	15425	10414	21847	2353	1609	2096
1994	89210	20690	15710	29177	2402	2792	2951
1995	110238	24820	19144	32968	3598	1875	3746

1989～1995年，是全市财政改革发展的7年。1989年，全市财政总收入为54591万元，1995年，全市财政收入达到148783万元，为1989年的2.72倍。1994年，国家实行分税制财政体制，也是财政从计划经济管理模式向社会主义市场经济转型的重要分水岭。分税制改革理顺了各级政府的收入关系划分，并相应建立了税收返还和转移支付制度，市县财政收入均实现了同步较快增长。1994年常德市全市财政收入首次突破10亿元，达到12.089亿元。其间，由于国家推行分税制改革的一个重要目的就是提高中央财政收入占全部财政收入的比重，因而在改革实施的初期，客观上造成了地方可用财力下降，尤其是加剧了县（市）级财政的困难，加上国家陆续出台一系的刚性增资政策，使常德市各级财政运行日渐拮据。总体上看，常德市财政这7年，由于经济发展水平低，收入结构不合理，刚性支出增长过快，出现了收支矛盾异常紧张，财政资金调度十分困难，欠发公教人员工资现象十分普遍，财政对经济社会发展的保障能力十分低下。

“九五”计划时期（1996～2000年）

1996年全市财政总收入为193544万元；财政总支出为136952万元（其中上解支出为16667万元）。2000年全市财政总收入为234189万元，年均增加8129万元，平均增长42%；2000年全市财政总支出为193463万元，年均增加11302.2万元，平均增长82.5%。

1996～2000年财政收入分类统计

单位:万元

年度	总收入	工商税收类	农业税类	国有企业所得税类	国有企业调节税类	国有企业上缴利润类	国有企业计划亏损补贴类	专款收入类	其他收入类	国家预算调节基金类	国有企业承包收入退库类	社会保险基金收入类	国有企业上缴利润类
1996	193544	47838	18943	2917			-983	4020	5551	1		25610	3608
1997	198299	55856	18579	3125			-1048	4725	6104			30718	3003
1998	196176	60302	17553	1910			-1049	5533	8389				2353
1999	230130	57142	19309	4002			-1067	5173	11559				2236
2000	234189	63283	20440	4378			-956	6080	9496				2579
合计	1052338	284421	94824	16332			-5103	25531	41099			56328	13779

续上表

年度	所得税退税类	罚没收入类	行政性收费收入类	土地有偿使用收入	上级补助收入	调入资金	国债转贷收入	国债转贷资金上年结余	地方政府兑付有价券利息收入	地方政府兑付有价券利息收入	上年节余收入
1996		7698	8848	1234	54152	634					14707
1997		6509	3135	833	51025	1728			6		14834
1998		8766	10022	587	62993	1039	7632				10146
1999	－499	10465	13835	721	76826	822	9430	4094			16082
2000	－212	11241	14446	562	77750	3215	2712	1960			17777
合　计	－711	44679	50286	3937	322746	7438	19774	6054	6		73546

1996～2000 年财政支出分类统计

单位：万元

年度	合计	经济建设类支出	行政管理费支出	文教科卫卫生事业费支出	社会保障支出	政策性价格补贴支出	专项支出
1996	136952	34480	22010	40430	4489	6550	6577
1997	142806	33661	23344	44653	3480	12685	8187
1998	154884	48236	22462	39842	4615	11604	8182
1999	179314	34323	25832	43272	7105	8889	8910
2000	193463	37847	29670	46951	5652	6119	8512

1996～2000年，是全市财政改革发展的5年。1996年，全市财政收入为193544万元，2000年的财政收入为234189万元，为1996年的1.2倍。“九五”时期，常德市各级财政部门认真落实中财积极的财政政策，坚持“量入为出、收支平衡”的理财原则，全力推进财政改革，努力抓紧税促收，着力保障重点支出，致力规范财政管理，大力加强队伍建设，为全市改革、发展和稳定的大局提供了财力保障。这5年，1. 抓财政改革的力度大：全面推进乡镇财政体制改革；全面推进财政“两项改革”；大力推进政府采购制度改革；积极推进会计人员管理改革；大力推进财政统发工资改革等。2. 抓促收的办法多：明确目标促收；明确责任促收；严格考核促收；“两清一查”促收等。3. 抓管理的措施硬：强化预算管理；强化会计人员管理；强化财政监督管理；强化国有资产管理等。总之，这5年，财政收入增长趋缓；财政负担十分沉重；财政平衡基础脆弱；财政风险加剧；财政职能弱化。

“十五”计划时期到2010年（2001～2010年）

2001年，全市财政总收入为276921万元；财政总支出为233514万元（其中上解支出为22906万元）。2010年，全市财政总收入为700205万元。年均增加47031.6万元，年均增长16.98%；2010年财政总支出为1773011万元。年均增加171055.2万元，年均增长73.25%。

2001～2010 年财政收入分类统计

单位:万元

年度	总收入	工商税收类	农业税类	国有企业所得税类	国有企业调节税类	国有企业上缴利润类	国有企业计划亏损补贴类	专款收入类	其他收入类	国家预算调节基金类	国有企业承包收入退库类	社会保险基金收入类	国有企业上缴利润类
2001	276921	61426	18397	18420			-4109	7294	12954				3425
2002	358966	74957	38357	2960			-852	9143	4741				2623
2003	413317	89399	43506	2516			-613	10709	9668				5430
2004	493524	117314	27346	4346			-570	14278	13159				5854
2005	609400	142819	11959	6580			-570	18803	14604				9659
2006	792203	175701	13394	10106			-637	29190	18613				14602
2007	1079094	211887	20372	12093				35582	24039				5930
2008	1369811	254022	29049	12788			0	55211	13961				1735
2009	1745308	295589	42580	11955			0	73718	14942				440
2010	2205781	357102	65768	15480			0	96917	41582				541
合计	9344325	1780216	310728	97244			-7351	350845	168263				50239

续上表

年度	所得税退税类	罚没收入类	行政性收费收入类	土地有偿使用收入	上级补助收入	调入资金	国债转贷收入	国债转贷资金上年结余	地方政府兑付有价券利息收入	地方政府兑付有价券利息收入	上年节余收入
2001		10188	17596	1458	114820	2335	2160	1050			10965
2002		10981	22730	2329	168405	2063	1500	50			21308
2003		11247	20373	1806	192111	1397	4340				23234
2004		11218	22215	2453	251452	1551		800			24561
2005		15072	28351	3187	314461	883	1241	17			45521
2006		20414	22507	7515	416546	1377	2282				68108
2007		22071	26434	22218	586184	1311		0			110973
2008		23878	24120	28324	766856	1289		0			158578
2009		24906	22579	24945	999305	2489		25000			206860
2010		31202	33545	58068	1122607	3999		28000			350970
合计		181177	240450	152303	4932747	18694	11523	54917			1021078

2001~2010年财政支出分类统计

单位:万元

年度	合计	经济建设类支出	行政管理费支出	文教科卫卫生事业费支出	社会保障支出	政策性价格补贴支出	专项支出
2001	233514	37271	36212	58320	7400	5928	9122
2002	308763	46832	29440	86751	13022	4686	12224
2003	358521	61825	50114	93656	19102	3001	13318
2004	417086	78234	55784	94735	20027	2438	15628
2005	510013	98316	64709	123501	26016	3397	20236
2006	646879	124405	91158	200988	30291	1420	29354
2007	889717	333335	135315	2711951	204169		38829
2008	1129767	120931	163989	362126	269653		47610
2009	1368056	511977	174729	426383	317871		49013
2010	1773011	642026	213234	526591	374314		57103

2001～2010年，是全市财政大改革、大发展、大飞跃的9年。2001年，全市财政总收入为276921万元，2010年，全市财政总收入为700205万元，为2001年的1.53倍。“十五”期间，常德市财政系统认真落实中央关于推动改革和发展的一系列措施，正确处理改革、发展同社会经济发展的全局关系，坚持积极财政政策与适度从紧财政政策相结合的方针，积极促进国有企业改革，促进经济结构调整、科技进步和扩大内需，进一步巩固农业的基础地位，大力调整农业和农村经济结构，在促进经济持续、快速、健康发展的基础上，逐步提高了常德市财政收入占GDP的比重，加强财政宏观调控、健全财政职能，积极推进财政制度创新，建立了比较适应市场经济发展要求的财税体制和运行机制。这9年，1. 坚持积极财政政策与适度从紧财政政策相结合，促进经济发展。2. 落实国家税制政策，建立和规范了财政收入体系。3. 努力提高了经济运行质量，为企业创造了良好的外部环境。4. 加大了财源建设力度，促进了高质量财源体系的形成。5. 强化预算约束，稳步推进了预算管理体制改革。6. 加大支出结构调整力度，逐步建立了公共财政体制框架。7. 推进社会保障体制改革，健全了财政“稳定器”的功能。8. 完善财政监督体系，健全了财政监督机制。9. 加强财政法制、法规建设，坚持了依规依法理财。但是，这9年，经济运行中的矛盾日益突出；乡镇巨额负债化为财政风险；农业、工业、商业等结构不合理，财政经济效益质量不高；社会保障支付，包袱沉重。

2001～2010年这9年中，常德市委、市政府对财政工作给予了前所未有的重视和支持，在全市上下营造出浓厚的重视生财、齐心聚财、科学用财的理财氛围，为各级财政改革的推进和财政管理举措的实施创造了极为宽松的环境。

在这9年中，常德市财政工作紧紧围绕市委、市政府的战略部署，坚持以发展为中心，以依法理财、科学理财、高效理财、规范理财为己任，深入推进部门预算、国库支付、政府采购、收支两条线等财政管理制度改革，深化完善了市对县（市）区激励性财政体制，积极推动了农村税费改革、粮食购销企业改革和企业分离办社会工作，有力地支持了全市“四大战略”、“八项重点”和“百村经济振兴”、“百家企业改制”等重点工程，在全市经济社会发展中的支持支撑调控作用日益增强。

在这9年中，常德市财政人历经了抗击非典斗争的严峻考验，见证了全市财政收支双双突破百亿的重大历史时刻，感受了中央财政、湖南省委、湖南省政府授奖的殊荣。

1989～2010年的22年间，常德市财政系统作为政府职能部门，在省市各级领导下，忠实地履行自己的职责，为常德市经济社会发展做出了应有贡献。主要有以下四大成就：

第一，执行财政上缴中央和省政策，为国家建设做出了积极的贡献。

常德市由于受自然、历史、区位等诸多因素的制约，和发达地市比经济发展一直处于相对落后状态。尤其是财政收入相形见绌，财政支出捉襟见肘，尽管如此，多年来，常德市财政不折不扣地执行国家政策，足额上缴财政收入，支持国家建设。1989～2010年，常德市财政上缴中央和省832535万元，占全部财政收入的10.06%。充分体现了常德市人民以国家利益、大局利益为重的奉献精神。

1989～2010 年上缴上级的支出一览

上解支出　　单位：千元（1989～1991 年）单位：万元（1992～2008 年）

年度	总计	体制上解	专项上解																						其他上解
			农业税价差	烤烟税增收	资源税	预算调节基金	土地使用税	耕地占用税	中央借款	屠宰税增收	向中央贡献数上解	行政经费罚款	奖金税上解	城建税	固定资产投资调节税	土地增值税	国有土地使用出让收入	工农两金农业税新增差价	粮食风险基金上解	收入混库上解	再贷款扣款	工商经费上划	技监经费上划	税务基数上划	
1989	411455	69454	16300	37		2247	707	453	19997	509				9584											5266
1990	133257	74316	15830			2473	846	482	19997	704	5600	62	1150	11797											
1991	138846	79518	14528			2563	914	456	19997	913	5600		997	13360											
1992	14325	7616	2072			218	92	101	2001	82	560		84	1499											
1993	13914	7921	1545			118	78	72	2001	79	560		97	1442						1					
1994	13864	8397	5467																						
1995	16667	8097	1327		125	15	394		2001		560			1442						135				2571	
1996	17885	8097	2563		137		148		2001	59	560			1442	101	21	185							2571	
1997	17700	7929	1034		178		563		2001	101	560				263	43	125	1304	1028					2571	
1998	19605	7929	713		181		436		2001	110	560				264	34	88		4473					2571	118
1999	22325	7929	975						2001	126	560				192		105							2571	8202
2000	26086	7929	1414						2001		560											600	174	2571	10837
2001	22906	7629	993						2001		560											600	241	2571	8311
2002	25931	7629	18302																						
2003	28114	7629	20485																						
2004	31019	7629	23390																						
2005	28628	7629	20743																						256
2006	27069	7629	1015						2001		560								7152		2426	641	229	2571	2626
2007	28499	7629	20495																						375
2008	30063	7629	22121																						313
2009	19731	7629	11764																						338
2010	31547	3766	27439																						342

第二，财政体制进一步完善，经济与财政的良性循环机制基本形成。

从1989年到2010年，常德市财政实行了统收统支、分级管理、以收定支、总额分成、定收定支、包干制和分税制七种形式的财政体制。每一种财政体制都是为了适应时的政治、经济形势需要而建立的。适应上级对常德财政体制管理的要求，市对县区（市）、乡镇体制也不断进行改革和调整。总体上看，在分税制改革前这些体制变化，实际上并不是真正意义上的改革，只是在计划经济模式内的调整、补充和完善。1994年的分税制改革，开始了真正意义上向社会主义市场经济的转变。借助这一契机，常德市逐步理顺了各级在收入方面的分配关系，为进一步推进支出管理改革、构建公共财政运行机制奠定了基础。1998年，常德市按照上级部署推行预算管理改革，进一步完善了分税制财政体制改革，建立了对县区（市）分税制管理体制，调动和激发了各级涵养财源、增加收入、当家理财的积极性和责任感，为此后全市财政经济的跨越式发展奠定了制度基础。同时，强化了“收支两条线”，规范了非税收入的管理秩序；在财政支出上，全面推行了部门预算改变、国库集中支付制度改革、政府采购制度改革，真正建立了结构优化、管理规范、讲求效益的财政支出体系。财政宏观调控方式改革取得较大进展，构建了以调控市场为主、多种财政政策并用的财政宏观调控体系。财政信息化建设取得重大进展，“金财工程”的实施，为财政管理改革提供了有力的技术保障。同时，财政监督体系不断完善，基本构建了政府监督和社会监督相结合，事前、事中、事后监督相结合，经常性监督和专项监督相结合，全方位、多层次、立体化的财政监督管理体系，理财水平不断提高，财政与经济逐步走上良性循环的发展道路。

第三，财政实力不断增强，为经济社会发展提供了有效保障。

常德作为农业为主体的内陆地级市，财政的收支矛盾相对突出。22年的常德财政发展史，基本上是一部在平衡财政收支矛盾中求生存、求发展的历史。进入“十五”计划时期以后，随着财政收入的高速增长和上级转移支付力度的加大，常德市财政支出规模迅速扩大，从过去只能尽力“保吃饭”逐步转移到“一要吃饭、二要建设、三要发展”的三位一体，支持经济社会发展的能力不断增强。22年来，常德市财政认真贯彻市委市政府的决策部署，以坚持科学发展观为统领，以构建和谐社会为基础，以支持民生、支持发展为重点，在预算安排、执行和资金管理中始终坚持这一方向，圆满完成了市委、市政府赋予的聚财和理财职责。2001~2010年，常德市财政支持经济发展的支出累计达到153.38亿元，占全部财政支出的比重达到24.41%。重点支持了项目建设、国企改革、发展民营经济和持高新技术产业等。同期，常德市财政对社会各项事业的支出累计达到173.61亿元，占全部财政支出的比重达到27.33%。文化、教育、卫生等社会事业得到了长足发展，城市建设和生态环境建设使人居环境和市容市貌明显改观，重点支持了大中专院校和城市、农村中小学布局调整工程，支持了农村义务教育“两项工程”和远程教育，进一步改善了中小学办学条件；实施了市县区疾控中心和医疗救治体系项目建设，在农村推行新型合作医疗、医疗保险和最低生活保障制度，加大了对农村特困群众的救助力度，城市社会保障体系进一步完善，社会保障能力进一步增强。

第四，财政队伍建设不断适应财政事业发展，成为推进财政事业发展的生力军。

常德市财政队伍随着行政区划、调整和变更，由1989年的141人到2010年已达510人。22年的财政史，财政队伍始终以常德的兴衰荣辱为使命，始终以忠于党、忠于人民为己任，始终默默无闻地奉献在平凡的工作岗位上，始终保持着传、帮、带的优良传统。尤其是从2006年开始，常德市财政局新一届领导班子带领全体财政干部职工，把“建一流队伍、创一流业绩”作为队伍建设的出发点和最终目标，牢固树立了“三种精神”，开展了“四个珍惜”教育，强化了“五种作风”，增强了“六种意识”，提出了抓学习、抓基础、抓规范的机关建设总要求，大力推进班子民主集中制建设，开展创建学习型、服务型、高效型、廉洁型、实干型机关活动，干部职工素质、工作作风和工作效率以及机关管理的规范儿、制度化、科学化管理水平显著提高。大力推进党风廉政建设，赢得了各级党委、政府和各部门单位的高度认可。通过一系列行之有效的措施，常德市财政人培育出了富有财政特点的机关文化，形成了谋事、干事的良好氛围，铸就了财政事业跨越发展的骄人业绩。

以史为鉴，能知荣辱。透过常德市这22年的财政发展史，可以把握常德市政治、经济、社会的发展脉搏；可以了解常德财政队伍在市委、市政府的领导下走过的不寻常的道路；可以体味出常德市经济社会发展的艰难历程，特别是改革开放以來取得的辉煌业绩。把这22年的历史记录下来，是这一代财政人对历史的责任，也为后人了解、研究常德这个时期的财政经济社会发展和财政工作积累历史资料。

大事记

大 事 记

1989 年

2 月 27 日 市财政局召开党组会，研究人事安排和调入 10 名干部的有关事宜。

3 月 14 日 市财政局举办首届“财会知识大赛”。

3 月 19 日 市财政局召开党组会，研究二层骨干的调整。

3 月 20 日 市财政局在全市范围内公开招聘农业税干部 196 名。

3 月 22 日 市财政局召开党组会，研究局机关定编事宜。（行政编 46 人，事业编 36 人，事务所 11 人，函授站 6 人，学会 2 人，共计 101 人。）

3 月 31 日 常德市首次开征“国家预算调节基金”。

4 月 10 日 市财政局召开党组会，研究新进 7 人定岗定位事宜。

4 月 30 日 市财政局印发“八条机关管理制度”。

5 月 15 日 市财政局下达全市耕地占用税征收任务。

5 月 20 日 全市农业税干部统一着装。

6 月 20 日 市财政局印发《关于加强预算外企业财务管理的规定》。

7 月 6 日 市人民政府任命吴忠信为市财政局副局长。

7 月 10 日 市人大常委会决定撤销刘呈祥市财政局局长职务。

8 月 25 日 市财政局召开党组会，研究财校班子组成人员。

9 月 21 日 市财政局召开党组会新任局长张冠州主持会议并研究：增设机构和人员调整；名确科室职责；索溪峪招待所的有关事宜，议事制度，国庆节保卫问题。

10 月 16 日 市财政局召开党组会，研究税务、物价划进四位干部定岗定位事宜。

10 月 26 日 市财政局下达《关于制止对屠宰税实行摊派的紧急通知》。

11 月 4 日 全市农林特产税征收设立黄土店、漆家河、雷公塔、火连波、黄山头、军山铺六个交通税收联合检查站。

11 月 23 日 全市调增农林特产税任务。

12 月 11 日 市局领导会议专题研究《抽调 23 名干部下农村搞 1/3 工作》。

12 月 31 日 湖南省会计师事务所常德分所成立。

1990 年

1 月 4 日　市财政局分配自然灾害救济款。

1 月 8 日　市局领导会议研究审定上年度先进工作者名单和春节前后工作安排。

1 月 9 日　市财政局印发《常德市全市性会议费统一管理暂行办法》。

2 月 6 日　市财政局明确财政预算外融通资金管理办法。

2 月 22 日　市财政局印发《改变区、县、(市) 收入划解办法》。

3 月 2 日　市财政局下达市直单位购买“特种国债”任务

3 月 7 日　市财政局下达市直行政事业单位包干支出预算。

3 月 7 日　市局领导研究各科室定编和一般干部调整情况。

3 月 10 日　市财政局明确全额、差额单位预算外资金和收入抵顶预算拨款的有关事项。

3 月 20 日　常德市委通知批准成立市财政局党组。

4 月 2 日　市局领导研究干部提拔和各科室组成人员、老干部工作、财校中层骨干配备。市财政局机关搬迁方案获市政府批准。

4 月 10 日　市财政局机关 24 项规章制度通过并汇编成书。

4 月 12 日　市财政局恢复党组后第一次会议，传达省委省政府关于稳定大局的会议精神和二季度财政工作安排。

4 月 25 日　市财政局下达粮库建设资金。

5 月 4 日　市财政局下达全市中小学勤工俭学财务管理若干问题的规定。

5 月 13 日　市长蔡长松邀请 12 位老行家、老干部就财政问题进行座谈。

5 月 16 日　市局党组扩大会议：研究局机关基建有关事项。

5 月 23 日　市财政局明确对行政、事业单位预算外资金“实行计划管理”。

6 月 20 日　市财政局明确增设预算收支月报、旬报项目及代码。

7 月 11 日　市财政局明确第二次市区职能调整后有关账务调整事项。

7 月 15 日　市财政局下达上划行政事业单位包干支出预算。

8 月 7 日　市财政局分配 1990 年度城镇居民猪肉价差补贴款 1126.8 万元。

8 月 10 日　市财政局追加农业税干部增编 4 名。

8 月 22 日　市政府任命刘宗檀为市财政局副局长、朱纪美为市财政局总会计师，免除朱纪美市财政局副局长职务。

9 月 7 日　市政府任命陈君文为市财政局副局长（排第一)。

9 月 15 日　市局党组专题会议研究局领导分工问题。

9 月 29 日　市局党组专题会议审查市本级预算调整情况。

9 月 25 日　湖南省审计局关于对常德市本级 1989 年度财政、税务的审计和处理决定。

10月10日　市财政局关于澧县澧南乡财政所失火造成重大损失的通报。

10月10日　市财政局明确湖南会计师事务所常德分所实行差额管理。

11月10日　市财政局明确武陵区财政上交基数调整的有关事项。

11月20日　市财政局安排扶贫贷款贴息。

11月20日　市财政局与桃林宾馆联合经营索溪峪兰苑山庄签约。

12月1日　市财政局明确武陵、鼎城两区税收征管范围和预算级次报解。

12月5日　市财政局追加农业税灾款减免。

12月6日　市财政局下达与区、县（市）财政决算主要结算事项。

12月15日　市财政局明确自筹基本建设资金审批管理办法。

12月17日　市政府给予市财政局行财科长黄大轩开除公职的决定。

12月18日　市财政局组织全市财会人员会计证颁发考试。

12月27日　市财政局党组专题会议研究年终总结、廉政建设问题。

12月30日　市财政局明确教育附加费纳入财政预算管理。

1991年

1月2日　市财政局下达1991年城建资金预算指标。

2月8日　市编委关于成立常德市国有资产管理办公室的批复。

2月22日　市财政局党组专题研究机关院落搬迁问题。

2月25日　市财政局关于调整生活用煤价差补贴的通知。

3月1日　市财政局关于下达1991年市直各企业上交管理费任务。

3月6日　市财政局印发“市直单位财政收入计划”。

3月6日　市财政局印发“市直行政事业单位1991年财政支出预算”。

3月10日　市财政局关于调整1991年国库券推销任务的通知。

3月25日　市财政局印发《文明财政所基本条件及验收标准》。

3月29日　市财政局印发《财政监察目标任务及考核评比办法》。

4月8日　市局党组会议研究：学习、工作、人事调整、二季度工作安排。研究决定各科室科长、副科长（主任、副主任）组成人员。

4月25日　市财政局印发《区、县（市）财政局“双文明”建设考核办法》。

4月26日　市财政局分配市直商业、文化企业1991年管理费上交任务。

5月1日　市财政局关于西洞庭、西湖、东山峰农场工商税收上划后相应调整定额上交基数的通知。

5月2日　市财政局分配1991年度全市契税任务。

5月18日　市财政局印发《国家行政事业单位在创收活动中加强国有资产管理工作

的暂行规定》。

5 月 31 日　市财政局印发《企业固定国有资产所有权界定暂行规定》。

7 月 2 日　市委组织部批准市财政局干部雷渊信离职休养。

7 月 15 日　市财政局关于对市工商局罚没收入检查的处理决定。

7 月 16 日　市财政局明确市区（不含鼎城区）教育费附加收入缴库办法。

7 月 24 日　市财政局下达提高粮油统销价后新增财政支出计划。

8 月 2 日　市财政局明确搞活企业的几项具体措施。

8 月 8 日　市财政局下达全市财政收支调整预算。

8 月 23 日　市财政局分配 1991 年度城镇居民猪肉价差补贴款。

9 月 16 日　市财政局党组研究：按编制人数修 120 套住房，人均集资 1 万元 ~3 万元由办公室先拿方案。办公楼买两台进口（三陵）电梯。同意局机关购买两台小车。

9 月 25 日　市财政局印发“在市直行政事业单位认真开展国有资产产权登记工作”。

9 月 28 日　市财政局下达“认真做好农林特产税工作”几点要求。

10 月 21 日　市财政局下达“追加城建预算资金计划”。

11 月 27 日　市财政局下达“调整武陵区财政局财政定额上解基数”。

11 月 28 日　市财政局下达关于武陵区退休人员移交原工作单位管理后有关财政支出基数划转问题的通知。

12 月 18 日　市财政局印发《1991 年市本级与区、县（市）财政主要结算事项及办法》。

12 月 21 日　市财政局明确市本级 1991 年度城建资金预算调整方案。

12 月 24 日　市局党组专题研究国资办、房改办、社教工作和全局年终总结安排。

1992 年

1 月 2 日　市财政局召开党组会，研究行财科、预算科农财科职责范围和办事程序。

1 月 3 日　市财政局下达“1992 年度市财政干部岗位培训计划”。

1 月 4 日　市财政局印发“关于财政机关执行总预算会计制度”有关规定和“市直行政事业单位 1992 年包干支出预算”。

1 月 15 日　市财政局召开党组会：研究人事调整和评先条件；春节慰问、奖金、值班等事宜。

1 月 29 日　市财政局召开党组会：研究年前几项具体工作。1. 表彰大会；2. 奖金发放标准；3. 春节值班安排；4. 新院基建的相关事宜。同日，下达“1992 年全市行政事业单位有偿服务收入指标”。

2 月 15 日　市财政局召开党组会，研究局机关评选先进科室事宜和聘请临 9 名时工。

2 月 18 日　市财政局下达“1992 年度国库券任务”。

2 月 23 日　市财政局印发“1992 年财政监督工作计划和考评办法”。

3 月 10 日　市财政局下达“区、县（市）财政局‘双文明’建设考评办法”和“市直企业上缴主管局行政管理费”。

3 月 12 日　市财政局召开党组会，研究市县区“双文明”考核办法。

3 月 13 日　市财政局下达“全市 1992 年度农业税、特产税征收任务”。

3 月 15 日　市委宣传部、市财政局印发“关于举办振兴财政宣传周活动和大力加强财政宣传工作的意见”。同日，市财政局下达“1992 年市直商业、文化企业管理费上交任务”。

4 月 1 日　市财政局下达“全市 1992 年度社会集团购买力指标”。

4 月 15 日　市财政局下达“1992 年度市直城建资金预算安排指标”和“在全市开展财政支农周转金清查”。

4 月 17 日　市财政局印发“关于全市‘文明财政所’验收情况”的通报。（全市 22 个财政所验收 16 个合格，6 个不合格）

4 月 20 日　市财政局印发“关于表彰 1991 年度全市财政系统先进工作者”的决定。（全市 52 名财政干部授奖）

4 月 22 日　市财政局下达“全市荒山大县造林种苗补助经费”。

4 月 24 日　市财政局召开党组会，研究科室职责范围和办事程序。

5 月 5 日　市财政局下达“全市 1992 年度契税征收任务”。

5 月 6 日　市财政局下发“同意常德市汽车运输公司提高固定资产折旧”的批复。

5 月 18 日　市财政局下达“追加农村社会化服务体系补助费”。

5 月 25 日　市财政局下达“全市 1992 年农村造林和林木保护补助经费”。

5 月 29 日　市财政局下达“全市 1992 年度防汛费”、“全市水利经费”、“全市抗洪经费”。

6 月 4 日　市财政局下达“全市 1992 年度村镇建设规划事业费指标”。

6 月 9 日　市财政局召开党组会，研究财校建设、分房方案、人事调整、干部培训。

6 月 19 日　市财政局召开党组会，研究机关办实体的相关事宜；成立分房委员会。

6 月 18 日　市财政局印发“常德市国营商贸企业业务发展周转金管理办法”。

6 月 22 日　市财政局下达“行政事业单位收款收据由财政部门统一制发管理”。

6 月 23 日　市财政局下达“全市 1992 年度粮油调价补贴和乡财政粮差补贴支出指标”。

6 月 24 日　市财政局印发“局机关各科室职责范围和办事程序”、“机关‘双文明’考评办法”。

6 月 25 日　市财政局印发“市直商业企业目标管理及考评办法”。

7 月 7 日　市财政局召开党组会，研究机关办实体的具体事宜和传达全省财源建设工作大会精神。

7 月 8 日　市财政局下达“全市 1992 年度提高粮食统销价后增加财政支出指标”。

7 月 10 日　市财政局下达“追加全市水利事业费、特大防洪经费”。

7 月 15 日　市财政局下达“全市农村血防经费”、“全市农业血防经费”、“全市教育专项补助经费”。

7 月 22 日　市财政局下达“分配全市农业税征收经费”。

8 月 10 日　市财政局下达“全市农村能源建设补助经费”。

8 月 14 日　市财政局下达“安排全市 1992 年度农村水产养殖补助经费”。

8 月 19 日　市财政局召开党组会，研究财政分流改革；传达省财政会议精神。

8 月 25 日　市财政局下达“追加全市农口企业一次性救灾款补助”、“追加 1992 年国营农场小农水支出预算指标”。

8 月 26 日　市财政局下达“全市 1992 年度优质农产品开发经费”、“全市 1992 年度棉花生产专项资金”。

8 月 27 日　市财政局印发“常德市城区国有土地有偿使用管理暂行规定”。

8 月 28 日　市财政局下达“全市新技术推广区、乡农技站配套建设经费”。

8 月 31 日　市财政局印发“常德市行政事业单位国有资产管理暂行办法”。

9 月 15 日　市财政局下达“分配 1992 年度城镇居民猪肉价差补贴款”。

9 月 21 日　市财政局下达“全市 1992 年度多年生经济作物经费指标”。

9 月 25 日　市财政局下达“加强全市农业税征收车辆管理”。

9 月 26 日　市财政局召开党组会研究财政收入问题；思想政治工作；廉政建设；机关、人事、财务管理；院子搬迁问题；投资公司班子组建；国资办机构升级；听取基建办情况汇报；研究分房的有关问题。

9 月 30 日　市财政局召开党组会，听取惠州考核组汇报情况。

10 月 5 日　市财政局下达“全市 1992 年度发展粮食生产专项资金指标”。

10 月 8 日　市财政局下达“追加市直 1992 年度城市维护、建设资金计划”，“全市人口目标管理经费”，“全市计生器械装备经费”。

10 月 10 日　市财政局召开党组会，听取财校领导汇报工作。

10 月 12 日　市财政局下达“全市劳动就业经费指标”。

10 月 17 日　市财政局下达“全市农口事业场站救灾款补助”。

10 月 27 日　市财政局召开党派会，研究四季度工作（1. 收入；2. 三大查；3. 职称考试；4. 决算关账；5. 搬家；6. 总结评比）；办公楼的分配方案；住房分配原则。（8 条）

11 月 5 日　市财政局下达“全市水利事业费补助”的通知。

11 月 6 日　市财政局召开党组会，研究搬家问题。

11 月 11 日　市财政局、市粮食局印发“水淹区移民用粮差价款实行财政包干补贴”。

11 月 17 日　市财政局召党组会：研究人事调整；传达市党代会精神；年前工作安排。

12 月 10 日　市财政局下达“追加 1992 年度全市灾区畜禽防治补助经费”。

12 月 17 日　市财政局下达“分配全市农技推广经费”。

12 月 19 日　市财政局下达“全市农业税灾歉减免指标”。

12 月 23 日　市财政局下达“1992 年度种子经营亏损包干补助经费”。

1993 年

1 月 6 日　市财政局召开党组会，研究年度立功人员、困难家庭补助标准。

1 月 28 日　市财政局召开党组会，研究召开全市财政系统先进单位先进个人表彰大会的有关事宜。

2 月 2 日　市财政局表彰全市会计管理先进单位。

2 月 4 日　市财政局举办全市企业会计准则和新会计制度培训班。

2 月 16 日　市财政局、市国资办印发《继续搞好行政事业单位财产清查登记工作》。

2 月 19 日　市财政局下达 1993 年度全市财政收入计划。

2 月 20 日　市财政局印发《区、县、(市）财政局“双文明”建设考核办法》。

2 月 20 日　市局机关表彰 1992 年度“双文明”先进单位、先进个人、优秀党员。表彰获省财政厅单项奖的 28 个科室和获市委、市政府荣誉称号的 6 个科室。

3 月 1 日　市财政局印发全市财政系统“双文明”考核评比办法。

3 月 3 日　市财政局下达 1993 年度全市农业税、农林特产税征收任务和财政有偿服务收入计划。

3 月 10 日　市财政局印发“局领导班子成员分工情况”。

3 月 10 日　市财政局下达“市直行政事业单位 1993 年度包干支出预算”。

3 月 10 日　市财政局印发“常德市财政系统办公室工作考核评比办法”。

3 月 16 日　市财政局下达国债常年兑付资金计划。

3 月 27 日　市财政局向市人大第二届二次会议报告 1992 年财政决算和 1993 年财政预算（草案）。

3 月 27 日　市财政局印发“修订文教行财周转金管理办法”。

3 月 30 日　市财政局印发“落实对支援经济不发达地区的发展资金进行专项检查”。

4 月 24 日　市财政局印发“常德市财政系统 1993 年度工作要点”。

4 月 26 日　市财政局印发“对积极上交财政收入的企业实行奖励”。

4 月 30 日　市财政局召开党组会：研究开源公司的有关问题；机关人事调整。

5 月 15 日　市财政局印发“1993 年度商业财务工作目标及管理办法”。

5月18日 市财政局下达“调整1993年度农业税、农林特产税征收任务”。

5月24日 市财政局、市国资办印发“关于对行政事业单位兴办经济实体进行财务管理”。

5月27日 市财政局召开党组会，研究开源公司在海南设窗口的问题。

6月2日 市财政局召开党组会，总结半年度工作，研究下半年工作的重点；传达市廉政、执法、监察工作和“转体分流”会议精神；研究干部子女就业问题。

6月3日 市财政局印发“局党组会议等七项制度”。

6月25日 市财政局召开党组会，研究房产资金管理办公室人事安排。

7月7日 市委、市政府关于临澧等六区、县、（市）上半年财政收入（双过半）情况通报。

7月24日 市财政局召开党组会，研究成立局机关党总支的相关问题；研究成立国资处的相关问题。

7月31日 市财政局印发“对局机关各科室所管资金进行清理”。

7月31日 市财政局印发“全市文明财政所基本条件及考核办法”。

8月12日 市财政局明确《市产权单位出售公房收入上缴财政》的规定。

8月20日 市财政局召开党组会，听取开源公司情况汇报。

8月23日 市财政局召开党组会，传达全省财政局长会议精神；决定表障半年度先进单先和先进个人；调整党组分工。

9月1日 市财政局印发“对行政事业单位住房资金实行‘专户储存’的管理办法”。

9月3日 市财政局印发“1993年税收、财务、物价大检查有关事项的规定”。

9月5日 市财政局召开党组会，研究人事问题。25个科室的科长、副科长进行调整。

9月10日 市财工委下发关于《赵安才等12名财政干部任职》。

9月18日 市财政局印发“抓紧做好1993年财政监察工作检查定案处理和罚没款及入库工作”。

10月5日 市财政局印发“编报1993年财政收支调整预算”。

10月14日 市政府通知免除陈君文兼任的市信托投资公司经理职务、任命毛跃进为市信托投资公司经理。同日，市财政局召开党组会，传达全省财政工作会议精神。

10月19日 市委、市政府办公室印发“切实做好当前财政增收节支工作”。

11月6日 市财政局下达“重新调整1993年度财政收入征管范围和预算级次”。

11月22日 市财政局召开党组会，研究人事、机构、开沅公司的具体问题。

12月8日 市财政局召开党组会，研究年终考核评比、发展新党员。

12月16日 市财政局印发“进一步加强元旦、春节期间廉政建设”。

12月24日 市财政局下达“追加农业税灾歉减免指标”。

12月27日 市财政局召开党组会，研究收入关账、讨论下年度工作思路、评审年度先进个人、行财科人事调整。

1994 年

1 月 7 日 市财政局召开党组会，研究科室目标考核、年度立功人员、优秀共产党员。

1 月 10 日 市财政局下达“调整鼎城、武陵两区财政定额上缴基数”。

1 月 15 日 省财政厅、人事厅表彰全省财政系统先进个人，常德市汉寿县财政局农税股刘桂林同志授予先进个人。

1 月 25 日 省政府办公厅批复：同意成立常德财经中等专业学校。同日，市财政局召开党组会，研究全市财税大会准备、传达全省财政工作会议精神、研究双文明目标考核奖励标准。

1 月 28 日 省财政厅召开全省财政体制改革动员大会，市、区、县（市）政府领导和财政局长参加。

1 月 29 日 市财政局表彰 1993 年度全市财政系统“双文明”先进单位，鼎城、临澧、桃源、石门、武陵五个区县获奖。

2 月 3 日 市财政局召开党组会，研究春节放假及送人回家和值班问题。

2 月 4 日 市财政局机关表彰 1993 年度先进集体和先进个人（8 个科室和 33 名干部获奖）。

2 月 16 日 市财政局召开党组会，研究年度工作要点、车辆管理、预算方案、国资占用费收取办法、听取财校工作汇报。

2 月 18 日 市财政局召开党组会，听取开沅公司、海口沙石厂、事务所、投资公司的情况汇报；研究上面四个单位 1994 年工作设想、打算、要求。

2 月 22 日 市财政局印发“常德市财政系统 1994 年度工作要点”。

2 月 28 日 市财政局、市国资处明确“关于收取国有资产占用费有关问题”的规定。

3 月 7 日 市财政局召开党组会，研究人事上的几个问题、车辆管理问题、“8. 33”结账与奖励、双文明考核办法；听取各科室 1994 年工作安排、科室奖励安排。

3 月 8 日 市委、市政府下发“关于实行财政工作一票否决权制”的规定。

3 月 8 日 市财政局印发“1994 年度财政工作年终考评办法”

3 月 10 日 市财政局召开党组会，研究区县市岗位目标和考核办法。研究机关向上争取资金后奖励标准。

3 月 17 日 市财政局召开第一次局务会，各科室汇报工作、安排近段工作、修改“双文明”考核办法、布置兑现上年度有关奖励办法。

3 月 20 日 市财政局印发“区、县、（市）财政局‘双文明’建设考核办法”、“常德市财政支农周转金收回的奖惩办法”、“全市农业财务工作目标管理考评办法”、“常德市财政局‘双文明’考核评比办法”、“常德市财政局建立财政收入月均8.33，考核结账机制”、“全市财政收入月均8.33考核办法”的通知。市财政局表彰1993年度全市15个“文明财政所”。

3月26日 市财政局召开党组会，研究1994年预算方案、开沅公司问题、财源建设问题。

3月31日 市财政局下达“全市性会议经费包干”的通知。印发“1994年常德市财政监督目标任务和考评办法”。

4月4日 第二次局务会：传达市人大、市政协、市纪委工作会议精神。

4月15日 市财政局下发“关于认真做好农业税征收人员统一着装工作”。

4月23日 市财政局召开党组会，研究有关人事异动；对科室小金库清理；开沅公司归属。

4月24日 局党组会继续，研究购车问题；全局性的资金清理安排；研究小车事故的处理问题意见。

4月25日 局党组会继续，研究人事问题；投资公司的干部管理；收费机构设定问题。同日，市财政局印发“常德市财政住房资金管理工作目标考评办法”。

4月26日 市财政局、市人民银行印发“关于上划中央收入实行（预抵税返还）办法”。

5月12日 第三次局务会：总结4月份工作安排5月份工作，通报资金清理和预算安排情况。

5月22日 市财政局召开党组会，研究资金清理、开沅公司问题、预算执行情况、曹向奎结论及工作安排。

5月29日 市财政局印发“1994年商业财务工作目标管理考坪办法”。

6月4日 市财政局印发“关于采取果断措施回收文教行财周转金”的通知。市编办批复：同意成立常德市收费收入管理站，归口市财政局管理，核定事业编5人。

6月9日 市财政局、市国资处印发“在机构改革中加强国有资产管理工作”。

6月10日 市财政局下达“市本级城市维护建设资金计划”。

6月14日 市财政局召开党组会，研究投资公司机构设置及中层骨干配备；局机关办公室、综合科人员调整。

6月16日 第四次局务会：听取各科室5月份工作情况汇报，布置当前财政和社会稳定工作，通报资金清理情况。

6月17日 市财政局下发“提高部分优抚对象抚恤补助标准”。

7月4日 省编委、省财政厅、省人事厅批复：同意常德市成立10个街道财政所，编制30人。

7月15日 市财政局召开党组会，研究半年度工作总结的相关事宜（评先、总结材料、会议组织)。同日，市人民政府办公室转发市财政局“关于全市行政性收费收入管理和奖罚”的试行意见。

7月25日 市财政局下达“调整全市农业税征收任务”。

8月6日 市财政局召开党组会，研究小车管理办法；财校人事安排；开沅公司问题；车祸处理问题；设驻京办事处问题；机关冷暖空调改造问题。

8月8日 第五次局务会：通报6~7月份工作情况，布置下半年财政促收工作、加强对财税体制改革后的财务管理，安排8月份工作。

8月23日 市财政局下达“1994年市直行政事业单位包干经费”。

9月14日 第六次局务会：总结1~9月份工作，全面布置后3个月工作任务确保全年财政任务的完成。

10月15日 市财政局印发“关于对完成征收行政性收费收入任务实行目标奖励”的规定。

10月17日 市政府通知：陈君文任市地方税务局局长(兼)。

10月20日 第七次局务会：通报国资占用费和行政事业性收费任务完成情况，预算调整的有关事项，“8.33”考核办法的完善，通报机关人事调整和子女待业的情况。

11月25日 市财政局印发“关于表彰全市财会工作先进单位、先进个人”的决定。

12月2日 第八次局务会：传达市机构改革会议精神、省行财工作会议精神、市防汛抗旱工作会议精神。

12月6日 市财政局印发“常德市编审1994年国有企业、交通、医药、物资、城市公用、工业供销企业年度财务决算”的若干规定。

12月15日 市财政局下发“进一步加强元旦、春节期间廉政建设”。

12月23日 市政府通知：市财经专科学校升为正县级，其隶属关系不变。

12月28日 市委批复：原常德市国有资产管理处更名为常德市国有资产管理局。

12月30日 市财政局召开党组会，研究年度关账、元旦放假的有关事宜。同日，市委通知：万善志任市财政局党组副书记。

1995年

1月9日 市财政局召开党组会，研究年终评先、决算、传达市政府改革“三定”方案会议精神。

1月12日 市财政局召开党组会，研究二等功、三等功和优岗人员名单。

1月15日 市委、市政府印发“进一步加强财源建设、严格财政管理”的决定。

1月25日 市财政局印发“区、县、(市)财政局‘双文明’建设考核办法”。局机关表彰1994年度9个“双文明”科室和9名先进个人。

2月6日 市财政局、市国资局、市人民银行印发“关于明确收取市直企业1995年度国有资产占用费”的规定。

2月7日 市财政局召开党组会：研究班子分工、人事调整、全局性的工作。

2月12日 市财政局印发“关于表彰1994年度全市财政系统‘双文明’目标管理先进单位”的通报。

2月15日 市委、市政府印发“关于表彰1994年度全市财政工作目标管理先进单位”的通报。

2月28日 市政府办公室印发“关于1995年度市级财税收入入库进度考核奖励”的意见。

3月1日 市财政局下达“全市1995年债券承销任务”。

3月2日 市财政局印发“关于进一步明确市和区、县（市）财政体制上几个具体问题处理办法”。

3月3日 市财政局召开党组会，研究“8.33”考核结账；专项基金管理办法；机关作风整顿；传达组织工作会议精神；周知金回收；机关公用经费核定；临时工清退；传达国库券发行精神。

3月4日 市政府办公室印发“关于1995年区、县（市）财税工作目标管理考核奖励”的意见。

3月7日 市财政局印发“区、县、（市）财政收入入库“8.33”考核办法”。

3月10日 市财政局、市国资局、市清产核资领导小组印发“进一步加强清产核资工作”和“在全市行政事业、国有企业单位全面开展清产核资工作”。

3月13日 市财政局下达“区、县（市）财政1995年度控购调节基金征收任务”。

3月20日 市财政局印发“常德市行政、事业专项收费收入管理实施细则”。

3月21日 市编委批复：市收费收入管理处更名为常德市收费管理局。

3月25日 市财政局印发“关于表彰全市第四批15个‘文明财政所’”的决定、“关于表彰1994年度全市12个会计管理工作先进单位”。

4月5日 市财政局召开党组会，研究投资公司人事调整；收费局、财校班子调整初步方案。

4月6日 市财政局下达“市本级城市维护建设资金计划”。

4月14日 市财政局召开党组会，听取各科室汇报机关作风整顿情况，布置下段活动安排。

4月20日 市财政局下达“1995年度市直行政事业单位经费包干计划”。

5月3日 市财政局召开党组会，集体听取机关整顿作风汇报。

5月10日 市财政局召开党组会，听取财校工作汇报；研究财校教育问题。

5月15日 市财政局印发“1995年常德市财政监察工作考评办法”和“1995年常德

市财政监察目标任务”。

5月24日 市财政局印发“1995年区、县（市）财源建设实施方案”。

6月22日 市财政局印发“机关内部管理若干制度”。

6月26日 市财政局召开党组会，集体听取清查小金库的情况汇报。

7月14日 市财政局召开党组会，专题研究救灾问题。

7月31日 市财政局召开党组会，专题研究“三定方案”

8月14日 市财政局召开党组会，研究驻京办事处人选；基建科、社保科的班子成员；其他人事调整。

8月23日 市财政局印发“进一步明确征集行政事业单位防洪保安资金有关规定”。

9月28日 市财政局、市地税局、市国土局、市房管局、市国资局印发“关于从1995年1月1日起开征土地增值税”。

10月9日 市财政局召开党组会，研究人事问题。

10月10日 市财政局印发“对区、县、（市）调增农业税任务计划并实行目标考核”。

10月14日 市财政局召开党组会，传达省财政厅紧急会议精神。

10月24日 市编委、市机构改革领导小组批复：同意常德市财政局职能配置、内设机构和人员编制方案。

10月30日 市财政局召开党组会，陈君文副市长宣布局党组成员分工。

11月22日 市财政局召开党组会，研究机关一般干部调整、机构设置、党组推荐后备干部；研究开沅公司有关问题；研究有关人员调人问题。

11月28日 市财政局下达“对区、县（市）财政局核减基建占地农业税基数”。

12月22日 市财政局召开党组会，研究北京办事处人员分工。同日，市财政局印发“全市乡镇机构改革对乡镇财政简政放权的两点意见”和“关于下达全市农业税灾歉减免指标”。

1996年

1月10日 市财政局召开党组会，研究年终总结和年前工作安排。

1月16日 市财政局召开党组会，研究科室评先和立功人员名单。

1月26日 市财政局印发“关于表彰1995年度全市财政系统‘双文明’建设先进单位”的通报（第一名鼎城、第二名桃源、第三名石门县财政局）。

2月8日 市财政局转发常德市人民政府办公室“关于印发《区县市财政收入入库进度考核》的办法”。

2月8日 市财政局印发“关于表彰1995年度局机关先进集体、先进个人及优秀党员”的决定。（先进集体10个、先进个人41人、推荐市里嘉奖19人、优秀党员12人）

2 月 14 日 市财政局召开党组会，研究投资公司的有关事宜。

2 月 16 日 市财政局转发常德市人民政府办公室“关于 1995 年区县市财税工作目标管理考核奖励情况”的通报。(10 个区县市共发奖金 218 万元)

2 月 19 日 市财政局转发常德市人民政府办公室“关于下达 1996 年度市本级财税收入任务并对入库进度进行考核”的规定。

2 月 28 日 市财政局转发“常德市人民政府关于规范财政秩序严格财务会计管理”的若干规定。(二十条)；转发常德市人民政府办公室“关于印发市直委办局财税目标责任考验办法”和“市直重点企业效益责任目标考验办法”。

3 月 1 日 市委市人民政府“印发关于表彰 1995 年度财政工作目标管理先进单位”通报。(鼎城、澧县、桃源被授予 1995 年度财政工作目标管理先进单位)

3 月 2 日 市财政局召开党组会研究：1. 完善乡镇财政体制；2. 对区县市财政局实施“双文明”考核办法。

3 月 6 日 市财政局下达“1996 年度城市维护建设资金计划安排”(7387 万元)。

3 月 13 日 市财政局转发“常德市人民政府关于对 1996 年区县市财政工作进行考核奖励”的规定。

3 月 18 日 市财政局召开局务会，专题研究“8. 33”财政收入入库结账办法。

3 月 20 日 市财政局印发“关于表彰 1995 年度全市农财目标管理先进单位”的通报。(第一名鼎城、第二名汉寿、第三名武陵财政局)

3 月 21 日 市财政局、市卫生局印发：“市直公费医疗定点医院管理办法”(共三章十七条)。

3 月 29 日 市财政局召开党组会，研究各科室和区县(市)“双文明”目标考核指标。

3 月 30 日 市财政局印发“区县市财政局‘双文明’建设考核办法”(共四章五十三条)。

4 月 4 日 市财政局印发“关于表彰全市第五批文明财政所”的决定(鼎城中河口镇财政所、汉寿城关镇财政所、桃源热市乡财政所、临澧太浮乡、修梅镇财政所、澧县澧澹乡、大坪乡、复兴镇财政所、津市阳由乡财政所)。

4 月 8 日 市财政局召开党组会，研究三名干部调入、两名干部工作岗位调整。同日，市财政局下达“关于乡镇财政所简政放权和进一步加强乡镇财政管理工作的具体实施意见”(共四章九条)。

4 月 9 日 市财政局召开局务会，专题研究周转金管理办法。

4 月 11 日 常德市委任命万善志为市财政局党组书记，免除陈君文兼任的市财政局党组书记职务。

4 月 11 日 市财政局印发“市级基本建设支出预算及拨款管理暂行办法”(共三章十五条)。

4 月 15 日 市财政局印发“关于建立市级财政专项拨(借)款使用情况备案制度”

的意见（备案表三套）。

4月16日 市财政局印发“关于表彰1995年度全市会计管理工月先进单位”的通报（1. 会计管理工作先进单位：鼎城、安乡、石门财政局；2. 会计法制工作先进单位：汉寿、津市财政局；3. 会计培训工作先后单位：武陵、澧县财政局；4. 账证发行工作先进单位：临澧、桃源财政局）。

4月29日 常德市人大常委会任命万善志为市财政局局长。

5月20日 市财政局召开党组会，研究公务员实施方案和各科室编制方案。

5月23日 市财政局召开党组会，讨论、研究人事问题（局机关及局属单位科级干部配备方案）。

5月29日 市财政局召开党组会，研究公务员过渡、八位干部调入、三位干部挂靠投资公司的相关事宜。同日，市财政局印发“常德市财政局进人的具体规定”。（十条）

5月30日 市财政局下文：任命娄远军、李俊、梅宏、陈位名、刘进芳、邵力远六人为相关科室的科长。任命李华、陈绪华、伍志昂、梁浩、李爱华、刘习武、钟发义、赵建平、詹平九人为相关科室的副科长。任命陈功权、朱金平、李志、詹平、王元君、肖德英六人为常德市财政局主任科员非领导职务，黄凤珍、童跃乐、李文英、盛晓娟、孔凡林、文晓波、陈忠明七人任常德市财政局副主任科员非领导职务，何腊春、黄明新、李柏兰三人转任常德市财政局副主任科员非领导职务。任命何名福、胡锐为国资局行资科和综合科科长，鲁兰芳、曹向奎为国资局综合科、评估中心副科长、副主任。任命唐会诰、毛远征、李福祥分别为财源办副主任、德山分局副局长、会计函校副校长。任命李雪珍、娄朝友、昌美桃、夏剑峰等四人为收费局财务科、票证科、征管一科、征管二科的科长，于欣民、贾建平分别的票证科、征管二科的副科长。任命曾松、袁志两人分别为国资局商资科、工企科科长，王晓林、龚天园两人为上述两科的副科长。

6月1日 市财政局印发“关于局机关人员下基层工作廉洁自律”的规定。

6月4日 市财政局印发“对财政资金实行跟踪反馈制度”规定（共九条）。

6月30日 市政府财贸办下文：任命方甫军、汪培儒、周信忠三人为常德市收费管理局副局长。

7月2日 市财政局印发《常德市财政局科室、单位工作职责范围》（共23个科室的工作职责范围）。

7月3日 市财政局印发“关于加强自筹基本建设投资资金管理的规定”（共三条）。

7月15日 市财政局印发“常德市财政局关于内部审计工作”的规定（共五章十九条）。

7月20日 市财政局召开党组会，专题研究防汛工作。同日，市财政局印发“常德市国家机关事业单位工作人员差旅费开支规定”（共十八大条四十六小条）。

10月7日 市财政局印发“常德市机关事业单位社会保险机构财务管理办法”（共七章二十六条）。

10 月 28 日 常德市市委任命胡嫦娥为市财政局党组成员。

10 月 31 日 市财政局下达“1996 年度排涝设施建设以工代赈资金计划”。全市总投资 4475.2 万元。其中：国家安排 2797 万元，区县市防洪保安基金配套 839.1 万元，地方其他自筹配套 893.1 万元。

11 月 1 日 市财政局召开局务会，专题研究财政廉政建设问题。

12 月 3 日 市财政局召开党组会，专题研究 1997 年度工作思路。

12 月 4 日 市财政局召开局务扩大会，专题研究收入结算问题。

12 月 9 日 市财政局召开党组会，集体听取北京办事处装修审计汇报。

12 月 13 日 市财政局召开党组会，研究干部任职和调入、财校中层骨干的任免。

12 月 13 日 市财政局召开党组会，研究干部任职和调入、干部职工处理、机构设置、临时工清理、财校中层骨干任免、“双文明”考核及年终考评。

1997 年

1 月 15 日 市财政局印发“关于给市直机关事业单位工作人员适当补贴”的规定。

1 月 19 日 市财政局召开党组会，研究科室评比和先进个人评比。

1 月 25 日 市财政局召开党组会，研究区县市“双文明”考评、评先问题。同日，市财政局印发“关于表彰 1996 年度全市财政系统‘双文明’建设先进单位”的通报。（第一名鼎城，第二名汉寿，第三名桃源）

1 月 26 日 市财政局召开党组会，研究 1995 年决算数据失真的处理问题。

1 月 29 日 市财政局印发“关于表彰 1996 年度市局机关先进集体、先进个人”的决定。（10 个科室、46 名干部予以通报）

1 月 30 日 市政府办印发“1997 年度县区市财政收入入库进度考核办法”的意见。

1 月 31 日 市财政局召开党组会，研究春节后召开全市财税工作会的准备、王维新同志勇斗小偷的奖励、局领导春节期间值班安排。

2 月 3 日 市政府印发“1997 年度区县（市）财政工作考核奖励办法”、“1996 年区、县（市）财政工作考核奖励情况的通报”。

2 月 18 日 市财政局下达“全市小城镇建设补助资金计划”的意见。

3 月 4 日 市财政局印发“1997 年城市维护建设资金计划安排”。

3 月 6 日 市财政局印发“关于表彰 1996 年度全市会计管理先进单位”的通报（管理工作先进单位 3 个：石门、鼎城、津市，会计法制管理先进单位 2 个：汉寿、澧县，会计人员管理先进单位 2 个：武陵、临澧，会计账证发行先进单位 2 个：桃源、安乡）。

3 月 8 日 市委印发“关于授予市财政局等 58 个单位目标管理先进单位称号”的决定。

3 月 31 日 市财政局召开党组会，专题研究办公室有关费用包干的问题。

4月2日 市财政局召开局务会研究：1. 机关科室经费包干；2. 开展财政“双为”活动；3. 布置4月份9项具体工作。

4月10日 市财政局印发“1997年度区、县（市）财政局‘双文明’建设考核”办法、“常德市财政局‘双文明’考核评比办法”。

4月14日 市财政局下达“1997年度全市农业四税收入任务”（全市共20341万元）。

4月18日 市财政局印发“关于对全市预算内基建资金进行跟踪检查”的规定。“关于表彰1996年度三大查及财政监督工作先进单位和先进个人”的决定（三大查、财政监督目标管理先进单位3个：石门、桃源、汉寿；三大查先进单位15个；三大查报表先进单位6个；财政监督报表先进单位6个；理论研讨、专题调查材料先进单位3个；三大查先进个人78名）。

5月12日 市财政局召开党组会，专题研究干部职工宿舍扩建问题。

5月14日 市财政局召开局务会，研究：1. 机关宿舍扩改问题；2. 4月份9项工作完成的情况通报；3. 布置5月份6项具体工作。

5月15日 市财政局下达：“1997年市本级财政综合预算计划”的规定。

5月26日 市财政局召开党组会，研究时间过半任务过半、机关经费包干、综合科与收费局职责职能划分、后勤服务中心的职能及班子组建、几位干部工作的调整、几个外单位人员要求调入财政局工作。

6月10日 市财政局召开局务会研究：1. 落实政府稳定会议精神的措施；2. 通报5月份6项工作的落实情况；3. 传达省厅在娄底市召开的全省财政工作经验交流会精神；4. 布置6月份8项具体工作。

6月27日 市人民政府内部传真电报：关于表彰桃源县实现财政收入“双过半”的通报。

6月28日 市编委批复：同意成立常德市财政局机关后勤服务中心，为正科级管理的事业单位，归口财政局管理。人员编制为9人。

7月3日 市财政局召开局务会研究：1. 机关后勤服务中心当前急需解决的四大问题；2. 财政开展“双为”活动的实施方案；3. 布置7月份6项具体工作；4. 通报上月8项工作的完成情况和全市财政收入口“过半”的情况；5. 专题讨论3个文件，（1）《常德市综合财政计划管理暂行办法》（共五章二十三条），（2）《常德市市直行政事业单位实行财政收支统管暂行规定》（共五章二十三条），（3）《常德市财政资金使用管理办法》（百分制）；6. 讨论购买市武装部机关大院。

7月21日 市财政局召开党组会，研究投资公司中层干部和财经中等专业学校班子。

7月30日 市财政局印发：“常德市市直行政事业单位财务收支统管”的规定。

7月31日 市财政局召开党组会，研究购买武装部院子修建干部职工宿舍。

8月5日 市财政局召开局务会研究：1. 对全市财源建设情况的处理意见，2. 通报上月6项工作的落实情况，3. 学习中共中央〔1997〕13号文件精神并布置落实其精神的6条具体措施，4. 讨论机关住宅区管理的具体规定，5. 布置8月份6项具体工作。

8月6日 市财政局和武陵区人民武装部签订营院出让交接协议书。

9月3日 市财政局召开局务会：1. 通报上月6项工作的落实情况，2. 传达省财税工作会议精神，3. 布置9月份4项工作。

9月17日 市财政局召开党组会，研究干部任职和调整以及听取内审情况。

11月4日 市财政局召开局务会研究：1. 全市财政预算约束问题，2. 全市财政财务管理问题，3. 全市财政改革问题，4. 机关后勤服务中心的7个具体问题。5. 通报上月4项工作的落实情况。

11月6日 市委通知：吴国荣任常德市财政局党组副书记。

11月10日 市财政局召开党组会，研究事务所班子和听取事务所工作情况。同日，市人民政府办公室批复：经市人民政府研究，同意确认“三查办”行政执法的主体资格，依照现行法律、法规检查处理税收财务物价中的各种违反财经法纪的问题，独立行使税收财务物价大检查的行政处罚权。实施行政处罚应严格执行法定程序和权限，由此而引起的法律责任由你办承担。

12月4日 市财政局召开局务会研究：1. 12月份6项具体工作，2. 回顾今年思考明年做好年终的各项总结工作和明年的财政计划安排，3. 认真学习贯彻十五大和第三次党代会精神推进党风廉政建设。

12月5日 市财政局印发“全市财政系统在元旦、春节期间进一步加强廉政建设”的规定。（共六条）

12月10日 市财政局召开党组会，研究修建北京办事处的有关事宜。

12月14日 市财政局印发“关于调整‘预抵税收返还’比例的规定”，“关于明确1997年‘税收返还’结算办法的规定”。

12月18日 市财政局印发“我市1997年调整机关事业单位工作人员工资标准及正常晋级工资档次”的规定。

1998年

1月4日 市财政局召开党组会，研究有关人事问题、调进调出人员奖金问题、招聘临时工的制度化问题。

1月14日 市编委批复：同意“常德市财政局成立财会干部培训中心”。为正科级事业单位，核定自收自支事业编制4名，归口市财政局管理。

1月9日 市财政局召开党组会，研究、审定先进科长、先进个人。

1月15日 市财政局召开党组会研究两个问题：1. 周转金清理问题，重点清理投资公司。2. 春节前的工作安排（（1）抓紧搞好年终总结，（2）认真搞好决算汇编，（3）继续开展周转金清理，（4）做好全市目标考核工作，（5）做好全市财税工作会和"双文明"总结表彰大会的准备，（6）做好年前的稳定工作，（7）认真准备积极配合搞好同级审计，（8）开展好春节前的各项有益活动）。

2月5日 市财政局召开党组会，研究文明单位、模范科长、岗位标兵、五好家庭的评比。

2月9日 市财政局召开局务会布置六项工作：1. 各科室科学合理编制好98年预算，2. 严格搞好1998年度岗位目标责任制，3. 千方百计组织财政收入，4. 继续搞好周转金清理，5. 认真做好同级和上级财政审计工作，6. 组织开好两个会议一是年终总结表彰大会，二是全市财税工作会。

2月10日 市财政局印发"关于表彰1997年度局机关先进单位、先进个人、模范科长、岗位标兵、五好家庭"的通报（先进集体12个，先进个人46人，模范科长3人，岗位标兵4人，五好家庭30户）。

2月11日 市政府办印发"关于表彰1997年度全市财政工作先进单位"的通报（鼎城、津市、桃源财政局被授予"全市财政工作先进单位"称号）。

2月12日 市政府办印发"1998年度市本级财税收入入库任务和考核奖励办法"、"1998年度财税收入入库进度考核办法"和"1998年度财政工作考核奖励办法"。

2月17日 市财政局印发"关于表彰1997年度全市财政系统'双文明'建设先进单位"的通报（第一名鼎城区财政局，第二名石门县财政局，第三名桃源县财政局）。

3月5日 市财政局印发"1998年度科室和局属单位收入入库进度考核办法"（共四章七条）。

3月11日 常德市委印发"关于干部职务任免"的通知。卢嫦娥、朱纪美任市财政局调研员，免去其市财政局党组成员职务；廖华春任市财政局党组成员；石家琰任市财政局党组成员、纪检组长；免去吴国荣兼任的市财政局纪检组长职务。同日，市委下文：任克勤任常德市财经中专学校党委副书记；蔡子荣任常德市财经中专学校顾问，免去其常德市财经中专学校党委副书记职务。

3月17日 常德市人民政府印发"关于干部职务任免"的通知。廖华春任市财政局副局长职务；免去卢嫦娥的市财政局副局长职务；免去朱纪美的市财政局总会计师职务。

3月27日 市财政局印发"常德市财政局量化目标管理考核办法"（共三章十一条，1000分制考评）。

4月7日 市财政局下达"1998年度全市农业税收入入库任务"（21046万元）。

4月9日 市财政局召开党组会，研究有关人事和蒋祥政违纪处理。

4月13日 市财政局印发"关于表彰全市第六批文明财所"的决定（全市11个乡镇

街道财政所验收合格。桃源沙坪镇、石门磨市镇 壶瓶山镇 维新镇，鼎城蒿子港镇，汉寿西港镇 毛家滩乡，临澧官亭乡，武陵城北街道财政所，澧县车溪乡，津市渡口镇)。

4月16日 市财政局印发“关于表彰1997年度全市财政系统思想政治工作先进单位”的通报（干部教育先进单位：鼎城、桃源、石门财政局，干部培训先进单位：汉寿、津市、澧县财政局，干部统计报表先进单位：鼎城、桃源、汉寿、石门财政局)。

4月18日 市财政局召开党组会，研究科长换岗以及有关人事调整。

4月27日 市财政局召开局务会专题研究罚没收入、办案经费预算管理（会议明确和一强调：坚持四个原则，采取七条具体措施加强管理)。

4月29日 市财政局召开党组会，会议传达了全市反腐败工作会议精神和全省财源建设表彰既加强税收征管工作会议精神，并研究了具体落实的措施；通报了赴岳阳、湘潭两市参观学习的有关情况；讨论（市本级财政周转金管理办法)；布置了5月份七项具体工作。

4月30日 市财政局印发“常德市财政周转金管理办法”（共六章二十条)。

5月4日 市财政局召开党组会，研究副科及以下干部轮岗、部分干部任职问调。“谢志坚兼任基本建设工程预决算审核所所长，梁浩等十人被任命相关科室的副科长”。“谢志坚等五人任财政局主任科员非领导职务，李军等五人任副主任科员非领导职务”。

5月5日 市财政局印发“1998年度区、县（市）财政局‘双文明’建设考核办法”（双百分加奖励分的考核制)。

5月6日 市财政局党组研究：古志海等14人被任命相关科室的科长。

5月11日 市财政局召开党组会，研究党组成员分工、局机关修建宿舍。同日，印发“局领导班子成员分工”通报。

5月18日 市财政局印发“关于表彰1997年度商财工作先进单位”的通报（七项评比21个单位授奖)。

5月20日 市编委批复同意“常德市收费管理局职能配置、内设机构和人员编制方案”。

5月20日 市财政局、市建设局下达“1998年度城市维护建设资金预算指标”的意见（安排可用资金10921万元)。

5月24日 市财政局召开党组会，研究培训中心制度、经营；防洪工作；机关办公室调整。

5月26日 市财政局印发“关于表彰1997年度农财工作先进单位”的通报（鼎城、津市、石门、桃源四个县区市授奖)、“关于成立常德市财政局财政周转金管理领导小组”的通知。

6月2日 市财政局召开党组会，研究后备干部配备人员。

6月5日 市财政局召开局务会，会议传达了全省地州市县长会取和市政府第一次全会精神，通报了周转金清理整顿情况和财政“两项改革”进展情况，部署了6月份应抓的四项具体工作。

6月12日 市财政局印发“关于表彰1997年度全市会计管理工作先进单位”的通报（六项评比九个单位授奖）。

6月19日 市财政局召开党组会，研究国资、收费局干部调整、机关基建班子、双为活动的安排。

6月24日 常德市委决定黄显祥任市财政局党组成员。

6月25日 市财政局印发“市财政局机关1998年‘双为’竞赛活动”的意见（共三章三条及全年活动安排计划）。

6月26日 市财政局转发《财政部关于坚决禁止财政系统干部职工涉足色情和赌博活动的紧急通知》的通知。

7月16日 市财政局召开党组会，研究半年度个人评先、半年度科室目标考核、半年度个人奖金。

7月24日 常德市沅、澧水流域普降暴雨，河水猛涨，山洪暴发。全市211个乡镇个个受灾，共漫溃大小堤垸27个。因灾直接经济损失61亿元。全市3000多名财政干部职工奋战在灾区3个月，支灾、救灾、帮助恢复生产。

7月25日 市财政局召开党组会，专题研究防汛工作。

7月27日 市财政局印发“在局机关认真开展‘反腐治奢，艰苦奋斗’专题教育活动”的意见。

8月24日 市财政局印发“关于建立乡镇国库”的四点意见。

8月26日 市财政局召开局务会，会议传达并讨论了全省财税工作会议精神，部署8月份的具体工作。（1. 全面贯彻落实省财税工作会议精神，2. 全力以赴组织财政收入，3. 全面动员支灾救灾，4. 全面加强内部管理，5. 明确和突出强调了五个具体问题）

9月3日 市财政局下达“关于在市直行政事业单位开展国有资产管理专项检查”的意见。抽调20名专业人员历时半年对市直233家的资产账务、产权登记、资产处置和资产占用费上交进行了检查。

9月22日 市财政局印发“常德市财政局机关管理制度建设框架方案”（共四章九条）。

10月6日 市财政局召开局务会，会议传达了市委三届二次全会精神和全省综合收费工作会议精神，通报了前段局机关廉政建设情况并提出了相应的整改意见，对10月份工作作了安排部署。（1. 积极向上争取救灾资金，2. 全力以赴抓收入入库，3. 抓紧制度建设工作，4. 开展政府采购的试点工作，5. 认真清理科室账户和机关公物，6. 切实加强机关廉政建设）

10月21日 市财政局召开党组会，研究机关内审、机关建房、收入结账和向上争取无偿资金。研究几个一般干部调整。易跃平、郑玉明两名提任正科级。

11月9日 市财政局印发“关于对局机关各科室收入账户和专项资金账户进行整改”的紧急通知。

11 月 12 日 市财政局召开党组会，专题研究机关基建招标问题。同日、市财政局、市水利局下达“关于拨付中央级特大防汛经费”的紧急通知（全市下拨 8010.5 万元）。

11 月 19 日 市财政局召开局务会，会议学习了《常德市行政执法责任制暂行办法》，传达了全国增收节支电视电话会议精神，并根据会议要求提出了相应的贯彻落实意见。[1. 完成财税收入任务，2. 加强资金调度，3. 认真搞好区、县（市）预算外资金检查，4. 全面试行新的机关管理制度，5. 继续抓好账户清理整顿工作，6. 认真搞好年终总结]

11 月 23 日 市财政局印发“常德市会计人员继续教育培训规划”的意见（共四章十一条）。

12 月 1 日 市财政局召开党组会，专题研究机关基建问题。

12 月 1 日 市财政局印发“集资建房分房实施意见”（共五章十五条）。

12 月 3 日 市财政局召开局务会，会议专题部署 12 月份工作（1. 全面完成财政收入任务，2. 认真做好年终总结的各项准备，3. 切实加强党风廉政建设，4. 当前着力抓的六项具体事：（1）量化目标考核，（2）做好决算汇编，（3）做好市直单位支出关账，（4）积极完成购院款和管理费，（5）抓紧抓好院内的管道施工确保春节前煤气供应，（6）加快集资建房进度）。

12 月 4 日 市财政局下达“1998 年度洞庭湖区排涝设施建设以工代赈计划”。全市安排以工代赈资金 5040 万元，其中：国家安排 2265 万元，省水利基金配套 255 万元，区县市自筹 2520 万元。

12 月 8 日 市财政局印发“全市财政系统在元旦、春节期间进一步加强廉政建设”的意见。

12 月 30 日 常德市委书记、人大常委会主任、市长、政协主席、常务副市长到财政局慰问财政局全体干部职工，并参加年终关帐会。

1999 年

1 月 6 日 市财政局召开党组会议，研究 1999 年财政工作思路。一是夯实一个基础，二是深化五项改革，三是狠抓三项建设，四是完成四大任务，五是做好四项工作。研究干部职工分房方案。

1 月 8 日 市财政局印发“关于加强全市财政干部队伍大专以上学历教育”的通知。全市财政系统选送 225 人参考，最后 130 人被北京航天大学和中南财经大学录取。其中：30 人被航天大学计算机科学与技术本科录取；50 人被中南财经大学财务会计专科录取；50 人被中南财经大学财政税收专科录取。

1 月 10 日 市财政局召开党组会，通报黄大轩的处理复审批复：改为留用察看一年的处分，恢复干籍，作退休处理。研究辛纪元挪用公款的处理意见。

1月15日 市财政局印发"关于郝介球同志任职"的通知。郝介球任常德市信托投资公司副经理。

1月19日 市财政局印发"关于编制市本级1999年综合预算计划"的规定(共五条)。

1月20日 市财政局召开党组会,研究优岗和立功人员。

1月25日 市财政局印发"加强机关财务管理"的意见(共十条)。同日印发"局.机关经费包干使用管理办法"(共八条)。

1月28日 市财政局印发"关于表彰1998年度全市财政系统双文明建设先进单位"的通报。双文明建设先进单位:第一名石门县财政局;第二名鼎城区财政局;第三名桃源县财政局。物质文明建设先进单位:第一名桃源县财政局;第二名武陵区财政局;第三名石门县财政局;第四名鼎城区财政局。

1月29日 市财政局印发"关于表彰1998年度财政系统财源建设先进单位"的通报(授予鼎城区财政局、武陵区财政局、石门县财政局为先进单位称号)。

1月29日 市财政局转发省财政厅《关于1996~1997年度省级先进财政所考核验收情况的通报》常德市八个财政所被授旗先进财政所称号:石门县壶瓶山镇财政所、石门县磨市镇财政所、桃源县沙坪镇财政所、汉寿县西港镇财政所、临澧县修梅镇财政所、鼎城区蒿子港镇财政所、津市市渡口镇财政所、武陵区城北街道财政所。

1月29日 市财政局转发《关于表彰全省财政系统先进、单位先进个人的决定》。常德市财政局农税科、鼎城区财政局被授予全省财政系统先进集体称号;汉寿县财政局干部李建华、临澧县财政局党组书记胡良次、常德市财政局干部陈功权被授予全省财政系统先进个人。同日,转发人事部、财政部《关于表彰全国财政系统先进集体和先进工作者的决定》。常德市桃源县漆河镇财政所被评为"全国财政系统先进集体"称号。

1月29日 市财政局转发省财政厅《关于全省财政系统在职职工书法绘画摄影征文竞赛情况的通报》的通知。常德市石门县财政局干部卿远舟获书法三等奖;常德财校阳耀芳获绘画三等奖;桃源县财政局杨金球获摄影一等奖;市财政局李华获摄影三等奖;桃源县财政局龚勤获征文二等奖。

2月5日 市财政局召开局务会,布置2月份三件具体工作:一是大力组织收入,二是切实维护稳定,三是搞好总结表彰。

2月12日 市财政局召开党组会,研究模范科长、岗位标兵、文明科室、先进支部、优秀党员和党务工作者、五好家庭、奖励标准。

2月23日 市财政局印发"关于表彰1998年度先进集体、先进个人"的通报(8个科室、52名干部、32户家庭,被评为先进集体、先进个人和五好家庭;人教科、预算科被评为文明科室;李华、娄远军、苏俊朝被评为模范科长;梁德贵、陈功权、祝铭一、钟发义被评为岗位标兵)。

2年26日 市财政局召开党组会,研究3月份工作、部分科室职能调整、收入任务、表彰大会、部分干部职工工作调整、基建上的几个问题。

3月1日 市财政局局长万善志主持召开局长办公会，专题研究市本级1999年行政事业单位综合预算问题。

3月2日 市财政局召开局务会，专题研究反对倡廉工作。传达市政府经济工作会议精神。

3月3日 市财政局副局长吴国荣主持召开局长办公会，专题研究罚没收入管理工作职责调整的有关问题。

3月5日 市财政局印发“1999年度科室和局属单位收入入库进度考核办法”（共四章四条）。

3月17日 市财政局印发“关于表彰全市农业税收工作先进单位”的通报。农业税征收工作先进单位：第一名津市财政局；第二名石门县财政局；第三名临澧县财政局。乡财政管理工作先进单位：第一名武陵区财政局；第二名汉寿县财政局；第三名桃源县财政局。

3月23日 市财政局印发《常德市农业综合开发财政有的资金管理实施细则》（共六章二十七条）。

4月1日 市财政局印发“关于表彰1998年度全市会计管理工作先进单位”的通报。会计管理先进单位：石门县财政局、鼎城区财政局、汉寿县财政局；会计人员管理先进单位：澧县财政局、临澧县财政局；会计制度管理先进单位：津市财政局、武陵区财政局；会计基础工作先进单位：安乡县财政局、桃源县财政局。

4月5日 市财政局下达“1999年市直综合预算计划”。

4月5日 市财政局印发“区县市财政局‘双文明’建设考核办法”（共四章五十一条）。

4月6日 市财政局召开局务会，研究六项具体工作：一是审定市级综合预算；二是完善制度修订任务；三是完成工资发放中心的各项准备工作；四是认真抓好粮食清仓查库工作；五是抓紧抓好乡镇财政整顿工作；六是巩固清理账户工作的成果。

4月12日 市财政局召开党组会，研究人事调整方案。同日，市财政局印发“关于干部职务任免”的通知。刘进芳任市财政局人教科科长；李华任市财政局办公室主任；方甫军任市财政局财源办主任。同日任命：梁德贵任市财政局财会干部培训基地总经理；刘丙松任副经理。

4月19日 市财政局印发“常德市保险基金财政专户管理办法”（共五条）。

4月21日 市财政局印发“常德市财政局量化目标管和考核办法”（共四章二十三条）。

4月22日 市财政局印发“关于表彰1998年度财政监督工作先进单位”的通报。财政监督目标考核先进单位：第一名桃源县财政局；第二名临澧县财政局；第三名津市财政局、石门县财政局。

4月25日 市财政局印发“1999年度区县市财政工作责任指标考核方案”（共三章十四条）。

4 月 28 日 市财政局、市水利局、市计委联合下达“1999 年洞庭湖二期治理应急工程基建计划”。同日，市财政局印发“关于对市直行政事业单位现有小车进入清理”的通知。

4 月 29 日 市财政局印发“关于全市财政系统干部职工书法绘画摄影征文竞赛情况”的通报。卿远舟等九人获书法奖；阳耀芳等四人获绘画奖；粟和林等四人获摄影奖；龚勤等三人获征文奖；桃源县财政局获组织奖。

5 月 10 日 市财政局、市计委、市建设局联合报请常德市人大三届九次常委会审议并通过 1999 年度城市维护建设资金计划安排。市本级城市维护建设资金安排 13755 万元。

5 月 11 日 市财政局召开局务会，布置 5 月份六项具体作：一是全力以赴迎接支持省级收入检查组的工作；二是打好收入突击战，为双过半奠定基础；三是搞好创建文明卫生机关，迎接国家卫生城市检查；四是抓紧做好召开全市财源建设和财政管理工作会议的各项准备工作；五是加强专项资金拨付的跟踪管理工作；六是做好各科室业务经费归口管理的扫尾工作。

5 月 19 日 市财政局召开党组会，传达全省财税工作会议精神并研究落实精神的具体办法。

5 月 25 日 市财政局、市民政局下达“关于下拨特大自然灾害救济补助费”。全市共下拨 450 万元春夏荒救济款。

6 月 7 日 市财政局召开党派会，专题研究事务所购买保险和发放奖金的处理方案。

6 月 11 日 市财政局召开局务会，布置 6 月份工作：一是集中精力抓好收入的双过半工作，二是认真组织开展好预算外资金检查，三是积极向上争取资金，四是认真搞好行政事业单位会计人员改革，五是做好市直统发工资的准备工作，六是协助搞好粮食库存抽查工作，七是认真贯彻落实市财税工作会议精神，八是认真开展“三讲”教育活动提高干部思想政治觉悟。

6 月 21 日 市财政局召开党组会，研究考核区县市收入问题、市直会计人员管理、事务所的整改问题。

7 月 7 日 市财政局召开局务会，传达市政府信访工作会议精神，听取局基建办情况，布置 7 月份六项具体工作：一是认真开展半年度工作评比，强化目标管理；二是坚守防汛岗位，搞好抗灾救灾工作；三是认真搞好市直行政事业单位会计的资格认定工作；四是继续搞好预算外资金检查；五是认真组织好粮食风险基金检查；六是完成人大、政协建议提案的办结工年。

7 月 16 日 市财政局召开党组会，专题研究市直行政事业单位会计人员管理。同日，印发“关于市直行政事业单位会计任职”的通知。市直行政事业单位 245 名干部被任命为单位会计或出纳。同日，有 41 名干部被任命单位财务科长。

7 月 19 日 市财政局印发“市直行政事业单位基本建设资金管理办法”（共八条）。

7 月 22 日 市财政局召开党组会：传达中共中央 19 号文件精神、江泽民同志讲话精神、江泽民同志给政治局常委及其他有关同志的信，人人参与反对“法轮功”邪教组织活动。还研究了紧急动员起义奋战第三次洪峰，确保人民生命和财产安全。要求全局干部职工认清形势、落实措施、突出重点、坚守岗位、听从指挥。确保防汛资金的调度。

7月26日 市财政局内部传真电报：“关于确保政法系统正常运转所需基本费用”的通知。

8月10日 市财政局召开局务会传达市政府召开的取缔“法轮功”邪教组织紧急会议精神。

8月17日 市财政局印发“关于加强全市粮食风险基金管理”的规定（共三条）。

8月18日 市财政局召开党组会，研究年度财政目标考核调整、事务所脱钩改制方案。

8月23日 市财政局召开党组会，专题研究局机关的基建问题、财校中层骨干任免。同日，印发内部传真电报：“关于进一步加强预算内专项资金管理的通知”。

8月27日 市财政局印发“局机关‘双为’竞赛活动意见”（共四章十六条）。

8月30日 市财政局下达“1999年度农业综合开发财政有偿资金”的通知。全市共拔922万元，其中：土地治理有偿资金417万元；多种经营有偿资金505万元。同日，下拨农业综合开发无偿资金897万元。

8月30日 市财政局印发“常德市财政局机关管理制度”（共58个制度）。

9月12日 市财政局印发“关于在乡镇财政干部中开展四个观念教育活动”的实施意见（共四章十一条）。

9月13日 市财政局召开局务会布置五项具体工作：一是认真搞好收入分配政策的调整；二是千方百计确保重点支出；三是严肃财经纪律；四是抓紧抓好财政改革；五是确保财政收支平衡。

9月16日 市财政局印发“关于实施‘三条保障线提标’的规定”。

9月30日 市财政局印发“关于市直行政事业单位会计任职”的通知。市直行政事业单位61名干部被市财政局任命单位会计或出纳。

10月16日 市财政局召开党组会，专题研究局机关干部调整方案、投资公司干部调整方案、局机关基建问题。同日，印发“关于干部任职”的通知。郑玉明任常德市收费管理局票证管理科科长。

10月19日 市财政局印发“区县市财政局几项重点工作考核奖惩办法”（共二章十五条）。

10月20日 市财政局印发“1999年增加机关事业单位在职职工工资和离退休人员费对县（市）区转移支付数额”的规定（共三章五条）。

10月25日 市财政局印发“关于编制2000年市直综预算计划”的通知。

10月26日 市财政局召开局务会专题研究财政行为规范文明办公；布置下段工作。

10月28日 市财政局内部传真电报：“关于认真作好减轻农民负担有关事项”的规

定（共五条）。

10 月 29 日 市财政局印发“关于市直行政事业单位会计任职”的通知。市直行政事业单位41名干部被市财政局任命为单位会计或出纳。同日，有9名干部被任命为单位财务科长或副科长。确认15名干部符合会计机构负责人的上岗资格；确认41名干部符合会计岗位上岗资格；确认28名干部符合出纳岗位上岗资格。

11 月 9 日 市财政局召开党组会，研究全市新增粮食挂账和不合理贷款问题。

11 月 16 日 市财政局印发“关于明确常德市财政系统在岗干部基本业务素质要求”的通知（学历、业务知识、文字综合能力）。

11 月 30 日 市财政局印发“市直行政事业单位会计任职”的通报。市直行政事业单位有10名干部被财政局任命为单位财务科长或副科长；21名干部被任命单位会计。

12 月 6 日 市财政局下达提高国有企业下岗职工基本生活费专项转移支付资金〔全市区县（市）共下拨739.78万元〕同日，下达提高城镇居民最低生活保障金水平专项转移支付资金〔全市区县（市）共下拨154.96万元〕。

12 月 8 日 市财政局召开党组会，专题研究宿舍装修。

12 月 13 日 市财政局内部传真电报：关于确保乡镇行政干部基本工资到位的紧急通知（四条措施）。

12 月 21 日 市财政局印发“关于认真做好1999年度市直财政系统干部职工学法用法考试”的通知。

12 月 25 日 市财政局召开局务会研究财四件具体工作：一是财政机关内审监督工作；二是年终目标考核工作；三是年终结账工作；四是春节晚会安排。

12 月 30 日 市委书记带领市委、市政府、市人大、市政协负责人到财政局慰问财政局全体干部职工并参加财政年度关账会。

2000 年

1 月 7 日 常德市机构编制委员会批复：经市委、市政府领导同意，成立常德市政府采购中心，作为正科级全额拨款事业单位，归口财政局管理。核定事业编制12人。

1 月 18 日 常德市人民政府办公室印发《常德市2000年度财税收入入库进度考核办法》的通知（共四章九条）。

1 月 22 日 市财政局召开党组会，研究年度考核评比。

2 月 14 日 市财政局召开局务会，传达市委经济工作会议精神；布置2月份工作。一、关于落实市委经济工作会议精神。二、2月份工作安排。1. 集中精力，迅速恢复正常工作。2. 做好市“两会”期间的服务工作。3. 做好全市财税工作会议、局机关和区县市双文明表彰大会准备工作。4. 抓紧组织收入。5. 编制好本级预算。6. 做好统一报表工作。

7. 做好建整扶贫工作。

2月15日 市财政局印发“关于表彰1999年度先进单位、先进个人”的通报。农税科等9个科、苏俊朝等53名干部被评为1999年度量化目标考核先进单位和先进个人；文行科等2个科室、娄远军等5名正副科长、祝铭一等4名干部、周宏建等31户家庭被评为“双为”竞赛活动的文明科室、模范科长、模范副科长、岗位标兵和五好家庭。

2月21日 市财政局印发“关于表彰1999年度区县（市）财政局‘双文明建设’先进单位”的通报。第一名石门县财政局，第二名鼎城区财政局，第三名武陵区财政局。

2月22日 市财政局印发“2000年全市财政工作要点”的通知。（1. 以强化财政职能为重点，继续深化财政改革。2. 以支持经济发展为重点，大力培植财源。3. 以依法治税为重点，强化财税征管。4. 以夯实基础为重点，切实加强乡镇财政建设。5. 以实现四个确保为重点，优先拨付重点资金。6. 以提高财政运行质量为重点，强化财政监管。7. 以提高财政干部素质为重点，抓好财政队伍建设。）

2月24日 市财政局印发“关于表彰1999年度农税工作先进单位”的通报。第一名津市市财政局；第二名石门县财政局；第三名武陵区财政局。

3月1日 市财政局印发“关于表彰1999年度市直行政事业单位会计工作先进个人”的通报。市直行政事业单位73名会计人员被授予“先进个人”称号。

3月3日 市财政局召开党组会，研究黄德松违纪处理、开源公司账务清理安排、“三讲活动”安排。

3月20日 市财政局召开党组会，专题研究乡镇干部补助标准。

3月23日 市财政局召开党组会，专题讨论2000年财政预算。

3月27日 市财政局印发“关于表彰1999年度工交工作目标管理先进单位”的通报。1. 目标管理先进单位：临澧县、汉寿县、津市市、市轻工局、市冶煤局、市化工局；2. 工业企业决算先进单位：石门县、汉寿县、鼎城区、市机电局、市冶煤局、市二轻局；3. 工业供销企业决算先进单位：鼎城区、武陵区、津市市；4. 工交事业费决算先进单位：武陵区、临澧县、桃源县、市纺织局、市建材局、市药品监督管理局；5. 工业企业月份快报先进单位：津市市、鼎城区、临澧县、市冶煤局、市机电局、市交通面；6. 城市公用企业决算先进单位：澧县、汉寿县、津市市；7. 医药商业企业决算先进单位：桃源德、安乡县、澧县；8. 非工口企业决算先进单位：安乡县、澧县、石门县；9. 交通企业决算先进单位：汉寿县。

4月5日 市财政局印发“常德市财政旅游资金使用管理暂行办法”的通知（共八条）。

4月8日 市财政局召开党组会，研究乡镇干部补助标准和西洞庭区体制问题。

4月13日 市财政局印发“2000年常德市社会保障财务管理工作要点”（共四章十六条）。同日，印发“关于表彰农业财务目标管理先进单位”的通报。第一名石门县财政局；第二名桃源县财政局；第四名汉寿县财政局、临澧县财政局。同日，印发“关于奖励财政支农周转金管理先进单位的通报”。一等奖：临澧县财政局、汉寿县财政局、鼎城区财政局；二等奖：石门县财政局、安乡县财政局、澧县财政局；三等奖：武陵区财政局、桃源县财政局、德山财政分局。

4月20日 市财政局印发“关于表彰1999年度商业财务工作优胜单位”的通报。第一名石门县财政局；第二名鼎城区财政局；第三名武陵区财政局。同日，市财政局、市计划委员会、市水利水电局联合印发“关于下达1999年洞庭湖二期治理第四批基建计划及资金指标”的通知（全市共下达7900万元）。

4月25日 市财政局召开党组会，传达全省确保工资发放工作会议精神、研究市级确保工资发放的具体办法。

5月9日 市财政局召开局务会，传达省财政厅关于确保工资发放工作会议精神；布置5月份工作。一、关于常德市确保工资发放的具体措施。1. 明确财政负担工资的范围和项目。2. 强化工资发放的预算管理。3. 将财政统发工资改革延伸到所有乡镇。4. 落实保证工资发放的工作责任。二、5月份工作安排。1. 善终善终抓好“三讲教育”，切实巩固“三讲教育”成果。2. 切实抓好单位预算的编制和批复工作。3. 大力支持扶贫点的工作。4. 作好“三五”普法考核验收工作。5. 做好几个重要会议的会务工作。6. 继续抓好文明办公。

5月10日 市财政局、常德市编委联合印发“关于常德市市直行政事业单位会计人员编制管理暂行办法”的通知（共十一条）。同日，市财政局、市工商行政管理局联合印发“关于全市工商行政管理体制改革有关财务划转问题”的通知。

5月16日 市财政局召开党组会，讨论科室任务、区县市财政局“双文明”考核办法。

5月26日 市财政局印发“关于表彰1999年度全市财政系统思想政治工作先进单位”的通报。人事教育工作先进单位：第一名鼎城区财政局，第二名桃源县财政局，第三名石门县财政局。干部培训工作先进单位：第一名石门县财政局、澧县财政局，第二名鼎城区财政局、津市市财政局。

6月2日 市财政局印发“常德市财政局量化目标管理考核办法”的通知。[一、考核内容：1. 基本任务9条300分；2. 中心任务3条200分；3. 职能任务（各科室、单位任务附后）500分；二、增减分规定（10条）；三、考核办法（4条）；四、奖惩措施（3条）]。

6月5日 市财政局印发“关于表彰1999年度财政监督工作先进单位”的通报。财政监督工作先进单位：第一名鼎城区财政局；第二名临澧县财政局；第三名桃源县财政局、津市市财政局。

6月8日 市财政局召开局务会，传达省财政厅费税改革试点工作会议精神和《关于加强监督管理确保财政资金安全的紧急通知》的精神；部署6月份工作。1. 全力以赴实现“双过半”。2. 着力抓好“一法一条例”的宣传工作。3. 开好两个会议（全市财政系统反腐败工作会、全市财政系统财政监督工作会）。4. 把“三讲”的整改措施抓落实。5.

抓组机关创建工作。

6月15日 市财政局印发"关于局机关经费包干使用管理办法"的通知（共七条）。

6月19日 市财政局下达"2000年度农业四税收情目标减免"的通知。全市共20240万元。其中农业税15253万元；农业特产税3760万元；耕地占用税850万元；契据377万元。同日，下达市直农场农业税、农业特产税征收任务。共302万元。其中农业税209万元；特产品93万元。

6月29日 市财政局召开党组会，研究西洞庭农场、西湖农场财政体制；"三讲"整改措施。

6月30日 市财政局、市人事局联合印发"关于强化财政系统干部职工管理的有关规定"（三种人员不得调入财政系统：1. 吸毒，2. 赌博，3. 有贪污、挪用公款）。

7月15日 市财政局印发"关于贯彻落实《中共常德市委关于加强市直机关作风建设的若干规定》的意见"。

7月17日 市财政局召开党组会，研究半年度总结报告、机关宿舍分配；传达市委三届四次全会精神。

7月19日 市财政局召开党组会，研究吴昌元辞职；事务所人员编制调整；局机关竞争上岗方案及人事微调方案。同日，市财政局下达"关于梁德贵等同志任非领导职务"的通知。梁德贵任市财政局主任科员非领导职务；陈昌宏、祝铭一任市财政局副主任科员非领导职务。

7月24日 市财政局召开党组会，研究投资公司负担人变动问题，暂由陈家琪代理负责。同日，市财政局印发"干部告诫制度"（共24条）。

7月30日 市财政局印发"关于进一步加强全市国有企业下岗职工基本生活保障城镇居民最低生活保障资金和企业离退休人员基本养老金使用管理问题"的通知。同日，下达社会保障专项转移支付资金8957万元。其中：下岗职工基本生活保障金3324万元；城镇居民生活最低生活保障金497万元；国有企业离退休人员基本养老金5136万元。

7月31日 市财政局召开党组会，研究竞争上岗方案、几位干部岗位调整方案。

8月10日 常德市机构编制委员会批复：经市委编委主任会议研究，同意核定市工资发放中心全额拨款事业编制8人。

8月17日 市财政局召开党组会，研究接待费管理、财政资金检查；传达全省财税工作会议精神。

8月19日 常德市人民政府印发《常德市乡镇财税合署办公暂行办法》的通知（共十二条）。

8月28日 市财政局召开党组会，传达市委关于选拔青年干部会议精神和研究机关中层骨干缺位竞争。

9月7日 市财政局召开局务会，传达《关于在全省党员干部中开展警示教育活动的通知》精神；部署9月份工作：1. 继续抓好竞争上岗工作；2. 开展预算外资金检查；3. 做好全市财税工作会议的准备工作；4. 搞好财政统发工资工作的督查；5. 筹备好国庆联欢活动；6. 加强对财政厅工作的联络。

9月8日 市财政局召开党组会，研究竞争上岗考试成绩公布。确定竞争上岗考察人选。

9月13日 市财政局、市计划委员会、市水利水电局联合印发“关于下达洞庭湖二期治理2000年中央财政预算内专项资金投资计划和资金指标”的通知（全市共安排3370万元）。同日，中央财政预算内专项资金安排常德市澧县官垸安全区200万元，安乡县下渔口安全转移桥建设500万元。

9月15日 市财政局印发“关于西洞庭农场建立财政体制”的通知。同日，印发“关于东山峰农场下放石门县后预算收支基数划转及财政管理体制”的通知。

9月22日 市财政局召开党组会，传达市委关于国庆期间保稳定保安全会议精神。

9月29日 市财政局召开党组会，研究竞岗、柳叶湖分局人事安排、机关副处正科副科后备干部方案。

10月10日 市财政局召开财政局机关干部职工作风建设讲评大会，邀请了市直行政事业单位20位财务科长和局属单位负责人、各县区（市）财政局负责人参加讲评大会。

10月19日 市财政局、市计划委员会联合印发“关于下达常德市2000年洞庭湖区排涝设施建设以工代赈工项目资金计划”的通知（全市共下达以工代赈资金2770万元）。

10月23日 市财政局下达“关于毛远征等同志任职”的通知。毛远征任常德市财政局德山经济科技开发区分局局长；袁志任常德市财政局柳叶湖旅游度假区分局局长；胡锐任常德市政府采购中心主任、陈昌宏任副主任。

11月7日 市财政局召开局务会，专门部署11月份工作。1. 加强促收，确保全年任务完成和超额完成。2. 科学合理编制2001年的综合预算。3. 搞好机关内部审计。4. 抓好三项工作的督促检查（全市财税工作会议精力落实、全市工资发放、开展财政资金安全检查）。5. 对2000年财政工作进行一次全面的回头看。6. 拟定2001年工作思路。7. 着力搞好机关的创建工作。

11月16日 市财政局召开党组会，研究调入人员；干部微调。

11月20日 市财政局下达“关于李志等同志任职”的通知。李志任市财政局监察室主任；雷志林任常德市财政局柳叶湖旅游度假区分局副局长；程民生任常德市财政局德山经济科技开发区分局副局长。

11月21日 市财政局召开党组会，专题研究人事问题。

11月28日 市财政局、市人事局联合印发“关于2000年度市直行政事业单位会计人员年度考核奖励工作实施意见”（共三章十三条）。

11月29日 市财政局下达“关于周宏建等同志任职”的通知。周宏建任常德市财源办公室主任；方甫军任常德市财政局基本建设科副科长；陈功权任常德市财政局农业税征管科副科长；李福祥任常德市财政局会计科副科长；钟发义任常德市财政局文教行政科副科长；苏和平任常德市财政局农业科副科长。

12月6日 市财政局召开局务会，听取财政改革考察组情况汇报，提出“预算统编、会计统配、国库统付、采购统办、监督统抓”的改革模式；部署12月份工作。1. 搞好“三讲教育”回头看。2. 认真组织好会计人员的年度考核。3. 抓好关帐前的有关工作。4. 做好年终岗位责任制考核的准备工作。5. 规范元旦、春节期间的物资采购。

12月8日 市财政局印发“常德市财政局第十个五年计划”（共三章十八条）。

12月15日 市财政局召开党组会，研究建整扶贫工作组成员；推荐副处后备干部。

12月20日 市财政局印发“关于加强农业税收管理，坚决制止乱收费乱摊派现象”的紧急通知。

12月25日 市财政局召开党组会，研究年终目标考核、干部职工福利、建整扶贫人员调整、黄大轩同志申请困难补助。

12月30日 市委、市政府、市人大、市政协的负责人和常务副市长到财政局慰问全体干部职工，并参加关账会。

2001年

1月4日 市财政局召开第一次局务会：通报局领导班子“三讲”回头看情况，传达市委经济工作会议精神，布置春节前工作。1. 抓好各项考核工作。2. 审制本级预算。3. 做好决算的各项准备工作。4. 做好建整扶贫联系点的有关工作。5. 抓紧春节前的收入入库工作。6. 做好三个会议准备工作（全市财税会、年终总结表彰会、市人大政协会）。7. 搞好春节联欢、慰问等工作。8. 加强春节前后的廉政建设。

1月12日 市财政局下达“确定柳叶湖旅游度假区财政体制”规定。

1月13日 市财政局印发“常德市政府采购资金管理暂行”办法。

1月17日 市财政局召开党组会：研究春节期间慰问、工资发放、安全稳定工作。中介事务所合并、会计人员考核及慰问。财校中层骨干调整方案。局机关干部优岗评定。

1月21日 市财政局召开党组会，研究上年度财政总结报告。

1月27日 市财政局召开党组会：研究“2000年财政预算执行情况和2001年全市及市本级财政预算（草案）的报告”、讨论2001年建整扶贫工作规划。

1月31日 市财政局召开党组会：研究2月份工作、收入考核办法、全市财政收入任务、全市财源建设问题。

1月31日 市财政局召开党组会，研究2月份工作及有关事情。

2月2日 市财政局召开第二次局务会：春节已过要求干部职工投入正常工作，认真做好以下几件具体工作：1. 办好四个会议，2. 报好县区（市）“双文明”考评材料，3.

出台5个考核办法，4. 抓紧收入入库，5. 做好农村税费改革工作准备，6. 做好迎接同级审计准备工作。

2月5日 市财政局召开党组会：研究市直行政事业单位会计立功人员、局机关收入问题、费改税班子组建人员、中元与里程事务所合并事宜、常纺职工“两个置换”问题。

2月8日 市财政局召开党组会，研究年度预算、评比先进及民政评议党员、财务管理。同日，印发“关于表彰2000年度市直行政事业单位会计工作先进个人”的通报。市直行政事业单位80名同志被评为2000年度会计工作先进个人。

2月19日 市财政局召开领导碰头会议，传达全省社会保障会议精神、市议案交办会议精神、全省税政法规会议精神，研究区县市财政局双文明考评和局机关考评。

2月20日 市财政局印发“关于表彰2000年局机关先进单位、先进个人”的通报。预算科等九科室、赵安才等49名干部被评为2000年度量化目标考核先进单位和先进个人，人教科等3科室、古志海等7名正副科长、祝铭一等3名干部、王晓林等32户家里，被评为“双为”竞赛活动文明科室、模范科长、模范副科长、岗位标兵和五好家庭。同日，印发“关于表彰2000年度全市财政系统‘双文明’建设先进单位的通报”。第一名石门县财政局，第二名武陵区财政局。

2月28日 市财政局印发“关于刘丙松同志任职”的通知。刘丙松任市财政局机关后勤服务中心副主任。

3月2日 市财政局召开局务会，传达市委常委（2月20日）会议纪要精神，全市处理邪教“法轮功”会议精神，安排3月份工作。1. 严明纪律，做好稳定工作。2. 开好机关总结表彰大会。3. 做好税费改革的准备工作。4. 办好决算。5. 抓好收入入库。6. 抓好工资发放。7. 配套搞好同级审计。8. 搞好民主评议党员干部工作。

3月5日 市财政局召开党组会：研究日元贷款有关事宜、全市费改税工作方案、县乡干部职工工资统发有关事项、“三个代表”重要思想宣传教育工作安排。

3月7日 市财政局印发“市直行政事业单位办公用品零散项目定点采购”的实施细则。

3月9日 市财政局召开党组会，传达市委关于落实“三个代表”重要思想江泽民同志在湖南的讲话精神。

3月19日 市财政局召开党组会，研究人事任免及调整；监察室汇报干部参与赌博的情况及处理意见。

3月21日 市财政局印发“关于下达2001年市直综合预算计划”的意见（共六条）。

3月29日 市财政局印关“关于梅宏等同志任职”的通知。梅宏任市财政局预算科科长；柳明道任市财政局社会保障科科长；李晓峰任市财政局柳叶湖分局副局长；龚群志任常德市政府采购中心副主任。

4月1日 市财政局召开党组会，研究局机关机构改革方案。

4月6日 常德市委办、市人民政府办印发“关于调整市财源建设领导小组”的通知。

陈君文任组长，刘本之、肖有志、蒯定勋、蔡建和任副组长，周宏建同志任办公室主任。

4月8日 市财政局印发“关于区县市财政局‘双文明’建设考核办法”的通知（共四章48条）。

4月9日 市财政局召开党组会，研究投资公司的有关事宜、局机关人事调整。

4月10日 市财政局印发“关于陈绪华等同志任非领导职务”的通知。陈绪华、贾建平任常德市财政局主任科员非领导职务；曹向奎、鲁兰芳任常德市国有资产管理局主任科员非领导职务；龚新国、李真才、张克勤、汤勇任常德市财政局副主任科员非领导职务。

4月27日 市财政局召开党组会，研究治理经济环境、机关财务内审和传达市委转变机关作风大会精神。

4月29日 市财政局召开局务会，要求全局干部职工认真做好以下四件事：1. 转变干部作风，2. 完成行政审批制度改革，3. 全面整顿财经秩序，4. 抓好收入征管。

4月30日 市财政局印发“关于进一步加强局机关干部作风建设”的几点意见。（1. 抓学习，认识再深化。2. 抓制度，管理再规范。3. 抓督查，措施再落实。4. 抓典型，宣传再升温。5. 抓效果，档次再提高。6. 抓领导，力度再加大。）

5月8日 市财政局下达“市本级2001年度防洪保安资金缴纳的有关事项”的规定。

5月9日 市财政局印发“关于整顿规范财经秩序实施方案”的通知（共五章九条）。

5月10日 市财政局印发“常德市预算外资金支出计划管理”的暂行办法。

6月4日 市财政局召开局务会，布置六项重点工作：1. 全面实现“双过半”，2. 兑现工资老欠，3. 开展“会计法”执法大检查，4. 组织好农税“宣传月”活动，5. 做好全市预算外资金计划管理，6. 集中精力抓好干部作风转变工作。

6月5日 市财政局印发“关于常德市财政局量化目标管理考核办法”的通知［一、考核内容。1. 基础任务（300分）9条。2. 中心任务（200分）3条。3. 职能任务（500分）分科室下达。二、增减分规定（11条）。三、考核办法（4条）。四、奖惩措施（6条）］。

6月18日 市财政局召开党组会，研究财政下半年收支管理重要措施，传达市政府在西洞庭召开的财政工作现场会的精神。

6月20日 市人民政府办公室关于同意成立常德市财经投资开发公司的批复：经市人民政府研究，同意成立常德市财经投资开发公司。公司为1型企业，归口市经委管理，承担原信托投资公司的所有债权债务。

6月22日 市财政局召开党组会，研究财政部门支持全市养殖业发展的意见，机关财务管理的有关事项。

7月3日 市财政局召开局务会：1. 认真学习江总书记“七一”讲话精神，2. 做好半年度财政各项收入入库工作，3. 搞好半年度工作总结，4. 认真做好工资补发的督查。同日，印发“关于常德市政府采购资金管理暂行办法”的通知（共十三条）。

7月6日 市财政局印发“关于进一步加强专项资金分配管理的规定”的通知（共五

条)。同日，市财政局印发“关于常德市市直行政事业单位会计人员任免实施办法”的通知（共六章二十三条)。

7月7日 常务副市长杨光宏在财政局召集局党组会，听取财政时间过半收入过半的情况，研究下半年财政工作如何抓并提出三点意见（收入征管、资金调度、财政监督)。

7月13日 市财政局印发内部传真电报：关于认真贯彻农业税收政策，坚持依法征税的紧急通知（共四条)。

7月16日 市财政局印发“进一步加强专项资金分配管理”的规定。

7月23日 市财政局印发“关于市直行政事业单位会计任职”的通知。55名干部被任命会计。

7月27日 市财政局印发“关于下达全市提高国有企业下岗职工基本生活标准专项转移支付资金”的通知（全市共转移支付资金3324万元)。

8月8日 市财政局召开局务会：1. 深入学习江总书记的讲话精神，2. 全面整顿行政事业单位银行账户工作，3. 抓好部门预算编制工作，4. 大力抓好促收和向上争取资金工作，明确九个科室向上争取资金的具体任务，5. 切实做好全市的查灾报灾工作。

8月9日 常德市委印发“关于李娥皇等同志职务任免”的通知。刘慎松任市财政局党组副书记。

8月15日 市政府常务副市长杨光宏、政府秘书长蔡建和在财政局召集党组会，研究市直企业“两个置换”和市直社会保障资金的保障等事项。

8月20日 市财政局召集财政行政审批制度改革听证会，会议核定：取消28项、保留33项、合并5项审批制度。

8月22日 市财政局召开党组会，传达市委机构改革动员大会精神和局班子成员调整情况；市人民政府印发“关于刘慎松等同志任职的通知”。刘慎松任市财政局副局长。

8月30日 市财政局印发“关于开展治理财税征管环境活动”的意见（共四章十四条)。

9月3日 市财政局召开党组会，研究治理经济环境、财政工作纪律、机构改革、投资公司机构班子、机关财务管理。

9月5日 市财政局召开局务会：1. 落实全市财税工作会议精神，2. 做好“三大查”迎检工作，3. 抓好全市农税征管工作，4. 全面配合搞好市直行政事业单位的部门预算编制，5. 加强对机构改革中拆并单位国有资产和财务档案管理工作，6. 认真抓好局机关财务清理整顿工作。

9月8日 市财政局印发“关于进一步规范公文处理提高办文质量和效率”的意见（共六条)。

9月13日 市财政局印发“关于报送中央调整收入分类政策情况”的紧急通知（共四条)。

9月21日 市财政局召开党组会，研究会计人员任免、超收任务、干部职工福利、党组分工、农开办，收费局，投资公司的有关事宜。

9 月 23 日 市财政局印发“关于下达 2001 年农村中小学教师工资转移支付资金”的通知。

10 月 9 日 市财政局召开局务会：1. 认真组织学习中央十五届六中全会精神，2. 完成市直企业所得税税源调查任务，3. 做好迎接国债资金检查的准备工作，4. 做好会计核算中心成立的准备工作，5. 做好全市的灾情收集上报工作，6. 核查县区（市）上级追加拨款使用情况，7. 继续抓好全市财政收入入库工作。

10 月 17 日 市财政局印发“关于下达 2001 年市对区县（市）1999 年增加机关事业单位在职职工工资和离退休人员离退休费转移支付资金”的通知（全市共转移支付资金 11582 万元）。

10 月 22 日 市财政局召开党组会，研究机构改革方案。

10 月 23 日 市财政局印发“关于在机构改革中加强国有资产管理”的通知（共四章七条）。

10 月 26 日 市财政局召开党组会，研究推荐住房公积金中心主任人选赵安才。同日，市财政局印发“关于财政工作纪律暂行规定”的通知（共十章七十五条）。

11 月 2 日 市财政局印发“进一步做好市直行政事业单位机动车辆统一保险”的规定。

11 月 5 日 市财政局召开党组会，研究代管专项资金财务管理和机关经费财务管理办法。

11 月 6 日 市财政局召开干部职工大会布置九项工作：1. 做好市直部门预算编审工作，2. 做好成立市会计核算中心筹备工作，3. 拟定 2002 年财政工作思路，4. 认真贯彻中央十五届六中全会精神，5. 做好农村税费改革的试点工作，6. 对全年的财政岗位责任制目标进行一次回头看，7. 提前完成局机关财政收入任务，8. 对财政资金安全情况进行一次核查，9. 做好财政年终决算的有关准备。

11 月 16 日 市财政局印发“局机关经费财务管理办法和代管专项资金财务管理办法”的通知（共十一条）。

11 月 22 日 市财政局召开党组会，专题研究部门预算。

11 月 27 日 市财政局印发“关于常德市‘五个百万亩工程’专项资金管理办法”的通知（共七条）。

12 月 3 日 市财政局召开党组会，传达市委三届六中全会精神。同日，市编制委员会通知：经市委常委会研究，同意成立常德市市直机关会计核算中心，为市财政局管理的副处级全额拨款事业单位。

12 月 5 日 市财政局召开局务会布置八项工作：1. 搞好决算布置工作，2. 加强财政资金管理确保收支平衡，3. 起草预算报告，4. 成立市会计核算中心，5. 做好部门预算方案的汇报准备，6. 进一步加强机关干部作风建设，7. 认真做好向上争取资金的工作确保年度任务的完成，8. 做好年终总结的准备工作。

12月6日 市财政局印发“关于元旦春节期间进一步加强廉政建设的意见”（共七条）。

12月8日 市财政局召开党组会，研究部门预算、机关人事调整。

12月14日 市财政局召开党组会，研究财政工作报告、专户开户管理。

12月17日 市财政局印发“关于加强上级财政追加指标管理”的规定（共五条）。

12月19日 市财政局召开党组会，研究局机关内部管理制度。讨论整改措施。

12月28日 市财政局印发“关于下达2001年全市机关事业单位工作人员年终一次性奖金转移支付补助款”的通知（全市共转移支付资金4340万元）。

12月30日 市委、市政府、市人大、市政的负责人和常务副市长到财政局慰问全体干部职工，并参加财政关账会。

2002年

1月16日 市财政局召开党组会，研究迎检、财税工作会准备、决算、人事任免、机构改革方案修订。

1月22日 市财政局印发“2001年各区、县（市）工商两费收入分成情况”的通报。

1月24日 市财政局召开党组会，专题研究机关评先。

1月29日 市财政局召开党组会，研究模范科长、优岗人员、文明科室、岗位标兵、先进个人；研究会计人员考核、春节慰问。

2月6日 市财政局召开党组会，研究“全员竞争上岗方案”、“全员定岗分流工作实施方案”，下达“2002年市直行政事业单位部门预算计划”。

2月7日 市财政局印发“关于表彰2001年度先进集体、先进个人”的通报（10个科室、52名干部被评为量化目标考核的先进集体和先进个人）。

2月9日 市财政局、市教育局印发“2002年市本级城市教育附加和城建税（用于教育部分）专项支出预算”的实施方案。

2月14日 市财政局召开局务会，传达市委经济工作会议精神；部署2月份工作。1. 集中精力迅速恢复正常工作；2. 做好“两会”期间的服务工作；3. 做好全市财税工作会议和局机关、区县市双文明表彰大会的各项准备工作；4. 抓紧组织收入；5. 编好本级预算；6. 做好统一报表工作。

2月19日 市财政局召开党组会，研究税费改革、几个会议安排、核算中心选调人员考察、竞争上岗方案。

2月21日 市财政局召开党组会，研究机构改革的相关问题：1. 第二次修改方案。2. 竞争上岗计分办法。3. 临时工、借调人员清退。4. 现任领导职务行文问题。5. 民主测评对象。6. 改任非领导职务、提前离岗、落岗后的处理办法。7. 改革中几点具体要求。

2月23日 市财政局印发“市财政局机构改革中人员选配定岗方案”实施意见。“市财政局机构改革中全员竞争上岗”实施意见（28 个科长、32 个副科长职位全部实施竞争上岗）。

2 月 27 日 市财政局召开党组会，研究竞争上岗报名情况、会计核算中心的有关工作、临时清理情况。

2 月 28 日 市财政局印发“关于表彰 1999 年度社控、政府采购工作先进单位”的通报。社控先进单位：第二名汉寿县财政局；第二名鼎城区财政局；第三名石门县财政局。政府采购先进单位：第一名石门县财政局；第二名武陵区财政局；第三名鼎城区财政局。

3 月 1 日 市财政局印发“常德市会计核算中心内部会计核算办法”（共九章四十三条）。

3 月 3 日 市财政局召开党组会，研究区县市“双文明”考核情况；会计核算中心人事、工作情况；收入任务；副科长竞岗问题；年度审计；科长人选拟定。同日，市财政局印发“常德市会计集中核算监督”制度。

3 月 8 日 市财政局印发“财源建设贴息资金管理办法”。

3 月 9 日 市财政局印发“区县（市）财源建设工作考核办法”。

3 月 10 日 市财政局印发“关于规范常德市乡镇行政干部津贴及奖金发放范围和标准”的通知。

3 月 12 日 市财政局召开党组会，研究副科长人选；拟订编制；一般干部竞岗程序；传达市直机关机构改革会议精神。

3 月 16 日 市财政局召开党组会，研究办公室调整、干部异动后工作、干部定岗。

3 月 18 日 市财政局印发“常德市财政局机构改革中全员竞争上岗”实施意见。市财政局召开局务会布置七项具体工作：1. 竞争上岗的正副科长集体谈话，2. 修订全年工作要点，3. 落实全年财政收入任务抓紧收入入库，4. 抓好机构改革后的思想政治工作，5. 确保会计核算中心顺利接轨，6. 合理调整机关办公室，7. 做好全市税费改革会议的各项筹备工作。

3 月 22 日 市财政局、市劳动和社会保障局联合印发“关于市级领导干部医疗管理暂行规定”（共六章十条）。

3 月 25 日 市财政局召开党组会，研究：1. 华天大酒店评估问题。2. 请示市政府乡镇财政所不下放。3. 人事调动。4. 税费改革办抽人问题。

3 月 29 日 市财政局召开党组会，研究住房公积金中心提名的四位科级干部任职；局机关上报五名县处级后备干部名单。

4 月 7 日 市财政局召开党组会，研究：目标考核；成立国有资产经营公司的相关事宜；年度财政收入考核办法；党组成员分工。

4 月 9 日 市财政局召开干部职工大会布置九项具体工作：1. 修订科室职能和工作计划，2. 制定和完善三个考核奖励办法，3. 新任科长抓紧与省财政厅各处室联系熟悉情况及早步履工作正轨，4. 大力组织财政收入，5. 做好农村税费改革的配套工作，6. 支持桃树岗村结构调整，7. 加强单位财政支出管理，8. 定优化工作环境、整顿财经秩序的实施意见，9. 认真清理科室经费。

4 月 12 日 市财政局召开党组会，研究：局机关科室经费处理意见；优化经济环境；行政审批事项。

4 月 15 日 市财政局召开党组会研究布置十项具体工作：1. 各科室、局直各单位职能修改，2. 出台局机关量化目标管理考核办法，3. 市本级 2003 年部门预算编制工作，4. 优化经济环境、整顿和规范财经秩序的方案，5. 抓紧搞好机关经费往来清理移交工作，6. 局机关各项规章制度修订汇总，7. 全面清理整顿经济中介机构，8. 深化财政收支两条线管理改革工作，9. 全面清理市直单位工资统发对象，10. 认真落实农村税费改革的各项政策。

4 月 25 日 市财政局印发“优化经济环境整顿规范财经秩序”的实施意见。

4 月 26 日 市政府印发“常德市所得税收入分享改革”方案。

4 月 27 日 市财政局印发“全市实行行政事业性收费（基金）票据一价制”的规定。

4 月 29 日 市财政局召开党组会，研究：党组廉政建设制度；行政审批制度改革；市财政局招商引资奖励办法；财政局机关接待工作制度。

5 月 8 日 市财政局召开党组会，研究机关党委成立四个支部的相关事宜；投资评审的相关事宜；调整各科室职能；聘请临时工和借用人员。

5 月 9 日 市财政局召开局务会，办公室通报上月工作督办情况；布置 5 月份工作；研究：强化作风建设；强化“双过半”思想；强化抗灾救灾意识。

5 月 10 日 市财政局印发“实施新一轮粮食风险基金包干和销售奖励”的规定。

5 月 17 日 市财政局召开局务会，传达全省确保工资发放工作会议精神；部署 5 月份工作。一、关于确保本级工资发放的具体措施。1. 明确财政负担工资的范围和项目；2. 强化工资发放的预算管理；3. 将财政工资统发改革延伸到所有乡镇；4. 落实保证工资发放的工作责任。二、关于 5 月份工作安排。1. 善始善终抓好“三讲”教育，切实巩固“三讲”教育成果。2. 切实做好单位预内的编制和批复工作。3. 大力支持扶贫点的工作。4. 做好“三五”普法考试验收工作。5. 做好几个重要会议的会务工作（全省社保财务工作会、区县市财政收入结账会、全市财政系统思想政治工作会）。6. 继续抓好文明办公。

5 月 22 日 市财政局、市国税局、市地税局、市人民银行下发“关于所得税分享改革后有关预算管理问题的”规定。同日，印发“关于明确局属单位干部管理权限的通知”、“市财政局及局属单位科级干部试用期管理办法的通知”。

5 月 28 日 市财政局印发“关于谢迪军同志任职的通知”。谢迪军任办公室副主任。

5 月 29 日 市财政局召开党组会，研究各科室、单位的职能调整情况；传达市委控灾补损会议精神；听取成立国有资产经营公司筹备情况。

5 月 30 日 市财政局、市教育局联系印发“关于下达 2000 年度市本级教育附加和城建税（用于教育部分）专项支出预算”的通知（共安排专项资金 2300 万元）。

6 月 6 日 市财政局召开局务会，研究布置 6 月份工作：抓“双过半”工作；做好 2003 年部门预算编制准备；搞好工资统发情况检查；做好迎审准备；完成“建议、提案”回复工作；组织好调研活动。

6 月 8 日 市财政局召开局务会，传达全省费税改革试点工作会议精神和省财政厅《关于加强监督管理确保财政资金安排的紧急通知》的精神；布置 6 月份工作。1. 全力以赴实现“双过半”；2. 着力抓好“一法一条例”的宣传工作；3. 开好两个会议（全市财政系统反腐败工作会、全市财政监督工作会）；4. 把“三讲”的整改措施抓落实；5. 抓紧机关创建工作。

6 月 27 日 市财政局印发“常德市财政局各科室、单位职责范围”暂行规定（30 个科室、单位工作职责明细）。

7 月 1 日 市财政局印发“进一步加强局机关会议管理”的意见。

7 月 3 日 市财政局召开局务会，通报上月工作情况；布置 7 月份工作：抓好半年度总结评比；作好双过半结账工作；推进农村税改；做好迎审工作；完成调研任务；抓好部门预算编制；加强资产经营公司工作；落实市纪检工作会议精神；加强工资统发情况的核实。

7 月 6 日 市财政局印发“关于全市确保财政负担人员工资按时发放和财政统发工资情况”的通报。

7 月 8 日 市财政局召开党组会，研究核算中心拟调人员；在中央财大选调三名干部；公开招考公务员的事宜。

7 月 10 日 市财政局下达“进一步明确德山高新科技园税收级次”的规定。

7 月 15 日 市财政局、市国税局、市地税局、市人民银行印发“代扣、代收和代征税款手续费纳入财政预算管理”的规定

7 月 21 日 市财政局召开党组会，研究市国有资产经营公司组建方案；市财政局驻市政务中心窗口工作人员授权函。

7 月 22 日 市财政局印发“进一步明确预算外资金管理几个问题”意见。

8 月 2 日 市财政局印发“关于重新明确机关干部下基层交付伙食费和住宿费标准”的通知。

8 月 7 日 市财政局召开干部职工大会，传达市委书记例会精神；安排 8 月份工作；进行民主推荐。

8 月 12 日 市财政局召开党组会，研究机构改革后市直行政事业单位会计人员的任免意见；听取监察室工作汇报；局机关人事调整和非领导职务人选。

8 月 13 日 市财政局印发“关于陈绪华同志任职的通知”。陈绪华任常德市国库券推销委员会办公室主任。

8 月 14 日 市财政局印发“关于李福祥等同志任职的通知”。李福祥、徐定明、梁浩、徐联玉任主任科员；刘卫红、张康由、朱莉、张凯、徐吉安任副主任科员。

8 月 18 日　市财政局印发“关于落实教师工资发放纳入公务员体系”的意见。

8 月 20 日　市人民政府办公室关于同意组建市国有资产经营管理公司的批复：经市人民政府研究，同意组建常德市国有资产经营管理公司。

8 月 23 日　市财政局、市国税局、市地税局、市人民银行下达“关于所得税收入分享改革后所得税入库调库有关事项”的通知。

8 月 29 日　市财政局召开党组会，研究：所得税改革相关问题；年度超收计划问题；各科室账户管理问题；国有直管公房处置收入管理问题；市级国有土地有偿使用费征收管理暂行办法；国有资产经营公司“三定”方案。

9 月 3 日　市财政局印发“局机关专项资金跟踪问效制度”的规定（共六条）。

9 月 7 日　市财政局召开局务会，传达《关于在全省党员干部中开展警示教育活动的通知》精神；布置 9 月份工作。1. 继续抓好竞争上岗工作；2. 开展预算外资金检查；3. 做好全市财税工作会议的会务准备；4. 搞好财政系统工作的督查；5. 筹备好国庆联欢活动；6. 加强对省财政厅的工作联络。

9 月 9 日　市财政局印发“常德市财政局工作规则”（共九章四十五条）。

9 月 11 日　市财政局印发“进一步明确市直行政事业单位会计集中核算有关问题”的规定。

9 月 16 日　市财政局召开党组会，研究中心工作抽人问题；选两名市党代表；公开招考 5 名局事业单位工作人员。

9 月 26 日　市财政局召开党组会，传达全省财政工作会议、全省增收节支工作会议精神、全省再就业工作会议精神。研究政府采购的相关事宜、国库管理的相关事宜、机关调人的相关事宜。

9 月 28 日　市财政局印发“农业税收税务登记、纳税申报管理”的暂行办法。

10 月 8 日　市人民政府办公室印发“常德市市直行政事业单位财会联络员管理”办法。

10 月 9 日　市财政局召开党组会，研究彩票管理，机关车辆处置与购买，市直定购、保护价库存粮食销售及补助办法；研究社保科长、工资中心主任竞争方案；研究罗颖、张慧、禹瑛、裴贻岩工作安排；研究国有资产经营公司班子组成人员。

10 月 10 日　市财政局印发关于免去柳明道职务的通知。经研究决定：免去柳明道常德市财政局社会保障科科长职务。

10 月 16 日　市财政局印发“切实加强财政国库工作”的规定。

10 月 18 日　市财政局印发“常德市财政负担人员工资统发馆实施细则”的通知（共五章二十七条）。

10 月 19 日　市财政局印发“局机关《首问责任制度》等三个优化办公环境工作制度”的规定。

10 月 22 日　市财政局印发“常德市财政局实施‘常德市市管单位领导班子集体决策

重大问题议事规则试行’细则”的规定（共五章十五条）。

10 月 23 日 市财政局印发“在机构改革中加强国有资产管理”的意见。

10 月 25 日 市财政局召开党组会、听取各区县市收入增幅情况的汇报；研究财政追加指标与分配管理考核办法；向上争取资金奖励办法；规范税费减免的管理。

10 月 31 日 市财政局召开党组会，研究农村税费改革后区县市资金安排意见；11 月份工作重点；市直土地出让金清算暂行办法；农开办人事任免。

11 月 1 日 市财政局印发“关于进一步加强社保资金管理”的通知。

11 月 7 日 市财政局召开局务会，专门部署 11 月份工作。1. 加强促收，确保全年任务完成和超额完成；2. 科学合理编制 2003 年的综合预算；3. 搞好机关内部审计工作；4. 抓好三项工作的督促检查（全市财税工作会议精神落实、全市财政工资发放、开展财政资金安全检查）；5. 对 2002 年的工作进行一次全面的回头看；6. 拟定 2003 年的工作思路。

11 月 18 日 市财政局召开党组会，研究社保科科长、工资中心主任人选。同日，市财政局印发“核定所得税收入分享改革基数返还额”计算方案。

11 月 20 日 市财政局印发关于陈绪华任职的通知。经竞争上岗，局党组研究，决定陈绪华任常德市财政局社会保障科科长。

11 月 27 日 市财政局召开党组会，研究 2003 年市直部门预算编制；市直 2003 年城市维护建设资金收支计划。

12 月 10 日 市财政局印发“财政工作纪律暂行规定”（十章七十五条）。

12 月 12 日 市财政局下达“进一步加强和规范非税收入征收减免”的规定。

12 月 16 日 市财政局召开党组专题会：“研究财政工作报告”。

12 月 23 日 市财政局印发“确定农业税收征收费上划基数”的计算方案。

12 月 24 日 市财政局召开党组会，研究“金财工程”；机关会议室装修；预算编制中的有关问题；做好市“两会”的准备工作。同日，市财政局、市编办印发“市财政对县、区、（市）乡在编人员分流期间工资补助办法”的规定、“农业税收征收经费纳入财政预算管理”、“对少数民族地区和贫困地区继续实行农业税减免政策”。

12 日 25 日 市财政局、市劳动和社会保障局联系印发“关于贯彻执行（常德市城镇职工基本医药保险试行办法）若干问题的意见”（五章三十四条）。

12 月 30 日 市财政局印发“市财政局思想政治工作、廉政建设责任制”考核细则。

2003 年

1 月 3 日 市财政局召开党组会，研究班子成员分工；2003 年财政工作考核奖励办法；春节前后工作安排；区县市企业税收清理问题；社会保障及目前维稳资金安排。同日，印发“关于杨金娥同志任职通知”，杨金娥任常德市收费管理局副局长。

1月7日 市财政局召开局务会，布置1月份的具体工作。1. 认真搞好年终各项考核工作。2. 抓紧制订并出台有关考核和管理办法。3. 认真搞好2002年全市财政总决算。4. 加强资金的调度和拨付，确保社会稳定。5. 做好春节慰问工作，开好春节联欢晚会。6. 进一步抓好整个财政系统的廉政建设。

1月29日 市财政局印发"关于表障2002年度先进集体、先进个人的通报"。1. 先进集体11个：经建科、农业科、综合科、预算科、农税科、办公室、税政法规科、监督科、人教科、会计科、产权科。2. 先进个人38名（其中获市政府嘉奖以上奖励的人员22人；局机关表障的先进个人16名）。3. 模范科长4名：梅宏、李华、郑玉明、王晓林。4. 模范副科长4名：祝铭一、刘丙松、何大斌、龚群志。5. 岗位标兵8名：周宏建、鲁兰芳、李爱华、方甫军、蒋金华、张凯、颜晓春、龚新国。6. 五好家庭32户。7. 中心工作先进个人9名：邹本泉、戴志宏、李华、辛纪元、丁永红、张爱华、程民生、曹向奎、盛小娟。

2月7日 市财政局印发"常德市2003年集中采购目录及政府采购限额标准和招标数额标准"规定。

2月9日 市财政局、市劳动和社会保障局印发"常德市下岗失业人员小额贷款担保基金管理"暂行办法。

2月10日 市财政局召开局务会，布置2月份的具体工作。1. 修订出台几个管理办法。2. 做好三个会议的会务准备。3. 完成2002年度财政决算汇编。4. 制订全年工作要点。5. 衔接落实全年收入任务。6. 做好机关内部审计。7. 加强机关廉政建设。8. 开展科室（单位）班子和干部考察。

2月12日 市人民政府办公室印发"关于加强2003年区县市财税收入入库进度考核的通知"。

2月13日 市财政局召开局机关2002年度总结表彰大会。

2月14日 市财政局召开局长办公会，专题研究分解落实"双十工程"。

2月17日 市财政局印发"常德市2003年集中采购目录及政府采购限额标准和招标数额标准"的通知。

2月28日 市财政局召开局长办公会，研究财政预算外资金管理；预算内、预算外资金协调。

3月1日 市政府召开全市财税工作会议，常务副市长陈文浩作报告。

3月3日 市财政局、市残联印发"关于加强县级残联综合服务设施建设资金管理等问题的通知"。

3月4日 市财政局、市人事局印发"市属事业单位实施内部收入分配制度改革工资管理暂行办法"（共七条）。

3月7日 市财政局召开局务会，传达学习了全市反腐工作会议精神和市委常委扩大会议对财政工作的若干指示，布置3月份的具体工作。1. 全面贯彻落实全市财税和反腐败工作会议精神。2. 大力组织财政收入。3. 搞好单位预算外资金的预算管理及专项资金细化工作。4. 完成人大建议、政协提案的办理工作。5. 做好迎接同步审计的有关工作。6. 大力宣传《会计法》实施办法。7. 继续做好决算汇编工作。8. 认真开展文件“清理归档立卷月”活动。9. 清理整顿彩票市场。同日，市财政局、市劳动和社会保障局印发“常德市企业职工基本养老保险补助资金分配”办法。

3月9日 市财政局、市民政局印发“常德市自然灾害生活补助资金分配”办法。市财，政局、市农业综合开发办印发“常德市农业综合开发工作管理暂行办法”（共六章三十八条）。

3月14日 市财政局召开市直行政事业单位预算外资金管理大会。

3月20日 市政府在财政局召财税收入结账会，市财政、国税、地税三家负责人参加。

3月24日 市财政局下达“关于全市归还国外到期贷款本金利费”的意见。

3月25日 市财政局召开局长办公会，专题研究融通资金借款和预算借款回收问题。

3月27日 市财政局召开全市财政系统党风廉政建设和反腐败工作大会。

3月28日 市财政局召开党组会，办公室通报1月20日局民主测评情况；人教科汇报局属单位公招人员情况；预算科汇报《关于影响市本级财力有关情况分析》；传达市长碰头会精神。

3月31日 市财政局印发“关于2003年度区县市财政局财政工作考核办法”的通知（共三章三十八条）。

4月2日 市财政局、市教育局、市计划委员会印发“常德市中小学危房改造工程专项资金管理办法”（共八条）。

4月7日 市财政局召开党组会，研究机关财务办组成人员；办公楼维修问题。同日，印发“关于鲁兰芳同志任职的通知”研究决定：鲁兰芳任机关财务办公室主任。

4月8日 市财政局召开全市财政收入结账会，各区县市常务副县市长、财政局局长参会。

4月8日 市财政局印发“常德市市直单位清产核资方案”（共十一章四十五条）。

4月11日 市财政局、市人民银行印发“将部分行政事业性收费纳入预算管理”规定（共十七个部门94项收费）。

4月18日 市财政局印发“明确市直各工资统发单位发放‘补发工资’”的有关规定。

4月19日 市财政局下达“全市在财政预算中安排农业综合开发事业费”的意见。

4月22日 市财政局召开党组会，研究公招6名干部的相关事宜。

4月26日 市财政局召开党组会，研究机关财务管理制度、机关接待管理制度、市财政局引进工业项目奖励办法。传达防“非典”紧急会议精神。

4月28日 市财政局印发“常德市财政局引进工业项目奖励办法”的通知（共七条）。

4月30日 市财政局召开干部职工大会，紧急动员防非典。

5月1日 市财政局、市国税局、市地税局、市人民银行印发“关于所得税收入的预算级次和预算科目的补充”的通知。

5月6日 市财政局召开党组会，研究公积金中心全市统一管理的相关事宜。

5月13日 市财政局印发“关于行政事业单位非经营性资产转作经营性资产征收资产占用费的通知”。

5月14日 市财政局印发“关于切实做好外贷外债清理结算对账还款工作”的通知。同日印发“关于陈昌宏等同志任职的通知”。陈昌宏任办公室主任；梅宏任预算科长；汪培儒任国库科长；李华任综合科长；王晓林任法规科长；詹平任行政政法科长；李志任教科文科科长；苏俊朝任经建科长；杨浩清任企业科长；曾福成任外经科长；古志海任会名科长；龚天园任产权科长；郑玉明任监督科长；邹本泉任农税科长；陈雨晖任人教科长；李爱华任监察室主任；周宏建任财源办主任；袁志任柳叶湖分局局长；梁德贵任后勤中心主任；何士兵任办公室副主任；谢迪军任办公室副主任；徐定明任预算科副科长；蒋金华任预算科副科长；祝铭一任国库科副科长；于欣民任综合科副科长；李福祥任行政政法科副科长；毛远征任经建科副科长；徐联玉任经建科副科长；汤勇任农业科副科长；程民生任社保科副科长；张克勤任企业科副科长；梁浩任外经科副科长；夏剑峰任会计科副科长；韩桂芳任产权科副科长；许维荣任统评科副科长；莫海洋任监督科副科长；徐道国任农税科副科长；戴志宏任农税科副科长；李真才任人教科副科长；彭继文任柳叶湖分局副局长；李家军任后勤中心副主任；刘丙松任后勤中心副主任；胡锐任采购中心主任；徐继达任函校校长；王政任注协主任；方甫军任投资评审中心主任；龚群志任采购中心副主任；于炜任采购中心副主任；童跃乐任工资发放中心副主任；娄朝友任函校副校长。

5月15日 市财政局印发“对全市财政专项资金实行项目库管理”的规定。

5月26日 市财政局召开党组会，研究干部调整；机构合并的相关事宜。成立市农业税征收管理局的请示。同日，市财政局印发“进一步加强全市财政专项资金管理”的规定。同日，下达2003年部门预算计划。同日，印发“2003年市财政局量化目标管理考核办法”的通知。

5月30日 市政府召开全市清理整治“小金库”动员大会，常务副市长陈文浩作报告。

6月16日 市财政局召开党组会，研究区县市公积金中心临时负责人；机关党委“七一”发展一批新党员。

6月19日 市财政局印发“关于徐定明等同志职务任免的通知”。徐定明任预算审核服务中心主任；李家军任教科文科副科长；莫海洋任国库科副科长；张凯任预算科副科长；朱莉任财务办副主任；谢迪军任柳叶湖分局副局长；徐继达任会计科副科长。同日，印发关于“谭介夫等同志任非领导职务的通知”。谭介夫、文丽丹、颜晓春、车红玲任常德市财政局副主任科员。

6 月 20 日　市财政局印发“关于清偿到期外债的规定”的通知（共九条）。

6 月 30 日　市财政局召开党组会，研究“七一”表彰优秀共产党员、优秀党务工作者、先进党支部的有关事宜。研究函校与会计科合并、工会与人教科合并办公的有关事宜；研究机关和各科室聘用临时人员的有关事宜。

7 月 1 日　市财政局召开财政系统全体党员庆祝建党 82 周年暨新党员宣誓大会。同日，市财政局印发“全市财政专项资金跟踪问效制度”的规定（共六条）。

7 月 3 日　市财政局印发“关于编制 2004 年市直单位部门预算的通知”。

7 月 6 日　市财政局召开党组会，研究半年度先进个人及先进科室；研究常德市临时机构固定资产管理暂行办法。调整柳叶湖财政体制。研究 2003 年行政事业单位工程建设资金安排。推荐“艰苦奋斗、勤廉为民”优秀领导干部。半年度结账安排。研究半年度先进个人、先进科室。

7 月 8 日　市财政局召开机关半年工作总结表彰大会。

7 月 9 日　市财政局、市民政局印发“常德市城市居民最低生活保障专项转移支付资金分配”办法。同日，印发“常德市企业职工基本养老保险补助资金分配办法”。

7 月 21 日　市财政局印发“车辆管理制度”等三项内部管理制度的通知（车辆管理八条、外来人员管理八条、物业管理十四条）。

7 月 29 日　市财政局召开创建学习型机关动员大会。

7 月 31 日　市财政局、市国税局、市地税局印发“常德市市本级税收收入入库规范管理暂行办法”（共十二条）。

8 月 4 日　市财政局召开党组会，研究公招人员定岗事宜。

8 月 6 日　市财政局召开局务会，布置 8 月份工作：启动创建工作；落实超收任务；编好部门预算；加强干部教育；收回借贷资金；抓好财务办点；搞好两项清理；开展调查研究。

8 月 7 日　市财政局印发“培养选拔年轻干部工作方案”的通知。

8 月 20 日　市财政局下达“加快全市清算兑付粮食直补资金”紧急通知。

8 月 29 日　市财政局下达“加强全局工作人员出国（境）管理工作”的规定。

9 月 2 日　市财政局召开局务会，布置 9 月份工作：大力组织财政收入；切实加强财务管理；认真做好监督检查；努力争取上级支持；积极优化办事环境；继续编好部门预算；精心准备有关活动；深入开展创建活动。

9 月 3 日　市财政局印发《常德市财政局鼓励干部职工积极参加在职学历教育和专业技术职务任职资格考试的暂行规定》的通知。同日印发“专项资金跟踪问效制度”（共六条）；同日，印发“学习制度”等八项内部管理制度。[1. 学习制度共七条，2. 保密制度共十条，3. 办公用品管理制度共七条，4. 印章（鉴）、行政介绍信管理制度共六条，5. 卫生、绿化管理制度共十八条，6. 办公大楼管理制度共十四条，7. 院内住房维修管理制

度共十二条，8. 文件收发传递及阅文制度共七条]

9月5日 市财政局召开党组会，研究龚天园任综合科长。

9月8日 市财政局召开党组会，研究军转团职干部到龄改任非领导职务相关事宜；关于捐款物救灾的相关事宜；市局机构编制方案；财校中层骨干调整。

9月9日 市财政局印发“常德市财政工作规则”（共九章四十五条）。

9月10日 市财政局召开征求优化经济环境意见座谈会。部分人大代表、政协委员、市级部门负责人30多人参加会议。

9月11日 市财政局印发“局机关岗位学法方案”（共四条）。

9月23日 市财政局、市农开办印发“常德市农业综合开发市级重点多种经营项目资金管理实施细则”（共四章十七条）。

9月30日 市财政局召开局务会，研究布置10月份工作：庆祝国庆；狠抓收入；优化办事环境；完善部门预算；整治财经秩序；抓好中心工作。财政工作部分指标的通知。

10月13日 市财政局印发《2003年度市直单位量化目标管理考核指标》

10月15日 市财政局、市建设局印发“常德市本级城市污水处理费征收使用管理暂行办法”（共十六条）。

10月20日 市财政局召开党组会，研究公招人员定岗；干部微调；同日，市财政局印发“关于进一步加强全市中央政法补助专款项目管理工作的通知。”

10月26日 市财政局印发“进一步加强全市预算约束严格预算管理”的规定。

10月27日 市财政局召开局务会，研究“差旅费管理办法”、“加强市直单位财务管理意见”；法院、检察院津贴；小金库清理；局域网络建设。

10月31日 市财政局印发“常德市市直企业军转干部生活困难补助专项资金管理”的规定。

11月3日 市财政局印发“考勤、请（休）假制度”等七项内部管理制度。[1. 考勤请（休）假制度共十一条，2. 中心学习小组学习制度共七条，3. 离退休人员管理服务工作制度共七条，4. 借用、聘用人员管理制度共七条，5. 学历教育管理制度共六条，6. 干部职工调动管理制度共八条，7. 思想政治工作责任制度共七条]

11月4日 市财政局召开局务会，研究年终几件具体工作：采取超常措施确保完成和超额完成全年工作任务；把向上争取资金和项目作为后段工作的重点；坚持厉行节约，从紧控制各项支出；坚持从严管理，加强队伍建设。

11月5日 市财政局印发“财政行政执法责任制度”等三项内部管理制度。（1. 财政行政执法责任制度共十八条，2. 财政行政执法违法和错案责任追究制度共十五条，3. 财政行政执法公示制度共二十一条）

11月11日 市财政局印发“市直军转干部及其随调随迁家属工资发放问题”的规定。

11月12日 市财政局下达“市直退休离休人员适当补贴及误餐费发放”的规定。

11 月 19 日 市财政局下达“2003 年农村税费改革转移支付资金”的通知。(全市共22471 万元)。同日，下达“全市一般性转移支付资金”的通知。(全市共 2085 万元)

11 月 22 日 市财政局下达“关于 2003 年度全市粮食保护性生产补贴办法”的意见。

11 月 26 日 市财政局、市人民银行印发“进一步规范工资统发工作”的规定。

12 月 5 日 市财政局召开党组会，研究干部竞争上岗方案；农开办人事调整；市财政局召开局机关优化经济环境工作会议。

12 月 12 日 市财政局召开领导班子述廉报告会。

12 月 15 日 市财政局、市地税局、市人民银行印发“全市出口退税机制改革后有关预算管理问题的规定”。

12 月 21 日 市财政局印发“2003 年市与县（市）财政决算结算办法”。

12 月 25 日 市财政局印发“关于李福祥同志职务任免”的通知。李福祥任会计科长；毛远征任经建科长；杨霞任监督科副科长；姚政文任企业科副科长；肖婷文任后勤中心副主任。

12 月 30 日 市委、市人大、市政府、市政协的主要领导及常务副市长到市财政局慰问全体干部职工，并参加财政关账。

2004 年

1 月 2 日 市财政局召开党组会：研究局领导分工；区县市财政局责任制考核结果。非税收入减免。研究本级本年度收入计划。

1 月 3 日 市财政局召开局务会，布置当月的七件具体工作。1. 认真开好“两会”，2. 办理财政决算，3. 搞好总结考评，4. 欢度新春佳节，5. 做好维稳工作，6. 加强联系沟通，7. 加强廉政建设。

1 月 8 日 市财政局下达“关于全市 2003 年下半年调整机关事业单位工作人员工资标准和增加离退休人员离退休费转移支付数额的通知”（全市共转移支付 4371 万元）。同日，下达“关于全市 2003 年机关事业单位工作人员年终一次性奖金转移支付的通知”（全市共转移支付 4340 万元）。同日，下达“关于 2003 年全市退耕还林财政减收转移支付数额的通知”（全市共转移支全 612 万元）。

1 月 13 日 市财政局召开党组会：传达省厅财税工作会议精神；机关团拜会安排；春节慰问安排；研究粮油总公司不实资产和账务的处理。

1 月 16 日 市财政局召开党组会：研究全市财税工作会、局机关总结表障会的准备；讨论三个考核办法（1. 2004 年区县市财政收入入库考核办法；2. 全市财政工作考核办法；3. 2004 年市本级财税收入任务考核奖励办法）；听取人教科汇报 2003 年度各科室目标考核情况以及干部职工责任制考核情况。

2月3日 市财政局下达“关于2004年市直各单位部门预算计划的通知”。

2月9日 市财政局召开局长办公会，听取和研究关于设立有关收入过渡账户的情况。1. 国有资产经营公司收取的经营性资产形成的收入账户处理。2. 非经营性资产处置收入过渡账户处理。3. 契税代征点收入过渡账户的处理。4. 非经营性资产和经营性资产收入账户分设。同职，市财政局、市劳动局印发“常德市下岗失业人员外小额贷款担保基金管理暂行办法”的通知（共七条）。下午，召开党组会：研究2004年各科室收入计划安排；局领导联系区县市财政工作安排；研究“行政许可法”实施意见。

2月12日 市财政局召开局长办公会，就市本级部门预算批复及有关遗留问题进行专题研究。1. 妥善处理差额拨款及自收自支单位改为全额拨款单位的问题。2. 进一步规范离退休人员离退休费的管理。3. 迅速编制新成立单位的部门预算。4. 切实加强对专项资金支出的监管。5：认真做好工资统发的相关工作。

2月16日 市财政局召开党组会：研究2004年度收入入库考核办法；2004年优化环境工作方案；研究财务监理制度。研究办公楼电梯、空调修缮事宜。

2月17日 市财政局印发“明确全市和市直行政事业单位非税收入上解下拨通过各级财政专户封闭运行”的规定。

2月19日 市财政局印发“2004年局机关优化环境工作方案”的通知（共六条）。

2月21日 市财政局召开党组会，研究六件大事：1. 2004年十项重点财政工作及责任分解；2. 市本级财政投资重点工程派驻财务总监实施意见；3. 市本级财政投资评审操作规程；4. 建整扶贫方案；5. 2004年度工会文体活动安排；6. 2004年科室经费管理方案。

2月25日 市财政局下达“关于全市核定所得税收入分享改革基数返还额的通知”（全市共10512万元）。

2月27日 市财政局印发“常德市本级财政投资评审操作规程”（共二十五条）。

3月1日 市财政局召开党组会，研究：1. “三八”活动安排；2. 3月份工作重点；3. 国库集中支付制度改革实施方案；4. 政府采购改革工作方案；5. 财源建设方案；6. 非税收入管理工作方案；7. 提高财政人员素质工作实施方案。

3月2日 市财政局召开局务会，布置3月份全局主要工作。1. 学习两会精神，2. 落实目标管理，3. 组织财政收入，4. 办理建议、提案，5. 调查财源税源，6. 搞好同级审计，7. 抓实干部教育。

3月3日 市财政局召开党组会，研究十项重点财税工作方案：1. 严格依法治税；2. 支持经济建设；3. 确保重点支出；4. 实施科技兴财；5. 深化财政改革；6. 加强财务管理；7. 管好非税收入；8. 防范财政风险；9. 重视基层财政；10. 提高人员素质。

3月4日 市财政局召开局长办公会，就市财政局和市国资公司有关国有资产管理职能划分问题进行专题研究。

3月10日 市财政局召开党组会，研究2004自收自支或差额改全额及新成立单位的预算编制、各科室年度责任制。

3月15日 市财政局召开党组会，研究2004年区县市财政局财政工作考核办法；局机关宣传、调研奖励办法。

3月16日 市财政局召开局长办公会，听取了企业科关于投资公司执行市人民政府2003年第30次专题会议纪要的情况和有关问题的处理建议，并就有关问题进行了专题研究。

3月24日 市财政局印发“2004年度区县（市）财政局财政工作考核办法”的通知（共四十二条）。同日，市财政局印发“关于加强企业军转干部生活困难补助转移支付资金监督管理的”紧急通知（共四条）。同日，印发“2004年市财政局量化目标管理考核办法”的通知。

3月30日 市财政局印发“进一步加强全市粮食风险基金管理”的意见。

4月1日 市财政局印发“局直单位2004年主要工作考核办法”的通知（共五十二条）。

4月5日 市财政局下达“进一步明确有关国有资产管理职能”的意见。同日，印发“常德市财政系统人事教育工作目标管理考核办法”的通知。

4月8日 市财政局召开局务会，研究布置4月份工作。1. 落实两件大事（粮食直补和农业税改革），2. 抓好收入入库，3. 搞好税法宣传，4. 开展三项清理（税源级次、临时机构财务、收费项目），5. 抓好专项检查，6. 启动“双争”活动，7. 做好维稳工作，8. 开展农村计生奖励扶助试点。

4月25日 市财政局召开党组会，研究干部轮岗和提拔；科级干部离岗后的管理。

5月9日 市财政局召开局务会，布置5月份工作。1. 启动行风建设活动，2. 开展契税征管检查，3. 组织财政收入，4. 深入调查税源，5. 落实财务管理二十条，6. 深化财政改革，7. 开展专项资金检查，8. 落实各项财政整改意见。

5月13日 市财政局下达：“认真做好全市清理整顿全市统一着装工作的意见”（共六条）。市财政局下达“关于全市行政事业单位非经营性资产转作经营性资产征收资产占用费”的意见（共七条）。

5月14日 市财政局下达“关于切实做好全市外贷外债清理结算对账还款工作”的意见。

5月17日 市财政局召开局长办公会，听取了市维护稳定工作会、省厅纪检监察工作会议精神，并就如何落实这些会议精神和加强市直行政事业单位非经营性资产的管理、市局各科室的收入任务等问题进行了认真研究。

5月18日 市财政局印发《关于在全市财政系统开展“坚持依法理财提升财政形象”教育活动》的意见。

5月25日 市财政局印发“关于在全市财政系统开展‘坚持依法理财提升财政形象’教育活动”的通知。

5月28日 市财政局印发“关于张克勤等同志任职的通知”。张克勤任工资中心主任；

王政任控购办主任；许维荣任税政法规科副科长；李真才任经建科副科长；王建辉任预算审核中心副主任。同日，印发“关于陈再泉等同志任职的通知”。陈再泉、姚梅、吴晨钰、罗培基、施祖鸿、徐联风、丁敬军、陈腊年任常德市财政局副主任科员非领导职务。

6月1日 市财政局召开局务会，布置6月份工作。1. 主攻收入“过半”，2. 展开行风建设，3. 深入调查研究，4. 搞好清理检查，5. 准备半年小结，6. 加快网络建设，7. 落实维稳措施。

6月2日 市财政局召开局长办公会，就原统评科有关移交事项进行了专题研究。

6月10日 市财政局召开党组会，研究公招、成立团工委、财校党委改选、机关发展新党员。

6月17日 市财政局印发“常德市利用国外贷款设立还贷准备金的暂行规定”的通知（共九条）。

6月21日 市财政局、市计生委印发“常德市乡镇计划生育事业费管理办法”。

6月25日 市财政局、市人民银行印发“常德市直预算外财政性资金银行支付清算”的办法（共四章三十三条）。市财政局印发“财政国库集中支付制度改革会计核算暂行办法”（共八章二十八条）。市财政局印发“清偿到期外债的规定”（共九条）。

6月29日 市财政局、市人民银行印发“常德市预算单位财政国库管理制度改革资金支付管理暂行办法”（共七章九十三条）。同日，印发“局机关引进工业项目实行奖励的补充通知”。

7月2日 市财政局印发“关于开展《会计法》执行情绪检查工作”的通知。

7月7日 市财政局印发“常德市国库集中支付单位政府采购资金拨付暂行办法”（共四章十八条）。

7月16日 市财政局召开局务会，布置7月份工作。1. 积极组织收入，2. 推进行风建设，3. 抓好财政改革，4. 开展专项资金检查，5. 组织专项清理，6. 确保汛期稳定。

7月29日 市财政局印发“常德市财政局落实省政府八件实事和市政府十件实事责任分解表”的通知。

7月31日 市财政局印发“常德市财政局建设学习型机关实施方案”的规定。同日，下达“关于编制2005年市直单位部门预算的通知”。

8月4日 市财政局下达“关于对市直行政事业单位‘非转经’资产征收国有资产占用费的意见”（共五章二十五条）。

8月10日 市财政局召开局务会，布置8月份工作。1. 编制部门预算，2. 狠抓收入入库，3. 宣传贯彻《湖南省非税收入管理条例》，4. 扎实开展“创学”，5. 搞好行风建设，6. 调试支付网络，7. 严格财务管理，8. 做好财源清理调查。

8月25日 市财政局、市国土局印发“常德市新增建设用地有偿使用费财务管理暂行办法”（共十九条）。

8月29日 市财政局召开党组会，研究配备国库集中支付局班子成员；注协有关事宜。

9月8日 市财政局召开局务会，布置9月份工作。1. 推进行风建设，2. 积极组织财政收入，3. 审核部门预算，4. 抓好学教活动，5. 办好政府实事，6. 确保节前稳定。

9月14日 市财政局召开局长办公会，专题研究了市政务中心财政窗口的各项工作。同日，市财政局印发“关于全市落实低保资金预算确保低保资金及时足额到位”的通知。

9目20日 市财政局印发“关于财政系统规范性文件备案审查有关问题”的通知。

9月27日 市财政局召开局长办公会，听取了财务办关于局机关办公电话清理情况的汇报，研究制定了加强机关办公电话管理的具体措施。

10月14日 市财政局召开局务会，布置10月份工作。1. 主攻超收目标，2. 完善各项改革，3. 积极争取资金，4. 开展专项检查，5. 加快网络建设。

10月16日 市财政局印发“全市民办学校收费资金和票据管理”的规定。

10月18日 市财政局、市计生委印发“常德市农村部分计划生育家庭奖励扶助专项资金管理办法”（共六章十九条）。

10月20日 市财政局下达“进一步加强全市中央政法补助资金专款项目管理工作”的意见。

10月22日 市财政局印发“常德市财政局实施《常德市市管单位领导班子集体决策重大问题议事规则（试行）细则》”的意见（共五章十五条）。

10月30日 市财政局召开党组会，研究干部调整及调入人员定岗安排。提拔科级非领导职务人选。投资公司总支书记改选。农开办干部调整。非税局班子调整和增设机构。市直单位小车定点维修的相关事宜。

11月2日 市财政局召开局务会，布置11月份工作。1. 狠抓收入入库，2. 全力争取资金，3. 落实政府实事，4. 抓好网络建设，5. 推进财政改革，6. 应对体制调整，7. 抓好财务检查，8. 拟定工作思路。

11月8日 市财政局印发“关于蒋金华等同志任职的通知”。蒋金华任主任科员；张爱华、申建辉任副主任科员；娄朝友任评审中心副主任。

11月11日 市财政局印发“关于建立动物防疫长效机制”的通知。

11月19日 市财政局印发“常德市财政国库集中支付网络安全管理制度”（共十条）。同日，印发“局机关（首问责任制度）等三个优化办事环境工作制度的通知”。[1. 首问责任制度（共十一条）。2. 限时办结制度（共十条）。3. 行政过错责任追究制度（共三十四条）。]

11月30日 市财政局印发“常德市2005年集中采购目录及政府采购限额标准和公开招标数额标准”的规定。

12月8日 市财政局召开局务会，布置12月份工作。1. 狠抓收入入库，2. 做好关账准备，3. 积极争取资金，4. 办好有关会议，5. 总结年度工作，6. 完善落实相4名关管理制度，7. 抓好部门预算扫尾，8. 做好节前工作，9. 抓好廉政建设。

12 月 13 日 市财政局召开党组会，研究科长竞争上岗方案；通报企业科职能调整事宜；通报非税局、支付局班子职务任免；支付局中层骨干竞争上岗实施方案。

12 月 17 日 市财政局下达“关于认真做好全市新会计制度贯彻实施工作”的意见。

12 月 23 日 市财政局印发“关于谢志坚等同志任职的通知”。谢志坚、杨金娥任非税局副局长；曾松任国库支付局副局长。颜爱丽任国库支付局副局长、总会计师。

2005 年

1 月 6 日 市财政局召开局务会，布置 1 月份的主要工作。1. 认真参加有关重要会议（省财税、财政会；市人大、政协会）。2. 抓好年度总结考核。3. 办理财政结算决算。4. 切实加强廉政建设。5. 完成预算编审批复。6. 做好节前相关工作。7. 开展市级财政专项资金检查。8. 开通财政网站。

1 月 21 日 市财政局召开党组会，听取人教科汇报 2004 年度科室、单位及全体干职民主测评结果。

1 月 24 日 市财政局召开党组会，研究领导班子成员分工。

1 月 25 日 市财政局印发“常德市财政局关于认真落实局机关优化环境各项整改措施”的通知。

2 月 1 日 市财政局召开党组会，研究 2004 年度优岗（25 名）、记三等动（3 名）、模范科长（4 名）、模范副科长（6 名）、岗位标兵（6 名）、局机关先进个人（25 名）和五好家庭（39 户）。研究新调入人员定岗；市直相关单位财务人员任免。

2 月 4 日 市财政局召开党组会，传达市委保先教育工作会。

2 月 16 日 市财政局印发“常德市财政局保持共产党员先进性教育活动实施方案”的通知（共七条）。

2 月 17 日 市财政局召开市财政系统干部职工大会，局长以“保持共产党员先进性，推动财政工作创辉煌”为题作了动员报告。

2 月 22 日 市财政局副书记、副局长刘慎松以“大力弘扬艰苦奋斗精神，牢固树立节俭理财”为题，给全局干部上党课。

2 月 23 日 市财政局印发“关于下达 2005 年部门预算计划”的通知。

2 月 28 日 市财政局印发“关于表彰 2004 年度全市财政工作先进单位”的通报。全市财政工作先进单位：石门县财政局、津市市财政局、临澧县财政局、西湖管理区财政局。

3 月 2 日 市财政局党组书记、局长以“践行‘六个坚持’基本要求，永葆共产党员先进性”为题，给全局干部作辅导报告。

3 月 4 日 市财政局印发“关于 2004 年度建设学习型机关有关情况”的通报（取得

大学本科学历的12人，取得专科学历的1人，取得会计师职称的3人，取得经济师职称的13人，取得助理会计师的1人，取得计算机应用能力考试合格证书的8人，取得电脑考试合格证书的7人）。

3月8日 中共湖南省委、省人民政府表彰2004届文明城市、文明单位等，常德市财政局榜上有名，喜获省级文明单位光荣称号。

3月10日 市财政局印发“关于表彰2004年度局直单位先进集体”的通报（先进集体名单：市农业综合开发办公室；市财政国库集中支付局；常德财经中等专业学校）。

3月14日 市财政局召开党组会，专题研究市本级基本建设资金管理办法。

3月17日 市财政局印发“常德市乡镇财税管理信息化建设工作方案”的通知。同日，印发“常德市2005年财政工作要点”的通知（共五条）。

3月19日 市财政局召开党组会，研究各科室收入计划。

3月26日 市财政局印发“常德市财政局规范性文件备案审查责任追究制度”（共十三条）。

3月31日 市财政局下达“常德市规模工业企业2005年入库税金目标数”的通知。

4月1日 市财政局印发“常德市财政局建设学习型机关工作考核暂行办法”的通知（共五章三十五条）。

4月3日 市财政局印发“全市2005年度区县（市）财政局财政工作考核办法”的通知（共三章三十三条）。

4月4日 市财政局召开局务会，布置4月份的主要工作。1. 抓紧开展先教分析评议活动。2. 抓紧组织财政收入。3. 抓紧出台相关管理办法。4. 抓紧实施两项改革。5. 抓紧落实优化环境工作。6. 抓紧完成调研和建议提案工作。7. 抓紧局机关信息化建设。8. 抓紧制定规范津补贴，统一奖金、福利发放标准的方案。9. 抓紧拿出2004年市本级财政决算报告。

4月7日 市财政局印发“关于完善财政国库集中支付制度改革有关问题”的通知。

4月13日 市财政局印发“常德市本级财政资金拨款暂行办法”的通知（共十六条）。

4月18日 市财政局召开党组会，研究拟向市委推荐市财政局调研员、助理调研员、非税局局长人选。研究机关目标管理考核办法。

4月19日 市财政局印发“常德市政府采购工作目标管理考核评比办法”的通知。

4月22日 市财政局印发“关于汤勇等同志职务任免”的通知。汤勇任财政信息中心副主任；姚梅任政务中心财政窗口主任兼控办副主任。

4月28日 市财政局、市民政局下达“2005年全市城市低保配套资金计划”的通知（共全共2469万元）。

5月9日 市财政局召开局务会，布置5月份的主要工作。1. 抓紧落实“先教”活动。2. 大力组织财政收入。3. 积极推进财政改革。4. 切实加强财政管理。5. 认真落实管理办法。6. 严格机关后方管理。同日，印发“2005年局机关优化环境工作方案”的通知（共五章十七条）。

5月12日 市财政局印发“常德市市直行政事业单位差旅费支出管理暂行办法”的通知（共十三条）。

5月13日 市财政局、市非税收入征收管理局印发“常德市市本级统一收取涉及建设项目行政事业性收费及基金实施细则”的通知（共十九条）。

5月20日 市财政局印发“全市财政系统开展向陈绪华同志学习的决定”。

5月22日 市财政局召开党组会，研究信息中心人员定岗；干部调入和临时工聘用。

5月26日 市财政局召开党组会，研究“民生十难”财政怎么办。同日，市财政局、市民政局印发“关于对全市民政社会救助和优待抚恤资金实行社会化发放”的通知。同日，印发“常德市财政局2005年量化目标管理考核办法”的通知（共五章二十五条）。

5月31日 市财政局印发“关于规范市直行政事业单位住房公积金补助有关问题”的通知。同日，印发“局直单位2005年量化目标管理考核办法”的通知（共四章十五条）。

6月6日 市财政局召开局长办公会，研究综合治理联系点和建整扶贫点扶助项目安排及资金落实方案。同日，市财政局印发“全市财政系统认真落实省8件实事和市10件实事”的通知。

6月13日 市财政局印发“2005年市本级社会保险费征管考核办法”的通知。

6月21日 市财政局印发“关于加强市直行政事业单位会计人员任职资格管理”的通知。

6月24日 市财政局印发“关于做好引进工业项目工作”的通知。

6月27日 市财政局召开党组会，研究审定2006年市本级部门预算方案。

6月29日 市财政局召开局长办公会，专题研究引进工业项目的具体事项。

7月1日 市财政局印发“关于加强全市财政系统干部教育培训工作的实施意见”的通知（共五章十五条）。

7月9日 市财政局召开局务会，布置7月份的主要工作。1. 搞好半年总结。2. 推进四项改革。3. 加强收入征管。4. 开展监督检查。5. 落实先教整改。6. 大力招商引资。7. 做好防汛准备。

7月11日 市财政局印发“关于曾福成同志免职”的通知（免去曾福成外经科科长职务，改任主任科员）。

7月17日 市财政局召开党组会，研究干部岗位调整及提拔人选。同日，市财政局印发“关于莫海洋等同志职务任免”的通知（莫海洋任财源办副主任，免去国库科副科长；童耀乐任企业科副科长，免去工资发放中心副主任）。

7月25日 市财政局印发“关于编制2006年市直单位部门预算”的通知。同日，印发“关于重新界定市本级预算单位经费领拔关系”的通知。

8月4日 市财政局召集局务会，布置8月份工作。1. 抓环境优化。2. 抓部门预算。3. 抓科技兴财。4. 抓收入组织。5. 抓争取资金。6. 抓财务管理。

8月19日 市财政局印发“关于市直行政事业单位公务人员长沙出差实行定点住宿”的通知。

8月23日 市财政局印发“关于对财政有关重大事项实行公示”的通知（共十条）。

8月28日 市财政局印发“局机关车辆管理制度”的通知（共九条）。

9月5日 市财政局召开党组会，研究公开招考局属单位工作人员方案。财经投中层骨干任免事宜。

9月6日 市财政局召开局务会，布置9月份工作。1. 积累组织收入。2. 优化办事环境。3. 清理津贴补助。4. 迎接省厅检查。5. 推进财政改革。6. 开展专项检查。

9月9日 市财政局召开局长办公会，专题研究市政务中心财政窗口工作。

9月15日 市财政局印发“关于明确局机关几个财务管理事项”的通知（1. 差旅费报销标准。2. 临时工工资。3. 不占指标招待费管理程序和接待地点。4. 办公用品和专用设备购置）。同日，印发“关于开展构建和谐机关活动的实施意见”的通知（共四章十二条）。同日，印发“市政务中心财政窗口主要工作职责”的通知（共九条）。

9月19日 市财政局印发“市本级全面推行国库集中支付制度改革工作安排”的通知。

9月28日 市财政局印发“关于聘请卢武福等37名同志为财财政行风监督员”的通知。

10月11日 市财政局印发“常德市市本级行政事业单位国有资产管理暂行办法”的通知（共九章四十条）。

10月17日 市财政局召开党组会，研究机关职位补缺（财源办、农业科）；推荐党外中层干部培训人（毛远征）；临时工续聘；支付局干部调整提拔；局属单位纪检干部任免；公积金中心人事任免；市直部分会计人员任免；通报各科室测评情况。

10月22日 市财政局印发“全市财政系统对农民补贴发放信息化工作方案”的通知。

10月26日 市财政局印发“市直国库集中支付单位财政拨款外其他资金及往来资金实行网上支付的有关规定”的通知（共十二条）。

10月27日 市财政局印发“关于落实生活困难补助市级劳动模范有关待遇”的通知。

11月4日 市财政局召开局务会，布置11月份工作。1. 学习贯彻会议精神。2. 推进各项财政改革。3. 狠抓收入入库。4. 积极争取资金。5. 谋划明年工作思路。6. 落实党委政府实事。7. 优化办事环境。8. 狠抓招商引资。9. 切实加强源头治腐。

11月8日 市财政局召开局长办公会，就如何进一步贯彻市直单位反腐败治源头工作会议精神，加大投资评审监管力度，提高评审质量和水平进行了专题研究。

11月11日 市财政局印发“关于施祖鸿等同任任职”的通知（施祖鸿任行政政法科副科长；陈再泉任农税科副科长；丁敬军任工资发放中心副主任）。

11月14日 市财政局召开党组会：研究财政软件开发和下年度部门预算问题。

11 月 26 日 市财政局召开党组会：研究市本级城建资金预算。

11 月 29 日 市财政局印发“常德市 2006～2007 年政府集中采购目录”的通知。

12 月 8 日 市财政局召开局务会，布置 12 月份工作。1. 完善落部门预算。2. 推进国库集中支付改革。3. 积累争取资金。4. 做好收支关账。5. 准备各项考核。6. 做好节前工作。

12 月 14 日 市财政局印发“关于进一步加强县级公安经费保障工作”的通知。

12 月 20 日 市财政局召开党组会：研究 2006 年财政工作思路、年终干部考核、收入结算等问题。局属单位公开招考工作人员事宜。

12 月 27 日 市财政局印发“关于做好市直行政事业单位会议定点接待工作”的通知。

12 月 26 日 市财政局印发“关于规范市直行政事业单位津补贴和奖金福利发放标准”的通知。

12 月 28 日 市财政局印发“常德市财政局信息化管理制度”的通知。同日，印发“常德市财政局关于对预算单位‘金财工程’专网的管理规定”的通知（共十二条）。

12 月 30 日 市财政局召开党组会：研究人大会上财政工作报告和“两会、两节”的有关问题。人教科汇报市直部分单位会计机构负责人任免事宜。

2006 年

1 月 1 日 全市 199 家行政事业单位全面实施国库集中支付制度改革。

1 月 4 日 市财政局印发《关于进一步规范市直行政事业单位配套缴存住房公积金有关问题的通知》。

1 月 6 日 市财政局召开局务会，布置 1 月份工作。1. 会议准备。2. 总结考核。3. 节前活动。4. 安全维稳。5. 年初开局。6. 廉政建设。

1 月 9 日 市财政局印发“关于徐联凤等同志职务任免”的通知（徐联凤任行政政法科副科长；施祖鸿同志任预算科副科长，免去行政政法科副科长职务）。

1 月 25 日 市财政局召开党组会，听取人教科汇报 2005 年度科室、个人民主测评情况。研究共产党员示范岗人选。研究 2005 年度机关科室、单位目标考核评比情况。研究局直单位目标考核评比情况。研究先进个人评比情况。

2 月 6 日 市财政局召开党组会，研究市局直属事业单位公开招聘工作人员。

2 月 8 日 市财政局召开党组会：研究四个考核办法。1. 财政工作考核；2. 区县（市）财政工作考核；3. 财政收入入库考核；4. 财政工作、收入任务考核奖励办法。

2 月 9 日 市财政局召开局务会，布置 2 月份工作。1. 抓收心归心。2. 抓会议准备。3. 抓收入开门红。4. 抓廉政建设。

2 月 15 日 市财政局召开 2005 年度局机关总结表彰大会。同日，市财政局、市非税局下达“2006 年防洪保安资金征收任务”的通知。

2 月 16 日 市财政局召开党组会，研究班子成员分工、财政收入调查、财政收入落实和行政事业单位的资产管理；局事业单位公招三名干部和公积金中心公开招聘工作人员的相关事宜。

2 月 26 日 市财政局召开党组会，听取人教科汇报 2005 年度局属单位班子及成员民主测评及考察情况；局属单位科级干部民主测评情况；研究财校中层骨干调整事宜；农开办干部提拔事宜。

2 月 28 日 市财政局印发“常德市政府采购工作目标管理考核评比办理”的通知。

3 月 1 日 市财政局印发“2006 年区县（市）财政局财政工作考核办法”的通知（共三章三十七条）。

3 月 6 日 常德市召开全市财税工作会议。同日，市财政局召开全市财政工作会议，布置全年财政工作重点。

3 月 7 日 市财政局召开局务会，布置 3 月份工作。1. 贯彻会议精神。2. 组织财政收入。3. 办理建议提案。4. 搞好调查研究。5. 做好迎审工作。6. 开展督导检查。7. 拟定相关方案。

3 月 13 日 市财政局印发“2006 年局机关重点工作责任分解表”的通知（收入、支出、改革、管理和优化环境）。

3 月 27 日 市财政局、常德军分区后勤部印发“关于将区县（市）人武部代管经费纳入军分区单一账号集中支付”的通知。同日，市财政局、市教育局印发“关于下达 2006 年市本级城市教育费附加专项支出预算”的通知（预算安排 13097 万元）。

3 月 28 日 市财政局、市民政局下达“2006 年区县（市）城市低保配套资金计划”的通知（全市共 2839 万元，其中市级配套 436 万元）。

3 月 29 日 市财政局召开局机关改革总结大会。

3 月 31 日 市财政局、市教育局印发“常德市‘十一五’期间全市中小学布局调整工作方案”的通知。

4 月 3 日 市财政局召开党组会，研究各科室职责范围调整。

4 月 4 日 市财政局印发“局直单位 2006 年度量化目标管理考核办法”的通知（共四章十三条）。

4 月 7 日 市财政局召开局务会，布置 4 月份工作。1. 落实工作任务。2. 组织收入考核。3. 抓好两大清理。4. 出台有关方案。5. 开展专项检查。6. 抓好各项调研。7. 积极招商引资。

4 月 13 日 市财政局印发“关于认真做好 2006 年全市财政调研工作”的通知。

4 月 18 日 市财政局印发“局机关各科室（单位）职责范围暂行规定”的通知。明确了 35 个科室（单位）职责。同日，市财政局召开局务会，专题研究布置迎来国家审计署审计和实施政府收支分类改革工作。

4 月 22 日 市财政局印发“常德市财政局 2006 年量化目标管理考核办法”的通知（共五章二十六条）。

4 月 25 日 市财政局、市非税局印发“常德市财政票据年检办法”的通知（共十三条）。

4 月 26 日 市财政局印发“关于进一步做好公务用车定点维修工作”的通知。

4 月 27 日 市财政局召开党组会：研究投资开发土地、成品油价格改革以及听取会计科汇报市直行政事业单位会计人员考核的情况。

4 月 27 日 市财政局印发“常德市人才开发资金管理使用暂行办法”的通知（共七条）。

4 月 29 日 市财政部印发“关完切实落实省八件实事和市十件实事”的通知。

4 月 30 日 市财政局召开优化经济环境整顿和规范财经秩序动员大会。

5 月 8 日 市财政局、市农机局印发“常德市财政购机补贴资金使用管理办法”的通知（共三章十三条）。

5 月 9 日 市财政局召开党组会：研究农税局班子组建（詹平任局长，徐道国、李家军任副局长）。研究新农村建设资金安排、资金管理以及新农村建设领导成员名单。同日，市财政局印发“关于进一步完善财政涉农补贴信息化发放工作”。同日，印发“常德市市直行政事业单位清产核资和资产信息化管理方案”的通知。

5 月 11 日 市财政局召开局务会，布置 5 月份工作。1. 认真准备迎审。2. 抓好两项改革。3. 完成主题调研。4. 积极争取资金。5. 出台三个方案。6. 落实审计整改。7. 召开有关会议。同日，召开局长办公会，就局机关在同级审计后落实整改措施问题进行了专题研究。

5 月 16 日 市财政局印发“关于对全市部分弱势群体和公益性行车因石油价格形成机制改革增加支出实行财政补贴”的通知。

5 月 19 日 市财政局下发《关于进一步完善财政涉农补贴信息化发放工作的通知》。同日，出台《常德市市直行政事业单位清产核资和资产信息化管理方案》。

5 月 25 日 市财政局印发“2006 年局机关优化经济环境工作方案”的通知（共五章十三条）。

5 月 27 日 市委书记武吉海到市财政局调究财政工作。

5 月 30 日 市财政局召开全市财政系统纪检监察工作会。

5 月 31 日 市财政局召开党组会：研究支付局调整分科级干部事宜；财经投提拔燕为康为班子副职；非税局张丽、局机关李凯公务员转正的相关事宜。

6 月 1 日 市财政局召开局务会，布置 6 月份工作。1. 贯彻领导指示。2. 落实十号文件。3. 主攻收入过半数。4. 抓好三项改革。5. 开展专项整治。6. 搞好半天总结。同日，印发“2005 年‘群众评单位’反馈意见的整改措施”的通知。同日，印发“2006 年政务公开工作方案”的通知。

6 月 5 日 市财政局召开局兴办公会，就如何加强市直 2007 年部门预算编制工作进行了专题研究。

6月6日 市财政局召开全市行政事业单位清产核资动员大会；同日，召开全市行政事业单位政府收支分类改革大会，布置2007年部门预算编制工作。

6月7日 市财政局召开局直属机关委员会第一届代表大会。

6月8日 市财政局印发“关于对2006年区县（市）财政局重点工作实行单列考核奖励”的通知。

6月9日 市财政局召开局长办公会，就财政策应新农村建议，特别是积极筹措资金办好点村问题进行了专题研究。同日，机关举办税政法规培训讲座，省法制办尹处长授课。

6月13日 市财政局召开党组会，推荐全国、全省财政系统先进集体和先进个人（先进单位13个、先进个人5名）。研究拟调三名干部（刘璟、孟成、祁薇静）。局机关发展新党员6名。

6月16日 市财政局印发“关于做好全市成品油价格再次调整财政补贴工作”的通知。同日，印发“落实2006年党风廉政建设和反腐败工作部署的分工意见工作方案”的通知。同日，印发“关于全市财政系统开展政府采购领域商业贿赂专项治理工作”的通知。

6月21日 市财政局印发“常德市科普专项经费管理办法”的通知（共十一条）。

6月23日 市财政局印发“关于切实做好当前财政工作”的通知（七个突出）。

6月30日 市财政局召开全市税费改革、财政转移支付工作大会。

7月10日 市财政局召开局长办公会，专题研究了财政支持社会主义新农村建设有关问题。同日，市财政局、市农机局印发“2006年农业机械购置补贴专项实施方案”的通知（共十一条）。

7月12日 市财政局印发“关完加强新农村建设资金管理”的通知。

7月14日 市财政局召开局机关半年度总结表彰大会。同日，布置7月份工作。1. 抓突半年总结考核。2. 切实加强收入征管。3. 稳步推进财政改革。4. 强化专项资金管理。5. 加强投资评审工作。6. 开展有关清理工作。7. 积极推进信息化建设。

7月18日 市财政局开展为对口联系的社会主义新农村示范村鼎城区灌溪镇富贵坪村送农资活动，市局为该村送去12吨优质复合肥和尿素。

7月19日 市财政局召开上半年工作总结表彰大会。

7月20日 市财政局召开全市半年度财政收入入库考核结账会，全市财政收入顺利过半。

7月21日 市财政局召开全体干部职工大会，学习胡锦涛总书记“七一”讲话精神。

7月24日 市财政局印发“关于确保全市财政资金安全有关问题”的通知。

7月27日 省财政厅厅长李友志到常德市财政局考察调究财政工作。

7月29日 市财政局印发“关于全市公务员长沙出差实行定点住宿”的通知。

7月31日 市委组织部、市发改委、市财政局印发“常德市村级组织活动场所建设项目实施方案”和“常德市村级组织活动场所办公用品配置方案”的通知。

8 月 3 日 市财政局为对口村送去村部建设和图书室建设专项资金。

8 月 4 日 市财政局召开局务会，布置 8 月份工作。1. 贯彻领导指示。2. 抓好四项改革。3. 完政主题调研。4. 拨付项目滔。5. 加强公文管理。6. 开展优化活动。7. 大力争取资金。8. 抓好信息化工作。同日，市财政局、市扶贫办下达“2006 年财政扶贫资金项目计划”的通知（全市 488 万元）。

8 月 8 日 市财政局印发“常德市特别援助对象再就业补助资金管理暂行办法”的通知（共六条）。

8 月 12 日 市财政局、市劳动和社会保障局印发“常德市市本级个人续接基本养老保险关系暂行办法”的通知（共七章二十条）。

8 月 14 日 市财政局召开党组会，研究局团工委书记和副书记人选。录用两名公务员定岗。同日，市财政局印发“常德市县域经济发展资金管理办法”的通知（共九条）。

8 月 16 日 市财政局、市劳动和社会保障局印发“常德市下岗失业人员再就业培训和职业技能鉴定补贴实施细则”的通知（共八章十九条）。

8 月 21 日 市财政局召开党组会：研究迎接省市审计。研究人事问题：1. 团工委组成人员（书记张凯，副书记李春虎、禹英）。2. 录用两名公务员定岗（雷志祥、柳兰波）。

8 月 24 日 市财政局、市教育局下达“市直学校‘十一五’建设项目规划”的通知。

8 月 25 日 市财政局、市带动和社会保障局印发“常德市下岗失业人员再就业社区保险补贴实施细则”的通知（共七条）。

8 月 29 日 市财政局印发“关于明确市直财政负担人员工资统发管理有关问题的通知”（共六条）。

9 月 1 日 市财政局印发“关于认真学习贯彻财政部第 35 号、36 号令加强行政事业单位国有资产管理”的通知。

9 月 4 日 市财政局召开党组会，研究：1. 行政事业单位基本建设资金安排；2. 建国前参加工作的退休老工人福利待遇问题；3. 农村义务教育经费保障机制；4. 创新财政监督机制；5. 财政专户核算软件开发；6. 机关公文管理；7. 9 月份全局重点工作；8. 评选表彰全省杰出会计人员。

9 月 5 日 市财政局召开局务中，布置 9 月份工作。1. 积极做好迎审工作。2. 抓好部门预算编制。3. 抓好党组生活会有关意见的整改。4. 努力增收节支。5. 开局五项专题检查清理。6. 推动办公自动化建设。同日印发“关于进一步规范机关公文管理”的通知。

9 月 12 日 市财政局、市经委印发“兑现市本级工业发展奖励没税收优惠政策实施细则”的通知（共十条）。同日，市财政局在石门县召开全市财政收入“8. 33”结账会。

9 月 19 日 市财政局召开党组会，研究梁浩任外经科科长、汤勇任信息中心主任；通报机关科室、单位半年测评结果；李文英任主任科员事宜，老干部出省游事宜；招聘网络员、会议室服务员事宜；研究市公积金中心竞争上岗事宜。

9月22日 市财政局印发“关于周乃万同志任职的通知”决定。周乃万任市财政局纪检监察室副科级纪检监察员。

9月25日 市财政局召开党组会：研究决定：方甫军任市财政局投资评审中心主任；祝铭一、刘卫红、龚新国、吴希莲、盛小娟、刘丙松、陈忠明、何大斌任市财政局主任科员；李国清、欧阳志、刘文华、谢翱、姚赛芝、韩先仿任市财政局副主任科员。

9月26日 市财政局召开党组会，传达全省财税工作会议精神；研究具体落实措施。

9月27日 市财政局开展为对口村“送政策、送文化”活动。

9月28日 市财政局召开局务会，布置10月份工作。1. 贯彻会议精神。2. 做好预算调整。3. 推进两项改革。4. 抓好优化工作。5. 推进无纸办公。6. 落实相关文件精神。

9月30日 市财政局召开局务会，布置10月份有关工作。1. 筹备召开全市增收节支会议。2. 努力做好全省再就业会议的落实工作。3. 抓紧审定部门预算。4. 抓好增收节支保平衡工作。5. 积极宣传《政府采购法》。6. 努力做好农村税改。7. 加强市直单位的财务管理。8. 抓好财政系统“四五”普法工作。

10月8日 常德市编制委员会批复：同意市农业税征收管理局更名为市契税耕地占用税征收管理局。同日，市财政局召开局党组会，研究2007年部门预算方案；农村综合改革问题；超收入计划单位拨付资金问题；机关水、气改造方案；财培宾馆维修改造问题；老干部待遇问题。

10月11日 湖南省湘北片区农业税尾欠清收调究座谈会在常德市召开。

10月13日 财政部行政政法司到市财政局调究行政事业单位国有资产管理工作；同日，市委常委、副市长欧运崇到市财政局调研城建资金管理工作。

10月14日 全省农业财政研讨会在常德市召开。

10月16日 市财政局、市文化局印发“关于落实全市农村数字电影配套资金和中小学爱好主义教育影片观看费”的通知。

10月17日 市财政局召开“常德财政”网站建设座谈会；同日，全市乡镇财税信息化管理员培训班开班。

10月18日 市人大常委会副主任李学林到市财政局听取财政预算执行情况和预算调整意见。

10月24日 市财政局印发“常德市财政局贯彻市第五次党代会精神主要措施责任分解表”的通知。同日，印发“关于确保全市义务教育阶段教师适当生活补贴等及时发放到位”的通知、“局机关招商引资工作方案”的通知。

10月25日 市财政局启动电子政务系统。

10月31日 湖南省国库集中支付机构工作座谈会暨经验交流会在常德市召开，市财政国库集中支付局作典型发言。

11月1日 市财政局召开局务会，布置11月份工作。1. 全力争取资金。2. 狠抓收入入库。3. 抓好工资改革。4. 推动优化工作。5. 办好政府实事。6. 谋划明年思路。同日，印发“常德市财政局网站管理暂行办法”的通知（共七章二十条）。

11 月 2 日　市财政局召开优化环境座谈会，会议邀请了 40 多位社会各界代表为财政工作挑刺。

11 月 3 日　市财政局印发“进一步规范局机关干部职工外出学习考察活动”的通知。

11 月 6 日　市财政局印发“关于加强预算指标管理及预算执行基础性工作”的通知。

11 月 16 日　市财政局开展为贫困人员“送温暖、送爱心”活动。同日，市财政局到临澧经济开发区开展服务外贸企业、送政策上门活动。

11 月 17 日　市财政局印发“关于切实做好当前全市涉农补贴资金信息化发放工作”的通知。

11 月 18 日　市财政局召开局务会，布置当前工作，研究 2007 年工作思路。

11 月 20 日　市财政局正式开通市直单位工资网上查询举报系统。

11 月 21 日　市财政局、市委组织部、市发改委印发“常德市村级组织活动场所建设专项资金管理办法”的通知（共八条）。

11 月 27 日　市财政局召开党组会，专题研究部门预算编制。

11 月 28 日　市财政局再次作客市人民广播电台商务频道、交通频道“行风热线”就粮食直补资金发放、市城区中小学规范收费、住房公积金存取等问题与听众进行交流。

11 月 29 日　市财政局获 2006 年度市直优化经济环境公开测评第四名。

12 月 1 日　财政部农业司副司长到市财政局调究。

12 月 4 日　市财政局召开党组会，研究锯海、周湘霞两同志调入财政局；年前工作；会议招标定点；粮食储备问题；财政工作思路。

12 月 8 日　市财政局印发“2006 年局机关开展创平安机关工作方案”的通知。

12 月 9 日　市财政局印发“关于在全市继续实行国外贷款还款奖励”的通知。

12 月 10 日　市财政局召开党组会：研究关于全年收入；关账；争取资金；部门预算；机关财务；财政工作报告。

12 月 11 日　市财政局召开全体干部职工大会，就年前工作进行部署。1. 狠抓收入入库。2. 积极争取资金。3. 做好收支关账。4. 完善部门预算。5. 落实重点工作。6. 搞好总结考评。7. 规划明年工作。8. 抓好节俭工作。

12 月 13 日　市财政局、市劳动和社会保障局印发“关于常德市行政区域内企业职工基本养老保险关系转移的暂行规定”的通知（共七条）。

12 月 19 日　市财政国库集中支付局在全国财政系统先进集体、先进个人表彰大会上喜获“全国财政系统先进集体”光荣称号。同日，市政协主席刘春林到市财政局听取 2006 年市本级城建资金预算执行情况及城市经营有关情况汇报。

12 月 22 日　市财政局召开市直行政事业单位国有资产清查信息发布会，公布了清查信息。清查时点为2005年12月31日。市本级225家行政事业单位国有资产账面总额为466787.21万元。

12月26日 市财政局召开党组会研究：财政收入；财政关账；农开办2007年规划；春节联欢晚会准备；年终考核；机关院内改造；市直单位津补贴。市财政农业综合开发办在2005年度农业综合开发项目省检中被评为“先进单位”，这是农业综合开发办工作喜获全省“三连冠”。

12月27日 湖南省委副书记、代省长周强到常德考察调研推进新型工业化、建设社会主义新农村、构建和谐社会、加强财源建设等工作，省财政厅长李友志、副厅长石建辉陪同考察。

12月31日 常德市财政一般预算收入实现303890万元，登上30亿元台阶。市委副书记、市长陈君文率市人大常委会主任莫道宏、市政协主席刘春林、市委常委、组织部部长李平、市政府秘书长沈习森、市政府副秘书长周国斌特意到市财政局表示祝贺。

2007年

1月5日 市财政局召开局务会，布置1月份工作。1. 准备有关会务。2. 抓好总结考核。3. 汇编财政决算。4. 完成预算有关工作。5. 组织节庆活动。6. 做好安全维稳。7. 努力争取“开门红”。

1月7日 市财政局召开党组会，研究推荐2006年度财政系统处级干部优岗人选；推荐市财政局处级后备干部人选。

1月8日 中共湖南省委、省政府表彰的2006年文明城市、文明城镇、文明行业、文明单位、文明标兵中，常德市财政局被授予全省“文明标兵”单位光荣称号。

1月11日 政府副市长张元英到市财经学校调研职业教育情况。

1月15日 市财政局向常德市第四届人民代表大会第五次会议报告2006年财政预算执行情况和2007年全工及市级财政预算（草案）。

1月17日 市财政局印发“市直全额预算单位血吸虫病医疗费用管理暂行办法”的通知（共十二条）。

1月21日 市财政局召开党组会，研究局直属单位县处级后备干部人选。局机关科级干部调整方案。通行2006年度科室和干部职工民主测评结果。研究先进集体、先进个人（优岗人员、记三等功人员、模范科长人员、模范副科长人员、岗位标兵人员、机关先进人员、五好家庭人员）奖金。通报局属单位考核情况。

1月22日 市财政局印发“关于苏和平等同志任职的通知”。苏和平任行政政法科科长；鲁兰芳任农业科科长。

1月30日 市老科协财会分会第一次年会暨团拜会在常德市财政局召开。

2月3日 市财政局印发“2007年区县（市）财政局工作考核办法”的通知（共三章三十七条）。

2月5日 市财政局召开2006年度机关总结表彰大会。

2月9日 市财政局召开党组会，研究科级干部领导职务提拔方案；科级干部非领导职务提拔方案；同日，市财政局印发“‘中国农民补贴网’常德市建设工作方案”的通知。同日，市财政局印发“关于王建辉等同志任职的通知”王建辉任预算审核中心主任；施祖鸿任财培中心主任；程民生任融资办主任；谢翱任人教科副科长；朱斌任监督科副科长；刘文华任国库科副科长；姚赛芝任财务办副主任。同日，市财政局印发“关于朱莉等同志任职的通知”。朱莉、颜晓春、文晓波、王雪萍、龚群志、童跃乐、戴志宏、李真才、文丽丹任市财政局主任科员（均试用一年）；刘蓉、彭志宏、辛纪元、敖登图雅、顾明、罗颖、唐曾晶任市财政局副主任科员（均试用一年）；康清、戴文韬任市财政局副主任科员。同日，市财政局印发“关于莫海洋任职的通知”接市委组织部常组委干〔2007〕4号文件通知，决定莫海洋任市财政国库集中支付局副局长（试用一年）。

2月10日 常德市财政系统2007年迎春联欢会在“星光灿烂”大剧院举行。

2月28日 市财政局印发“关于组织各区县（市）行政事业单位资产清查工作”的通知。

3月1日 市财政局在一楼会议室召开局属主要负责人会议，市委组织部部长李平代表市委宣布对市财政局领导班子进行调整的决定（卢武福任市财政局局长、党组书记；刘慎松兼任市住房公积金中心党组书记；娄远军任市财政局党组副书记；詹平任市契税局局长、党支部书记；陈绪华任市财政局总会计师；李爱华任市财政局副调研员）。并提出三点要求：1. 搞好工作交接；2. 增进和谐团结；3. 重视廉政建设。

3月4日 市财政局举办形势与业务知识专题讲座，邀请省国土厅党组成员、纪检组长郭秀宏以《法治财政与公共财政》为题进行主讲。

3月6日 市财政局召开全市行政事业单位国有资产清查布置会。同日，财政部行政政法司副司长张更华等一行四人到常德调研规范党政机关所属经营性资产管理和治理超标性公务接待工作情况。

3月7日 财政部行政政法司副司长一行四人到常德市财政局调研规范党政机关所属经营性资产管理和治理超标性公务接待工作情况，常德市常务副市长陈文浩、财政局局长卢武福陪同。

3月8日 市财政局参加全市“四送下乡”活动，前往对口联系点村开展帮扶活动。

3月8日 市财政局召开局务会，新任局长卢武福发表专门讲话（团结一致向前看），并明确3月份抓7项具体工作。1. 落实会议精神。2. 全力组织收入。3. 办理建议提案。4. 做好预算批复。5. 迎接审计检查。6. 开展资产清查。7. 做好督导检查。

3月8日 市财政局党组书记、局长卢武福主持召开局务会，会议明确，3月份全局要重点抓好以下七项工作：1. 落实会议精神。2. 全力组织收入。3. 办理建议提案。4. 做好预算批复。5. 迎接审计检查。6. 开展资产清查。7. 做好督导检查。同日，市财政治局参加全市“四送下乡”活动，前往对口联系点村鼎城区灌溪镇富贵村开展帮扶活动。

3月16日 市财政局印发“常德市各区、县（市）控购工作目标管理考核评比办法”的通知。

3月17日 市财政局局长卢武福主持召开办公会，现场办理人大代表建议、政协委员提案。

3月19日 市财政局局长卢武福主持召开党组会，研究市契税局增编事宜。市财校中层干部提拔。局机关党委书记由刘慎松同志兼任。同日，市财政局印发“关于认真组织市直行政事业单位资产清查工作”的通知。

3月22日 市财政局印发“常德市政府采购工作管理考核评比办法”的通知。

3月28日 市财政局组织全局干部职工观看反腐倡廉系列教育片《慎交友警示录》。

4月2日 市财政局召开党组会，研究支付局范波调投资评审中心，安排到教科文科上班；阳光乳业董事长、总经理易先云调契税局任副局长；研究同意采购中心聘请公务用车定点维修驻厂监督员。研究同意公积金中心调入两名干部。研究同意财校安置退伍兵张可成。

4月3日 市财政局印发“市财政局社会治安综合治理‘一中心五网络’工作方案”的通知。

4月5日 市财政局召开局务会，布置4月份工作。1. 全面组织财政收入。2. 切实抓好融资工作。3. 深入开展谈心活动。4. 扎实开展工作调研。5. 全面布置廉政建设。6. 制定下发考核办法。7. 认真迎接有关检查。

4月6日 市财政局印发《乡镇政治机关建设专项补助资金使用管理暂行办法》的通知（共十条）。

4月18日 市财政局召开全市“两税征管”暨乡财政管理工作会。

4月19日 湖南省委、省政府表彰2006届文明城市、文明城镇、文明行业、文明标兵单位，文明标兵中市财政局榜上有名，被授予2006届文明标兵单位光荣称号。

4月20日 全市一季度财税收入结账会在桃源县召开，常德市政府常务副市长陈文浩出席会议并讲话。

4月23日 市财政局召开党组会，研究部分干部岗位调整和职务任免；局领导分工调整；退休干部返聘；市财经投资公司杨云刚拟任工会主席事宜；从中央财大公招三名干部事宜。同日，市财政局印发“关于徐联玉同志任职的通知”决定，徐联玉任市财政局社会保障科副科长。同日，市财政局印发“关于局直单位2007年度量化目标管理考核办法”的通知。

4月24日 市财政局印发“常德市财政局2007年度量化目标管理考核办法”的通知。

4 月 27 日　市委常委、市纪委书记刘剑英到财政局调研财政专项资金使用管理情况。

4 月 28 日　市财政局举办社会主义新农村建设专题讲座，邀请市委党校石欣华主讲。

4 月 29 日　市财政系统纪检监察工作会议召开，市纪委副书记、监察局局长敖建斌出席。

5 月 8 日　市财政局召开局务会，布置 5 月份工作。1. 全力组织收入。2. 抓好四项检查。3. 细化岗位责任。4. 落实整改措施。5. 启动三项工作。6. 征求意见建议。下午召开党组会，专题研究乡镇机关改造修缮有关问题。

5 月 14 日　市财政局召开党组会：听取人教科汇报民主推荐办公室副主任、经建科副科长的情况，党组决定：李国清、欧阳志分别任其职务。同日，市财政局印发“落实‘2007 年市直部门党风廉政建设和反腐败工作部署的分工意见’工作方案”的通知。同日，印发“常德市‘财政支农资金管理年’活动方案”的通知。

5 月 18 日　市财政局、市移民局印发“关于大中型水库移民后期扶持基金使得管理有关事项”的通知情（共四章十二条）。

5 月 22 日　市财政局印发“常德市财政局机关廉政文化活动方案”（共五条）。

5 月 24 日　市委副书记、代市长卿渐伟到市财政局听取财政工作汇报。

5 月 25 日　市财政局召开全市契税征管工作会议。同日，印发“常德市财政社会保障工作目标考核办法”的通知。

5 月 29 日　市财政局印发“2007 年市本级社保基金征缴管理考核办法”的通知（共六条）。

5 月 30 日　湖南省财政厅副厅长石建辉到常德市考察支农资金整合工作。

6 月 4 日　市财政局召开党组会，分析 1 ~ 5 月收入情况，研究“过半”的具体意见。

6 月 5 日　市财政局召开局务会，布置 6 月初工作。1. 全力主攻收入过半。2. 抓好半年工作小结。3. 抓好作风建设活动。4. 搞好招商引资服务。5. 开展五项清检查。6. 抓好融资争资工作。7. 开展“七一”党建活动。8. 做好防汛救灾准备。

6 月 8 日　市财政局举办党课教育讲座，常务副局长刘慎松以《和大家一起谈修养》为题进行主讲。

6 月 11 日　市财政局召开党组会，研究市城区公共照明电费支付管理办法。

6 月 14 日　市财政局召开党组会，研究规范公务员津贴补贴发放有关问题。同日，市财政局印发“关于明确局机关科室（单位）2007 年度收入任务及考核办法”的通知。

6 月 18 日　市纪委、市组织部、市监察局、市财政局、市人事局、市审计局印发“常德市市直机关单位规则公务员（退离休人员）津贴补贴实施办法”的通知（共十一条）。

6 月 19 日　市财政局举办全市新《企业财务通则》培训班。

6 月 28 日　市财政局召开党组会：集中学习中纪委〔2007〕7 号文件精神（八条禁令），把本单位的廉政建设作为头等大事来抓。

6 月 29 日　市财政局举行市直财政系统庆祝中国共产党成立 86 周年大会。

7月1日 市财政局印发“常德市计划生育专项资金管理办法”的通知（共六章二十四条）。

7月5日 市财政局召开党组会：专题研究市直学校教师津贴补贴发放方案。

7月6日 市财政局召开局务会，布置7月份工作。1. 学习贯彻八条禁令。2. 认真抓好半年结账。3. 启动部门预算编制。4. 搞好津补贴发放。5. 开展调研检查活动。6. 争取融通回笼资金。

7月9日 市财政局召开局长办公会，研究支持新农村点建立经费问题。研究2008年部门预算编制方案。

7月16日 市财政局召开党组会，传达市政府四届五次全会精神；研究有关局机关内部管理制度修订完善问题；听取局机关内部审计情况。同日，市财政局印发“关于兑现2006年区县（市）财政局重点财政工作考核奖励经费”的通知（全市198万元）。

7月17日 市财政局局长卢武福走进市人民广播电台商务频道、交通频道“行风热线”栏目答听众提问。同日，市财政局印发“常德市市直机关单位驻区县（市）人员津贴补贴发放标准”的通知。

7月17日 市纪委副书记黄继长一行到市财政局就干部思想作风问题进行专题调研。

7月20日 市财政局团工委举办的“我为财政添光彩”演讲比赛暨文艺晚会在鼎城区花岩溪举行。

7月21日 市财政局召开党组会，研究常德财校班子组成人员及局机关有关人事调整。

7月23日 市财政局召开党组会，研究市直行政事业单位办公设施设备配置标准（试行）。

7月24日 市财政局印发“关于编制2008年市直行政事业单位部门预算的通知”。

7月27日 市财政局、市环保局印发“关于加强建设项目环境保护并同时保证金管理”的通知（共十条）。

7月31日 市财政局全体领导、转业军人、预备役军官到武警常德市支队举行庆“八一”军事联谊活动。

8月1日 市财政局召开市直行政事业单位下年度部门预算布置会。同日，印发“关于开设农村安全饮水工程资金专户”的通知。

8月2日 市财政局召开局务会，布置8月份工作。1. 积极组织收入。2. 清理修订制度。3. 编制部门预算。4. 推介优秀典型。5. 组成有关活动。6. 迎接三项检查。7. 做好应急事项。8. 启动城镇医保试点。

8月13日 市财政局召开党组会，研究《常德市城市规划区公寓楼安置小区建设资金管理试行办法》；研究2007年度省级财源建设扶持资金分配方案。

8月15日 市财政局举行“弘正杯”常德市会计知识大赛。

8月17日 市财政局举行党组学习中心组（扩大）集中学习辅导报告会，学习贯彻胡锦涛总书记6月25日在中央党校省部级干部进修班上的重要讲话精神。市直财政系统全体党员参会。

8月20日 市财政局召开党组会，研究财政收入跨40亿元台阶的措施；第4季度财政着力抓的8件大事（1. 融资全年完成5亿元；2. 预算编制；3. 几项涉农、涉企政策落实到位；4. 机关制度修订要研究出台；5. 干部竞岗、轮岗；6. 优化经济发展环境；7. 积极推行几涉农改革；8. 积极探索担保体系建设）。

8月26日 市财政局印发“2007年政务公开工作方案”的通知（方案六条，目录二十三条）。

8月30日 市财政局召开全市农村综合改革工作座谈会。

8月31日 市财政局举办计算机操作及公文写作培训班，全体机关干部职工参加。

9月3日 市财政局、市教育局印发“常德市民办教育专项发展基金管理办法”的通知（共七条）。同日，召开局务会。布置9月份工作。1. 全力投入文明创建。2. 启动部门预算。3. 研究确定（两区）体制。4. 抓紧推进融资工作。5. 加强收入征管。6. 落实省市政府实事。7. 学习贯彻《湖南省行政程序规定》。8. 认真组织财税征文。9. 抓紧有关工作扫尾。10. 积极开展有关活动。

9月10日 市财政局召开局务会，布置9月份工作。1. 认真组织收入。2. 推进四项改革。3. 做好轮岗准备。4. 开展两项检查。5. 做好节前工作。

9月17日 湖南省政府党组成员、省财政厅长李友志，副厅长石建辉等一行到常德市调研湖区税费改革、纸厂治污和财政工作。

9月19日 市财政局印发“常德市财政局政务公安目录”。

9月23日 市财政局举办全市乡镇财政干部业务培训班，参加人员全市乡镇财政所长和预算会计，历时7天。

9月27日 市财政局举行市直财政系统首届体育运动会。

9月29日 市财政局召开党组会，研究干部轮岗交流和竞争上岗工作实施细则。

10月8日 市财政局召开干部轮岗竞岗动员大会。

10月9日 市财政局召开局务会，布置10月份工作。1. 抓好文明创建。2. 推进预算编制。3. 搞好干部调整。4. 抓紧组织收入。5. 调整市区体制。

10月11日 市财政局召开党组会，研究干部轮岗竞岗有关事宜。

10月15日 市财政局召开局长办公会，专题研究财政志修编有关事项。

10月17日 市财政局印发“关于陈雨晖等同志任职的通知”。陈雨晖任办公室主任；钟发义任国库科科长；王晓林任综合科科长；郑玉明任税政法规科科长；李福祥任科教文科科长；梁德贵任企业科科长；张克勤任会计科科长；王政任资产科科长；汪培儒任监督科科长；胡锐任后勤中心主任；徐继达任控办主任；杨浩清任柳叶分局局长；袁志任采购办主任；戴志宏任工资中心主任；毛远征任融资办主任；张凯任经建科科长；徐联玉任社保科科长；姚赛芝任财务办主任；何大斌任培训中心主任；夏剑锋任中函校校长、评审中心副主任；韩桂芳任教科文副科长；姚梅任农业科副科长；丁敬军任社保科副科长；祝铭一任社保科副科长；彭继文任会计科副科长；于炜任资产科副科长；龚群志任柳叶分局副局长；于欣民任采购办副主任；陈再泉任采购办副主任；韩先仿任外经科副科长；戴文韬任综合科副科长；唐曾晶任国库科副科长；章昌军任信息中心副主任。李春虎契税局征收管理科科长（副科级）。

10月19日 全省财政企业财务工作会在常德市召开。

11月1日 市财政局印发“关于龚天园同志任职的通知”。龚天园任人教科科长。

11月2日 市财政局召开全系统干部职工大会，学习贯彻党的十七大精神。并布置安排11月份工作。1. 学习贯彻精神。2. 全力组成收入。3. 积极组织融资。4. 抓好优化工作。5. 完善部门预算。6. 调节机构支部。7. 开展专项检查。8. 谋划明年思路。

11月7日 市财政局召开局务会，布置11月份工作。1. 应对经济挑战。2. 积极组织收入。3. 完善部队预算。4. 研究起草市区财政体制。5. 抓好优化工作。6. 搞好总结思路。7. 组织专题学习。

11月15日 市财政局召开局长办公会，专题研究市环保局环境监测、监察中心基建和环保事业发展所需资金的问题。研究石油价格改革财政补贴分配拨付方案；研究机关春节联欢会有关事宜。

11月27日 市财政局印发“市城区集中拆除违法建筑专项行动经费拨付管理办法”的通知（共十六条）。

11月30日 市财政局印发“常德市财政局政务公开目录”。同日，印发“关于市直单位公务人员出差长沙住宿及公务用车保险和维修继续实行政府采购定点”的通知。

12月2日 市财政局召开局务会，布置12月份工作。1. 组织收入入库。2. 积极争取赏金。3. 搞好收入关账。4. 完善部门预算。5. 推进体制调整。6. 认真总结考评。7. 抓好节前工作。8. 严守廉政纪律。9. 推进节俭理财。

12月10日 市财政局召开党组会，传达全省消化普九债务会议精神；研究投资担保公司组建方案；听取2007年决算结算布置会精神。听取融资工作情况。

12月11日 市财政局召开局务会，布置12月份工作。1. 抓好收入入库。2. 抓好争取资金。3. 抓好收支关账。4. 抓好平台建设。5. 抓好部门预算。6. 抓好总结考核。7. 抓好节前工作。

12月21日 市财政局班子成员带领相关科室负责人及干部到石门县老区子良乡，宣讲党的十七大精神。

12月24日 市财政局召开党组会，研究市投资担保公司移交、收贷方案。

12月25日 市财政局印发“关于进一步加强元旦、春节期间党风廉政建设”的通知。

12月27日 市财政局召开党组会，研究机关后勤有关问题（临时工清理、机关办公楼装修）；研究局直单位量化目标管理考核方案；研究财税关账。

12 月 29 日 市委书记武吉海带领市委、市政府、市人大、市政府领导慰问财政局全体干部职工。

2008 年

1 月 7 日 市财政局召开党组会，研究 1 月份全局工作要点和节前活动安排；听取人教科汇报石门县子良乡访贫问苦送温暖及义务劳动活动方案、局机关轮岗交流科室负责人离任审计情况通报；听取融资办汇报全国金融财务监管和外国政府贷款管理工作会议筹备情况；听取综合科汇报市本级国有土地使用权出让收支专项清理工作情况。

1 月 8 日 市财政局召开局务会，布置春节前全局主要工作。1. 总结考评。2. 会务准备。3. 决算汇编。4. 资金调度。5. 节前活动。6. 组织收入。7. 廉政建设。

1 月 13 日 市财政局召开党组会，研究上年度量化目标管理考核评比情况；研究局机关立功受奖人员及模范科长、副科长、岗位标兵；研究机关老干部、遗属、困难户慰问名单。同日，市财政局下达“关于预拨 2007 年度‘万村千乡市场工程’项目资金”的通知（全市共 212. 4 万元）。

1 月 14 日 市财政局、市国土资源局联合下达“全市 2006 年新增建设用地有偿使用费项目投资”的通知（全市共 4344. 52 万元）。

1 月 17 日 全国财政金融财务监管和外国政府贷款管理工作会议在常德市召开。财政部李勇出席并作重要讲话。同日，下达“2007 年全市产粮大县名单及奖励资金”的通知（全市共 9293 万元）。

1 月 19 日 市财政局印发“关于表彰 2007 年度先进集体、先进个人”的通报。1. 先进集体 13 个。2. 先进个人 57 名（政府嘉奖的 29 名，其中 13 名记三等功；局机关先进个人 28 名）。3. 模范科长 6 名。4. 模范副科长 6 名。5. 岗位标兵 7 名。6. 五好家庭 45 个。7. 离退休老干部 2 名。8. 老科协财会分会 2 名。9. 临时工作人员先进个人 2 名。同日，印发内部传真电报：“常德市财政局关于做好防冻抗灾工作”的紧急通知。

1 月 25 日 市财政局印发“关于表彰 2007 年度市直行政事业单位会计工作先进个人”的通报（经考核审定，71 名会计被评为先进个人；15 名同志记三等功）。

1 月 27 日 市财政局印发“关于表彰 2007 年度局直先进单位的通报”（市农开办、住房公积金中心、国库集中支付局、契税局）。下达“2007 年退耕还林粮食补助资金”的通知（全市共 7516 万元）。

1 月 28 日 市直财政系统 2008 年迎春联欢会在星火灿烂大剧院举行。

1 月 31 日 市财政局下达“2007 全市机关事业单位工作人员年终一次性奖金转化支付”的通知（全市共 4340 万元）。

2月2日 市财政局下达“全市农村医疗救助专项彩票公益金”的通知（全市共410万元）。

2月14日 市直财政系统2007年度总结表彰大会在市财政局召开。

2月18日 市财政局召开党组会，研究机关效能建设方案；听取全市抗灾补损工作会议精神；听取2008年财政建议提案办理工作情况；听取2008年财税收入任务分配情况通报。研究成立几个领导小组：1. 融资及融资平台建设领导小组。组长刘慎松。2. 收入征管领导小组。组长娄远军。3. 机关管理、党群活动领导小组。组长刘慎松。4. 农村综合改革及普九债务化解领导小组。组长娄远军。5. 财政资金绩效评价领导小组。组长卢武福。

2月23日 市财政局下达“全市企业基本养老保险专项转移支付资金”的通知（全市共11700万元）。

2月26日 市财政局召开党组会研究：1. 农田综合开发土地治理项目资金分配方案。2. 2008年机关管理及党群工作要点。3. 财税征管小组工作方案。4. 融资平台建设方案。5. 农村普九化债工作方案。6. 财政专项资金绩效评价监督工作方案。7. 市江北城区经营性用地运作管理暂行办法。8. 社保专项追加测算情况。

2月28日 市财政局下达“2008年全市企业工资历史拖欠中央财政专项补助资金”的通知（全市共1183.18万元）。

2月29日 全市财税工作会议在芷园宾馆召开。财政、国税、地税三家负责人作了工作报告，市委常委、副市长陈文浩到会作重要讲话。

3月3日 市财政局被市委、市人民政府授予“抗冰救灾先进集体”，市局干部韩桂芳同印记二等功、李国清同志记三等功。

3月 市财政局干部许维荣被评为“2007年财政部企业所得税税源调查工作先进个人”。

3月5日 市财政局印发“推荐行政责任制开展‘机关效能建设年’活动实施方案”的通知（共四章十条）。

3月6日 市财政局召开局务会。布置3月份工作。1. 落实会议精神。2. 办理提案建议。3. 干部轮岗调查。4. 融资平台建设。5. 做好预算批复。6. 迎接审计检查。7. 开展调查研究。8. 拟定有关方案。同日，印发“市财政局机关文明用语”的通知。

3月11日 市财政局印发“常德市市直行政事业单位公务用车转让管理办法”的通知（共五章十一条）。

3月12日 市财政局召开党组会研究：推荐龚天园为非税局长；汪培儒为监督检查局局长；蒋金华为助理调研员。同日，市财政局印发“关于表彰2007年度县、区（市）政府采购工作先进单位”的通报（一等奖：石门县政府采购办；二等奖：桃源县、鼎城区政府采购办；三等奖：津市、武陵区、西洞庭区政府采购办）。

3月13日 市财政局下达“2007年秋季学期农村义务教育阶段家庭经济困难寄宿生生活补助中央专项资金”的通知（全市共785万元）。

3月11日 湖南省财政厅综合规划处处长易德华、副处长陈为民，省建设厅房管处处长彭先成一行到常德市调研廉租住房建设及廉租住房资金使用情况。

3月13日 市财政局被省财政厅授予“2007年湖南省行政事业单位资产清查先进单位”称号，并获得二等奖。

3月18日 常德市财政局在桃源县召开全市乡镇财政“两税”征管工作会议。同日，下达“全市新型农村合作医疗市级配套补助资金”的通知（全市共1571.4万元）。

3月19日 市财政局印发“关于预拨2008年军队移交政府离退休干部人员安置和管理机构补助资金”的通知（全市共575万元）。

3月26日 市财政局党组书记、局长卢武福主持召开现场办公会，办理部分人大代表建议、政协委员提案。

3月27日 市财政局下达“2007年度全市控制和化解乡村债务专项奖励资金”的通知（全市共100万元）。

4月1日 市财政局召开局务会。布置4月份工作。1. 大力组织财政收入。2. 制定下发考核办法。3. 完善机关管理制度。4. 认真开展调研宣传。5. 全面布置廉政建设。6. 积极组织检查培训。7. 认真搞好四项清理。同日，下达“2008年市本级城市教育费附加专项支出预算”的通知（共23605万元）。

4月2日 市财政局印发“关于对全市部分乡镇政府机关进行维修改造”的通知（全市共25个）。

4月8日 市财政局印发“局机关2008年度量化目标管理考核办法”的通知（共五章二十八条）。同日，印发“局直单位2008年度量化目标管理考核办法”（共四章十条）。同日，市财政局被省财政厅授予“2006~2007年度全省财政信息工作先进单位”称号。

4月9日 市财政印发“关于杨爱国同志任职的通知”。经党组研究决定：杨爱国任市财政局综合科副科长。

4月11日 市财政局召开全市财政系统反腐败暨机关效能建设年工作会议。同日，印发“关于表彰2007年度全市行政政法财务管理工作先进单位”的通知（澧县、汉寿、武陵区财政局被评为先进单位）。

4月16日 市财政局印发“关于表彰2007年县市区资产管理和资产清查工作先进单位”的通报（一、资产管理工作先进单位。第一名：安乡县财政局；第二名：石门县财政局；第三名：桃源县、武陵区财政局。二、资产清查工作先进单位。一等奖：临澧县财政局；二等奖：津市市、汉寿县财政局；三等奖：澧县、鼎城区财政局）。

4月17日 市财政局下达“全市2008年就业补助专项转移支付资金”的通知（全市共4809万元）。同日，印发“关于表彰2007年度全市控购工作先进单位”的通报（一等奖：武陵区、澧县财政局；二等奖：津市、临澧县财政局；三等奖：安乡、石门县财政局）。

4月19日 市财政局印发“关于彭志宏等同志职务任免”的通知。彭志宏任办公室副主任；禹英任教科文科副科长；周乃万任契税局综合科科长；颜晓春任融资办公室副主任；石建华任预算审核中心副主任；刘丙松任柳叶分局副局长；谢迪军任机关财务办副主任；肖婷文任采购办副主任；李春虎任契税局乡财科科长。

4月21日 市财政局被省财政厅授予“全省财政系统政府采购工作先进单位”称号，并获得三等奖。

4月25日 市财政局下达“2007年全市提高农村中小学公用经费保障水平中央转移支付资金”的通知（全市共867万元）。同日，下达“2008年县市区奖励经费”的通知（全市共508.62万元）。同日，下达“2008年春季学期农村中小学校舍维修改造中央专项资金”的通知（全市共822万元）。同日，印发“常德市财政专项资金绩效评价实施办法”（共八章三十一条）。同日，下达“全市2008年对种粮农民直接补贴资金”的通知（全市共49576.88万元）。

4月28日 市财政局印发“关于举办‘中国财政与改革30年’纪念教育征文活动”的通知。

5月5日 市财政局召开局务会。布置5月份工作。1. 积极组织收入。2. 落实会议精神。3. 强化资金管理。4. 组成有关活动。5. 做好防汛和防范公共卫生突发事件准备。

5月6日 市财政局局长卢武福同志就柳叶湖开发、非物质文化遗产保护、民主党派机关建设召开专题研究会，落实市委、市政府领导批示。同日，市财政局被省财政厅授予“会计管理工作先进单位”并获得“一等奖”。同日，印发“市财政局机关文明用语”的通知。

5月7日 市财政局印发“关于表彰2007年度全市农业财务管理先进单位”的通报（第一名：桃源县财政局；第二名：武陵区财政局；第三名：津市市财政局）。

5月18日 市财政局印发“关于表彰2007年度财政监督工作先进单位”的通报（监督工作先进单位：汉寿、石门、临澧、桃源县财政局。资金监管工作先进单位：安乡、津市市财政局。监督报表和档案管理先进单位：鼎城区财政局。监督信息宣传与调研工作先进单位：澧县财政局。内部监督检查工作先进单位：武陵区财政局）。

5月23日 全省财政系统“高新投杯”干部职工篮球预赛常德片区开赛。共有来自益阳、长沙、湘西、湘潭、邵阳、郴州、常德市（州）财政局和省注协8支代表队到常德市参加比赛。

5月27日 市财政局印发“常德市财政社会保障工作目标考核办法”的通知。同日，印发“关于表彰2007年度全市财政社保工作先进单位的”通报。（1. 基金报表及基础工作先进单位。一等奖：汉寿县财政局。二等奖：临澧县财政局、武陵区财政局。三等奖：澧县财政局、津市财政局。2. 专项资金投入及管理工作先进单位。一等奖：石门县财政局。二等奖：澧县财政局、鼎城区财政局。三等奖：武陵区财政局、安乡县财政局。3. 社保资金涉农信息化发展工作先进单位。临澧县财政局、石门县财政局、桃源县财政局。）

5 月 28 日 市财政局印发“关于加快启动区县（市）公务员津贴补贴规范工作”的通知。同日，印发“机关干部违反内部纪律处理办法等四项制度”的通知（共七章二十一条）。同日，印发“2008 年局领导成员党风廉政建设责任制分解方案”的通知。

6 月 3 日 市财政局召开局务会。布置 6 月份工作。1. 全力主攻收入过半。2. 搞好半年工作小结。3. 督导落实工作纪律。4. 推进机关文化建设。5. 深入开展课题调研。6. 完成三项政策建议。

6 月 10 日 市财政局印发“2008 年全市财政系统干部教育培训计划”的通知。

6 月 15 日 市财政局印发“常德市财政系统干部教育培训工作考评办法”的通知。

6 月 17 日 在吉林省举办的全国财政信息工作会上，常德市财政局被评为 2007 年度全国财政信息工作先进单位受到财政部表彰。至此，常德市财政局已连续十一年被评为全国财政信息工作先进单位。

6 月 24 日 常德市财政系统政工干部培训班开班。同日，下达“全市 2008 年新型农村合作医疗市级配套补助经费的通知”（全市共 851. 84 万元）。同日，下达“全市 2008 年粮食风险基金”的通知（全市共 8208 万元）。

6 月 26 日 市财政局印发“关于表彰 2007 年度全市会计管理工作先进单位”的通报（先进单位：鼎城区财政局、石门县财政局、汉寿县财政局、桃源县财政局）。

6 月 27 日 市财政局下达“全市 2008 年农资综合直补资金”的通知（全市共 5054. 7 万元）。

6 月 30 日 市财政局印发“关于减轻世界银行贷款项目债务负担”的通知（全市共 255. 9 万元）。

7 月 1 日 常德市财政局举行市直财政系统庆祝中国共产党建党八十七周年大会，局党组书记局、长卢武福作重要讲话。

7 月 2 日 市财政局下达“2008 年农村义务教育阶段家庭困难寄宿生生活费补助市级资金”的通知（全市共 161 万元）。同日，下达“2008 年农村义务教育阶段家庭经济困难寄宿生生活费补助中央资金”的通知（全市共 1599 万元）。

7 月 3 日 市财政局召开局务会。布置 7 月份工作。1. 应对财税体制改革。2. 抓好审计意见整改。3. 搞好半年回归总结。4. 调研分析经济形势。5. 加强各项收入征管。6. 抓好征求意见活动。7. 积极推进财政宣传。

7 月 7 日 市财政局印发“贯彻落实 2008 年全市党风廉政建设和反腐败工作部署分工实施”的通知。

7 月 8 日 全省财政系统纪检监察工作研讨会在常德市财政局召开，省财政厅党组成员、纪检组长汤新建出席会议并作重要讲话。

7 月 9 日 湖南省财政厅副厅长石建辉到常德市财政局现场办理人大代表建议。

7 月 12 日 市财政局下达“2008 年度文化名城建设资金专项支出预算”的通知（共

2000万元）。

7月15日 市人大常委会副主任张元英到财政局召开人大代表建议办理督办会。

7月20日 市财政局下达“关于追加2008年全市就业补助专项转移支付资金”的通知（全市共784万元）。同日，印发“常德市财政局‘五五’普法目标中期考核办法”的通知。

7月21日 市财政局印发“关于文晓波同志任职”的通知。文晓波任财政局纪检组监察室正科级纪检监察员。同日，下达“2008年春季学期教育部门中等职业学校中央目力学金”的通知（全市共2424万元）。

7月23日 市财政局下达“2008年全市就业补助专项转移支付资金”的通知（全市共3927万元）。

7月24日 市财政局党组举行中心组学习会，邀请专家讲解《监督法》。

7月26日 市财政局下达“全市企业基本养老保险转移支付资金”的通知（全市共下达2280万元）。同日，下达“2007年全市做实企业职工基本养老保险个人账户专项转移支付资金”的通知（全市共1998.6万元）。

7月30日 市财政局与常德市委组织部联谊开展“军事一日”活动。同日，下达“全市未参保集体企业退休人员生活费转移支付资金”的通知（全市共920万元）。同日，印发“常德市财政局2008年纠风工作方案”的通知。

8月1日 市财政局举办“继续解放思想、大力推进‘两型社会’实验区改革建设”报告会。同日，下达“全市2008年产粮（油）大县名单及奖励资金”的通知（全市共13726万元）。

8月4日 市财政局召开党组会研究：1. 财校选调骨干教师；2. 常德市财鑫担保公司中层骨干竞聘事宜；3. 易先云同志调契税局任副局长；4. 呈报县处级后备干部。

8月5日 常德市财政局举行机关运动员授旗仪式。同日，召开局务会，布置8月份工作。1. 推进区划调整工作。2. 跟进财税收入征管。3. 启动部门预算。4. 落实有关整改意见。5. 提升政府采购监管。6. 迎接开展有关检查。

8月8日 市财政局下达“常德市2008年科学技术项目资金”的通知（全市共1075万元）。

8月12日 市财政局下达“全市企业基本养老保险转移支付资金”的通知（全市共11427万元）。

8月25日 市财政局召开党组会研究，听取公务员录取对象（谢剑锋、祝丹、周辉）、考察情况及定岗。

8月28日 湖南省联合调研组到常德市财政局调研工商及政法经费保障情况。

9月2日 常德市财政局召开市直行政事业单位2009年部门预算布置会。225家行政事业单位的财务负责人参加了会议。

9月3日 市直财政系统创建全国文明城市工作动会大会在常德市财政局一楼会议室召开。同日，召开局务会，布置9月份工作。1. 全力投入文明创建。2. 启动部门预算。3. 研究确定“两区”体制。4. 抓紧推进融资工作。5. 加强收入征管。6. 落实省市政府实事。7. 学习贯彻《湖南省行政程序规定》。8. 认真组织财政征文。9. 抓紧有关扫尾工作。10. 积极开展有关活动。同日，下达“2008年基础教育‘以奖代补’专项资金”的通知(全市共400万元)。

9月5日 市编委批复：同意撤销柳叶湖旅游度假区财政局，设立市税费改革办公室，为正科级事业单位。

9月8日 市财政局召开党组会研究：1. 公开招聘事业单位人员事宜；2. 推荐柳叶湖财政局局长、副局长人选。

9月9日 市财政局干部姚赛芝同志被省财政厅授予“全省先进会计工作者”称号。

9月10日 市财政局举办《湖南省行政程序规定》辅导讲座，市直财政系统干部职工参加了辅导讲座。

9月12日 全市完善农村村级组织运转保证机制工作推进会在常德市财政局召开。

9月16日 市财政局下达“2008年全市受灾财力补助资金”的通知（全市共650万元)。同日，下达“2008年秋季学期农村义务教育阶段提高公用经费保障水平市级专项资金”的通知（全市共296万元)。

9月17日 市财政局下达“2008年秋季学期农村中小学校舍维修改造中央专项资金”）的通知（全市共822万元)。

9月25日 部分省市财政预算执行分析座谈会在常德市召开。财政部国库司司长詹静涛、部分省市财政厅局的负责人共30多人参加会议。

9月26日 市直财政系统“文明杯”秋季登山友谊赛在常德市太阳山举行。同日，下达“全市2008年做实企业职工养老保险个人账户转移支付资金”的通知（全市共1550万元)。同日，下达“2008年全市农村义务教育阶段提高公用经费保障水平中央转移支付资金”的通知（全市共5223万元)。

10月6日 市财政局召开党组会研究：1. 科级实职调整方案；2. 实施办法。

10月8日 常德市财政局科级干部民主评议竞争上岗大会在局机关一楼会议室举行。同日，下达“2008年全市革命老区专项转移支付资金”的通知（全市共1123万元)。同日，印发“礼品登记上交和处理办法”的通知。

10月9日 市财政局召开局务会。布置10月份工作。1. 抓好文明创建。2. 推进预算编制。3. 搞好干部调整。4. 抓紧组织收入。5. 调整市区体制。

10月10日 市财政局召开党组会专题研究局机关干部人事问题。同日，市财政局印发“关于徐定明等同志职务任免”的通知。徐定明任税改办主任，免去财源办主任职务；谢翱任财源办主任，免去人教科副科长职务；夏剑峰任后勤中心主任，免去中函校校长职务；徐联凤任工资中心主任，免去行政政法科副科长职务；王建辉任预算科副科长；何大斌任外经科副科，免去后勤中心副主任职务；戴文韬任中函校校长；刘丙松任财源办副主任；于欣民任税改办副主任，免去采购办副主任职务；于炜任后勤中心副主任，免去资产科副科长职务；祝名一任国库科副科长，免去社保科副科长职务；陈志刚任采购办副主任；曾勇任预算审核中华副主任；刘蓉任控购办副主任；龙英翔任投资评审中心副主任；陈腊年任契税局征管科科长；王光波任后勤中心副主任；雷光银任人教科副科长；免去戴志宏工资中心主任职务。同日，任命胡锐、陈功权两名同志为财政局主任科员。

10 月 15 日 市财政局下达“全市 2008 年企业技术改造项目补助资金”的通知（全市共 240 万元）。

10 月 16 日 市财政局被省财政厅授予“2007 年度全省企业所得税税源调查工作先进单位”。

10 月 22 日 市委书记武吉海到财政局调研财政工作，市委常委、常务副市长陈文浩，市政府副秘书长甘志敏陪同调研。

10 月 28 日 市财政局下达“关于筹措四川理县对口支援专项资金”的通知（全市共 3806. 26 万元）。

11 月 5 日 湖南省人民检察院检察长龚佳禾，省长助理、省政府党组成员、省财政厅厅长李友志一行到常德市调研。市领导武吉海、卿渐伟、胡宗清、徐万发，市检察长陈海波、市政府秘书长沈习森，局领导刘慎松、廖华春等陪同调研或座谈。

11 月 6 日 常德市财政局优化经济环境座谈会在九楼会议室召开。

11 月 7 日 市财政局召开局务会，布置 11 月份工作。1. 应对经济挑战。2. 积极组织收入。3. 完善部门预算。4. 研究起草两区体制。5. 抓好优化工作。6. 搞好总结思路。7. 组织专题学习。

11 月 10 日 市财政局下达“全市企业基本养老保险专项转移支付资金”的通知（全市共 6394 万元）。

11 月 17 日 市财政局召开党组会研究：1. 竞争选调局机关工作人员事宜；2. 市住房公积金中心公开招考选调工作人员事宜；3. 局机关干部职工考取学历职称奖励事宜；4. 关于推荐“优质服务十佳科室”。同日，湖南省财政厅、教育厅联合检查组到常德市督查国家奖学金发放落实情况。

11 月 19 日 市财政局下达“2008 年中职助学金‘以奖代补’专项资金”的通知（全市共 780 万元）。同日，印发“关于开展‘财务管理二十条’落实情况检查”的通知。同日，下达“2008 年推进新型工业化专项引导资金”的通知（全市共 1000 万元）。

12 月 1 日 市财政局下达“2008 年全市缓解县乡财政困难奖励和补助资金”的通知（全市共 4849 万元）。

12 月 2 日 市财政局召开局务会，布置 12 月份工作。1. 组织收入入库。2. 积极争取资金。3. 搞好收支关账。4. 完善部门预算。5. 推进体制调整。6. 认真总结考评。7. 抓好节前工作。8. 严守廉政纪律。9. 推进节俭理财。

12 月 8 日 市财政局召开党组会研究：1. 个别科室人员调整；2. 局机关临时人员续聘；3. 非税局中层骨干调整；4. 住房公积金中心部分骨干调整。

12 月 9 日 市财政局印发“关于表彰 2007 年度县市区财政预算管理工作先进单位”的通报（一、财政绩效评价工作先进单位。一等奖：鼎城财政局；二等奖：澧县、武陵区财政局；三等奖：临澧、安乡、汉寿县财政局。二、财政供养人员信息库填报工作先进单位。一等奖：澧县财政局；二等奖：桃源、津市财政局；三等奖：鼎城、武陵、石门县财政局）。

12 月 10 日 市财政局印发“常德市财政监督工作考核评比办法”的通知（共十条）。

12 月 12 日 市财政局下达“全市机关事业单位养老保险调剂基金”的通知（全市共 460 万元）。同日，下达“全市 2008 年城镇居民基本医疗保险补助资金”的通知（全市共 2690.66 万元）。

12 月 15 日 市财政局被省财政厅授予“2007 年度财政性资金投资基本建设项目财务决算工作先进单位”称号，并获得一等奖。

12 月 16 日 市财政局下达“2008 年重点文物保护专项资金”的通知（全市共 107 万元）。

12 月 17 日 市财政局下达“2008 年全市调整机构事业单位在职职工工资和离退休人员经费转化支付”的通知（全市共 86362 万元）。同日，下达“2008 年全市机关事业单位工作人员年终一次性奖金转移支付”的通知（全市共 3804 万元）。

12 月 18 日 市财政局下达“2008 年企业节能改造项目补助资金”的通知（全市共 215 万元）。

12 月 19 日 市财政局下达“全市 2007 ~ 2008 年农村饮水安排项目省配套资金”的通知（全市共 6427 万元）。

12 月 22 日 市财政局召开党组会研究：1. 军转干部定岗；2. 机关干部微调；3. 财鑫担保公司人事管理；4. 离退休老干部大病医疗救助问题市财政局下达“全市财源建设贴息资金”的通知（全市共 1000 万元）。同日，下发“关于做好 2008 年度量化目标管理考核总结评比工作”的通知。

12 月 23 日 市财政局下达“2008 年全市就业补助专项转移支付资金”的通知（全市共 8382 万元）。同日，下达“全市企业基本养老保险专项转移支付资金”的通知（全市共 33900 万元）。同日，市财政局被省财政厅授予“2008 年度全省外经财务综合工作先进单位”称号，并获得一等奖。

12 月 24 日 市财政局被省财政厅授予“2007 年度全省外国贷款管理工作先进单位”称号，并获得三等奖。

12 月 25 日 市财政局召开十七届三中全会精神宣讲大会，全体干部职工参加。同日，任命蔡文宝为财政局人教科副科长。

12 月 26 日 市财政局下达“全市 2008 年军休安置专项经费”的通知（全市共 418.4 万元）。同日，下达“2008 年全市中央补助地方文化体育与传媒事业发展专项经费”的通知（全市共 452 万元）。同日，下达“2008 年全市义务教育合格学校建设、基础教育和农村文化以奖代补专项经费”的通知（全市共 891 万元）。

12 月 30 日 市财政局印发“关于戴志宏同志任职”的通知，戴志宏任人教科科长。同日，任命陈雨辉为行政政法科长，免去办公室主任职务；李国清任办公室主任。

12 月 30 日 市委书记卿渐伟带领市委、市政府、市人大、市政府领导慰问财政局全体干部职工，并出席了市本级 2008 年财政收入关帐会。

12 月 31 日 市财政局下达“2008 年煤矿整顿关闭财政专项补助资金”的通知（全市共 575 万元）。

2009 年

1 月 4 日 市财政局印发“关于表彰 2008 年度县市区资产管理工作先进单位的通报”。(一等奖：石门县财政局。二等奖：临澧县、武陵区财政局。三等奖：安乡县、汉寿县、鼎城区财政局)

1 月 6 日 市财政局召开党组会研究：1. 财培宾馆承包及机关食堂托管事宜；2. 听取市直行政事业单位会计人员年终考核情况；3. 听取市直行政事业单位财务管理二十条检查情况；4. 听取县市区财政工作考核情况；5. 研究 1 月份全局工作要点；6. 听取机关年终考核及评先评优情况。

1 月 14 日 市优化经济环境监督员座谈会在市财政局举行。

1 月 16 日 全市财政系统 2009 年迎春文艺联欢会在常德电视台演播厅举行。

1 月 22 日 市财政局印发《关于表彰 2008 年度市直财政系统先进单位（集体）先进个人的通报》。一、先进单位和先进集体（17 个）。1. 局直单位量化目标考核先进单位：市农开办、市住房公积金中心、市财校。2. 量化目标考核先进集体：办公室、农业科、财务办、国库科、信息中心、控购办、预算科、教科文科、融资办。3. 单项工作先进集体：监督局、人教科、后勤中心、监察室、经建科。二、先进个人（54 名）。1. 记三等功人员：周乃万、黄明光、姚赛芝。2. 市政府嘉奖人员：丁敬军、毛远征、王光波、王建辉、王雪平、申健辉、龙英祥、刘丙松、刘蓉、刘璟、朱莉、汤勇、李国清、李福祥、陈志刚、欧阳志、罗颖、金桥、钟发义、唐晨滨、唐曾晶、徐吉达、徐次才、章昌军、龚新国、彭文、鲁兰芳、雷光银、颜晓春、戴文韬。3. 局机关先进个人：文丽丹、文晓波、车红玲、石建华、祁薇静、许维荣、吴希连、张惠、张爱华、李军、李家军、李晓锦、孟成、范菠、金茂森、袁国安、顾明、康清、龚群志、曾和顺、谢迪军。三、模范科长：汤勇、钟发义、徐吉达、鲁兰芳。四、模范副科长：丁敬军、欧阳志、唐曾晶、戴文韬。五、岗位标兵：申健辉、刘璟、祁薇静、李凯、罗颖、赵建平。六、五好家庭（34 名）。七、市委、市政府中心工作考核先进个人：夏剑峰、张凯、陈忠明、吉海波、汤勇、李春虎、李凯、刘蓉。八、离退休老干部先进个人：刘进芳、李文英。九、老科协财会分会先进个人：王元君、黄菊香 。十、临时工作人员先进个人：刘开辉、郭平、傅鹏。

2 月 2 日 市直财政系统 2008 年度总结表彰大会在市财政局举行。

2 月 6 日 市财政局印发“关于 2009 年县市区财政局工程考核办法的通知”。

2 月 9 日 市财政局印发“关于常德市财政局预防集体腐败试点工程方案的通知”。

2 月 10 日 全市财税工作会议召开，市委副书记、代市长陈文浩出席大会并作重要讲话。

2 月 18 日 市财政局印发“关于 2009 年局机关开展创平安机关工作方案的通知”。

2 月 20 日 财政部国库司副司长周成跃调研常德市国债发行情况。

2 月 24 日 常德市家电下乡工作会召开。

3 月 2 日 市财政局印发“关于过紧日子从严控制机关支出的实施意见”（共四十条）。

3 月 4 日 全市家电下乡新闻发布会召开。

3 月 6 日 局直单位工作汇报会在局举行。同日，召开局务会，安排布置 3 月份全局主要工作。

3 月 7 日 局党组召开科室争先创优工作汇报会。

3 月 10 日 市财政局印发“关于表彰 2008 年度全市财政系统纪检监察工作先进单位和先进个人的通报”。1. 先进单位：市财政国库集中支付局、市农业综合开发办、市非税局、常德财经学校、桃源县财政局、临澧县财政局、澧县市财政局、石门县财政局、津市财政局。2. 先进个人：住房公积金中心杜敦玖、财鑫投苏和平、武陵区财政局高湘明、鼎城区财政局杨明跃、汉寿县财政局马永安、安乡县财政局傅义河。

3 月 11 日 市财政局局长科长述职述廉大会举行。

3 月 12 日 市财政局印发“关于 2009 年全市财政工作要点的通知”。

3 月 13 日 全市财政系统反腐败暨预防集体腐败试点工作会举行。

3 月 16 日 省财政厅副巡视员胡良安带队，到常德市调研重点企业生产经营情况。

3 月 17 日 市财政局印发“关于做好 2009 年财政调研工作的通知”。同日，印发“关于易先云同志任职的通知”，接市委组织部常组委干〔2008〕62 号文件通知，同意易先云任市契税耕地占用税征收管理局副局长。

3 月 20 日 市财政局印发“关于表彰 2008 年增全市乡西财政管理暨‘两税’征管目标管理先进单位的通报”。津市、武陵、鼎城、澧县、临澧、汉寿、桃源、德山开发区、西洞庭管理区、西湖管理区财政局获全省乡镇财税信息化建设一等奖；石门、安乡财政局获二等奖。桃源县乡财局、鼎城县乡财局、澧县乡财管理局、西洞庭财政局获全市乡镇财政管理暨“两税”征管目标管理先进单位。

3月24日 市财政局印发“关于开展走访百企促发展活动的通知”。

3月26日 市财政局召开深入学习实践科学发展观活动动员大会。

3月31日 市财政局印发“关于调整德山经济科技开发区财政体制的通知”、“关于调整柳叶湖旅游度假区财政体制的通知”和“关于调整武陵区财政体制的通知”。

4月1日 财政部综合司副司长陈怡芳、住房和城乡建设部保障司副司长王瑞春等一行6人，在省财政厅副厅长石建辉的陪同下，到常德市澧县调查住房保障及房地产开发工作。

4月2日 召开局务会，安排布置4月份全局主要工作。

4月8日 市局党组书记、局长卢武福带领全体局领导及相关科长实地调研石门县企业、社区改制。同日，印发“关于会议、培训、接待及出差实行定点管理有关事宜的通知”。

4月9日 市本级一季度财政收入结账会召开。

4月14日 全市一季度财政收入结账会召开。

4月15日 市委副书记、市长陈文浩，市长助理、市政府秘书长沈习淼来市财政局调研指导学习实践科学发展观活动。

4月16日 市局党组书记、局长卢武福带领企业科、财源办、办公室、财鑫担保公司负责人实地调研金帛化纤公司、常德水表厂、东鼎动力有限公司、创元铝业、童胖子酱板鸭有限公司等工业企业和农业产业化企业。

4月17日 局党组中心组举行学习实践科学发展观学习体会交流会。

4月18日 2009年度全省会计从业资格考试常德考区考试结束。

4月20日 市财政局召开局长办公会研究：1. 市直行政事业单位公务车辆处置办法。2. 有关人事事宜。同日，印发“关于表彰2008年度行政政法财务管理工作等先进单位的通知”。石门、澧县、津市财政局被评年度财务管理先进单位；桃源、鼎城、安乡县财政局被评为乡镇维修改造先进单位；武陵、临澧、汉寿县财政局被评为专款管理先进单位。

4月21日 市财政局印发“关于进一步明确市直行政事业单位公务车辆处置程序的通知”。

4月25日 市财政局印度“关于明确2009年度收入任务及考核办法的通知”。

4月29日 市财政局召开局长办公会研究：1. 2009年度乡镇机关维修改造项目事宜。2. 学习科学发展观活动第二阶段安排。3. 研究打造“五个财政”，建设满意财政机关工作方案。4. 5月份全局工作要点。

4月30日 市财政局印发“关于加强市本级财政拔拨款提速的通知”。同日，印发“常德市财政局网民诉求快速处理工作制度的通知”。

5月4日 召开局务会，安排布置5月份全局主要工作。

5月12日 市财政局召开局长办公会研究：1. 机关办公楼改造有关事宜。2. 迅速推进市江北诚区房地产业发展的相关事宜。3. 确定小额贷款公司股东。

5 月 15 日 省财政厅教科文管理工作座谈会在常德市召开。

5 月 20 日 市局党组书记、局长卢武福带领预算、经建、社保等科室负责人深入到临澧、澧县实地调研医药卫生体制改革和交通体制改革。

5 月 24 日 市委副书记、市长陈文浩参加局党组学习实践科学发展观专题民主生活会，并作指导。

6 月 1 日 市财政局召开局长办公会研究：1. 市直单位节约型机关考核评比暂行办法。2. 6 月份工作要点。3. 有关人事事宜。

6 月 2 日 召开局务会，安排布置 6 月份全局主要工作。

6 月 8 日 市财政局召开局长办公会研究：1. 投资评审提速。2. 市城区购房补贴方案。同日，全市厉行节约暨“小金库”专项治理工作电视电话会召开。市长陈文浩、市纪委书记刘剑英对专项治理分别进行部署安排。同日，财政部农业司副司长卢贵敏等一行到常德市开展农机购置补贴实施和资金落实情况调研。

6 月 9 日 省财政厅乡财处副处长陈富珍一行三人到常德市开展乡村财务精细化管理工作调研。

6 月 16 日 市财政局召开局长办公会研究：1. 市本级融资平台政府性开发建设项目资金管理暂行规定。2. 听取资产评估有关事项。

6 月 17 日 市财政局印发“关于市直临时机构大型活动（工程）国有资产管理办法的通知”。

6 月 19 日 市财政局印发“关于进一步明确市本级国库集中支付制度改革有关事项的通知”。

6 月 24 日 市委常委、秘书长刘明在市财政局主持召开了“机关风气”专题座谈判。

6 月 25 日 常德市汽车、摩托车下乡启动仪式在常德市新世纪汽车城举行，副市长朱晓平出席了启动仪式。

6 月 26 日 市财政局印发“关于进一步改进和加强财政投资评审工作的意见”（共十二条）。

6 月 29 日 市财政局印发“关于进一步落实建设节约政府工作责任的通知”。

7 月 1 日 市直财政系统庆祝中国共产党建党八十八周年大会在局机关一楼会议室举行，党组副书记、常务副局长刘慎松以“感恩组织”为题发表讲话。

7 月 3 日 市委常委、市纪事书记刘剑英在市财政局主持召开全市行政事业单位“四费公开”、“小金库”治理工作例会。

7 月 6 日 召开局务会，安排布置七月份全局主要工作。

7 月 7 日 市人大常委会副主任张元英来财政局听取人大代表建议办理情况。

7 月 17 日 市检察院党组书记、检察长陈海波应邀到财政局作“强化权力监督、预防职务犯罪”专题讲座。

7 月 20 日 市财政局召开局长办公会研究：1. 民办教育发展资金管理办法。2. 研究地方债券资金分配方案。

7 月 27 日 市财政局召开局长办公会研究：1. 厉行节约考核及经验交流会筹备方教。2. “八一”活动安排。3. 研究有关人事事项。

7 月 28 日 市委常委、常务副市长刘小明到财政局调研。

7 月 29 日 市财政局印发“关于进一步做好财政政务公开工作的通知”。

8 月 1 日 国务院农村综合改革办公室主任王卫星一行 3 人深入桃源县调研农村综合改变情况，市委书记卿渐伟，市委常委、常务副市长刘小明，省财政厅副厅长郭秀宏，副巡视员胡良安等陪同调研。

8 月 5 日 市财政局印发“常德市财政局深入学习实践科学发展观整改落实工作方案”的通知。

8 月 7 日 召开局务会，安排布置 8 月份全局主要工作。

8 月 11 日 市财政局印发“常德市市级行政事业单位国有资产处置管理办法的通知”。

8 月 20 日 市委常委常务副市长刘小明到市住房公积金管理中心调研。

8 月 25 日 桃源县在全省村级公益事业建设一事一议财政奖补试点工作电视电话会议上作典型发言。

9 月 3 日 市财政局召开局长办公会研究：1.《专项资金拨款提速办法》。2.《邀请市民列席局长办公会议暂行办法》。3. 研究 9 月份全局工作要点。

9 月 4 日 召开局务会，安排布置 9 月份全局主要工作。

9 月 17 日 市财政局召开局长办公会研究：1. 2010 年部门预算编制方案。2. 建立重点支出预警止付机制。同日，全市财政税收形势分析会举行，市委常委、常务副市长刘文明出席会议并讲话。

9 月 10 日 市财政局印发“关于调整鼎城区江北城区财税征管体制的通知”。同日，印发“市本级专项资金拨款提速办法”的通知。

9 月 14 日 市财政局印发“关于常德市财政局邀请市民列席市财政局局长办公会议暂行办法的通知”。

9 月 18 日 深入学习实践科学发展观活动总结大会在局机关一楼会议室举行。

9 月 20 日 常德市农村“普九”债务化解额达到 45687 万元，为清理锁定农村“普九”债务实际余额的 100%，常德市已完成农村“普九”化债任务。

9 月 23 日 全省农村“普九”化债工作现场交流会在桃源县召开，省综改办主任韦士广出席会议。

9 月 27 日 市财政局印发“关于编制 2010 年度市直行政事业单位部门预算的通知”。

9 月 28 日 2010 年市直部门预算编制工作布置会在市财政局举行。

9 月 30 日 召开局务会，安排布置 10 月份全局主要工作。

10月9日 市财政局党组中心学习壁县市区财政局局长座谈会在汉寿举行。

10月15日 市财政局召开了正、副科级领导职位竞争上岗大会。

10月21日 市财政局印发“关于郑玉明等同志职务任免的通知”。郑玉明任市财政局行政政法科科长，免去其税政法规科科长职务；施祖鸿任市财政局税政法规科科长，免去其预算科副科长职务；龚新国任市财政局财会人员培训中心主任；赵建平任中华会计函校常德分校校长；祝铭一任市财政局经济建设科副科长，免去其国库科副科长职务；唐曾晶任市财政局预算科副科长，免去其国库科副科长职务；禹瑛任市财政局办公室副主任，免去其教科文副科长职务；申健辉任市财政局预算科副科长，免去其教科文副科长职务；童耀乐任市财政局国库科副科长，免去其企业科副科长职务；王光波任市财政局企业科副科长，免去其后勤中心副主任职务；张惠任市融资与债务管理办公室管理科科长；颜晓春任市融资与债务管理办公室综合科科长，免去其办公室副主任职务；范菠任市财政局教科文副科长；李凯任市财政局行政政法科副科长；覃海华任市财政局国库科副科长；黄明光任市财政局财政投资评审中心副主任；免去李真才市财政局经济建设科副科长职务。

10月21日 市财政局印发“关于车红玲等同志职务任免的通知”。经局党组研究，决定：车红玲、周乃万、丁敬军、许维荣、谢迪军、欧阳志6人任市财政局主任科员；雷志祥、刘璟、彭文、陈亮4人任市财政局副主任科员；黄灿飞按副科级干部待遇；免去李真才、祝铭一、童耀乐、彭继文、龚新国、赵建平、颜晓春、刘丙松、曾福成、陈功权、胡锐11人为市财政局主任科员职务；免去申健辉市财政局副主任科员职务。

10月29日 市财政局第27次局长办公会首次邀请3位市民代表列席参加。研究建立防范财政风险三个准备金方案。研究有关债务划转融资平台方案。研究11月份全局工作要点。同日下午，市财政局在机关一楼会议室举办月十七届四中全会精神辅导报告会。

11月5~6日 市融资与债务管理培训班在市委党校举行，市委常委、常务副市长刘小明出席开班仪式并讲话。

11月6日 召开局务会，安排布置11月份全局主要工作。同日，市财政局印发“关于李真才等同志任职的通知”。接市委组织部常组委干〔2009〕50号文件通知，同意：李真才任市契税与耕地占用税征收管理局副局长；程民生任市融资与债务管理办公室副主任。

11月16日 市财政局印发“关于明确2010年新增财政国库集中支付改革单位的通知”。

11月17日 市人大常委会主任刘本之在财政局主持召开座谈会，调研城市土地收益情况。

11月23日 全省政法经费保障体制改革工作会议在常德召开，省长助理、省政府党组成员、省财政厅厅长李友志出席会议并讲话。

11月24日 省长助理、省政府党组成员、省财政厅厅长李友志，副厅长王新国在市委书记卿渐伟，市委副书记、市长陈文浩，常委副市长刘小明的陪同下考察汉寿县渔民解困工作。

11 月 30 日　召开局务会，安排布置 12 月份全局主要工作。

12 月 1 日　市成品油税费改革涉改人员安置工作会议召开。

12 月 8 日　市财政局印发“关于表彰 2008 年度财政总决胜和部门决算工作先进单位的通报”。1. 财政总决算工作先进单位。一等奖：临澧县财政局。二等奖：桃源县、澧县财政局。三等奖：安乡县、汉寿县、武陵区财政局。2. 部门决算工作先进单位。一等奖：桃源县财政局。二等奖：临澧县、石门县财政局。三等奖：津市、鼎城、澧县财政局。

12 月 9 日　市财政局印发“关于表彰 2008 年度县市区财政预算管理工作先进单位的通报”。1. 财政绩效评价工作先进单位。一等奖：澧县财政局。二等奖：安乡、石门县财政局。三等奖：临澧、桃源、鼎城区财政局。2. 财政供养人员信息库填报工作先进单位。一等奖：鼎城区财政局。二等奖：津市、澧县财政局。三等奖：汉寿、武陵、石门县财政局。

12 月 14 日　市财政局印发“关于表彰 2009 年度全市控购工作先进单位的通报”。一等奖：津市、安乡财政局。二等奖：澧县、武陵财政局。三等奖：鼎城、临澧财政局。

12 月 18 日　市财政局印发“关于市区县财政工作考核工作有关事项的通知”。

12 月 21 日　市财政局印发“关于表示 2008 年度市直部门决算工作先进单位的通报”（全市 65 个单位）。

12 月 30 日　市财政局印发“关于表彰 2008 年度‘两税’决算和乡镇财政总决算编审工作先进单位的通报”。1. “两税”决算先进单位。一等奖：汉寿、石门、德山开发区财政局；二等奖：桃源、安乡、西洞庭管理区财政局；三等奖：澧县、临澧县财政局。2. 乡镇财政总决算先进单位。一等奖：鼎城区、桃源县、汉寿县财政局。二等奖：临澧县、石门县、德市开发区财政别。三等奖：西湖管理区、西洞庭管理区财政局。

12 月 30 日晚　2009 年全市财税收入关账会在市财政局举行，全市完成财政收入 70. 04 亿元，增长 13. 7%，完成一般预算收入 51. 17 亿元，增长 15. 47%，市本级完成财政收入 33. 84 亿元，增长 19. 11%，完成一般预算收入 25. 45 亿元，增长 19. 87%。市委、市政府、市人大、市政府主要负责人出席关账会。

2010 年

1 月 7 日　市财政局召开局长办公会研究：1. 市本级罚没物质处置规程。2. 加强住房公积金管理措施。3. 听取市交通建设投资有限公司筹建情况。4. 听取市纪委办案场所建设所需资金情况。5. 听取 2010 年春节财会人员慰问活动有关情况。6. 听取市县区财政局工作考核情况。7. 研究局机关春节前主要工作安排。

1 月 10 日　市财政局召开党组会研究：1. 市直行政事业单位会计人员 2010 年度考核情况。2. 研究 2011 年春节财会人员慰问活动安排。3. 研究 2010 年教县市区财政工作考核结果。4. 局机关有关慰问方案。5. 研究 2010 年度考核情况。6. 研究奖励方案。7. 研究局机关临聘司机。同日，市财政局召开局务会，布置安排1月份及春节前全局主要工作。

1月18日 市交通建设投入有限公司成立授牌典礼举行，市委副书记、市长陈文浩授牌，市委常委、常务副市长刘小明宣布公司成立并讲话，市政府副市长徐超文主持典礼。

1月20日 市财政局印发"关于表彰2009年度市直财政系统先进集体先进个人的通报"。1. 先进集体：市财校、公积金中心、非税局。2. 先进单位：社保科、预算科、教科文科、外经科、资产科、办公室、人教科、会计科、财源办、财务办。3. 单项工作先进集体：行政政法科、经建科、农业科、企业科、国库科、综合科、监督检查局、采购办、控核办、后勤中央、监察室、信息中心、工资中心。4. 特别奖励单位：契税局、融资办。5. 先进个人55名：三等功3人，市政府嘉奖人员28名，局机关先进个人27名。6. 模范科长5名：张凯、张克勤、李国清、梁浩、程民生。模范副科长5名：龙英翔、朱斌、陈志刚、陈腊年、戴文韬。7. 岗位标兵6名：丁敬军、石建华、刘文华、范菠、唐晨滨、颜爱丽。8. "五好家庭"39名。9. 市委市政府中心工作先进个人：李国清、吉海波、陈腊年、罗颖、姚梅、何大斌、杨艺。10. 离退休老干部、老科协财会分会、临时工作人员先进名单：刘进芳、侯贵荣、王元君、李文英、肖波、郭平、高明。

1月27日 市注册会计师协会第一次党员大会在市财政局财培中心二楼会议室举行。

2月1日 市财政局印发"关于表彰2009年度市直行政事业单位会计工作先进个人的通报"。1. 会计工作先进个人72名。2. 会计工作人员拟立三等功10名。

2月4日 市财政局印发"关于表彰2009年度县市区资产管理绩效评价工作先进单位的通报"。1. 资产管理工作先进单位。一等奖：石门县财政局。二等奖：临澧县、澧县财政局。三等奖：安乡、汉寿、武陵区财政局。2. 绩效评价工作先进单位。一等奖：澧县财政局。二等奖：鼎城区财政局、津市市财政局。三等奖：桃源县、临澧县、汉寿县财政局。

2月7日 市直财政系统2009年度总结表彰大会在局机关一楼会议室举行。

2月18日 市财政局召开党组会研究：1. 局机关临时人员加班工资标准。2. 研究2011年县市区财政工作考核办法。3. 研究局机关竞争上岗方案。4. 研究资产管理处设立方案。5. 研究财鑫担保公司中层竞争上岗事宜。6. 江北校区开发事宜。

2月22日 市财政局召开局长办公会研究：1. 省直管县财政体制改革过渡期有关口径和预算操作问题。2. 投资评审提速措施。3. 2010年量化目标考核有关原则。4. 反腐倡廉活动安排。5. 扶持市城区房地产业发展的相关措施。6. 市本级融资平台政府性开发建设项目资金管理暂行规定。

3月5日 市财政局召开局务会，布置安排3月份全局主要工作。

3月15日 市财政局召开党组会研究：1. 通报竞争上岗情况。2. 研究非税局领导职务。3. 研究评审中心招聘人员。4. 其他人事问题。

3月16日 市财政局印发"关于刘卫红等同志任职的通知"。经局党组研究决定：刘卫红任中华会计函授学校常德分校校长。

3月17日 全市财税工作会在芷园宾馆会堂举行，市委常委常务副市长刘小明出席会议并讲话。

3月18日 财政部行政政法司巡视员吴刚率调研组到常德就行政政法单位财务和资产管理情况进行调研。

3月19日 市财政局局领导、科长述职述廉活动在局机关一楼会议室举行。

3月23日 市财政局召开全市财政系统反腐败工作会议。同日，2010年市纪委对市财政局巡视和主要负责人专题述廉工作启动大会在局机关一楼会议室举行。

4月7日 市财政局召开局务会，布置安排4月份全局主要工作。

4月16日 市财政局召开全市乡镇财政工作会。

4月17日 历时7天的2010年度全省会计从业资格考试常德考区考试圆满结束。

4月19日 市财政局召开局长办公会研究：1. 2010年改革乡镇机关方案。2. 财政服务年和机关作风建设实施方案。3. 2010年市直财政系统“文明我先行”活动方案。4. 局机关绿化升级改造方案。5. 政务公开和满意财政及机关建设方案。

4月22日 市财政局召开党组会研究：1. 市财政局委派市直国有独资企业财务副总管理办法。2. 桃花源分局局长、副局长人选。3. 财鑫担保公司财务总监人选。

4月23日 财政局机关召开财政服务年活动暨作风建设动员会。

4月29日 市财政局印发“关于表彰2008年度全市财政社保工作先进单位的通报”。（一等奖：汉寿县财政局。二等奖：澧县财政局、石门县财政局。三等奖：桃源、鼎城、临澧县财政局。）

5月13日 省财政厅党组成员、纪检组长宋华与监察室副主任唐晓军到常德调研。

5月20日 市直财政系统创先争优活动动员会在局机关一楼会议室举行。

5月22日 市财政局召开党组会研究局机关干部轮岗方案。

5月24日 市财政局召开党组会研究招考人员情况。

5月25日 全市财税收入形势分析会召开，市委常委、常务副市长刘小明出席会议并讲话。

6月2日 市财政局召开局务会，布置安排6月份全局主要工作。

6月9日 国务院综改办副主任黄维健一行调研桃源县“一事一议”财政奖补和乡镇财政管理工作情况，省财政厅副厅长郭秀宏，省减负办主任何仁芽及市领导刘小明、徐万发，局领导卢武福、娄远军等陪同调研。

6月10日 市财政局印发“关于表彰2009年度全市会计管理工作先进单位的通报”。（一等奖：澧县财政局。二等奖：石门县、桃源县财政局。三等奖：鼎城区财政局、临澧县、汉寿县财政局。）

6月18日 市直财政系统财鑫杯“文明我先行”知识竞赛活动在局机关一楼会议室

举行。

6月21日 市财政局召开局长办公会研究：1. 财校江北校区定向开发有关事宜。2. 局机关廉政建设“一岗双责”实施办法。3. “七一”活动安排事宜。

6月30日 市直财政系统庆祝中国共产党建党八十九周年大会在局机关一楼会议室举行。

7月2日 全市家电暨汽摩下乡工作会举行，市政府副市长朱小平出席会并讲话。

7月8日 市财政局召开局务会，布置安排7月份全局主要工作。

7月14日 省财政厅税政法规处处长胡定华一行到常德对财政“五五”法制宣传教育工作进行检查验收。

7月28日 市直部门强农惠农资金专项清理和检查工作部署和业务培训会在局机关召开。

8月6日 市财政局召开局务会，布置安排8月份主要工作。

9月2日 省发改委副主任欧阳彪一行到常德督导检查强农惠农资金专项清理检查工作，市委常委、常务副市长刘小明，副市长徐万发等陪同。

9月5日 市财政局召开局务会，布置安排9月份全局主要工作。

9月9日 市财政局开展的“财政服务年”送政策下企业活动在西洞庭管理区正式启动。

9月19日 以国务院纠风办地方组组长、中纪委纠风室副主任刘牛为组长的中央强农惠农督导组一行到常德进行强农惠农资金专项督导检查。省政府纠风办副主任、省纪委纠风室主任阳年初，省财政厅副厅长郭秀宏，市委常委、市纪委书记刘剑英，市政府副市长刘进能等陪同督导检查。

9月30日 市财政局召开局务会，布置安排10月份全局主要工作。

10月9日 市财政局印发“关于局机关固定资产管理制度的通知”（共十六条）。

10月20日 市财政局印发“关于编制2011年市直行政事业单位部门预算的通知”。

11月9日 市财政局召开局务会，布置安排11月份全局主要工作。

11月16日 市财政局印发“关于核定财政体制改革有关收入基数的通知”。

11月30日 市财政局印发“关于明确2011年对口支援新疆和西藏资金量基数的通知”。

12月3日 市财政局召开局务会，布置安排12月份全局主要工作。

12月23日 市财政局召开局长办公会研究：1. 市本级奖励发放有关问题。2. 2011年春节庆祝活动安排。

12月31日 市委、市政府、市人大、市政协四大家领导到市财政局慰问财政干部职工。

第一篇《

财政管理

第一章　财政体制

财政体制也叫财政管理体制，指国家通过规定各级政权管理财政收支的权限和各企事业单位在财务管理上的权限，据以处理国家各级政权之间，国家与企事业之间的财政分配关系的管理制度，主要包括预算管理体制、企业财务管理体制、事业财务管理体制、税收管理体制、基本建设管理体制等，通常所说的财政体制是指财政预算管理体制。根据国家实行一级政府一级财政的原则，常德设市、县市区、乡镇3级财政，按照各级政府的不同职责和要求，在中央和省的统筹安排下，划分各级财政收支范围和预算管理权限，使各级财政都具有相应的责权利。随着经济社会的改革发展，常德市的财政体制经历了多次调整和改革。

第一节　市财政体制

1988年6月，经国务院批准，常德地区撤区建市（原常德市改为常德市武陵区），成为一级实体财政。

1989年，湖南省对常德市实行“定额上缴，递增包干”的财政预算管理体制，当年常德市上交基数为6490万元，递增比例为7%。从1989年1月1日起，根据《中华人民共和国印花税暂行条例》规定，征收的印花税收入，全部作为地方预算固定收入，中央与省财政均不参与分成。

1990年，按照全省统一要求，常德市提高牲畜屠宰税的征收税额，其财政入库数上交省40%，地（州、市）集中20%，县（市）留成40%。同时，按照省财政厅“关于改变收入划解办法的通知”精神，从1月份开始，改原来按比例划解为由区县市国库每月分三次（分别于上、中、下旬最后一天）定额上解市国库。4月份，省财政厅下发《关于全面开展契税征收工作的通知》，要求全面组织契税征收，其收入全部留给直接组织征收的地、市、县，并纳入预算管理，县乡分成由各县市自行确定。

1991年，西洞庭农场、东山峰农场和西湖农场由常德市直接领导和管理，原属区级财政的农场工商税收等财政收入纳入市级财政预算，农场税收上划后区财政仍维持现行财政体制不变，只是相应调整其定额上解基数。从1月份起，有关市的国营城市建设综合开发企业上缴财政的所得税收入部分，中央与地州市（含县级市）财政按固定比例“四六”分成，即中央财政分成40%，省不集中，余下60%留给各地州市及县级市。从8月1日起，凡市区（不含鼎城区）随产品税、营业税、增值税三税征收的教育费附加收入，一律按“七三”比例（即市财政70%、武陵区财政30%）分别缴入市本级和武陵区财政预算内账户，并纳入各级财政预决算。

1992 年以前，省政府对常德市实行卷烟产品税增收分成 10% 的政策，但由于 1992 年卷烟产品税税率降低 8 个百点，常德烟厂当年省级产品税没有完成年初预定任务，省财政在决算时给予常德市 100 万元的专项补助。

1993 年，省政府决定对常德卷烟产品税增收分成为总额分成 1%，后来考虑常德市农业型经济结构制约，省政府决定调减部分市县上交递增比例，降低常德市财政体制上解递增比例一个百分点，即由原来的 6% 降至 5%。

从 1994 年 1 月 1 日起，中央开始对现行地方财政包干体制进行改革，湖南省根据全国统一部署，对常德市开始实行分税制财政体制。分税制财政体制内容主要包括：1. 划分省与地州市收入范围。地州市收入包括地州市属企业所得税和上缴利润、除省级收入外的增值税 25% 部分和营业税、个人所得税、房产税等工商税，以及农业 4 税。省与地州市共享收入为资源税、土地增值税、城镇土地使用税、省与地州市各占 50%。2. 划分省与地州市支出范围。地州市支出包括自筹基本建设支出、城市维护和建设支出、支农支出、行政事业经费等。3. 实行省级财政对地州市之间转移支付制度。省财政对地州市税收返还数额，以 1993 年为基期年核定，同时与地州市上划增值税和消费税完成情况挂钩，增量部分按 1∶ 0.2 的比例返还。4. 实行财税分设。设立国家税务局与地方税务局两套机构，分别征管，实行“税收分立，税种分开，机构公设”。

1995 年，湖南省进一步调整部分地州市县的分税制财政体制，体制上解不再递增；同时，省财政从体制上对津市等 31 个县市增加补助 7080 万元，对常德等 4 家烟厂入库的卷烟增值税省留成的 25% 超过上一年度的部分，给予烟厂所在地市财政 20% 分成。是年，常德市财政明确与各区县市的财政体制：一是各区县市“两税”增长返还 30% 部分，省里集中 10%，市里集中 5%，留区县市 15%；二是驻各区县市的中央、省、市属工业企业缴纳的城市建设维护税，市里集中 40%，区县市留 60%；三是各区县市农业税新老价差部分市里集中 10%；四是驻各区县市的中央、省、市属工业企业向各区县市缴纳的流转税，从 1995 年起，分别以 1994 年该企业实际入库为基数，其增长部分市城与所地区县市按市里 80%、区县市 20% 的比例分成；五是各区县市屠宰税收入市里集中 40%，从 1995 年起，以 1994 年为基数（基数计算方法为：统计局 1994 年生猪出栏数 ×60% ×6 元 ×40%），每年增递 4%；六是各区县市的土地增值税、土地使用税、土地出让收入、资源税（不含原盐税改征的资源税），市财政集中 10%。从 1995 年 1 月 1 日起，各地粮食企事业单位财务盈亏列入地州市财政预算管理，主要包括粮食商业、粮油工业、饲料、运输及其附属企业财务，粮食行政事业单位经费，水库移民用粮费用补贴等，列地州市财政预算管理的企业原交省财政的所得税收入留给地州市，省财政不再进行基数挂账；补贴基数由省财政按照 1994 年补贴并考虑粮食部门实际情况予以核定，其中地州市经费如数划给地州市，列入同级财政预算管理。

1996年，常德市按照“核定收支、全额管理、以收定支、比例拨付、监督使用、综合平衡”的原则，开始对市直行政事业单位编制综合财政预算。当年，省政府决定对常德卷烟厂在原有500万元分成款的基础上，增加其增值税增收部分5%的分成款计300万元，即增加到800万元纳入体制补助中。

从1997年起，鉴于棉花销售结算方式发生变化，市级棉花增值税转移到各区县市，经市政府研究决定：以1994年、1995年两年各区县市实现的市级棉花增值税年平均数为固定基数，基数的25%部分每年在决算时固定专项上解，基数的上划部分即75%部分每年从区县市上划“两税”的结算总数中扣除，不参与税收返还结算。从10月1日起，市财政委托市房地产管理局代征房产交易契税，契税税率暂定为3%，代征经费按代征契税税款总额的5%提取，超过当年契税任务的收入部分，另安排10%的业务费。

1998年，市政府规定常德市契税税率为土地、房屋转移成交总额的4%。同时，省财政厅规定，契税征收经费按实际征收税额的10%提取，其中2%由地州市财政局农税科（局）集中划解省财政厅农税处，2%由委托征收机关拨付给代征协作单位。

从1998年起，停止执行地州市县农业税附加上解省2%的规定，原则上全归地州市县所有。是年，常德市全面推行了综合财政预算改革，实现了零基预算、预算内外资金统筹和行政事业单位财务收支统管。

从1999年1月1日起，根据湖南省规定，资源税、土地增值税、城镇土地使用税按省与地市县各50%的比例就地分别缴入省库和地市、县国库，实行分级按比例入库后，省与地市、县不再进行这三项税收的年终结算。

2000年，湖南省鉴于部分市大中型农场体制改革中存在的困难，作出个别调整，调减常德市300万元的体制上解基数。同时，湖南省调整农业特产税征收经费计提及划解比例，征收经费计提比例由原来的20%调整为15%，划解比例为省、市（州）各为3%，县（区、市）为9%，鉴于农业特产税收入在县市区财政收入中比重较大，因此县市区计提基数以2000万元为最高限额，超出部分不再计提；调整耕地占用税征收经费划解比例，其征收经费按实际征收税额的5%提取，划解比例调整为省3%、市州0.5%、县市1.5%。

2001年11月，根据市财政局《关于确定柳叶湖旅游度假区财政体制的通知》的文件精神，明确柳叶湖旅游度假区为一级财政管理体制。

2002年，根据中央、省政府所得税收入分享改革方案精神，常德市对企业所得税和个人所得税收入实行中央、省、市和区县市按比例分享的政策，并对预算级次进行明确：一是铁路运输、国家邮政、中国工商银行、中国农业银行、中国建设银行、中国银行、国家开发银行、中国农业发展银行、中国进出口银行以及海洋石油天然气企业缴纳的企业所得税为中央收入，上缴中央财政；二是湖南省境内按中央所得税收入分享改革方案规定的所得税跨地区分享企业以及省电力公司、长沙卷烟厂、常德卷烟厂、郴州卷烟厂、零陵卷烟厂等企业和证券投资公司缴纳的企业所得税为中央与省共享收入，2002年中央和省各

50%，2003 年中央占 60%、省占 40%，2004 年及以后年度分享比例再定；三是常德境内所有烟草公司、盐业公司、新华书店和湖南车轿厂、湘澧盐矿、津市监狱、武陵监狱、华南光电仪器厂及驻城区（含江北城区、德山开发区、柳叶湖度假区）中央、省、市级收入的企事业单位缴纳的所得税，城区（含江北城区、德山开发区、柳叶湖度假区）储蓄存款利息个人所得税作为中央、省、市级共享收入，按比例分别上缴中央、省和市财政，中央、省和市具体比例 2002 年分别为 50%、15% 和 35%；2003 年分别为 60%、12% 和 28%；2004 年及以后年度分享的比例另定；四是驻区县市级收入的企业缴纳的所得税实行中央、省、市和区县市按比例分享，具体分享比例为 2002 年分别为 50%、15%、17.5%、17.5%，2003 年分别为 60%、12%、14%、14%，2004 年及以后年度分享的比例另定；五是险此之外的企业所得税和个人所得税，为中央、省、市和区县市共享收入，按比例分别上缴中央、省、市和区县市财政，具体分享比例 2002 年分别为 50%、15%、0、35%，2003 年分别为 60%、12%、0、28%；2003 年以后年度的分享比例另定。同时，市财政对德山高新科技园税收次级进行明确，园内所有企业税收收入级次均属市级，从 2002 年至 2006 年，园内企业地方所得税实行市、区 3：7 分成，即市级 30%、区级 70%，2007 年后另行确定。

2003 年，市财政局根据相关规定明确：由中央、省与市分享的企业所得税和个人所得税以及税款滞纳金、罚款收入，在当年中央分享 60%、省分享 12%、市分享 28%；驻区县市级收入的企业缴纳的所得税以及税款滞纳金、罚款收入，在当年中央、省、市、区县市分别分享 60%、12%、145、14%；其他按规定由中央、省、市和区县市分享的企业所得税和个人所得税及税款滞纳金、罚款收入，当年中央分享 60%、省分享 12%、市分享 0、区县市分享 28%。同时，当年常德市对全市交警系统财务管理体制进行了调整，各区县市交警大队的财务管理体制由市县共同管理改为区县市管理，各区县市交警大队经费预算和决算、财务监管，由区县市自行负责。

2004 年，全市烟草公司系统实行经营管理体制改革，取消县级烟草公司法人资格，形成全市一个法人的体制，财税征收也进行了调整：增值税、企业所得税、城建税和教育附加费由市公司统一核算后向其所在地主管国税机关申报缴纳，因此影响区县市利益按有关政策进行补助；城镇土地使用税、房产税、个人所得税、营业税和契税分别由市公司和区县市营业部向所在地的征管机关申报缴纳。

从 2004 年 1 月 1 日起，按照全市出口退税机制改革的规定，报关出口的货物需退付的增值税，属于出口退税基数部分的退税额，由中央财政负担；超基数部分的退税额，增值税地方 25% 部分分为市级收入的企业，由中央和市按 75：25 的比例分别负担；其他则由中央和区县市按 75：25 的比例分担。

2006 年，常德市全面推进预算管理改革，按照政府收支分类改革和国库集中支付的要求，进一步完善定额管理方式，科学制定支出标准，细化专项项目，提高预算编制水平。

从2008年1月1日起，常德市开始征收地方教育费附加，由税务部门按纳税人实际缴纳“三税”（增值税、营业税、消费税）税额的1.5%征收，纳入基金预算管理，同时明确：地方教育附加省财政集中部分外，市财政不再集中县市区地方教育附加；此次开征的地方教育附加中烟公司常德烟厂缴纳部分，武陵区、德山开发区不再分享，由市本级享用；市城区其他纳税人缴纳部分按教育费附加分享比例分享，即市本级66.5%，武陵区28.5%，德山开发区5%。

2009年，根据《市城区财政管理体制改革方案》，经市政府批准，市财政局分别行文对德山经济技术开发区、柳叶湖旅游度假区、武陵区财政管理体制进行调整，同时对鼎城区江北城区财税征管体制作了调整，明确从2009年1月1日起施行，暂定4年，期间如遇中央、省重大体制调整，则作相应调整。随后，市财政局、市国税局、市地税局、人民银行常德市中心支行联合下发《关于市城区财政管理体制改革后税收入库有关事项的通知》，对市城区财政管理体制改革后税收收入（不含全部为中央级和地方部分全部为省级的收入）入库有关事项予以明确。在预算级次方面，武陵区辖内（含鼎城区划转部分）：1. 湖南省烟草公司常德市公司和常德烟草机械有限责任公司缴纳的增值税，预算级次为中央级75%，市级25%；其他企业缴纳的增值税，预算级次为中央级75%、市级16.75%、区级8.25%。2. 湖南省烟草公司常德市公司和常德烟草机械有限责任公司缴纳的企业所得税，预算级次为中央级60%、省级12%、市级28%；其他企业缴纳的增值税，预算级次为中央级60%、省级12%、市级18.76%、区级9.24%。3. 缴纳的营业税、房产税、车船税，预算级次为市级67%、区级33%。4. 缴纳的个人所得税，预算级次为中央级60%、省级12%、市级18.76%、区级9.24%。5. 湖南中烟工业公司常德卷烟厂缴纳的印花税，预算级次为市级100%；其他企业缴纳的印花税，预算级次为市级67%、区级33%。6. 缴纳的资源税、城镇土地使用税、土地增值税，预算级次为省级50%、市级33.5%、区级16.5%。7. 缴纳的城市维护建设税、教育费附加（含地方教育附加），预算级次为市级100%。德山开发区辖内：1. 缴纳的增值税，预算级次为中央级75%、区级25%。2. 缴纳的企业所得税、个人所得税，预算级次为中央级60%、省级12%、区级28%。3. 缴纳的营业税、印花税、房产税、车船税，预算级次为区级100%。4. 缴纳的资源税、城镇土地使用税、土地增值税，预算级次为省级50%、区级50%。5. 缴纳的城市维护建设税、教育费附加（含地方教育附加），预算级次为市级100%。柳叶湖旅游度假区辖内：1. 缴纳的增值税，预算级次为中央级75%、市级25%。2. 缴纳的企业所得税、个人所得税，预算级次为中央级60%、省级12%、市级28%。3. 常德机动车驾驶员考场管理处和常德市畅安科技服务有限责任公司缴纳的营业税，预算级次为市级100%；其他企业缴纳的交通运输业营业税、建筑业营业税、邮电通信业营业税、销售不动产和转让无形资产营业税，预算级次为市级100%；缴纳的文化体育业营业税、娱乐业营业税、服务业营业税，预算级次为区级100%。4. 缴纳的车船税，预算级次为市级100%。5. 缴纳的印花税、房产税，预算级次为区级100%。6. 缴纳的城镇土地使用税、土地增值税，预算级次为省级50%、市级50%。7. 缴纳的资源税，预算级次为省级50%、区级50%。8. 缴纳的城市维护建设税、教育费附加（含地方教育附加），预算级次为市级100%。是年8月，根据《中共常德市委常德市人民政府关于进一步理顺城市管理体制的意见》，对武陵区、鼎城区、德山经济技术开发区、柳叶湖旅游度假区实际承担的城管职能按一定标准实行费随事转，市财政局以文件，对下划“四区”的城市管理经费予以明确，当年下划武陵区515.51万元、下划柳叶湖旅游度假区143.58万元、下划鼎城区172.06万元、下划德山经济技术开发区1211.73万元。是年9月，为进一步贯彻落实市城区财政管理体制改革方案，经请示市政府同意，市财政局下发《关于明确市城区税务征管经费管理办法的通知》，对相关事项予以明确。

2010年1月12日，湖南省委湖南省人民政府下发《关于完善财政体制推行“省直管县”改革的通知》，决定从2010年1月1日起，调整省以下财政体制，推行财政“省直管县”改革。这是继1994年分税制改革以来最重大的一次财政体制改革。改革的主要内容是：（一）收入划分。将增值税、营业税纳入分享范围，由省与市（州）或省与县（市）按比例分别分享；将企业所得税和个人所得税由省与市（州）分享调整为省与市（州）或省与县（市）按比例分别分享；调整资源税分享比例；原实行分享的土地增值税和城镇土地使用税下放市（州）、县（市）；其他财政收入省与市（州）、县（市）划分范围不变。1. 增值税：中烟公司、华菱集团（含所属独立核算企业）的增值税继续作为省级收入。将其他原属省级收入的电力、石化、冶金、有色等增值税下划市（州）、县（市），与原属各市（州）、县（市）的增值税一起，省与市（州）或省与县（市）分别按25:75比例分享。2. 营业税：除中央所属铁路以外的其他铁路运营环节实现的营业税，高速公路和铁路设计、施工、监理环节实现的营业税继续作为省级收入。将其他原属省级的国家和省重点工程营业税、金融保险系统营业税以及其他省属企业的营业税下划市（州）、县（市），与原属各市（州）、县（市）的营业税一起，省与市（州）或省与县（市）分别按25:75比例分享。3. 企业所得税：中烟公司、华菱集团（含所属具有法人资格企业）以及部分跨省市总分机构（原中央跨地区经营企业）等企业所得税继续作为省级收入。将原属省级的湘投公司、财信控股等企业所得税下划市（州）、县（市）。企业所得税地方部分省与市（州）或省与县（市）分别按30:70比例分享。4. 个人所得税：个人所得税地方部分省与市（州）或省与县（市）分别按30:70比例分享。5. 资源税：省与市（州）或省与县（市）分别按25：75比例分享。6. 其他税收收入：土地增值税、城镇土地使用税、房产税、城市房地产税、城市维护建设税、印花税、车船税、烟叶税、耕地占用税、契税等其他税收收入作为市（州）或县（市）固定收入。7. 非税收入：除属于省、市（州）、县（市）固定非税收入之外，分享的非税收入由省与市（州）或省与县（市）分别分享。8. 基数核定。增值税、营业税、资源税、土地增值税、城镇土地使用税以及新下放的企业所得税等税收基数，以2009年1月至10月的实际完成数为基础推算2009年全年的完成数，并考虑特殊客观因素计算确定。新下放的其他重点工程设计、施工、监理环节实现的营业税实行零基数下放。（二）支出划分。根据省与市（州）、县（市）事权划分，按照公共财政的要求，合理确定省与市（州）、县（市）的支出划分。省财政支出主要包括：省级一般公共服务支出，省级负担的公共安全、教育、科技、文化、医疗卫生、社会保障、环境保护、城乡社区、农林水事务、交通运输等各项事业费支出等。市（州）、县（市）财政支出主要包括：市（州）、县（市）级一般公共服务支出，市（州）、县（市）负担的公共安全、教育、科技、文化、医疗卫生、社会保障、环境保护、城乡社区、农林水事务、交通运输等各项事业费支出等。（三）“省直管县”。改现行的省管市（州）、市（州）管县（市）财政管理体制为省管市（州）、省管县（市）的财政管理体制。除市辖区以及湘西自治州所辖县（市）、长沙县、望城县仍由市（州）财政管理外，其余79个县（市）全部纳入财政“省直管县”改革范围。改革后省直管市（州）、县（市）共93个，从以下几个方面实行省直接管理到县。1. 财政体制。以2009年为基期年，对改革前市与县（市）的各类收入划分、补助（上解）、税收返还等基数，按照保既得利益的原则，经市与县（市）双方协商确认后，由省财政统一办理划转。改革后市与县（市）在财政管理体制上相互独立，设区市不再分享所属县（市）收入和新增集中县（市）财力。2. 转移支付。省对下转移支付补助（含一般性转移支付和专项转移支付）由省财政厅或省财政厅会同省直有关部门直接分配下达到市（州）、县（市）。3. 资金调度。各市（州）、县（市）国库直接对中央、省报解财政收入，省财政直接确定各市（州）、县（市）的资金留解比例和资金调度。4. 债务管理。2009年底以前的国际金融组织贷款、外国政府贷款、国债转贷资金和中央、省财政有偿资金等，到期后由市（州）、县（市）直接归还省财政。2010年起，新增债务由市（州）、县（市）财政直接向省财政办理有关手续并还款。5. 收入计划。省国税局、省地税局、省非税局等收入征收部门，按照国家有关政策，根据全省和市（州）、县（市）经济发展目标，将收入任务分别直接下达到市（州）、县（市）。6. 财政结算。各类财政结算事项一律通过省财政与各市（州）、县（市）统一办理。7. 继续加大对湘西自治州的支持力度。根据民族区域自治法的规定，省对湘西自治州仍实行省管州、州管县（市）的财政管理体制，同时省对湘西自治州继续给予重点支持和照顾。此外，文件出台了加大对困难地区的支持力度、建立促进优势地区和县域经济加快发展的激励机制、省财政不再按0.1系数集中各市（州）、县（市）的“两税”返还等三项配套政策。是年3月20日，湖南省财政厅 湖南省国家税务局 湖南省地方税务局 人民银行长沙中心支行制定《关于财政收入预算管理有关问题的通知》，主要界定了各级收入具体范围，规范了收入缴库退库程序。同时，该通知还重点对中烟公司、华菱集团附属企业界定原则，检察机关、审判机关办案罚没收入预算级次，省内跨市州、跨县市总分机构企业所得税收入预算级次和征缴程序等进行了明确。是年3月

29日，湖南省财政厅制定《关于完善财政体制推行“省直管县”改革基数核定有关问题的通知》，共分为收入基数核定、补助基数核定、上解基数核定、出口退税基数核定、基数划转和基数考核等六个方面的内容，重点明确了省市县三级收支基数的核定办法和划转程序。

为顺利推进财政体制改革，市财政局积极向市委、市政府建议，经市委、市政府研究决定，把2010年设为改革过渡期，在过渡期内市对县市实行“五不”政策，即“预算不做大的调整、已确定的配套不取消、奖补支持总额不减少、新农村示范点（片）支持额度不打折、市对县市区四大家的补助不削减”。是年4月，常德市财政局、常德市国家税务局、常德市地方税务局、人民银行常德市中心支行下发《关于转发省财政厅省国家税务局省地方税务局人民银行长沙中心支行〈关于财政收入预算管理有关问题的通知〉的通知》，对武陵区、德山开发区、柳叶湖旅游度假区辖内税收收入划分作出补充规定；市财政局下发《关于核定财政体制改革有关收入基数的通知》，对武陵、鼎城、德山、柳叶湖、西湖、西洞庭等“六区”的有关收入基数予以确定。通过多方共同努力，完善财政体制推行“省直管县”改革在全市平稳实施。同时，根据《关于做好全省耕地占用税和契税征管职能划转工作的通知》，全市积极稳妥推进“两税”职能划转工作。是年9月1日，全市“两税”征管职能及21名“两税”征管人员划转地税部门，实现平稳交接。

第二节　县市区财政体制

从1988年6月常德市撤区建市起，常德市全面实行由市领导县市区的财政体制，市财政负责所属县市的收支平衡，省不再与各县发生结算关系。

从1989年1月1日起，省财政厅下放湘澧盐矿副产品——芒硝和炉渣的产品税、营业税、增值税到津市市，盐税仍上交省财政不变。当年，耕地占用税收入中央和地方分成比例，由原来的对半分调整为“倒三七”比例分成，即中央30%、地方70%，地方分成部分省规定为省级15%、市县55%（交省部分，平时作县市收入入库，年终单独结算）。

1990年，对征收的湘澧盐矿城市维护建设税实行市县分成，其中津市市分成86.5%、澧县分成13.5%，津市市负责将13.5%部分按季解交市财政局后，由市财政局如数划转给澧县。6月，对武陵区部分企业、事业、行政单位上收市管，随之市政府对武陵区的财政收支范围和定额上交基数做出相应调整，区财政维持“定额上交，递增包干”（递增比例为8%）的体制；市区（不含鼎城区）征收的教育费附加，每年按实际入库总额实行三七比例分成（即区分30%、市分70%）；市区城建税用于中小学部分，每年由市财政定额补助给武陵区60万元；武陵区国库从1990年起综合上解比例由原来的34%调整为40%。12月，市财政局和市税务局对鼎城、武陵两区税收征管和财政预算级次报解进行了明确，凡1990年12月底前，武陵区、鼎城区开办的驻市区的区属企事业单位的工商各税（含地方各税），按隶属关系分别由鼎城区税务局和市税务局一、二、三分局征管和缴库；1991年1月1日后新开办的企事业单位的工商各税，由企业生产经营所在地税务机关征收管理，纳入当地财政预算；私营企业、个体工商户，以及集贸市场的零星税收，由经营所在地税务机关征收管理，并纳入当地财政预算；凡企业提供固定生产经营场所、资金的承包户和租赁户，按企业隶属关系明确税收征管和预算级次；企业未提供生产经营场所的承包户，由承包生产经营所在地税务机关征管，并纳入当地财政预算；独立核算单位在异区设立非独立核算的分支机构，或从事临时经营活动，或进行建筑安装施工按纳税人外出生产经营、外出施工的税收政策管理。

从1991年起，原由市税务局二分局征收纳入武陵区财政预算的鼎城区属企事业单位的房产税、车船使用税改由鼎城区税务局征收纳入鼎城区财政预算，以1987年实际入库数为基数（两税共10.05万元），由鼎城区财政专项上解市财政，并由市财政按递增7%的比例补助给武陵区财政。

1991年，市财政局对武陵区财政定额上解基数作适当调整，一是对有线电总厂兼并市无线电二、三厂、市电子仪器厂后有关财政收入以1989年实际入库数按递增8%（两年）计算后为基数进行划转；二是将原来每年决算中固定补助武陵区的列入包干体制中的支出基数，不再单独结算；三是将武陵区包干体制的递增比例由原8%调减为6%，当年应定额上解1120.3万元。

1992年，适当核减津市市的上交基数，调减武陵区、鼎城区、津市市、澧县、汉寿县、临澧县的递增比例，并将安乡县财政体制由原“定额上交、递增包干”改为“定额补助”。

1993年，市财政再次调减递增比例，除武陵区为5%外，其余区县市为4%。5月，由于行政区划变动，鼎城区划出9村1组1农科站，武陵区划出4村1林场，德山开发区划入13村1组1站1场，鼎城区、武陵区、德山开发区的农业税和农业特产税任务进行了相应调整。9月，省财政下文明确，降低桃源县财政上交递增比例，由原来的6%降至4%，由此影响地市财力，由省通过年终结算补给；11月，明确规定对常德市西湖农场1993年至1995年的农业税实行全额免征，减免额为稻谷60万公斤。

1994年，执行分税制新体制，常德市原有的财政包干体制改为合理划分中央税、地方税及中央和地方共享税，当年市县两级新体制基本形成，并转入正常运行。从1月1日起，德山开发区正式履行区县级财政职能，实行“定额上交，递增包干”的财政体制，其范围内的城市建设维护税和教育费附加收入由市本级直接征收，其用于教育事业的支出由市有关部门从原武陵区30%分成部门中按11.58%（含总额的3.5%）比例补助追加，从当年开始其国库综合上解比例为40%；同时，由于鼎城区、武陵区部分乡村划入德山开发区，因此对城区上交基数进行适当调整。

从1995年起，区、县（市）体制上解一律为“定额上解”，并给津市上解基数减300

万元、安乡减150万元，其他县微调减18万元。由于常德市江北城区行政区域进行调整，鼎城区原所属河伏乡、丹洲乡、南坪岗乡、芦山乡和河伏镇“四乡一镇”划归武陵区管辖，区渔业总场的低水区域划归市里管辖，鼎城区和武陵区的财政收支基数也进行了调整。6月，开始对西洞庭农场实行“确认基数、比例递增、超收分成、短收补交”的财政管理体制，明确了相应的体制数据，并且一定三年不变。

1996年，常德市渔场由武陵区管理划归常德市建委管理，其上交各项税费由区级收入改为市级收入，并相应减少武陵区体制上解基数。

1997年，常德市仍然对区县市实行分税制财政预算管理体制，同时全市推行了预算内外资金捆绑式的财政综合预算方式。

1998年，湖南省停止执行对区县市农业税附加上解省2%的规定，原则上归地方所有。从1998年1月1日起，不再从征收的农业特产税中提取农业特产税发展基金，原定划解到省、地的部分同时取消，增加的收入按规定级次缴入国库。

1999年9月，根据省财政厅确定的全市上划中央“两税”“预抵税收返还”比例，决定对石门县上划中央“两税”“预抵税收返还”比例调整为20%。市财政对德山经济开发区的外地、外资企业的税收级次进行了明确：属开发区引资的企业，除城市建设税和教育费附加收入外，其他税收入区级；其他引资企业，流转税（包括：增值税、消费税、营业税）20%入区级，其他税收均入市级。

2000年5月，市财政根据《关于调整武陵区驻德山经济科技开发区内企业税收征管体制的通知》文件精神，明确武陵区驻德山经济科技开发区内企业所交税收划转基数；同时发文对德山开发区和柳叶湖旅游度假区的税收范围进行明确。9月，执行《关于西洞庭农场建立财政体制的通知》和《关于西湖农场建立财政体制的通知》，按照“机构人员从简、收支基数求实、财权事权统一、兼顾农场利益”的原则，确定农场建立财政体制收支基数的方法和标准，建立区县级公共财政体制。从10月份开始，将东山峰农场由市级农场下放到石门县管理并建立相应财政体制。

2000年，全市工商行政管理体制改革，工商部门的行政性收费和罚没收入，全额划入省级财政预算管理，其中城乡集贸市场管理费和个体工商户管理费实行省通过市财政与区县市按比例分成，每年在办理决算时予以专项返还，具体计算公式为：区县市专项返还额＝当地工商部门每年的城乡集贸市场管理费和个体工商户管理费收入×区县市分成比例，区县市分成比例＝［留归当地人数（含市场服务中心人员和分流人员）×全省统一的计算标准（人均0.9万元）＋当地政府1997年调剂资金－（当地财政1997年实际安排工商部门的支出数－上划支出基数）］÷1997年当地工商部门城乡集贸市场管理费（含摊位费）和个体工商户管理费收费收入×100%。

2001年，实行“三取消、两调整、一改革”的财政改革，即“取消乡统筹费、取消劳动积累工和义务工、取消屠宰税，调整农业税和农业特产税，改革村提留征收使用办法”。

从 2002 年 1 月 1 日起，对常德烟草机械厂、常德啤酒厂全部税收及教育费附加全额作为市级收入入库，因此影响武陵区、鼎城区的财政收益，由市财政与其另行结算。

2003 年，市财政局明确规定，德宇商贸城是鼎城区驻城区 62 户企业之一的德宇集团总公司辟新址在武陵大道投资兴建的，视同鼎城区驻城区单位对待，自 2003 年 1 月 1 日起，所实现工商税收由鼎城区税务机关征管，纳入当地财政预算。

2004 年 8 月，市财政明确对柳叶湖、德山国土分局财政体制作出调整，进行垂直管理；专项经费不予上划，仍由两区财政管理；两区国土收入全部缴入市财政国土收入专户，扣除国土部门征收经费后全部及时拨付两区管理；两分局其他非税收入分别纳入两区财政管理。

2008 年，为积极应对柳叶湖旅游度假区区划调整工作，市财政局成立了柳叶湖区划调整财税工作领导小组，负责处理区划调整中的各项财政事务。同时，市财政局对有关企业税收次级进行明确，常德市长胜开关制造有限公司、湖南国美电器有限公司常德人民路店明确为市级税收次级；常德市晶鑫绝缘材料有限公司、常德步步高商业连锁有限公司税收级次认定为武陵区税收。

2009 年 9 月，根据市委办、市政府办《关于印发〈柳叶湖旅游度假区区划调整实施方案〉的通知》精神，原武陵区东江乡东江、靳家湾、驮古堤村，南坪岗乡花山、岩子堰、万寿、双桥、泉水桥村，原鼎城区白鹤山乡，原鼎城区灌溪镇白石村划归柳叶湖旅游度假区管理，市财政局分别对柳叶湖旅游度假区、武陵区、鼎城区财政局分文，就涉及三区的有关财经事项予以明确。是年 6 月，常德市财政局下发《关于调整湖南省桃源杰新纺织印染有限公司财税体制的通知》，明确从 2009 年 1 月 1 日起湖南省桃源杰新纺织印染有限公司税收级次由市级调整到县级，其出口退税按 2003 年退税基数调整到桃源县。是年 12 月，市财政局发函明确不调整中国石油化工股份有限公司湖南鼎城区石油支公司税收级次，仍为鼎城区级。

2010 年 10 月，市委、市政府对桃花源区划作出调整，市财政局承担区划调整财经组的职责任务，迅速组织 8 个专业小组深入区划调整单位实地调查，掌握基础数据，拟定的财政体制调整方案在市委常委会上获得通过。

第三节　乡镇财政体制

1984 年 6 月，常德市 319 个乡镇开始建立一级财政。

1989 年前，全市乡镇普遍实行“定收定支、收入上交、支出下拨、超收分成、短收分担、一年一定”的财政体制。1989 年，在总结鼎城区试点经验的基础上，常德市全面铺开乡镇财政体制改革，普遍实行“递增包干、收支挂钩”型财政体制，安乡县实行“包死基数、收入上解、支出下拨、超收分成、短收自负、一定两年”的乡镇财政包干管理体制，打破了乡镇财政吃县财政的“大锅饭”，当年全市乡镇财政收入比上年增长17.9%。

1990年，继续深化乡镇财政体制改革，普遍实行“划分收支、核定基数、定额上交、递增包干、超收全留、一定三年”的财政新体制。是年，省财政厅规定，从1990年3月开始，农户在庭院内种植、养殖的农林特产品暂缓征收农林特产税；农业教学、农业科研单位农林特产收入可视情况减征农林特产税，其中直接为教学、科研服务的部分可以免税；处于发展恢复阶段、或成本高、盈利低的应税产品，可给予一定的减免税照顾；“两劳”单位的农林特产税可由当地征收机关酌情减征3年。

1991年，常德市部分乡镇财政对“预算内、预算外、自筹（含统筹）”资金实行单独立账，专项收支的预决算制度。

1992年，财政部制定《乡镇财政管理办法》，明确规定乡镇财政是国家财政重要组成部分，乡镇应当建立与其任务相适应的财政机关，乡镇财政机关受乡镇政府和县财政机关的双重领导；乡镇财政基本任务是管理乡镇财政收支，对行政、事业和企业进行财政管理和财政监督；乡镇财政要严格执行财政预算、决算制度和预算执行情况报告制度；乡镇财政的收支范围包括预算内资金收支、预算外资金收支和自筹资金收支；乡镇财政体制一般可根据中央对地方、省对地市县的财政体制，结合本地具体情况确定；乡镇财政要设立预算周转金，并根据财力逐步达到本级预算内支出的2%。同年，根据上级要求和规定，鼎城区、石门、桃源、澧县、汉寿、临澧开始进行乡镇财政管理体制改革试点。

到1993年底，常德市共有263个乡镇，除武陵区、安乡县的24个乡镇采用的是“收支挂钩”的财政管理体制外，其他乡镇均实行“收支两条线”的财政管理体制。当年全省有31个乡镇实现财政收入过1000万元，其中常德市有临澧县新安镇、合口镇、城关镇和鼎城区武陵镇、桃源县陬市镇5个。

1994年，在新的分税制财政体制引导下，因地制宜地逐步完善乡镇财政体制，全市普遍实行包干、分成、分税制的财政体制，乡镇财政基本上做到“财政统一预算、收入统一管理、支出统一审批、账目分户设立”的“三统一分”管理办法。

1995年，执行《湖南省城市街道财政管理暂行办法》，全市普遍建立街道财政所，实行分税制财政体制。

1996年，常德市出台《关于乡镇财政所简政放权和进一步加强乡镇财政管理工作问题的具体实施意见》，明确要求要按照“分税制”的原则，健全乡级财政新体制，把乡镇财政建成真正的一级财政。6月，执行湖南省《关于建立乡镇国库的通知》在临澧县进行全市乡镇财政体制改革试点，该县7个乡镇首批建立了国库；8月，在该县召开现场会，推广临澧经验；到年底全市共有80个乡镇国库到省人民银行进行了审批，建立乡镇国库。

1997年，加强乡镇预算外资金管理，乡镇预算外资金上缴财政专户、实行收支两条线管理，建立健全计划管理、财务会计制度与决算制度。

1998 年，按照分税制财政体制的总体要求，全市开始大力推进乡镇财政体制改革，逐步建立起以分税制为基本特征的分级负责、分散决策、分灶吃饭、自求平衡的财政管理体制和运行机制，到年底全市实行分税制财政体制的乡镇 177 个，建立金库的乡镇 150 个。是年，在津开展了农村“费改税”试点。

1999 年，进一步加强乡镇财政体制改革，在武陵区丹州乡进行了整顿乡镇财政试点，年底全市乡镇分税制财政体制全面建立。

2000 年，市财政局转发《湖南省乡镇财政管理条例》，并且明确规定：一是所有乡镇从当年一季度起必须建立“分税制”财政体制；二是加快乡镇国库建设，已审批的 150 个乡镇国库必须在 4 月份投入运行，其他乡镇要在 6 月份将手续报批，8 月份完成建库工作并投入运行；三是各乡镇每年要消赤减债 20% 以上，并防止出现新的债务；四是所有乡镇年内必须全面实行收费制度改革和综合预算改革。同时，按照省委、省政府的要求和部署，在津市市开展了“费改税”试点工作，探索农村税费改革新路子。

2001 年，进一步完善乡镇分税制财政体制，规范乡镇政府事权与财权，将能纳入乡镇财政收支范围的收支划归乡镇财政，全面推行乡镇财税合署办公，全市共有 150 个乡镇按分税税制财政体制建立金库，并组织开展乡镇财政“升级上档”活动，乡镇财政收入过 500 万元的 56 个，1000 万元以上的 8 个。

2002 年 6 月，省政府办公厅批复同意《常德市农村税费改革实施方案》，常德市全面开展农村税费改革，农民负担明显减轻，平均减负达 32%。

2004 年，进一步完善和推进农村税费改革，严格按政策降低农业税税率 3 个百分点、取消除烟叶外的农业特产税、对种粮农户进行种粮补贴和良种补贴工作，全市农民减负增收 4. 02 亿元。

从 2005 年起，全面落实免征农业税和除烟业外的农业特产税政策，从而结束了长达 2600 多年的农民工缴“皇粮”的历史。同时，进一步深化乡镇财政体制改革，在津市市进行“乡财县管乡用”改革试点；在津市市和临澧县成功开展了涉农资金信息化发放试点，并在全市全面推开。

2006 年，中央财政印发了《财政部关于进一步推进乡财县管工作的通知》，要求在乡镇政府管理财政的法律主体地位不变、财政资金所有权和使用权不变、乡镇享有的债权及承担的债务不变的前提下，全国各地开始推进“乡财县管”改革。按照乡镇财政“预算管理权、资产所有权、资金使用权、资金审批权、乡镇债权债务关系”等五权不变的原则，全市开始“核算统一、账户统设、工资统发、采购统办、票据统管”为主要内容的乡财县管乡用改革，实现了“网上申请、网上审核、网上拨付”的乡财网络全面上线运行。

2007 年，在巩固农村义务教育体制、县乡财政体制改革成果的基础上，拉开新一轮乡镇机构改革和乡村区划调整，同步启动减轻湖区农民负担改革、基层水利管理体制改革和国有农林场改革，加快农村综合改革向纵深推进。

2008年，根据中央财政下发《财政部关于发挥乡镇财政职能作用加强财政预算管理的意见》文件要求，全市全面推进"乡财县管"、"村账乡管"、"部门预算"等方面的乡镇财政体制改革，主要包括预算共编、账户统设、集中收付、采购统办、票据统管、县乡联网等内容，为规范乡镇财政管理提供了制度保证。

2009年，根据省财政厅要求，全市实施乡镇财政管理精细化管理改革。推进"村账乡代管"改革，全市228个乡镇全部实行"村账乡代管"；启动乡村财政财务精细化管理工作，推行乡村预算管理改革，加强对乡村债权债务和专项资金的监管，建立市级涉农补贴数据中心，实行涉农补贴数据集中管理；加强乡镇财政基础建设，完成了11个困难乡镇财政所建设项目申报工作及218个乡镇（街道）财政所基础设施档案整理工作。

2010年，全市全面推行和完善"村账乡代管"改革，建立乡村两级债权债务管理台账，制定化解乡村两级债务的激励措施；启动乡镇财政资金监管工作试点，开展乡镇低限运转保障调研，乡村级财务规范化管理水平不断提高。

第四节　非税管理局

市非税局职能配置、内设机构和人员情况

原市收费管理局成立于1996年，主要负责全市预算外资金的收费管理，2001年机构改革时，主要职责是管理全市行政事业性收费项目的立项、审核、报批，负责财政票据的印制、保管、发放、核销、检查等，负责市本级部分收费（基金）项目的直接征。2004年9月，原市收费管理局更名为常德市非税收入征收管理局（简称市非税局）。是市政府实施非税收入管理的专职机构，为市财政局管理的具有行政职能的副处级事业单位。

常德非税局局长　龚天园

（一）主要职责

1. 贯彻落实国家、省市人民政府、省市财政部门有关非税收入征收管理的法律、法规、规章和制度，并根据上述法律、法规、规章和制度，参与研究拟定全市非税收入征收管理的具体实施办法；

2. 依照有关法律、法规、规章、制度和实施办法的规定，负责市本级行政性收费、事业性收费、政府性基金（附加）、罚没收入、国有资产和国有资源收益、其他非税收入的征收管理和直接征收，组织、委托和督促市直各执收单位做好非税收入的征缴工作，协助财政办理非税收入减免审核和申报事项；

3. 配合财政核定市直行政事业单位非税收入年度征收计划，衔接市直部门和执收单位

的非税收入预算；

4. 负责全市非税收入征收管理系统的网络建设与维护，协助搞好市本级非税收入的核算与统计和“非税收入汇缴结算户”资金的清算与划解，参与拟定市本级非税收入统筹方案；

5. 负责非税收入票据的保管、发放、核销、检查等日常管理工作；

6. 考核市直部门和单位非税收入征收管理工作，拟定非税收入征管工作表彰、奖励方案；

7. 参与非税收入的清理整顿和已取消（或调整）的非税收入项目和标准的督查落实工作；

8. 开展非税收入日常监督和专项稽查，依法查处各种违反非税收入征收管理规定的行为；

9. 指导全市非税收入征收管理工作，总结和推广各地非税收入征收管理工作经验；

10. 负责本局思想政治、行政事务等工作，完成市财政局交办的其他工作任务。

（二）内设机构及职责

根据上述职责，常德市非税收入征收管理局内设四个职能科（室），均为副科级级别。

1. 综合科。负责局机关的综合协调、文秘管理、行政事务、党团工青妇等综合性工作。具体负责机关文秘、机要、保密、信访、档案、机关后勤、接待、财务工作；负责党务、组织人事、机构编制、宣传教育、纪检监察、劳动工资及工会、妇女、共青团工作；负责安全保卫、综合治理和创建工作。

非税管理局局领导合影

2. 征收管理科。负责市直单位非税收入征收的组织、委托和督促工作。具体负责市本级行政事业性收费、政府性基金收入、罚没收入、专项收入、其他非税收入的征收管理工作和部分收入的直接征收；参与研究拟定全市非税收入征收管理的具体实施办法；参与核定和编制市直单位非税收入年度征收计划和部门预算；协助审核和申报非税收入减免事项；协助稽查科对违反非税收入征管的行为进行查处。

3. 票据管理科。负责财政票据的管理、结算、核算工作。具体负责全市财政票据的保管、发放及市直单位票据的购领、使用、缴销、年检工作；协助搞好市本级非税收入的核算与统计和资金的清算与划解；协助稽查科对财政票据违规违纪行为进行查处；负责全市非税收入征收管理系统的网络建设与维护。

4. 稽查科。负责非税收入日常监督和专项稽查。具体负责对市本级非税收入管理政策执行情况的日常监督，负责市本级财政票据违规稽查，查处违反非税收入征收管理规定的行为，负责非税收入违规违纪的投诉、信访接待与查处工作，参与非税收入的清理整顿及督察工作。

（三）人员编制和领导职数

市非税收入征收管理局全额拨款事业编制 17 名，其结构为：局长（副处级）1 名，党支部书记（副处级）1 名，副局长（正科级）2 名，纪检员（正科级）1 名；副科级领导职数 4 名；其他工作人员 8 名（含后勤服务人员 1 名）。人员参照公务员管理。

常德市非税收入征收管理局全体工作人员合影

第五节　住房公积金管理中心

一、中心概况及体制沿革

市住房公积金管理中心由市人民政府授权统一归集、管理、运作全市行政区域内各级行政机关、企事业单位及中央、省驻常单位和个人缴存的住房公积金。中心现有在编干部99人，内设8个科室、9个区县（市）管理部。其中市本级33人。市住房公积金管理中心近年来先后获得了“全省优秀事业单位法人”、“常德市文明标兵单位”、“全市作风建设满意单位”等荣誉称号，连续六年评为“全省住房公积金管理工作先进单位”。

赵安才

2001年8月，市委、市政府下发《常德市市直党政群机关机构改革方案实施意见》，不再保留住房制度改革领导小组办公室，成立住房公积金管理中心，为副处级事业单位，并将住房资金管理办公室成建制并入，由财政局管理。

2002年，市长办公会议专题研究出台了《常德市住房公积金管理机构调整工作实施方案》，决定全市只设一个住房公积金管理中心，原区县（市）住房公积金管理中心撤销，改为市中心的业务经办网点。市住房公积金管理中心是市人民政府直属事业单位，副处级，履行行政管理职能。

2002年8月和2003年3月，市政府两次召开全市住房公积金管理工作会议，部署、督办机构调整工作，按照“冻结、清理、审计、移交”四个环节，分步实施管理机构的调整工作。

2003年7月，全市住房公积金系统顺利完成交接工作，实现了人、财、物由市中心统一管理。市中心在九个区县（市）分别设立了住房公积金管理部（正科级），具体负责相应区县（市）行政区域内的住房公积金的管理运作。

2006年8月，市编办下发《关于市住房公积金管理中心升格的通知》，市住房公积金管理中心升格为市人民政府直属的正处级事业单位。

二、历年住房公积金业务指标情况表

附件

历年住房公积金业务指标情况一览

单位：万元

项　目	归集额	支取额	个人住房贷款发放额	增值收益	委托贷款发放户数（户）
1995～2002 年	61665.96	20102.97	6444.50	76.34	1461
2003 年	21480.00	9500.00	3940.10	261.46	811
2004 年	32626.00	11900.00	16260.70	499.09	2587
2005 年	44301.00	16677.65	22394.80	927.64	2837
2006 年	66417.78	28694.55	38336.70	1730.75	4675
2007 年	60320.97	35088.64	49388.13	2603.28	4772
2008 年	73418.68	24118.48	41040.34	4414.03	3831
2009 年	93155.64	40163.34	64929.91	5100.57	3722
2010 年	112830.78	49410.75	85313.60	5733.04	5372
合　计	566216.81	235656.38	328048.78	21346.20	30068

2007 年归集较上年负增长原因说明：1. 2006 年烟厂职工住房补贴补缴 9000 万元，如果剔除此因素，2006 年实际归集 57417.78 万元；2. 2007 年执行“限高保低”政策，将原汇缴比例 20% 调减至 12% 等因素导致当年归集额减少 6200 万元。

三、主要工作成效

中心在市委、市政府的正确领导下，努力扩大住房公积金归集范围，着力抓好委托贷款发放，大力规范提取秩序，强力实施资金监管，尽力维护单位形象，各项工作都取得了较好成绩。截至 2010 年底，全市实缴职工人数为 21.44 万人，缴存总额达到 56.62 亿元，累计提取额为 23.56 亿元，缴存余额 33.06 亿元，累计为 30068 个家庭发放住房贷款 32.81 亿元。主要取得了三个方面的成效：

（一）管理体制方面

1. 健全决策管理体制。2006 年 4 月正式成立了常德市住房公积金管理委员会，通过了《常德市住房公积金管理委员会章程》，初步形成了民主决策、科学决策的机制。

2. 强化内控管理机制。建立了各项严格的资金管理制度，对资金运作岗位进行合理分工，实行操作环节相互制约。涉及重大资金支付等事项都要经过集体研究决策。报请市政府出台了《常德市住房公积金管理暂行办法》、《常德市住房公积金贷款管理办法》和《常德市住房公积金提取管理办法》，明确了公积金管委会、市财政局、市住房公积金管理中心、委托银行之间的关系和各自在资金安全上承担的责任，重点规范了中心在资金运作中的行为。同时，中心自觉接受市县两级财政、审计、银监、监察等有关部门的监督，做到增值收益全部及时足额上缴市级财政，费用严格执行部门预算。

3. 打造网络管理平台。2004 年，中心投资近 80 多万元，与管理部、委托银行实现了局域联网，住房公积金的缴存、提取、转移、封存、结算等业务全部在网上进行。2008 年，中心又投入 200 多万元，对住房公积金软件、硬件进行了升级改造。先后完成了方案报审、工程项目公开招标、硬件安装和软件配置等工作，顺利完成了归集、提取、个贷、财务子系统的安装工作。

（二）业务工作方面

1. 归集“蛋糕”不断做大。积极寻求归集增长点，在事业单位找空间，向各级财政求支持，到非公有制企业寻突破，力求归集增量不断扩大。及时向省监管办申请调整住房公积金缴存基数，中央、省驻常德单位职工住房公积金月缴存额参照长沙市公布的缴存标准执行。通过争取政策支持，市本级、武陵区、石门县财政补贴比例增加到了 12%，其他区县（市）都在 5% 以上，并列入了财政预算。

2. 资金运作规范安全。做好贷前调查、审核把关、集体审批和贷款抵押工作，有效规避了贷款风险，确保了贷款发放的准确、及时、公正。2010 年共发放住房公积金委托贷款 8.53 亿元，同比增长 31.4%。澧县管理部 2010 年发放 1.08 亿元，是常德市第一个当年发放过亿元的县。同时，加强逾期贷款催收，在市纪委、监察局的支持下，开展了行政事业单位个人住房公积金逾期贷款专项效能监督工作，成效明显。2010 年全市回收个贷 3.24 亿元，逾期率仅为 0.06%。提取管理方面，中心严格审批程序，有效杜绝了利用虚假资料套取住房公积金的行为。

3. 增值收益大幅增长。认真测算保证贷款发放和职工提取所需的资金额度，与银行签订了协议存款、定期存款合同，每天坚持对银行余额进行查询，及时转存定期，确保收益最大化，增值收益稳步增长。2010 年完成收益 5733 万元，同比增长 12.4%，人均实现收益达 57 万多元，提取风险准备金 1063.75 万元。防风险能力不断增强。

（三）优质服务方面

1. 提升服务水平。机构上收后，中心从“事业健康发展，队伍健康成长”的目标出发，坚持从强化教育培训入手，加强干部培训和测评考核，全面提高人员素质和服务水平。近年来，中心累计举办各类培训 20 多次，培训干部职工达到 1000 多人次。2008 年，中心机关和各管理部业务软件统一进行了升级改造，中心全体干部职工和银行工作人员共

108 人参加了新业务软件培训。

2. 丰富服务载体。中心一直把文明创建作为提升服务水平的重要载体，根据《全省住房公积金文明行业标准》，加强了窗口服务能力建设，开通了服务热线，大力开展作风建设和效能建设、规范权力运行。通过大力开展创建文明行业活动，中心已获得“市级文明标兵单位”荣誉称号，中心服务窗口获得“湖南省青年文明号”荣誉称号，另有8个管理部先后获得了湖南省“巾帼文明岗”、市级“巾帼文明岗”、市级“青年文明号”荣誉称号。

3. 创新服务方式。在优质服务上中心积极推行“三零”服务。在上门服务方面做到零距离，对贷款户比较多的楼盘，采取集中办公的方式，尽最大可能为贷款户提供方便。通过不断加强政策宣传和优化服务方式，有力地促进了个人贷款发放工作。对一些涉及民生的特殊情况，中心做到特事特办、零障碍。对符合条件的贷款职工和提取者，实行限时审批，对有重大疾病住院、子女就学确有困难急需用钱的缴存人，提供最快捷的服务。中心在办理公积金业务手续时，一直坚持实行零收费，不收取缴存人办理提取、贷款手续的一切工本手续费，并免费为缴存职工复印个人资料，这在全省公积金系统是唯一一家。

四、机构队伍情况

（一）领导历年历任情况

2001 年 12 月，赵安才任市住房公积金管理中心主任（副处级机构），2002 年 3 月，闻子军、何名福任副主任。

2003 年 7 月，全市住房公积金系统顺利完成交接工作，实现了人、财、物由常德市住房公积金管理中心统一管理，并在 9 个区县（市）分别设立了住房公积金管理部（正科级）。赵安才任中心主任，尹洪桂为支部书记，闻子军、何名福任副主任，杜登玖为纪检员。

2005 年 7 月，免去闻子军副主任职务。

2005 年 9 月，何名福任市住房公积金管理中心助理调研员；朱世奎任市住房公积金管理中心副主任。

2006 年 8 月 7 日，常德市住房公积金管理中心升格为正处级。

2007 年 3 月，赵安才任中心主任、党组副书记（正处级）。刘慎松任党组书记（兼）。尹洪桂、何名福任党组成员、副主任。陈昌宏任党组成员、纪检组长。胡秋兰任总会计师。杜登玖任副调研员。

2008 年 1 月，朱为民任党组成员、副主任。3 月，陈昌宏任副主任，胡秋兰任党组成员，杜登玖任党组成员、纪检组长，免去陈昌宏纪检组长职务，龚德平任副调研员。

2009 年 7 月，免去陈昌宏党组成员、副主任职务。9 月，娄远军任党组书记（兼），免去刘慎松党组书记（兼）职务，陈雨晖任党组成员，朱世奎任副调研员。10 月，陈雨晖任副主任。

2010 年 10 月，牟明德任党组书记（兼），刘图强任党组成员、副主任，杨峰任总会计师，单家春任副调研员。免去娄远军党组书记，免去胡秋兰党组成员，总会计师，免去尹洪桂党组成员、副主任，任正处级干部。

（二）人员历年情况

内容 年度	单位 人数	党员	团员	处级	科级	本科 以上	大专	高中	男	女
2001 年	23	11	8	1	5	7	14	1	13	10
2002 年	20	10	5	2	6	6	13	1	11	9
2003 年	79	47	17	3	28	19	51	5	32	47
2004 年	81	64	0	3	29	28	47	2	34	47
2005 年	80	64	0	4	27	35	43	1	33	47
2006 年	82	69	13	4	28	57	24	1	35	47
2007 年	90	72	0	7	38	71	18	1	39	51
2008 年	90	73	6	9	35	71	18	1	40	50
2009 年	97	84	0	10	45	85	10	2	41	56
2010 年	99	85	0	11	46	85	11	2	43	56

（三）省级以上奖励情况

颁奖单位	奖励及荣誉	颁奖日期
省人事厅 省编办	湖南省第三届优秀事业单位法人	2006 年 12 月
省建设厅 省财政厅	2003～2008 年连续 6 年获全省住房公积金管理工作先进单位	2004 年至 2009 年
省妇女“巾帼建功” 活动领导小组	巾帼文明岗	2007 年 7 月
省住房公积金研究会	2009 年度课题调研活动中科学组织成果突出，被评为优秀组织奖单位	2010 年 4 月
省住房公积金研究会	《加强自身建设，提高管理队伍整体综合素质》课题组完成的课题成果，经专家评审荣获优秀奖	2010 年 4 月
省档案局	湖南省档案工作规范化管理省一级	2010 年 10 月

第六节　国库集中支付局

常德市财政国库集中支付局机构沿革、职能情况

国库集中支付局局长　汪培儒

2002 年

机构沿革：2002 年 3 月，经市委、市政府批准，根据中共市委机构编制委员会〔2002〕13 号文件成立常德市会计核算中心（简称市会计核算中心），为市财政局管理具有行政职能的副处级事业单位。

主要职能：负责享受财政拨款的市直行政事业单位的会计集中核算的具体工作。1. 负责及时记录、计算和报告纳入单位各种资金的增减变动及其结果，保证会计资料的真实、完整；2. 负责定期为纳入单位提供月度、季度会计报表和年度决算及相关资料；3. 协助核算单位做好预算编制、财务分析等工作；4. 负责依法审核纳入单位的各项财务收支行为，及时制止和纠正纳入单位财务收支行为中的违法、违纪、违规现象；5. 负责核算单位会计资料（含电算化会计资料）的整理立卷、归档、和保管工作；6. 负责调度资金，及时与财政、银行、单位核对资金增减变动和结存情况，确保资金正常运转和存款的安全；7、承办市委、市政府和市财政局交办的其他事项。

内设机构：市会计核算核算中心内设办公室、总会计室、资金结算科、稽核科四个职能科室，另设 22 个会计核算柜组，分别负责市直预算单位的会计集中核算工作。定编 65 人，从市财政局、国资局调入 3 人。

人员组成：赵湘仿（主任），颜爱丽（副主任、总会计师）、曾松（副主任），在编人数 3 人，借调人员 44 名。

2003 年

人员组成：赵湘仿（主任），颜爱丽（副主任、总会计师）、曾松（副主任），全中心人数 3 人，借调人员 43 名。

2004 年

机构沿革：根据《湖南省人民政府关于批转省财政厅人民银行长沙中心支行〈湖南省国库集中支付核算改革试点方案〉的通知》（湘政发〔2002〕23 号）和 2004 年第 5 次市委常委会议精神，2004 年 7 月中共常德市委机构编制委员会〔2004〕17 号文件设立常德市财政国库集中支付局（简称市财政国库支付局），与常德市会计核算中心实行一个机构、两块牌子，为市财政局管理的具有行政职能的副处级事业单位。

国库集中支付局领导班子合影

主要职能：负责财政国库集中支付工作和享受财政拨款的市直行政事业单位的会计集中核算工作。1. 贯彻执行国家财政纪律、法规和方针政策，指导全市国库集中支付改革和会计集中核算工作；2. 负责财政拨款的市直行政事业单位的会计集中核算和财务收支监督工作；3. 负责研究制定国库集中支付相关制度，办理财政直接支付零余额账户和授权支付零余额账户的业务；4. 根据财政批复的分月用款计划和额度，核对部门预算指标，具体办理财政直接支付的审核和拨付；5. 负责财政国库集中支付业务相关账务处理，具体办理预算单位财政性资金支出明细账；6. 汇总并及时向财政部门提供财政资金支付和清算日、旬、月报信息，定期为纳入单位提供月度、季度会计报表和年度决算及相关资料，负责核算单位会计资料整理立卷、归档和保管工作；7. 协助各核算单位做好预算编制和财务分析工作，依法审核纳入会计集中核算单位的各项财务收支，及时制止和纠正纳入单位的违法、违纪、违规现象，负责对各单位财会人员进行业务培训和指导；8. 负责及时与财政、银行、单位核对资金增减变动和结存情况，确保资金正常运转和存款的安全；9. 承办市委、市政府和市财政局交办的其他事项。

内设机构：市财政国库集中支付局（市会计核算核算中心）内设办公室、支付科、核算科、资金结算科、稽核科五个职能科室，定编 47 人。

人员组成：赵湘仿（局长），颜爱丽（副局长、总会计师）、曾松（副局长），全局人数 46 人。

获省级以上奖励：被湖南省财政厅、湖南省城镇妇女“巾帼建功”活动领导小组授予

“巾帼文明示范岗”、“三八红旗集体”荣誉称号。

2005 年

人员组成：人员组成：赵湘仿（局长），颜爱丽（副局长、总会计师），曾松（副局长），全局人数41人。

获省以上奖励：被全国妇女“巾帼建功”活动领导小组、湖南省精神文明指导委员会授予“全国巾帼文明示范岗”、“湖南省文明窗口单位”荣誉称号。

2006 年

机构沿革：根据中共常德市委机构编制委员会〔2006〕6号文件对常德市财政国库集中支付局（常德市会计核算中心）职能配置、内设机构及人员编制进行重新规定。

主要职能：负责市本级财政国库集中支付工作和部门预算执行监督工作，以及部分市直预算单位的会计核算。1. 贯彻执行国家财政纪律、法规和方针政策，实施市本级国库集中支付和部分市直行政事业单位会计集中核算工作；2. 负责单位部门预算指标和用款额度的控制工作，监督国库集中支付单位和会计集中核算单位部门预算的执行；3. 参与研究制定国库集中支付相关制度，办理财政直接支付零余额账户和授权支付零余额账户的支付业务，负责监督管理经市财政局批准的单位零余额账户及特设专户；4. 根据财政批复的分月用款计划和额度，核对部门预算指标，具体办理财政直接支付的审核和拨付；5. 负责办理国库集中支付单位的财政授权支付业务，负责及时给国库集中支付单位提供月度对账报表，负责在过渡时期（1~2年内）与国库集中支付单位实行“平行记账”；6. 汇总并及时向财政部门提供财政资金支付和清算日、旬、月报信息；7. 负责为集中核算单位提供月度、季度、会计报表和年度决算及相关资料，负责集中核算单位会计资料整理立卷、归档和保管工作。8. 协助各核算单位做好预算编制和财务分析工作，依法审核纳入会计集中核算单位的各项财务收支，协助市财政局对市直行政事业单位财会人员进行业务培训和指导；9. 负责财政预算内、外总会计支出明细账的核算，负责及时与财政、人民银行、代理银行、预算单位核对资金增减变动和结余情况；10. 负责对没有合格财务人员或不能完成网上操作的市直集中支付单位实行代理记账和网上操作；11. 承办市委、市人民政府和市财政局交办的其他事项。

国库集中支付局工作现场

人员组成：赵湘仿（局长），颜爱丽（副局长、总会计师）、曾松（副局长），诸兰茂（纪检员），全局人数42人。

获省以上奖励：被财政部、湖南省人

民政府授予“全国财政系统先进集体”、“湖南省文明单位”荣誉称号。

2007 年

人员组成：赵湘仿（局长），曾松（副局长），莫海洋（副局长），诸兰茂（纪检员），全局人数41人。

2008 年

人员组成：赵湘仿（局长），曾松（副局长），莫海洋（副局长），诸兰茂（纪检员），全局人数42人。

2009 年

人员组成：赵湘仿（局长），莫海洋（党支部书记、副局长），龙寿清（副局长），诸兰茂（纪检员），罗粹（总会计师），龚萍（副局长），全局人数38人。

获省以上奖励：被中央精神文明指导委员会授予“全国精神文明建设先进集体”荣誉称号。

2010 年

人员组成：人员组成：汪培儒（局长），莫海洋（党支部书记、副局长），龙寿清（副局长），诸兰茂（纪检员），罗粹（总会计师），龚萍（副局长），全局人数38人。

市财政国库集中支付局人员构成（2002～2010年）

年度	领导班子	单位人数	专业技术职称
2002	3名：局　长：赵湘仿 副局长：曾　松 副局长、总会计师：颜爱丽	47	中级职称：11人 本科学历：15人
2003	3名：局　长：赵湘仿 副局长：曾　松 副局长、总会计师：颜爱丽	46	高级职称：1人 中级职称：18人 本科学历：20人
2004	3名：局　长：赵湘仿 副局长：曾　松 副局长、总会计师：颜爱丽	47	高级职称：1人 中级职称：21人 本科学历：27人
2005	3名：局　长：赵湘仿 副局长：曾　松 副局长、总会计师：颜爱丽	42	高级职称：1人 中级职称：24人 本科学历：28人
2006	4名：局　长：赵湘仿 副局长：曾　松 副局长、总会计师：颜爱丽 纪检员：诸兰茂	42	高级职称：1人 中级职称：28人 本科学历：30人

续上表

年度	领导班子	单位人数	专业技术职称
2007	4名：局　长：赵湘仿 副局长：莫海洋、曾　松 纪检员：诸兰茂	41	高级职称：1人 中级职称：32人 本科学历：36人
2008	4名：局　长：赵湘仿 副局长：莫海洋、曾　松 纪检员：诸兰茂	42	高级职称：1人 中级职称：30人 本科学历：37人
2009	6名：局　长：赵湘仿 副局长：莫海洋 副局长：龙寿清、龚　萍 总会计师：罗　粹 纪检员：诸兰茂	38	高级职称：1人 中级职称：26人 本科学历：34人
2010	6名：局　长：汪培儒 党支部书记、副局长：莫海洋 副局长：龙寿清、龚　萍 总会计师：罗粹 纪检员：诸兰茂	38	高级职称：1人 中级职称：26人 本科学历：35人

市财政国库集中支付局主要工作业绩

年度	纳入单位	规范和节约支出（亿元）	拒报（万元）	退回（万元）	政府采购		投资评审		督促缴专户（万元）
					督促纳入政府采购资金（万元）	节约资金（万元）	项目（个）	审减资金（万元）	
2002	集中核算350家	1.13	1011	2395	10606	762	201	7160	700
2003	集中核算244家	1.44	182	1234	8500	900	357	12091	8900
2004	集中核算244家；集中支付10家	1.7	165	646	5900	600	249	6821	9100
2005	集中核算223家；集中支付31家	1	198	318	5900	567	299	3927	4789
2006	集中核算200家；集中支付64家	1.75	530	1328	4829	628	234	2535	11710
2007	集中核算201家；集中支付64家	1.56	301	335	7000	630	198	7300	8700

续上表

年度	纳入单位	规范和节约支出（亿元）	拒报（万元）	退回（万元）	政府采购		投资评审		督促缴专户（万元）
					督促纳入政府采购资金（万元）	节约资金（万元）	项目（个）	审减资金（万元）	
2008	集中核算 213 家；集中支付 60 家	3.44	185	363	14942	1251	317	18159	756
2009	集中核算 213 家；集中支付 59 家	1.92	136	287	10008	899	444	7952	848
2010	集中核算 217 家；集中支付 57 家	2.43	357	1045	17237	1897	185	4716	924
合计		16.37	3065	7951	84922	8134	2484	70661	46427

市财政国库集中支付局所获省级以上荣誉

2004 年 3 月，湖南省“巾帼文明示范岗”

2004 年 3 月，湖南省“三八红旗集体”

2005 年 3 月，全国“巾帼文明岗”

2005 年 12 月，湖南省“文明窗口单位”

2006 年 12 月，全国财政系统“先进集体”

2006 年 12 月，湖南省“文明单位”

2009 年 3 月，全国“精神文明建设先进集体”

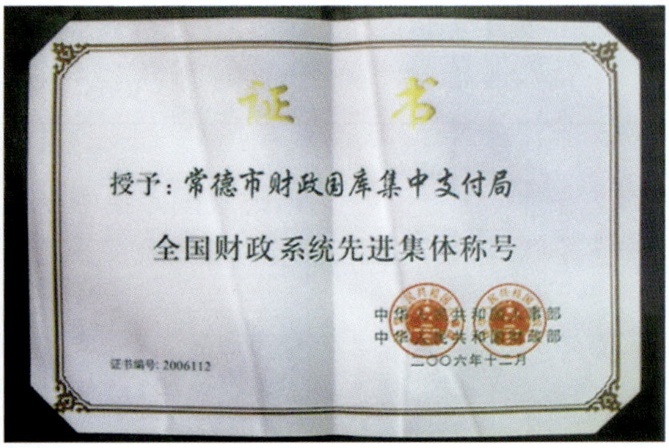

2006 年 12 月，全国财政系统先进集体称号

第七节　农业综合开发办

农业综合开发办主任　罗贻林

一、主要概况及机构沿革

1995 年 5 月，国家把洞庭湖区农业综合开发正式列入国家开发计划，省里确定常德市为洞庭湖农业综合开发区之一。首批列入开发计划的有鼎城、安乡、澧县三个县（区）。1995 年 6 月，经市政府研究决定，成立常德市农业综合开发领导小组，并设办公室。1995 年 11 月 7 日经市委常委办公会议研究决定，设立专门的农业综合开发办公室作为临时常设机构，从市农办、财政局及农口有关单位抽调 7 名财务和工程技术人员集中办公。主要职能：贯彻执行农业综合开发的方针政策及项目、资金、财务管理制度。

1997 年，湖南机构编制委员会办公室《关于常德市农业综合开发办公室有关问题的批复》，同意成立常德市农业综合开发办公室，其正、副主任可分别享受正、副处级干部待遇。中共常德市委机构编制委员会《关于成立常德市农业综合开发办公室的通知》，决定成立常德市农业综合开发办公室，该机构作为正处级机构管理的全民所有制事业单位，归口市人民政府农村工作办公室管理。主要职能：1. 负责全市农业综合开发中、长期规划和年度计划的编制、审定和报批。2. 负责组织全市农业综合开发项目立项前的实施勘察和评估；项目实施中的检查、督促和指导；项目建成后的竣工验收。3. 负责全市农业综合开发资金的安排、使用和管理；配合财政部门抓好资金的到位到项和到期有偿资金的回收上解工作；配合审计部门搞好农业综合开发资金的审计。4. 负责组织、指导全市农业综合开发项目工程竣工验收的资金决算，及时、准确地编制全市农业综合开发财务、统计报表。5. 负责组织全市农业综合开发工程技术、项目管理、资金管理和统计业务等培训，抓好农业综合开发科技推广应用。6. 负责农业综合开发的调查研究、综合信息和宣传报道工作。7. 负责对各区、县（市）农业综合开发办的业务指导。内设机构：农业综合开发办公室内设项目科、资金科、综合科三个科室，定编 9 人，其中从市直农口事业单位划拨全额拨款事业编制 6 名。

安乡县深柳项目区水工砖渠道

津市津佳兔业养殖场一角

2001 年，常德市人民政府办公室将市农业综合开发办归口为市财政局管理的具有行政职能的正处级事业单位。主要职能：1. 贯彻执行农业综合开发的方针政策及项目、资金、财务管理制度。2. 编制全市农业综合开发中、长期规划和审核上报年度计划，批复区县（市）农业综合开发年度实施计划。3. 管理和统筹安排全市农业综合开发财政资金。4. 组织全市农业综合开发的项目立项、项目论证；检查在建农业综合开发项目执行情况；对竣工项目组织验收，签发项目验收合格证。5. 负责组织、编报全市农业综合开发项目和资金统计报表，会同有关部门监督、检查资金使用效益。6. 负责全市农业综合开发的调查研究、信息综合、宣传报道和人员培训。7. 负责全市农业综合开发科技成果的推广和应用工作。

2004 年资金科分开单独设置。内设科室为综合科（监察室与其合署办公）、项目科、资金科。

2009 年根据《关于市农业综合开发办公室内设机构调整设置的批复》文件精神，市农业综合开发办项目科分设为土地项目科、项目评审科。土地项目科的主要职责是：负责编制全市农业综合开发土地治理和生态保护中长期规划；负责土地治理项目年度计划的布置、审查上报和批复；监督检查全市土地治理项目的执行情况，指导督促已建工程设施的管护；负责土地治理项目库的建设和管理，组织土地治理项目的调查研究等。项目评审科的主要职责：负责监督检查项目计划执行情况；负责组织农业综合开发项目评审和受省农业综合开发办委托的项目竣工验收；负责组织产业化经营项目、部门项目、外资项目的实地考察和年度计划的审查、编制、上报和批复；负责全市产业化经营项目库的建设和管理，组织产业化经营项目的调查研究等。

2010 年根据《湖南省财政厅关于明确财政“省直管县”改革后农业综合开发管理工作有关事项的通知》文件精神，市农业综合开发办职能为：1. 审核、上报全市农业综合开发中长期发展规划；2. 对所辖县市区农业综合开发年度财政资金分配提出意见；3. 开展全市农业综合开发年度项目的立项考察、论证、初选和申报；4. 审查全市土地治理项目可行性研究报告和扩初设计，督促做好招投标和工程监理工作；5. 督促所辖县市区做好农业综合开发资金的筹集、报账、会计核算等资金管理工作，办理农业综合开发工程监理费的报账；6. 审核、汇总上报全市农业综合开发项目年度计划、年度统计报表、资金决算报表；7. 监督检查全市农业综合开发项目建设、资金管理和使用情况，对存在的问题及时提出意见并督促整改落实；8. 开展对委托县市区农业综合开发项目的竣工验收；9. 对所辖县市区农业综合开发工作进行检查评比和绩效考核；10. 开展全市农业综合开发工作人员的业务培训和指导工作。

二、人员构成

1995 年领导小组成员组成：由洪明祥任组长，姚绍球、燕中炎、蒋祥政、谭永清任副组长，周栋民、高勇、刘福勘、李廷初为成员。领导小组办公室设市政府农村办，由燕中炎兼任办公室主任，戴国华、廖华春任办公室副主任。

1996 年人员组成：甘霖（主任）、戴国华（副主任）、廖华春（副主任），全办人员 5 名。

1997 年人员情况：甘霖（主任）、汪淑凡（副主任），全办人数 7 名。

1998 年人员情况：甘霖（主任）、汪淑凡（副主任），全办人数 9 名。

1999 年人员情况：甘霖（主任）、汪淑凡（副主任）、龚德汉（副主任），全办人数 10 名。

农业综合开发办领导班子成员合影

2000 年人员情况：甘霖（主任）、汪淑凡（副主任）、龚德汉（副主任），全办人数 10 名。

2001 年人员情况：甘霖（主任）、杨石旭（党组书记）、彭中好（副主任），全办人数 10 名。

2002 年人员情况：甘霖（主任）、杨石旭（党组书记）、彭中好（副主任）、谈保义（副主任），全办人数 11 名。

2003 年人员情况：罗贻林（2003 年 6 月任主任）、杨石旭（党组书记）、彭中好（副主任）、谈保义（副主任）、蒋宗灼（纪检组长），全办人数 12 名。

2004 年人员情况：罗贻林（主任）、杨石旭（党组书记）、彭中好（副主任）、谈保义（副主任）、蒋宗灼（纪检组长），全办人数 12 名。

2005 年人员情况：罗贻林（主任）、杨石旭（党组书记）、彭中好（副主任）、谈保义（副主任）、蒋宗灼（纪检组长），全办人数 13 名。

2006 年人员情况：罗贻林（党组书记、主任）、彭中好（副主任）、谈保义（副主任）、周兴国（副主任）、蒋宗灼（纪检组长）、李艳红（副主任），全办人数 15 名。

2007 年人员情况：罗贻林（党组书记、主任）、彭中好（党组副书记、副主任）、谈保义（副主任）、周兴国（副主任）、蒋宗灼（纪检组长）、李艳红（副主任），全办人数 15 名。

2008 年人员情况：罗贻林（党组书记、主任）、彭中好（党组副书记、副主任）、谈保义（副主任）、周兴国（副主任）、蒋宗灼（纪检组长）、李艳红（副主任），全办人数 14 名。

汉寿岩汪湖项目区

2009 年人员情况：罗贻林（主任、党组副书记）、彭中好（2009 年 9 月任党组书记、副主任）、谈保义（副主任）、周兴国（副主任）、蒋宗灼（2009 年 10 月任纪检组长）、李艳红（副主任），全办人数 14 名。

2010 年人员情况：罗贻林（主任、党组副书记）、彭中好（党组书记、副主任）、谈保义（副主任）、周兴国（副主任）、蒋宗灼（2010 年 10 月副主任兼纪检组长）、李艳红（副主任），全办人数 15 名。

三、获奖情况

单位获奖

2001 年被评为“湖南省优秀事业单位法人”。

2002 年获 2002 年农业综合开发统计年报编报工作先进单位一等奖。

2003 年获 2003 年农业综合开发项目计划编报工作先进单位二等奖。获 2003 年宣传调研三等奖。获 2003 年农业综合开发工作先进单位。

2004 年获省农业综合开发办宣传调研三等奖、项目计划编报工作三等奖。获省先进单位。获省资金决算编报工作一等奖。

2005 年获省先进单位。获省宣传调研工作先进单位一等奖。

2006 年获省宣传调研工作一等奖、项目计划与统计工作二等奖。

2007 年获获省先进单位、宣传调研工作获省二等奖。湖南省第六届“雷锋家乡学雷锋”先进集体荣誉称号。

2008 年获省农业综合开发工作先进单位、资金决算编报工作一等奖、宣传调研工作二等奖、项目计划与统计工作一等奖。

2009 年获省资金决算编报工作一等奖、宣传调研工作一等奖。获湖南省农业综合开发系统先进集体。

2010 年获省宣传调研工作二等奖、资金决算编报工作二等奖、项目计划编报工作二等奖。

个人获奖

2007 年胡秋兰获省杰出会计工作者。

第八节　财经学校

一、概　述

常德财经学校校长　李　华

常德财经学校是常德市政府主办的国家级重点中专学校、湖南省示范性中职学校。始建于 1980 年，经过三十年的建设和发展，财经学校综合实力不断增强，办学规模不断扩大，已经成为常德市中职教育璀璨夺目的一颗明珠，被誉为“常德市职业教育的一面旗帜”。学校分江南、江北两个校区，占地 150 余公顷，园内树木葱茏，环境优雅，景色秀丽，是省级“花园式单位”；主校区位于沅水南岸、德山脚下的武陵镇临沅路 67 号。专业设置及办学规模学校共开设了会计、数控、模具、酒店管理、旅游管理、电子电工、计算机等 12 个专业，其中会计、模具设计与制造两个专业均为省级精品专业，模具专业还是湖南省示范特色专业，《企业财务会计》、《会计电算化》、《机械制图与 AUTOCAD》是省级精品课程，《当代教育论坛》曾对常德财经学校的专业特色进行过专题介绍。学校是湖南省中职财经商贸类主任学校，处于行业中的领先地位，现有专业教师 17 人，全部拥有大学本科以上学历，其中研

常德财经学校大门

究生3人，专业教师中有17人拥有注册会计师、注册税务师、会计师、经济师等“双师”资格，肖薇、李宗祥、盛琼、彭道琼是湖南省会计专业带头人，并参加了国际级骨干教师培训。学校是湖南省机械加工制造类副主任学校，现有专兼职教师30人，其中高级讲师5人，研究生4人，高级技师4人，国家专业技能考评员1人，李建辉、刘立是省级专业带头人，8人参加了国际级骨干教师培训。旅游及酒店服务与管理专业共有教师11人，其中高级讲师4人，研究生3人，国家二级心理咨询师1人，省级普通话水平测试员1人，导游员2名，2名省级现场导游考官，1人取得高级餐饮服务等级证书，1名教师赴美留学，1人参加了骨干教师国家级培训。学校每年招收新生800~900人。并与中央财大、上海财大、中南财经政法大学、北京航空航天大学、湖南大学、湖南商学院等高校联办了专、本科函授、现代远程学历教育和研究生课程班。同时，学校还依托财政，紧密联系税务、金融、劳动等部门，开展广泛社会培训。学校注重产教结合，在“对接产业，工学结合，提升质量”的办学指导思想指导下，学校与富士康鸿准模具、比亚迪模具、香港唐宫、科力淮阳村等国内100余家知名企业签有定向培养协议，广泛开展校企合作，与香港唐宫、科力淮阳村等企业深度合作，有企业给学生提供奖学金、提供服装、提供资金布置教室和开展活动，并由企业安排资深经理来校讲课和优先安排学生就业。学校是“常德市大中专毕业生就业工作信得过单位”，实行校企合作，订单式培养，毕业生供不应求。教学设施及配置1997年起，学校逐步建立、完善了校园网，并于1999年实现宽带连接Internet，各专业均建有高标准实训设施。教学设施先进，投资1500万的数控、模具实训车间是中央财政重点支持建设项目，是常德市数控、模具实训中心，拥有普通车、铣、磨，数控车、

常德常财会计代理有限公司

计算机中心

铣，小巨人数控加工中心等设备130余台（套）。会计专业拥有会计模拟实训室、模拟办税大厅、ERP实训室及学生银行、常财代理记账公司等校内实践基地。旅游与酒店管理专业拥有形体房、餐饮实训室、客房实训室、茶艺室等实训设施。学校配有高档电脑830台，拥有价值320万元的正版数控仿真软件、CAXA制造工程师系列软件等各类教学专用软件。所有教室均装有多媒体教学系统，学生宿舍均有空调；多功能体育馆可以为篮球、

羽毛球、乒乓球比赛以及大型晚会提供场地。图书馆面积为1187平方米，设有采编室、借书室、图书库、教师资料室、过刊阅览室、学生阅览室、电子阅览室。现有各类藏书和电子图书共15万余册，订有各类杂志215种、报刊30种。学校体育设施、场地完全能满足体育教学、学生课外活动及大型体育比赛的需要。现有400米环形跑道标准田径运动场1个、足球场1个、塑胶篮球场1个、水泥篮球场1个、乒乓球台10个、体育器材60余种。办学主要成就毕业生大多数已成为财政系统及企事业单位领导或业务骨干，还有部分学生成为资产过百万的企业老板，毕业生深受用人单位好评，毕业生就业出现了供不应求的可喜局面。目前，学校还是湖南省体育教学常务理事学校、湖南省职业教育学会常务理事学校、常德市财经类专业教研联组主持学校、常德市职业技术教育学会理事单位、国家“十五”计划重点课题《学分制改革研究》和《职业指导和创业教育》实验学校和核心成员学校。为此，财政部《财政教育简讯》、《常德日报》、常德电视台、《当代教育论坛》等媒体多次予以报道。师资队伍建设 学校对教师的要求是不仅要学历合格、素质达标，还要争当教学的能手、管理的强手、教研的高手，提倡师德与师能并重、要求与奖励并行。学校的措施是对双师型、高学历（研究生以上）、高职称人才实行分配上的倾斜，对完不成教研任务的教师、教研室评优评先实行一票否决，在教学检查评估、评教中，实行末位淘汰，对承担国家级、省、市级科研课题者予以经费和时间保证。学校制定包括教师岗位考核制度、工作量考计制度等在内的近30项教育教学管理制度。学校实行校长负责制，设有七科一室，即办公室、组织人事科、教务科、继续教育科、学生科、招生就业科、保卫科、后勤科。设置4个教学部：基础教学部、会计教学部、模具教学部、旅游教学部，2个中心：实验中心、数控模具实训中心。

多功能体育馆

多功能教学楼

二、学校发展史

1980年3月，常德地区财税干训班作为常德财经学校的最初雏形应运而生，在以后的

20 多年里实现了三级飞跃。第一阶段为地区财政干部学校，时间是 1980 年至 1987 年，地址在武陵区新二村原地区财政局院内；第二阶段为财会职工中专，时间是 1987 年至 1994 年，地址在鼎城区武陵镇；第三阶段为 1994 年改制后的全日制普通中专。2003 年 12 月，原常德市外事旅游学校并入常德财经学校，2004 年 4 月，国家教育部授予学校“国家级重点中等职业学校”称号。

校园绿化

数控车、铣

（一）财会干校阶段

1．创建初期——财税干训班

20 世纪 80 年代初，湘西北地区财政税务、经济管理类人才匮乏，财会人员文化程度低、专业基础差，有些国营企业单位的财会人员没有一个财经专业中专以上（含中专）学校毕业的，业务水平一度停滞不前，严重影响地方理财效率。鉴于以上原因，原常德地区财政局于 1980 年 3 月开始举办财税干部轮训班，要求各县（市）财政局、公社财政所有计划地选送系统内干部参训，培训地点在原地区财政局院内（现武陵区新二村）。

2．发展时期——财会干部学校

1980 年 11 月，干训班改为常德地区财会干部学校，并正式挂牌，由蔡隆富任校长兼党支部书记，赵云贵、苏俊朝任副校长。开设课程包括会计原理、统计原理、计算技术、工企管理基础知识、国家预算、国家税收、商业财务会计等。每年招收学员 2 次。1982 年举办了 1 期 238 人的新招税务干部培训班。从 1984 年开始，学校着手迁建工作，校址由市战备桥新二村迁至常德县武陵镇，占地面积 40 亩（26666 平方米）。1984 ~ 1986 年举办了 4 期 230 人乡财政所长学习班。从 1984 年 9 月开始，领导班子由蔡子荣、蔡隆富、赵云贵组成，蔡子荣任校长兼党支部书记。1985 年 11 月破土动工新建校区。

自 1980 年初至 1986 年底，学校共举办长、短期财税、财会培训班 16 期，共培训学员 1237 名。

（二）职工中专阶段

1. 申报改制时期

1986年地区财政局上报省财政厅、省教委、地区教委，拟将常德地区财会干部学校改建为常德地区财会职工中等专业学校。

模拟银行、模拟办税大厅

办学背景　1986年，常德地区共有人口616万人，工农业总产值54亿余元。全区行政事业单位和农工商企业共13905个，有财会人员19009人（其中财政税务干部3052人）。全区已获得会计员以上职称的会计人员3320人，经过专业学习的财会人员3375人。全区财会人员文化程度低、专业知识差，具有中专以上文化程度的仅占16.3%，缺乏财会专业知识的占83.7%，有些国营企业单位的财会人员没有一个财经专业中专以上（含中专）学校毕业的，当时调查统计，需进中专学习的对象共12849人，这种状况与全区工农业生产发展速度和繁重的财政和财务收支任务是极不适应的。为了加速培养财会人才，提高财会队伍的文化程度，改善财会专业知识结构，常德地区财政局拟将常德地区财会干部学校改建为常德地区财会职工中等专业学校。

办学条件　学校建有建筑面积为1908平方米的四层教学楼一栋，872平方米二层楼阅览室、阶梯教室一座，1282平方米的食堂（兼礼堂）一座，教职工宿舍1470平方米，学生宿舍1800平方米，学校建筑面积达7332平方米，有锅炉房、浴室、水、电等配套设施，购置了图书资料1.8万册、价值5万元的仪器（电视机、誊印机、收录机等）及教学相关设备，计划购置微电脑，拥有固定资产224万元，师资状况 按编配备教职员工24人，其中专职教师12人，占50%，12名专职教师中，具有大学本科学历者4人，大学专科学历者7人，中专学历者1人；另外，还有兼课教师13人，其中会计师7人，大专以上学历3人，讲师1人，全体教师除有一定的学历外，还有较丰富的理论知识和实践经验。基础课骨干教师有苏俊朝、张康由、陈 莉、罗凯成、黄大轩、张定慧、包光义等；专业课骨干教师有雷渊信、黄云芳、刘家丰、水 浩、夏传文、杨金娥、蒋孝民、王雪萍、刘树滋、易继元、刘全香、陈梅初等。

办学方向　开设财政专业、财会专业、国家税收 3 个专业，学制两年半，招收初中以上文化、工龄两年以上的正式干部职工，拟从 1987 年下半年开始招收二个班，暂开财政、财会 2 个专业。采用全日制中等财政（经）学校教学计划、全日制中等财政（经）学校各学科教学大纲、部编财政（经）类教材。开设的主要课程：政治理论课有哲学、中共党史、政治经济学；文化基础课有数学、语文；专业基础课有会计原理、统计原理、计算技术、财政基础知识、工企管理基础知识；专业课有财政学、管理会计、工业会计、国家预算、国家税收、商业财务会计、经济法、审计学等。

2. 职工中专初创时期

1987 年 2 月 23 日，湖南省教委湘教函〔1987〕10 号文件批准成立常德地区财会职工中等专业学校，同意开设财政、财会、税收三个专业，学制全脱产两年半，规模 300 人。刘盛生任校长，龙治家任副校长，唐建国任办公室主任。

1987 年 7 月完成学校整体搬迁工作；9 月，招收新生 132 名，新进教师 15 名，修订教学计划，狠抓师资队伍建设，完善学校制度，制订了《办公制度》、《教学管理制度》、《学生管理制度》、《生活管理制度》等。11 月份，举行了首届冬运会。1987 年 12 月 21 日，中共常德地直机关工委批准学校成立党总支，总支部委员会由蔡子荣、刘盛生、唐建国三位同志组成，蔡子荣任书记。

1988 年 3 月，领导班子调整为：书记蔡子荣、校长刘盛生，副校长龙治家、唐建国。8 月，常德地区财会职工中等专业学校更名为“常德市财会职工中等专业学校”，原任领导班子成员不变，11 月 21 日，举行第二届冬运会。

3. 职工中专发展、成熟时期

茶艺模拟室

钳工模拟车间

1989 年 5 月 31 日，常编发〔1989〕5 号文件将常德市财会职工中等专业学校定格为副处级事业单位。常财〔1989〕47 号文件免去刘盛生同志常德市财会职工中等专业学校校长职务。常政组〔1989〕4 号文件任命蔡子荣同志为中共常德市财会职工中等专业学校总支委员会书记。12 月 11 日，常财办字〔1989〕37 号文件任命蒋孝民同志为常德市财会职工中等专业学校第一副校长，主持全面工作；任命龙治家、唐建国同志为常德市财会职工中等专业学校副校长。常政人〔1993〕3 号文件任命蒋孝民同志为常德市财会职工中等专业学校校长。

1989 年招收新生 143 人，举办农税干训班 1 期。9 月 5 日，湖南省教育厅表彰戴哲馨同志为省级优秀教师。1990 年招收新生 144 名，举办短期培训班 3 个。10 月 26 日，举行第三届冬运会。

1991 年 4 月 12 日至 28 日，学校根据人事部、省人事厅以及市职改工作领导小组部署，对全校 40 名专业技术人员进行了全面系统的考核，顺利完成了职称评聘工作。根据国家教委和财政部成教司的部署，接受了全方位的评估验收，取得了 90.258 的好成绩，得到了国家教委评估小组的好评。当时有教职员工 44 人，专任教师平均年龄 31 岁，大专学历教师占教师总数的 96.3%，本科学历教师占教师总数的 51.83%。

1991 年报考我校考生共 589 个，上录取线的有 415 人，正式录取 280 人，到校注册的有 190 人，完成招生计划的 95%。举办股所长培训班 1 个，招收财政夜大班 1 个。1992 年在校生 557 人，开设了财政、税务、财务会计三个专业。

1993 年 2 月，湖南省教委授予学校“全省成人中等职业教育先进学校”称号。当年在校生 620 人，在原有专业基础上，新辟了电算会计专业。拥有教职员工 74 人，其中教师 43 人，干部 13 人，教辅工勤人员 18 人。至 1993 年 12 月，学校教师共著书 8 本，在市级以上刊物发表论文 23 篇，获科技成果奖 1 项。

（三）普通中专阶段

1. 招生并轨前的办学

1994 年 1 月 25 日，湘政办函〔1994〕20 号文件批准成立常德财经中等专业学校，学校由市财政局主管，业务上接受省、市教委的指导，以全日制普通中专教育为主，办学规模为 960 人。学校的招生和毕业生分配纳入全省普通中专统一计划管理。学校开设财务会计、电算会计、财政、税务、审计 5 个专业。2 月 3 日，副市长刘昌进主持召开专题会议落实省政府办批复。3 月，黄显祥任校长，蔡子荣任总支书记，龙治家、唐建国任副校长。4 月，投资 120 万元，购买了鼎城区审计局近 10 公顷地、建筑物 2400 平方米的院落。9 月，招收普通中专学生 300 人，在校生 720 人。12 月 23 日，常政函〔1994〕36 号将学校定格为正县级，原隶属关系不变，班子成员未调整。学校设有四科一室，即办公室、教务科、学生科、人保科、总务科，成教部，丁建华任办公室主任；戴立权任教务科副科长；曾凡林、陈 莉任学生科副科长；王建国任人保科科长，李朝宏任人保科副科长；赵启平任总务科科长，吕棣清任总务科副科长；刘全香任成教部副主任。

1995年开设了财税、财会、计算机与财会、审计、计算机信息管理5个专业。招收新生510人，在校生达950余人。6月27日，成立常德财经学校业余党校。8月，建成综合办公楼1栋，建筑面积3100平方米。1996年招收新生494人，在校生达1300人。新建学生宿舍1栋，新建微机房2个，完善教学设施若干。11月，学校参加全省中专学校运动会，在160多所学校中团体总分名列第九；在全省中专学校女子篮球赛中获第四名，在市中专学校男子篮球赛中学校获第二名。1994年至1997年上半年，在参加省、市级的5次大型运动会中，学校女子获得3次第一名、2次第二名，男子获得1次第一名、1次第三名。在省八运会中学校有2名运动员获得三金二铜的成绩。省中专政治课教学比武在学校举行，皮绍绒老师获第一名。全市珠算竞赛中学校获团体第二名。

2. 招生并轨后的办学

1997年黄显祥任校长，蔡子荣任党委副书记，任克勤、唐友福任副校长。学校开设财务会计、电算会计、财政、税务、审计、计算机信息管理6个专业。当年招收新生635人，在校生达1661人。参加全省专业课统考，3次获全省第二名、1次第三名；省市珠协举办的珠算竞赛获2次第二名、1次第四名，达标率占应届学生的96%。6月份，全省财经类中专学校专业课抽考中，95级审计二班荣获第一名。7月，学校首届普招毕业生287人毕业。在“迎回归”系列活动中，阳岳文老师带领朱立波等14名学生参加全市书法展，有11人获奖；在全国邀请赛中，师生共8人获奖，阳岳文老师、朱立波、李后勇、贺薇4人简历被编入《世纪艺术家传略》；郑士琼同学参加市财办组织的演讲比赛获第一名；学生合唱队参加市政府组织的文艺演出获二等奖。在全省会计证、珠算等级证、英语等级证、计算机等级证考试中，合格率分别达81.4%、100%、83.8%、91.3%。10月16日，学校投资150万元购买市交警支队训练场土地30公顷。

1998年3月4日，任克勤任副校长兼党委副书记，主持全面工作，唐爱国、唐友福任副校长，蔡子荣任顾问。在校生1456人，教学班22个。3月30日，部分师生参加由国家语委主办的全国首届规范汉字书写大赛，教务科科长戴立权获组织奖，阳岳文老师、朱立波同学获一等奖，7名同学分别获二、三等奖。在“和平杯”国际书画展中，阳岳文老师、朱立波同学获书法类金奖。

4月13日，《校园生活报》复刊，并出版1998年第一期；5月8日，校刊《常德财经教育》出版发行。4月23日，学校田径运动场破土动工，总投资70万元。28日，学生宿舍动工，建筑面积2950平方米，总投资180万元。5月10日，唐曾晶老师参加全省教学比武获二等奖。7月3~12日，学校实行了全员聘（用）任制、校内结构工资制、岗位目标考核制和后勤服务社会化改革。中层机构由原来的8个精简到6个。9~10月，召开教代会讨论学校规章制度。11月19日，市政协15名委员到学校考察中专学校生存与发展问题。

1999年4月21日，省财政厅人教处副处长蒋德云等一行到校考察。5月7~9日，全省财税中专学校第三届田径运动会在学校举行，出席开幕式的有省财政厅党组成员、纪检组长尹翠兰、市人大常委会副主任周鸿翔、市政协副主席马桂迟等领导。省财校、衡阳财校、湘西财校、怀化财校、永州财校、郴州财校、邵阳计算机学校、益阳电子工业学校、岳阳财校、常德财校共10所财经类中专学校参加。运动会共破纪录19项，其中常德财校破纪录9项并获男子团体总分、女子团体总分、学校团体总分三项第一名。

6月8日，表彰张 芳等十名“十佳学习标兵”，各奖励人民币1000元。9月9日，学校自筹资金125万元新建的1栋建筑面积为1879平方米的教学楼竣工并投入使用。11月21日，全省职教学会文秘分会1999年年会在常德财经学校召开，55所学校参加会议，常德财经学校被评为先进单位，校长任克勤、办公室主任张新球被评为先进个人。12月8日，普招新生注册614人。2000年1月28日，常委试干〔2000〕1号文件、常政人试〔2000〕1号文件分别任命任克勤同志为常德财经学校校长兼党委书记。2000年是招生并轨以来招生受到严重冲击的一年，招收新生仅6个教学班，共411人。10月，学校被授予“省级园林式单位”称号。12日，2名学生参加全市中等职业学校会计专业技能竞赛获一等奖。2000年学校被市委、市政府评为目标管理红旗单位。

2002年9月14日，市委副书记莫道宏到校考察工作。26日，学校参加“庆祝十六大”文艺演出获特等奖。11月12日，《常德日报》报道学校王星、彭洁凌两名学生义救军分区战士张胜海事迹。12月3日，阳耀芳老师参加常德市中职学校英语优质课竞赛获一等奖。12月，省教育厅授予学校毕业生就业先进单位，招生就业科科长戴立权被评为毕业生就业工作先进个人。2001年、2002年均被市委、市政府评为目标管理先进单位。2002年在全省教学工作专项评估中，名列全市第一，被省教育厅评为教学工作优秀学校。

2003年7月4日，熊昌本任学校校长，唐爱国、唐友福、李华任副校长，唐建国任工会主席。2003年10月，在全市中职教师说课比赛中，王晓慧老师获一等奖。11月，学校被确认为省中职财经商贸旅游类副主任学校和常德财经类联组主持学校。12月，市人民政府第98次专题会议决定将原常德市外事旅游学校并入常德财经学校。

2004年1月，学校实行中层干部竞争上岗，戴立权任办公室主任，李坚任办公室副主任；邹明慧任组织人事科科长；刘春晖任教务科科长，皮绍绒任教务科副科长；夏春波任继续教育科科长，张云飞任继续教育科副科长；王承欣任学生科科长，毛和平、王晓慧任学生科副科长；李年贵任招生就业科科长，罗毅刚任招生就业科副科长；丁建华任保卫科科长；李建辉任后勤科科长，胡方雷任后勤科副科长；肖跃进任劳动服务公司经理，鲁建华任劳动服务公司副经理。4月，教育部授予学校“国家级重点中等职业学校”称号。6月，选举学校党委会，熊昌本兼任党委书记，唐爱国、唐友福、李 华、唐建国、邹明慧、夏春波、刘春晖、王承欣为党委委员；选举成立学校纪律检查委员会，唐建国兼任书记，皮绍绒、李坚为委员。当年招收新生1303人，教学班级50个，在校生达3100人，办学规模创历史新高。修建了一栋建筑面积为4235平方米的教学大楼、一栋建筑面积为3942平方米的学生公寓。11月，陶莉老师制作的《旅游概论》电子教案，获全省财经商贸旅游类竞赛第一名。周东波老师在全市中职学校数学说课比赛获一等奖；段丽萍老师在全市中职学校语文说课赛获二等奖；蒋秀英老师辅导学生参加全市语言艺术大赛获二等奖。采取联合办学的形式，新引进了模具制造与模具设计专业。新购进了国内最先进的车床、磨床、铣床和数控机床，新建了模具专业专用机房。

2005 年，为了加强纪检监察工作，增选高小玲同志为监察室副主任。文秘与旅游教研室在全市中职语文青年教师 5 项全能竞赛中，朱立波、阳耀芳、易雄茗分别获一等奖、二等奖，并获团体总分第二名。陶莉老师在全省财经商贸旅游类十分钟片断赛中获一等奖。数政教研室朱志洪与刘文清老师合作制作课件获市数学课件比赛二等奖；计算机教研室李德珑老师的说课获省中职信息技术类说课比赛三等奖，尹新建老师、彭进明老师获中职计算机程序设计大赛三等奖，周杰老师在全省计算机技能大赛网络管理员比赛中取得了第三名的好成绩。英语教研室孙洁老师的说课获省中职英语说课比赛一等奖；财经教研室黄明光老师在省财经商贸旅游类年会上十分钟片断赛比赛中以第一名的成绩获得一等奖。积极撰写教研论文，争做研究型教师。本年度，教师积极撰写教研论文的风气空前浓厚，论文水平提高很快。在省级以上学术交流中获奖的有：戴立权、阳芬芳、毛和平、王晓慧、朱立波等 60 余人次，其中，戴立权的《浅谈中职学生职业指导的现状及对策》获全国“十五”计划重点课题研究成果国家级一等奖，阳芬芳获省级一等奖。在 6 月份普通话水平测试中，该校学生表现良好，均达二乙水平，部分学生达到了二级甲等水平。在全省财经商贸旅游类年会中，苏子艳、肖叶梅等同学撰写的调查报告分别获获一、二、三等奖。一年来，学校派外培训、顶岗实习的教师 13 人，办多媒体课件制作培训班 2 期，使教师业务素质得到较大的提高。2005 年 1 人正式取得硕士学位，8 人在攻读硕士学位，7 人获得高级技术职称，2 人获得中级技术职务。2005 年是财校建校以来年度基建规模最大的一年，校本部新建了 3700 平方米的 3 号教学楼和 4400 平方米的 3 号学生公寓楼，江北校区改建了 540 平方米干部培训楼，并且还对校本部的大门、围墙、校道、路灯进行新建或改建，累计投资达 800 多万元。全校完成了近 1300 平方米的绿化建设任务，其中江北校区完成了 250 平方米绿化建设和 8 棵大樟树的迁移任务，校本部 1 号教学楼前完成了 300 平方米的花坛绿化改造任务，3 号教学楼前完成了 500 平方米绿化新建任务，校大门右侧完成了 250 平方米绿化新建任务，运动场东侧新栽冬青 100 多株。通过大家的努力，学校的环境面貌发生了巨大的变化，校园更加亮丽多彩了。

2006 年，学校本着机构精简、人员精干、立足岗位管理、学校用人的原则，实施《常德财经学校人事制度改革方案》，行管工勤与教师教辅人员按 3：7 的比例设岗。拟订了《常德财经学校停薪留职人员管理办法》《常德财经学校外聘人员管理办法》等，并依法对停薪留职人员及外聘人员签订劳动协议书，同时对无视国家劳动法规的个别教职工给予了适当的处理。建立奖优罚劣的激励机制，本着“以岗定酬，拉开档次；倾斜教学，保证重点；量化考核，绩效挂钩”的原则，进一步完善了《教学质量考核办法》《教师系列不同档次课酬标准的岗位要求》《各科室岗位考核细则》等配套制度。学校第一支部被为市直机关工委先进支部，推荐了第四支部为市财政局机关党委先进支部；推荐了邹明慧、王承欣、皮绍绒、肖薇、岳婕、胡方雷为市财政系统优秀党务工作者和优秀共产党员；发展了易雄茗、王惠、吴霞等7名教工和学生党员。4月，该校积极参加团市委组织的常德市首届大中专院校学生团体文化艺术节，并荣获最佳团体奖等2个集体奖项和13个单项奖。6月初该校选派的2名学生参加了常德市网页设计大赛，取得了1个一等奖、1个二等奖的好成绩。11月份参加了全市职业学校作文大赛，该校选手荣获一等奖。在计算机高新技术OA考试中，该校参考学生合格率达99%，会计从业资格证考试合格率较2005年提高了12个百分点。学校先后被湖南省教育厅评为湖南省职业教育先进单位，被湖南省劳动和社会保障厅、教育厅评定为职业技能资格鉴定学校。学校完成招生884人。

2007年8月，李华任学校校长，全面主持工作，皮德秀任党委书记，负责学校党委全面工作，戴立权、李志任副校长，唐建国任纪委书记，邹明慧任工会主席；12月，学校中层干部以及全员轮岗、竞岗上岗，李坚任办公室主任，张磊任办公室副主任；夏春波任组织人事科科长；董国华任教务科科长，田华湘、朱立波任教务科副科长；张云飞任继续教育科科长，陈章锋任继续教育科副科长；毛和平任学生科科长，李年贵、熊军任学生科副科长；王承欣任招生就业科科长，罗毅刚任招生就业科副科长；王晓慧任保卫科科长；皮绍绒任后勤科科长，胡方雷任后勤科副科长；李建辉任工会副主席；肖跃进任劳动服务公司经理，徐超全任劳动服务公司副经理。以支部为单位开展各种形式的学习活动如“七一”红歌赛等。推荐了第四支部为市直机关工委先进支部，推荐了第一支部为市财政局机关党委先进支部；推荐了夏春波、田华湘、王承欣等为市财政系统优秀党务工作者和优秀共产党员；发展熊军、贾小玲、彭大娟、张明生等5名教工和学生党员。围绕“党的十七大精神”、“树立社会主义荣辱观”、创建文明卫生城市等重大主题，利用广播站、宣传栏、墙报等多种形式，进行宣传教育。组织了第六届“校园杯”羽毛球赛，校园歌曲合唱大赛，市财政系统第一届体育运动会开幕式演出，第十七届田径运动会，全校男女排球赛，冬季拔河比赛等系列活动，通过主题班会、优秀家书评选、征文、演讲、摄影等活动教育学生知荣辱、明是非。10月29日，该校代表财政系统参加庆祝十七胜利召开而举行的“和谐之声”歌咏比赛，获得金奖。学校投入10多万元增设阅报栏10个，把“八荣八耻”、校风、学风、教风和办事程序上房上墙，改善了育人的硬环境。各教研室相继推出教研课、公开课15堂，确立并研讨教研课题6个。模具专业实训课占总课时的60%以上，计算机专业实训课占50%以上，会计专业达30%以上。教学内容与职业岗位需求联系更紧，CAD、PRO/E、OA认证、金工、钳工、电子电工、导游、会计软件应用等课程内容均为考证内容，授课均以学生操作为主。计算机教研室组织了中文录入竞赛，最好的学生录入成绩已达180字/分钟。财经教研室组织的点钞竞赛、艺体教研室指导的广播操比赛等，12月初该校选派了1名教师和1名学生参加了常德市网页设计大赛，双双取得了一等奖的好成绩。11 月份参加了全市职业学校作文大赛，该校选手荣获一等奖。在计算机高新技术 OA 考试中，我校参考学生合格率达 99%，会计从业资格证考试合格率较 2006 年提高了 3 个百分点。学校会计和模具专业成功入围省级精品专业，占全市入围专业数量的三分之一；企业财务会计成功入围省级精品课程；两位教师入围省级学校带头人。学校先后 2 次组织各科室负责人及教研室主任参加了学生评教评学座谈会，广开言路，集思广益。举行了有 42 名教师参加的青年教师教学比武，提高了教师个人业务素质。学校召开了学生管理工作专题会议，出台了《校领导带班、科室负责人住校值班制度》、《学校骨干教师分班指导制度》等一系列制度，学校近 3000 名学生中未发生重大违法违纪事件，保持了学校的安宁和稳定。修订了《〈班主任工作考核办法〉实施细则》，加强对班主任的督导和管理，改变了过去把班主任“三到堂”作为重点的考核形式，加强对班级管理实效的考核，使考核与班主任津贴紧密挂钩，使制度更加人性化。实际招生注册新生 968 人，完成计划的 121%。制订了《临时补助发放办法》建立奖优罚劣的激励机制，本着“以岗定酬，拉开档次；倾斜教学，保证重点；量化考核，绩效挂钩”的原则，进一步完善了《教学质量考核办法》、《教师系列不同档次课酬标准的岗位要求》、《各科室岗位考核细则》等配套制度。学校被湖南省中职学会评为德育工作先进单位，成人教育工作被被评为省级先进单位，被市教育局授予“计算机应用能力优秀考点”称号。6 月，选举学校党委会，熊昌本兼任党委书记，唐爱国、唐友福、李 华、唐建国、邹明慧、夏春波、刘春晖、王承欣为党委委员；选举成立学校纪律检查委员会，唐建国兼任书记，皮绍绒、李坚为委员。

2008 年，学校被评为全市 2008 年创学工作先进单位。制定了《2008 年学校师德师风建设方案》，提出科长向校长看齐、科员向科长看齐、群众向党员看齐、学生向老师看齐的号召；推选了王晓慧、张云飞等市直机关及市财政系统优秀党员，推荐了第二支部为市财政局机关党委先进支部；推荐了夏春波、张云飞、何志强等为市财政系统优秀党务工作者和优秀共产党员；发展了钟平、周杰等 4 名教工党员；表彰了毛和平等十名优秀党员。开展了“文明班级”、“文明教室”、“文明寝室”的评比管理活动和“红旗团支部”、“优秀团干”评先活动。被评为省德育工作先进单位。5 月份采购了近 400 万元的机器设备和多媒体设备，都全部安装调试到位，为创示工作打下了坚实的基础。6 月份，出色完成了省专家检查组的评估迎检工作和陈述答辩工作。在全校教职员工的共同努力下，该校成功入选省示范学校。5 月中旬，全体教职员工积极响应学校党委的号召，踊跃捐款，2 天之内共为四川地震灾区捐款 25000 余元。学校也被评为鼎城区园林绿化先进单位。5 月份，新学生食堂验收合格投入使用，并进行了老食堂改造为模具加工车间的维修与改造工作。加强信息化建设，实现办公网络化。投入 1.8 万元对整个校园网进行了改造，建成 OA 系统，办公用和教学用分开接入互联网，学校各部门可以很方便地实现点对面和点对点的信息发布和文件传输，学校行政办公基本上实现了网络化、无纸化，节约了办公成本。

全年组织和参与省级科研究课题 1 项，市级科研课题 2 项，校级课题 2 项；10 月份，学校作为主持学校承办了常德市第四届中职财经商贸旅游类专业、机加工类专业教研联组成立暨课题开题大会，开题报告得到了专家组高度评价。11 月份，该校承办了全市财经商贸旅游类专业教师说课比赛，会计教学部、旅游教学部指导青年教师积极参与。在会计专业教师说课比赛中，该校的彭小琳、林俊老师获得一等奖，邱云老师获得二等奖，盛琼老师获得三等奖；旅游专业教师说课比赛中，该校的文澜老师获得二等奖。12 月份，在湖南省中职商贸财经与旅游研究会 2008 年年会上，该校王晓慧、黄德松老师论文评选分别获得一等奖，邱云、林俊、陶莉老师分别获得三等奖；在说课比赛中林俊老师获得一等奖，彭小琳老师获得二等奖。4 月底，常财会计代理有限公司正式挂牌，为会计专业的学生搭建了实习实训的平台。5 月份，举办了首届技能节。各教学部先后进行各项专业技能竞赛共计 14 项，会计部举行了电算会计、手工会计、数字书写、点钞 4 项竞赛，数控模具部进行了车工、铣工、AutoCAD 测绘、中文录入、平面设计、计算机组装与维护 6 项竞赛，旅游部进行了中餐主题宴会设计大赛，基础部进行了毛笔书法、硬笔书法、绘画 3 项竞赛。就业率达 97.4%，订单培养比例达 50%，满意率达 99%，被市教育局评为就业工作先进单位，被评为湖南省就业指导先进单位。2009 年，作为全市第二批学习实践科学发展观试点单位，工作得到了上级的肯定，经验材料在市委转段动员会上作为典型材料印发，省教育厅在转段动员时将该校的材料作为全省重点推介的两个先进典型之一，省委组织部还将该校的做法向中组部进行了推荐。分别以“爱国、爱校、守纪守规、互助友爱”等为主题分期开展活动，评选出“尊师、勤学、诚信”等“财校十星”活动，设有篮球、排球、舞蹈、书法棋社等十多个学生社团，以第五届文化艺术节为平台，先后组织开展了校排球赛、羽毛球赛、首届辩论赛、校园红歌合唱赛等赛事，形成了“天天有活动，月月有比赛”的局面。公开招考引进紧缺专业教师 5 名，选调模具及相关专业教师 5 名。在纪念“5·12”大地震一周年之际，开展了学生遇险自救演练活动，增强了学生安全和遇险自救意识。培训安全生产、农村劳动力转移、财政干部、乡村会计、税务干部等超过 1 万人次，是全省培训人数最多的学校，学校也被评为 2009 年度函授教育先进集体。主持研究的市级立项课题《中职会计专业职业技能训练模块化教学研究》通过中期验收。撰写出较高水平的教研论文近 40 篇。2009 年全年共有 28 人次获国家、省、市级奖励，其中国家级三等奖 2 人次，省级一等奖 3 人次，省级二等奖 5 人次，市级一等奖 11 人次，市级二等奖 5 人次，市级三等奖 2 人次，是常德市在省级以上比赛中获奖人数最多、名次最好的学校，在常德市所有中职学校中，该校学生技能竞赛成绩遥遥领先。2009 年实际招收新生 965 人，在市有直职学校招生中排名第一，超额完成了计划任务。该校 2009 年也继续被评为常德市学生就业工作信得过单位。在市政府安排 450 万元的基础上向财政部和发改委争取资金 700 多万元，全年的建设总投入近 1200 万元，扩建了 660 平方米的钢架结构数控模具车间，添置了 400 万元数控设备，建成了全省同类学校中规模最大、设备最先进的数控模具实训中心。投资 400 多万元新建了一栋 3520 平方米的体育馆。同时，先后拆除男、女生浴室和燃煤锅炉房，新建了学生浴室，采购了空气源热水系统和燃气开水系统，采购了186台空调，对全校的电缆沟、电缆进行了改造升级，添置了800千伏安箱式变压器，确保校园电网能正常使用。2009年是甲型H1N1流感盛行的一年，该校积极采取预防和控制措施，进行甲型H1N1流感知识讲座，对寝室、教室每天醋熏、打消毒药水，每天给学生量一次体温，对患病学生进行及时治疗。申请了1800多支甲型H1N1流感疫苗，统一组织师生接种，流感疫情得到了有效控制。学校也被鼎城区评为2009年度综合治理工作先进单位。在2009年9月举行的常德市庆祝新中国成立60周年歌咏比赛，学校代表市财政系统组成了80人的合唱队伍，大家凭着饱满的热情、高度的集体荣誉感，一举夺得金奖。

2010年，夏春波同志任纪委书记，原纪委书记唐建国同志担任学校顾问。在全市开展的争先创优活动中，组织了“百名党员联百生”专题德育调研活动，全校近100名党员采取不同方式与学生及其家长对接联系，以支部为单位形成专题调研报告，为学校形成德育工作合力和创新德育工作方式做出了成绩。该校退休干部吕棣清被获市级“身边的好人”荣誉称号。在迎“七一”系列活动中，评选了学校10名优秀党员，推荐了1名市直优秀党员，市财政局局直3名优秀党员、1名优秀党务工作者、1个先进党支部。出台了《常德财经学校课堂教学改革方案》、《课堂教学改革实施办法》、《考评细则》、《奖励办法》、《班级实行副班主任管理制度的方案》、《副班主任管理考核细则》、《学生资助工作奖惩制度》、《班科联系会制度》、《常德财经学校升旗制度》、《德育工作改革方案》等，修订了《常德财校班主任量化考核细则》、《常德财经学校贫困生认定办法》等系列管理制度。完成8名选调人员和引进人员相关手续办理工作及14名教职工的专业技术人员的职称申报工作。在原有乡村会计、地税、财政、安全生产经营、特种作业、农村中学财会人员等培训项目的基础上，2010年又增加了家政服务工程培训新项目，同时又拓宽了新的培训范围，全年共组织完成培训58期培训班，培训人员12000余人，是全省培训人数最多的学校，学校也被评为2010年度函授教育先进集体。2010年是该校教学工作实施深刻变革的一年，全体教学工作者深入学习杜郎口改革经验，积极探索新型课堂教学模式，并将课改在各专业成功试点，取得了阶段性成果，改革成效得到了上级各部门的首肯；广泛开展课题研究，共取得教学教研成果96项；充分发挥区域示范作用，先后承办了全市机加工类、会计类专业教师培训共3期，培训教师133人；8人次代表常德市参加全省职业院校技能竞赛，2人次代表湖南省参加全国技能大赛。2010年我校被评为全市教研工作先进单位、职业能力考证工作先进单位等。12月，在全省职成教育学会中职财经商贸旅游联组年会上，该校被推选为湖南省财经商贸旅游类教研联组主持学校。全体教师学习杜郎口中学、洋思中学以及荆州工业学校的教学改革经验，建成了以“教务科—教学部—教研小组或课题组”为主的教研网络，以教研组或课题组为单位开展校本教研活动，每周活动一次，9月中旬，学校组织30多名骨干教师与班主任赴荆州工业学校观摩课堂教学实况，制定了《常德财经学校课堂教学改革方案》《课堂教学改革实施办法》《考评细则》《奖励办法》

团结务实的常德财经学校领导班子合影

等，确立了6个班级为试点班级，18名教师为课改主持人，尝试进行课堂教学改革，活用“三三六”模式。11月下旬~12月上旬，组织各项目主持人课堂教学改革的集中展示。评出覃莉、刘立、廖小玲、黑晟斌等一等奖6名，罗蓉、蒋秀英等二等奖9名，彭进明、聂宇被评为课改优秀班主任。试点情况显示，学生睡觉的少了，精神面貌好了，课堂气氛活了，学生参与更积极了，师生关系更融洽了，发挥了老师在教学中的指导作用，让学生成为学习的主人。学校共有独立承担的在研市级立项课题3项，省级立项课题1项，另参与了一项国家级立项课题的研究，参与研究的教师达到教师总数的84.6%，其中会计教学部肖薇老师主持的省级立项课题“中职学校会计专业教学内容、教学方法改革与研究”、李宗祥老师主持的市级立项课题“中职会计专业实训教学研究与实践”，模具教学部李建辉老师主持的市级立项课题“模具专业实训”、旅游教学王晓慧老师主持的市级课题“中职学校旅游专业学生人际交往能力训练研究与实践”均吸引了相关专业全体教师参与。安排会计专业10名教师利用暑假到石门、桃源县财政、税务等业务部门实践锻炼，实行推门听课制，开展校内教学比武和说课比赛，覃莉、李倩两位教师分别参加全市英语、旅游专业教师说课比赛均获得一等奖。为常德市中职学校会计专业教师举办了为期1周的电算会计知识培训。该校作为全省会计专业教师培训基地，又肩负起了为期40天的全市会计专业教师培训任务。承担了全市模具专业教师的专业培训。在常德市德育课联组活动中，该校年轻教师黑晟斌主动请缨上了一堂精彩的德育课，受到全体听课教师及专家们的高度评价。出版了校本教材3本（《成本会计》、《税收会计》、《计算机基础公共教程》），编印了学生学习指导书系列3套共9本（成考系列、加工制造系列、导游考证系列各3本）。学校共开设会计、机械加工、酒店服务等11个技能训练代表队，开设了会计从业资格证培训班、助理会计师班等，5 月份，举办了第三届技能节。各教学部先后进行各项专业技能竞赛共计 12 项，会计部举行了财会综合技能竞赛，融手工记账、翻打传票、点钞等技能于一体；数控模具部进行了车工、铣工、中文录入、平面设计等 7 项竞赛；旅游部进行了职业形象设计大赛，基础部举行了“青春风采”百科知识现场竞答赛。2010 年，是该校学生技能竞赛取得丰硕成果的一年，全年获得省、市级职业院校学生技能大赛奖励 18 人次，获全市大中专院校学生社团文化艺术节单项奖 21 人项、团体奖 3 项。其中省级一等奖 1 人次，省级二等奖 5 人次，市级一等奖 14 人次，市级二等奖 13 人次，市级三等奖 6 人次。在常德市职业院校春季技能竞赛数控应用技术专业比赛中，模具专业学生张幸、龚则文、胡斌、陆大银、朱方彪、田书华、王雷、王伟、覃基志分别获得数控车、数控铣、加工中心与数控车组合技能竞赛一等奖，傅凯、鲁毅鸣分别获得钳工、车工组二等奖。4 月下旬，张幸、龚则文、胡斌、陆大银、朱方彪、田书华等同学代表常德市参加湖南省春季技能竞赛，均取得了优异成绩。其中，张幸同学荣获数控铣一等奖，陆大银同学荣获数控车二等奖，胡斌、龚则文、傅凯荣获加工中心/数控车组合二等奖，朱方彪同学荣获数控铣二等奖，田书华同学荣获数控车三等奖。6 月，张幸、陆大银、胡斌等同学再次代表湖南省参加全国职业院校技能大赛并取得了较好成绩。4～5 月，团市委、市教育局、市文广新局联合举行了常德市第二届大中专院校学生社团文化艺术节，全市 16 所高校、中职校参赛，该校参加了 13 个项目中的 11 项比赛，基础教学部李学明、覃莉、张迎春等老师指导的英语短剧在比赛中勇超湖南文理学院、高职院等强劲对手荣获第三名，汤元凤老师指导的健美操队获得第四名，黑晟斌、朱立波老师指导的征文 3 人次获奖，书法 3 人次获奖；旅游教学部陶莉、孙洁老师指导的职业形象设计大赛 3 名选手分别获得第二、五、七名，2 人获“常德市就业形象大使”称号；模具部高艳老师指导的美术作品，2 人获得一等奖、4 人获得二等奖；特别是由田密、王晓慧等老师指导的朱议颖同学在校园主持人大赛中一举夺得第一名。全年度先后承办了全市机加工类、会计类专业教师培训共 3 期，培训教师 133 人；4 月，学校承办了湖南省会计从业资格证考试常德考点的电算会计考试工作，5 月，该校承办了常德市春季技能竞赛的数控技术专业的赛点组织工作；10 月，牵头承办了全市财会人员羽毛球比赛。2010 年实际招收新生 935 人，是全市招生人数最多的中职学校，超额完成了计划任务。

三、大事记

1980 年，常德地区财税干训班作为常德财经学校的最初雏形应运而生；随后，干训班改为常德地区财会干部学校。

1987 年，湖南省教委湘教函〔1987〕10 号文件批准成立常德地区财会职工中等专业学校。

1987 年，完成学校整体搬迁工作。

1989 年，常编发〔1989〕5 号文件将常德市财会职工中等专业学校定格为副处级事业单位。

1991 年，学校根据人事部、省人事厅以及市职改工作领导小组部署，对全校 40 名专业技术人员进行了全面系统的考核，顺利完成了职称评聘工作。

1993 年，湖南省教委授予学校“全省成人中等职业教育先进学校”称号。

1994 年，湘政办函〔1994〕20 号文件批准成立常德财经中等专业学校，学校由市财政局主管，业务上接受省、市教委的指导，以全日制普通中专教育为主；常政函〔1994〕36 号将学校定格为正县级，原隶属关系不变。

1995 年，建成综合办公楼 1 栋，建筑面积 3100 平方米；新建学生宿舍 1 栋。

1997 年，在“迎回归”系列活动中，阳岳文老师带领朱立波等 14 名学生参加全市书法展，有 11 人获奖；在全国邀请赛中，师生共 8 人获奖，阳岳文老师、朱立波、李后勇、贺薇 4 人简历被编入《世纪艺术家传略》；郑士琼同学参加市财办组织的演讲比赛获第一名；学生合唱队参加市政府组织的文艺演出获二等奖。

1998 年，部分师生参加由国家语委主办的全国首届规范汉字书写大赛，教务科科长戴立权获组织奖，阳岳文老师、朱立波同学获一等奖，7 名同学分别获二、三等奖。在“和平杯”国际书画展中，阳岳文老师、朱立波同学获书法类金奖。学校田径运动场破土动工，学生宿舍动工，建筑面积 2950 平方米，总投资 180 万元。唐曾晶老师参加全省教学比武获二等奖。

1999 年，省财政厅人教处副处长蒋德云等一行到校考察。全省财税中专学校第三届田径运动会在学校举行；全省职教学会文秘分会 1999 年年会在常德财经学校召开。

2000 年，学校被授予“省级园林式单位”称号。2 名学生参加全市中等职业学校会计专业技能竞赛获一等奖。学校被市委、市政府评为目标管理红旗单位。

2002 年，市委副书记莫道宏到校考察工作，《常德日报》报道学校王星、彭洁凌两名学生义救军分区战士张胜海事迹。省教育厅授予学校毕业生就业先进单位，招生就业科科长戴立权被评为毕业生就业工作先进个人。

2003 年，学校被确认为省中职财经商贸旅游类副主任学校和常德财经类联组主持学校。市人民政府第 98 次专题会议决定将原常德市外事旅游学校并入常德财经学校。

2004 年，教育部授予学校“国家级重点中等职业学校”称号；修建了一栋建筑面积为 4235 平方米的教学大楼、一栋建筑面积为 3942 平方米的学生公寓。陶莉老师制作的《旅游概论》电子教案，获全省财经商贸旅游类竞赛第一名。

2005 年，新购进了国内最先进的车床、磨床、铣床和数控机床，新建了模具专业专用机房，新建了 3700 平方米的 3 号教学楼和 4400 平方米的 3 号学生公寓楼。

2006 年，学校被湖南省教育厅评为湖南省职业教育先进单位，被湖南省劳动和社会保障厅、教育厅评定为职业技能资格鉴定学校。

2007年，学校会计和模具专业成功入围省级精品专业，企业财务会计成功入围省级精品课程；两位教师入围省级学校带头人，学校被湖南省中职学会评为德育工作先进单位，成人教育工作被被评为省级先进单位，被市教育局授予“计算机应用能力优秀考点”称号。

2008年，学校被评为全市2008年创学工作先进单位，常财会计代理有限公司正式挂牌，新建学生食堂投入使用，入选省示范学校。

2009年，扩建660平方米的钢架结构数控模具车间，添置了400万元数控设备，新建一栋3520平方米的体育馆，新建了学生浴室，安装空气源热水系统和燃气开水系统，学生宿舍安装空调；

2010年，该校被推选为湖南省财经商贸旅游类教研联组主持学校。组织了“百名党员联百生”专题德育调研活动，退休干部吕棣清获市级“身边的好人”荣誉称号。承办了全市机加工类、会计类专业教师培训共3期。获全市大中专院校学生社团文化艺术节单项奖21人项、团体奖3项。8人次代表常德市参加全省职业院校技能竞赛，2人次代表湖南省参加全国技能大赛。被评为全市教研工作先进单位。

四、教职工历年情况

内容 年度	教职工人数	专业技术人员人数
1989	40	26
1990	42	28
1991	45	32
1992	47	34
1993	48	34
1994	72	48
1995	76	48
1996	86	50
1997	95	55
1998	100	73
1999	102	75
2000	101	74

续表

年度＼内容	教职工人数	专业技术人员人数
2001	101	74
2002	99	77
2003	120	90
2004	118	90
2005	113	81
2006	117	81
2007	122	82
2008	122	82
2009	126	85
2010	131	89

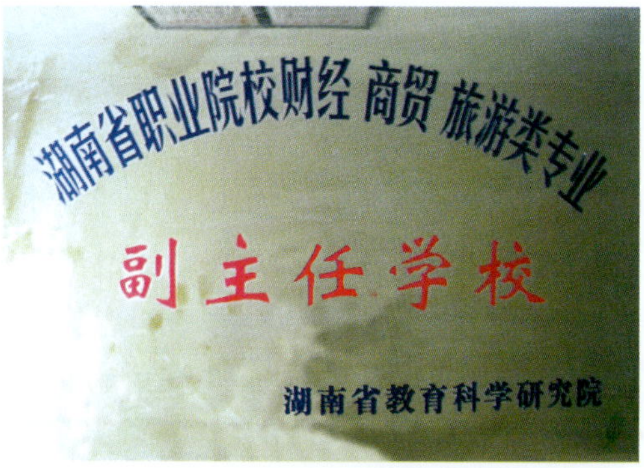

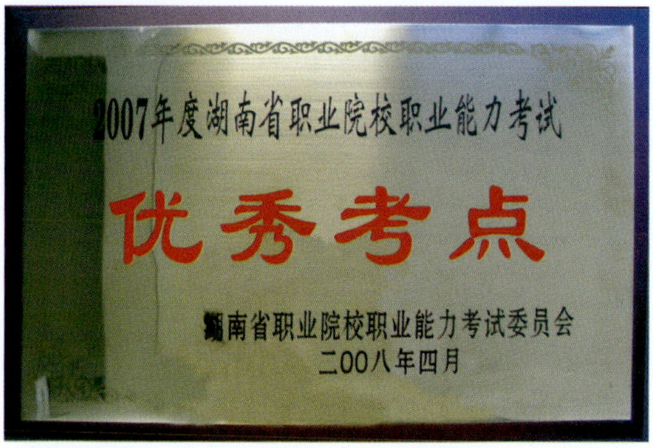

个人荣誉

1993 年 11 月，龙治家“七五”期间在财政教育工作中做出突出成绩，兹授予全国财政系统先进教育工作者称号。

1995 年 9 月，夏春波被评为一九九五年湖南省优秀教师并记二等功。

1998 年 5 月，常德财经学校董国华在班主任工作中成绩突出，被评为湖南省普通中等专业学校优秀班主任。

2003 年 5 月，戴立权在 1999 ~ 2002 年的毕业生就业工作中，成绩显著，被评为湖南省毕业生就业工作先进工作者。

1996 年，刘顺奇在班主任工作中成绩突出，被评为湖南省普通中等专业学校优秀班主任。

2000 年 5 月，常德财经学校王承欣被评为省级优秀班主任。

2005 年 5 月，常德财经学校皮绍绒被评为省级优秀班主任。

2002 年 5 月，常德财经中等专业学校王晓慧被评为省级优秀班主任。

第二章　预算管理

预算管理是财政管理的核心内容，包括预算编制、预算执行、预算调整、决算等过程。

1949 年 9 月，《中国人民政治协商会议共同纲领》规定“建立预算制度，划分中央与地方的财政范围”，奠定了我国预算制度的基础。1951 年 8 月 22 日，中央人民政府政务院公布了《预算决算暂行条例》。1989 年，国务院发布《国家预算管理条例》。1994 年 3 月 22 日，八届全国人大二次会议通过《中华人民共和国预算法》；1995 年 11 月 22 日，国务院发布《中华人民共和国预算法实施条例》，标志着我国的预算管理进入了法制化、规范化的轨道。

1989 年以来，常德市实行一级政府一级预算，设立了市、县市区、乡镇 3 级预算，各级总预算由本级政府预算（以下简称本级预算）和汇总的下一级总预算组成，县级以上地方各级人民代表大会常务委员会监督本级总预算的执行，地方各级政府财政部门具体编制本级预算、决算草案，组织实施本级总预算的各项要求，定期向本级政府和上一级财政部门报告本级总预算的执行情况，最后，报送同级人民代表大会审查、批准。同时，在省政府和省财政厅的统一部署下，常德市的预算管理改革也在逐步开展、不断推进。

第一节　预算编制

1989 年，常德市坚持各级财政自求收支平衡的原则，实行“赤字不补、结余有奖”的办法，全市财政预算安排收入 40570.3 万元，安排支出 357985 万元，重点保证了农业生产、文教卫生、城市维护等方面的资金需要。

1990 年，为尽可能地实现收支平衡、压缩财政赤字，在资金安排上重点突出经济体制改革和各项事业发展的必需支出，当年全市财政预算安排收入 442152 万元，安排支出 371228 万元。

1991 年，财政收支矛盾比较突出，资金调度紧张，在编制预算时，按照先保“吃饭”、再搞建设、量入为出、收支平衡的原则进行安排，当年全市财政预算安排收入 480007 万元，安排支出 444093 万元，适当增加了农业、科技、教育支出安排。

1992 年，遵循量入为出、收支平衡的原则，并尽力压缩以前年度的财政赤字，积极稳妥地安排财政收支预算，当年全市财政预算安排收入 50892 万元，安排支出 48991 万元。

1993 年，贯彻落实中央宏观调控经济政策，遵循量入为出、收支平衡的原则，通过编制预算，及时向全市下达财税超收和消赤减债任务指标，当年预算安排收入 54959 万元，安排支出 54468 万元。

1994 年，认真贯彻落实分税制财税体制改革的精神和要求，根据量入为出，量财办事，收支平衡，不打赤字预算，优先安排工资改革所需经费和农业、教育、科技、公检法等重点项目支出等预算安排的原则，当年安排地方财政收入 46971 万元，加上预计中央税收返还、省追加专款、上年结余和调入资金等，全部可用财力为 55600 万元，财政支出预算安排 55520 万元，当年财政收支预算结余 80 万元。

1995 年，按照“量入为出，收支平衡，不打赤字”的原则，在收入安排上力求收入增长与经济增长水平相适应，坚决完成省下达收入计划，绝不挂账；在支出安排上实行适度从紧的财政政策，在保证工资支出和政策性支出同时，集中资金加大对工业、农业、教育、科技的投入，当年安排地方财政收入 67400 万元，加上中央税收返还和省财政补助，全部可用财力 99860 万元，当年财政支出预算安排 99744 万元，当年结余 116 万元，并实现分级平衡。

1996 年，继续坚持“量入为出，收支平衡，不打赤字”的原则，重点保证行政事业单位人员工资支出和重点建设项目支出同时，加大了对教育、城市建设和维护、企业挖潜改造等方面的投入。当年安排预算收入 94325 万元，安排支出 141789 万元。

1997 年，按照保工资、保重点、保平衡和支出增长幅度低于收入增长幅度 2 个百分点“三保一低”的原则，对支出安排做到控规模、调结构、保重点、增效益，当年安排财政一般预算收入 97955 万元，安排财政支出 146873 万元。

1998 年，坚持量入为出、收支平衡的原则，确保工资支出、重点（农科教）支出和保党政机关运转，从紧从严控制支出，对全额拨款的行政事业单位实行零基预算，按因数法安排预算支出，当年安排一般预算收入 112438 万元，安排一般预算支出 162930 万元。

1999 年，继续坚持量入为出、收支平衡的原则，按照深挖增收节支潜力，努力保证重点支出，确保当年财政收支平衡的指导思想，当年安排财政一般预算收入 122561 万元，安排一般预算支出 188797 万元。

2000 年，全市继续坚持“量入为出、收支平衡”的原则，按照“控规模、调结构、保重点、增效益”的总体要求，在确保财政负担人员工资正常发放、确保政权机关正常运转、确保社会保障支出的前提下，当年安排财政一般预算收入 128941 万元，安排一般预算支出 200864 万元。

2001 年，继续坚持“量入为出、收支平衡”的原则，按照“控制总量、调整结构、有保有压、突出重点”的要求，在确保财政负担人员工资正常发放、确保政权机关正常运转、确保社会保障支出的前提下，当年安排财政一般预算收入 142474 万元，安排一般预算支出 249934 万元。

2002 年，坚持适度从紧、收支平衡、不列赤字的原则，强化综合预算、零基预算和项目预算相结合，严格清理规范财政支出范围，大力压缩财政一般性开支，突出保证工资发放、社会保障、农业、教育、科技等重点领域经费支出，当年安排财政一般预算收入

162665 万元，安排一般预算支出 326872 万元。

2003 年，全面深化预算管理改革，彻底打破“基数加增长”的传统预算方法，实行零基预算、部门预算、综合预算、项目预算相结合，确保人员经费、正常运转和重大项目支出需要，当年财政年初安排一般预算收入 179237 万元，安排一般预算支出 234547 万元。

2004 年，全面推进部门预算改革，建立了行政事业单位信息数据库，实行了定员定额管理，收支预算基本涵盖了单位所有收入和支出，同时按照“量入为出、收支平衡”的理财原则，当年年初财政安排一般预算收入 200691 万元，安排一般预算支出 287939 万元。

2005 年，坚持量入为出、收支平衡、统筹兼顾、保证重点的原则，财政年初安排一般预算收入 223969 万元，安排一般预算支出 344351 万元。

2006 年，贯彻执行“所有财政负担人员经费足额进预算，所有专项资金细化到项目，所有行政事业单位的部门预算适应国库集中支付需要，逐步将定额补助和经费自理事业单位纳入预算管理的”指导思想和要求编制 2006 年部门预算，当年财政安排一般预算收入 276400 万元，安排一般预算支出 422404 万元。

2007 年，按照“搞好重点投入引导，促进经济快速发展；优化支出结构，促进公共财政建设；深化各项改革，促进管理水平提升；全面培植财源，促进财政收入增长”的指导思想，坚持确保重点支出需要和确保财政收支平衡的原则，当年安排一般算收入 343397 万元，安排一般预算支出 635010 万元。

2008 年，坚持量入为出，收支平衡，不编赤字预算的原则，将预算内外资金、其他资金和政府性基金收支实行统一管理、统筹安排，按照“一要吃饭、二要建设”的方针，按先基本支出后项目支出、先重点项目后一般项目的顺序安排预算，并将所有预算项目全部细化到款到项到目，当年安排一般预算收入 422385 万元，安排一般预算支出 709610 万元。

2009 年，为积极应对国际金融危机的挑战，按照过紧日子的要求，坚持“有保有压，有调有增，总量平衡，基本稳定”的方针编制预算。同时根据湖南省财政厅《关于进一步提高地方预算编报完整性的通知》的精神，从 2009 年预算开始，将上级固定性专项补助收入纳入了预算编制，当年一般预算收入安排 50. 07 亿元，一般预算支出安排 103. 63 亿元。

2010 年，围绕市委、市政府确定的工作重点和财政改革目标，以“支持大建设、促进大发展、实现大跨越”为出发点，进一步优化支出结构，继续坚持过紧日子的思想，压减非生产性支出，保运转、保民生、保重点，做到有保有压、总量平衡，从严从紧编制预算。是年，部门预算编制将所有资金全部纳入预算统筹安排，完善定员定额标准体系，市本级部门预算同步编制一般预算、基金预算、政府采购预算和融资与债务预算，并首次将部门预算全部提交市人大审议。当年一般预算收入安排 58. 32 亿元，一般预算支出安排 122. 15 亿元。

第二节　预算执行

1989 年，通过发展生产，开辟财源，增加收入，节减支出，全市预算执行结果为累计赤字 643 万元，其中 5 个市区县结余、4 个县赤字，剔除以前年度赤字，全市财政收支实现当年平衡的有市本级、鼎城区、汉寿县、澧县、临澧县、桃源县和石门县等 7 个市区县。

1990 年，由于受国家紧缩过程中伴生的市场销售受阻、工业速度回落过猛，再加上安乡洪涝和石门旱涝等影响，为全面完成财政收支任务，各级政府千方百计抓收入，严格控制和节减支出，对行政事业单位实行“超支不补，节余留用”的预算包干办法，预算执行结果较好，全市净结余额 1609. 8 万元，其中 3 个县结余、6 个县赤字，实现当年财政平衡的有鼎需区、汉寿县、澧县、临澧县和桃源县。是年，全市各区县市农业税差实行财政留成 40%，上解 60%，由此增加的财力留作结余或抵减财政赤字。

1991 年，积极配合支持全省“十百千”活动和“3581”工程以及“小 3581”工程，在资金上尽力倾斜，为县乡财政收入上台阶打好基础，全市工业总产值达到 63. 61 亿元，同比增长 7. 9%；乡镇企业总产值 37. 83 亿元，同比增长 23. 1%。同时，狠抓农村五税征收、企业承包合同兑现、其他收入征收等，当年预算执行结果为净结余额负 3309. 9 万元，其中鼎城区、汉寿县和临澧县略有结余，其他六个市县赤字。

1992 年，尽管受企业资金紧张、银行结算不畅、供需矛盾突出等因素影响，但全市各级各部门狠抓财源建设，强化征收管理，严格控制支出，保证重点支出，基本完成全年预算任务，全市净结余额为负 6168 万元，其中略有结余的县市区仍为鼎城区、汉寿县和临澧县，市本级和其余六个县区为赤字。

1993 年，全市克服严重自然灾害、企业效益下滑、资金调度紧张等困难和问题，狠抓财源建设，强化收入征管，优化支出结构，加强财政监督，当年全市预算执行结果为结余 90 万元，累计赤字 6088 万元，除津市市发生当年赤字 327 万元外，其余各区县和市本级均实现了当年收支平衡。

1994 年，全市认真贯彻执行分税制财政体制，严格财政管理，硬化预算约束，加强财源建设，全面实施财政收入月均 8. 33% 考核结账制度，不断完善行政经费包干体制，努力控制非生产性支出和加强控购商品管理，当年全市预算执行结果为结余 656 万元，实现了当年全市平衡、县县平衡的目标，市本级和澧县还全部消化了历年累计赤字，但全市仍有累计老赤字 5432 万元。

1995 年，市财政投入 7000 多万元加强财源建设，同时着力加强财税征收和财政管理力度，财政预算执行情况较好，累计净结余 4534 万元，当年结余 1116 万元，实现了当年全市平衡、县县平衡的目标，并消化历年累计赤字 863 万元。

1996 年，全市着力深化财税改革，大力整顿财经秩序，全面强化财税征管，严格控制财政支出，较好地克服了宏观经济偏紧、洪涝灾害严重、企业效益下滑等诸多困难，预算执行情况较好，当年全市预算内净结余 8184 万元，预算外结余 2043 万元，市县两级均实现了当年收支平衡，并消化历年赤字 1215 万元。

1997 年，面临宏观经济环境持续偏紧，工商企业效益不佳，政策性减收增支压力加大的局面，全市坚持和认真落实预外收入与支出安排挂钩、预内拨款进度与预外收入纯上交进度挂钩、优先划缴预外纯收入的“三挂钩、一优先”的原则，积极加强财源建设和财政改革，强化财税征收和财政管理，保证重点支出；当年全市一般预算收入结余 6894 万元，其中市本级 5361 万元、区县市 1533 万元，消化历年老赤字 1002 万元，市县两级财政均实现了当年收支平衡。

1998 年，受宏观经济影响，工商税收增幅较小，加上政策性调资等刚性支出增长较多，为实现难中求进，确保预算平衡，进一步深化财政改革，强化促收征管，加强管理监督，合理调度资金，全市市县两级财政均实现了当年财政收支平衡，其中武陵区消化历年赤字 150 万元。

1999 年，抓住中央加大实施积极财政政策力度的机遇，着力加强基础设施建设，稳步推进各项财政改革，努力克服通货紧缩明显、物价持续走低、政策性减收增支因素较多等不利影响，较好地完成了全年财政预算任务，当年全市市县两级财政均实现了当年财政收支平衡。

2000 年，全市认真落实中央积极的财政政策，全力深化各项财政改革，积极优化财源结构，努力抓紧财税促收，千方百计确保重点，切实规范财政管理体制，克服了市场不活、流资短缺、价格走低、政策性减收增支等因素影响，财政运行情况正常，当年市县两级均实现了财政收支平衡。

2001 年，优化财税征收环境，各级普遍建立政务服务中心集中办证统一收费，大力控乱压费保税；在财力上积极支持工业“千百十”和农业“五个百万亩”，积极支持国有企业改革深化和经济发展；积极开展乡镇财政收入“升级上档”活动，支持乡镇培植财源；改进征管手段，建立了协税护税电子网络，完善考核办法，促进财税收入及时足额入库，当年市县两级财政均实现了财政收支平衡，武陵和津市还分别消化历年老赤字 185 万元和 251 万元。

2002 年，面对遭受自然灾害大、财政减收增支因素多的不利情况，各级围绕“三化”战略，加大投入，培植财源，重点扶持 115 个项目促进农业“五个百万亩”和工业“千百十”工程建设；强化征管责任，落实征管措施，推行了部门预算改革、会计集中核算改革和政府采购改革；同时进一步优化支出结构，强化财政监管，较好地实现了“四保两超”目标，当年市县两级均实现了财政收支平衡。

2003 年，在自然灾害较多、政策调整较大、“非典”冲击较深的特殊背景下，强化财税征管，将所有收费项目赶入政务中心，严格实行“以票管据”；深化部门预算改革，市直所有行政事业单位全面实行部门预算，并将预算外资金、专项资金和城建资金全部纳入部门预算；同时积极调整服务方向，大力支持经济发展，积极培植财源税源，财政运行情况基本正常，当年市县两级均实现了财政收支平衡。

2004 年，进一步加强财源建设，开展了全市财源税源大调查，完成了 4000 多家企业数据录入和处理；全面推行部门预算、国库集中支付和政府采购改革，全面落实《财务管理 20 条》，切实加强财务管理；同时采取预算足额安排、资金优先调度、强化专户管理等措施保障重点支出，全年财政运行情况比较正常，市县两级均实现财政收支平衡。

2005 年，全面推进部门预算改革，通过修订完善公共支出标准，打足人员经费，细化专项资金，加强项目审定，强化综合预算等手段提高预算编制的科学性；强化财政管理，加强制度建设、账户和资产管理，财政工作成绩较好，全市市县两级均实现了财政收支平衡。

2006 年，以工业“251”工程、招商引资和工业园区为重点，进一步加强财源税源建设；以国库集中支付改革为重点，完善部门预算，深化财税改革；同时，强化收入征管，确保重点支出，较好地实现了“四个登台阶（即收入增幅、收入总量、收入质量、财政管理登台阶）”的目标，全市市县两级财政均实现了当年财政收支平衡。

2007 年，在烟厂体制调整、纸厂关停，影响相关收入正常增长的不利因素下，全市各级围绕经济发展大局，确定支持重点，加大投入力度，全市财政共投入工业发展资金 2. 35 亿元，投入园区建设资金 5. 56 亿元，投入新农村建设资金 1. 7 亿元，融通城市建设资金 9. 21 亿元年；同时进一步加强财税管理，确保重点支出，较好地完成了财政各项工作目标，确保了当年全市财政收支平衡。

2008 年，面对冰雪灾害、金融危机、经济下滑等严峻形势和重大挑战，财政部门充分运用财政手段，突出支持工业和城市发展，建立了 8831 万元的工业发展引导资金和 1300 万元的科技三项费用，筹措资金 7 亿多元重点支持了柳叶湖开发、西城区建设和德山开发区基础设施建设，市财鑫投资担保公司完成担保融资 9157 万元。同时，严格收入征管，强化挖潜增收，坚持依法治税，仅市本级征收契税 1. 02 亿元，全年财政形势较好，确保了当年财政收支平衡。

2009 年，面对国际金融危机的严峻挑战和各种减收增支因素的巨大压力，全市各级政府及其财税部门突出激活经济，带动财政收入较快增长，从 8 月份开始，收入增幅逆势回升，全年全市财政总收入、一般预算收入分别跃上 70 亿元、50 亿元台阶；突出融资争资，支持经济社会发展，全年市本级融资到位 105. 83 亿元，市财鑫担保公司全年为 141 家企业担保融资 5. 05 亿元，推动成立武陵双鑫小额贷款公司，全年全市累计争取 109. 15 亿元，有力促进了全市各项事业发展；突出民生民本，推动和谐常德建设，各级财政积极筹措资金，优化支出结构，全力保障惠民惠农、改制企业解困、渔民解困、政府办实事等支出，整合资金 4800 多万元，支持石门雄磺矿等市直改制企业社区解困；筹集资金帮助全市 751 户渔民无房户上岸定居，帮助近 1000 名渔民进行危房改造，渔民社会保障、基本医疗、子女就学、培训就业、户籍管理等解困任务全面完成；投入资金 1.18 亿元用于通村公路建设、农村安全饮水等项目；积极筹措资金，新建农村安居房 2177 户，帮助解决农村无房户、危房户的住房困难；投入 3.4 亿元，建设廉租房 6651 套，为 1.3 万住房困难户发放了廉租房租赁补贴；提高新型农村合作医疗市级补助标准，投入 3286 万元帮助解决了 410.75 万农民的基本医疗问题，投入 411 万元帮助解决了 61 万城镇居民基本医疗保险问题，投入 2000 多万元支持了公共卫生服务体系建设；投入 1500 多万元巩固了城乡义务教育经费保障新机制，免除了义务教育阶段学生学杂费，受益学生达 92.42 万人次；全市保障农村五保供养对象 42987 人，筹集资金 546 万元，改扩建乡镇敬老院 28 所，筹措资金 18.4 亿元，为 17.44 万名职工发放基本养老金。是年，根据湖南省财政厅有关文件精神，市财政局自 1 月份开始启用预算执行系统，为加强对预算指标的系统化、规范化管理，专门发文，对该系统中指标管理的文号编制方法从“科室文号的编制”与“单位指标文号的编制”两个方面予以明确。是年 4 月，为加快财政拨款提速，加强预算执行管理，根据上级有关文件精神，市财政局制定《关于加强市本级财政拨款提速的通知》，出台“及时下达年初预算控制数、及时下达待分配资金、及时批复部门预算、及时办理指标文件、及时办理指标登录上网、及时审核用款计划、及时下达预算外资金超收使用计划、及时拨付网上资金、及时拨付实拨资金、及时拨付预算外资金、及时搞好督促检查、确保资金安全和工作无差错”等 12 条具体措施。是年 9 月，为进一步加强机关效能建设，加快市本级年初预算安排的具有指定用途的资金拨款速度，市财政局制定《关于印发〈市本级专项资金拨款提速办法〉的通知》，对相关资金拨款时限作出规定。是年，为加强和改进财政投资评审工作，市财政局出台《关于进一步改进和加强财政投资评审工作的意见》，从十二方面完善相关工作制度及措施。

2010 年，面对国家宏观调控趋紧及财政“省直管县”的重大变革，全市各级政府及其财税部门，真抓实干，较好地实现了财政收支预算目标，预算执行情况好于预期。2010 年，全市区域内财政总收入完成 302 亿元，比上年增长 43%；全市地方财政总收入完成 100.91 亿元，增长 44.07%。其中：地方一般预算收入完成 70.02 亿元，为预算的 105.29%，增长 36.86%（同口径增长 24.21%）。预算执行突出“两个重点”：一是着力服务发展大局，在支持城市建设方面，突破了城建融资和评审提速两大瓶颈，市本级全年融资到位 81.45 亿元，扎实开展“评审突击月”活动和评审提速行动，全年完成预（结）算项目 600 个，评审额 59.82 亿元，审减资金 9.51 亿元；在支持工业发展方面，市本级工业发展资金安排总额达到 1.88 亿元，比 2009 年预算增加 0.3 亿元，促进了工业产业升级和结构调整；市财鑫担保公司注册资本金扩大到 4 亿元，担保实力进一步增强，全年共为 220 家中小企业新增融资担保 10.13 亿元，缓解了中小企业融资难题。在支持扩大消费方面，全年全市发放家电汽摩下乡补贴资金 2.25 亿元、汽车家电以旧换新补贴 1672 万元，在全省居于前列。在支持节庆招商及城市创建方面，积极调度拨付资金，保障了湘商大会及文明城市创建等活动的顺利开展。二是着力保障民生，促进了和谐常德建设。市本级筹措就业补贴资金 1.4 亿元，支持解决了一大批下岗再就业、零就业家庭就业、城镇新增就业等问题。各级财政投入 4.2 亿元，支持建设廉租房 6219 套，新增租赁补贴 8195 户，支持农村危房改造 3793 户。全市全年拨付企业基本养老补贴资金 10.69 亿元，确保 18.72 万名企业离退休人员养老金按时足额发放。全市全年投入 3.8 亿元，推进了城乡低保提标，并根据物价上涨较快的实际，筹集资金 1700 万元，为优抚、城乡低保、农村五保对象发放了临时价格补贴。积极推进新型农村合作医疗、城镇居民基本医疗保险的同时，市县投入 9255 万元，推进医疗卫生体制改革。投入 6838 万元，继续开展市直改制企业社区解困工作，大力支持市城区社区平台建设，增强社区运转能力。

第三节 财政决算

1989 年，因常德地区撤区建市（原常德市改为常德市武陵区），根据省财政厅要求，武陵区决算不单列上报，并入市本级决算中；所有与上年挂钩的数字均已在上年期末的基础上剔除了慈利县的有关数据。

1990 年，对能源交通重点建设资金，一律以实际入库数按 7% 的比例实行地州市分成；屠宰税和市本级城建税分别上解省 60% 和 30%；原上交省财政的国营企业奖金税，事业单位奖金税和国营企业工资调节税，从 1990 年下放市县纳入市县预算收入总额，年终结算时上述三项税收加集体企业奖金税，按省财政分成 70% 进行结算上解；烤烟产品税和酒税按实际入库数实行区县市留成 40%，通过省财政上解中央财政 60%；各区县市农业税上年终结算时应上缴省市农业税附加 5%；农业税改按“倒三七”比例价折征代金及提价增加收入的部分上交 60%，县市留成 40%。

1991 年，各级财政支出结余，全部留归各级，对中央和省专项拨款的结余，除按规定结转下年继续使用外，其余留归各级财政统筹安排使用。出现赤字的地区，结转支出除中央和省专项拨款外，自行安排或配套的专款一律不得列入结转。从 1991 年起，职工养老保险基金和职工待业保险基金要编入财政决算；教育附加费纳入预算管理，年终前按实际收入数如数拨付给教委，财政总决算内不反映此项结余。

1992 年，凡一般外资、外国企业缴纳的所得税，属于地方预算收入，按外资、外国企业所在地，分别上缴地市县财政；一般中外合资、合作企业缴纳的所得税，按隶属关系划分预算级次；中央和地方企事业单位与外商合资、合作企业，按投资额比例或规定比例，分别作为中央和地方地方财政预算收入；省地市县企业单独与外商合资、合作企业，按隶属关系上缴同级财政；省地市县企业共同与外商合资、合作企业，全部作为地市县收入。重新划分预算级次后，相应减少地市县级的地方财政收入，由省财政在年终决算时返还地方。

1993 年，为简化手续、便于计算，中央对“商品零售”和“其他饮食业”两个税目实行总额固定比例分成，年终结算时中央为24%，地市县为76%。

1994年，省财政与地州市财政决算结算，除正常上解或补助，以及预算执行过程中一般上划、下划、追加、追减事项，仍按原来的财政体制有关文件规定，年终分别进行结算；各级财政支出结余，全部留归各级。同时，按“分税制”财政体制规定，年终结算所退税款，属于中央、省级预算收入的，由中央和省财政负担；属于地州市县预算收入的，由地州市县财政负担；属于中央、省、地州市县共享收入的，由各级财政按分享比例负担。对原来已纳入预算管理，现未纳入行政性收费项目管理的一些规费收入，仍适用原来的“规费收入”收入项目。

1995年，按照分税制财税体制的规定，当年的税收返还，根据各县市区完成上划中央“两税”数与本年底“两税”调整后的任务数相比较，分两种形式予以返还，结算办法为：1995年“两税”增长率＝（1995年上划“两税”数—1994年上划“两税”数）÷1994年上划“两税”数。

1996年，贯彻“真实、准确、及时、全面”的要求，按照收付实现制的原则，凡当年已发生的财政收支，都要如实列入决算；凡当年未发生的事项，不能作为财政收支列入决算，更不能采取提前预付、估列代编等不正确的做法；凡政策规定采取收支两条线的办法列报的，不能采取抵留的方式处理。

1997年，市政府决定对各区县市税收返还数采取如下结算办法：一是如各区县市完成市里下达的1997年国税收入确有困难，在保证1997年实际完成上划两税不低于1994年实际上划数的情况下，则各区县市1997年税收返还数（即1998年税收返还基数）为：1997年税收返还基数×（1－两税上划下降率×0.2）；二是如1997年实际完成两税上划数低于1994年实际上划数，则实行分段合并计算返还，即短收1994年上划数以下部分如数全额扣减返还基数；三是如1997年实际完成上划大于1996年实际上划数，则按历年结算办法计算返还。当年全市完成一般预算财政收入99988万元，比上年增长5.9%，其中城市建设维护税和营业税增加额占一般预算收入增量的94%；上划中央“两税”29068万元，比上年同期下降17.8%；完成一般预算支出142806万元，比上年增长10.9%，其中人员经费支出占同期财政支出的比重为58%。

1998年，执行《关于全面取消财政有偿资金有关事项的通知》，停止所有财政有偿资金的发放，并冻结其所有账户，只收不放；认真清理往来，及时做好调账工作；指定专人对所管理的有偿资金，进行全面清理，明确债权债务；各级财政有偿资金所有权归各级所有，任何一级无权擅自减免上级或下级的有偿资金，要限期足额收回。

1999年，按省财政厅规定的决算结算办法规定：企业事业上划、下放、追加、追减收入基数部分以及追加、追减支出指标等，除已进体制的外，年终一并结算；市州县应负担的中央借款，不调整基数，按借款数计算借款比例，在年终决算时专项上交；借省财政的财源建设资金、借财政部的扶贫资金以及地方政府所借世界银行贷款，逾期未还的，通过年终决算扣缴；资源税、土地增值税、城镇土地使用税改按5：5比例分级入库后，市州县没有按比例规定办理调库和缴库部分，年终结算时按核定数结算扣缴。

2000年，鉴于安乡、汉寿两县财政在十分困难的情况下，完成了1994年上划“两税”必保基数，在2000财政决算中，在1999年结算税收返还的基础上，各增加税收返还补助基数100万元，并另外解决每县50万元的困难补助。

2001年，省财政厅规定，省财政和地方财政结算中，属于正常上解、补助和预算执行中一般上划、下划、追加、追减的事项，仍按原财政管理体制有关规定办理；属于国家和省统一采取的财政经济政策，需要省财政和地方财政结算的事项，按省财政制定的具体结算办法执行。市财政局规定：区县市预算单位在编制决算报表时，只填报到一级预算单位，二级及以下单位并入一级预算单位上报；每个乡镇作为一个基本单位上报，并同时编制《乡镇财政基本情况表》和《乡镇汇总录入主要指标分类表》；市本级要编制到二级预算单位。

2002年，市与区县市财政决算结算办法规定：驻区县市的中央、省、市属工业企业缴纳的城建税按40%上解；下放支出暂不调整财政包干基数；农业税改按“倒三七”比例价折征代金及提价增加收入的部分上交省里60%，区县市留成40%；资源税、土地增值税、土地使用税，市按总额分成10%；国有土地有偿出让收入市分成10%，区县市90%；屠宰税收入区县市60%，市集中40%；集贸市场管理和个体工商户管理费实行按比例分成。

2003年，市财政局在市与区县市财政决算结算办法中规定：“两税”返还按照分税制财政体制规定，市根据各区县市实际完成上划中央“两税”数与2002年实际上划数和1994年上划数相比较情况，分三种形式予以计算税收返还；驻区县市的中央、省、市属工业企业缴纳流转税过1994年增长的部分市分成20%，区县市分成80%；全市征集防洪保安资金，区县市未按任务上交的，在决算中扣款；农业税征收经费纳入财政预算管理，由区县市上划到市、市上划到省。

2004年，市财政局对决算编报进行明确：区县市编报到二级预算单位；中央和省直各部门收到地方各级财政部门的拨款，应当向地方财政部门编制有关经费报表；各级财政部门在汇总报表时应对收入支出汇总虚增数进行剔除；乡镇所辖单位汇总为一户录入。

2005年，湖南省免征农业税及取消除烟叶外的农业特产税，由此减少的地方财政收入，由中央和省财政给予转移支付补助，市里取消了对区县市农业特产税降低农业税税率转移支付结算；中央财政对出口退税机制重新进行调整，取消中央对地方出口退税，以2004年为基数，从2005年1月1日起，基数内由中央全额负担，超基数部分由中央、省、市（区县市）按92.5：2.5：5比例共同负担。

2006年，全市完成财政总收入436582万元，比上年增长22.97%；完成一般预算收入303890万元，比上年增长22.89%，其中税收收入比上年增长23.45%；完成基金预算收入24243万元，比上年增长103.2%。完成财政一般预算支出646879万元，比上年增长

26.84%；全市基金预算支出24292万元，比上年增长78.12%。

2007年，全市完成财政总收入531257万元，比上年增长12.61%；完成一般预算收入380626万元，比上年增长25.25%；完成基金预算收入20692万元，比上年减少14.65%。完成一般预算支出889717万元，比上年增长37.54%；基金预算支出30745万元，比上年增长26.58%。

2008年，市财政局明确规定："两税"返还按照分税制财政体制规定，市根据各区县市实际完成上划中央"两税"数与2007年实际上划数和1994年上划数相比较情况，分三种形式予以计算税收返还；所得税市比照中央、省考核办法进行考核，如果区县市达不到核定基数，市财政扣减所得税的基数返还额；农业税改按"倒三七"比例价折代金及提价增加收入的部分上交60%，县级留成40%；湖区五县提价增收部分上交40%，县市留成60%，新老价差市集中10%。

2009年，全市完成财政总收入700447万元，比上年增长13.67%；完成财政一般预算收入511654万元，比上年增长15.47%；完成一般预算支出1368056万元，比上年增长21.09%；完成基金预算收入38423万元，比上年增长4.44%；完成基金预算支出67950万元，比上年减少2.61%。

2010年，全市完成财政总收入1009104万元，比上年增长44.07%；完成财政一般预算收入700205万元，比上年增长36.85%；完成一般预算支出1773011万元，比上年增长29.6%；完成基金预算收入43334万元，比上年增长12.78%；完成基金预算支出89275万元，比上年增长31.38%。

第四节　控制社会集团购买力

社会集团购买力，是指社会集团用公款在市场上购买集体消费的非生产性商品的资金。各级机关、团体、学校、部队、企业和集体单位均属控制对象。在控制社会集团购买工作中，财政部门起着主导作用。

1989年，贯彻落实省控制办和省商业厅制定的定点供应专控商品管理办法，常德市实行了专控商品的定点供应，加强了附加费征收管理，全市全年专控商品实际审批266.95万元，审批专控商品3042件，其中小汽车25台，违控专控商品罚款30.09万元。

1990年，严把社控审批关，控制集团消费，全市共压缩申购社控商品2394件，压缩金额1092.96万元；压缩26个单位申报的小汽车26台，金额130万元，并基本停止了对行政事业单位专控商品的审批。

1991年，对经济效益下降，亏损增加和欠交利税的企业，采取停批或限批的措施；对直接用于生产、经营、科研的商品，尽量给予方便和支持，当年完成社会集团购买力指标1.04亿元，为年计划的80.18%；完成专控商品控制指标1920万元，为年计划的96%。

从1992年1月20日起，根据省财政厅、省物价局、省控购办的规定和要求，常德市全面开征“控制专控商品调节基金”；同时，各级控购办按当年实际收取的“控购调节基金”数额的6%提取人员经费和必要的业务经费。从1月24日开始，对伏尔加、拉达轿车恢复按率计征车辆购置附加费。

1993年8月，市财政局、市控购办转发了省财政厅、省控购办《关于严格控制社会集团购买力过快增长、加强集团购买办控购管理工作的通知》，并且补充规定，将原委托给区、县（市）控办审批的“三车”（小汽车、大客车、摩托车）收归市控办集中审批，其他五种专控商品仍由各社会集团所在地的区、县（市）控办审批。

1994年，对社会集团购买小汽车实行按配车标准严格控制，不准用贷款、集资款和专项资金购买领导干部使用的小汽车；凡有财政赤字，不能按时发放职工工资的党政机关，不准购买小汽车；企业不准用贷款和流动资金购买小汽车；凡欠税、欠利、拖欠职工工资的企业，一律不准购买小汽车。从5月1日起，凡购置大客车、摩托车由区县市控购办负责审批，其他车辆一律由省、市控购办审批。

从1995年1月1日起，将控购调节基金纳入财政预算管理，“控购调节基金”征收业务经费按当年实际入库的控购调节基金提取6%，由同级财政通过财政支出全额拨付控购办专款专用，当年全市下达控购调节基金计划515万元。

1995年，市纪委、市财政局、市控购办联合下发《关于进一步加强社会集团购买办管理工作和进行社会集团购买专控商品检查的通知》，主要规定如下：一是社会集团购买国家专控商品必须经当地控制社会集团购买办管理机构审批，凡未经批准购买专控商品的按违规处理，并处以所购专控商品原价30%的罚款；二是加强社会集团购买小汽车的管理，禁止行政事业单位购买进口小汽车，禁止党政机关向企业、下属单位换车、借车和摊派款项购买小汽车，凡拖欠职工工资的单位一律不准购买小汽车，凡亏损、欠缴国家税款的企业不准购买小汽车；三是进行社会集团购买无线寻呼机、无线移动电话、空气调节器专控商品的清理，已购买的必须如实填写自查登记表，未经批准购买的必须到当地控购办补办控购手续，逾期未办的按违规处理。

从1996年1月1日起，除单位购买小汽车、摩托车的调节基金的减免报省控购办审定外，其他专控商品的调节基金的减免，由地州市控购办审定。同时，行政事业单位购买专控商品资金除同级财政专项拨款外，一律按规定征收控购调节基金。1996年10月，市财政局和市控购办规定：社会集团购买小汽车、空气调节器、音响设备及单价在500元以上的照相机、寻呼机和无线电话等国家专项控制商品必须办理控购手续；禁止行政事业单位和国有企业购买进口高档小轿车，拖欠职工工资的单位不准购买小汽车；社会集团购买国家专项控制商品必须先申报，经审批同意后方能购买，否则给予责令检查、通报批评、罚款（处所购商品原价30%～50%的罚款）、没收所购商品等处罚。

1997年4月，执行省《关于切实加强社会集团购买力管理工作的通知》的文件精神，同时补充规定：凡套牌车辆办理控制手续，一律按进口车辆对待，征收专控商品调节基金20%；大屏幕彩电（25英寸以上）纳入专控商品管理，征收专控商品调节基金10%。6月，省财政厅和控购办将原委托地市州控购办行使的小汽车审批权上收到省控购办。7月，市财政局、市控购办制定社会集团购买小汽车定点和复核验证制度，明确规定：从1997年7月1日起，社会集团购买小汽车必须经控购部门审批并领取《湖南省小汽车供车证明》后，到指定的小汽车定点经营单位购买；未经控购管理部门批准擅自购买国家专控商品或销售单位出具虚假发票的，根据不同情节处以30%的罚款，情节严重的没收所购专控商品；对销售单位处以销售额5%至10%的罚款或取消定点销售供应权。

1998年10月，执行省财政厅《关于继续做好控制社会集团购买力工作的通知》，进口车、国产小汽车报省控购办审批，摩托车、大客车由地州市控购办审批，其他专控商品由县市控购办审批；加大对小汽车控购管理和监督力度，按省控购办下达的定额指标购买，连续租赁小汽车超过一个月的办理控购手续；加强控购调节基金的征收管理，严格审核减免调节基金，当年全市社会集团购买力总支出5800万元，比上年下降49%，市本级征收政府调节基金270万元。

1999年9月，执行省财政厅、省控购办要求，从9月1日起，对行政单位（包括党政机关、预算全额拨款社会团体和事业单位）无论用预算安排资金或自筹资金新购小汽车的，一律停止审批；车辆报废后，一般不再审批更新。同时，对市直行政事业单位现有小汽车进行了清理。

2000年，执行省里《关于进一步做好控制社会集团购买力工作的通知》，从1月1日起，停止征收控购调节基金；对小汽车实行指标管理；对控购商品审批权限做了调整，进口小汽车报省控购办审批，其他专控商品委托市州审批。

2001年6月，市财政局印发了《常德市控购工作规范化办公行为规划》，对车辆审批、管理等工作进行了规范，并明确规定乡镇机关一律不得购买小轿车；欠发工资的区县市和欠缴税利的单位一律不得新购或更新小汽车；现有车辆超出定编数量的单位一律不得购买小汽车；并从7月1日起恢复小车购置验审制度。

从2001年1月开始，只对小轿车实行控购，其他商品一律放开。单价在20万元以上的报省控购办审批，单价在20万元以下的由市控购办审批，此规定一直沿用至今。

2002年9月，贯彻执行湖南省《关于进一步加强党政机关小汽车配备和使用管理的通知》文件精神，对党政机关公务用小汽车实行编制管理和政府采购制度，并且严格按标准配备小汽车。同时明确规定拖欠国家公务员、教师工资的县市区、乡镇机关不准购买小轿车。

2003年4月，常德市出台《市直单位公务用车编制配备和使用管理办法》，对车辆编制与配置标准、车辆购置、车辆更换进行明确。其中主要规定：1. 正处级行政单位（含具有行政职能的正处级事业单位），领导人数1～3人、人员编制8～16人的，定编1辆；

领导职数 4～5 人、人员编制 17～30 人的，定编 2 辆；领导职数 6～7 人、人员编制 31～50 人的，定编 3 辆；领导职数 8～9 人、人员编制 50～60 人的，定编 4 辆；领导职数 9 人以上的，每增加 2 人（不足 2 人的，以 2 人计算），可增配 1 辆。2. 正处级事业单位（不含具有行政职能的正处级事业单位），领导职数 2～3 人、人员编制 30～60 人的，定编 1 辆；领导职数 4～5 人、人员编制 61～80 人的，定编 2 辆；领导职数 6～7 人、人员编制 61～80 人的，定编 3 辆；领导职数 6～7 人、人员编制 81～100 人以上的，定编 4 辆。3. 副处级行政单位（含具有行政职能的副处级事业单位），人员编制 24 人以内的，定编 1 辆；人员编制 25～70 人的，定编 2 辆；人员编制 70 人以上的，定编 3 辆。4. 副处级事业单位（不含具有行政职能的副处级事业单位），人员编制 50 人以内的，定编 1 辆；人员编制 50 人以上的，定编 2 辆。5. 具有行政管理职能和独立法人资格且财务独立的科级单位定编 1 辆，自收自支的事业科级单位定编 1 辆，配有处级干部的科级单位定编 1 辆。6. 编制内车辆配置标准，处级单位的公务用车一般配备排气量 2.0 升（含 2.0 升）以下，价格 25 万元以内的车辆；科级单位公务用车一般配备排气量 2.0 升（含 2.0 升）以下，价格 20 万元以内的车辆。7. 市直单位所有公务用车的购置须依据《中华人民共和国采购法》的规定，由市政府采购管理办公室统一组织采购。8. 编制内的车辆，在正常使用期限内，原则上不得更换，确需更换的，必须使用年限 5 年以上且行驶里程 25 万公里以上。

从 2004 年 8 月 1 日起，不再对企业购买小汽车的控购进行审批，企业购买小汽车可直接到当地公安车管部门办理上牌照手续。

2007 年，贯彻执行湖南省《关于进一步加强党政机关公务用车配备和使用管理的规定》，对党政机关公务用车严格实行编制管理，同时严格执行“先审批、后采购”的制度，按标准配置公务用车。6 月，为进一步加强公务用车管理和审批，市控购办对市直及驻常单位公务用车管理使用情况进行了监督检查，掌握了单位公务用车底子和实际情况。

2009 年，市本级购车支出、县市区购车支出分别比上年压缩 22.4% 和 25.12%。

2010 年，控购办严格落实公务车辆控购规定，建立健全公车管理数据库，不审批超编超标车辆，不更换达不到更换条件的车辆。

第五节　人大及其常务委员会对预算审查、批准与监督

对预算的决定权和监督权，是宪法和法律赋予各级人民代表大会及其常务委员会（以下简称人大及其常委会）的重要职权。主要体现在对预算编制、执行、调整及决算的决定和监督方面。认真执行人大常委会关于财政经济的决定决议，自觉接受人大监督，是人民政府及各级部门依法行政、依法理财的集中体现。

市人民政府及其财政部门认真执行国家法律法规和湖南省的地方性法规，除向每年一度的人代会作上年度财政预算执行情况和本年度财政预算（草案）报告，提请人代会审议

批准外，还在人代会闭会期间，按规定及时认真地将预算管理重大问题向人大常委会作报告，接受审查和作出决定。促进了人大对预算的监督逐步实现了常态化、程序化和制度化，审议监督的内容不断完善并逐步深化、细化，从初期的程序化审查逐步过渡到实质性审查，监督审查的质量不断提高，也对财政部门预算编制、调整和执行工作提出了更高的要求，保证了财政预算管理沿着法制化轨道健康运行。

此外，财政部门还受政府委托，按要求准时列席市人大常委会专题研究有关财政重大问题的会议。市财政局局长按规定向人大常委会提交任职报告和年度述职报告，积极配合做好人大执法检查、代表视察接待工作，重要财政工作文件及时报送人大常委会，自觉把财政工作始终置于党和人民监督之下。

1990 年 3 月 27 日，在常德市第一届人民代表大会第三次会议上，市财政局局长张冠洲受市人民政府委托作《常德市 1989 年财政决算和 1990 年财政预算〈草案〉的报告》，会议经过认真审议，决定批准通过。

1990 年 10 月 31 日，在常德市第一届人大常委会第五次会议上，市财政局局长张冠洲受市人民政府委托作《常德市 1990 年财政预算调整情况的报告》，会议经过认真审议，同意将当年财政收入预算由第三次人代会通过的 44978 万元调整为 45304.1 万元，财政支出由 32570.7 万元调整为 34015 万元。

1991 年 4 月 1 日，在常德市第一届人民代表大会第四次会议上，市财政局局长张冠洲受市人民政府委托作《关于常德市 1990 年财政决算和 1991 年财政预算（草案）的报告》，会议经过认真审议，决定批准通过。

1991 年 9 月 27 日，在常德市第一届人大常委会第二十二次会议上，市财政局局长张冠洲受市人民政府委托作《常德市 1991 年财政预算调整情况的报告》，会议经过认真审议，同意将当年财政收入由 48082 万元调整为 48580 万元，财政支出由 35680 万元调整为 37401 万元。

1992 年 4 月 10 日，在常德市第一届人民代表大会第五次会议上，市财政局局长张冠洲受市人民政府委托作《常德市 1991 年财政决算和 1992 年财政预算《草案》的报告》，会议经过认真审议，决定批准通过。

1992 年 9 月 24 日，在常德市第一届人大常委会第二十九次会议上，市财政局局长张冠洲受市人民政府委托作《常德市本级 1992 年财政预算调整情况的报告》，会议经过认真审议，同意将市本级当年财政收入由年初确定的 16430 万元调整为 17120 万元，财政支出由 10392 万元调整为 11332 万元。

1992 年 12 月 28 日，在常德市第二届人民代表大会第一次会议上，市财政局局长张冠洲受市人民政府委托作《关于常德市 1992 年财政预算执行情况和 1993 年财政预算（草案）的报告》，会议经过认真审议，决定批准通过。同时，鉴于全市 1992 年财政决算和 1993 年财政预算汇编在会议期间不能提出，因此会议责成市人民政府在 1992 年财政决算编竣和 1993 年财政预算汇编后，对 1993 年财政预算进行调整，提请市二届人大常委会对其进行认真审查，作出决定，并报请市二届人大常委会对 1992 年的财政决算进行批准。

1993 年 4 月 28 日，在常德市第二届人大常委会第二次会议上，市财政局局长陈君文受市人民政府委托作《关于 1992 年财政决算和 1993 年财政预算（草案）的报告》，会议经过审议，批准了 1993 年财政预算。

1993 年 10 月 23 日，在常德市第二届人大常委会第五次会议上，市财政局局长陈君文受市人民政府委托作《关于 1993 年财政预算部分变更情况的报告》，会议经过审议，同意将年初确定的财政收入预算调整为 57613 万元，调增 2654 万元；支出预算调整为 43881 万元，调增 1861 万元。

1994 年 2 月 21 日，在常德市第二届人大常委会第七次会议上，市财政局局长陈君文受市人民政府委托作《常德市 1993 年财政决算和 1994 年财政预算（草案）的报告》，会议经过审查意见，并对报告提出了修改意见。

1994 年 3 月 27 日，在常德市第二届人民代表大会第二次会议上，市财政局局长陈君文受市人民政府委托作《关于 1993 年财政决算和 1994 年财政预算（草案）的报告》，会议经过审议，批准了常德市 1993 的财政决算和 1994 年的财政预算。

1994 年 10 月 28 日，在常德市第二届人大常委会第十二次会议上，市财政局局长陈君文受市政府委托作《关于常德市 1994 年财政预算部分变更情况的报告》，会议经过审议，同意将当年财政收入由年初预算的 46971 万元调整为 53375 万元，财政支出由 55520 万元调整为 65589 万元。

1995 年 3 月 25 日，在常德市第二届人民代表大会第三次会议上，市财政局局长陈君文受市政府委托作《关于我市 1994 年财政预算执行情况和 1995 年财政预算（草案）的报告》，会议经过审议，批准了 1995 年财政预算。

1995 年 10 月 25 日，在市第二届人大常委会第二十次会议上，市财政局副局长万善志受市政府委托作《关于常德市 1995 年财政预算部分调整情况的报告》，会议同意将 1995 年全市财政收入调增 1150 万元，其中市本级调增 500 万元，并原则同意了市政府对调增收入部分的支出安排计划。

1996 年 3 月 25 日，在常德市第二届人民代表大会第四次会议上，市政府副市长、市财政局局长代表市政府作《关于 1995 年财政预算执行情况和 1996 年全市及市级财政预算（草案）的报告》，会议经过认真审议，决定批准通过。

1996 年 4 月 24 日，在市二届人大常委会第 24 次会议上，市财政局副局长万善志受市政府委托作《关于 1995 年全市财政决算情况的报告》，会议经过认真审议，决定批准同意。

1996 年 10 月 29 日，在常德市第二届人大常委会第二十七次会议上，市财政局局长万善志受市政府委托作《关于我市 1996 年财政预算调整情况的报告》，会议经过认真审议，原则同意，并批准市本级收入调增 480 万元，批准调整支出的方案。

1997年3月24日，在常德市第二届人民代表大会第五次会议上，市财政局局长万善志受市政府委托作《关于1996年财政预算执行情况和1997年全市及市级财政预算（草案）的报告》，会议经过审议，决定批准同意。

1997年4月28日，在市二届人大常委会第三十一次会议上，市财政局局长万善志受市政府委托作《关于常德市本级1996年财政决算情况的报告》，会议经过认真审议，决定批准同意。

1997年10月28日，在常德市第二届人大常委会第三十四次会议上，市财政局局长万善志受市政府委托作《关于我市1997年财政预算调整情况的报告》，会议经过认真审议，原则同意预算调整方案。

1997年12月31日，在常德市第三届人民代表大会第一次会议上，市财政局局长万善志受市政府委托作《关于1997年财政预算执行情况和1998年全市及市级财政预算（草案）的报告》，会议经过审议，决定批准通过。

1998年4月28日，在市三届人大常委会第二次会议上，市财政局局长万善志受市政府作《关于市本级1998年财政预算调整情况的报告》，会议经过认真审议，明确指出由于常德市第三届人民代表大会第一次会议时间较早，会议批准的1998年市本级财政预算很难预测，加上财政预算收支科目变动较大，使各类支出有较大变动，同意将财政收入预算由三届人大一次会议批准的24220万元调整为25477万元，财政支出预算由27232万元调整为31892万元。

1998年4月30日，在常德市三届人大常委会第二次会议上，市财政局局长万善志受市政府委托作《关于市本级1997年财政决算（草案）的报告》，会议对报告进行了审议并同意通过。

1999年1月16日，在常德市第三届人民代表大会第二次会议上，市财政局局长万善志受市政府委托作《关于1998年财政预算执行情况和1999年全市及市级财政预算（草案）的报告》，会议经过审议，决定批准通过。

1999年4月27日，在常德市三届人大常委会第八次会议上，市财政局局长万善志受市政府委托作《关于市本级1998年财政决算（草案）的报告》，会议对报告进行了审议并同意通过。

1999年10月27日，在常德市三届人大常委会第十二次会议上，市财政局局长万善志受市政府委托作《关于我市1999年财政预算执行情况和市本级1999年财政预算调整意见的报告》，会议经过审议，决定批准通过。

2000年2月16日，在常德市第三届人民代表大会第三次会议上，市财政局局长万善志受市政府委托作《关于1999年财政预算执行情况和2000年全市及市本级财政预算（草案）的报告》，会议经过审议，决定批准通过。

2000年4月21日，在常德市三届人大常委会第十六次会议上，市财政局局长万善志受市政府委托作《关于市本级 1999 年财政决算（草案）的报告》，会议对报告进行了审议并同意通过。

2000 年 10 月 30 日，在常德市三届人大常委会第二十次会议上，市财政局局长万善志受市政府委托作《关于我市 2000 年财政预算执行情况和市本级 2000 年财政预算调整意见的报告》，会议经过审议，决定批准通过。

2001 年 2 月 11 日，在常德市第三届人民代表大会第四次会议上，市财政局局长万善志受市政府委托作《关于 2000 年财政预算执行情况和 2001 年全市及市本级财政预算（草案）的报告》，会议经过审议，决定批准通过。

2001 年 4 月 29 日，在常德市三届人大常委会第二十五次会议上，市财政局局长万善志受市政府委托作《关于市本级 2000 年财政决算（草案）的报告》，会议对报告进行了审查并同意通过。

2001 年 10 月 25 日，在常德市三届人大常委会第二十九次会议上，市财政局局长万善志受市政府委托作《关于我市 2001 年财政预算执行情况和市本级 2001 年财政预算调整意见的报告》，会议经过审议，决定批准通过。

2002 年 1 月 17 日，在常德市第三届人民代表大会第五次会议上，市财政局局长万善志受市政府委托作《关于 2001 年财政预算执行情况和 2002 年全市及市本级财政预算（草案）的报告》，会议经过审议，决定批准通过。

2002 年 10 月 30 日，在常德市第三届人大常委会第 37 次会议上，市财政局局长万善志受市政府委托作《关于全市 2002 年财政预算执行情况和市本级 2002 年财政预算调整意见的报告》，会议对报告进行了审查并同意通过。

2002 年 12 月 28 日，在常德市第四届人民代表大会第一次会议上，市财政局局长万善志受市政府委托作《关于 2002 年财政预算执行情况和 2003 年全市及市本级财政预算（草案）的报告》，会议经过审查并批准了 2003 年全市及市本级财政预算。

2003 年 10 月 29 日，在常德市四届人大常委会第八次会议上，市财政局局长万善志受市政府委托作《关于全市 2003 年财政预算执行情况和市本级 2003 年财政预算调整意见的报告》，会议对报告进行了审查并同意通过。

2004 年 1 月 8 日，在常德市第四届人民代表大会第二次会议上，市财政局局长万善志受市政府委托作《关于 2003 年财政预算执行情况和 2004 年全市及市本级财政预算（草案）的报告》，会议经过审查并批准了 2004 年全市及市本级财政预算。

2004 年 4 月 29 日，在常德市四届人大常委会第十二次会议上，市财政局局长万善志受市政府委托作《关于市本级 2003 年财政决算（草案）的报告》，会议经过审查并批准通过。

2004 年 10 月 25 日，在常德市四届人大常委会第十七次会议上，市财政局局长万善志受市政府委托作《关于全市 2004 年财政预算执行情况和市本级 2004 年财政预算调整意见的报告》，会议对报告进行了审查并批准通过。

2005 年 1 月 11 日，在常德市第四届人民代表大会第三次会议上，市财政局局长万善志受市政府委托作《关于 2004 年财政预算执行情况和 2005 年全市及市本级财政预算（草案）的报告》，会议经过审查并批准了 2005 年全市及市本级财政预算。

2005 年 4 月 28 日，在常德市四届人大常委会第二十二次会议上，市财政局局长万善志受市政府委托作《关于市本级 2004 年财政决算（草案）的报告》，会议经过审查并批准同意。

2005 年 10 月 25 日，在常德市四届人大常委会第二十五次会议上，市财政局局长万善志受市政府委托作《关于全市 2004 年 1 ~ 9 月财政预算执行情况和市本级 2005 年财政预算调整意见的报告》，会议对报告进行了审查并批准通过。

2006 年 1 月 10 日，在常德市第四届人民代表大会第四次会议上，市财政局局长万善志受市政府委托作《关于 2005 年财政预算执行情况和 2006 年全市及市本级财政预算（草案）的报告》，会议经过审查并批准了 2006 年全市及市本级财政预算。

2006 年 10 月 26 日，在常德市四届人大常委会第三十六次会议上，市财政局局长万善志受市政府委托作《关于全市 2006 年 1 ~ 9 月财政预算执行情况和市本级 2006 年财政预算调整意见的报告》，会议对报告进行了审查并批准通过。

2007 年 1 月 15 日，在常德市第四届人大第五次会议上，市财政局局长万善志受市政府委托作《关于 2006 年财政预算执行情况和 2007 年全市及市级财政预算（草案）的报告》，会议经过审查并批准通过了 2007 年全市及市本级财政预算。

2007 年 4 月 26 日，在常德市四届人大常委会第四十二次会议上，市财政局局长卢武福受市政府委托作《关于市本级 2006 年财政决算（草案）的报告》，会议经过审议并批准通过。

2007 年 10 月 24 日，在常德市四届人大常委会第四十六次会议上，市财政局局长卢武福受市政府委托作《关于全市 2007 年 1 ~ 9 月财政预算执行情况和市本级 2006 年财政预算调整意见的报告》，会议对报告进行了审查并批准财政预算调整方案。

2007 年 12 月 28 日，在常德市第五届人民代表大会第一次会议上，市财政局局长卢武福受市政府委托作《关于 2007 年财政预算执行情况和 2008 年全市及市级财政预算（草案）的报告》，会议经过审议并批准通过了 2008 年全市及市本级财政预算。

2008 年 6 月 26 日，在常德市五届人大常委会第三次会议上，市财政局局长卢武福受市政府委托作《关于市本级 2007 年财政决算（草案）的报告》，会议经过认真审查并批准通过。

2008 年 10 月 29 日，在常德市五届人大常委会第五次会议上，市财政局局长卢武福受市政府委托作《关于 2008 年 1 ~ 9 月全市财政预算执行情况和 2008 年市本级财政预算调整方案（草案）的报告》，会议对报告进行了审查，决定批准通过预算调整方案。同时明确指出，要进一步加强财政收入征收力度，充分挖掘潜力，积极组织收入，保证财政收入稳定增长；适当控制2008年市本级财政预算调整规模，进一步树立过紧日子思想，厉行勤俭节约，严格控制行政性支出，确保财政收支平衡。

2009年2月13日，在常德市第五届人民代表大会第二次会议上，市财政局局长卢武福受市政府委托作《关于2008年财政预算执行情况和2009年全市及市级财政预算（草案）的报告》，会议经过审议并批准通过了2009年全市及市本级财政预算。

2009年6月29日，在常德市五届人大会常委会第十次会议上，市财政局局长卢武福受市政府委托作《关于市本级2008年财政决算（草案）的报告》，会议经过认真审议并批准通过。

2009年10月27日，在常德市第五届人大常委会第十二次会议上，市财政局局长卢武福受市政府委托作《关于2009年1～9月全市财政预算执行情况和2009年市本级财政预算调整方案（草案）的报告》，会议经过审议，批准通过。同时会议指出，要克服困难，采取有效措施，确保今年预算收入任务的完成；要继续坚持过“紧日子”的思想，进一步加强支出管理，厉行节约，降低行政成本；要强化项目资金依法监管，提高资金使用效益；要通过增收节支，确保全年财政收支平衡。

2010年1月19日，在常德市第五届人民代表大会第三次会议上，市财政局局长卢武福受市政府委托作《关于2009年财政预算执行情况和2010年全市及市级财政预算（草案）的报告》，会议经过审议并批准通过了2010年全市及市本级财政预算。

2010年5月27日，在常德市人大常委会主任会议上，市财政局局长卢武福受市政府委托作《2009年全市转移支付资金安排使用情况的报告》。会议指出，人大要支持政府争取上级转移支付资金，要维护财政资金的公平和透明，确保中央转移支付资金阳光化，要强化预算管理，减少财政空白、保障资金使用规范化，人大的监督要突出跟踪监督，特别对专项转移支付收入的监督要落实。市级财政要有过紧日子的思想，增强危机意识。

2010年6月28日，在市第五届人大常委会第十七次会议上，市财政局局长卢武福受市人民政府委托所作《市本级2009年财政决算（草案）报告》，会议经过认真审查并批准通过。

2010年10月26日，在常德市第五届人大常委会第十九次会议上，市财政局局长卢武福受市政府委托作《关于2010年1～9月全市财政预算执行情况和2010年市本级财政预算调整方案（草案）的报告》，会议经过认真审议并批准2010年市本级财政预算调整方案。

第六节 人民政府对预算执行的审计监督

新中国成立后，各级人民政府就将审计工作列入工作议程，基本由财政部门和有关部门执行。1950年3月3日，政务院通过的《关于统一国家财政经济工作的决定》明确提出："必须严格执行预决算制度、审计会计制度及严格的财政监督制度。"根据 1982 年《中华人民共和国宪法》和有关规定，常德市及各区县市在 1983 年后相继成立审计局，把审计工作从财政部门分离出来，并作为一个独立的工作部门逐步纳入国家预算管理体系。

为加强对财政、财务收支以及经济活动的审计监督，严肃财经法纪，提高经济效益，加强宏观控制和管理，保障社会主义现代化建设的顺利进行，1988 年 11 月 30 日，国务院发布《中华人民共和国审计条例》，明确规定国家设立审计机关，对本级人民政府各部门、下级人民政府、国家金融机构、全民所有制企业事业单位以及其他有国家资产单位的财政、财务收支的真实、合法、效益，进行审计监督。从此，审计机关逐步开始对下级政府的财政决算进行审计，审计部门对财政预算执行的审计监督也逐步走上了规范化、制度化、法制化的轨道。1995 年 1 月 1 日，《中华人民共和国预算法》开始施行，各级政府审计部门开始对本级各部门、各单位和下级政府的预算执行、决算实行审计监督。1995 年 12 月，湖南省以省政府令形式发布《湖南省预算执行情况审计监督实施办法》，明确规定县级以上人民政府审计机关依法对本级预算执行情况、其他财政收支和下级财政决算情况，进行审计监督。

1990 年 8 月，省审计局对常德市本级 1989 年度财政决算及税收计划执行情况进行了审计，共查出违纪金额 5555703.53 元，根据政策规定从地方库调入中央库 701127.48 元，收缴省财政罚款收入 32520.10 元，并分别作出如下审计结论和处理决定：市税务局缴入市金库的常德市工商银行信托投资公司上交所得税 350075.04 元须在 11 月 15 日前更正入库次级，从市金库中调入中央金库国营企业所得税 350075.04 元；坐支、挪用预算内外资金 101100.00 元，违规提取和收取手续费、赞助费 32618.18 元及违规退库 50 万元，考虑金额较少和积极自纠，免予处理；武陵区财政局从财政周转金本金中违规开支处以 10% 的罚款 22238.56 元，从区财政预算外资金中列支上交省财政；市财政局宿舍基建超面积、超投资，应补缴建筑税 30972.33 元；对湘北工贸公司 1989 年度工资调节税 290739.10 万元应追缴入市库；中央单位缴纳的能交基金和预算调节基金 351052.44 元入地方库，应于 11 月 15 日前由地方库调入中央库。

1993 年 4 月，省审计局对常德市本级 1992 年财政收支情况进行了审计，签发了审计结论和处理决定，共查出违纪金额 6608251.62 元，主要存在应交未交财政预算内收入 1726555.69 元、应交未交财政预算外收入 1438695.93 元、预算科列支 77 万元企业挖潜改造资金转交工交科周转金账户、市税务局从固定资产投资方向调节税收入中退库 35 万元作为 1992 年工商税收分成等问题。对这些问题作出了如下处理决定：应交本级财政 4223365.27 元，交省财政收入 18.5 万元，其中罚款 15 万元，交省控购办 61886.35 元，调库处理 78.8 万元，其他处理 150 万元。

1994 年 3 月，省审计厅对常德市本级 1993 年度财政税务进行了审计并做出了处理决定。10 月，市政府贯彻执行省审计厅的处理意见，一是决定收回市财政局多退国土局代征土地有偿转让收入业务费 291275.36 元，列为 1994 年市本级财政收入；二是收缴市自来水公司应交的水费附加费收入 2165454.29 元和市控购办应交的控购调节基金 1475291.38 元，列入 1994 年市本级预算外财政收入；三是市税务局违规对 17 家企业实行效益目标管理，共减免税款 149.90 万元，年内补征入库；四是将 159321.46 元金融保险营业税和市税务局多提集贸分成款 26213 元汇缴入省审计厅过渡户上。

1995 年，省审计厅对常德市 1995 年度的财政决算、税收征管及其他财务收支情况进行了审计，作出了如下审计决定：对省级金融保险营业税、资源税和城镇土地使用税入市、县、区级金库 62.50 万元，根据《国务院关于违反财政法规处罚的暂行规定》第五条第二款之规定，决定金额收缴省财政，缴入省审计厅审计过渡户。

1996 年 4 月，常德市审计局对 1995 年度市本级财政预算执行情况进行了审计，并将审计情况向市人大常委会作了工作报告。报告提出了预算执行中的主要问题及处理意见：1. 市财政综合科欠解预算专项性收费 475.11 万元（其中牌照收入 287 万元、防空配套收费 24 万元、其他 164.11 万元），违反《中华人民共和国预算法》等相关规定，于 1996 年度上缴国库；2. 坐支预算收入 30 万元（即市三查办当年三查中常德卷烟厂劳动服务公司 30 万元），应吸取教训，作出妥善处理；3. 1995 年度市财政收取的预算外收入未纳入预算外管理，金额 447.64 万元，其中电费附加 289.64 万元，消费附加 208 万元，以上款项由基建科代管，违反了《湖南省预算外资金管理条例》相关规定，于 1996 年度纳入预算外管理。此外，财政在管理中还存在预算约束软化、财政预算资金往来繁杂、多头开户现象普遍、周转金发放质量不高等问题，需认真加以改进。

1997 年 4 月，常德市审计局对 1996 年度市本级财政预算执行情况进行了审计，并将审计情况向市人大常委会作了工作报告，报告提出了预算执行中的主要问题及处理意见。通过审计，查出在预算执行中有问题金额 1410.2 万元，主要是欠解预算收入 574.2 万元：一是市财政农税科欠解契税 12.9 万元，二是市控购办欠解控制调节基金收入 14.8 万元，三是市财政外经科欠解外资企业中方职工物价补贴 44.5 万元；不合规支出（给非预算单位拨款）836 万元。对此问题提出如下处理意见，欠解预算收入应于 1997 年上缴国库，不合规支出应冲转有关账目。此外，在审计中发现仍然存在财政局科室多头开户、加强财政资金管理监督较少等问题。

1998 年 4 月，常德市审计局对 1997 年度市本级财政预算执行情况进行了审计，并将审计情况向市人大常委会作了工作报告，报告提出了预算执行中的主要问题及处理意见。通过对财政、税务部门及部分有关预算执行单位的审计，共查出违规行为金额 1493.7 万元，对这些违纪资金提出了处理意见。具体是：1. 收入方面问题 181.1 万元：一是欠解本级预算收入 107.20 万元，虽然已于 1998 年 1 月陆续全额缴库，但仍违反相关规定，今后应杜绝；二是市地税局、武陵地税分局、德山地税分局收入级次混库 73.9 万元，应于 1998 年缴入市级国库；2. 基金预算方面问题 1220.3 万元，其中市电力局欠缴电费附加

347.4 万元，欠缴防洪保安资金 872.9 万元，应于 1998 年将上述所欠收入全额收缴入库，并按规定对其处以罚款；3. 其他方面的违纪资金 92.3 万元，其中市建委挪用城建资金 63.4 万元，市财政局应督促市建委将上述被挪用款项于 1998 年 6 月底以前收回，市地税局涉外分局 1997 年底税收过渡户 28.9 万元未缴清，应于 1998 年将该账户上所存余额 28.9 万元按规定全部缴入国库。

1999 年 4 月，常德市审计局对 1998 年度市本级财政预算执行情况进行了审计，并将审计情况向市人大常委会作了工作报告，报告提出了预算执行中的主要问题及处理意见。通过对财政、税务部门及部分有关预算执行单位的审计，共查出违规行为金额 793.31 万元，并对这些违纪资金提出了处理意见。1. 收入方面的违纪问题 216.07 万元，一是欠解市本级一般预算收入 79.6 万元，对区县市财政少解的市级收入，市审计局作出了全额收缴的审计决定，对其他欠缴款项应于 1999 年 6 月底前缴入国库；二是市地税总稽查局违规退库稽查分成 108 万元，应加强对其管理，防止此类现象再度发生；三是市地税局多提税收手续费 28.47 万元，应冲转有关账目。2. 支出方面的违纪问题 350 万元，即向非预算单位信托投资公司拨款 350 万元，今后要严格遵守《预算法》，不再向非预算单位拨款。3. 基金预算方面的违纪资金 188.32 万元，一是欠交基金收入 93.53 万元，市财政应将所欠收入于 1999 年 6 月底以前全额收缴入库；二是坐支基金收入 94.79 万元，处以 20% 的罚款。4. 市财政局基建科“省拨专项资金存款账户”利息收入 38.92 万元，要及时转入专项资金本金。

2000 年 4 月，常德市审计局对 1999 年度市本级财政预算执行情况进行了审计，并将审计情况向市人大常委会作了工作报告，报告提出了预算执行中的主要问题及处理意见。通过对财政预算执行单位的审计，共查出违规行为金额 524.3 万元，并对这些违纪资金提出了处理意见：1. 欠缴本级一般预算收入 102 万元和欠缴市级基金预算收入 220 万元，限于 2000 年 4 月 30 日前全额缴入市级国库；2. 预算收入级次混库 161 万元，限于 2000 年 5 月 31 日以前按规定级次解缴国库；3. 市公安局税侦支队未设“追缴税款过渡户”和“办案经费”账户，坐支税款，违反相关规定，鉴于其单位成立不久，办案人员对财务和财经法规不甚精通，且坐支金额在相关规定的应返还额度内，故在此不给罚款，但要尽快在单位设立单独的“追缴税款过渡户”，严格实行收支两条线的管理；4. 多提手续费及征收经费 26.9 万元，按规定地税部门应冲转有关账目并给予适当罚款；5. 超收分成比例过高，对德山开发区管委会给予严重警告，并适当罚款。

2001 年 3 月，常德市审计局对市本级 2000 年度预算执行情况进行了审计，并将审计情况向市人大常委会作了工作报告，报告指出了预算执行中存在的问题及处理意见。此次审计，共查出各类违纪违规金额 213.5 万元，并对这些违纪违规资金提出了处理意见：1. 欠缴预算收入 192.2 万元，其中市地税局欠缴工商税收 109 万元，市财政局社控办欠缴帮困资金 67.9 万元，市港航处欠缴帮困资金 15.3 万元，违反《预算法》、《预算外资金管理实施办法》等相关规定，应于2001年6月底前如数缴入市国库；2. 收入级次混库72.3万元，其中市地税局武陵分局将市级工商税收收入即常德金芙蓉实业发展总公司营业税62.9万元，市第一人民医院的个人所得税3.1万元，缴入武陵区财政，根据相关规定，予以全额收缴市财政；3. 税务部门多提手续费32万元，予以收缴财政。

2002年2～3月，市审计局对市本级2001年度财政预算执行情况进行了审计，重点对直接经办和管理预算收支的市财政局、市地税局及所属分局、常德市国家金库等单位进行了审计，发现了一些问题，并提出了处理意见。1. 欠缴一般预算收入80.78万元，即市地税局稽查局税收过渡户年末欠解国库税款80.78万元，应于2002年度6月底如数缴入国库；2. 收入级次混库32.44万元，其中市稽查局将市级税收汇总缴入区级25.18万元，市地税局武陵分局将市级城建税和教育费附加汇总缴入武陵区金库5.35万元，市地税局涉外分局将市直单位税收缴入武陵区级金库1.91万元，应予全额收缴市财政；3. 向非预算单位市运管所直属一所预算拨款20万元。

2003年3月，市审计局对市本级2002年度财政预算执行情况进行了审计，重点对直接经办和管理预算收支的市财政局及直属单位，市地税局及所属分局，市国库等单位进行了审计，同时对与市本级预算执行密切相关的重点部门预算执行单位市教育局、国土局、建设局、运管处进行了审计，并就审计情况向市人大常委会作了审计报告。审计报告指出，2002年，市财税部门狠抓财税促收，强化财税管理，确保重点支出，积极稳妥地推行各项财税改革，财政预算执行逐步法制化、规范化，财政收支继续保持平稳较快增长，市本级预算执行情况良好，完成了市人大批准的2002年度财政收支预算任务。同时，在审计中发现了一些问题，提出了处理意见：1. 市财政超预算列支城市维护费1282万元；2. 市政府通过市收费局向光大银行、工商银行、建设银行等三家银行贷款，到位资金1.18亿元，未纳入市财政预算管理；3. 市地税部门欠缴一般预算收入55.60万元，应于2003年6月底前如数缴入国库；4. 市国土部门挪用土地增值税440万元，应于2003年6月底前将被挪用资金归还原渠道；5. 市直行政政法口部门招待费过多，53家单位招待费1360万元，平均25.66万元。

2004年4月，常德市审计局对2003年度市本级财政预算执行情况和相关部门预算单位预算执行情况进行了审计，并将审计情况向市人大常委会作了工作报告。报告指出，2003年，市财税部门及相关预算执行单位紧紧市委、市政府工作重点，克服了非典疫情、财政政策调整等因素影响，狠抓收入征管，全年财政收入超历史；加强支出管理，确保重点支出需要；加大财政改革力度，部门预算、政府采购、集中核算进一步深化；落实了积极财政政策，促进了招商引资、企业改革、农业结构调整、城市创建等重要工作健康发展，市本级预算执行情况较好，完成了市四届人大一次会议批准的财政收支预算任务。但在审计中也发现存在一些问题：1. 财税方面预算执行中存在的问题，一是城建资金贷款在市收费局留存期间贷款利息收入欠缴财政专户102.12万元；二是政府贷款部门资金使用不规范，资金使用分散，没有按规定用于城市基础设施建设；三是超年初预算拨款 400 万元，其中追加安排司法局 100 万元、水利局 170 万元、文化局 70 万元基建支出，追加市旅游局广告宣传费 60 万元；四是市地税局涉外分局未按规定及时取消税收过渡户。2. 11 个单位部门预算执行中存在的问题，一是支出超年初预算 400 万元，其中市司法局 100 万元，水利局 170 万元，文化局 70 万元，旅游局 60 万元；二是挤占、截留、挪用专项资金 416. 11 万元，其中市林业局挤占省拨专项资金 303. 91 万元用于机关建设，市水利局挤占省拨小水电专项经费 35. 6 万元用于机关经费、截留电排维修费 30 万元转入单位“事业结余”，是市计生委挤占专项事业费 26. 81 万元用于弥补机关经费，市民政局挤占福彩公益金 16. 6 万元用于弥补机关经费，市科协挤占科普经费 3. 19 万元用于弥补机关经费；三是未及时下拨专项资金 52. 48 万元，2003 年市民政局应转拨省市安排专项资金 237. 40 万元，实际只拨 184. 92 万元；四是市司法局不合规支出 74. 02 万元，对以上单位预算执行中存在的问题，市审计局将依据国家有关法律法规分别进行处理。

2005 年 4 月，常德市审计局对 2004 年度市本级财政预算执行情况和相关部门预算单位预算执行情况进行了审计，并将审计情况向市人大常委会作了工作报告。报告指出，2004 年，市财税部门及相关预算执行单位紧紧市委、市政府确定的十项重点财税工作，科学应对宏观调控趋紧，税收政策调整力度加大，减收增支因素较多等困难，大力推进财税改革，努力培植财源税源，不断强化财税征管，狠抓财政增收节支，审计结果表明，2004 年市财政收入稳步快速增长，财政支出重点突出，财政改革成效明显，市本级预算执行情况较好，实现了收支平衡并略有结余，各项财政工作取得了新的成绩。但在审计中也发现存在一些问题和不足：1. 部门预算编制个别项目不够细化，企业挖潜改造资金 360 万元、科技三项费用 320 万元、县乡公路建设资金 380 万元、农村中心卫生院建设资金 72 万元、学校校舍维修改造资金 238 万元未细化到明细科目和具体单位或项目。2. 反映预算执行存在的问题，一是市财政工资发放中心欠缴个人所得税 295. 85 万元；二是市非税局欠缴应当上缴的预算收入 192. 61 万元；三是教育费附加管理欠规范，市财政安排拨付教育费附加经费 463. 06 万元未拨付到项目单位，市教育局挤占教育费附加 312. 30 万元用于综合楼建设和机关经费；四是企业挖潜改造经费和农业支出使用欠规范，没有拨付到项目单位；五是财政预算往来规模过大。3. 反映在专项资金管理中的问题，一是市电业局城区供电所违规免征自用电费附加 31. 8 万元；二是市物价局挤占和超范围使用价格调节基金 35. 50 万元。

2006 年 4 月，常德市审计局对 2005 年市财政局具体组织执行市本级预算情况，市地税局及所属分局税收征管情况，市非税局非税收入征管情况，人民银行国库预算收入的收纳报解及拨款情况进行了审计，并延伸审计了市城区国有商业银行等七家中央在常企业涉及市本级税收和非税收入征缴情况，同时对市本级建筑行业劳保基金的管理使用情况进行了专项审计调查，并就审计情况向市人大常委会作了工作报告。报告指出，2005 年，市财税部门及市直其他部门预算执行单位认真执行财经法规，规范财政财务管理，确保了市本级预算收支平衡，促进了本市经济持续稳定增长和社会各项事业全面发展。具体体现在：一是财政收入实现了大幅增长，收入质量不断提高。2005 年市本级一般预算收入比上年增长 24.12%，税收收入占一般预算收入的比重达 83.75%；二是进一步深化了部门预算改革、国库集中支付改革、非税收入征收管理改革、国有资产管理改革、各项财政制度逐步完善，财政管理水平不断提高；三是统筹兼顾，保证了重点支出；四是强化了财税征管；五是加大了财源建设投入力度，支持了地方经济发展。但在审计中也发现在预算执行中存在的一些问题与不足，主要是：1. 部分专项资金管理使用欠规范，一是部分专项资金存在未专款心用现象，如年初预算安排企业挖潜改造资金 330 万元中有 33.3 万元拨付到部分市直单位使用，防洪保安资金有 44 万元拨付给市直部分单位作工作经费；二是“五个百万亩”工程没有严格按资金计划安排的项目拨付资金。2. 企业欠税未及时征缴入库，建行常德分行已经计提并应于当年缴纳的各项欠税 44.41 万元未征缴入库。3. 建筑企业劳动保险基金管理使用过程中存在的问题，一是基金拨付管理不规范，二是建筑企业在劳保基金使用中普遍存在侵占、挪用行为，调查发现 17 家建筑企业共侵占、挪用劳保基金 570.9 万元。同时，市审计局还对 121 个单位或项目实施了审计，查出违纪金额 1.1 亿元，督促归还原渠道资金 1501 万元，责令自行纠正金额 7043 万元，审减建设工程造价 2468 万元，经审计处理上缴国库 756 万元，主要存在收支未纳入财务统一核算或私设“账外账” 977 万元，违规收费 245 万元，非税收入“收支两条线”管理不严格导致坐支 1032 万元等问题。对上述问题，市审计局一一进行了处理或提出了处理意见。

2007 年 3 ~ 4 月，常德市审计局对市本级 2006 年度财政预算执行情况进行了审计，重点审计了市财政局具体组织的市本级预算执行和市地税局、国税局税收征管情况，延伸审计调查了市国资委国有资产经营和新农村建设资金的使用效益情况，以及部分单位预算执行情况，以及对农业、教育等专项资金和涉及群众切身利益的公共服务领域实施了审计，并就审计情况向市人大常委会作了工作报告。报告指出，2006 年市财税及相关部门围绕落实市委、市政府关于科学发展观和“工业强市、文化名城、和谐常德”发展战略，围绕财政工作目标，不断深化财政改革，强化财税监管，努力增收节支，较好地促进了全市经济建设和社会事业发展，审计结果表明市本级预算执行情况总体较好，主要体现在：一是依法强化财税征管，财政收入稳定增长，市本级实现一般预算收入 134863 万元，比上年增长 36.31%；二是严格控制预算支出，财政收支实现平衡，当年实现节余 359 万元；三是积极推进财政改革，财政监管卓有成效；四是不断加强自我约束，理财水平明显提高。同时，在审计中也发现一些需要加以纠正和改进的问题：1. 预算管理方面的问题，一是财政预算编制不够细化，如科技三项费用及其他杂项支出安排的乡镇敬老院建设、电子政务建设等 2332.5 万元，没有细化到项目单位；二是部分收入未纳入预算管理，如应缴未缴预算收入 1794.12 万元，部分政府性基金收入未纳入基金管理 1710.1 万元。2. 税收征管方面的问题，执行政策不到位，如2006年地税德山分局代开劳务发票金额111.89万元，未按统一综合税率5.3%征收，导致少征收税款1.12万元，地税涉外分局欠征中国联通常德分公司营业税46万元。3. 专项资金管理问题，部分单位存在挤占挪用专项资金的情况。4. 单位财务收支方面的问题，主要是学校违规代收费95万元。5. 国有资产资源收益方面存在的问题，主要是资产管理分散，收益有待扩展等。对上述问题，市审计局分别提出了处理意见或建议。

2008年3~5月，常德市审计局全面审计了2007年度市本级财政预算执行情况，延伸审计了推进新型工业化财政投入、新农村建设资金等方面的绩效，并将审计结果向市人大常委会作了工作报告。报告指出，2007年，市本级财政完成一般预算收入172777万元，增长28%；完成一般预算支出225773万元，增长33%；当年收支相抵结余12583万元，其中结转上年支出10975万元，审计结果表明，2007年市本级预算执行情况较好，完成了市人大批准的本级财政预算。同时，在审计中发现，市本级财政预算执行中也还存在一些不容忽视的问题，对审计查出的问题，市审计局依法进行了审计处理。主要问题是：1. 预算管理方面存在的问题，一是重点专项资金支出预算细化比率偏低，审计发现2007年度市财政安排28项重点专项预算安排资金20526万元，细化额度13215万元，预留额度7311万元，没有细化互明细项目的占预算安排的35.6%；二是残疾人就业保障基金、育林基金、新菜地基金等政府性基金收支未纳入财政基金预算管理，年末余额747万元；三是财政借款余额加大，市本级财政一般预算暂付款年初余额33915万元，年末的暂付款余额为40810万元。2. 税费征管方面存在的问题，一是武陵区地税局办税大厅滞留税款余额157.7万元，未及时缴入金库；二是未及时征收湖南鸿升置业税款26.5万元；三是对房地产企业返还、减免各类税费6831万元；四是市国土局挂牌出让的5宗土地未按规定期限及时缴清土地出让款2252.8万元。3. 专项资（基）金管理使用方面存在的问题，一是社保基金转存不到位，少转存定期存款或购买国债4100万元；二是滞拨专项资金；三是挤占挪用项目资金。4. 其他财务管理方面存在的问题。5. 财政收支结构及资金绩效方面存在的问题，一是财政收入结构不优；二是城建资金可用于城建项目比重偏低；三是少数农村改水建设项目未按期竣工；四是部分项目投资超计划，加重财政负担；五是新型工业化财政投入缺乏比较稳定的经常性来源；六是促进规模企业和高新技术企业发展的力度有待进一步加大。

2009年3~5月，市审计局对2008年度常德市本级财政预算执行及其他财政收支情况进行了审计，审计结果表明：2008年，市本级财政预算执行情况总体较好，反映出全市经济社会呈现增长加快、结构优化、活力增强、民生改善、社会进步的发展态势。一是财政收入总量增加，基本财力保障能力进一步增强，市本级财政总收入达28.4亿元，较上年增长18.78%。二是保重点支出增加，各项事业协调发展能力进一步增强，市本级共完成一般预算支出28.98亿元，比上年增加6.4亿元，增长28.34%，财政向社会保障基金与就业、医疗卫生、农业、环保、教育文化等关系民生的支出总额 15.23 亿元，比上年增长 33.25%，占当年一般预算支出的 52.55%。三是转移支付力度加大，政府公共服务能力进一步增强，全市共取得上级财政补助收入 87.76 亿元。四是多项改革稳步推进，财政管理能力进一步增强，主要是深化了部门预算改革、国库集中支付改革和政府采购改革。同时，此次审计发现的主要问题有：1. 预算编制欠细化，还有电子政务、行政事业单位基本建设和乡镇机关改造经费、购车经费等项目支出 5166 万元，因审核批复程序在后而未细化到项目单位。2. 基金收入混作一般预算收入，市本级共实现地方教育附加 16371.4 万元，按照规定应作为基金预算管理，而实际转入基金核算的只有 5580 万元。3. 部分预算收入未及时解缴金库，市财政在预算外专户中列收列支散装水泥基金 217.55 万元、新型墙体材料专项基金 474.91 万元、育林基金 239.15 万元、新菜地基金 293.63 万元，在防洪保安资金征集专账和预算外专户中直接列支项目支出 110 万元，合计 1335.24 万元，未按规定缴入金库后纳入预算管理；市自来水公司代收的污水处理费和水资源费 454.94 万元（其中坐支 39.72 万元）、市城区供电局代征的城市公用附加 84.76 万元未及时解缴财政。4. 未及时拨付上级专项资金，市财政未及时拨付上级专项资金 14318 万元。此外，在本次预算执行审计过程中，同步实施了对 2008 年度市本级教育费附加、财源建设资金、就业再就业资金的筹集和使用，非税收入征收管理和其他财政收支审计及专项审计等，发现主要存在挤占挪用项目资金、未按规定划解入库等问题。6 月 15 日，市政府召开常务会议，听取了 2008 年度市本级财政预算执行及其他财政收支情况的审计报告，研究部署了各项整改措施。

2010 年 3 ~5 月，常德市审计局于对 2009 年度市本级预算执行及其他财政收支情况进行了审计，审计结果表明：市委、市政府面对复杂的经济形势，及时推出一系列“保增长、保民生、保稳定”的积极财政政策与举措，确保了社会经济平稳发展；2009 年度市本级预算执行情况总体较好，预算管理水平进一步提高，财政收支行为得到逐步规范。同时，审计报告指出也还存在以下问题。（一）财税管理部门层面。1. 政府采购预算工作有待加强，部分项目采购程序欠规范。一是 2009 年未按照单位年度政府采购项目及资金计划编制政府采购部门预算，由各单位以询价方式零散采购各式电脑 806 台、金额 402 万元，采购办公家具 71 批、金额 113 万元，未能充分发挥公开招标采购的规模优势。二是由于无年初政府采购预算，而实际申请与需求到位的时间较短，导致市区出租汽车改色支出 121.21 万元和市工人文化宫添置中央空调支出 128 万元等项目，采取询价方式采购。2. 部分税种混库。2009 年，武陵区地税局在汇缴税款过程中，将城市维护建设税 147.53 万元作为印花税入库，并导致市级预算收入减少 48.68 万元。3. 部分财政专项补助未及时拨付到项目单位。截至审计时止，财政未及时将 2008 年度上级拨入的专项补助资金 146.98 万元拨付到相关的项目单位。4. 部分农业专项资金整合使用的力度不够。一是 2009 年市本级共下达扶持农业产业化项目 95 个，安排财政资金 448.6 万元，平均仅 4.7

万元，同时，执行单位也未及时提供项目资金的绩效评估报告。二是2009年12月共下达市级水库除险项目146个，安排财政资金335万元，平均仅2.29万元。5. 部分财政资金沉淀，未及时发挥效益。一是财源建设资金沉淀1025.18万元。从预算外资金专户存款利息中提取的财源建设资金余额407.98万元及“财源建设资金专户”累计结余617.2万元，近两年一直未安排使用。二是农业土地开发资金专户沉淀205.75万元。从2008年以来，“农土资金”专户存款205.75万元，至审计时止未安排使用。6、城建融资专户账务处理不及时。2009年末，城建融资专户借出的资金余额37.57亿元，一直挂账未处理。其中2009年无发生额的有70余家项目单位，而对应的工程项目已完工或为单位一次性借款，未及时清理、收回或转列支出3.22亿元。（二）预算执行单位层面。此次审计了市卫生局、市农业局、市环卫处、市福利院等单位2009年度部门预算执行情况。存在的主要问题是：1. 普遍存在挤占挪用项目资金情况。市环卫处公用经费等支出挤占项目维护建设等资金225.74万元；市卫生局公用经费支出挤占信息平台建设等资金38.12万元；市福利院将城市低保资金挪项用于社会脑瘫儿童康复护理支出18.52万元；市农业局下属单位挪项使用新农村道路建设等专项资金6.23万元。2. 建筑垃圾渣土处理费减免审批程序欠规范。城区建筑垃圾渣土处理费（经营服务性收费）的减免审批，按市政府规定应纳入非税收入统一管理。但在执行过程中，市环卫处将部分项目的减免由单位自行签批，有的项目报送资料也不完整。2008～2009年，因审批程序不到位和手续不全而少收渣土处理费343.51万元，占应收额的58.46%。同时，实施了对城镇污水处理设施建设、失业保险和工伤保险基金、部分国有资产经营管理、电子信息资源共享与利用等情况审计调查，还重点组织开展了对下级政府决算、重点建设项目投资、住房公积金等专项审计和审计调查，并对87名领导干部进行了经济责任审计，均指出了存在的问题。2010年6月21日，市政府召开常务会议，听取了2009年度市本级预算执行及其他财政收支情况的审计报告，并研究部署了整改措施。

第三章　国库管理

传统意义上的国库是指负责办理财政收入收纳、划分、留解和库款支拨的“国家金库”。随着经济与政府财政活动的日益扩展，现代国库职能逐渐拓展到公共财政管理的诸多方面。从国际货币基金组织（IMF）给出的定义可以看出，国库不单是指国家金库，更重要的是指财政代表政府控制预算执行，保管政府资产和负债的一系列管理职能。现代国库管理制度通过新型的预算执行制度及运作机制，将管理融合于预算执行的各个环节，有利于提高预算执行的透明度，有利于提升财政资金的运行效率和效益。

第一节　库款管理

1985 年，国务院颁布《中华人民共和国国家金库条例》，规定原则上一级财政设立一级金库。是年，常德地区实行中心支库、县市支库业务垂直领导。

1990 年，执行省财政厅《关于不得将财政库款分散到各业务部门拨款的通知》的规定，市财政局对行政事业单位的经费拨款及价格补贴等支出专款，一律由财政总会计直接核拨到用款单位，不准通过有关业务科室转拨款。

1991 年，执行省财政厅规定，在每年年度终了，各支国库设置支库款报解整理期，在 12 月 31 日前收纳的款项，应在库款报解整理期内报达支库。

1996 年，省财政厅、省人民银行对设置乡镇国库条件进行了明确：一是撤区并乡建镇工作已经完成，有健全的财政所，县对乡的财政管理体制业已确定；二是乡镇年预算收入在 300 万元以上；三是所在地设有国有商业银行的营业机构，以及征收工作协调的；四是县支库必须配备有对乡镇国库的专职检查、辅导人员；五是乡镇政府和县财政对设库有要求的。同时规定：乡镇国库业务工作实行垂直领导，接受县市国库的领导并受县市财政的指导。

从 1999 年 1 月 1 日起，资源税、土地增值税、城镇土地使用税（简称“三税”）按省与地市州县各 50% 的比例就地分别各级入库；提取“三税”手续费时必须填开“税收收入退还书”，由国库办理退库。

从 2001 年 6 月 1 日起，银行县（市）以上各级国库从推广人民银行总行开发的《国库会计核算系统》（以下称“新系统”），并且新、旧系统核算国库日常账务；9 月 1 日，脱离旧系统，全面应用“新系统”核算国库日常账务。

2002 年 6 月，为充分管好用好代管专项资金，市财政局制定了《财政国库代管专项资金管理办法》，规定代管资金收入必须遵守预算内外收入管理制度规定，所有收入均直接拨入（缴入）“财政专户”，实行统一管理，分户核算，国库科登记收支总账，相关科室登记收支台账。

2003 年 7 月，为加强税收预算次级管理，规范税收征管秩序，贯彻执行《常德市市本级税收收入入库规范管理暂行办法》，对市本级税收收入原则上采取直接缴库和集中汇缴两种方式。

2005 年，市财政局制定《常德市本级财政资金拨款暂行办法》，对预算单位工资、社保经费、公用经费、经常性专项经费、非经常性专项经费、预算单位追加经费、上级补助经费、其他财政资金的拨款程序进行明确和规范。

2009 年，为规范国库现金管理，中国人民银行常德市中心支行、市财政局联合制定关于印发《常德市国库现金管理试行办法》的通知。为加强和规范市本级财政国库和各类财政专户资金存款利息收入的管理和使用，市财政局制定《关于印发〈常德市市本级财政国库和财政专户存款利息管理使用暂行办法〉的通知》。

2010 年 12 月，针对部分市级重点工程项目资金需求量大、时间跨度长的情况，为规范并加强对此部分市级重点工程资金的筹集、拨付、核算管理，市财政局下发《关于加强市级重点建设项目专户专账管理的通知》，决定从 2010 年起实行国库专户专账核算管理，开设标志性工程专户、保障性住房建设专户、教育重点工程专户等三个专户，并就有关问题予以明确。

第二节　政府采购

政府采购是各级国家机关、事业单位和团体组织，使用财政性资金，采购依法制定的、集中采购目录以内的、或者采购限额标准以上的货物、工程或服务的行为。

1997 年，常德市开始试行政府采购制度，对大宗同类设备购置、修缮、小车维修保险和会议、接待等，实行公开招标、定点维修和定点接待。

1998 年，常德市按照《湖南省政府采购暂行办法》文件精神，对各级行政机关、事业单位为履行其职能或向社会提供公共服务，使用财政性资金（包括预算内、外资金、由财政转贷的国外借款等）从市场购买商品和劳务的行为，实行政府采购制度，当年试行四次大宗政府采购，采购资金 462 万元，节减资金 70 万元，节减率 15%。

1999 年，成立常德市政府采购中心，为正科级事业单位，归口市财政局管理，主要负责除基本建设投资以外的其他使用财政资金的公用物资设备购置和大宗消费服务的政府采购和监督管理。同时，对市直行政事业单位政府采购范围进行明确：一是价值在 3 万元以上的新建、改建、扩建房屋或其他构筑物以及购置相应设置；二是购置、安装或维修办公设备、办公用品、通信器材、交通工具等，单价在 5000 元以上或一次性总价款在 5000 元以上的；三是财产保险、办公及业务用房租赁、会议、印刷和大宗消费性项目。当年全市政府采购品目达到 131 个，采购金额 2865 万元，节省财政资金 487 万元，节减率为 17.6%。

2000 年，执行湖南省相关规定，对市级 5 万元、县级 1 万元以上的项目全部纳入政府招标采购渠道，对大宗服务性项目也实行定点采购。4 月份，湖南省对招标限额以下的小额采购项目，试行采购卡制度，并在常德市进行试点。

2001 年，市财政局制定《常德市政府采购资金管理暂行办法》，对政府采购资金汇集、支付申请、支付等方面进行明确。3 月，制定《常德市市直行政事业单位办公用口品零散项目定点采购实施细则》，要求从 2000 年 4 月 1 日起，市直各行政事业单位要根据本单位办公用品实际需要情况，分别按 1000 元、2000 元、5000 元的标准向市政府采购中心提出采购申请，由采购中心实行集中采购；同时明确市直行政事业单位零星物品的 22 家定点供应商。

2002 年，为规范政府采购工作，市财政局出台《常德市政府采购运行规程暂行规定》，对原有审批程序进行精简，实行由采购中心一家受理，推行公车定点加油和统一保险。同时，进一步加强政府采购管理，对应纳入政府采购的支出项目进行严格把关，凡应该政府采购而未按规定采购的，一律拒绝报账。扩大政府采购范围，纳入政府采购范围的单位由 67 家扩大到 237 家，政府采购金额由 3200 多万元上升到 6000 多万元。

2003 年 1 月 17 日，按照市编办〔2003〕5 号文件批复，撤销常德市政府采购中心，设立常德市政府采购管理办公室，定全额拨款事业编 8 名，实行政府采购、管理分离，各区县市也先后将采购中心更名。2 月，市财政局发布《常德市 2003 年集中采购目录及政府采购限额标准和招标数额标准》，明确规定政府集中采购目录，主要包括货物类、工程类和服务类，政府采购具体数额标准为：25 万元以上的单项或批量货物，15 万元以上的单项或者批量服务，50 万元以上的工程项目。同时规定一次性采购项目在 500 元以下且全年累计未超过 5000 元的单位可自行采购。5 月，市财政局发布《关于加强市直行政事业单位公务用车定点加油管理的通知》，明确规定由市政府采购办管理市直行政事业单位公务用车加油卡。是年，全面贯彻执行《政府采购法》，把应纳入政府采购的部门和单位，以及凡用财政性资金购买并达到规定金额的商品和劳务，实行政府采购。

2004 年 11 月，执行《常德市 2005 年集中采购目录及政府采购限额标准和公开招标数额标准》，对货物类、工程类、服务类的采购限额和公开招标数标准要进行划分，全市政府采购范围扩大到 83 项，政府采购规模达到 4.8 亿元。

2005 年，执行《市直行政事业单位会议定点管理暂行办法》，公开招标确定的会议定点接待单位，按一、二、三类会议分别确定了定点单位。进一步扩大政府采购范围，市本级对公车维修、公车保险、会议、出差住宿等实行定点。

2006 年，进一步扩大政府采购范围，继续对公车维修、公车保险、会议、出差住宿等实行了公开招标和定点管理，全市政府采购规模达到 8.02 亿元，节约财政资金 9541 万元。6 月，对全市开展政府采购领域商业贿赂专项治理行动。

2007 年 11 月，市财政局制定《关于市直单位公务人员出差长沙住宿及公务用车保险和维修继续实行政府采购定点的通知》，对 2008 年市直行政事业单位公务人员长沙市出差、公务用车保险和维修继续实行政府采购定点。其中明确规定：1. 定点单位是经省财政厅批准的全省行政事业单位会议、培训及出差 51 家定点单位，市直行政事业单位公务用车定点保险和公务用车定点维修继续按现行办法不变，并且有效期从 2008 年元月 1 日至 2008 年 12 月 31 日；2. 违反定点住宿、定点保险、定点维修制度的，按违反财经纪律予以处理，财务部门不得办理结算，财政部门不予支付资金。

2008 年 7 月至 2009 年 6 月，对市直行政事业单位公务车辆用品服务实行定点（含汽车美容、装饰、轮胎、电瓶，不含洗车），定点单位实行明码标价制度，其消费费用原则上每月由车主单位向定点单位结算一次。是年，全市政府采购额达 12.4 亿元，其中市本级 1.2 亿元。

2009 年，为规范市直卫生系统政府采购行为，市财政局、市卫生局联合下发《关于对市直卫生系统医疗设备器械纳入政府采购范围的通知》，决定从 2009 年 7 月 1 日起，市直医疗机构凡购置单项 5000 元（含 5000 元，下同）以上或批量 3 万元以上的医疗设备、器械和《湖南省 2009 年政府集中采购目录及限额标准》规定的其他货物及服务单项在 5000 元以上的，均实行政府采购。是年 11 月，为进一步加强市直行政事业单位政府采购管理工作，市财政局制定《关于贯彻落实〈国务院办公厅关于进一步加强政府采购管理工作的意见〉的通知》，要求从 2010 年 1 月 1 日起，坚持依法应采尽采、完善采购预算编制、严格执行采购预算、实行政府采购论证、随机选择代理机构、代理费用财政支付。为圆满完成市本级 2010 年政府采购预算编制工作，市财政局制定《关于 2010 年政府采购预算编制有关事项的补充通知》，对相关具体事项予以明确。是年 12 月，为加强对市本级政府集中采购代理机构的管理，提高政府集中采购代理机构的服务质量，规范政府采购行为，市财政局制定《关于印发〈常德市市本级政府集中采购代理机构考核实施细则〉的通知》。是年 12 月，为规范市本级政府集中采购代理机构代理服务行为，市财政局制定《关于明确常德市本级政府集中采购代理机构代理服务费标准的通知》，明确政府集中采购代理机构在组织集中采购活动时，除报名费外不得向任何单位和个人收取任何费用；市财政按有关规定及标准支付集中采购代理机构代理服务费。是年 12 月，市财政局分别与中国联合通信有限公司常德分公司、中国电信股份有限公司常德分公司、中国移动通信集团湖南有限公司常德分公司签订采购合同，并下发《常德市财政局关于对市直单位网络线路租赁实行政府采购的通知》，对相关事项予以明确。2009 年，全市完成政府采购预算金额 16.64 亿元，节约资金 1.82 亿元；其中市本级完成政府采购预算金额 1.87 亿元，节约资金 3000 万元。

2010 年，政府采购代理机构招标选定、采购项目代理机构随机抽取、招标代理费和专家评审费财政支付制度从年初正式实施，制度创新效果比较明显。为加强建设工程政府采购工作的管理，规范政府采购行为，根据有关文件精神，是年2月常德市人民政府办公室下发《关于明确建设工程政府采购有关事项的通知》，对全市建设工程政府采购有关事项予以明确，标志常德市首次将建设工程纳入政府采购范围。是年5月，常德市财政局印发《关于明确市本级建设工程政府采购资金拨付程序的通知》。为进一步规范政府采购评审及政府采购代理，提高政府采购质量，10月12日，常德市财政局同时出台《关于进一步规范政府采购评审的通知》和《关于进一步规范政府集中采购代理的通知》，明确相关工作要求。同时，顺利完成新一轮定点汽车美容装饰、保险和维修三大招标任务，定点加油工作按照省里要求落实到位。2010年，全市完成政府采购预算金额20.28亿元，节约资金2.11亿元；其中市本级全年成政府采购预算金额2.64亿元，节约资金2028万元。

第三节 财政统发工资

1998年，湖南省的财政统发工资工作，在常德市开始试点，当年即见成效。常德市通过统发工资清理出吃空饷111人，核减支出80万元；石门县清理出吃空饷教师202人，核减支出100多万元。

1999年4月27日，市财政局提请市政府出台《常德市财政负担人员工资发放管理暂行办法》，对财政负担人员工资实行“预算全额打足、银行代发到人、及时拨款到位”的管理原则，并明确工资确保范围和工资发放管理程序。全市进一步加强市直机关和财政拨款事业单位人员工资发放管理工作，采取“编办核编、人事核标、财政核资、银行代发”的管理办法，在全省率先成立工资发放中心，为正科级国有事业单位，归口市财政局管理，主要负责市本级财政供发工资单位编制内人员的工资核算，并负责按月足额发放到人；负责政府指令性的捐献、收费项目的代扣；负责工资统计报表的填报。5月，市直单位工资由市财政局工资发放中心采取“建立专户、封闭运行、微机管理、直发到人”的模式，通过银行统一直接发放到干部职工个人，9个区县市也全部实行财政工资统发，其经验以现场会的形式向全省推广。

2000年，市财政局制定《常德市财政负担人员工资统发管理实施细则》和《工资发放中心管理制度》，对工资发放项目、工资发放管理、工资发放监督等方面进行明确；同时进一步强化工资发放管理，要求各区县市6月份以前要在国库全面建立工资专户，区县市直单位8月份前统发工资的单位和人员达到100%，并且统发工资范围要逐步延伸到乡镇。

2001年，湖南省印发《关于强化措施确保全省工资正常发放的通知》和《关于加强工资资金专户管理的通知》，其中明确规定：各市、县要在同级人民银行国库设立工资资金专户和工资统发户，并严格按相关规定和比例将当日本级收入划入工资资金专户，市州工资资金专户资金只能用于本级工资发放和向下级工资资金专户调度；从4月1日起，县市区级财政统发工资范围必须包括县直单位及乡镇的行政和全额拨款事业单位人员及全体教师；统发工资的口径，公务员的“基本工资”由基础工资、级别工资、职务工资、工龄工资和省定保留工资组成，全额事业单位干部的“基本工资”由等级工资、津贴和省定保留工资组成；工人的“基本工资”由基础工资、岗位工资、工龄津贴和省定保留工资组成。当年，各区县市普遍建立了工资专户，全面实行了工资统发。

2002年5月，市财政局对市直单位1999年5月以来财政统发工资情况进行了一次全面清理检查，查出市本级吃“空饷”人员73名，节减本级刚性支出94.9万元。12月，对执行《常德市财政负担人员工资发放管理暂行办法》进行明确规定：一是住房公积金每年年初调整一次缴费比例及金额；二是工资审批表项目、标准，各单位不得修改，确需修改须有市人事局（或市委组织部）在修改处盖章方能有效；三是统发工资在有编情况下，从进编下月起统发，无编情况下，一律不实行统发。

2003年3月，执行新的《市属事业单位实施内部收入分配制度改革工资管理暂行办法》，对财政全额负担人员工资的事业单位按规定实施工资统发。按改革要求将事业单位工资总额分为固定工资和浮动工资两部分，固定工资部分是指职务（等级）工资，由市工资发放中心按人事部门核定的档案工资按月发放；浮动工资部分包括档案中津贴、误餐补助、适当补贴、提高工资标准、岗位津贴、保留工资、未纳入津补贴资金（53.8元），按年度预算全额，实行全年总额包干，由工资中心按月统一发放。

2005年，按照市委、市政府关于事业单位分配制度改革方案，改变市直中小学校工资统发办法，教职工工资实行浮动发放。19所市直中小学在职教职工从5月1日起工资总额分为固定部分和浮动部分，按照年度预算定额实行全年工资总额包干，单位按照个人绩效考核办法，逐月考核个人浮动工资，逐月向工资中心上报浮动工资发放数，然后由工资中心按月发放到人。7月份，市财政局工资中心组织对市直财政统发单位自2002年6月至2005年6月工资发放情况进行了一次专项检查，共查出吃空饷单位8个，吃空饷人员12人，吃空饷金额245894.35元。

2006年，按照国务院《关于改革公务员工资制度的通知》的精神要求，常德市制定市直机关单位规范公务员津补贴实施办法，启动公务员工资改革。同时，市财政局下发《关于明确市直财政负担人员工资统发管理有关问题的通知》，对新增人员补发工资时间认定、工资异动审批表修改、工资正常晋级补发时段认定、单位单列编制管理、学校在职教职工工资补发、单位减员办理工资转移手续等问题进行了明确和规范。根据上级规定，从2006年9月1日起，市州本级不再设立工资专户。

2007年7月，实施对市直单位公务员规范津补贴工作，市直机关单位纳入归并范围的津贴规范后分为工作性津贴和生活性补贴两大类，其中暂时保留并另行规范的津贴补贴项目有：改革性补贴、奖励性补贴、特殊岗位津贴和女职工卫生补贴及回维补贴；其标准为市直机关在职工作人员津贴补贴平均发放水平为人月人均1500元，年人均18000元，其中工作性津贴所占比重为40%，生活性补贴所占补贴所占比重为60%。同时，对市直教师、非参管全额事业单位人员及特殊群体进行了财政补助。

2008年1月，为进一步规范津补贴政策严肃性，市财政局和市人事局联合制定《关于规范市直机关单位奖励等有关问题的通知》，明确评先评优的等级等奖励标准。4月，执行《关于加强市直机关事业单位工资统发管理有关问题的通知》，进一步加强人员编制计划管理，严把工资统发人员进口关，对超编人员，一律不纳入工资统发范围；加强工资管理，严把审核发放关，坚持工资关系随行政关系走的原则，调出单位及时办理工资转移手续；加强收件时间管理，确保工资及时发放。5月，根据省财政厅就规范津补贴发放工作专题会议精神，市财政局下发了《关于加快启动区县市公务员津补贴规范工作的通知》，明确要求各区县市要按照"统筹财力、分类实施、分项推进、逐步到位"的原则，在2008年8月1日前完成本地区规范公务员津补贴实施方案的上报审批工作。9月，市财政局联合市编办对市直54家财政统发工资单位"吃空饷"情况进行专项检查，发现存在单位之间长期借调人员、调区县市任职不转工资关系、长期在编不在岗等问题，并对这些问题进行了督导整改。

2009年，中共常德市委办公室、常德市人民政府办公室出台《关于治理虚报冒领等骗取财政性资金有关问题的规定》，并对市直统发单位工资发放情况开展检查，有效遏制了"吃空饷"现象。

2010年9月，市财政局组织开展对市直统发工资"吃空饷"检查，共随机抽查52家市直工资统发单位。

第四节　国库集中支付

传统意义上的国库管理制度建立于20世纪50年代，是预算执行工作中的一项管理制度，主要涉及财政预算执行中的资金收、支两个方面。其中，国库支付制度实行的是以预算单位设立多重存款账户为基础的分级分散支付制度。这种传统意义上的支付制度一直延续到2001年。在此期间，常德市财政资金按照资金性质实行内部科室分口拨付，分散开户，分散管理由预算科先行拨付到内部开设的各科室资金账户，再由各资金管理科室安排支出，各预算单位开设基本账户，接收财政拨款，自行列支。

1994年，财政部按照建立社会主义市场经济体制的要求，适时推进财政支出管理体制改革，在机制改革方面首次提出了国库集中收付制度。

2000年，财政部在借鉴国际通行做法的基础上，结合全国具体实际，将改革的重点放在制度创新上，初步确立了国库集中支付制度的基本框架。

2002年，市财政局制定《关于切实加强财政国库工作的通知》，并积极启动国库集中收付制度改革，把所有财政性资金全部纳入国库单一账户体系，实现收入"直达"国库或财政专户，支出通过国库单一账户体系“直达”商品和劳务供应者或用款单位，减少资金支付、使用的中间环节。

2003 年，开始实施国库集中支付改革，全面建立了国库单一账户体系，实行直接支付和财政授权支付。11 月，执行《湖南省财政厅关于深化财政国库管理制度改革有关问题的意见》，全面开展实施国库集中支付制度改革，并明确要求 2004 年前一半以上的区县市要实施试点，2005 年前必须全面推行。

2004 年 6 月，执行《市财政局财政国库集中支付管理内部操作规范》，主要包括包括资金拨付管理、资金审核与拨付流程、资金审拨、资金核算、监督管理等内容，同时，进一步加强了国库集中支付网上审核。8 月，根据《常德市财政国库集中支付改革试点方案》的文件精神，常德市成立了以常务副市长任组长的改革领导小组，推行以“成立财政国库集中支付局、建立国库单一账户体系、规范支出拨付程序”为主要内容的财政国库集中支付制度改革，并在 10 个市直单位进行了首次试点。9 月，正式挂牌成立市国库集中支付局，对 10 个市直行政事业单位进行国库集中支付改革试点。

2005 年，市财政局制定《常德市财政国库集中支付制度改革财政直接支付与财政授权支付范围划分细则》、《市本级全面推行国库集中支付制度改革工作安排》、《财政国库集中支付制度改革会计核算暂行办法》、《国库集中支付单位财政拨款外其他资金及往来资金实行网上支付有关规定》、《关于完善国库集中支付制度改革有关问题的通知》等 8 个制度，全面推行国库集中支付制度改革，改革试点单位也从 10 家增加到 31 家，资金范围覆盖了预算内、外、基金，全年实施国库集中支付 4388 笔，金额 8427. 40 万元，其中财政直接支付 1019 笔 4497. 5 万元，财政授权支付 3369 笔 3929. 9 万元。自 2005 年 5 月 1 日起，纳入市财政国库集中支付制度改革试点的单位，其预算内、外资金均进入集中支付网络系统，实行财政直接支付或授权支付；对预算外资金实行国库集中支付后，各试点单位目前使用的预算外资金专用银行账户按“只进不出”的原则允许单位继续使用，待该账户资金使用完毕后，立即撤销。

从 2006 年 1 月 1 日起，在市直机关和全额拨款事业单位，全面推行国库集中支付改革，初步实现了网上公示预算、通知指标和拨付资金，当年集中支付和集中核算资金总流量 25. 29 亿元，市直 200 家实行集中支付的行政事业单位共支付资金 18. 13 亿元，其中财政直接支付 51797 万元，规范和节约支出 1 亿多元。

2007 年，进一步健全国库集中支付网络，对财政授权支付业务实行网上审核，扩大直接支付面，国库集中支付单位扩大到 211 家，并对财政授权支付业务实行网上审核，全年完成集中支付和审核资金 50. 36 亿元，规范和节约支出 1. 56 亿元；县市区国库集中支付稳步推进，集中支付面总体已接近 60%，其中澧县、石门覆盖面已达 90% 以上。

2008 年，进一步深化国库集中支付改革，市直集中支付单位扩大到 213 家，一般预算、预算外、基金、其他收入、往来款等五种财政性资金均纳入网上支付，全年完成集中支付和集中核算资金总流量53.23亿元，规范和节约支出4.4亿元。5月，为进一步规范财政国库集中支付制度改革，严格操作流程，确保资金安全，印发了《关于进一步明确国库集中支付业务处理有关事项的通知》和《2008年集中支付审核注意事项》，对市本级和区县市办理国库集中支付业务流程进行了规范，对各集中支付单位需送审原始凭证进行了界定。

2009年，为提高行政效能，方便预算单位用款，市财政局下发《关于进一步明确市本级国库集中支付制度改革有关事项的通知》，要求加快预算指标上网速度、强化用款计划审批、提高支付效率、完善软件功能、强化代理银行职责、加强非税收入征管。同时，新增常德广播电视大学、常德工业学校、湖南省常德师范学校、常德市演出管理站、湖南省无线电管委员会办公室常德管理处、常德市无线电监测站等6家单位纳入财政国库集中支付改革范围。市本级全年完成集中支付和集中核算资金总量66.98亿元，增长25.83%；完成网上支付72658笔，金额16.22亿元；全年退回和拒报不合理开支314笔773万元，督促12480万元资金纳入政府采购，监督578个新的基建和大中型维修项目纳入投资评审，督促7372万元非税收入及时足额缴入财政专户；并对重点支出超进度、超控制数的单位实行预警、止付机制，督促单位厉行节约。

2010年，市本级全年完成集中支付和集中核算资金总量34.4亿元，规范或节约支出2.1亿元，其中退回和拒报不合理开支1361万元，督促1.44亿元资金纳入政府采购、811万元非税收入及时足额缴存财政专户，监督199个新的基建和大中型维修项目纳入财政投资评审，审减投资额4444万元。为加强支出控管，国库集中支付局全年共发出预警通知书600多份。

第四章　国有资产管理

国有资产管理是指对所有权属于国家的各类资产的经营和使用，进行组织、指挥、协调、监督和控制的一系列活动的总称，也就是对国有资产的占有、使用、收益和处置进行管理，从而实现国有资产的保值与增值。国有资产管理工作也是财政工作的重要组成部分。

在长期的计划经济体制下，我国没有建立独立职能的国有资产管理部门，对国有资产实行计划管理，按计划配置资源，政府直接管理企业。1989 年，湖南省财政厅组建国有资产管理处。1990 年，省政府发出《关于加强国有资产管理工作的通知》，1991 年，常德市组建了国有资产管理办公室，各县市区相继建立专门的国有资产管理机构，主要经办包括产权管理、清产核资、行政事业单位资产管理和资产评估四个方面的工作。

第一节　企业国有资产管理

1989 年，根据省财政厅规定，兼并企业应当按评估资产价值向被兼并企业付清产权转让成交价款，扣除费用后的净收入，由被兼并企业的国有资产管理部门组织解缴国库。

1990 年，按照国家国有资产管理局《关于做好撤销、合并全民所有制公司中国有资产收缴工作的通知》的规定，常德市开展了撤销、合并公司中国有资产的清理、评估、划转和收缴等工作。为在新一轮承包中确保企业承包国有资产的完整和增值，根据《关于加强承包经营责任制企业国有资产管理的试行办法》规定，企业国有资产发生产权变动时，应进行资产评估，评估结果由国有资产管理部门确认；国家基金的报损、冲减和核销，必须报国有资产管理部门和财政部门审批；每年年终和承包期末，承包企业要向同级国有资产管理部门报送会计决算报表和国有资产保值增值情况分析报告。

1991 年，对全市国有资产进行了存量调查，全市共有预算内国营企业国有资产 13. 84 亿元，预算外企业、中外合资企业和建设单位国有资产 1. 58 亿元。6 月，全市各级各部门对所属在市外的企业进行一次认真的清理，掌握了市外企业的资产情况。从 1991 年开始，对企业单位征收登记手续费和证书工本费，其收费标准为：开办产权登记费 80 元、变动产权登记费 50 元、年度检查费 50 元、注销产权登记费 50 元，企业单位领取或换取工本费 20 元。

1992 年，执行省国资委《加强股份制企业国有资产管理暂行规定》规定，对国有股的设置由国有资产管理部门或其授权机构确认；股份制企业的国有股权实行谁投资、谁管理的原则，并接受国有资产管理部门的指导和监督；国有股的股利收入由国有资产管理部门组织收取，解缴国库，纳入国家建设性预算。

从1993年1月1日起，为支持和配合外贸企业进行转换企业经营机制等各项改革，省里决定将地州市县外贸企业（含湖南省进出口公司所属地州市企业）的国有资产管理权限下放到地州市县管理。4月，开始执行省《关于股份制试点企业国有资产管理的意见》。

1994年，根据市政府《关于收取国有资产占用费的通知》的文件精神，以各企业1993年度占用国有资产的会计决算和资产年检数为基数，按照年费率3%～5%的标准（以后每年适当提高），实行行业差别费率收取国有资产占用费，当年仅市本级就入库国有资产占用费1805万元。同时规定：对桃源纺织印染厂、常德通信设备总公司、常德中心百货大楼继续实行投入产出总承包责任制不变；企业国有资产占用费全年不足2万元的在年初一次性交清，超过2万元的按月平均进度于当月10日前上交；对逾期未交、欠交的，提请银行部门直接从开户行存款中划转，并按滞交额每日加收2‰的滞纳金；在未及时足额上交占用费前，企业不得提取效益工资，不得实行资产抵押贷款，也不得享受财政、国资部门的有关优惠政策；对企业新增的国有资产，三年内可免交占用费。

1995年，对收取市直企业国有资产占有费进行了明确：一是企业国有资产占有额以1994年底清产核资核定数为准，未参与清产核资的单位以上年产权登记数为准；二是企业国有资产占用费从3月起，按月平均进度于当月10日前上交（月平均上缴额＝全年应上缴额÷10）；三是桃源纺织印染厂和常德通信设备制造总公司继续实行投入产出总承包责任制不变。

1996年，全面完成了国有企业清产核资工作，进行了集体企业清产核资试点工作，支持了国有企业的资产结构调整。在有企业国有资产清产核资工作中，查实市物资系统所属金属材料公司、金属回收公司、钻石公司、化工轻工公司、建材公司和机电设备公司在办理1995年财务决算时，未经任何部门批准，擅自减少国家资本金922万元，给予了通报批评并责令立即改正。

1997年4月，制定了《常德市国有企业产权制度改革的若干规定》，对企业资产评估与处置等情况进行了明确规定：一是企业改制应由具有评估资格的机构对资产进行评估，并报经国资管理部门审核确认；二是改制企业非经营性资产不参股，由国资管理部门委托改制后的企业管理或剥离后交当地政府管理；三是国有划拨土地可不作为资产入股，由改制后企业租赁使用；四是出售国有资产的收入和国家股红利，纳入国有资产经营预算，建立国有资产保值增值基金，用于国有资产的再投入。

1998年，以产权改革为重点，搞活企业国有资产经营，优化国有资本配备，发布产权交易项目126个，盘活1个多亿的存量资产，支持金健米业股票成功上市，促成湘泉集团对德山酒厂、武陵酒厂和洞庭制药厂控股。

1999年，加强企业国有资产管理，完成了1980户企业的产权年检验证工作，审核资产评估项目64个，资产评估值达19亿元，发布产权交易项目37个，帮助德海集团等企业进行了股份制改造，从整体上支持了国有企业的改组改制工作。11月，市财政局出台加强外商投资企业管理的规定，主要包括：每季度终了6日内报送财务报表到市财政局外经科；当年应缴中方职工物价补贴和场地使用费用于每月12月15日前上缴外经科；以前年度欠缴“两费”，当年12月底前全部上缴外经科；合资企业尚未办理中方财产转移申报手续的须到外经科补办。

2000年7~10月，按照“国家所有，分级管理，授权经营，分工监督”的原则，根据上级财政部门的要求和部署，全市开展了企业重新占有产权登记和换发新的产权登记工作，进一步摸清了企业国有资产状况。

2001年，根据全省统一安排和部署，开展了企业国有资产产权登记年度检查，按照分级管理的原则，由县级以上财政（国有资产）部门按产权隶属关系组织实施。

2003年末，全市汇编国有及国有控股企业185户，共有资产总额1013256万元，其中拥有固定资产原值103641万元，不良资产及潜亏挂账495676万元。

2004年，是常德市国有企业实施“两个置换”改革的关键年，全市共签订产权交易合同31个，涉及企业24家，合同金额1.5亿元，基本做到了新成交项目资金无拖欠。同时，加大了已结零企业资产转让欠款的清收力度，全年共追回欠款6978.8万元。

2005年12月，市国资委组织召开全市企业国有资产产权管理工作会议，明确要求做好全市企业国有资产产权界定、登记、年检、划转、表证换发、资产处置等工作。同时，草拟了《市属经营性国有资产产权转让工作规则》及《工作流程图》，规范了市直改制企业产权交易、转让等工作。

2006年，进一步加强企业国有资产管理，企业资产达到20亿元，占总资产的23%；其中国有独资企业20家，净资产4.12亿元；国有控股企业5家，国有净资产1.19亿元；国有参股企业9家，国有净资产1.54亿元。同时，对全市135家已改制结零企业300多份产权转让合同进行了逐一清理，核对账实，制定清收方案，通过组织专人、责任包干，清收回笼产权转让尾款达1600多万元。

2007年，为了加强加强资产损失核销管理，出台了《常德市属企业资产损失核销管理暂行规定》，并对广福桥煤矿和赤峰煤矿合计1579万元资产损失按规定程序进行了核销。同时，市国资委严格按照企业国有产权转让有关规定进行产权转让和资产处置，先后成功转让常德铁水盐关煤运港49%的国有股权和羊耳山煤矿亘山井部分资产，实现了资产效益最大化。

第二节　行政事业国有资产管理

行政事业单位的国有资产管理，一直是政府财政部门的重要职责。改革开放以来到1990年前，行政事业单位的国有资产管理基本上是由各部门和单位自行管理。随着经济体制改革逐步深化，国家对行政事业单位的国有资产管理逐步走上规范化、制度化和法制化的轨道。

1991 年，加强对国有资产的监控和管理，组建了国有资产管理机构，市财政局设立了国有资产管理办公室，开展了国有资产存量调查，全市共有行政事业单位国有资产 12.17 亿元。同时，根据《关于国家行政事业单位在创收活动中加强国有资产管理工作的暂行规定》的要求，常德市对行政事业单位为进行创收活动设立的经营实体，其所占用的国有资产必须向国有资产管理部门或其授权的机构报告，并进行产权登记，其占用的国有资产，在申报工商登记注册时不行变更资产所有制性质。

1992 年 8 月 31 日，为进一步加强事业行政单位国有资产管理，市财政局制定了《常德市行政事业单位国有资产管理暂行办法》，共分为八章三十条，重点明确：行政事业单位资产范围包括固定资产、流动资产、专项资产和无形资产；按照统一政策分级管理的原则，由同级国有资产管理部门管理；资产处置须经本单位财务、财产管理及有关部门同意和技术部门鉴定后，办理报批手续；资产有偿转让须经国有资产管理部门和同级部门审查批准，其价款交同级国有资产管理部门专户储存；国有资产管理部门可按事业行政单位创办经济实体占用国有资产的数额征收占用费；行政事业单位必须按国有资产管理部门统一印发和报表格式和内容，及时向国有资产管理部门报送季报和年报。

1993 年 5 月，市财政局和市国有资产管理办公室制定了《关于对行政事业单位兴办的经济实体进行财务管理的通知》，明确规定凡行政事业单位创办经济实体，其财务均应纳入国家预算管理；经济实体要建立健全财务会计管理机构，配备相应财会人员；经济实体在财务上要与创办单位彻底脱钩。9 月，常德市国有资产管理处挂牌成立，成为政府专司国有资产管理的机构。

1994 年，进一步加强对机构改革中行政事业单位的国有资产管理，对凡是决定撤销、合并的单位，都成立专门的资产清理移交小组，主要负责做好冻结财务开支、盘点库存资产、清理债权债务、清理核对资产、登记造册和办理移交手续等工作；撤销单位的资产，统一归口市国资处进行处置。当年，常德市国有资产管理处正式更名为常德市国有资产管理局，其职能、编制进一步明确。

1995 年，国家国有资产管理局、财政部制定了《行政事业单位国有资产管理办法》，明确了行政事业单位国有资产的管理机构及其职责、产权登记、资产使用、非经营性资产转经营性资产、资产报告制度等事项。从 1995 年 1 月起，开始对“非转经”（非经营性转为经营性）的国有资产征收占用费，征收年费率为按实际投入生产经营资产（资金）总值的 3% ~5%；凡差额、自收自支的事业单位出租、出借、租赁国有资产，应按 7 ~10% 的年率征收占用费。

1996 年，省财政厅、省国有资产管理局转发了国家国有资产管理局《行政事业单位国有资产处置管理实施办法》，并且补充规定：地州市行政事业单位资产处置审批权限由同级国有资产管理部门会同财政部门确定；行政事业单位采取有偿转让、出售方式处置资产，须经省国有资产管理部门授予资格的评估机构评估，转让（出售）价经同级国有资产管理部门确认后再进行处置，或由国有资产管理部门指定的拍卖机构公开作价拍卖；行政事业单位国有资产的处置收入，均属国家所有，由资产占用单位交国家资产管理部门集中专户储存，资产占用单位需用时，经国有资产管理部门会同财政部门批准后动用。10 月，市财政局、市国有资产管理局下发了《关于清理行政事业单位处置变卖国有资产的通知》，决定对市直行政事业单位处置变卖国有资产情况进行一次全面清理，并规定凡处置资产单位原值在 3 万元以上的要报主管部门审核签署意见后，报市财政局、国资局审批；同时，将处置收入于 10 月底前存入国资局资产处置专户储存。

1997 年 7 月，执行省“关于加强行政事业单位国有资产管理的通知”的精神，制定了《常德市国有资产管理办法》，加大了国有资产处置管理力度，同时对各单位 1996 年以来资产处置情况进行了认真清查。

1998 年 5 月，市财政局和市国有资产管理处对全市行政事业单位国有资产管理情况进行了专项检查，主要检查了国有资产基础工作、处置情况、资产占有费上交情况和产权登记情况。

1999 年，市国资局、市财政局、市编办联合制定了《关于在事业单位机构改革中加强国有资产管理的通知》，明确规定凡改变隶属关系分设、撤销、合并的事业单位，都必须成立资产清查移交小组，认真做好本单位的冻结财务、盘点财产、清理往来、核对资金等财产清查移交工作。同时，转发了国家国有资产管理局制定的《行政事业单位国有资产处置管理实施办法》，明确了资产处置的审批权限和要求。

2001 年 10 月，市财政局制定了《关于在机构改革中加强国有资产管理的通知》，对机构改革中市直行政事业单位国有资产的清查、移交等作出了明确规定。

2002 年，经市政府批准，组建了常德市国有资产经营中心，主要负责国有资产的管理和经营，确保国有资产保值增值。

2003 年，按照“摸清底子、理顺关系、明晰产权、统一管理、利益共享、逐步过渡”的原则，开始实施国有资产管理改革，制定了《市直行政事业单位国有资产管理办法》。从 1 月 1 日起，执行《常德市市直临时机构固定资产管理暂行办法的通知》。2003 年下半年，市委机关全面搬迁，闲置的旧办公设备，交国资公司处置，公司召开 33 家供需单位调剂传经，共调剂资产 74 万元，采取抵单位租金方式处置资产 2.9 万元，报废资产 8.7 万元。

2004 年 4 月，按照“明晰一块、移交一块、逐步过渡、逐步理顺”的原则，市财政局将部分国有资产管理职能移交市国有资产经营管理公司，具体包括：国有独资、控股、参股企业资产的管理职能、行政事业单位经营性资产管理职能、已改制企业的剩余国有资产管理职能以及对市产权交易中心的管理职能。8 月，为加强对市直行政事业单位非经营性国有资产处置管理，防止国有资产流失，开始执行《常德市市直行政事业单位非经营性国有资产处置管理实施办法》，其对市直行政事业单位出售、报废、报损、无偿调出国有资产进行了明确：一是市直行政事业单位出售、报废、报损国有资产，应当提交资产处置申请，经主管部门审核同意后报财政部门，并填报《常德市市直行政事业单位国有资产处置申请表》，财政部门根据相关规定进行审批或审核呈报；二是市直行政事业单位无偿调出国有资产，由单位申报或由财政部门根据单位资产存量及使用情况，在调查核实的基础上，按规定程序审核报批，并填写《常德市市直行政事业单位国有资产无偿调出通知书》；三是市直行政事业单位申报处置国有资产时，应根据不同情况提交资产价值凭证、资产报废技术鉴定、资产评估报告等相关文件、证件或资料；单位占有、使用的房屋建筑物、土地、车辆及仪器设备等价值在50万元以上的固定资产和无形资产处置，经主管部门、财政部门审核后，报市人民政府审批，在50万元以下的，经主管部门同意后，报市财政部门审批。8月，开始对市直行政事业单位“非转经”资产征收国有资产占有费，征收标准为：一级地段门店按计征额的3%年率行政国有资产占用费；一级地段二层以上的房屋及二级地段的门店按计征额的2%年率征收国有资产占用费；二级地段二层以上的房屋及二级地段以外的“非转经”资产按计征额的1%年率征收国有资产占用费；以收入为计征额的按3%年率征收国有资产占用费；以注册资金确定的计征额的按3%年率征收国有资产占用费；以其他方式确定计征额的均按2%年率征收国有资产占用费。

2005年10月，为进一步加强市本级行政事业单位国有资产管理，提高国有资产使用效益，市财政局印发了《常德市市本级行政事业单位国有资产管理暂行办法》（简称国资管理四十条），主要包括：凡占有、使用国有资产的行政事业单位，无论是否纳入预算管理，实行何种预算管理形式，都必须向财政部门申报，办理资产登记手续；行政事业单位经营性资产实行国有所有、政府监管、规范经营、有偿使用的原则，任何单位未经市财政部门批准，不得将非经营性资产用于经营性活动；行政事业单位资产处置，应向主管部门和财政部门报告，并履行审批手续，未经批准不得擅自处置；行政事业单位国有资产评估项目实行核准制或备案制；行政事业单位国有资产产权界定遵照“谁投资、谁所有”的原则。6月，常德市人民政府国有资产监督管理委员会挂牌成立，履行国有资产出资人职责。

2006年7月，市财政局发文要求贯彻执行财政部颁布了第35号令《行政单位国有资产管理暂行办法》和第36号令《事业单位国有资产管理暂行办法》，进一步明确行政事业单位国有资产的管理体制和管理职责，规范了资产配置、使用、处置等程序。

2007年3月，开始全面清理行政事业单位国有资产，建立了国有资产信息化管理台账，制定了市本级办公设备配备标准。

2008年3月，为提高公务用车作用效率，防止国有资产流失，市财政局制定了《常德市市直行政事业单位公务用车转让管理办法》。同时，建立了行政行政事业单位资产管理台账，推进资产处置调剂工作，全年共为12家行政事业单位调剂解决了办公场所，节约了大量财政支出。

2009 年，为加强市直行政事业单位公务车辆处置管理，市财政局制定关于进一步明确市直行政事业单位公务车辆处置程序的通知，对车辆报废、车辆调剂、车辆出售等程序作出明确规定。是年 6 月，为加强对市直临时机构、大型活动（工程）国有资产管理，市财政局制定关于印发常德市市直临时机构、大型活动（工程）国有资产管理办法的通知。是年 8 月，为进一步规范市直行政事业单位国有资产处置行为，防止国有资产流失，维护国有资产的安全和完整，市财政局制定《关于印发〈常德市市级行政事业单位国有资产处置管理办法〉的通知》。一系列文件规定的出台，为规范市本级行政事业单位国有资产管理提供了制度支撑。

2010 年，为规范市本级行政事业单位办公设施设备配置行为，降低行政成本，促进节约型社会建设，根据有关法律法规，市财政局出台了《常德市市直行政事业单位办公设施设备配置标准（试行）》，对配置要求、办公用房装修标准、交通车辆配置标准、办公家具配置标准、办公自动化设备配置标准、空调设备配置标准等作出明确规定。

第三节　清产核资

清产核资工作包括清理各个企事业单位和行政机关的一切国有资产，但长期以来，该项工作的重点还只是针对企业。

1990 年，根据省财政厅《关于开展国有资产存量调查的通知》，常德市全面开展了国有资产存量的调查工作。

1991 年 5 月，为“八五”期间开展清产核资做好准备，全市开展了国有资产存量的调查工作，编制了 1990 年国营企业国有资产年度报表和 1990 年预算内全民所有制单位国有资产汇总报表，据调查统计，全市全民所有制单位拥有国有资产 27.81 亿元，闲置国有资产 6900 万元。

1992 年，常德市开展了产权登记工作，全年共登记全民企业和企业化管理事业单位 301 户，占应登记户数的 100%，登记资产总额 249349 万元，其中国有资产 83561 万元。

从 1992 年 9 月至 1993 年 4 月，根据中央和省的统一部署，常德市对 1531 家国家行政事业单位和全民所有制事业单位开始了大规模的清查登记工作，对一般设备单价在 200 元以上，专用设备在 500 元以上且耐用时间一年以上的，都作为单位固定资产进行登记管理。

1994 年，全国第五次国有企业清产核资工作开始，为了在清产核资中认真做好国有资产的清查和所有权界定工作，对全民所有制企业、单位有关对外投资的清理和所有权界定进行了明确：全民所有制企业、单位对外投资是指全民所有制企业、事业单位、国家机关、政党机关、社会团体、军队和武警等以资金、设备、技术、土地、厂房、物资等对各类合资、经营、合作、联营、股份制、集体及其他企业、单位投入资产并获得收益的行为。

1995 年 3 月，常德市转发了省《关于国有企业全面开展清产核资的通知》，文件明确规定：一是各级工商行政管理部门注册登记为“国有”和“全民所有制”的事业单位，以及各级国有企业、单位以国有资产投资举办的国内联营、合资、合作企业、单位，都要完成清产核资工作；二是凡参加 1992 ~ 1994 年清产核资企业、事业单位要在原工作基础上进行土地估价，重新填报有关表格；三是各企业、单位的清产核资工作按财务隶属关系或行政隶属关系进行；四是所有进行清产核资的企业、单位应依据所核定的资本金向国有资产管理部门办理产权登记，并按企业登记管理的规定向工商行政管理部门办理有关登记注册手续；五是凡未按要求进行清产核资的企业、单位，在 1996 年度检查中，国有资产管理部门不予办理产权登记年检手续，工商行政管理部门不予办理相应登记，税务机关也不予办理税务登记手续。

1996 年 3 月，历时三年多的全市国有企业第五次清产核资工作结束，参加清产核资企业共 10012 户，占应参加数的 97%，资产总额 1609694 万元，其中固定资产 48561 1 万元，流动资产 749476 万元，负债 1084047 万元，资产负债率 67. 35%。通过清理，共计盘盈资产总额 23147 万元，增加固定资产净值 104312 万元，清理出有问题长期投资 579 万元，为企业卸掉各种包袱 95418 万元，并相应冲销所有者权益。同时，根据上级要求，在全国城镇集体企业范围内首次开展清产核资工作。

1997 年 7 月，对城镇集体企业进行了清产核资工作，对集体企业户数进行了全面清理落实。

2001 年，全面开展了预算单位的清产核资工作，市本级预算单位清产核资工作要求进行到二级预算单位，二级以下并入二级；本次清产核资时间定于 2000 年 12 月 31 日。6 月，为适应财政预算管理改革，搞好市直预算单位清产核资工作，市财政局成立了清产核资工作领导小组。

2002 年，全面开展了市直行政事业单位和企业的清产核资，核增国有资产总额 2 亿元。

2003 年，常德市对全市棉花企业 1999 年 9 月 1 日至 2002 年 12 月 31 日的资产、负债、所有者权益总量及构成进行了全面清理核实。从 2003 年 3 月起，市国有资产管理经营公司对市直 308 家行政企事业单位进行了清产核资，彻底澄清了市本级国有资产的底子，并建立了国有资产的台账，共核增资产 20230. 44 万元，核增“非转经”资产 1405. 86 万元，核增“非转经”收益 228. 01 万元，核增收入 258. 84 万元，核实闲置资产 1742. 27 万元。

2004 年，全面完成了清产核资的扫尾工作，纳入全市统计范围的 321 家市直单位国有资产总额为 74. 03 亿元（以 2002 年 12 月 31 日为基准备日），其中经营性资产 49. 28 亿元，占 66. 56%，非经营性资产 24. 75 亿元，占 33. 44%。

2006 年，对市直行政事业单位的国有资产进行了清产核资和资产信息化管理。

2007 年 3 月，按照“统一政策、统一方法、统一步骤、统一要求和分级实施”的原则，以 2006 年 12 月 31 日为清查基准日，财政部门按行政隶属关系在全市行政事业单位开展了资产清查工作。重点开展了市属经营性国有资产清产核资工作，共清理 71 家单位和企业，其中履行出资人职责的单位 33 家，暂未履行出资人职责的企业 10 家，自收自支事业单位 21 家，国有参股企业 7 家，共清查出国有及国有控股企业经营性资产 68.1 亿元，净资产 22.7 亿元，经中介机构鉴证或审核认定资产损失额为 1.96 亿元。

2008 年，为加强市本级融资平台建设，组织实施对市农欣担保公司、市芷兰教育担保公司、市中小企业担保中心三家担保公司进行了清产核资和经济审计工作，并出具了审计报告。

第四节　资产评估

资产评估工作包括资产评估管理制度、评估机构建设和评估工作实绩三个方面的内容。

1989 年，为了防止国有资产在流动中受到损失，正确反映国有资产的价值量，国家国有资产管理局印发了《在国有资产产权变动时必须进行资产评估的若干暂行规定》，明确规定对国有资产发生产权变动时，必须进行资产评估。根据国家国有资产管理局《关于对地方国有资产管理工作的意见》的要求，向市编委提交了《关于设立国有资产管理科的报告》。按照省财政厅规定，国有资产在产权变动时，必须进行资产评估。

1990 年，执行国家国有资产管理局《资产评估机构管理暂行办法》，其明确规定：凡具备相关要求，欲从事国有资产评估工作的机构，在征得行政主管部门和同级国有资产管理部门同意后，可向国家或省国有资产管理部门申请领取资产评估资格书；国有资产管理部门收到要求承办资产评估工作的单位报告书等资料后，应于两个月内决定批准或不批准；资产评估机构在结束评估工作后，应及时向委托者提供资产评估报告，资产评估报告书应具备资格并直接从事该项资产评估工作的各类专业评估人员亲笔签署资产评估机构加盖公章后方可生效。同时，省财政厅补充规定：凡按《资产评估机构暂行办法》规定，要求建立资产评估机构的地区，必须经同级国有资产管理部门审核签具意见后，报省国有资产管理部门审查批准，颁发资产评估资格证书；暂时难以建立正规机构而又有资产评估业务的地区，可根据产权变动的具体情况和要求，按专项组建临时资产评估组织，报省国有资产管理局审核认可后，承担专项资产评估业务；所有正式资产评估机构或临时评估机构组织承担的资产评估业务，其最后作出的资产评估报告，都要由同级国有资产管理局审核确认评估结果，下达确认通知书。

1991 年 5 月 28 日，经湖南省国有资产管理局批复，常德市审计事务所在 1991 年 5 月 1 日至 1992 年 3 月 31 日期间具有临时资产评估资格，可承担资产评估业务。当年开展了资产评估工作，当年完成了 14 个项目的资产评估，评估项目企业总资产重估值升值额达到 1716.57 万元，升值率为 51.5%。

1992 年，省国有资产管理局规定：对组建跨地市、跨行业的股份制企业的资产评估工作，由省国资局资产评估管理中心统一组织进行；省内地市之间及与其他省市共同组建股份制企业的资产评估工作，原则上可按现行规定进行，如难协调一致，可由地市报省国资局资产评估管理中心办理。当年，共批准资产评估立项 85 起，已确认评估结果 77 起，评估资产账面净值 19283.09 万元，评估价值为 51860.47 万元。

1993 年，为加强资产评估工作，维护“国务院 91 号令”的严肃性和权威性，根据国资委规定，国有资产占有单位在发生资产拍卖、转让、企业兼并、联营、出售、租赁、股份经营，中外合资，企业清算等产权变动行为时，必须按照“国务院 91 号令”的规定和工作程序进行资产评估；同时，生产经营单位的国有土地使用权和国有房产的评估必须纳入国有资产评估的管理范围。

1996 年，执行国家国资局《关于组建上市公司及发行上市股票资产评估若干问题的通知》，明确规定占有国有资产的部分单位必须进行资产评估。从 6 月 1 日起，对事业单位非经营性资产转经营性资产，须凭审定的“国有资产产权登记证”，由国有资产管理部门进行审批评估立项和确认评估结果。

从 1994 年到 1997 年，全市评估机构发展到 15 家，共进行评估项目 441 个，确认 441 个，评估前资产净值 40.3 亿元，评估后资产净值 79.5 亿元，升值幅度为 97.2%。

1997 年 3 月，“常德市资产评估协会”正式成立。

从 1997 年 3 月起，对国有大中型企业在与外商合资、合作或出售国有企业产权前，都必须对包括土地使用在内的企业资产必须进行认真评估，并按国家有关规定办理产权变动登记或注销登记手续。

1998 年，认真做好国有资产的保值增值与企业绩效评估工作，全年国有资产评估立项 108 个，确认 87 个，评估值 34.4 亿元，纠正评估项目 3 个，减少了 300 多万元的资产流失。

从 1999 年 4 月开始，根据省国资局决定，对资产评估立项确认工作按照分级管理的原则进行；同年，资产评估机构的脱钩改制工作基本完成。

2000 年，按照省财政厅规定，对调整涉及股份有限公司资产评估项目管理事项时，必须按“统一领导、分级管理”的原则，省属地方企业由省级财政部门受理审核，地方以下所属企业由同级财政部门审查后报省级财政部门受理审核。

从 2000 年开始，资产评估机构完全改制为股份制的社会中介组织，所有一切经济活动均纳入市场化运作轨道。

第五章　财政信用管理

财政信用包括三个部分：一是运用信用手段筹集资金，如公债、国库券等；二是运用信用手段分配供应部分资金，如将部分预算内无偿使用的拨款改为有偿周转使用或融通部分间隙资金有偿调剂使用；三是运用财政信用利用世界银行贷款等各类贷款，发展本地经济。

第一节　财政周转金

财政周转金是指由财政部门管理，按照有偿使用原则周转使用的财政资金。

1989 年，为加强周转金的管理与监督，提高了资金使用效益，常德市对市直单位文教行政事业专项资金周转金实行追踪反馈责任制，包括适应范围、申报、审批、反馈、管理、奖惩等方面。3 月，按照财政支持工业企业技术改造周转金的要求，设立了支工周转金。为加强周转金回收工作的管理，市财政局印发了《关于催还到期周转金的通知》，对 1988 年到期周转金应还未还部分，从 7 月 1 日起按月费率 8‰收取逾期占用费。

1990 年，根据市政府制定的《关于加强财政周转金管理的试行办法》的规定，在每季度终了后五日内，要将各项周转金的资金来源、发放和回收情况进行定期报送。为支持贫困地区经济开发，市财政开始安排部分扶贫周转金，借用期限一般为一至两年，最多不超过三年，并按规定收取资金占用费，当年发放扶贫周转金 30 万元。

1991 年，按省财政厅规定，为了弥补周转金业务开展所需资金，开始从当年收取的财政支农周转金占用费中提取不超过 20% 的资金，作为周转金业务费。到 1991 年底，市本级累计投放周转金 8348 万元，银行存款 500. 8 万元；市本级共有周转金 6144. 06 万元，其中支工周转金 927. 06 万元，支商周转金 1926 万元，支农周转金 2828. 7 万元，行财科周转金 454. 6 万元，农林特周转金 7. 7 万元。

1992 年，市财政局制定了《常德市国营商贸企业业务发展周转金管理办法》，对周转金的来源、使用范围、使用原则进行了明确，其中主要规定：借款在 10 万元以上的要提供可行性研究；借款实行谁借谁还，到期不还的，按日计征滞期费，日费率为 0. 5‰；借款实行分级管理，目标考核；借用周转金单位必须按规定交纳使用费，使用费收入主要用于补充周转金，也可提取一定比例用于业务经费开支，但最高提取比例不得高于使用费的 20% 。4 月至 7 月，市财政局对全市财政支农周转金进行了全面清理检查，对存在的问题进行了严肃查处和整改。

1993 年，常德市修订文教行财周转金管理办法，适当提高周转金占用费率，对行政事业单位兴办的经营、流通、生产性实体每月收取 7‰的占用费，对支持事业单位主业发展的项目每月收取6‰的占用费，对上级财政部门向下级财政部门借出的周转金每月收取5‰的占用费；适当提高周转金占用费用于业务开支的比例，可在上年本级基金实际收取的占用费总额的20%比例之内按规定开支范围、凭据列支；借用周转金按合同到期10天后没有归还的，由发放部门从担保单位的财政拨款中直接扣回本金和占用费；借出周转金到期后不能按时归还的，在原来占用费的基础上按逾期日期加收3‰的逾期占用费；借款期限市直单位在一年以内，区县市一般为一年，最多不超过一年半。3月，市财政局制定了《常德市财政支农周转金回收奖惩办法》，奖励标准为：次年1月10日前100%归还到期财政支农周转金和占用费的区县市奖励5000元，次年1月10日前90%～99%归还到期财政支农周转金和占用费的区县市奖励3000元，次年1月10日前80%～89%归还到期财政支农周转金和占用费的区县市奖励1500元，次年1月10日前100%归还到期占用费，本金难以还清的奖励300元；根据当年归还到期周转金情况，次年安排资金时给予区别对待，并优先安排专项工程项目资金，优先审查各类专控商品资金来源计划。7～9月，市财政局对各区、县（市）财政局和市直有关企业的商贸周转金的发放、使用、回收及财务处理情况进行了全面的自查和抽查。

1994年，市财政局制定了《常德市财政支农周转金收回奖惩办法》，明确规定：一是凡次年1月10日前，100%归还到期本金及占用费的，给予一定数额的业务费奖励；当年到期回收和累计到期回收率达到90%以上的，奖励10000元；当年到期回收率和累计到期回收率均达到85%以上的奖励8000元；二是次年1月10日前，归还到期周转金本金和占用费100%的奖励5000元；归还本金90%～99%的，奖励3000元；归还本金80%～89%的，奖励1500元；三是次年1月10日前，100%归还占用费，本金虽已尽全力归还但未达到80%的，奖励400元。6月，为加强文教行财周转金的回收力度，对逾期不还的，市财政局规定：一是按月加收3‰的逾期占用费；二是一律不再发放新的周转金；三是从上级追加的和市本级安排的行财口专项指标或其他资金中予以扣还；四是个别由于特殊原因需要申请延期的，必须提出书面申请，同时交纳全部占用费后，再签订借款合同，延期时间不得超过半年，并且每月加收2‰的占用费。同时，省财政厅下文明确：省厅发放的商贸周转金，在合同规定期限内省厅按5‰的月使用费率收费，各地州市县财政局只能在此基础上加收1‰，到企业不得超过6‰。12月，市财政局转发执行省财政厅《关于修订〈湖南省文教行政周转金管理办法〉的通知》，并且补充规定：对周转金占用费率，在执行省厅规定的3‰～5‰的基础上，均提高1‰；1995年1月1日后所借周转金，按新费率执行，1994年底前所借周转金一律按原合同费率执行。

1995年，财政部印发了《地方财政周转金管理暂行办法》，明确规定：地方各级主管部门不得擅自改变财政周转金的使用方式，将财政部门无偿拨付的资金有偿使用；地主财政周转金的借款期限，一般应根据项目的性质和实现的效益确定为1～3年；应遵循“低率、优惠”的原则，对不同的行业实行差别费率收取占用费；占用费收入除按规定用于必要的业务支出外，一律转作财政周转金本金；业务费开支总额不得超过当年占用费收入的5%，并不得用于发放奖金、补贴，不得用于职工福利；各类财政周转金由预算部门统一开户，统一核算。同时，组织对全市的财政支农周转金管理工作进行了全面检查，在此基础上，转发了《湖南省财政支农周转金管理办法》，并且补充规定，借用财政支农周转金的占用费率，可由各级财政视同用款项目性质，在不低于省财政规定的最低占用费率、不高于银行同类贷款利率幅度内具体确定；完善财政支农周转金回收约束机制，实行借款抵押和担保制度。当年，根据《常德市财政支农周转金收回奖惩办法》文件精神，分别给予汉寿县和鼎城区各8000元，武陵区和津市市各5000元的周转金回收奖励。

1996年，根据行政区划调整情况，对德山、武陵、鼎城的支农周转金往来及账务处理进行明确：一是减少市局对鼎城区支农周转金借款700504.2元，相应增加武陵区支农周转金借款294212.5元，对德山开发区支农周转金借款278291.7元；二是对支农周转金实行“往来一次划转、回收任务逐年调整”的办法，即从当年起，根据周转金本金数额，每年相应调整交接双方偿还市局周转金任务的1/3。4月，市财政局制定了《常德市财政局周转金管理规定》，对周转金的来源、管理、审批、使用等方面进行了明确规定：一是投放各类周转金单项5万元以内的由科室负责人审批，5万元~15万元的由分管局领导审批，15万元~30万元的由局长审批，30万元以上的由局长会议集体审批；二是周转金借款期限一般为半年，最多不超过2年，个别要求延期偿还的，必须重新按借款审批程序报批；三是按照低于银行同类同期贷款利率的总原则收取周转金占用费，月率一般为4‰，不同行业实行差别费率；四是严格实行如期回收周转金责任制，坚持“谁借款、谁偿还；谁审批、谁负责；谁发放、谁收回”的原则，逾期不还的，可从负债单位财政拨款或收入退库中扣除，并按日加收1‰的滞纳金，逾期超过3个月以上的，可加倍处罚；五是周转金利息收入，必须全部转入周转金本金，占用费可按有亲规定开支5%的业务费。7月，市财政局印发了《常德市财政周转转金管理补充规定》，主要明确：一是财政周转金的开户由预算统一管理，市本级财政周转金原则上在市信托投资公司统一开户；二是财政周转金原则上委托市信托投资公司放款，其操作程序：1. 借款人向业务科室提出申请，2. 业务科室按规定程序审查同意后开出“委托放款通知书”，3. 有权批准人在“委托放款通知书”上签字，4. 借款人凭“委托放款通知书”与市信托投资公司签订“委托贷款合同”，5. 借款人据“委托贷款合同”办理业务科室出票手续，6. 预算科审查“委托放款通知书”和“委托贷款合同”后加盖出票印鉴，7. 市直单位借款人开掘借款收据，8. 借款人办理划拨手续；三是预算科负责财政周转金的总分类核算，业务科室负责本科室财政周转金总账、明细账、台账核算；财政周转金业务经费实行总额控制、归口管理、分科核算；财政周转金转账支票、信汇单、电汇单等票据由各业务科室自行购买，按有关规定使用管理，还款收据由预算科统一管理，各业务科室在预算科领用。

1997年5月，市财政局制定了《关于加强周转金管理等几项制度的补充规定》，主要明确：一是周转金包括周转金基金、利息留成及占用费收入等，必须实行“五统一”管理；二是周转金的发放先由业务科室对借款单位的“借款申请书”和提供的投资项目可行性报告等资料进行调查核实，经科务会研究，于每旬送周转金管理组审核，再按原规定权限和审批程序报批；三是机动财力由预算科会同有关业务科室共同研究，写出签呈报局长审核，然后报市政府审批；四是罚没收入（除政法部门外）要根据各单位的实际情况确定一定的比例用于弥补办案经费不足，拨补的比例一般不得高于收入的50%。

1998年5月，为进一步加强财政周转金管理，市财政局成立了财政周转金管理领导小组，制定了《常德市本级财政周转金管理办法》，其中明确：周转金借款期限一般为一年，最多不超过2年；收取周转金占用费的总原则是要低于银行同类贷款利率，月率一般为6‰，不同行业可实行3‰～5‰的差别费率；坚持“谁借款、谁偿还；谁发放，谁收回”的原则，凡逾期不还的，可从负债单位和担保单位财政拨款或收入退库中扣还，并按日加收藏1‰的滞纳金，逾期3个月以上的，可加倍处罚；周转金利息收入，必须全部转入周转金本金，占用率可按有关规定开支10%以内的业务费；财政周转金业务经费实行总额控制、归口管理、分科核算，总额控制即业务经费开支控制在财政周转金占用费收入净额的10%以内，归口管理即业务经费由业务科室申报计划，经预算科审定后按季度拨付局财务室统一核算管理。

2000年，财政周转金停止发放，管理工作重点转入全面清理回收阶段。按照省财政厅的做法和要求，市财政局下发了《关于定期回收全部财政周转金的通知》，要求各区县市所借的市级财政周转金，按1999年底的借款余额分七年全部回收，如不按时足额归还，则在财政决算时按每年应归还数扣缴，对主动归还的，按偿还额的30%予以返还。

2001年，执行财政部和省财政厅相关文件精神，对各区县市所借的中央周转金，一律按借款额的50%通过结算扣回中央财政，另外50%部分不再回收。12月份，经过对部分单位财政周转金借款偿还问题进行调查分析，认定文教行政系统10个单位190万元的财政周转金无法收回，在请示市政府批准后，可对其财政周转金债务予以核销。

2003年5月，市财政局下发了《关于做好财政周转金收尾工作的函》，提出了如下要求：一是国库科、有财政周转金管理的业务科室，必须于6月5日前完成财政周转金账务处理和核对工作，并做到账账相符、账实相符、账表相符；二是各相关科室必须于6月10日前填写财政周转金统计表，经国库科核对无误后报预算科汇总；三是6月底前，各相关科室必须完成往来款项的清理工作，往来科目结零；四是7月份以国库科为主，相关科室配合，完成七大类周转金账表并账工作，并账后由国库科负责总账、明细账和台账管理，但回收仍由相关科室负责；五是凡已列入应加上收方案的周转金，相关科室要做到按计划应收尽收，凡已形成呆账的，相关科室要在年内清理完毕，由预算科汇总报请市政府核销。

第二节　财政信托投资

1985 年 7 月，经中国人民银行总行批准，湖南省信托投资公司常德市分公司成立（以下简称“市信托投资公司”），市人民政府定为中二级企业，主要经营人民币信托、委托存贷款投资、金融租赁、代理财产保管、证券交易、房地产开发、内外贸易等业务。

1989 年 5 月，市财政局对市信托投资公司的资本金进行核批，将原“小额贷款基金”593 万元、折旧基金留成 239 万元、地方机动财力 125 万元、财政“拨改款”资金 1115 万元，共计 2072 万元作为市信托投资公司的自有资本金我。

1990 年 8 月 6 日，中国人民银行在《关于湖南省金融性公司撤并留方案的批复》文件是规定，市信托投资公司并入中国工商银行，更名为“中国工商银行常德市信托投资公司”。9 月 25 日，市财政局对市信托投资公司在原有 2072 万元的基础上增补 928 万元，其中增拨能源基金超分成及市本级机动财力 41 万元，转区县财政预算外资金结余 739 万元，公司年利润补充 113 万元，市信托投资公司自有资本金达到 3000 万元。

1991 年，为深化企业改革，增强企业活力，按照“确定基数，超收分成，一年一定”的原则，市财政局与市信托投资公司签订了承包经营责任合同书，当年承包考核指标为上缴财政基数 95 万元，实现利润 180 万元。同年，市财政局与市信托投资公司签订承包经营合同，由信托投资公司对索溪峪兰苑山庄进行承包经营管理。8 月，市信托投资公司正式成立了证券交易营业部，主要开展代理发行各种有价证券，自营和代理证券买卖，代理支付和代收证券本息，证券签证，登记过户，证券筹资和投资咨询，证券代保管等业务。

1992 年，市信托投资公司经市财政局审查同意报市政府审批后，决定对贷款本息回收难度大、资金处于沉淀状况的 22 个项目作为贷款回收“攻关项目”，从攻关实际回收中提取 2% 的手续费，作为攻关奖励资金的来源。

1989 ~ 1993 年，市信托投资公司为市内 438 家国营大中型企业提供了 14801 万元的贷款，1993 年底贷款余额由 1989 年的 2113 万元扩大到 8099 万元，共实现税 986 万元，其中利润 886 万元。

1994 年 7 月，根据中央和省、市关于“党政机关所办公司一律要脱钩”的政策规定，市财政局决定由市信托投资公司接管开源公司，原开源公司人员的工资、福利、工作由投资公司安排，行政关系和编制仍保留在财政局机关。

1996 年，经市财政局批复同意，对市信托投资公司银行部实行年薪制，并明确规定当年工资总额最高不能突破 10 万元。

1999 年 6 月，为深化金融体制改革，规范地方金融秩序，成立了清理整顿常德市信托投资公司领导小组，对市信托投资公司全面开展了清产核资。

2000 年，在对市信托投资公司进行清产核资后，将市信托投资公司归并到了长沙市商业银行，成立了常德分行。

2001 年，常德市信托投资公司证券交易营业部在对其资产进行评估后，正式由长沙证券公司进行经营和管理。同时，为了搞好清理兑付工作，常德市信托投资公司向省商业银行借清理信托资金再贷款 9000 万元，其利息由财经信托公司于季末 30 天之前组织资金及时将利息汇入市财政局再贷款账户。

2001 年 5 月，根据中国人民银行武汉分行《关于撤销湖南省 5 家信托投资公司和 9 家信托办事处的通知》，正式启动了常德市信托投资公司的撤销工作。7 月 6 日，人民银行常德市中心支行在《常德日报》上发布撤销常德市信托投资公司的公告，常德市人民政府撤销清算组同时公布撤销该公司后的债权债务的清算方案，个人储蓄存款由工行常德支行代为清偿，其他债权债务由常德市财经投资开发公司承担，至此，常德市信托投资公司平衡退出了金融市场。

第六章 财务管理

财政部门作为国家的职能部门，以生产资料所有者的身份对国有企业的再生产过程中的资金运动、成本补偿及利润分配进行管理，以及对基本建设、行政事业单位的资金运行进行一系列的收支控制、分配、监督管理。常德财政部门根据国家和财政政策、法令、制度，结合本地实际情况与各行各业各部门单位的业务特点，对企业、行政事业、基本建设等方面的资金运动与多方面的财务关系，逐步建立健全了一系列的管理制度，基本形成了比较健全的财务管理体系。

第一节 企业财务管理

企业财务管理，是财政部门代表国家对企业资金的形成、使用、成本的补偿和利润分配所进行的工作。

1989 年，为加强预算外企业财务管理，市财政局制定了《关于抓紧贯彻执行省财政厅〈关于加强预算外企业财务管理的通知〉的通知》，同时下发了《关于填报预算外企业基本情况调查表的通知》，对全市预算外企业进行了调查摸底。同时，根据财政部关于经批准承担国家授权行使某些行政管理职能公司的日常业务活动经费，可按核定比例及标准，实行向所属单位收取管理费的规定，常德市粮油工业、饲料公司以收取管理费办法解决本身业务活动费开支，粮贸公司按规定开支的业务经费在经营成本中开支。

1990 年，按照全省统一部署，开始对粮油工业、饲料公司提取管理费，提取额按工业总产值的 1.6% 提取，其中省、地（市）、县三级公司分别提取管理费的 40%、30% 和 30%，用于解决本身业务活动费开支，年终时经费超支不补，结余可结转下年使用。3 月，省财政厅规定，对企业以盈利为目的长期出租的房屋设备等固定资产，其租金收入高于应提取固定资产折旧和大修理基金的，应把全部租金收入作为经营业务收入或其他业务收入处理，企业把租金收入作为经营业务收入或其他业务收入后，其出租的固定资产应照提折旧，并进入有关成本费用。5 月，市财政局规定，全市国营工业、交通、物资、城市公用、建安、医药、工业供销等企业试行国拨流动资金按月利息率 6.6% 列入成本费用的办法，其 90% 部分转作企业流动资金，10% 上解到市财政；同时，根据市政府相关会议精神，市商业局可继续向承包经营企业集中部分留利基金，其比例按各承包经营企业提取的留利基金总额的 7.5%（净额的 10%），每半年集中一次，其中企业年人平提取的留利基金净额不足 300 元的可以免交。为鼓励企业积极收回贷款，市财政决定试行“按银行贷款利率分档计奖”的办法，其拖欠贷款经确认后，可按银行贷款利息 0.8 至 1 个月的利息提奖，收回拖欠贷款一处以上至2年以内按1.8个月至2个月利息计奖，收回拖欠贷款2年以上的，最高按贷款利息3个月计奖，其计算公式为：提奖额=（收回拖欠贷款数×银行贷款利率）×提奖月份。9月，市企业工资改革办公室、市劳动局和市财政局联合对各企业核定了工资总额同经济效益挂钩的基数，并做出规定：基数核定后，任何单位和部门不得擅自调整；除国家政策允许增人可追加工资外，原则上增人不增工资、减人不减工资；承包企业如未完成当年承包上交任务的，按规定扣除效益工资；基数下达后，企业工资基金手册中的“挂钩工资总额”应以此基数为准，及时进行调整。

从1990年开始，国营企业购买小汽车应按照规定交纳横向配套发展基金，特别消费税和特别消费税占用流动资金的补偿费，其开支渠道应与购置车辆价款的开支渠道一致，分别由更新改造资金、生产发展基金、技措贷款、基建拨改贷投资、其他基建性贷款列支，其费用列计入固定资产价值。

1991年，根据省财政厅规定，对国营企业的基建和技改专项贷款，经财政部门批准，仍继续执行税前还贷和还贷提取职工福利基金和职工奖励基金（“工效挂钩”企业只提取职工福利基金）的规定；实行工资总额与经济效益挂钩，并采取“总挂总提”办法的企业，经财政、劳动部门核入工资总额基数的奖励基金和承包企业承包多得好处留用的利润（扣除转作福利基金和奖励基金部分），均免征能源交通重点建设基金和预算调节基金。同时，根据省财政厅和省外经委规定：各地州市、县级外贸公司，财务与地方经贸委挂钩，地市经贸委与省经贸委挂钩；各类外贸企业按上述财务隶属关系实行承包经营责任制；进出口企业按当年实现利润的30%提取出口风险基金，留企业50%，上交上级财务归口管理部门50%。

1991年，按照“按率收用，超支不补，节余留用”的办法，修订了各级饲料公司提取管理费的标准，其标准为企业工业总产值的6‰，其中省、地州市、县三级公司分别收取比例的40%、35%和25%。从1991年1月1日起，对粮食议价企业的议价利润分配以县市为单位，实现的全部议价利润（不含利改税粮店）先弥补上年议价亏损挂账，剩余部分，20%交当地财政用于抵补议转平差价款，30%抵补平价亏损，50%留给粮食企业；粮食商业平议兼营的，应按成本管理条例正确进行成本核算，不得在成本中列支各种手续费或奖金。

1992年，市财政局印发了《关于重申外贸企业几项财务管理规定的通知》，对外贸企业用自有资金购买房屋、房屋维修费开支、业务应酬费开支、工资基金核算、税前返贷、企业上交管理费、提取职工福利、工会经费等问题进行了统一的规范和明确。为加强企业财务管理，市财政局制定了《1992年常德市直商业企业目标管理考核评比办法》。

1993年，为确保财政收入及时、足额入库，鼓励市直工财口企业完成上交任务，开始对积极上交财政收入的企业，根据各企业上交承包利润、管理费收入多少和上交时间分档次实行奖励。是年，财税方面推行税收制度、分税制和国家与国有企业收入分配关系改革。

从 1993 年 7 月 1 日起，开始执行《企业财务通则》和分行业的财务制度。企业筹集的资本金，分为国家资本金、法人资本金、个人资本金和外商资本金，并或一次筹集或分期筹集。建立资本金制度后，原有的财务制度相应作了配套改革：一是企业提取的固定资产折旧计入成本、费用，不冲减资本金；二是企业固定资产报废、毁损等其净收益或净损失作营业外收入或支出处理，不增减资本金；三是企业库存材料物资因国家调价产生的价格不调整资本金；四是企业收回的对外投资与其账面价值的差额及债券利息收入等，不增减有关资本金；五是企业法定财产重估确认价值与账面净值差额不调整资本金；六是企业筹集的资本金取消专户存储办法，允许企业统筹运用。

1994 年 5 月，为进一步搞好全市工交企业的财务管理，市财政局制定了《关于加强全市工交企业日常财务管理和监督的意见》，主要明确了以下规定：一是企业要严格财务开支的审批与领报管理，所发生的管理费用和财务费用，必须按现行财务制度规定的项目进行核算，全数进入企业当期损益；二是企业要严格成本计算规程，按国家规定的成大开支范围和标准以及实际消耗量，如实核算产品的制造成本和经营成本；三是企业应按照规定的项目发放奖金与补贴，并按规定的资金渠道列支；四是企业要正确核算产品销售收入和其他销售收入，如实反映企业盈亏。为及时掌握全市国有商业企业经济运行情况，根据市政府《关于做好经济形势定期分析工作的通知》的要求，从二季度开始对全市国有商业企业实行定期财务分析制度。是年，常德市建立粮食风险基金，将农业税新老差价款（11. 55 元～40 元/每 50 公斤）的 10% 的部分集中用来建立粮食风险基金。在市内推行企业效益目标管理，每月对实行效益管理的企业销售收入、实现利润、入库税金 3 项指标进行及时统计，当年市属 46 户工业企业的赢利水平比上年增加 1. 39 倍。

1995 年，对企业工资总额和经济效益挂钩的基数进行了核定，已实行工效挂钩的企业，原则上以 1994 年工效挂钩结算的实提挂钩工资总额为基数，加上核定的合理增资部分；1995 年新实行工效挂钩的企业，原则上以本单位上年劳动工资年报数为基数，核减一次性补发上年工效以及不合理的工资性支出，核增上年增人、转正定级、成建制划入职工的翘尾工资以及国家规定的其他增减工资的因素后确定；浮动比例亏损企业一般为 1∶ 0. 3 左右，工资总额与实现利税倒挂的企业一般为 1∶ 0. 5 左右，工资总额小于实现利税的企业一般为 1∶ 0. 7 左右。7 月，省政府规定：1992 年 3 月底前的粮食企业政策性挂账由中央财政贴息，省财政逐年予以弥补，经营性挂账由企业自行消化；1992 年 4 月至 1994 年底发生的财务挂账通过认真清理后，政策性挂账及其弥补前的利息属哪一级政府造成的由哪一级负责弥补，经营性挂账及其利息由企业解决；从 1995 年起，粮食企业不得出现新的挂账。9 月，省财政厅明确对粮食财务体制实行下放，各地自行负责粮食生产、收购、经营、供应、调拨、盈亏等任务指标的落实，当年纳入地方财政预算管理的粮食财务补贴 1943 万元作为专项追加，从 1996 年开始以此作为基数下放支出管理。

1995 年，开始实施流转税制改革，对企业减免或返还的流转税（含即征即退、先征后退），除国务院、财政部、国家税务总局指定用途的项目外，都要并入企业利润，照章征收企业所得税；对直接减免和即征即返的，应当并入企业当年利润征收企业所得税；对先征税后返还和先征后退的，要并入企业实际收到退税或返还税款年度的企业利润征收企业所得税。同时，对国有农业（含四场事业单位）、农垦、农牧、渔业、水利、气象、农机企业实行新的所得税制。

1996 年 5 月，按照中央和省里部署和要求，常德市各级财政部门积极参与粮食部门两条线运行改革，加强两条线运行后粮食企业的财务管理，并积极做好相应财政补贴工作。12 月，市劳动局、市财政局、市地方税务局联合制定了《关于认真做好 1996 年度企业工效挂钩结算工作的通知》，主要明确规定：企业实行工效挂钩，必须坚持“工资总额低于效益增长、实际平均工资增长低于劳动生产率增长”的“两低于”原则；由于国家政策、产品销售价格上涨等非劳因素，使挂钩效益指标增长幅度过大的，在计提效益工资时，当年新增效益工资超过核定工资总额基数 20% 以上部分，只能按新增效益工资的 50% 提取，超过 40% 以上的部分，按新增效益工资的 20% 提取；对经济效益下滑的企业，其工资应按挂钩办法所确定的比例下浮，效益下降幅度超过年初考核核定效益指标基数 20% 的企业，工资下浮在核定的比例基础上再下浮 0.1；挂钩企业未完成挂钩复合考核指标的，要按规定扣减新增效益工资。

1997 年，为加强粮食企业财务管理，出台了《常德市粮食企业财务管理暂行办法》，主要包括：一是固定资产管理，粮食企业原则上停止楼、堂、馆、所的新建及办公楼的高标准装修，搞基本建设和新购固定资产区县市在 15 万元、市属在 30 万元以上的，必须征得同级财政部门和粮食部门同意，亏损企业原则上不得新置、更换小汽车和用公款配置移动电话，按月计提固定资产折旧，固定资产维修区县市在 3 万元以上、市属在 5 万元以上的须经同级主管部门和财政部门审批；二是流动资产管理，企业出纳与会计必须分设，各项资金必须由企业财务部门统一管理，国家储备粮油、国家专项储备粮油及定购粮油报损由财政部门审批；三是成本费用管理，工资费用、各项补助、津贴、业务招待费必须严格按现行政策标准执行；四是粮食部门要按照统一领导、统一管理国有资产、统一财务管理和业务分开，人员分流，财务分账的“三统三分”的原则，切实做好两条线运行工作。12 月，为加强外贸企业财务管理，市财政局制定如下办法：一是外贸企业必须确保完成市政府下达的目标管理任务，否则不得发放奖金或变相以实物作奖金发放，工效挂钩企业没有完成效益指标一律不提效益工资；二是外贸企业严格按照会计核算原则及时计算收入，真实反映盈亏，不搞体外循环和设立小金库；三是建立健全决策机制，防止决策失误造成新的损失；四是必须严格控制消费性资金支出，亏损企业不得购置小汽车、移动电话和其他高档消费品，各种工资、福利性支出要严格按国家规定控制；五是业务招待费必须按有关规定标准招待。

1997 年，常德市对市属国有企业厂（矿）长（经理）实行年薪制，其年薪由基薪、国有资产保值增值收入、完成上缴或实现税收收入三部分构成，其计算公式为：年薪＝基薪＋国有资产保值增值收入＋完成上交或实现税利收入，基薪＝［厂工（经理）个人全年档案工资额＋本企业职工当年平均工资额］÷2，国有资产保值增值收入＝本企业职工当年平均工资额×（年末国家所有者权益/年初国家所有者权益）×风险调节系数，完成上缴或实现税利收入＝本企业职工当年平均工资额×（全年实际上缴或实现税利/企业应上交或实现税利）。

1998年，市财政局、市劳动局联合制定了《常德市国有企业下岗职工基本生活保障和再就业资金管理暂行办法》，明确规定：保障资金原则上采取“三三制”的办法筹集，即财政安排1/3、企业负担1/3、社会筹集1/3，按照企业隶属关系，实行分级负责、分级管理、统筹安排、合理使用；保障资金必须由财政部门设立专户，实行专项管理，专款专用。从1998年8月开始，全面贯彻落实全省财税工作会议精神，开始取消对国有企业具体财务事项的审批。

从1999年4月1日起，按照按月结算，先缴后拨的原则，对企业养老保险费实行全收全付；企业在发放职工工资时，应把职工个人当月应缴纳的养老保险费代为扣缴，连同单位缴纳部分一同上缴社会保险经办机构。从7月1日起，按照市劳动局、市财政局联合制定的《关于企业职工增加工资问题的几点意见》的文件精神，企业职工工资全部改行新的工资标准，同时可适当提高工资标准，具体增资额度和时间由企业自行确定，同时规定1999年7月至2000年6月最低工资标准为235元和220元，即武陵区、鼎城区为每月235元，其他县市为220元。9月，市财政局、市粮食局联合下发了《关于粮食财务管理有关问题的通知》，明确规定：原粮购进价原则上按最近三年或两年购进粮食的定购价和保护价加权平均计算；粮食企业要建立商品削价准备金制度，按月计提商品削价准备金，计提方法自1999年9月起，每月按企业月末粮油库存值的3‰～5‰的1/12计提，年末再按粮油库存价值的3‰～5‰进行调整。

2000年，市财政局制定了《关于加强市直工交破产企业财务管理的补充意见》，明确规定各企业必须按照办理年度决算的要求，编制财产清算及到企业宣告破产日止的资产负债表、损益表和利润分配表等财务报表，企业进入破产清算程序后，财政、国资部门原则上不再受理资产核销报告或补办资产核销手续。4月，市财政局制定了《关于加强旅游企业财务管理的暂行规定》，规定凡用国家资金、财政专项资金、各商业银行贷款兴办的各类旅游企业，一律纳入财政预算内管理，属国家预算内企业。

从2001年7月1日起，对2001年3月31日前已办理退休手续的企业退休人员，每人每月增加基本养老金20元；对企业中未参加岗位技能工资套改和等级工资调标的退休人员，每人每月再增加20元。从10月1日起，对2001年9月30日前已办理离休手续的企业离休人员，增加基本养老金，各职务层次职务工资起点标准由最低50元至最高480元提高到100元至850元，每人每月增加数额不足80元的，按80元增加。

2002 年，执行财政部《关于企业实行财务预算管理的指导意见》，各企业建立财务预算管理制度，并规定企业财务管理对董事会或经理办公会审议批准的年度总预算和财务预算调整方案，应在下达执行 15 日内报送主管财政机关备案，预算年度终了，企业财务预算执行报告应在当年财务会计报告编妥后 20 日内报送主管财政机关备案。

2003 年 2 月，执行财政部《关于企业为职工购买保险有关财务处理问题的通知》，对种类企业为职工缴纳的除基本保险费以外的社会保险费，作为劳动保险费列入成本（费用）；为职工缴纳的基本医疗保险费，从应付福利费中列支；由职工缴纳的社会保险费从职工个人的应发工资中扣缴；为职工购买商业保险，作为职工奖励的，所需资金应从工资中列支；作为职工福利的，所需资金从结余的应付福利费中列支，但不得因此导致应付福利费发生赤字。7 月，执行湖南省《关于认真做好 2003 年企业工资总额与经济效益挂钩工作的通知》的文件精神，对企业挂钩工资总额基数，按企业上年劳动工资统计年报中工资总额数据进行确定，同时挂钩浮动比例原则上控制在 1∶0.8 以内。

2004 年，执行湖南省劳动和社会保障局、省财政厅《关于进一步做好企业工资总额同经济效益挂钩工作的通知》的文件精神，同时明确规定，为建立健全企业工资总量宏观调控机制，使企业工资增长与经济效益增长保持合理关系，全市国有企业或改制后的国有独资、控股企业，凡具备条件的，都要实行工资总额与经济效益挂钩制度。6 月，贯彻执行全省粮食流通体制改革工作会议精神，对 1998 年 6 月～2002 年 3 月粮食财务挂账情况进行了认真清理。

2005 年，按照财政部规定，对外商投资企业和外国企业购买国产设备投资抵免企业的所得税，按实际征收的企业所得税和地方所得税计算抵免；外商投资企业中的外国投资者将分得和利润再投资于我国的，凡该外商投资企业实际缴纳的企业所得税已抵免购买国产设备允许抵免的所得税额的，在计算再投资退税额的，应按企业实际负担水平确定。

2006 年 2 月和 10 月，财政部先后发布了《企业会计准则》和《企业会计准则——应用指南》，市财政局积极组织企业财务人员进行学习培训，指导企业做好新会计准则的财务核算准备工作。同时，积极协助金健米业、洞庭水殖两家上市公司共 24 家子公司财务决算的汇审的上报工作。

2007 年 3 月，常德市制定《关于进一步做好国有粮食购销企业政策性粮食财务挂账从企业剥离工作的通知》，要求年内全面完成政策性粮食财务挂帐从企业剥离工作。9 月，制定了《关于造纸企业关停财政补助资金分配使用有关问题的通知》，规定关停纸厂上级财政一般性转移支付补助资金主要用于补助企业养老保险基金、失业保险基金、低保资金、就业补助资金等方面。

2008 年 9 月，为进一步加强企业财务管理，搞好企业财务月报工作，市财政局对市直企业的 100 多名企业财务负责人和财会人员进行了财务业务知识培训指导，建立了企业财务人员联系制度，并出资 8.5 万元为企业购买安装了快报软件。

2009 年 3 月，为加强新型墙体材料专项基金征收使用管理，常德市财政局、常德市经济委员会联合转发《湖南省财政厅湖南省经济委员会关于印发〈湖南省新型墙体材料专项基金征收使用管理实施办法〉的通知》的通知，并对有关事项作出补充规定。是年 9 月，为规范节能专项资金的管理，常德市财政局、常德市经济委员会联合制定《关于印发〈常德市节能专项资金管理暂行办法〉的通知》。

2010 年 3 月，为加强全民创业发展资金的管理，提高资金使用效益，加快推进全民创业进程，经市全民创业工作领导小组同意，常德市财政局、常德市经济委员会、常德市监察局联合制定《关于印发〈常德市市本级全民创业发展资金管理暂行办法〉的通知》，对创业资金的扶持、奖励对象，创业资金的扶持、奖励方式及标准，创业资金的申报、审核及拨付等予以明确。是年 7 月，经常德市人民政府同意，常德市财政局、常德市商务局联合制定《关于印发〈常德市承接产业转移发展加工贸易专项资金管理暂行办法〉的通知》，规定市财政从 2009 年开始，连续三年每年安排 300 万元，用于扶持承接产业转移发展加工贸易。是年 12 月，为规范新型墙体材料专项基金的返退工作，鼓励建设单位使用新型墙体材料，常德市财政局、常德市经济委员会联合制定《关于印发〈常德市新型墙体材料专项基金返退管理办法〉的通知》。

第二节 基本建设财务管理

基本建设财务管理，包括对基本建设拨款、企业挖潜改造资金、简易建筑费、地质勘探费、科技三项费用等生产性支出以及施工企业、房地产开发企业、物业管理企业的财务管理。

1989 年，市财政局制定《关于进一步加强自筹基本建设资金管理的通知》，其中明确规定：1. 自筹基建投资应含征地用费、工程成本、应缴税费，资金来源应按明细科目如实填写；2. 坚持“先存后批，先批后用”的原则，凡属自筹资金搞基本建设的单位，其自筹基建单项工程总投资在五万元以上项目，须先将当年完工工程总投资 100%，跨年工程总投资 60% 的资金存入财政局综合计划科（股）在建设银行开设的“财政基建待转户”，财政部门按工程进度拨款，建设银行监督使用；3. 对自筹基建资金实行分级审批管理，市本级总投资或年申报金额不超过 40 万元的由科长审批，不超过 60 万元的由分管局长审批，超过 60 万元的由局长审批；区县市不超过 25 万元的由股长审批，不超过 40 万元的由分管局长审批，超过 40 万元的由局长审批。

1990 年，加强对市直行政事业单位基本建设的控制，全年砍掉预算内计外基建和超计划基建 24 项 1360 万元。

1991 年，市财政、市建行对自筹基本建设资金来源审批工作进行了规定：自筹基建资金严格按照“先存后审、先审后批、先批后用”的原则执行，其来源按照“统一政策、统一标准、集中管理”的原则归口同级财政综合计划科负责；凡是利用自用资金、地方机动财力5万元以上的基建工程，必须按相关程序报批。是年，为尽快恢复洪灾受损的市政公用设施，省财政厅和省建委决定补助常德市城市维护建设资金35万元，其中补助给石门县城道路恢复建设10万元，澧县县城道路恢复建设5万元，津市市政公用设施和直管房恢复建设20万元。

1993年5月，市财政局制定了《关于确定基本建设工程费用预、决算审查单位的通知》，明确规定从1993年1月1日起，凡属城建资金安排的市政道路、城市上下水管网建设、园林绿化、环卫基础设施、防洪排渍、污水处理、城建后方基地建设等新建或续建工程的预算和决算应根据国家有关费用定额标准由建设施工单位依法编制。单项工程造价在5万元以下的送交市建委审查认定；单项工程造价在五万元以上的送交市财政局城建科初审后，由武陵区建行或市会计师事务所、市审计师事务所复审认定。

1994年3月，为了加强城建资金管理，减少中间流通环节，市财政局决定将市政建设配套费上交入库办法由原来的市规划管理处征收后上交市建委、再由市建委上解市财政局，改为由市城市规划管理处征收后于次月五日前直接上交市财政局。

1995年1月，执行省财政厅《关于基本建设支出管理的暂行办法》，凡财政安排用于基本建设的资金，包括预算的追加和资金的拨付，一律归口财政管理的基建部门办理。9月，执行省财政厅《关于财政部门基本建设预算会计核算暂行办法》，对基建预算会计采用以资金运动为主体的借、贷记账法，以“收付实现制”为记账基础，年终落实结余。

1996年4月，市财政局制定《市本级基本建设支出预算及拨款管理暂行办法》，主要内容包括：一是凡属中央、省级财政投资和市本级预算安排的基本建设项目，都必须严格按基本建设程序办事，所有市本级安排的基本建设支出预算都必须由市财政局行文下达，并纳入市级财政支出预算管理；二是年度预算执行中，一般不追加基本建设支出预算；三是各主管部门或建设单位要先填报《基本建设支出用款计划》，市财政局根据造价标准、预算定额、费用标准及其他资金到位情况审定用款计划，再根据工程实际进度和财政资金情况分期分批拨款；四是凡有自筹及其他资金来源的基建项目，基建投资要按资金来源比例和工程进度落实到位；五是基本建设工程按要求全部或部分建成后，要及时编报竣工决算，办理竣工验收，交付生产使用；六是凡有市级财政预算拨款的基本建设项目，市财政局可根据工作需要随时检查基本建设计划和财务执行情况。7月，制定了《关于加强自筹基本建设投资资金管理的规定》，要求凡需进行基本建设投资的单位或部门在申请基建计划前必须向财政部门提供项目建议书、可行性研究报告、工程概算等相关资料，经财政部门进行审查签署意见后报计划部门审查立项，同时必须按概算或者预算总额的30%划转到财政局基建科实行专户存储。

1997年11月，市财政局、市水利局制定了《常德市水利建设基金筹集和使用管理实施细则》，主要明确规定：水利建设基金的来源为每年从实际入库城建税收入剔除上解后的余额中划出的15%，从驾驶员培训费和市场管理费、个体工商管理费、征地管理费等三费分成收入中提取3%，防洪保安资金中属市和区县市所有的部分；水利建设基金的提取和划转主要是城建税收入中用于城市防洪建设的部分，由财政预算部门每月按收入进度划转至“基金存款”户，从驾驶员培训费和市场管理费、个体工商业管理费、征地管理工作费中集成部分由财政综合部门按规定比例按月提取，每月末划缴至划转至“基金存款”户，防洪保安资金由各级防洪保安资金征收办负责征收，市和区县市的留用资金，由防洪保安资金征收办每季度未划缴至“基金存款”户。

从1997年12月20日起，国家将中央级基本建设及经营性基金本息余额转为贷款使用单位的国家资本金；贷款单使用位收到有关部门转发的批准文件后，企业持批文到同级财政部门办理国家资本金和国有资产产权登记手续。

1998年，市财政局加强基建工程成本核算管理，与会计师事务所共审核基建工程24个，完成工程审核申报金额2373万元，核减率为19.9%。

1999年7月，市财政局制定了《市直行政事业单位基本建设资金管理办法》，其中主要明确规定：一是上级安排的基本建设资金和本级城建资金由市财政局基建科按照上级下达的计划指标以及年度预算进行管理；二是本级财政预算安排的基本建设资金，由项目单位拿出申请计划，由相关主管科室会预算科审核，基建科按工程进度拨款到项目单位；三是行政事业单位自筹基本建设资金，由项目单位拿出申请计划，填写《市直行政事业单位基本建设资金审批表》送财政局相关主管科室会预算科、综合科审核，报财政局分管领导审批，交财政局审核所进行预算审查，综合科按审核所审定工程预算金额将资金划入基建专户，基建科按工程进度拨款到项目单位；未实行投资包干的工程项目应留足15%的保证金，待决算审查后结算；所有财政性资金安排的基本建设项目，必须以市财政局审核后预决算为依据，否则市财政不予拨款。

2000年5月，市财政局明确基本建设支出拨款程序：年度预算计划内的基建支出，每月由用款单位提出下月用款计划，财政根据预算计划和收入入库情况，每月底会同建委有关部门实地了解工程进展情况，并按轻重缓急的原则，确定具体的拨款额度，每月初由建委按与财政审定资金数额报分管市长签批后，由财政直接拨至用款单位；年度计划外急需基建支出，经分管市长签批后，由财政调度资金直接拨至用款单位，并将情况反馈市建委等有关部门。8月，为保障住房售后维修和管理，常德市城区建立了商品住宅共用部位共用设施设备维修基金，由市财政局进行专户储存，市房资办监督使用和管理。

2001年2月，市财政局制定《关于明确市政工程建设管理费的通知》，明确了规定建设单位管理费计提标准，其中单项工程费用在500万元以下的新建工程按费用总额2.2%、改扩建1.5%的标准计提取管理费；单项工程费用500万元～1000万元的新建工程按费用总额2.0%、改扩建1.0%的标准计提取管理费；单项工程费用1000万元～5000万元新建工程按费用总额1.5%、改扩建0.8%的标准计提取管理费；单项工程费用在5000万元以上的新建工程按费用总额1.0%、改扩建0.5%的标准计提取管理费。

2002年，市财政局制定《常德市市本级财政性基本建设资金管理办法》，明确规定对行政事业单位预算外资金和财政性融资资金安排基本建设项目，需将资金全额存入财政基本建设专户，按照先存后批、先批后用的原则进行管理，在项目验收合格后，拨付款额不得超过工程预算的80%，所余款额等项目竣工验收合格并审定竣工结算后予以结算；建设单位要按5%～10%的规定比例提留工程质量保证金，在保证质量期满、经有关部门验收合格后，按合同规定条款支付。

2003年4月，为规范市本级财政性基本建设资金管理，提高资金使用效益，市财政局提请市政府办出台了《常德市市本级财政性基本建设资金管理办法》，对基本建设项目资金的申请、审查、拨付、监督等方面作出了明确规定。

2004年，执行湖南省《基本建设财务管理规定》和《关于〈基本建设财务管理规定〉的补充通知》，对投资超过100万元的小型项目的财务决算实行“先审核、后审批”的方法。同年，根据省市财政部门统一部署，开展对国土资源、城建资金、排污收费及专项资金的专项检查，进一步加强了对城建资金的严格管理。

2006年，市财政局规定，所有使用财政性资金投资的基本建设项目，都要按规定编报年度基本建设财务决算，主要包括：当年安排基本建设投资、当年虽未安排投资但有在建工程、有停缓建项目和资产已交付使用但未办理竣工决算的建设项目。

2007年，执行财政部《基本建设贷款中央财政贴息资金管理办法》，对基本建设贷款安排的中央级大中型在建项目，从上年9月21日至当年9月20日，实行财政贴息，其中标准为贴息率不得超过当期的银行贷款利率。

2008年4月，制定了《常德市城区基本建设项目涉及非税收入把关征收实施办法（试行）》，主要包括：基本建设项目涉及非税收入（劳保基金除外）由非税局负责征收，所有收入按规定直接缴入非税收入汇缴结算户；对纳入有关部门把关征收的非税收入实行分类、分段征收；市规划局、市建设局、市房地产管理局等审批、发证部门是基本建设项目涉及非税收入征收的把关部门；基本建设项目报建过程中，凡符合国家、省、市相关政策可以缓、减、免非税收入的，须按市政府相关精神办理审批手续；对基本建设项目涉及的非税收入征收管理工作实行把关激励机制，奖励所需经费由市财政从相关非税收入中列支，列支比例暂按3%。

2009年8月，为贯彻落实《常德市人民政府办公室关于推进市城区房地产业快速发展的意见》精神，常德市财政局制定《关于推进市城区房地产业快速发展有关事项的通知》，对房屋交易契税优惠政策、房地产开发报建税费优惠政策等问题予以明确。是年10月，为加强市江北城市规划区内公寓楼安置小区建设资金管理，确保资金专款专用、充分发挥效益，经常德市人民政府审定，市财政局、市国土资源局联合制定《关于印发〈常德市江北城市规划区公寓楼安置小区建设资金管理暂行办法〉的通知》。

2010 年 3 月，常德市财政局、常德市商务局联合下发《关于印发〈常德市城区农贸市场提质改造资金管理暂行办法〉的通知》，文件规定，农贸市场提质改造资金为市、区两级财政预算安排专门用于补助市城区农贸提质改造的专项资金。市本级从 2010 年开始，连续三年每年预算安排 1000 万元（其中 2010 年安排 1100 万元）；并对补助范围和标准、申报立项及拨付程序、监督检查等予以明确。是年 4 月，市财政局、市国土资源局、市房地产管理局联合制定《关于继续执行常政办发〔2009〕28 号文件有关政策的通知》，对相关事项予以明确。是年 6 月，为进一步规范市城区（仅指武陵区、德山开发区、柳叶湖旅游度假区）学校建设改造市级奖补资金管理，市财政局、市教育局联合制定《关于印发〈常德市城区学校建设改造市级奖补资金管理办法〉的通知》。

第三节 行政事业财务管理

行政事业财务管理范围，包括全市所有行政事业单位的行政管理费和各项事业费的收支管理。按资金用途分为专项经费与一般行政事业费，按其有无收入，分别实行全额预算管理、差额预算管理和自收自支管理。

1989 年，执行省财政厅《湖南省行政经费管理暂行办法》，上级财政对下级财政实行“指标控制、分级负责、节约奖励、超支扣罚”的管理办法，将核定各级的行政费指标作为指令性计划，各地不得突破；对用款单位经费实行“预算包干、定额管理、超支不补、节余留用”的管理办法，严格控制财政支出，压缩非生产性支出。5 月，市财政局制定了《关于我市事业单位开展有偿服务和经营活动的意见》，其中主要明确规定：事业单位创收所取得的收入，暂不上交财政，也不抵顶财政预算拨款，盈余较多的自收自支单位和企业化管理的单位，可适当上交主管部门一部分资金，上交的比例或数额，由同级财政会同主管部门核定；对事业单位纯收入的分配，按照 5∶ 2.5∶ 2.5 的比例分别建立事业发展基金、职工福利基金、奖励基金；凡是收入实行自给，不需财政再拨款的单位，财政预算要继续挂户、指标照列，由行财科统一调剂或转作文教事业周转金；实行企业化管理的事业，可比照同类企业的财务会计制度，计提固定资产折旧基金、大修理基金和职工福利基金。

1990 年 8 月，为全面、真实地反映各单位的财务情况，强化单位预算管理，市财政局拟定了行政事业单位经费支出表，对市直行政事业单位财务收支等基本情况进行了调查摸底。

从 1990 年 1 月起，执行《常德市全市性会议经费统一管理暂行办法》，统一了由财政开支的全市性会议范围、会议经费审批程序和具体开支标准。

1991 年，市财政局制定了《关于加强文教行政事业单位有偿服务财务管理的几项规定》，对创收形式、成本核算、纯收入分配、奖金发放、管理费上交等方面作了统一规定，规范了创收单位的财务行为。

1992 年，按照“核定人员编制、确定定额标准、经费预算包干、一年一定不变、节编节支有奖、超编超支受罚”的原则和办法，市财政对市直行政事业单位实行编制经费“大包干”。从1992年起，市政府决定对全市性会议经费实行“经费到户、按会拨款、年底结算、节约留用、超支不补”的包干管理办法；从7月1日起，对接待费采取“指标控制到户、严格层次管理、超支财政不补”的包干管理办法，对下半年的包干接待费除0.5万元直接拨到单位自行掌握外，其余部分一律拨到芷园、桃林两家宾馆，非指定单位财政一律不拨款。同时，全市市直、武陵区行政事业性收费专用收款收据由财政部门统一制发和管理，市直和省、中央驻常行政、事业单位收款收据的出售由市财政局负责，武陵区区属单位由武陵区财政局负责。当年，实行了医药费与公费医疗享受者经济利益适当挂钩的办法，规定门诊、住院药费个人负担10%，住院床费负担5%；对二等乙级以上革命伤残军人，个人负担比例略低。

1993年5月，市财政局对使用《湖南省常德市行政事业性收款收据》的有关问题进行了具体规定：行政事业性收费收款收据，用于对外收取行政事业性费用；行政事业性统一收款收据，用于本单位内部转账和对外的往来款项；学生学杂费收款收据是中小学校收取学生学杂费及代收学生其他费用的收据。

从1993年1月起，开始执行《社会文教事业全额预算管理单位财政管理暂行办法》，对行政事业单位实行预算包干、结余留用、超支不朴的预算管理办法。5月，市财政局制定《关于对行政事业单位兴办经济实体进行财务管理的通知》，明确规定行政事业单位创办的经济实体，其财务均应纳入国家预算管理，财务上与创办单位彻底脱钩。

从1994年2月22日起，对公费医疗药品报销范围进行严格审定，不合规定，坚决不予报销。3月1日，开始执行电话费管理办法，对公费住宅电话，除座机费外，实行限额报销、超支自负的管理办法；完善了行政事业单位经费包干机制，对行政事业单位人员、车辆、会议、电话等公用经费一包到底。从5月份开始，对全市性会议费实行统分结合的管理办法，全市性重大会议的会议费由市财政统一管理，实行办会单位申报，财政部门监督，经费到会，会后结算，超支不补，结余分成留用的办法；全市性一般工作会或例会的会议费，市财政年初一次核定全年基数，由市委办公室、市政府办公室、市人大办公室、市政协办公室包干管理，实行“经费到户，按会拨款，超支不拨，节余留用”的办法。

1995年7月，市财政局科室部分管理职能进行调整，原综合计划科、市收费管理局管理的建委系统所属各单位财务隶属关系划归基建科管理。

1996年，市财政局、市人事局联合制定了《常德市机关事业单位社会保险机构财务管理办法》，对其经费来源、经费使用、预决算管理、资产与负债、财务分析与财务监督进行了明确。7月，市财政局制定了《常德市国家机关事业单位工作人员差旅费开支规定》，对工作人员出差的交通费、住宿费、伙食费的开支标准、开支办法等进行了明确。12月，市财政局对行政事业单位离退休人员及其管理机构的人员经费、公用经费、管理机构经费、专项经费一次性全额划转社保科管理。

1997年，为提高工作人员生活水平，根据上级有关精神，市财政局，市人事局联合行文对市直机关、事业单位工作人员适当予以补贴，机关工作人员每人每月补贴标准为：正厅级185元，副厅级175元，正处级165元，副处级160元，主任科员155元，副主任科员150元，科员、办事员、工人145元；事业单位行政人员、工人发放标准与机关同类人员相同；专业技术人员每月标准为：教授级185元，副教授级165元，讲师级155元，助理级150元，员级145元；离退休人员补贴标准，按同职务、同条件在职人员标准执行。

从1997年1月1日起，不再划分全额预算单位、差额预算单位和自收自支单位预算管理形式；国家对事业单位取消“三种预算管理形式”，实行核定收支、定额或者定项补助、超支不补、结余留用的预算管理办法和新的事业单位财务制度。7月，市财政局制定了《常德市直行政事业单位财务收支统一管理暂行规定》，主要规定：一是市直各单位财务收支计划的审批权限属市财政局；二是对党政机关等行政单位实行“全额管理、以收抵支、综合包干”的办法，对事业单位实行“核定经费自给率，以收定支或定额定项补助、超支不补、结余留用”的办法；三是行政性收费收入、罚没收入等国家预算资金必须及时、足额上缴国家金库，纳入财政预算管理，事业性收费等预算外资金收入必须按有关规定实行收支两条线管理和财政专户管理；四是超额完成预算外收入计划的单位分成额度及支出使用，由财政收费管理部门会同财政综合计划部门和业务职能科室，原则上按单位与财政6：4比例分成；五是各事业单位职工福利基金提取比例实行与经费自给率和收入超收相应挂钩的政策。从9月1日起，全市实行了“财政统一票据、单位执收执罚、委托银行代收、资金上缴财政、综合预算分配、群主民主监督”的收费征管体制改革，制定了《常德市收费罚没收入收缴管理暂行规定》，改过去行政性收费、事业性收费、专项收费和罚没收入等由执收执罚单位直接征收为委托银行代收。

1998年，市本级对行政单位和全额拨款的事业单位实行零基预算，改变过去预算安排中“基数+增长”的做法，实现了按因数法安排预算支出。7月，进一步加强全市中小学文体卫生、电教仪器、图书、师训、水电等专项经费管理，主要明确了各费用开支范围：文体卫生费由各学校统一管理使用，体育费占60%，文娱、卫生各占20%；师训经费采取分级管理、分级负担的办法，除小学上交县市区教育局40%，初中上交县市区教育局和市教委各20%，高中（职中）上交县市区教育局和市教委各15%，市直学校（包括子校）40%上交市教委统一管理部分外，其余部分由学位统一使用。9月，市财政局转发财政部《行政事业单位业务招待费列支管理规定》，并且补充规定：按照“必需、合理、节约”的原则，市本级行政事业单位业务招待费开支标准为不超过当年经费支出中“公务费”的2%列支，事业单位按不超过当年单位预算中“公务费”的2%列支；各区县市行政事业单位业务招待费开支标准由当地人民政府按照行政事业单位高于事业单位、基层单位高于上级单位的原则及单位接待任务的大小等情况予以确定，但最高不得超过公务费的20%。

从1998年1月1日起，执行人事部、财政部《关于机关实行职级工资制的部分人员正常晋升级别工资问题的通知》，实行正常晋升级别工资制度，主要内容为1993年工资制度改革工作人员首次确定级别工资后，从1993年算起，年度考核连续五年评定为称职以上等次，至1997年12月31日前未晋升过级别工资的人员，可从1998年1月起正常晋升一级级别工资。

1999年9月，市财政局、市人事局、市劳动局联合行文规范了行政事业单位工作人员施工现场补贴标准：一般建设项目在当地（市直在城区、区县在城关范围内的为当地，超城区城关等为异地）的每人每天补贴6元，建设项目在异地的每人每天补贴12元。交通、水利工程项目在当地的每人每天补贴8元，建设项目在异地的每人每天补贴15元。

2001年，对市直行政事业单位所有公务用车，包括以柴油、汽油为燃料的大车、小车、摩托车以及特种车辆，一律实行定点加油；在市外出差的车辆确需途中加油的，需从严控制，并经单位领导审批后方可报销；同时，实行“一车一卡，凭卡对号加油”的定点加油方式。3月，市财政局、市总工会联合发文规定：凡建立工会组织的行政事业单位，应于每月15日前按全部职工工资总额2%的比例向单位工会拨交工会经费，单位工会同时给单位财务部门开出工会经费专用收据；单位工会按规定留成60%，上缴地方总工会40%。

从2002年1月1日起，市财政局对财政性资金专户利息实行好下管理措施：一是凡局机关科室管理的财政专户存款利息，除财政部和财政厅有明确规定需单独核算转增本金外，其他账户存款利息均纳入统一预算管理；二是纳入统一核算的银行账户存款利息，实行分季汇总，并将70%转作财源建设发展资金，30%用于补充业务费。同时，为了规范行政事业单位收费（基金）票据价格管理，防止收费（基金）票据乱涨价现象发生，全市实行了行政事业性收费（基金）票据一价制。

2003年，为进一步规范市直行政事业单位的财务行为和收支管理，提高财政资金的使用效益，市政府办转发了市财政局制定了《关于加强市直行政事业单位财务管理的意见》（简称财务管理二十条），对坚持勤俭理财、统一财务核算、强化预算管理、加强收入征管、从严控制支出、合法使用票据、取消收支挂钩、加强固定资产管理、严格借款管理、全面推行政府采购、严格管制基建支出、强化银行账户管理、加强会计队伍建设、规范单位会计行为、建立健全管理制度、建立民主理财机制、实行责任追究制度、强化单位内部监管、加大财政监督力度、实行离任审计制度等方面进行了规范。

2004年4月，市财政局提请市政府办出台了《关于加强市本级财政管理的有关规定》，主要包括：加强财政预算管理，按照量入为出、统筹兼顾、确保重点、收支平衡的原则编制财政预算，不列赤字，实行以综合预算、零基预算和项目预算为主要内容的部门预算；加强财政收入管理，坚持财政收入月考核结账制度，确保预算收入及时足额入库；加强财政支出管理，逐步实行国库集中支付制度，专项资金支出按预算计划执行；加强财政性资金管理，专项资金呈报立项由相关部门征求财政部门意见后呈报，财政部门严格按预算计划进度拨付专项资金和工程项目资金；加强政府性借款管理，严格实行财政专户管理，并要编制借款资金使用和偿债预算，按财政资金预算编制程序审批。

2005 年，市财政局制定了《常德市市直行政事业单位差旅费支出管理暂行办法》，对行政事业单位人员出差的交通费、住宿费、伙食补贴等标准及报销进行了明确规定。6 月，为了规范行政事业单位、乡镇机关公务消费行为，降低行政成本，在区县市及其乡镇进行了公务消费货币化改革试点，将工作人员因公务需要消费的交通费、通讯费、差旅费、办公费、会议费、接待费、下乡补助等方面的支出货币化，补贴方式采取核定经费额度、限额报销、节约给奖、发放到人等方式进行。同时，贯彻执行《关于做好市直行政事业单位会议定点接待工作的通知》、《常德市市直行政事业单位会议定点管理暂行办法》和《常德市市本级会议经费管理办法》等文件精神，对市直行政事业单位实行会议定点接待制度，定点接待会议的单位由市委办、市政府办、市财政局通过政府采购在具备相应接待条件和能力的接待单位中招标确定，并对会议定点单位实行“一年一定、统一标准、综合考评、动态管理”。

2006 年，市财政局进一步规范市直行政事业单位配套缴存住房公积金，明确规定：缴存住房公积金的月工资基数为市统计部门公布的上一年度职工月平均工资，市直所有行政事业单位的单位和职工缴存比例不应低于 5%，不得高于 8%，其中财政全额预算拨款单位的缴存比例统一为 8%。同时，市财政局制定了《关于加强市直行政事业单位财务管理的补充规定》，对市直单位工资和津补贴管理、债务管理和基本建设管理作出了明确规定；特别是要求单位债务管理严格执行借款审批制度，规范政府主体举债行为，做到合理举债，依规使用，按期偿还，防范财政风险。

2009 年 4 月，常德市财政制定《关于会议培训接待及出差实行定点管理有关事项的通知》，对有关事项予以明确。是年 11 月，根据上级文件精神，市委组织部、市财政局、市人事局联合下发《关于调整市直机关单位离休人员补贴发放标准的通知》，明确从 2009 年 1 月 1 日起调整市直机关单位离休人员补贴发放标准（正厅级 1845 元/月、副厅级 1737 元/月、正处级 1575 元/月、副处级 1494 元/月、正科级 1377 元/月、副科级 1323 元/月），企事业单位离休人员生活补贴标准参照执行。是年 12 月，为严格市属基本建设、工程协调小组等临时机构财务管理、规范其工作人员补助发放标准，经市政府同意，市财政局下发《关于明确市属基本建设和工程协调小组等临时机构工作人员补助发放标准的通知》，对发放范围、发放标准、经费来源、纪律要求等事项予以明确。是年 12 月，为进一步规范财政票据（含非税收入票据和其他财政票据）工本费管理，市财政局转发《湖南省财政厅关于进一步规范财政票据工本费管理的通知》。

2010 年 4 月，为进一步规范市级行政执法机关、司法机关罚没物资和追缴赃物的处置行为，严格处置操作程序，根据《湖南省非税收入管理条例》、《湖南省罚没财物和追缴赃物处置管理办法》等有关规定，常德市财政局制定《关于印发〈常德市市本级罚没物资处置工作规程〉》的通知。是年6月1日，为规范全市财政行政处罚行为，推动建立权责明确、行为规范、监督有效、保障有力的财政行政执法体制，切实维护公民、法人和其他组织的合法权益，改善机关服务形象，优化经济发展环境，根据上级有关规定，市财政局下发《关于印发〈常德市财政局行政处罚裁量权基准〉的通知》，予以发布执行。是年12月，市财政局对市财政国库集中支付局《关于执法市本级奖励工作管理暂行办法有关问题的请示作出批复，对11类具体问题作出明确处理规定，进一步规范市本级津贴补贴发放工作。

第七章 财政监督

财政监督是负责监督检查国家财政方针、政策与有关法规、制度的贯彻执行情况，保证财政、财务有序运转及其任务的完成。

第一节 财政检查

1989 年，为维护财经纪律，平衡财政收支，积极开展“内外兼并重”的财政监察，全市共检查县级财政决算 1 个，乡财政所 55 个，行政企事业单位 68 个；进行专题调查、专项检查 24 次，查处案件 38 起，共查出违纪金额 955. 81 万元；深入开展拖欠公款清理工作，共清理出拖欠公款 6707. 21 万元，并基本收回。同时，为贯彻落实国务院关于清理检查小金库的安排部署，按照《关于在我市范围内开展清理检查“小金库”工作的通知》的文件精神和要求，对全市小金库情况进行了全面检查。重点对常德市国土局 1987 年 6 月至 1989 年 6 月的财务收支情况进行了检查，对查出来的违反财经纪律的有关问题进行了处理，共收缴财政 10393. 98 万元，调账 133638. 91 万元。

1990 年，根据国务院和省政府的要求，我们把大检查与清理“三角债”和拖欠税款结合起来，及早动员行政单位、事业单位和企业开展自查，并对税利大户、亏损大户及重点单位进行抽查，在此基础上，派出 2305 人组成的 655 个工作组，对 7469 个单位和企业进行重点抽查，共查出违纪金额 6129. 76 万元，应收缴入库 3155. 28 万元，已入库 2137. 5 万元。其中：重点对林业系统“两金一费”收支情况进行自查的基础上，市财政局抽查了 130 个单位，查出违纪金额 196 万元；组织 20 多个检查组 251 人，对全市 119 个乡镇财政所进行了农村“五税”检查，查出零截留、挪用减免税 61. 9 万元；对 2 个县、41 个乡镇财政决算和 56 个行政事业单位进行检查，查出违纪金额 1012 万元，上缴财政 171. 4 万元。

1991 年，全市重点检查了 71 个行政事业单位、1 个县财政决算、49 个乡镇财政决算，查出违纪金额 550. 9 万元，其中应上缴财政 113. 2 万元，实际入库 102. 3 万元。4 月至 9 月，组织 49 个检查组对全市民政系统 315 个单位的专项资金进行了检查，共查出违纪金额 181. 9 万元，主要存在挤占和挪用专项资金、坐支规费收入、贪污和挪用公款等问题，根据有亲财经规定，共处理违纪金额 140. 3 万元，其中财政收缴 7. 4 万元、调账处理 132. 9 万元。

1992 年 7 月，市财政局对市本级财政收支、财政周转金使用、农村“五税”征管及其经费使用情况进行了认真自查自纠，共查出违纪和有问题的金额 6128754. 60 元，并进行了认真的整改。8 月至 9 月，省财政厅对常德市本级 1991 年的财政收支情况、周转金使用情况进行了检查，并且延伸检查了市税务局、市房管局等单位，共发现市本级有问题的资金 10597723.13 元，对存在的问题分别提出了调账、退库、及时解缴入库等处理意见。同年，对全市开展了罚没收入和农业“五税”两个专项检查，共查出违纪金额 763.3 万元。

1993 年，市财政局对 35 个乡级财政收支决算和临澧县的财政收支决算进行了检查，同时根据省财政厅要求对各区县市财政局和市直有关单位落实对支援经济不发达地区发展资金情况进行了专项检查，共查出违纪金额 1100 多万元，入库 130 万元，在检查发现安乡县扶贫办，桃源县杜坪乡、牛羊屠宰场，石门县扶贫办、商溪乡、磨岗隘镇、泥沙镇、水南渡乡等单位分别存在挪用专款、账目不符等问题，对这些问题进行了严肃处理。1993 年 7 月，市财政局制定了《关于认真贯彻“清理财政部门资金整顿举办的各种公司通知”的意见》，并对局机关各科室 1992 年以来的所管资金进行了认真清理。

1994 年，市财政局抽查县（市）乡、镇财政 33 户，查处违纪金额 842 万元，收缴财政 147. 1 万元，重点对津市市、临澧县新安镇、安乡县安障乡等单位 1993 年度的财政收支情况进行了检查，查出了财政管理不严格、专项资金被挤占、资金入库不及时、会计核算不规范等问题，对这些问题都进行了严肃处理。4 月，市财政局对全市各区县市财政局和市木材贮运公司、市农机局、市劳教所等单位的财政支农周转金使用情况进行了检查，发现普遍存在跨行业投放、多提多支业务费、漏收少收业务费、账务处理不规范等问题，分别作出了罚款、回收、转账、清理等处理决定。

1995 年，市财政局对两个县，两个乡镇和 5 个市直单位的财务收支情况进行了全面检查，共查出违纪金额 2428.4 万元，收缴财政 143.4 万元。在对澧县和石门县 1994 年度决算情况进行检查时，发现存在应缴未缴预算收入、应缴未缴预算外收入、决算收入调项、截留上级收入、虚列支出、多提业务费等问题；在对市计生委、市畜牧局、市散装水泥办、市职业病防治所等单位进行财务检查时，发现存在漏税、漏交、挪用、欠缴等违规定行为，并分别对其进行了严肃处理。

1996 年，市财政局对桃源县、安乡县 1995 年度的财政决算情况进行了检查，发现在两县存在隐瞒收入、虚列收支、挪用专项、调整税种等违纪问题，对桃源县截留市里应集中国土出让金 10% 计 200046 元给予了全额收缴处理决定；对安乡县截留市里应集中国土出让收入 213007.12 元、调整税种处以罚款 11545.99 元，给予了全额收缴财政等处理决定。3 月，对市社会劳动保险处 1993 ~ 1995 年度养老保险基金收支情况进行了检查，查出了挤占专款、违规控购、虚列支出等违规定行为，决定对挤占养老金和转移基建费用处以 52681 元的罚款，对违控购置商品给予 5.68 万元等处罚决定。

1997 年，市财政局对临澧县、鼎城区 1996 年度财政收支情况进行了检查，发现存在隐瞒上级收入、少列预算收入、虚列预算支出等问题，分别给予了罚款 181389.87 元和 119050 元收缴市财政等处理决定。同时，分别对武陵区护城乡政府、津市市窑坡乡政府、安乡县黄山头镇政府、汉寿县坡头镇政府、澧县涔南乡政府、桃源县漆河镇政府、石门县壶瓶山镇政府 1996 年度预算内、外收支及其财务管理情况进行了检查，对存在的问题分别进行了处理。

1998 年，在取消“三大检查”后，及时转变监督方式，加强日常检查和专项检查，先后组织力量对预算收入级次、扶贫资金、解困资金、预算外收入收支两条线管理、社保基金等进行了检查，共查处违纪金额 1710 多万元。

1999 年，以“两清三查”为重点，分两次对全市预算外资金进行了专项检查。

2000 年 4 月，市财政局组织 5 个调查小组，对各区县市财政应负担工资发放和教育经费落实情况进行了专项检查。9 月，市财政局组织力量对 8 个区县市 70 多个乡镇的预算外资金管理情况进行了检查。

2001 年，组织对 46 个行政企业事业单位开展了财务收支情况、医疗保险、能源资金等财政专项资金管理使用情况和 5 个区县市解缴市级收入情况的检查，查处违纪金额 1844 万元，处罚收缴 521 万元。4 月至 6 月，市财政局组织对全市上级追加预算指标拨付情况进行了全面检查。

2001 年，组织全市 1637 个行政企事业单位对照《会计法》要求进行自查自纠，并对 160 家单位进行重点检查，共查出各类违纪资金 3962 万元，处罚收缴 147. 8 万元。在此基础上，对 44 个行政企事业单位财务收支情况、医疗保险、能源资金、计划生育经费等财政专项资金管理使用情况和区县市解缴市级收入情况进行了检查，查处违纪资金 1867 万元，处罚收缴 273 万元。

2002 年，市财政局先后组织对 46 家行政事业单位的财务收支情况，对医疗保险、计划生育经费、教育专项经费、上级追加等 7 项财政专项资金的管理使用情况，对 5 个区县市解缴市级收入情况进行了检查，共查出违纪金额 1844 万元，处理收缴财政 521 万元。7 ~9 月，市财政局和市扶贫办组织联合检查组对全市 2001 年度扶贫专项资金管理、使用及效益情况进行了检查。

2003 年 6 月，全市开展了“小金库”的清理检查，其中市本级检查单位 102 个，下达行政处罚告知书 73 份，查出违法金额 4527. 27 万元，收缴财政金额 568. 6 万元，针对检查中发现的问题提出了整改建议，督促单位健全制度，初步建立了防范“小金库”发生的约束机制。同年，还狠抓了扶贫资金、防汛和农业专项资金、农业综合开发资金检查，查出违纪金额 586 万元。

2004 年，认真组织了“三项检查”，对市直 29 家临时机构进行了财务清理检查，查处违规资金 400 万元。从 5 月开始，市财政局对全市水利以工代赈资金、农村中心卫生院建设资金、近三年来国债资金使用情况进行了专项检查。同时，开展了财政“打假工程”检查，对区县市及乡镇财政收入和决算情况进行了检查。

2005 年，根据市政府安排，市财政局、市监察局、市审计局联合对市本级 42 项财政专项资金使用管理情况进行了检查，共查出违纪金额 3389 万元，对桃源县、安乡县、临澧县的财政预算执行情况进行了检查，检查发现三县空转预算收入 6000 多万元；对全市住房公积金系统，包括 9 个区县市管理部住房公积金的归集、使用、管理及增值收益收支情况进行了检查。同时，根据省财政厅部署，在全市范围内开展了清理整治“小金库”的专项行动，市本级共查出存在有“小金库”的单位 26 家，“小金库”资金累计收入发生额 948 万元。此外，为提高财政监督人员的业务素质，4 月份市财政局组织全市财政监督业务骨干集中开展了一次业务培训。

2006 年，市财政局加强收入质量检查，共查出违法金额 5045.3 万元，收缴市财政 123.6 万元，维护了分税制财政体制的严肃性；加强劳动和社保资金、财政统发人员吃“空饷”、住房公积金等专项资金检查，查出违法资金 5776 万元，核减财政拨款 520.8 万元，收缴市财政 34.4 万元，确保了专项资金专款专用、管理有序、投放有效；加强会计信息质量检查，查出违法资金 688.9 万元，收缴市财政 21.9 万元，规范了会计管理秩序。

2007 年，根据省财政厅安排，常德市作为全省财政监督机制创新试点市州，积极开展了财政收入监督创新方案的制订和监督检查信息化试点工作。在财政检查方面，组织对石门县、鼎城区 2006 年度财政决算情况进行了检查，共查出违规资金 6000 多万元；同时对移民资金、新农村建设资金、住房公积金专项资金开展了检查。此外，为规范全市融资担保业务市场，由市财政局牵头，会同市监察局、市审计局对全市农欣、芷兰、圣安、中小企业等四家国有控股或参股的融资担保公司进行了审计，检查发现少数担保公司存在违法放贷、收取高额利息、私设“小金库”等违法违纪行为，市财政局就检查情况向市政府提交了报告，并最终促成四家担保公司整合为一家公司（财鑫担保公司）。

2008 年初，市财政监督检查局实行局长高配（副处级），市局和 9 个县市区局积极开展财政监督机制创新工作，先后出台了机制创新方案，制定了创新时间表，部分县市区实现了监督机构升格，监督检查队伍整体素质明显增强。同时，市财政局积极构建“大监督”格局，不断创新监督检查方式方法，将非税网络系统、国库集中支付系统、农税补贴网向财政监督开放，方便财政实施实时监督，并要求财政监督参与所有上级指标文件下达的审核会签和把关。6～10 月，市财政局组织力量，对 2007 年市级以上农村义务饮水安全资金、农村义务教育经费补助、新型农村合作医疗等 10 项重大财政专项资金项目进行绩效监督，检查组对全市 9 个县市区 21 个乡镇、66 所学校、62 处饮水工程项目点、41 家定点医疗机构及部分受惠农民进行了实地调查走访，涉及金额 4.2 亿元，出具检查报告 40 多份，其中 15 份上报了市政府，引起了政府领导的高度重视。

2009 年，按照中央、湖南省的部署，常德市全面开展“小金库”专项治理工作，领导小组办公室设市财政监督检查局。通过检查，全市共查出违规资金 2.6 亿元，查处单位私设“小金库”20 个，行政处理 2 人，组织处分 2 人，移送司法机关 2 人；其中市本级重点对 33 家行政事业单位开展“小金库”专项治理检查，共查出违规金额 3800 多万元，单位私设“小金库”2 个。是年，为推进厉行节约工作，市财政局组织对市直 60 家单位进行了重点检查，促进全市厉行节约工作扎实开展，全年全市因公出国（境）、车辆购置、会议、公务接待、机关水电气经费支出均在控制线内。为推进财政绩效监督，市财政监督检查局除继续对部分大额财政专项资金实施绩效监督外，还将市残联残疾人救助资金、市爱卫办“除四害”专项经费、市人防工程专项经费等小额财政专项资金纳入绩效监督的范围。

2010 年，全市扎实开展强农惠农专项资金大检查工作，共清理检查强农惠农专项资金 372 项、资金总额 100 亿元，查出违纪违规问题 124 个，违纪违规资金 1.1 亿元，督促县市区全部整改到位。继续开展治理“小金库”专项行动，重点加强对国有企业和社会团体组织的检查。深入开展厉行节约工作，加强对行政事业单位财务管理及支出控管。加强对上级转移支付资金及部分专项资金的绩效监督检查，提高资金使用效益。

第二节　税收财务物价大检查

根据国务院的统一部署，从 1985 年 9 月开始，在全国范围内开展一场声势浩大的税务、财务、物价大检查。

1989 年，贯彻执行省政府《关于开展一九八九年税收、财务、物价大检查的通知》深入开展三查工作，在单位自查的基础上，全市共组织 1300 多人组成的 392 个检查组对全市 2610 个单位进行重点抽查，共查出违纪金额 2700 多万元，包括自查自报违纪金额，全市达 7700 万元，应入库金额 2800 万元，实际入库 2035 万元。

1990 年，对全市 1543 户行政事业单位、1340 户国营企业、4699 户集体企业、23903 户私营和个体工商户，进行了 100% 的全面自查和 44.66% 的重点抽查，共查出违纪金额 6129.76 万元，应入库 3155.28 万元，已入库 2137.50 万元。

1991 年，重点加强市本级的三大检查工作，当年三查自查面达到 98%，重点检查面达到 32%，分别比目标管理指标高 3 个和 2 个百分点，市本级财务大检查入库金额 96 万元，三大查入库金额 271 万元，全市大检查入库 1371.86 万元。

1992 年，国检办颁布《关于税收财务物价大检查的程序》和《税务财务物价大检查工作人员守则》，对三大检查工作人员提出了八个方面的要求；同时，按照三个“有利于”的原则，在检查中注意保护企业的积极性、创造性，注重帮助企事业单位建立健全财务规章制度，促进企业转换经营机制，当年全市三查自查面达 100%，抽查面达 71%。

1993 年，全市共有 8176 户国有、集体企业，1537 户行政事业单位，45172 户个体工商户开展了“三大查”的自查自纠，占应自查户数的 100%，在此基础上重点抽查了 22589 户，占总户数的 40.75%，共查出违纪金额 5675 万元，应入库 3827 万元，已入库 3567 万元。12 月，省“三查办”调查了双牌、宁远、桃源等 7 个县市开具假发票和出具不实征税证明并获非法收入的情况，对桃源县金凤服装厂、桃源县税务局和桃源县财政给予了相应处理。

1995 年，继续深入开展三大检查工作，重点开展了清理“小金库”和各类专项资金的检查，当年全市三大检查共查出违纪金额 5596. 59 万元，入库 3988. 1 万元；其中市本级重点检查了 1809 户，查出违纪金额 1824. 99 万元，入库 1398. 01 万元。财政部制定了《财政税收财务大检查工作规定》，明确了大检查的职责任务、权限义务和工作程序等。省财政厅下发了《关于税收财务物价大检查查增收入缴库问题的通知》，明确规定查出的增值税，由各地国税机关就地征收缴入国库，属省级的 25% 部分由当地国库上划解省国库；由省大检查办公室派出检查组在检查中央、省属单位时查出属于地方财政收入的，由当地大检查办公室或当地财政采取“即缴即划”的办法，按实际缴库数的 20% 上划省大检查办公室。

1997 年，是连续 13 年税收、财务、物价大检查的最后一年，市政府下发了《关于开展 1997 年税收财务物价大检查的通知》，全面部署了三大检查工作，当年全市共检查单位 29629 户，检查面达 62. 5% ，主要检查了 1996 年和 1997 年发生的各类违反财经法纪的问题，共查出违纪金额 11507 万元，入库罚没收入 4468 万元，其中市本级入库 804 万元。

从 1998 年开始，按照上级要求和部署，常德市取消税收财务物价大检查。

第八章　机关建设

第一节　机关制度建设

制度建设，始终是财政部门机关建设的重要基础环节。在不同的历史时期，市财政局根据工作需要，制定了相应的机关工作制度，对保证机关运转、严明工作纪律、规范内部管理等方面发挥了积极作用。

1989 年，市财政局制定了《常德市财政局机关管理制度》，包括办公制度、学习制度、会议制度、保卫保密制度、机关财务管理制度、车辆管理使用制度、公物管理制度、伙食管理制度、公共卫生制度等。同时，制定了《关于加强机动车管理确保行车安全的几条具体规定》、《机关保卫制度》等制度。

1990 年 4 月，市财政局制定了《市财政局机关规章制度汇编》，主要包括局长会议事规则、公文处理办法、信息工作制度、催办查办制度、阅文制度、档案工作制度、档案保管制度、保密守则、机关学习制度、接待工作的有关规定、文明办公“八不准”、机关安全保卫制度、机关门卫制度、用电管理办法、卫生管理制度、公物管理制度、机关设施维修制度、机关经费管理制度、车辆使用管理办法、机关浴室管理制度、机关食堂管理制度、打字文印制度、液化气管理制度等 23 项制度及《市财政局机关用电管理办法》（试行），促进了市财政局机关实行制度化、规范化和科学化管理。同时，制定了干部职工“四不”禁令，即不因工作关系受单位吃请，不以工作之便索购物资，不假手中权力发放人情债，不借业务往来受企业馈赠。6 月，市财政局下发了《关于严格控制会议完善会议审批制度的通知》，明确规定要实行区县市财政局长例会制度，实行会议申报审批制度，减少会议次数，压缩会议次数，严肃会议纪律。

1991 年 8 月，市财政局制定了电话费管理办法，实行专人专室专号管理，成效比较明显。据统计，仅 9 ~ 12 月，机关长途电话费用就比上年同期减少 1. 2 万元。

1992 年 6 月，市财政局制定了《市财政局各科室职责范围和部分事务办事程序》，明确了市财政局 17 个科室的职责范围和 17 项办事程序。制定了局属各科室校所《“双文明”建设考核评比办法》和《主要工作责任指标》，严格实行半年一考核，年终再总评。

1993 年 7 月，市财政局制定了《卫生管理制度》《机关门卫制度》《用电管理制度》《机关安全保卫制度》《液化气供应管理制度》《会议室管理办法》《食堂管理制度》7 项制度。

1994 年 6 月，市财政局制定了《关于车辆使用实行定额分配的管理办法》，对局机关科室用车实行计划分配、包干使用的管理办法，并按科室业务和职能印发了“用车票”，“用车票”不够的可另行购买，节余的实行资金奖励。8 月，制定了《市财政局机关车辆使用办法》，明确了车辆分配方案、车辆调度程序等事项。12 月，制定了《车辆安全奖罚规定》，明确了驾驶员安全奖惩办法、交通事故处罚办法和劳保福利待遇等事项。

1995 年 5 月，市财政局制定《中共市财政局党组关于廉洁自律的若干规定》，明确了局机关干部职工廉洁自律的“十不准”。同时，修订和完善了机关管理的 18 项制度，并且进行了闭卷考试。

1996 年，市财政局对局机关车辆使用范围和调度程序进行了重新明确，制定了《市财政局车辆管理办法（试行）》和《关于加强机关院内用电管理的规定》。

1997 年 5 月，制定了《关于加强局机关值班接待工作的通知》，建立了局机关值班接待制度，明确了值班人员工作职责；制定了《机关公用经费包干方案》，明确了包干项目及标准、接算方式，同时启用了机关包干经费专用票。7 月，市财政局制定了《机关住宅装修管理规定》，明确规定：一是装修住宅须办理审批手续；二是室内装修不得影响住宅楼整体结构；三是对擅自装修的机关干部职工有责任出面制止并及时报告；四是只有部分产权的住户，不经后勤中心批准严禁擅自将机关住宅转借、转租，严禁转让、出售住宅产权。

1998 年 9 月，为完善机关制度建设，加强机关廉政建设，提高机关管理水平，市财政局成立了制度建设领导小组，要求新建立预算内资金拨付管理制度、周转金管理制度等七项制度，同时编明确了《市财政局机关管理制度建设框架方案》。11 月，建立健全了 56 项制度，并开始新制度的试行。

1999 年 1 月，为进一步加强各科室、局属事业单位业务经费管理，市财政局制定了《加强机关财务管理的意见（试行）》和《局机关经费包干使用管理办法（试行）》。

2000 年 6 月，市财政局制定了《局机关经费包干使用管理办法》，对机关公用经费按科室在职人数确定经费包干指标，由机关财务统一拨付。7 月，印发了《机关管理制度（补充修订部分）》和《干部告诫制度》。7 月，局机关新制定和修订了《机关管理制度》，主要包括：《中心学习小组理论学习制度》《抓大事议小事制度》《重大事项通报制度》《思想政治工作责任制》《接待工作制度》《院内公有住房售后管理制度》和《汽车管理制度》。

2001 年 11 月，为进一步加强机关财务管理，规范收支范围和秩序，市财政局制定了《局机关经费财务管理制度》。

2002 年，为进一步加强廉政建设，市财政局修订了《财政工作纪律暂行规定》和《廉洁自律制度》。

2003 年 6 月，为进一步规范局机关档案管理，市财政局制定了《局机关档案管理制度》。为转变作风，理顺关系，节减开支，制定了《关于进一步加强局机关会议管理的通知》。9 月，印发了《市财政局工作规则》，主要包括领导职责、科学民主决策程序、依法行政要求、行政监督、会议制度、公文审批、公务活动制度、作风纪律等内容。5 月，印发了《机关财务管理制度》《机关经费管理制度》《局机关接待管理制度》《内部监督检查制度》《市本级财政资金管理制度》《预算支出指标分配管理制度》《机关廉政建设制度》七项内部管理制度。7月，印发了《车辆管理制度》《外来人员管理制度》《物业管理制度》三项内部管理制度。9月，印发了《学习制度》《文件收发传递及阅文制度》《保密制度》《办公用品管理制度》《印章（鉴）、行政介绍信管理制度》《卫生、绿化管理制度》《办公大楼管理制度》《院内住房维修管理制度》八项内部管理制度。11月，印发了《考勤、请休假制度》《中心学习小组学习制度》《离退休人员管理服务工作制度》《借用、聘用人员管理制度》《学习教育管理制度》《干部职工调动管理制度》《思想政治工作责任制度》七项内部管理制度。11月，印发了《财政行政执法责任制度》《财政行政执法违法和错案责任追究制度》《财政行政执法公示制度》三项内部管理制度。

2004年11月，市财政局印发了局机关《首问责任制度》《限时办结制度》《行政过错责任追究制度》三个优化财政办事环境的工作制度。

2005年，为进一步提高财政工作透明度，规范重大财政事项公示，市财政局印发了《关于对财政有关重大事项实行公示的通知》。8月，为加强机关车辆管理，市财政局制定了《局机关车辆管理制度》。12月，制定了《市财政局信息化管理制度》。

2009年2月，为深入推进党风廉政建设和反腐败工作，认真贯彻落实中共中央《建立健全惩治和预防腐败体系2008~2012年工作规划》和《市纪委、监察局关于预防和惩治集体腐败的意见》，按照市委、市纪委统一部署，市财政局制定《关于印发〈常德市财政局预防集体腐败试点工作方案〉的通知》。是年3月，为贯彻落实《中共常德市委办公室常德市人民政府办公室关于从严控制2009年市本级各项经费支出的通知》精神，牢固树立过紧日子思想，推进节约理财，市财政局制定《关于过紧日子从严控制机关支出的实施意见》。是年4月，为满足人民群众网上诉求需要，推进高效财政建设，维护财政形象，根据上级有关要求，市财政局制定《关于印发〈常德市财政局网民诉求快速处理工作制度〉的通知》。是年5月，为保障局机关计算机及信息系统安全运行，保守国家秘密，市财政局制定《关于印发计算机涉密信息及安全保密管理规定的通知》。是年6月，下发《关于进一步落实建设节约政府工作责任的通知》，将建设节约政府的各项工作责任分解到局机关有关科室，要求有关科室加强与所联系单位的协作，确保工作责任落实到位。是年9月，为进一步推进阳光财政建设，提高财政工作决策民主化水平，建设人民满意机关，市财政局制定《关于印发〈常德市财政局邀请市民列席市财政局局长办公会议暂行办法〉的通知》。

2010年10月，为加强局机关固定资产管理，市财政局制定《关于印发局机关固定资产管理制度的通知》。

第二节　机关院落建设

1983 年，市财政局因财政税务机构分设搬迁至战备桥新二村原地区财会干部学校，占地面积 4506.69 平方米（6.76 亩），建筑面积 6266.7 平方米。

1985 年，因成立市信托投资公司，增加占地面积 2613.35 平方米（3.92 亩）、建筑面积 3874.32 平方米，两处合计占地面积 7120 平方米（10.68 亩），建筑面积 10141.02 平方米。

1990 年 4 月 3 日，市财政局向市政府、省财政厅呈送《关于申请我局机关搬迁的报告》，初选址在鼎城北路与外环路交叉处（市房产开发公司预制厂），预计所需经费 500 万元。7 月 10 日，根据市政府主要领导批示意见，市财政局拿出了具体搬迁方案，初步选址市一中南侧的常德市汽车修配厂、市图书馆北侧和后部、鼎城北路与外环路交叉处原市房产开发公司预制厂三处，市政府主要领导同意了局机关搬迁至市汽车修配厂的报告。10 月 18 日，向市计委递交了《关于申请下达本局搬迁基建计划的报告》；12 月 13 日，向市计委申请购买市汽车修配厂厂地厂房；12 月 17 日，向市国土局申请审批搬迁用地。

1991 年 1 月 6 日，向市计划递交《关于申请搬迁翻修办公楼、宿舍的报告》；3 月 20 日，递交了《关于补征建筑用地的报告》，申请征用武陵区公安局和市房产经营公司部分房宅建筑面积 2.65 公顷。3 月 20 日，向市城市规划管理处申请在一中前开梯进水；4 月 4 日，申请审批规划总图；5 月，分别向市消防支队、市环保局、市电业局、市人防办、市规划处递交了相关局机关搬迁建设的报告；6 月，全面开始动工建设。

1992 年 4 月，市财政局开始续建办公楼宿舍，新建生活配套设施（车库、浴室、锅炉房、食堂、传达室、配电房等）。年底，市财政局成建制整体搬迁至新院，整个新院投资 2000 万元，建筑面积 13000 多平方米，其中办公楼 3000 多平方米。

1995 年，局机关安装了油锅炉，保证了热水和暖气正常供应；修通了通大街的水泥路，方便了干部职工出行；对 6 栋住宅屋面进行了维修，解决了渗漏问题，当年被评为全省百佳文明卫生单位（市直机关仅此一家）。

1997 年 5 月，成立了机关后勤服务中心，负责财政局机关建设相关事宜。7 月，常德市管道燃气公司开始向局机关第一期 138 户供气。9 月 1 日，正式购买了武陵区民兵训练基地（即武陵宾馆），11 月，对宾馆开始进行维修改造，并更名为“常德市财会干部培训中心”。12 月，向市政府请示，将办公楼南面空坪的透视围墙改建为临时门面。

1998 年 4 月，为解决职工住房困难，市财政局计划在购买的原武陵区人武部营院原址上，全额集资建造 60 套干部职工宿舍，并向市房改办提出了申请。5 月，市房改办、市规划局相继办理了相关手续，市计委下达了投资计划。

2005 年 5 月，拆除办公楼南面门面及围墙，修建一楼大会议室。

2009 年，完成局机关大门及楼顶改造、局机关第二办公楼维修改造、局机关食堂维修改造、机关老干活动中心维修改造、局党组会议室调整及布置等五项工程。

2010 年，启动原财培餐厅改扩建为局机关食堂工程。湖南省第一批“节水型单位”、常德市“林业十佳生态建设单位”创建成功。

第三节　电子政务建设

2003 年 10 月，市财政局以筹建市国库集中支付网络系统为契机，开始启动“金财工程”项目建设，着力建设局域网络，主要项目包括财政中心机关建设、局办公大楼综合布线工程、网络信息点安全测试、网络设备配备、财政城域网专线建设、网络安全建设等。

2004 年 4 月，市财政局开始实施机关网络建设（含局域网、信息网、支付网），7 月开始试运行，8 月 1 日中心机房正式投入运行。9 月，市财政局制定《计算机使用管理办法》，分别对台式计算机和便携式电脑（笔记本）的使用和管理进行了明确。11 月，市财政局制定《常德市财政国库集中支付网络安全管理制度》，明确了业务科室、操作人员、信息中心工作人员的相应职责。12 月，市财政局与市信息技术服务中心签订《网站开发建设合同》，由市信息技术服务中心负责市财政局网站及网页设计制作、网站集成、系统程序开发、网站域名注册与解析、中文网络实名注册等相关工作。

2005 年元月，开通中国常德政府门户网站财政子网站，3 月初步建成市财政信息网络，成功搭建了对外发布信息的网络平台，网站主要包括财政新闻、政策法规、财政改革、办事指南、理财资金、局长信箱等 11 个栏目，后来经过多次补充完善，逐步扩展到 20 多个栏目。2 月，经市编办批复同意，市财政局设立信息中心，为正科级全额拨款事业单位，主要负责制订全市财政系统信息化建设规划，负责国库集中支付计算机系统建设，日常维护和数据备份工作，负责建设和管理市财政局机关局域网，指导和管理全市财政系统广域网建设，负责局机关办公自动化建设和计算机网络系统的安全保密工作。

2006 年，为加强计算机使用和管理，确保网络安全，市财政局先后出台《信息化管理制度》《网络安全及保密管理制度》《计算机病毒防护须知》《中心机房管理制度》《计算机使用管理办法》等相关制度，主要包括计算机使用、管理、安全、保密等内容。7 月，市财政局开始启动办公自动化建设，制定公文流转程序，并由采购办组织所需设备的招标采购工作；8 月，进行网络终端的软硬件安装和调试，调配和部署了 134 台终端电脑；9 月，开始办公自动化模拟试运行。

2006 年底，市财政局建成一个包含城域网的庞大网络体系，其中包括硬件设备中网络设备 18 台、安全设备 5 台、小型机 3 台、服务器 19 台、局机关终端电脑 134 台、UPS 不间断电源 2 台；软件中包括各种操作系统软件 3 套、各种数据库软件 2 套、安全软件和管理软件各一套。同时，建立了国库集中支付、非税收入征管、国有资产管理、社保资金管理、工资统一发放查询、办公自动化、财政因特网等应用。11 月，市财政局制定《常德市财政局网站管理暂行办法》，主要包括网站建设管理、网站内容管理、网站安全管理、网站考核管理等内容。

2007 年 4 月，市财政局机关办公用房进行进行调整，并对财培宾馆办公局域网络和财政网络中心进行并网运行，在财培宾馆新增办公室 21 间，共 84 个信息点，其中内网 42 个点、外网 42 个点。

2008 年，根据省财政厅统一部署，市财政局配合完成省、市、县三级财政专线的联网试点工作，做到三级财政网络互联互通、数据传输和共享的目的。同时，建立和完善“金财工程”网络安全体系，通过了市信息化办和专家组的技术审查和验收。

2009 年，市财政局启动 2009～2010 年“金财工程”二期建设，投资 650 多万元完成“金财工程”二期软硬件设备采购项目及省财政厅试点项目 IT 运维管理系统的采购、安装和调试工作，通过省财政厅竣工验收。同时，完成国库集中支付软件升级开发和工资统发软件重新开发工作。

2010 年，市财政局局机关内网办公系统成功应用，市直行政事业国有资产信息管理系统建成，与省财政厅的视频会议系统连接成功，工资发放系统顺利升级，政府采购、财政投资评审系统接口开始试点，财政信息化水平大幅提升。

第九章　机构人员

第一节　机构沿革

概　述

1989～2008 年，常德的市、县、乡三级均设有财政机构，为同级人民政府的工作部门。市级设常德市财政局；县级设有安乡县、汉寿县、澧县、桃源县、临澧县、石门县、津市市、武陵区、鼎城区财政局，并先后增设西洞庭管理区、西湖管理区、德山经济科技开发区、柳叶湖旅游度假区财政局；全市 227 个乡（镇、街道）均设财政所。本节重点记述常德市市级财政机构的设置和变化情况。

常德市级财政机构，从 1988 年 6 月设立以后，随着国家经济体制改革的进展，职能、职责和内设机构不断发展变化。特别是 1994～1995 年和 2001～2002 年进行了两次大的机构改革。至 2008 年，市级财政机构的职能、职责和内设机构设置比较完备。

一、1988 年 6 月至 1995 年 9 月

1988 年 6 月，常德地区撤区建市，常德地区财政局相应改名为常德市财政局。常德市财政局是常德市人民政府综合管理全市财政收支、主管财税政策、实施财政监督、参与对国民经济进行宏观调控的职能部门。其主要职能是：贯彻执行国家和省统一的财政税收方针、政策及其他有关政策，指导全市财政工作；研究制订全市财政发展战略和中长期财政计划，编制全市年度财政预算草案，执行市人大批准的财政预算，编制全市年度财政决算，对社会财力进行综合平衡；参与全市宏观经济的决策和管理，运用财政、税收、补贴等经济杠杆以及市财政直接掌握的资金，对全市国民经济运行和国民收入分配进行调控；管理和监督全市各项财政收入；负责市直单位行政事业性、专项收费的征收管理；管理全市基本建设拨款，会同有关部门审批政策性基建贷款贴息，管理市财政直接分配的挖潜改造资金和新产品试制经费；参与研究制订全市的债务和证券政策及有关规定，管理政府部门的债务；管理全市世界银行贷款和非贸易外汇收支计划及出国人员用汇的审批事项；管理和指导全市会计工作，保障会计人员依法行使职权，查处会计人员违犯财经纪律的事项；指导和监督全市注册会计师和会计师事务所依法开展工作；监督各区县（市）的财政收支和各部门的财务活动，检查财政税收政策、法令和财务会计制度的执行情况，对违犯财经纪律的事项进行查处。

常德市财政局的内设机构由常德市机构编制委员会根据职能职责要求核定。1989 年，

常德市财政局内设机构有：办公室、人事教育科、监察科、预算科、综合计划科、农业事业财务科、商业企业财务科、工交企业财务科、行政事业财务科、会计事务管理科、对外经济财务科、城建财务管理科、农业税征收管理科、机关工会、监察室共15个行政科室；还有常德市财会职工中等专业学校、常德市信托投资公司、常德市控制社会集团购买力领导小组办公室（简称市控购办）、常德市国库券推销委员会办公室（简称市国债推销办）、中华会计函授学校常德分校（简称中函常德分校）、常德市财政会计审计学会、湖南省会计师事务所常德分所、省索溪峪兰苑山庄共8个局属二级单位。

1990年，增设常德市人民政府税收财务物价大检查办公室（简称市三查办）；同年，市政府批准常德市信托投资公司定为中II型金融企业。

1991年2月，增设常德市国有资产管理办公室（正科级事业单位）；8月，原湖南省会计师事务所常德分所更名为常德会计师事务所；原工交企业财务科更名为工业交通科。

1992年，省索溪峪兰苑山庄移交给湖南省信托投资公司。

1993年3月，成立常德市财政局德山经济科技开发区分局（简称市财政局德山分局），为正科级事业单位；6月，成立常德市住房资金管理办法室（简称市房资办），为正科级事业单位；7月，常德市国有资产管理办公室更名为常德市国有资产管理处（简称市国资处），为副处级事业单位；8月，批准常德市国有资产管理处内设综合科、企业国有资产管理科、行政事业国有资产管理科、国有资产评估中心，以上“三科一中心”均为正科级。

1994年，湖南省政府批准常德市财会职工中专学校改制为常德财经中等专业学校（全日制普通中专），常德市人民政府明确其机构规格为正县级，由市财政局主管；6月，成立常德市收费收入征收管理站（正科级事业单位）；常德市国有资产管理处更名为常德市国有资产管理局（副处级行政单位，归口市财政局管理）。

1995年，局机关增设社会保障科；原城建财务管理科更名为基本建设科；同年3月，常德市收费收入征收管理站更名为常德市收费管理局（副处级事业单位，归口市财政局管理）；同年8月，设立常德市财政局驻北京办事处（正科级事业单位）。

二、1995年10月至2002年1月

1995年10月，为适应国家分税制财政改革和常德市党政机关机构改革的要求，市财政局实行机构改革：一是转变职能，二是明确职责，三是核定内设机构和人员编制。

（一）转变职能。按照建立社会主义市场经济体制的要求，市财政局职能转变的重点：一是加强宏观调控。在抓紧组织和完成财政收支任务的同时，积极参与宏观经济决策，制订财政发展战略和财政分配政策，组织社会财力平衡，依法理财，科学理财，综合运用财政、税收等经济杠杆对全市国民经济进行宏观调控。二是理顺分配关系。本着既有利于调动市级与区县（市）理财的积极性，又有利于增强市政府宏观调控能力的原则，按照分税

制财政体制的要求和市情实际，确定市对区县（市）的财政管理体制；健全财政职能，强化预算约束；规范国家与国有企业的利润分配制度，通过贯彻执行财务会计制度，为企业创造公平竞争的条件。三是拓宽理财领域。在继续改善和加强国有经济管理的同时，大力拓展来自非国有经济以及社会个人的财源，培植开辟第三产业等新兴财源。四是管理好国有资产。根据社会主义市场经济的要求，建立新的国有资产管理体系，防止国有资产流失，确保国有资产的保值增值。五是强化财政监督。

市财政局在转变职能的过程中，坚持按照责、权、利相结合的原则，做到宏观管住、微观搞活；减少对企业财务的具体审批事项和对企业下达具体的财务考核指标，扩大企业理财自主权，取消企业专用基金财政专户储存制度；对社会经济组织由主要依靠行政管理转为依法行政管理。

（二）主要职责。1. 贯彻执行国家和省统一的财政税收方针、政策及其他有关政策，指导全市财政工作；贯彻执行国家和省的财政、预算、税收、非贸易外汇收支、财务会计方面的法令、条例以及基本建设财务管理制度，并根据实际，制订具体实施办法。2. 根据国民经济和社会发展战略，研究制订全市财政发展战略和中长期财政计划，编制全市年度财政预算草案，执行市人大批准的财政预算，监督区县（市）预算的执行，编制全市年度财政决算，对社会财力进行综合平衡。3. 参与全市宏观经济的决策和管理，参与基建投资、劳动工资、物价、经济贸易、外汇、科技、教育、住房、粮食、社会保障等方面的改革；会同有关部门制订职工待业保险基金和退休养老基金的财务管理制度，并加强对其资金使用的宏观调控和监督；运用财政、税收、补贴等经济杠杆以及市财政直接掌握的资金，对全市国民经济运行和国民收入分配进行调控。4. 管理和监督全市各项财政收入，组织和监督全市预算的执行，组织执行国家与企业的分配政策和企业财务制度。5. 负责市直单位行政事业性、专项收费的征收管理，以及各种行政事业性收费、基金收入的稽核和市级各种专用基金的征收管理；指导、协调各区县（市）行政事业性、专项收费工作；做好基金立项、审核，会同市物价部门做好行政事业性、专项收费的立项和标准调整的审核工作。6. 管理全市基本建设拨款，会同有关部门审批政策性基建贷款贴息，管理市财政直接分配的挖潜改造资金和新产品试制经费；管理由市财政承担的全市经济贸易、农业支出、行政和公共支出、社会保障支出；管理全市非贸易外汇收支计划，制订相应的财务制度；按照国家、省统一规定的开支标准和增加支出的政策，结合实际，制订具体实施方法；管理全市基本建设的财务制度。7. 参与研究制订全市的债务和证券政策及有关规定，管理政府部门的债务；管理全市世界银行贷款和非贸易外汇收支计划及出国人员用汇的审批事项。8. 管理和指导全市会计工作，保障会计人员依法行使职权，查处会计人员违犯财经纪律的事项；组织执行会计法规、《企业会计准则》和分行业的会计制度；指导和监督全市注册会计师和会计师事务所依法开展工作，培训财务会计人员。9. 监督各区县（市）的财政收支和各部门的财务活动，检查财政税收政策、法令和财务会计制度的执行情况，对违犯财经纪律的事项进行查处。10. 组织开展全市的财政政策调查研究和财政科研工作，制订全市财政教育规划，组织财政干部培训，负责财政宣传和财政信息工作。11. 根据市人民政府的规定，归口管理市国有资产管理局，领导市收费管理局、常德财经中等专业学校和市信托投资公司的工作。12. 承办市人民政府和省财政厅交办的其他事项。

（三）内设机构。常德市财政局内设：办公室（加挂财税政策法规科牌子）、人事教育科、预算科、综合计划科、工业交通科、商业科、对外经济贸易科、文教行政科、农业科、社保保障科、农业税征收管理科、基本建设科、会计科、监督科（加挂常德市人民政府税收财务物价大检查办公室牌子）14 个职能科室。另设纪检组、机关党总支、监察室和机关工会（4 室合署办公）。设局属科级事业单位：市控购办、市国债推销办。局属副处级行政单位：常德市国有资产管理局（内设综合科、工交企业资产科、商贸企业资产科、行政事业资源科 4 个职能科和一个正科级事业单位常德市国有资产评估中心）。局属副处级事业单位：常德市收费管理局（内设计划财务科、票证管理科、收费征管一科、收费征管二科 4 个正科级内部机构）。局属正处级事业单位：常德市财经中等专业学校。局属中 II 型金融企业：常德市信托投资公司。

1996 年 1 月，明确常德市信托投资公司为中 I 型金融企业；同年 5 月，成立常德市财源建设领导小组办公室（简称市财源办），为局属正科级事业单位；同年 7 月，成立常德市注册会计师协会办公室（简称市注协办），为局属正科级事业单位。

1997 年 6 月，成立市财政局后勤服务中心，为局属正科级事业单位；同年 10 月，成立市财政局基本建设工程预决算审核所，为局属副科级事业单位，挂靠基本建设科。

至 1997 年 10 月止，常德市财政局的内设行政科室保持 1995 年机构改革时核定的情况没变，但局属正科级事业单位已增加到 10 个：市控购办、市国债推销办、常德会计师事务所、中函常德分校、市房资办、市财政局德山分局、市财政局驻北京办事处、市财源办、市注协办、市财政局机关后勤服务中心；还有局属其他事业单位 2 个：市财政局基本建设工程预决算审核所（副科级），市财政会计审计学会；归口市财政局管理的处级单位 4 个：1. 常德市国有资产管理局（副处级行政单位，内设综合科、行政事业资源科、商贸企业资产科、工交企业资产科 4 个正科级职能科室和常德市国有资产评估中心 1 个正科级事业单位）；2. 常德财经中等专业学校（正处级事业单位，内设校党委、办公室、人事科、教务科、学生科、成人教育科、保卫科、总务科、校工会）。3. 常德市收费管理局（副处级事业单位，内设计划财务科、票证管理科、收费征管一科、收费征管二科 4 个正科级职能科室）。4. 常德市信托投资公司（中 I 型金融企业，内设人事劳资部、办公室、财务计划部、银行营业部、证券营业部、信贷业务一部、借贷业务二部、工会、惠州万达实业发展公司）。

1998 年 1 月，增设常德市财会人员培训中心，为正科级事业单位。

1999 年 4 月，成立常德市注册会计师协会；7 月，增设常德市工资发放中心，为正科级事业单位；9月，常德市会计师事务所与市财政局在人事、财务、职能、名称四个方面完全脱钩；10月，市信托投资公司增设资金计划部，为正科级内设机构。

2000年1月，增设常德市政府采购中心，为正科级事业单位。

2001年6月，成立常德市财经投资开发公司，取代常德市信托投资公司，为中I型企业，归口市经济委员会管理，承担原市信托投资公司所有债权债务；12月，成立常德市市直机关会计核算中心（简称市会计核算中心），为市财政局管理的副处级全额拨款事业单位。

三、2002年2月至2010年12月

2001年至2002年，常德市再次实行机构改革。2002年2月，市财政局根据《常德市市直党政群机关机构改革方案实施意见》的精神进行机构改革：

改革的原则：一是按照发展社会主义市场经济的要求，转变财政职能，实现政事分开，把职能切实转变到科学管理财政收支、宏观管理财税政策、加强国有资产监管；二是按照精简、统一、效能的原则，调整内设机构，精兵简政，优化结构，提高效率；三是按照权责一致的原则，合理划分事权，理顺各方面关系；四是按照依法行政的要求，加强财政管理的制度化、规范化和法制化建设。

改革的具体内容：

一是转变职能。划入的职能有：1. 原由各专业部门承担的世行、亚行、日本协力银行贷款立项、申报、转贷职能；2. 原市审计局承担的指导和管理社会审计的职能；3. 原市国有资产管理局承担的职能；4. 原市收费管理局承担的行政事业性收费（基金）收据的统一印制、领用、销毁和管理职能；5. 原市体制改革委员会承担的指导管理住房公积金中心的职能；6. 原市政府农村办承担的指导管理农业综合开发办的职能；7. 原市人民银行承担的彩票发行监督与财务监管职能。划出的职能有：原承担的德山经济科技开发区财政收支管理职能，划入德山经济科技开发区管委会。取消的职能有：1. 根据建立现代企业制度的要求，不再承担审批国有企业具体财务事项、下达财务计划和考核指标的职能，扩大企业理财自主权；2. 取消财政周转金制度，不再安排和发放财政周转金；3. 取消每年一次由财政牵头的财务税收物价大检查。转变的职能有：1. 改进预算制度，强化预算约束，建立规范的预算编制、执行与监督体系；逐步实行国库集中收付制度；2. 实行规范的转移支付制度；3. 强化财务监督措施，负责会计委派工作；实行市直单位会计集中核算；4. 加强对政府采购活动的政策指导和监督管理；5. 改革行政事业单位工资管理办法，建立工资统发制度；6. 改革国有事业单位财务管理制度，减少具体审批事项，扩大事业单位财务管理自主权。

二是调整机构。在局机关和原国资局20个内设机构中，保留9个：办公室、预算科、税政法规科、外经科、农业科、社保科、会计科、人教科、监察室；撤销4个：商业科、工交科、基建科、文行科；更名1个：原综合计划科更名为综合规划科；加挂牌2个：原

农税科对外加挂常德市农业税征收管理局牌子、原监督科对外加挂常德市财政监督检查局牌子；新成立7个：国库科、行政政法科、教科文科、经济建设科、企业科、统计评价科（加挂常德市清产核资办公室牌子）、产权科；国资局及其五个内设机构予以撤销；局机关科室、单位总数为19个。保留4个具有行政职能的科级事业单位：市控购办、市财源办、市国债推销办、柳叶湖财政分局。德山财政分局划归德山开发区管理。房资办归口市住房公积金管理中心管理。

三是确定内设机构职责范围。

（一）行政科室：1. 办公室。综合协调机关日常政务；负责组织全局性的重要会议；起草、修改重要报告和文件；负责信息、调研、宣传工作和办公自动化建设；负责文电、机要、督查、档案、保密、信访工作；负责全局性接待管理工作；会同有关科室（单位）办理人大代表建议和政协委员会提案等。2. 综合规划科。研究财政发展战略和财政政策；编制中长期财政规划；预测分析财政经济运行形势并提出政策建议；负责重要财税改革方案的研究和协调，拟定财政分配政策；负责预算外资金管理的政策拟订和协调工作；提出价格、工资、国有土地使用制度调整改革及其他有关经济体制改革的政策性建议；负责国有土地出让收入的征管；负责有关住房和移民的财政及财务管理工作；牵头组织“收支两条线”工作；负责行政事业性收费、基金、专项资金的立项、标准审核、制度和政策制定及调整审批工作，负责全市行政事业性收费（基金）收据的统一印制、领用、销毁和管理；负责分管部门（单位）的财政财务管理；负责农村税费改革的组织实施、综合性财政统计和彩票发行监督与财务监管工作。3. 税政法规科。办理企业一般增值税退税；审核市本级规范性文件中有关财税政策的条款，并依法提出修改、完善的建议；协助市直单位进行产权纠纷调处和行政仲裁；承担财政行政复议、听证和行政诉讼的应诉代理工作；组织全市财税普法工作和财政执法监督检查等。4. 预算科。制订全市预算管理制度，拟定编制预算的指导思想和原则，提出增收节支和平衡财政收支的建议与改革措施；负责汇总，编制市级部门预算；管理预算内外总指标；办理预算调整和年终决算的结算、补助事项；拟定财政管理体制，负责市对下级财政的转移支付工作；管理市级预备费；会同有关科室拟定市直部门各项经费支出标准；建立财政资金投入项目库；承担向市人大报告预算、决算和预算执行情况的联络工作；负责预算收入的衔接和组织工作；负责罚没收入管理工作等。5. 国库科。负责国库管理和总预算会计工作；拟订金库管理制度和政府总预算会计制度；负责国库集中收付工作的有关事项；负责全市预算执行情况分析和市本级收入组织协调工作；负责编制市级和全市财政总决算；汇总批复市级部门预算；负责财政资金调度，统一管理市级财政性资金账务及银行开户；办理预算内外资金收支结算拨付；拟定和执行政府债务政策和管理制度；负责政府内债的发行、兑付及二级市场的管理工作；检查督促工资统发工作等。6. 行政政法科。组织执行《行政单位财务规则》；负责市级行政基建的归口管理和立项审批；会同分管部门（单位）研究提出经费开支标准、定额、年度预算和专项资金支出预算建议；监督分管部门（单位）预算执行；对专项资金追踪问效，检查项目实施中资金管理使用情况，进行项目的效益考核；审核批复部门（单位）的年度决算等。7. 教科文科。掌握各分管部门主要业务的基本情况，研究制订分管部门行业事业改革与发展的政策；提出优化事业支出结构的建议；负责组织执行《行政事业单位财务规则》等财务管理制度；会同分管部门研究提出经费开支标准、定额及年度预算和专项资金支出预算的建议；对财政支持的项目组织可行性分析论证，提出预算安排的重点及顺序；审核提出下年度专项资金支出预算建议，监督预算执行情况；对专项资金追踪问效，监督项目实施中资金的使用和配套到位情况，进行项目效益考核；制订部门、单位和项目资金使用的财务管理办法；指导分管部门和单位的资产、财务管理，审核年度财务决算。8. 经济建设科。与市计委等有关部门研究制订财政投资的有关政策，参与项目安排；研究拟定财政经济建设财务管理制度；管理国家粮食、棉花、食糖等专项储备资金和粮油价差补贴；市级城建资金的收支管理，会同分管部门（单位）研究提出经费开支标准、定额、年度预算和专项资金支出预算建议；监督分管部门（单位）预算执行；对专项资金追踪问效，检查项目实施中资金管理使用情况，进行项目的效益考核；审核批复分管部门和单位的年度决算等。9. 农业科。掌握各分管部门主要业务的基本情况，参与分管部门行业发展规划的研究制订工作；执行财政支农、财政扶贫政策；会同分管部门研究提出经费开支标准、定额及年度预算和专项资金支出预算建议，监督预算执行情况；对财政支持的项目组织可行性分析认证，提出预算安排的重点及顺序；审核提出下年度专项资金支出预算建议；对专项资金追踪问效，监督项目实施中资金的使用和配套到位情况，进行项目完成后的效益考核；制订部门、单位和项目资金使用的财务管理办法；指导分管部门和单位的资产、财务管理，审核年度财务决算；管理支农专项资金和市直农业、林业、水利等部门事业经费；负责水利建设资金的管理；管理防汛抗旱救灾资金；指导农业综合开发工作，会同管理农业综合开发资金。10. 社会保障科。掌握各分管部门主要业务的基本情况，参与分管部门行业发展规划的研究制订工作；参与研究社会保障制度的改革并提出有关建议；会同分管部门研究提出经费开支标准、定额及年度预算和专项资金支出预算的建议；对财政支持的项目组织可行性分析认证，提出预算安排的重点及顺序；审核提出下年度专项资金支出预算建议；对专项资金追踪问效，监督项目实施中资金的使用和配套到位情况，进行项目效益考核；制订部门、单位的财务管理办法部门和单位的资产、财务管理，审核年度财务决算。11. 企业科。监督执行《企业财务通则》，参与国家与企业分配政策改革的研究制订与市级国有企业的租赁、拍卖、兼并、破产以及组建企业集团和实行股份制等改革工作；监管归口管理的市级国有企业财务，管理有关专项资金和亏损补贴；负责地方非银行金融机构的财务监管；负责分管部门（单位）的财政财务管理等。12. 对外经济贸易科。结合上级财政政策拟定对外经贸、旅游、外商投资企业财务制度补充规定和管理办法；执行财政预算内行政机构、事业单位和社会团体的非贸易外汇管理制度；负责财政国际多边和双边合作事宜；办理世界银行、国际金融组织和外国政府贷款的申报、转贷和回收偿还工作；负责进行贷款项目资金使用的财务监督和跟踪检查，参与招商引资的有关工作；负责分管部门财政预算编制和财政财务管理工作。13. 会计科。管理全市会计工作，组织实施会计法律、法规和规章；研究提出会计改革的政策建议；负责会计职称和会计委派制度试点的有关工作；负责全市会计人员管理工作；指导和管理全市会计人员培训、考核、继续教育和社会审计工作；指导和监督会计电算化工作。14. 产权科。拟订全市国有资产管理的政策制度并组织实施；管理市直企业、行政事业单位国有资产，监督国有资产收益；负责市属国有产权、股权的监督管理；组织实施国有资产产权登记和产权界定；负责资产评估项目的标准、备案、抽查；参与组建企业集团、国有企业公司（股份）制改制等企业改革工作；负责行政事业单位资产处置和非经营性国有资产转作经营性国有资产的审核工作；负责国有资源实行资产化管理的有关事项；负责市直单位国有资产产权纠纷调处和行政仲裁。15. 统计评价科（含常德市清产核资办公室）拟定和执行公共资源的统计评价政策；负责公共资源的统计分析，建立公共资源数据库，为编制市级部门预算提供信息数据支持；汇总上报全市企业、单位财务决算；负责国有资产绩效评价工作；负责国有资产保值增值考核工作；组织协调公共资源统计信息网络建设工作；拟定和执行清产核资的有关制度、办法，组织实施清产核资工作。16. 监督检查科（常德市财政监督检查局）。拟定财政监督检查的政策制度，监督财税法律法规和规章制度的执行，提出加强财政管理的政策建议；对预算的编制和解缴、预算支出的拨付与使用、预算外资金的收支与管理、国有资产管理和会计信息质量进行监督检查；依法查处国有资产流失、违反财经纪律和打击报复案件；负责组织实施局机关内部财政财务监督检查。17. 农业税征收管理科（常德市农业税征收管理局）。主要任务是：宣传贯彻落实农业税、农业特产税、耕地占用税、契税（CAT 统称农业税收）征收政策和法律法规；负责农业税收的征收管理工作；参与研究农业税负政策和农业税收税制改革及减轻农民负担的有关工作等。18. 人事教育科。负责局机关、局属单位的人事制度改革和机构编制、干部人事管理，指导全市财政系统干部队伍和“双文明”建设；制定并组织实施财政系统的教育规划，指导财政系统干部职工培训工作；负责局机关干部职工教育和培训；负责局机关离退休人员管理服务工作。19. 监察室。贯彻执行上级有关加强党风廉政建设、党纪检查和行政监察工作的指示和决定；对党员开展党风党纪宣传教育；制定并实施局机关廉政有关制度规定；对违法违纪案件进行查处。20. 机关党委。宣传和执行党的路线、方针、政策，做好机关和系统党员干部的思想政治工作，做好入党积极分子的培养教育和发展工作，按照党组织的隶属关系，领导直属单位党的工作。

（二）直属科级事业单位：1. 市控购办。贯彻执行国家控制社会集团购买力工作的方针、政策和规章制度负责全市控制社会集团购买力工作；查处违控行为。2. 市财源办。负责制定全市财源建设发展规划，指导区县（市）财源建设工作，管理财源建设专项资金，培植市级财源建设项目。3. 中函常德分校。抓好现有学员的学历教育、管理工作；受市财政局会计科的委托，办理部分会计人员继续教育的有关工作。4. 工资发放中心。负责将市直行政、全额拨款事业单位的工资及时足额统发到人；按有关政策规定做好各项代扣代缴工作；加强工资性资金管理。5. 投资评审中心。审核市级财政性资金建设工程项目预决算和办理基建财务决算，参与建设项目的可行性预测、设计、招投标管理及工程竣工验收，达到从严控制工程造价，节约财政建设资金的目的。6. 机关后勤服务中心。负责市财政局机关后勤服务工作，承办局机关授权管理的有关工作等。7. 市注协办。审核会计师事务所机构设置和注册会计师非执业会员申请注册的上报材料，进行日常管理；管理注册会计师协会会员，监督、管理执业人员的职业道德和执业质量，促进行业执业准则、规则的贯彻实施；会计师事务所、资产评估机构、注册会计师及注册资产评估师执业和非执业会员的年检；会计师事务所、资产评估机构会计报表汇编；办理依法维护注册会计师合法权益的有关事务；贯彻执行各级财政部门注册会计师考试委员会的决定和政策，组织实施全市注册会计师考试工作；建设和管理行业计算机网络系统。8. 市政府采购中心。根据财政部门审查批准的政府采购项目预算，直接组织或委托依法取得招标代理资格的专职招标机构进行招标活动；审查招标商品或劳务是否符合政府及其财政部门的规定标准；审查投标人资格；组织和参与投标。9. 驻北京办事处。了解掌握财税政策和信息；密切地方财政与中央财政的联系。10. 市财政局柳叶湖旅游度假区分局。负责柳叶湖旅游度假区的财政收支管理工作。

2002 年 8 月，组建常德市国有资产经营管理公司，为副处级全额拨款事业单位，归口市财政局管理，内设五部：综合管理部、资产管理部、战略投资部、资金经营部、财务计划部。

2003 年，增设局机关财务管理办公室；市政府采购中心改名为市政府采购办公室。

2004 年，撤销统计评价科；在市会计核算中心的基础上成立市国库集中支付局。

2006 年，设置市契税耕地占用税征收管理局，取消农税科；增设市财政信息中心；市收费管理局改名为市非税收入征收管理局；原产权科改名为资产管理科。

2007 年，增设市融资监督管理办公室。

2008 年，增设市财政局税费改革办公室（简称市税改办）；增设常德财鑫投资担保有限公司，系国有独资中 1 型企业，归口市财政局管理；原市融资监督管理办公室更名为市融资与债务管理办公室，并升格为具有行政职能的副处级事业单位，归口市财政局管理。

2009 年，根据常政办函〔2009〕83 号文件规定，增设常德市交通建设投资有限公司，系国有独资中 1 型企业，归口市财政局管理。

2010 年 2 月，根据市直纪检监察组织机构改革文件精神，市纪委驻财政局纪检组、市监察局驻财政局监察室撤销；2010 年 9 月 1 日，根据《关于做好全省耕地占用税和契税征管职能划转工作的通知》的要求，全市耕地占用税和契税征管职能划至地税部门。

至2010年12月，市财政局内设机构及其直属科级单位有32个，即：办公室、预算科、国库科、综合规划科、税政法规科、行政政法科、教科文科、经济建设科、农业科、社会保障科、企业科、对外经济贸易科、会计科、资产管理科、监督检查局、人事教育科、机关党委、机关工会、市控购办、市财源办、市税改办、机关后勤服务中心、市工资发放中心、市政府采购办、中华会计函授学校常德分校、市财政投资评审中心、机关财务管理办、市财政驻北京办事处、市融资办、市财政信息中心、市预算审核中心、市财会干部培训中心。市财政局直属处级单位有9个，内设科、部、室56个：1. 市农业综合开发办：资金科、综合科、项目科、监察室。2. 市非税收入征收管理局：综合科、征管科、票据科、稽查科。3. 市住房公积金管理中心：办公室、计划财务科、住房公积金归集科、住房公积金支取科、住房公积金委贷科、住房公积金人教科、住房公积金信息科、住房公积金监察室、武陵区、桃源县、鼎城区、汉寿县、石门县、津市市、安乡县、临澧县、澧县住房公积金管理部。4. 市国库集中支付局：办公室、核算科、监督科、支付科、审核一科、审核二科、审核三科。5. 市财经中专学校：工会、办公室、人事科、教务科、学生科、招生就业科、继续教育科、后勤科、保卫科。6. 市财经投资开发公司：办公室、人事劳动部、财务审计部、资产管理部、资产保全部、工会。7. 市契税耕地占用税征收管理局：综合科、征管科、乡镇财政管理科。8. 常德财鑫投资担保有限公司：担保部、风险部、办公室。9. 常德市交通建设投资有限公司：综合部、开发部、财务部。

第二节　人员构成

概　述

1989年，常德市财政局及其直属单位干部职工总数为141人。按性别分，男女比例为1∶0.33；按行政职务分，处级干部7人，占总数的4.96%，科级干部45人，占总数的31.91%；按政治面貌分，中共党员81人，占总数的57.45%；按文化程度分，大学本科学历27人，占总数的19.15%；按专业技术职称等级分，中、高级职称18人，占总数的12.77%；按年龄分，45岁以下人员120人，占总数的85.11%。至2010年，干部职工总数达510人，为1989年的3.62倍，其中：男、女比例为1∶0.67，女性比例比1989年增加34个百分点；处级干部66人，占总数的12.94%，比1989年增加7.98个百分点；科级干部216人，占总数的42.35%，比1989年增加10.44个百分点；中共党员376人，占总数的73.73%，比1989年增加16.28个百分点；大学本科学历360人，占总数的70.59%，比1989年增加51.44个百分点；研究生学历12人，1989年没有；具有中、高级专业技术职称231人，占总数的45.29%，比1989年增加32.52个百分点；45岁以下人员332人，占总数的65.10%，比1989年下降20.01个百分点。

一、1989～2010年常德市财政局及其直属单位工作人员构成统计表（见表）

二、1989～2010年历任中共常德市财政局党组成员名单（见表）

三、1989～2010年历任市财政局领导人员名单（见表）

四、1989～2010年历任市财政局科室、单位负责人名单

（一）行政科室（见表）

（二）科级事业单位（见表）

五、1989～2010年历任市财政局直属处级单位负责人名单

一、1989～2010 年常德市财政局及其直属单位工作人员构成统计

年份	总人数	性别		行政职务				政治面貌				文化程度					专业技术人员				年龄			
		男	女	处级	科级	一般干部	工勤人员	中共党员	共青团员	民主党派	无党派	研究生	大学	大专	中专	高中以下	合计	高级	中级	初级	30岁及以下	31岁至45岁	46岁至54岁	55岁及以上
1989	141	106	35	7	45	68	21	81	33	1	26		27	58	36	20	104	1	17	86	58	62	14	7
1990	143	106	37	9	43	70	21	81	35	1	26		29	58	36	20	106	1	17	88	61	63	15	4
1991	165	128	37	13	46	81	25	88	41	1	35		32	62	42	29	112	1	17	94	74	71	16	4
1992	186	138	48	14	51	88	33	98	39	1	48		35	67	37	47	108	1	21	86	70	96	17	3
1993	201	146	55	14	73	93	21	97	39	2	63		41	81	44	35	123	1	23	99	62	102	34	3
1994	234	160	74	12	80	119	23	122	32	2	78		51	95	50	38	148	1	37	110	76	120	36	2
1995	248	167	81	13	79	140	16	131	49	2	66		57	92	44	55	161	2	42	117	78	141	26	3
1996	274	184	90	13	100	145	16	144	47	5	78		61	101	46	66	138	3	49	86	75	161	33	5
1997	295	195	100	17	104	158	16	150	59	5	81		66	111	48	70	142	5	54	83	84	162	40	9
1998	302	202	100	20	124	142	16	159	50	5	88		67	116	49	70	175	3	63	109	84	163	45	10
1999	314	205	109	26	117	118	53	168	51	5	90	1	78	123	48	64	181	6	68	107	84	169	51	10
2000	332	213	119	26	123	125	58	190	52	3	87	1	104	131	43	53	186	9	72	105	84	179	60	9
2001	339	216	123	21	110	167	41	194	32	2	111	2	115	145	33	44	196	13	81	102	83	180	68	8
2002	345	220	125	23	124	168	30	205	21	2	117	3	121	148	31	42	209	17	89	103	75	189	73	8
2003	370	234	136	31	146	161	32	231	20	2	117	3	144	153	29	41	222	20	97	105	71	198	93	8
2004	465	267	198	31	193	201	40	291	41	2	131	4	195	193	33	40	287	20	136	131	102	258	92	13
2005	455	266	189	29	191	198	37	301	29	2	123	8	217	169	26	35	288	27	148	113	94	254	89	18
2006	473	280	193	32	202	200	39	323	21	2	127	10	274	137	19	33	297	29	175	93	86	275	85	27
2007	481	284	197	40	214	191	36	334	18	3	126	10	306	118	17	30	304	31	186	87	79	284	88	30
2008	489	291	198	49	209	193	38	348	14	6	121	11	330	107	15	26	324	36	200	88	72	277	109	31
2009	492	293	199	53	220	181	38	357	12	5	118	11	343	98	14	26	322	36	199	87	65	266	129	32
2010	510	306	204	66	216	178	50	376	11	8	115	12	360	94	12	32	312	33	198	81	66	266	146	32

二、1989～2010年历任中共常德市财政局党组成员名单

1989.1～1989.6

书　记：刘呈祥

成　员：刘文俊

卢常娥（女）

朱纪美

吴国荣　纪检组长

1989.7～1993.1

书　记：张冠洲

成　员：刘文俊

吴忠信　1990.8免

卢常娥（女）

朱纪美

吴国荣　纪检组长

刘宗檀　1990.8任

陈君文　1990.9任

1993.2～1996.3

书　记：陈君文

副书记：万善志　1994.12任

成　员：吴国荣　纪检组长

卢常娥（女）

蒋祥政

朱纪美

刘宗檀　1994.10免

罗少挟（女）　1995.9任

1996.4～2001.6

书　记：万善志

副书记：吴国荣　1997.11任（1998.3免纪检组长）

龙晓清　1999.5～2000.9

成　员：卢常娥（女）　1998.3免

蒋祥政　1998.12免

罗少挟（女）　1999.5免

朱纪美　1998.3免

胡嫦娥（女）　1996.10 任
廖华春　1998.3 任
石家琰　纪检组长 1998.3 任
黄显祥　1998.6 任
娄远军　2000.9 任

2001.7～2007.1
书　记：万善志
副书记：吴国荣　2002.12 免
刘慎松　2001.7 任
成　员：廖华春
娄远军
胡嫦娥（女）　2006.6 免
黄显祥　2001.8 免
石家琰　纪检组长　2001.11 免
赵先桃（女）　2002.4～2005.1
任克勤　纪检组长　2003.6～2004.12
梅　宏　2003.8 任
郝介球　纪检组长 2005.3 任
王克文　2005.10 任

2007.2～2010.12
书　记：卢武福
副书记：刘慎松
娄远军
成　员：廖华春　2010.11 免
王克文
余运俊　2007.9 任
郝介球　2010.2 免纪检组长
梅　宏
罗贻林　2009.9 任
詹　平　2008.3 任
陈绪华　2009.9 任
牟明德　2010.11 任

三、历任常德市财政局领导人员名单

（1989 年至 2010 年）

（一）正职

姓　名	职　　务	任职时间	备　　注
刘呈祥	局长	1989. 1 ~ 1989. 6	
张冠洲	局长	1989. 7 ~ 1993. 1	
陈君文	局长	1993. 2 ~ 1996. 3	
万善志	局长	1996. 4 ~ 2007. 1	
卢武福	局长	2007. 2 ~ 2010. 12	

（二）副职

卢嫦娥（女）	副局长	1989. 1 ~ 1998. 3	
刘文俊	副局长	1989. 1 ~ 1993. 1	
朱纪美	副局长 总会计师	1989. 1 ~ 1990. 8 1990. 9 ~ 1998. 3	
吴国荣	纪检组长 副局长	1989. 1 ~ 1998. 3 1990. 3 ~ 2002. 12	
吴忠信	副局长	1989. 7 ~ 1990. 8	
刘宗檀	副局长	1990. 8 ~ 1994. 10	
陈君文	副局长	1990. 9 ~ 1993. 1	
万善志	副局长	1994. 12 ~ 1996. 3	
蒋祥政	副局长	1993. 2 ~ 1998. 12	
罗少挟（女）	副局长	1995. 9 ~ 1999. 5	
胡嫦娥（女）	总经济师	1995. 9 ~ 2006. 6	
廖华春	副局长	1998. 3 ~ 2010. 11	
石家琰	纪检组长	1998. 3 ~ 2001. 11	
黄显祥	总会计师	1998. 6 ~ 2000. 9	
龙晓清	副局长	1999. 5 ~ 2000. 9	

续上表

娄远军	副局长	2000.9～2010.12	2007.2任党组副书记，2009.9兼市住房公积金管理中心党组书记
刘慎松	副局长	2001.7～2010.12	2001.7任党组副书记，2007.2兼市住房公积金管理中心党组书记
赵先桃（女）	副局长	2002.4～2005.1	
任克勤	纪检组长	2003.6～2004.12	
梅　宏	工会主席	2003.8～2010.12	
郝介球	纪检组长	2005.3～2010.12	2010年2月免纪检组长
王克文	副局长	2005.10～2010.12	
陈绪华	总会计师	2007.2～2010.12	
郑维菊（女）	副局长	2007.3～2010.12	
余运俊	副局长	2007.9～2010.12	
罗贻林	党组成员、市农业综合开发办公室党组副书记、主任		
詹　平	党组成员、市契税局局长兼党支部书记	2008.3～2010.12	
牟明德	副局长	2010.11～2010.12	2010年11月兼市住房公积金管理中心党组书记

（三）非领导职务

刘文俊	顾　问	1993.2～1994.12	
卢常娥（女）	调研员	1998.3～2000.1	
朱纪美	调研员	1998.3～1999.12	
吴国荣	调研员	2003.1～2007.10	
胡嫦娥（女）	调研员	2006.6～2010.9	退休
黄定先	助理调研员	2001.9～2003.8	

续上表

詹　平	副调研员	2002. 3 ~ 2007. 2	
李爱华（女）	副调研员	2007. 2 ~ 2010. 12	
蒋金华	副调研员	2008. 3 ~ 2010. 12	
汪培儒	副调研员	2008. 3 ~ 2010. 10	
赵湘仿	调研员	2010. 10 ~ 2010. 12	
鲁兰芳	副调研员	2009. 9 ~ 2010. 12	
周向阳	监督检查局局长	2010. 10 ~ 2010. 12	高配副处级
陈昌宏	融资办书记	2009. 7 ~ 2010. 12	副处级
毛远征	融资办主任	2007. 10 ~ 2010. 12	副处级
杨浩清	投资评审中心主任	2008. 10 ~ 2010. 12	高配副处级
袁　志	采购办主任		高配副处级

四、历任常德市财政局机关科室、单位负责人名单

（1989. 1 ~ 2008. 12）

（一）行政科室

1. 办公室

正职		副职		备注
姓　名	任职时间	姓　名	任职时间	
刘德焜 黄定先 周代惠 李　华 陈昌宏 陈雨晖 李国清	1989. 1 ~ 1990. 12 1991. 4 ~ 1992. 7 1994. 6 ~ 1998 1998. 5 ~ 2002. 3 2002. 3 ~ 2007. 10 2007. 10 ~ 2008. 10 2008. 10 ~ 2010. 12	陈忠明 吴金槐 娄朝友 邹本泉 陈功权 唐会浩 李　华 王晓林 周宏建 何大斌 谢迪军 李国清 彭志宏 禹　瑛	1989. 1 ~ 1990. 12 1989. 4 ~ 1993. 5 1990. 4 ~ 1992. 7 1991. 10 ~ 1993. 9 1993. 9 ~ 1997. 10 1993. 11 ~ 1994. 6 1996. 5 ~ 1998. 5 1997. 10 ~ 2002. 3 1998. 5 ~ 2000. 11 2002. 3 ~ 2007. 10 2002. 5 ~ 2003. 5 2007. 5 ~ 2008. 10 2008. 4 ~ 2010. 12 2009. 10 ~ 2010. 12	

2. 预算科

正职		副职		备注
姓名	任职时间	姓名	任职时间	
		曾松	1989.1～1990.4	
		罗少挟	1990.4～1993.9	
		娄远军	1993.9～1996.5	
易继元	1989.1～1993.8	陈绪华	1996.5～2002.3	
罗少挟	1993.9～1996.5	伍志昂	1996.5～1998.5	
娄远军	1996.6～2001.2	徐定明	1998.5～2005.10	
梅宏	2001.3～2004.11	蒋金华	2002.3～2004.12	
蒋金华	2004.12～2010.12	张凯	2003.6～2007.10	
		施祖鸿	2006.1～2009.10	
		王建辉	2008.10～2010.12	
		唐曾晶	2009.10～2010.12	
		申健辉	2009.10～2010.12	

3. 国库科

正职		副职		备注
姓名	任职时间	姓名	任职时间	
		祝铭一	2002.3～2007.10	
			2008.10～2009.10	
汪培儒	2002.3～2007.10	莫海洋	2003.6～2005.7	
钟发义	2007.10～2010.12	刘文华	2007.2～2010.12	
		唐曾晶	2007.10～2009.10	
		童耀乐	2009.10～2010.12	
		覃海华	2009.10～2010.12	

4. 综合规划科

正职		副职		备注
姓名	任职时间	姓名	任职时间	
蒋孝民	1989.1～1989.12	古志海	1989.1～1990.4	
古志海	1990.4～1998.5	赵湘舫	1989.1～1991.4	

续上表

正职		副职		备注
姓名	任职时间	姓名	任职时间	
谭昌柏 李 华 龚天园 王晓林	1998.5～2002.3 2002.3～2003.9 2003.9～2007.10 2007.10～2010.12	曹向奎 曾福成 李雪珍 唐会浩 梁 浩 贾建平 于欣民 戴文韬	1991.4～1996.5 1992.7～1998.4 1993.9～1996.5 1994.6～1996.5 1996.5～1998.5 1997.10～1998.10 2007.10 2008.10～2010.12	原综合计划科2002年3月更名为综合规划科

5. 税政法规科

正职		副职		备注
姓名	任职时间	姓名	任职时间	
王晓林 郑玉明 施祖鸿	2002.3～2007.10 2007.10～2009.10 2009.10～2010.12	许维荣	2004.5～2010.12	

6. 行政政法科

正职		副职		备注
姓名	任职时间	姓名	任职时间	
詹 平 苏和平 陈雨晖 郑玉明	2002.3～2007.1 2007.1～2008.4 2008.10～2009.10 2009.10～2010.12	李福祥 徐联凤 李 凯	2002.3～2003.12 2003.1～2009.10 2009.10～2010.12	2002年3月机构改革中，从原“文教行政科”划出设立“行政政法科”

7. 教科文科

正职		副职		备注
姓　名	任职时间	姓　名	任职时间	
黄大轩 蒋祥政 刘吉清 李　俊 古志海 李　志 李福祥	1989. 1 ~ 1989. 4 1991. 1 ~ 1993. 2 1993. 12 ~ 1995. 10 1996. 5 ~ 1998. 5 1998. 5 ~ 2002. 3 2002. 3 ~ 2007. 10 2007. 10 ~ 2008. 12	廖华春 刘吉清 肖德英 李　俊 李　志 柳明道 钟发义 陈绪华 李家军 韩桂芳 禹　瑛 范　波	1989. 1 ~ 1991. 5 1989. 5 ~ 1993. 12 1990. 4 ~ 1991. 4 1991. 4 ~ 1996. 5 1993. 9 ~ 2000. 11 1998. 5 ~ 2001. 3 2000. 11 ~ 2002. 3 2002. 3 ~ 2002. 11 2003. 6 ~ 2008. 12 2007. 10 ~ 2008. 1 2008. 4 ~ 2009. 10 2009. 10 ~ 2010. 12	原名“行政文教事业财务科”1995年10月更名为“文教行政科”。2003年3月机构改革时分为“教科文科”和“行政政法科”

8. 经济建设科

正职		副职		备注
姓　名	任职时间	姓　名	任职时间	
黄大轩 徐道国 赵安才 苏俊朝 毛远征 张　凯	1989. 4 ~ 1989. 12 1993. 9 ~ 1998. 5 1998. 5 ~ 2001. 12 2002. 3 ~ 2003. 12 2003. 12 ~ 2007. 10 2007. 10 ~ 2010. 12	徐道国 谢志坚 梁　浩 方甫军 毛远征 徐联玉 李真才 欧阳志 祝铭一	1989. 10 ~ 1993. 9 1993. 9 ~ 2001. 8 1998. 5 ~ 2002. 3 2000. 11 ~ 2002. 3 2002. 3 ~ 2003. 12 2002. 3 ~ 2007. 4 2004. 5 ~ 2009. 10 2007. 5 ~ 2010. 12 2009. 10 ~ 2010. 12	原名“城市建设财务管理科”；1995年10月改名“基本建设科”；2002年3月更名为“经济建设科”

注：谢志坚：1998年5月兼任“预决算审核所”所长，1999年4月兼任改名的“基建投资评审中心”主任。

9. 农业科

正职		副职		备注
姓名	任职时间	姓名	任职时间	
曾和顺	1989.1～1989.4	胡嫦娥	1989.1～1989.4	原名“农业财务科”，1995年10月更名为“农业科”
胡嫦娥	1989.4～1991.8	邵力远	1989.4～1993.5	
黄显祥	1992.6～1993.9	颜爱丽	1993.9～2002.3	
廖华春	1993.9～1998.4	苏和平	2000.11～2002.3	
曾福成	1998.5～2002.3	汤　勇	2002.3～2005.4	
苏和平	2002.3～2007.1	戴志宏	2005.10～2007.10	
鲁兰芳	2007.1～2010.12	姚　梅	2007.10～2010.12	

10. 社会保障科

正职		副职		备注
姓名	任职时间	姓名	任职时间	
		梅　宏	1995.10～1996.5	
梅　宏	1996.5～2001.3	赵建平	1996.5～1998.7	
柳明道	2001.3～2002.10	程民生	2002.3～2007.2	
陈绪华	2002.11～2007.4	徐联玉	2007.4～2007.10	
徐联玉	2007.10～2010.12	祝铭一	2007.10～2008.10	
		丁敬军	2007.10～2010.12	

11. 企业科

正职		副职		备注
姓名	任职时间	姓名	任职时间	
		黄显祥	1989.1～1990.4	原名“工交企业财务科”1995年10月更名为“工业交通科”，2002年3月更名为“企业科”
		王大僕	1989.1～1991.4	
黄显祥	1990.4～1991.3	陈家琪	1990.4～1993.9	
董兴邦	1991.4～1993.8	杨浩清	1993.9～1997.10	
陈家琪	1993.9～1997.8	詹　平	1993.9～1996.5	
杨浩清	1997.10～2007.10	徐继达	1998.5～2002.3	
梁德贵	2007.10～2010.12	张克勤	2002.3～2003.9	
		姚正文	2003.12～2004.12	
		童耀乐	2005.7～2009.10	
		王光波	2009.10～2010.12	

12. 对外经济贸易科

正职		副职		备注
姓　名	任职时间	姓　名	任职时间	
黄定先 王大僕 徐道国 曾福成 梁　浩	1989.4～1991.4 1993.9～1998.5 1998.5～2002.3 2002.3～2005.7 2006.9～2010.12	王大僕 刘习武 李家军 梁　浩 韩先仿 何大斌	1991.4～1993.9 1996.5～ 2000.11～2002.3 2002.3～2006.9 2007.10～2008.10 2008.10～2010.12	原名“对外经济贸易财务科”，1995年10月更名为“对外经济贸易科”

13. 会计科

正职		副职		备注
姓　名	任职时间	姓　名	任职时间	
赵云桂 唐柳英 李爱华 古志海 李福祥 张克勤	1989.1～1991.4 1993.9～1998.5 1998.5～2002.3 2002.3～2003.12 2003.12～2007.10 2007.10～2010.12	唐柳英 廖华春 王　政 苏和平 李福祥 夏剑峰 彭继文	1990.4～1993.9 1991.4～1993.9 1993.9～1997.10 1998.5～2000.11 2000.11～2002.3 2002.3～2007.10 2007.10～2010.12	原名“会计事务管理科”，1995年10月更名为“会计科”

14. 资产管理科

正职		副职		备注
姓　名	任职时间	姓　名	任职时间	
龚天园 袁　志 王　政	2002.3～2003.9 2003.11～2007.10 2007.10～2010.12	韩桂芳 于　炜 刘　蓉 （控办副主任）	2002.3～2007.10 2007.10～2008.10 2008.10～2010.12	原名“产权科”，2006年更名为“资产管理科”

15. 监督检查科

正职		副职		备注
姓　名	任职时间	姓　名	任职时间	
董兴邦	1989. 4 ~ 1991. 4	邵力远	1989. 1 ~ 1989. 4	原名“监察科”，1995 年 10 月更名为“财政监督科”加挂“常德市人民政府税收财务物价大检查办公室”牌子；2002 年 3 月更名为财政“监督检查科”
赵云桂	1991. 4 ~ 1993. 12	何名福	1989. 4 ~ 1991. 4	
邵力远	1996. 5 ~ 2002. 3	杨昌珍	1991. 4 ~ 1993. 9	
郑玉明	2002. 3 ~ 2007. 10	汪培儒	1993. 9 ~ 1996. 6	
汪培儒	2007. 10 ~ 2010. 11	詹　平	1996. 5 ~ 2002. 3	
周向阳	2010. 11 ~ 2010. 12	侯贵荣	1998. 5 ~ 2002. 3	
		莫海洋	2002. 3 ~ 2003. 6	
		杨　霞	2003. 12 ~ 2007. 8	
		朱　斌	2007. 2 ~ 2010. 12	

16. 人事教育科

正职		副职		备注
姓　名	任职时间	姓　名	任职时间	
		朱金平	1993. 9 ~ 1996.	
蔡菊梅	1989. 1 ~ 1999. 4	陈雨晖	1998. 5 ~ 2002. 3	
刘进芳	1999. 4 ~ 2002. 3	李真才	2002. 3 ~ 2004. 5	
陈雨晖	2002. 3 ~ 2007. 11	谢　翱	2007. 2 ~ 2008. 10	
龚天园	2007. 11 ~ 2008. 3	雷光银	2008. 10 ~ 2010. 12	
戴志宏	2008. 10 ~ 2010. 12	蔡文宝	2008. 12 ~ 2010. 12	

17. 机关工会

正职		副职		备注
姓　名	任职时间	姓　名	任职时间	
侯贵荣	1993. 9 ~	侯贵荣	1989. 1 ~ 1989. 4	
李爱华	1996. 5 ~ 1998. 4		1992. 7 ~ 1993. 9	
方甫军	1998. 4 ~ 1999. 4	李爱华	1993. 9 ~ 1996. 5	
王政（兼）	1999. 4 ~ 2002. 3	陈功权	2002. 8 ~ 2008. 1	
梅宏（兼）	2003. 8 ~ 2010. 12	徐次才	2008. 1 ~ 2010. 12	

18. 纪检监察室

正职		副职		备注
姓名	任职时间	姓名	任职时间	
娄朝友	1993.9～1996.5	曾福成	1989.10～1992.7	1995年10月至2002年3月监察室与纪检组、机关党总支合署办公；2010年2月因市直单位纪检监察机构改革，驻单位纪检组、监察室被撤销
刘进芳	1996.5～1999.4	娄朝友	1992.7～1993.9	
李　志	2000.11～2002.3	刘进芳	1993.9～1996.5	
李爱华	2002.4～2007.11	李家军	1998.5～2000.10	
吉海波	2007.11～2010.2			

19. 团工委

正职		副职		备注
姓名	任职时间	姓名	任职时间	
张　凯	2006.8～2009.11	张　凯	2004.7～2006.8	
施祖鸿	2009.11～2010.12	李春虎	2006.8～2009.11	
		禹　瑛	2006.8～2009.11	
		何　勤	2009.11～2010.12	
		黄灿飞	2009.11～2010.12	

20. 机关党委

正职		副职		备注
姓名	任职时间	姓名	任职时间	
吴国荣	1989.1～2001.8（机关党总支书记）	蔡菊梅（兼）	1989.1～1993.8（机关党总支副书记）	原名“机关党总支”，1989年配专干朱金平；2002年3月更名“机关党委”
万善志	2001.9～2002.12	吴国荣	2001.9～2007.9	
刘慎松（兼）	2003.1～	曹承贵	2002.7～2003.11（任机关党委副书记）	
		侯贵荣	1993.9～1998.4	
		王　政	1999.4～2002.3（任机关党总支副书记）	
		戴志宏	2008.10～2010.12	

21. 商业科

正　　职		副　　职		备　注
姓　名	任职时间	姓　名	任职时间	
黄定先 邱伏兰 胡嫦娥 陈位名 唐柳英	1989.1～1989.4 1990.4～1991.7 1991.8～1996.5 1996.5～1998.5 1998.5～2002.3	彭继文 邱伏兰 陈位名 徐联玉	1989.1～1992.9 1989.4～1990.4 1993.9～1996.5 1998.5～2002.3	原名“商业企业财务科”，1995年10月更名为“商业科”，2002年3月机构改革时被撤销，其职能并入“企业科”和“经济建设科”

22. 统计评价科

正　　职		副　　职		备　注
姓　名	任职时间	姓　名	任职时间	
鲁兰芳 张克勤	2002.3～2003.4 2003.9～2004.5	许维荣	2002.3～2004.5	2002年3月设置，2004年5月撤销

23. 农税科

正　　职		副　　职		备　注
姓　名	任职时间	姓　名	任职时间	
曾和顺 赵安才 苏俊朝 邹本泉	1989.4～1989.6 1993.9～1998.5 1998.5～2002.3 2002.3～2005.12	赵安才 苏俊朝 王元君 梅　宏 钟发义 徐道国 戴志宏 陈再泉	1989.4～1993.9 1991.4～1993.9 1993.9～2002.3 1993.9～1995.10 1996.5～2000.11 2002.3～2006.9 2002.3～2005.11 2005.11～2007.10	全称为“农业税征收管理科”。2006年，设置市契税耕地占用税征收管理局，取消农税科

24. 市三查办

正职		副职		备注
姓名	任职时间	姓名	任职时间	
		曾松 黄定先 邵力远	1990.4～1992.7 1992.7～1995.9 1995.5～1996.5	全称"常德市人民政府税收财务物价大检查领导小组办公室"，为挂靠市财政局的正科级机构，主任由当时分管的局领导兼任。1989年9月设置。1996年5月并入"财政监督科"，1998年撤销

（二）科级事业单位

1. 控购办

正职		副职		备注
姓名	任职时间	姓名	任职时间	
苏俊朝 李俊 钟发义 王政 徐继达	1993.9～1998.5 1998.5～2002.3 2002.3～2004.5 2004.5～2007.10 2007.10～2010.12	张定国 侯贵荣 肖德英 曾松 姚梅 刘蓉	1989.1～1991.8 1989.4～1992.7 1991.4～2002.3 1992.7～1993.9 2005.4～2007.10 2008.10～2010.12	全称"常德市控制社会集团购买力领导小组办公室"

2. 财源办

正职		副职		备注
姓名	任职时间	姓名	任职时间	
唐会诰 王　政 方甫军 周宏建 徐定明 谢　翱	1996.5～1997.10 1997.10～1999.4 1999.4～2000.10 2000.11～2005.8 2005.11～2008.10 2008.10～2010.12	莫海洋 刘丙松	2005.7～2007.2 2008.10～2010.12	全称为“常德市财源建设领导小组办公室”

3. 柳叶湖分局

正职		副职		备注
姓名	任职时间	姓名	任职时间	
袁　志 钟发义 杨浩清	2000.10～2003.10 2003.11～2007.10 2007.10～2008.10	雷志林 彭继文 谢迪军 刘丙松 龚群志	2000.10～2003 2002.3～2007.10 2003.6～2008.4 2008.4～2008.10 2007.10～2008.10	全称为“常德市财政局柳叶湖旅游度假区分局”。2000年10月设置，2008年10月撤销，由柳叶湖旅游度假区单设财政机构

4. 机关后勤服务中心

正职		副职		备注
姓名	任职时间	姓名	任职时间	
邹本泉 梁德贵 胡　锐 夏剑峰	1997.10～2002.3 2002.3～2007.10 2007.10～2008.7 2008.10～2010.12	陈功权 梁德贵 刘丙松 李家军 肖婷文 何大斌 王光波 于　炜	1997.10～2000.11 1997.10～2002.3 2001.2～2008.4 2002.3～2003.4 2003.12～2008.4 2007.10～2008.10 2008.10～2009.10 2008.10～2010.12	1997年6月设置

5. 工资发放中心

正职		副职		备注
姓名	任职时间	姓名	任职时间	
张克勤 戴志宏 徐联凤	2004. 4～2007. 10 2007. 10～2008. 10 2008. 10～2010. 12	童耀乐 丁敬军	2002. 3～2005. 7 2005. 11～2007. 10	2002 年 3 月设置

6. 政府采购办

正职		副职		备注
姓名	任职时间	姓名	任职时间	
胡　锐 袁　志	2000. 10～2007. 10 2007. 10～2010. 12	陈昌宏 龚群志 于　炜 于欣民 陈再泉 肖婷文 陈志刚	2000. 10～2002. 3 2001. 3～2007. 10 2002. 3～2007. 10 2007. 10～2008. 10 2007. 10～2008. 12 2008. 4～2010. 12 2008. 10～2010. 12	2000 年 1 月设置“政府采购中心”，2003 年更名为“政府采购办公室”

7. 中函常德分校

正职		副职		备注
姓名	任职时间	姓名	任职时间	
刘盛生 刘吉清 徐继达 夏剑峰 戴文韬	1989. 4～1992. 12 1995. 10～2002. 3 2002. 3～2007. 10 2007. 10～2008. 10 2008. 10～2008. 12	赵安才 苏俊朝 赵建平 李福祥 娄朝友	1989. 1～1989. 4 1989. 1～1989. 3 1993. 9～1996. 6 1996. 5～2000. 11 2002. 3～2004. 11	全称“中华会计函授学校常德分校”

8. 投资评审中心

正职		副职		备注
姓名	任职时间	姓名	任职时间	
谢志坚（兼） 方甫军 杨浩清	1998.5～2001.8 2002.3～2008.10 2008.10～2010.12	娄朝友 夏剑峰 龙英翔 黄明光	2004.10～2008.10 2007.10～2008.10 2008.10～2010.12 2009.10～2010.12	原名“基建预决算审核所”，1998年设置；1999年更名为“基建投资评审中心”；2002年定名为“投资评审中心”

9. 机关财务管理办

正职		副职		备注
姓名	任职时间	姓名	任职时间	
鲁兰芳 姚赛芝	2003.4～2007.1 2007.10～2010.12	朱莉 姚赛芝 谢迪军	2003.6～2007.2 2007.2～2007.10 2008.4～2010.12	2003年设置

10. 信息中心

正职		副职		备注
姓名	任职时间	姓名	任职时间	
汤勇	2006.9～2010.12	汤勇 章昌军	2005.4～2006.9 2007.10～2010.12	2006年设置

11. 融资监督管理办公室

正职		副职		备注
姓名	任职时间	姓名	任职时间	
程民生 毛远征 陈昌宏	2007.2～2007.10 2007.10～2010.12 （任主任） 2009.7～2010.12 （任书记）	颜晓春 程民生	2008.4～2008.12 2009.10～2010.12	2007年设置，名称为“融资监督管理办公室”，为正科级事业单位；2009年更名为市融资与债务管理办公室，并升格为具有行政职能的副处级事业单位

12. 财政预算审核中心

正职		副职		备注
姓名	任职时间	姓名	任职时间	
徐定明	2003.6～2005.10	王建辉 曾　勇	2004.4～2007.2 2008.12～2010.12	

13. 财会人员培训中心

正职		副职		备注
姓名	任职时间	姓名	任职时间	
刘吉清 （兼）	1998.5～2002.3			

14. 驻北京办事处

正职		副职		备注
姓名	任职时间	姓名	任职时间	
彭继文 易耀平	1995. 10～1998. 12 1998. 11～2008. 12	李晓峰 易耀平（聘）	1995. 10～1996. 5 1996. 12～1998. 11	1995 年设置“市财政局驻北京办事处”，为正科级事业单位；2000 年 9 月改为“市政府驻北京办事处”，任命易耀平为副主任（副处级）

15. 德山分局

正职		副职		备注
姓名	任职时间	姓名	任职时间	
吴金槐 毛远征	1993. 5～2000. 10 2000. 10～2002. 3	邵力远 周信忠 毛远征 雷志林 程民生	1993. 5～1995. 5 1993. 3～1996. 5 1996. 5～2000. 10 1998. 5～2000. 10 2000. 11～2002. 3	全称“常德市财政局德山经济科技开发区分局”，1993 年设置，2002 年撤销。分局撤销后，德山经济科技开发区单设财政机构

16. 房资办

正职		副职		备注
姓　名	任职时间	姓　名	任职时间	
曾福成 王大僕	1993. 9 ~ 1998. 5 1998. 5 ~ 2001. 12	夏剑峰	1993. 9 ~ 1996. 5	2001 年 12 月，成立“常德市住房公积金管理中心”撤销“常德住房资金管理办公室

17. 注协办

正职		副职		备注
姓　名	任职时间	姓　名	任职时间	
王　琳 王　政 古志海	1997. 10 ~ 2002. 3 2002. 3 ~ 2004. 4 2004. 4 ~ 2010. 12	王　琳	1996. 12 ~ 1997. 10	全称“常德市注册会计师协会办公室”

18. 常德市财政会计审计学会

正职		副职		备注
姓　名	任职时间	姓　名	任职时间	
				设专干： 杨浩清 1989. 1 ~ 1990 李福祥 1990 ~ 1996. 5 苏和平 1996. 6 ~ 1998. 7

19. 常德会计师事务所

正职		副职		备注
姓名	任职时间	姓名	任职时间	
刘吉清 彭继文 谭昌柏 郑玉明	1990. 4 ~ 1993. 12 1993. 9 ~ 1995. 10 1995. 9 ~ 1998. 5 1997. 11 ~ 1999. 9	刘吉清 邱伏兰 杨昌珍 彭继文 谭昌柏 王　琳 罗明生 郑玉明 左先涛	1989. 1 ~ 1989. 5 1989. 1 ~ 1989. 4 1989. 4 ~ 1991. 2 1992. 9 ~ 1993. 9 1993. 9 ~ 1995. 9 1993. 9 ~ 1996. 12 1996. 5 ~ 1996. 9 1997. 4 ~ 1997. 11 1997. 11 ~ 1999. 9	原名“湖南省会计师事务所常德分所”，1991 年 8 月更名为“常德会计师事务所”，1999 年 9 月，“常德会计师事务所”与市财政脱钩，独立执业

20. 湖南省索溪路兰苑山庄

正职		副职		备注
姓名	任职时间	姓名	任职时间	
高华林 丁为钧（聘） 姚旱霓（聘）	1989. 1 ~ 1991. 4 1991. 4 ~ 1992. 12 1991. 12 ~ 1992. 12	谢　敏 陈功权 唐西满（聘） 燕为康（聘）	1989. 4 ~ 1991. 4 1989. 5 ~ 1990. 7 1989. 4 ~ 1991. 12 1991. 12 ~ 1992. 12	原名“湖南财政干部培训中心”；1990 年 7 月更名为“索溪峪兰苑山庄”；1992 年移交给湖南省信托投资公司

五、历任常德市财政局直属处级单位负责人名单

（1989 年 1 月至 2010 年 12 月）

1. 市财经投资开发公司

正职		副职		备注
姓名	任职时间	姓名	任职时间	
杨振舫 李世凡 毛跃进 陈家琪	1989. 1 ~ 1989. 12 1990. 10 ~ 1992. 12 1993. 10 ~ 2001. 6 2001. 6 ~ 2010. 12	董兴邦 孙淑云 曹承贵 黄显祥 龚德岩 陈家琪 王一平 郝介球 傅智勇 燕为康 杨云刚	1989. 1 ~ 1989. 4 1989. 1 ~ 1991. 1 1991. 3 ~ 1995. 2 1991. 3 ~ 1992. 6 1994. 8 ~ 1997. 8 1997. 8 ~ 2001. 6 （总经济师） 1997. 8 ~ 2001. 6 1997. 8 ~ 2001. 6 1999. 1 ~ 2002. 12 2005. 8 ~ 2010. 12 2006. 7 ~ 2010. 12 2007. 4 ~ 2010. 12	原名“常德市信托投资公司”，为相似副处级企业单位，归口市财政局管理；1990 年市政府明确为中 II 型金融企业；1996 年 4 月明确为中 I 型金融企业；2001 年 6 月，成立“常德市财经投资开发公司”，取代“常德市信托投资公司”

2. 常德财经中等专业学校

正职		副职		备注
姓名	任职时间	姓名	任职时间	
刘盛生 黄显祥 任克勤 熊昌本 李　华	1989. 1 ~ 1989. 4 1994. 12 ~ 1998. 6 1998. 3 ~ 2003. 6 2003. 5 ~ 2007. 10 2007. 8 ~ 2010. 12	龙治家 唐建国 蒋孝民 黄显祥 任克勤 唐友福 唐爱国 皮德秀 戴立权 李　志 邹明惠 夏春波	1989. 1 ~ 1994. 12 1989. 1 ~ 1994. 12 1989. 12 ~ 1993. 5 1993. 8 ~ 1994. 12 1994. 12 ~ 1998. 3 1997. 9 ~ 2007. 8 1998. 3 ~ 2007. 8 2007. 8 ~ 2010. 12 2007. 8 ~ 2010. 12 2007. 8 ~ 2010. 12 2007. 8 ~ 2010. 12 2010. 9	原名“常德市财会职工中等专业学校”，为正科级事业单位；1989 年 5 月升格为副处级事业单位；1994 年 6 月，改制为“常德财经中等专业学校（全日制普通中专）”，机构规格定为正县级。由市财政局主管。 蔡子荣 1989 年 1 月任党总支书记，1996 年 4 月任党委副书记，1998 年 3 月任顾问；任克勤 1998 年 3 月任党委副书记

3. 常德市国有资产管理局

正职		副职		备注
姓名	任职时间	姓名	任职时间	
市国资处		赵湘舫 何名福 邹本泉 赵湘舫 贵荣伟	1991.3～1993.12 1991.3～1993.12 1994.1～1995.2 1994.1～1995.2 1994.1～1995.2	1991年2月设置“常德市国有资产管理办公室”，正科级事业单位，归口市财政局管理。 1993年7月更名为“常德市国有资产管理处”，副处级事业单位，归口市财政局管理；1994年6月，更名为“常德市国有资产管理局”，副处级行政单位，归口市财政局管理；2002年8月，组建“常德市国有资产经营管理公司”，归口市财政局管理；2004年12月，成立“常德市国有资产监督管理委员会”，为市人民政府直属机构
市国资局		邹本泉 赵湘舫 曹承贵 彭继文	1995.2～1997.10 1995.2～2002.1 1995.2～2002.3 1998.3～2002.3	

4. 常德市非税收入征收管理局

正职		副职		备注
姓名	任职时间	姓名	任职时间	
黄定先 黄显祥 周宏建 龚天园	1995.9~2001.8 2001.8~2005.8 2005.8~2006.8 2008.3~2010.12	方甫军 汪培儒 周信忠 陈位名 谢志坚 杨金娥 欧阳富华 蒋向明 钟发义	1996.6~1998.5 1996.6~2002.3 1996.6~2001.11 1998.5~2002.7 2002.3~2009.12 2002.12~2010.12 2007.12~2010.12 2006.12~2010.12 2010.10~2010.12	1995年3月，将原与市财政局综合计划科合署办公的“常德市收费收入管理站”（正科级事业单位）更名为“常德市收费管理局”（副处级事业单位）。2004年12月更名为“常德市非税收入征收管理局”，仍为市财政局归口管理的副处级事业单位，内设二层机构为正科级

5. 市国库集中支付局

正职		副职		备注
姓名	任职时间	姓名	任职时间	
赵湘舫 汪培儒	2002.2~2010.10 2010.10~2010.12	曾松 颜爱丽 莫海洋 诸兰茂 龙寿清 罗粹 龚萍	2002.3~2008.12 2002.3~2007.2 2007.2~2010.12 2006.11~2010.12 2009.9~2010.12 2009.9~2010.12 2009.9~2010.12	2001年12月设立“常德市市直机关会计核算中心”，为市财政局管理的副处级事业单位。2004年12月，过渡为市财政国库集中支付局

6. 常德市住房公积金管理中心

正　职		副　职		备　注
姓　名	任职时间	姓　名	任职时间	
赵安才	2001. 12 ~ 2010. 12	闻子军 尹洪桂 何名福 朱为民 陈昌宏 陈雨晖 杜登玖 刘图强 杨　峰	2002. 3 ~ 2003. 7 2003. 7 ~ 2010. 12 2007. 2 ~ 2010. 12 2008. 1 ~ 2010. 12 2007. 10 ~ 2009. 7 2009. 9 ~ 2010. 12 2007. 2 ~ 2010. 12 2010. 10 ~ 2010. 12 2010. 10 ~ 2010. 12	2001 年 12 月成立，副处级事业单位，2007 年 7 月升格为正处级，归口市财政局管理

7. 常德市农业综合开发办公室

正　职		副　职		备　注
姓　名	任职时间	姓　名	任职时间	
甘　霖 罗贻林	1997. 7 ~ 2003. 7 2003. 7 ~ 2010. 12	汪淑凡 龚德汉 杨石旭 彭中好 谈保义 蒋宗灼 周兴国 李艳红	1997. 7 ~ 2001. 7 1999. 7 ~ 2001. 7 2001. 7 ~ 2005. 7 （党组书记） 2001. 7 ~ 2010. 12 2002. 7 ~ 2010. 12 2003. 7 ~ 2010. 12 2006. 7 ~ 2010. 12 2007. 7 ~ 2010. 12	1995 年 11 月设置，系市政府临时常设机构，在市政府农村办办公，燕中炎兼任主任，戴国华、廖华春兼任副主任。1997 年月正式成立，为正处级事业单位，归口市人民政府农村工作办公室管理。2001 年月交由市财政局管理

8. 常德市契税耕地占用税征收管理局

正职		副职		备注
姓名	任职时间	姓名	任职时间	
詹平	2007.1～2010.12	徐道国 易先云 李真才	2006.9～2008.10 2009.1～2010.12 2009.10～2010.12	2006年设立，市财政局直属的副处级事业单位，加挂“常德市乡镇财政管理局”牌子。2010年，全省统一开展耕地占用税和契税征管职能划转工作，是年9月1日，全市“两税”征管职能划转地税部门，并于月更名为市乡镇财政管理局

9. 常德市财鑫投资担保有限公司

正职		副职		备注
姓名	任职时间	姓名	任职时间	
何克明	2008.4～2010.12	苏和平 陈正辉 罗先明	2008.7～2010.12 2008.7～2010.12 2008.7～2010.12	党支部书记、副总经理 副总经理 副总经理

10. 常德市交通建设投资有限公司

正职		副职		备注
姓名	任职时间	姓名	任职时间	
谢志坚	2010.1～2010.12	彭孝义 刘树高	2010.1～2010.12 2010.1～2010.12	副总经理 副总经理

第三节　社会团体

1. 常德市财政会计审计学会

常德市财政会计审计学会，原名常德地区财政会计学会，于1981年10月成立，是常德社会科学类成立最早的学会之一，是湖南省财政、会计、审计学会的团体会员。1989年，有团体会员单位9个、分会17个、专业委员会1个，会员总数5008人。学会下设书刊编辑、科技知识普及与教育、学术交流、科技咨询服务四个工作委员会。配有事业编制干部1人，挂靠市财政局。该学会在开展理论研究、学术交流、培训财会人员、普及财会专业知识、维护财会人员合法权益和参与会计专业技术职称评审方面取得了显著成绩。1984～1992年连续8年被湖南省财政学会、会计学会和常德市社科联评为先进学会。

该学会采取请进来、走出去的办法，组织多种形式的学术交流和理论探讨，先后邀请罗正齐、王美涵、罗青育、沈经农、汪学谦、夏高波、李海、李秉忠、梁尚敏、魏克发、高阳志高、蒋增湖等专家教授到常德作专题学术报告 场，听众达 人次。

参加省内外学术交流活动 次，提交论文 篇，在中央、省、市级刊物上发表的有 余篇，获省优秀论文奖的有 篇，编辑出版各种业务书籍 本，其中出版社公开发行的有 本。会刊《常德财会与审计》，自1984年创刊至2008年陆续出版52期。曾被19 年出版的《中国现代会计手册》列为全国99种办得好的期刊之一；2006年被评为常德市优秀内刊。

历届名誉会长、会长、副会长、秘书长、副秘书长、常务理事、理事名单：

第一届理事会成员名单：（1981年10月31日选举产生）

名誉会长：杨汇泉

顾　　问：高东坤

会　　长：徐霞霖

副 会 长：王志夫、袁雨田

秘 书 长：赵云桂

副秘书长：王文杰、陈仲启、刘师亮

常务理事：（15名）徐霞霖、王志夫、袁雨田、赵云桂、王文杰、陈仲启、刘师亮、包光义、黄厚瑜、洪余全、张长松、黄德成、滕国华、蔡昌惠、熊巩固

理　　事：王子龙、王俸康等52人

第二届理事会成员名单：（1984年11月13日选举产生）

名誉会长：何秋舫

顾　　问：罗青育、王美涵

会　　长：刘呈祥

副 会 长：高天成、赵云桂、王志夫

秘 书 长：赵云桂（兼）

副秘书长：雷渊信

常务理事：（13 名）刘呈祥、高天成、赵云桂、王志夫、雷渊信、黄大轩、黄定先、包光义、黄厚渝、夏云松、张定慧、张长松、刘全香

理　　事：张少征、管 烽等 60 人

第三届理事会成员名单：（1988 年 4 月）

名誉会长：卜启圣、李　江

顾　　问：罗青育、王广明

会　　长：刘呈祥

副 会 长：刘宗檀、卢常娥、赵云桂、王志夫

秘 书 长：赵云桂

副秘书长：刘吉清

常务理事：（19 名）王志夫、卢常娥、包光义、刘吉清、刘全香、刘呈祥、刘宗檀、朱纪美、张长松、张良喜、陈仲启、赵云桂、夏云松、陶诗炎、黄大轩、黄定先、黄厚瑜、曾和顺、雷渊信

理　　事：王子龙、王国政等 90 名

第四届理事会成员名单：（1993 至 1999 年）

注：未找到换届资料，以下名单系推测情况

名誉会长：陈德铨、钦时中

会　　长：陈君文

副 会 长：朱纪美

秘 书 长：廖华春

副秘书长：唐柳英

第五届理事会成员名单：（1999 年 5 月）

名誉会长：陈君文

会　　长：万善志

副 会 长：马耀舫、胡华林、龙晓清、朱方钦、吴国荣、胡嫦娥、廖华春、盛　铭、黄腊喜

秘 书 长：古志海

副秘书长：夏剑峰、鲁建文

常务理事：（30 名）万善志、马耀舫、胡华林、龙晓清、朱方钦、梅　宏、吴国荣、胡嫦娥、廖华春、盛　铭、黄腊喜、古志海、夏剑峰、鲁建文、丁为敏、王　政、王以明、刘慎松、刘付元、李爱华、李福祥、何克明、赵先桃、娄远军、涂能进、黄定先、黄德成、黄显祥、曾福成、徐吉达

第六届理事会成员名单：(2004 年 6 月)

名誉会长：陈君文、陈文浩、李学林

会　　长：万善志

副 会 长：梅　宏、朱方钦、吴让晓、龙晓清、胡华林

秘 书 长：梅　宏（兼）

常务副秘书长：李福祥

副秘书长：夏剑锋、杨甫成、刘春晖

常务理事：(27 名) 万善志、龙晓清、史开卷、刘雄鹰、刘付元、刘春晖、苏和平、朱方钦、孙永志、吴让晓、陈绪华、李　华、李福祥、余德中、何克明、沈中林、杨甫成、郑玉明、赵安才、赵湘舫、胡华林、郭述政、高振亚、夏剑峰、徐吉达、梅　宏、翟振才

理事：99 名

2. 常德市农村财政研究会

常德市农村财政研究会成立于 1990 年 6 月。成立之初，属常德市财政会计审计学会的团体会员。1993 年 5 月，登记为社会团体法人，为常德市社会科学联合会、湖南省农村财政研究会的团体会员单位，受市财政局领导。常德市农村财政研究会的主要任务是研究农村财政税收理论、政策和农村财务管理。

第一届理事会成员名单：(1990 年 6 月 10 日选举产生)

名誉会长：陈君文

会　　长：曾和顺

副 会 长：卢常娥

秘 书 长：邵力远

从成立至 2002 年，先后组织完成 12 个课题研究任务，完成研究报告 246 篇，完成重点课题 5 个，提交湖南省农村财政研究报告 25 篇。1993 年 11 月，湖南省农村财政研究会在株洲召开重点课题研讨会，常德市农村财政研究会提交的《大力调整农业结构，发展优质高产高效农业》和《加强乡镇财政管理，搞好乡镇财政建设》论文被选为大会发言材料，并编入《湖南省农村财政研究报告集》。1994 年，会员梅宏、刘习武撰写的研究报告《浅谈农村费改税的必要性》被省农村财政研究会采用；同年，常德市农村财政研究会撰写的《认真开展"五个一"活动，努力抓好财源建设》一文，由省农村研究会推荐给省财政厅《湖南财政信息》全文转发，并被《中国财经报》刊登报道。汉寿县财政局李后将撰写的《分税制下县级财政面临的机遇、挑战与决策》在省农研会课题研讨会上作了典型发言。会员王晓波、刘习武撰写的《产粮大县财政建设初探》和廖华春撰写的《新税制条件下农业与财政的关系、演变与调适对策》被编入《湖南省农村财政研究报告集》。会员颜爱丽、汤勇撰写的《常德农牧渔良种场现状调查》刊登在常德市委机关内刊《常

德论坛》1999 年第 2 期。

2002 年 10 月，常德市农村财政研究会在石门县召开第二次会员代表大会暨理论研讨会，大会选举产生了第二届理事会。

第二届理事会成员名单：

名誉会长：刘春林、万善志、吴国荣

会　　长：廖华春

副 会 长：邹本泉、苏和平

秘 书 长：苏和平（兼）

副秘书长：刘仕英、鲁秋广、廖花爱

常务理事：（17 名）刘慎松、廖华春、邹本泉、苏和平、汤 勇、戴志宏、徐道国、田辉举、刘以国、李家明、戴国华、刘仕英、鲁秋广、廖花爱、古志海、梅宏、甘 霖

理　　事：（52 名）刘慎松、廖华春、邹本泉、苏和平、汤　勇、戴志宏、徐道国、田辉举、刘以国、李家明、戴国华、刘仕英、鲁秋广、廖花爱、古志海、梅　宏、甘霖、汪培儒、鲁兰芳、郑玉明、王元君、王斌武、胡秋兰、王承英、邱斌如、李道政、朱兰莉、詹万忠、王　利、麻建国、陈　志、贺吉瑞、朱传协、资松澧、封生富、申玉生、贾贤炎、卿远舟、辛　忠、陈荣庭、邵国涛、陈炳国、孙启银、龚立新、张先华、帅开军、潘　锐、雷元林、周梦波、何才安、李 静、马柏山

第二届理事会成立至 2006 年，先后完成重点课题调研任务 6 个，撰写调研文章 260 篇。先后有 42 篇文章在《中国财径报》、《人民日报》农村版、《中国农业综合开发》、《湖南日报》、《常德日报》、《常德财会》等报纸杂志发表。有 21 篇文章获得奖励，其中《解决“三农”问题的关键在于制度创新》获得国家级优秀论文奖，并被《人民日报》编辑出版的《“三农”问题理论与实践》系列丛书收录。

3. 常德市预算会计研究会

常德市预算会计研究会于 1991 年 10 月成立，是进行预算会计基础理论和实际工作研究的群众性学术团体，是省预算会计学会的团体会员，在市财政局和市社科联的指导下独立开展预算会计学术研究活动。其会员主要是各区、县（市）预算会计学会（或研究会）和全市预算会计人员。

第一届理事会成员名单：

（未找到资料，推测应有：张冠洲、朱纪美、易继元、罗少挟、娄远军等人）

会　　长：张冠洲

副 会 长：朱纪美

秘 书 长：易继元

常务理事：罗少挟、娄远军

理　　事：

1997 年 9 月在芷园宾馆召开第二届理事会暨预算会计理论研讨会，大会选举产生了第二届理事会。

第二届理事会成员名单：

会　　长：万善志

副 会 长：朱纪美、娄远军、李　俊

秘 书 长：陈绪华

常务理事：万善志、古志海、卢赐清、甘晓波、叶富荣、刘付元、刘吉清、朱纪美、李　俊、李建伟、汪培儒、陈绪华、赵湘舫、娄远军、郭十全、郭述政、徐道国、唐柳英、梁丽芬、梅　宏、程方山、蒋建国、廖华春（共 23 人）

理　　事：黄广弟、朱兰莉、郭述政、黄国平、贺家泽、蔡德习、姚禹庭、龚　杰、李后将、郭十全、李承新、彭汉生、史训炎、辛　忠、朱　敏、李位民、申玉生、伍兰兰（区县市 18 人）

万善志、朱纪美、程方山、梁丽芬、李建伟、蒋建国、叶富荣、刘付元、卢赐清、甘晓波、赵湘舫、吴金槐、汪培儒、李　俊、廖华春、梅　宏、徐道国、古志海、刘吉清、唐柳英、娄远军、陈绪华、伍志昂、徐定明、祝铭一、蒋金华、雷志林（市直单位 27 人）

4. 常德市老科学技术工作者协会市直财会分会（简称常德市老科协财会分会）

常德市老科协财会分会于 2005 年 11 月成立，是市直财政系统具有中高级专业技术职称和副科级及以上职级退休人员自愿组成的专业性社会团体，为市老科协下属的团体会员，由市财政局直接领导。主要任务是团结退休财会人员，发挥余热，围绕财政工作中心，参与财务检查、调查、审计、评估、验资和培训财会人员等活动。2010 年底，有会员 39 人。从成立到 2010 年底，5 年多时间里陆续受市财政局资产科、社保科、教科文科、农业科、企业科、监督检查科、综合科、经建科、投资评审中心、契税和耕地占用税征收管理局、行政政法科等 14 个科室（单位）的委托，对 339 户行政、事业、企业单位开展财务检查、调查、审计、评估、验资等活动 70 人次。同时，积极开展自我保健活动，为减轻社会负担，实现老有所乐、老有所为，共创和谐常德再做贡献。

第一届理事会成员名单：

会　　长：吴国荣

副 会 长：胡嫦娥、黄定先

秘 书 长：黄定先（兼）

副秘书长：李文英

常务理事：吴国荣、胡嫦娥、黄定先、王　琳

理　　事：吴国荣、胡嫦娥、黄定先、王　琳、李文英、孙淑云、龙治家

第二届理事会成员名单（2010 年 12 月 23 日）：

会　　长：吴国荣

副 会 长：胡嫦娥、黄定先

秘 书 长：黄定先（兼）

副秘书长：李文英

常务理事：吴国荣、胡嫦娥、黄定先、甘　霖、王　琳

理　　事：吴国荣、胡嫦娥、黄定先、甘　霖、王　琳、李文英、王元君、龙治家、孙淑云

第四节　先进集体

1990 年至 1995 年，常德市财政局连续 6 后被省财政厅评为全省财政监察工作先进单位；

1991 年、1994 年、1995 年被省财政厅评为全省会计管理工作先进单位；

1992 年，被财政部评为全国财政系统教育工作先进单位；

1993 年，被财政部评为全国清产核资先进单位，被省财政厅评为全省财政系统周转金管理先进单位、全省财政系统农税工作先进单位、全省公费医疗管理先进单位、全省收费检查先进单位、全省国债推销工作先进单位、全省违控查处工作先进单位、全省财政系统全面工作先进单位；

1993 年至 1996 年连续 4 年被市人民政府评为全市“双文明”目标管理先进单位；

1995 年，被省人民政府评为全省文明建设先进单位，被省爱卫办评为全省文明卫生先进单位、全省“百佳”文明卫生单位，被省财政厅评为全省财政系统“二五”普法先进单位、全省“三大查”和财政监督工作先进单位、全省行政性收费检查先进单位，被省清产核资领导小组评为全省清产核资工作先进单位；

1996 年，获省财政厅评选的全省财政系统调研工作优秀成果奖。

2006 年，被省文明委评为全省文明标兵单位

2010 年，被国家体育总局评为全民健身活动先进单位

2006，被财政部评为全国财政系统党建工作新风奖

2008，被财政部评为 2007 年度全国财政信息工作先进单位

2008，被财政部评为两刊两鉴发行宣传优秀单位

2009 ~ 2010 年度乡镇财政精细管理先进单位　财政厅　2010 年 11 月

2010 年全省会计管理工作一等奖　财政厅　2011. 03

全省非税杯辩论赛组织奖　财政厅　2010. 08

全省非税杯辩论赛季军　财政厅　2010. 08

全省财政系统“薪火相传”征文组织奖　财政厅　2010 年 8 月

全省企业服务年活动优秀单位　省新型工业化领导小组　2010.02

2009 年度全省家电下乡先进单位　“财政厅商务厅”　2010.07

2009 年度全省财政总决算二等奖　财政厅　2010.11

2009 年全省预算执行分析三等奖　财政厅　2010.11

2010 年度全省财会学会创先争优先进学会　省会计学会　2011.05

2009 年度全省财会学会创先争优先进学会　省会计学会　2010.09

2008 年会计专业技术资格考试组织一等奖　省会计专业考试领导小组　2009.05

2008 年全省财政系统人事报表统计二等奖　财政厅　2009.02

全省 2008 年全民健身先进单位　省体育局　2008.12

2008 年全省财政系统篮球赛季军　财政厅　2008.05

2007 年部门决算二等奖　财政厅　2008.11

2006～2007 全省财政系统信息工作先进单位　财政厅　2008.04

湖南省先进财政所　“财政厅人事厅”　2007.01

2006 年全省财政总决算三等奖　财政厅　2007.11

2005 年度全省财政监督检查工作先进单位　财政厅　2006.03

2009 年，市财政局通过湖南省文明标兵单位复查，学习实践科学发展观活动综合考评名列市直单位第一，机关作风建设考评列市直行政单位板块第一，优化环境测评名列市直单位第六、获得二等奖，市财政局机关及陈腊年个人分别荣获全市建设人民满意政府“十佳满意机关”、“十佳满意公仆”光荣称号。局机关各科室（单位）在省厅以上开评项目中评先评优获奖的有 28 项，其中在省厅以上评比表彰中获得一等奖或先进的有：办公室连续 12 年荣获全国财政信息工作先进单位，获得 2009 年度新闻宣传工作先进单位，在省厅组织的“践行科学发展观与公共财政改革发展”征文中获得一等奖；税政法规科荣获全国财政“五五”普法法规知识竞赛组织奖，被省厅评为重点产品国际竞争力调查工作先进单位；工会荣获国家体育总局授予的全民健身活动先进单位；经建科荣获省厅基建财务决算一等奖；教科文科荣获全省教科文财政工作目标管理考核评比一等奖；外经科荣获全省外经财务综合工作先进单位；综合科荣获全省防洪保安资金征收管理工作先进单位；资产科荣获全省行政事业资产管理与绩效评价工作先进单位；企业科荣获全省企业财务会计决算及快报工作先进单位。局直单位中：市支付局被评为全国精神文明建设工作先进集体；市农开办被评为全省农业综合开发先进集体、市级文明标兵单位；市非税局创建为市级文明单位；常德财经学校被市教育局评为就业工作先进单位；住房公积金中心被评为全省住房公积金管理工作先进单位，中心服务窗口和 8 个管理部获得省或市巾帼文明岗或青年文明号称号。

2010 年，局机关继续保持市直优化经济环境测评、市直机关作风建设先进单位称号，市财政局机关及张凯个人分别荣获全市建设人民满意政府“十佳满意机关”、“十佳满意公仆”光荣称号，继续保持全市人民满意政府建设“双十佳”殊荣。局直单位中：常德财校被推选为全国财政职业教育指导委员会委员、省职成学会常务理事和中职财经商贸研究会会长单位。市住房公积金管理中心市中心获得市级文明标兵单位荣誉称号，中心服务窗口荣获“省青年文明号”称号。市委创学办推荐了市国库集中支付局团队学习的先进典型，《湖南日报》对创学经验进行了报道。市乡财局被省财政厅评为乡财管理工作先进单位。

市财政局荣誉称号一览

序号	荣誉称号	授予单位	授予时间	备注
省部级荣誉				
1	全省文明标兵单位	省文明委		
2	2010 年全民健身活动先进单位	体育总局	2010. 12	
3	全国财政系统党建工作新风奖	财政部	2006. 07	
4	2007 年度全国财政信息工作先进单位	财政部	2008. 03	
5	两刊两鉴发行宣传优秀单位	财政部	2008. 06	
厅级荣誉				
1	2009 ~2010 年度乡镇财政精细管理先进单位	财政厅	2010. 11	
2	2010 年全省会计管理工作一等奖	财政厅	2011. 03	
3	全省非税杯辩论赛组织奖	财政厅	2010. 08	
4	全省非税杯辩论赛季军	财政厅	2010. 08	
5	全省财政系统“薪火相传”征文组织奖	财政厅	2010. 08	
6	全省企业服务年活动优秀单位	省新型工业化领导小组	2010. 02	
7	2009 年度全省家电下乡先进单位	财政厅 商务厅	2010. 07	
8	2009 年度全省财政总决算二等奖	财政厅	2010. 11	
9	2009 年全省预算执行分析三等奖	财政厅	2010. 11	
10	2010 年度全省财会学会创先争优先进学会	省会计学会	2011. 05	
11	2009 年度全省财会学会创先争优先进学会	省会计学会	2010. 09	
12	2008 年会计专业技术资格考试组织一等奖	省会计专业考试领导小组	2009. 05	

续上表

序号	荣誉称号	授予单位	授予时间	备注
13	2008 年全省财政系统人事报表统计二等奖	财政厅	2009. 02	
14	全省 2008 年全民健身先进单位	省体育局	2008. 12	
15	2008 年全省财政系统篮球赛季军	财政厅	2008. 05	
16	2007 年部门决算二等奖	财政厅	2008. 11	
17	2006 ~2007 年全省财政系统信息工作先进单位	财政厅	2008. 04	
18	湖南省先进财政所	财政厅 人事厅	2007. 01	
19	2006 年全省财政总决算三等奖	财政厅	2007. 11	
20	2005 年度全省财政监督检查工作先进单位	财政厅	2006. 03	

市财政局荣誉称号一览表

序号	荣誉称号	授予单位	授予时间	备注
1	全国财政教育先进单位	财政部	1992. 12	
2	全国清产核资工作先进集体 （常德市清产核资办）	财政部	1994. 12	
3	全国财政信息工作先进单位（1998 ~2010 年）	财政部		连续 13 年
4	1999 年度全省财政收入增长速度第二名	省政府	2000. 4	
5	1999 年度全省财源建设和财政管理 综合考评第一名	省政府	2000. 4	
6	全国财政“三五”普法先进单位	财政部	2001. 6	
7	2001 ~2005 年全国财政法制宣传教育先进单位	财政部	2006. 5	
8	全省老龄工作先进单位	省政府	2006. 5	
9	全国财政系统党建工作新风奖	全国财政系统 先进基层党组织 事迹宣传活动 组委会	2006. 7	
10	全国农村部分计划生育家庭奖励扶助制度 和“少生快富”工程试点工作先进单位	人口计生委、 财政部	2006. 10	

续上表

序号	荣誉称号	授予单位	授予时间	备注
11	两刊两鉴发行宣传优秀单位	财政部	2008. 06	
12	2008 年全民健身活动先进单位	国家体育总局	2008. 12	
13	2010 年度全民健身活动先进单位	国家体育总局	2010. 12	
14	2006～2010 年全国法制宣传教育先进单位	中宣部、司法部	2011. 5	
厅级荣誉				
1	湖南省财政系统“二五”普法先进单位	省财政厅	1996. 4	
2	全省财政系统文艺汇演三等奖	省财政厅	1997. 8	
3	1998 年度财经报发行工作全省二等奖	省财政厅	1998. 8	
4	湖南省财政系统先进集体	省人事厅、省财政厅	1998. 12	
5	全省城镇集体企业清产核资工作先进单位	省清产核资领导小组	1999. 7	
6	1998 年度全省财政系统信息工作评比一等奖	省财政厅	1999. 1	
7	1998 年度国有资产年报编制工作优秀奖	省国有资产管理局	1999. 12	
8	1999 年度全省财政信息工作一等奖	省财政厅	2000. 1	
9	1999 年度全省财政宣传工作先进单位	省财政厅	2000. 1	
10	1999 年度统一报表工作二等奖	省财政厅	2000. 11	
11	2001 年度财政企业工作先进单位	省财政厅	2002. 3	
12	2001 年度抓企业扭亏增盈工作评比一等奖	省财政厅	2002. 3	
13	湖南省“双联”工作先进单位	湖南省“双联”工作领导小组	2002. 12	
14	2002 年度财政企业工作先进单位	省财政厅	2003. 3	
15	2003 年度财政企业工作先进单位	省财政厅	2004. 6	
16	2003 年度抓企业扭亏增盈工作评比一等奖	省财政厅	2004. 6	
17	1998～2003 年湖南省群众体育工作先进单位	省体育局	2004. 1	
	2003 年度全省社会保障基金决算评比二等奖	省财政厅	2004. 3	

续上表

序号	荣誉称号	授予单位	授予时间	备注
18	2004 年度全省财政系统办公室工作先进单位	省财政厅	2005. 1	
19	2004 年度全省财政信息工作先进单位	省财政厅	2005. 1	
	2004 年度全省社会保障基金决算评比三等奖	省财政厅	2005. 1	
20	全省财政系统法规知识抢答赛二等奖	省财政厅	2005. 7	
21	1999 ~ 2005 年全省城市低保工作先进单位	省民政厅、省财政厅	2005. 12	
22	2005 年度控购全面工作第一名	省控购办	2006. 1	
23	2005 年度控购报表工作第一名	省控购办	2006. 1	
24	2005 年度全省财政监督检查工作先进单位	省财政厅	2006. 3	
25	2005 年度财政企业工作先进单位	省财政厅	2006. 4	
26	全省“四五”普法依法治理工作先进单位	省委办公厅、省政府办公厅	2006. 7	
27	湖南省财政系统先进基层党组织事迹宣传活动组织奖	湖南省财政系统先进基层党组织事迹宣传活动组委会	2006. 9	
28	2005 年度全省财政信息工作先进单位	省财政厅	2006. 9	
29	2005 年度全省财政宣传工作先进单位	省财政厅	2006. 9	
30	2005 年度基本建设财务决算评比一等奖	省财政厅	2006. 12	
31	全省文明标兵单位	省文明委	2006. 12	
32	2006 年度控购全面工作第一名	省控购办	2007. 1	
33	2006 年度控购报表工作第一名	省控购办	2007. 1	
	2006 年全省部门决算评比三等奖	省财政厅	2007. 11	
34	2006 年全省财政总决算三等奖	省财政厅	2007. 11	
	2006 年全省财政社会保障工作量化目标考评二等奖	省财政厅	2007. 11	

续上表

序号	荣誉称号	授予单位	授予时间	备注
35	2006 年中国农民补贴网建设先进单位	省财政厅	2008. 4	
36	全省财政系统 2006～2007 年度信息工作先进单位	省财政厅	2008. 4	
37	湖南省财政系统“高新投杯”干部职工篮球赛优秀组织奖	省财政厅	2008. 5	
38	2008 年全省财政系统篮球赛季军	省财政厅	2008. 05	
39	2007 年度全省财政总决算工作二等奖	省财政厅	2008. 11	
40	2007 年度预算执行分析工作一等奖	省财政厅	2008. 11	
41	全省 2008 年全民健身先进单位	省体育局	2008. 12	
42	2008 年度控购全面工作第一名	省控购办	2009. 1	
43	2008 年度控购报表工作第一名	省控购办	2009. 1	
44	2008 年全省财政系统人事报表统计二等奖	省财政厅	2009. 02	
	2008 年度全省政府采购工作先进单位	省财政厅	2009. 3	
45	2008 年度全省教科文财政工作目标管理考核一等奖	省财政厅	2009. 4	
46	2008 年会计专业技术资格考试组织一等奖	省会计专业考试领导小组	2009. 05	
47	全省财政系统庆祝新中国成立六十周年美术书法摄影大赛组织奖	省财政厅	2009. 9	
	2008 年全省部门决算评比二等奖	省财政厅	2009. 11	
	2008 年全省预算执行分析二等奖	省财政厅	2009. 11	
	2008 年全省总决算评比二等奖	省财政厅	2009. 11	
48	2008 年度基建财务决算工作一等奖	省财政厅	2009. 12	
	2008 年全省财政社会保障工作量化考评二等奖	省财政厅	2009. 12	
49	全省企业服务年活动优秀单位	省新型工业化领导小组	2010. 02	
	2009 年度全省教科文财政工作目标管理考核三等奖	省财政厅	2010. 3	

续上表

序号	荣誉称号	授予单位	授予时间	备注
50	2009 年度全省家电下乡先进单位	省财政厅、商务厅	2010. 07	
51	全省非税杯辩论赛组织奖	省财政厅	2010. 08	
52	全省非税杯辩论赛季军	省财政厅	2010. 08	
53	全省财政系统“薪火相传”征文组织奖	省财政厅	2010. 08	
54	2009 年度全省财会学会创先争优先进学会	省会计学会	2010. 09	
	2009 年全省部门决算评比一等奖	省财政厅	2010. 11	
	2009 年全省财政总决算评比二等奖	省财政厅	2010. 11	
55	2009 年全省预算执行分析三等奖	省财政厅	2010. 11	
56	2009 ~ 2010 年度乡镇财政精细管理先进单位	省财政厅	2010. 11	
	全省财政投资评审工作先进单位	省财政厅	2010. 11	
57	2010 年全省会计管理工作一等奖	省财政厅	2011. 03	
	2010 年度全省教科文财政工作目标管理考核二等奖	省财政厅	2011. 3	
58	2010 年度市州政府采购工作先进单位	省财政厅	2011. 6	

第五节　模范人物

2009 年，在全市人民满意政府建设“十佳公仆”活动评选中，市契税耕地占用税征收管理局征管科科长陈腊年当选，为市财政局赢得了荣誉。

2010 年 11 月 5 日，市财政局党组作出关于开展向张凯（市财政局经建科科长）学习的决定。推出的“向张凯同志学习活动”受到了省财政厅主要领导、分管领导的批示，常德日报、常德市创先争优活动简报全文刊登其典型事迹，局机关有 86 名同志撰写交流了学习体会。在当年的全市人民满意政府建设“十佳公仆”活动评选中，张凯光荣当选。是年，在五年一评的全省财政系统评比表彰中，市财政局办公室副主任彭志宏荣获“湖南省财政系统先进个人”，记二等功。

市财政局干部所获荣誉一览表

姓　名	荣誉称号	授予单位	授予时间	备注
省部级荣誉				
鲁兰芳	全国清产核资工作先进个人	财政部	1995. 12	
柳明道	国家贫困地区义务教育工程先进个人	教育部 财政部	1999. 12	
厅级荣誉				
鲁兰芳 戴志宏	全省清产核资工作先进个人（1994、1996）	省财政厅	1996. 4	
鲁兰芳	1997 年度全省城镇集体企业清产核资工作先进个人	省财政厅	1997. 12	
鲁兰芳	全省渔民解困工作先进个人	省政府	2009. 12	
郑玉明	2002 年度财政监督检查工作先进个人	省财政厅	2003. 3	
郑玉明	2003 年度财政监督检查工作先进个人	省财政厅	2004. 3	
郑玉明	2004 年度财政监督检查工作先进个人	省财政厅	2005. 4	
姚赛芝	湖南省“三八”红旗手	省妇联	2004. 3	
姚赛芝	湖南省先进会计工作者	省财政厅	2009. 3	

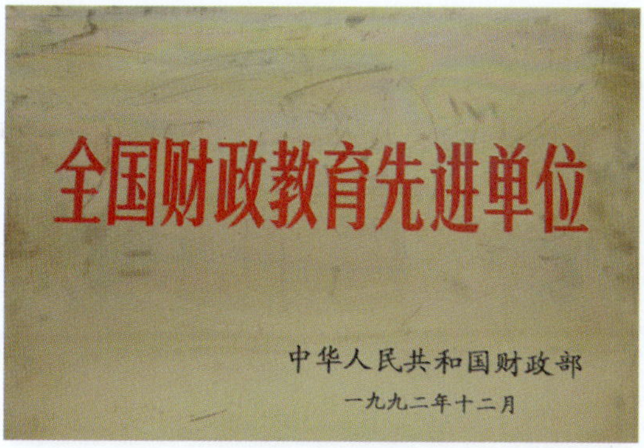
全国财政教育先进单位
中华人民共和国财政部
一九九二年十二月

湖南省常德市财政局
1999年度被评为
全国财政信息工作
先进单位
中华人民共和国财政部
二〇〇〇年五月

湖南省常德市财政局办公室:
被评为二〇〇〇年度
全国财政系统信息工作
先进单位
中华人民共和国财政部
二〇〇一年六月

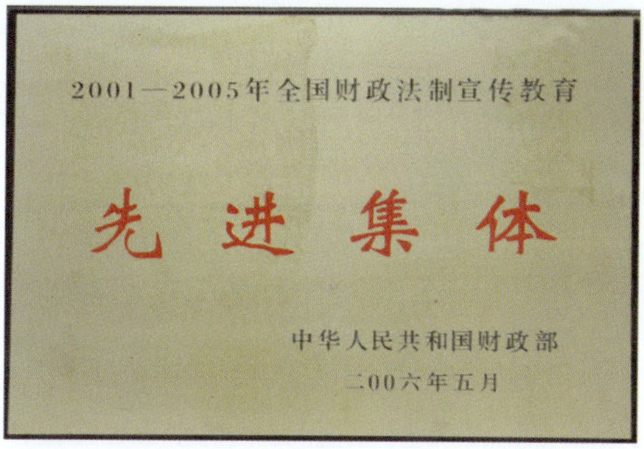
2001—2005年全国财政法制宣传教育
先进集体
中华人民共和国财政部
二〇〇六年五月

全国农村部分计划生育家庭奖励扶助制度和
“少生快富”工程试点工作
先进单位
人口计生委
财政部
二〇〇六年十月

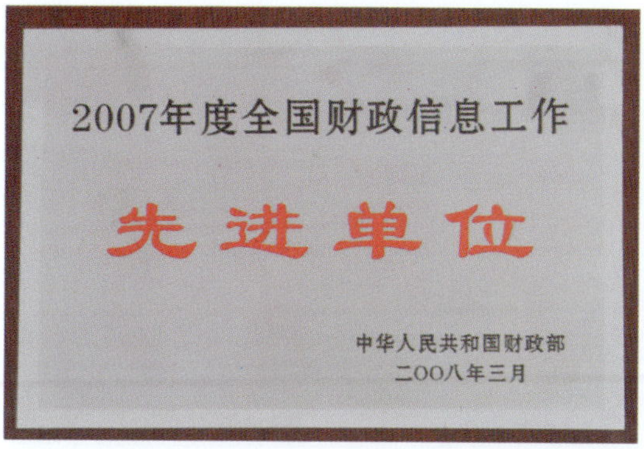
2007年度全国财政信息工作
先进单位
中华人民共和国财政部
二〇〇八年三月

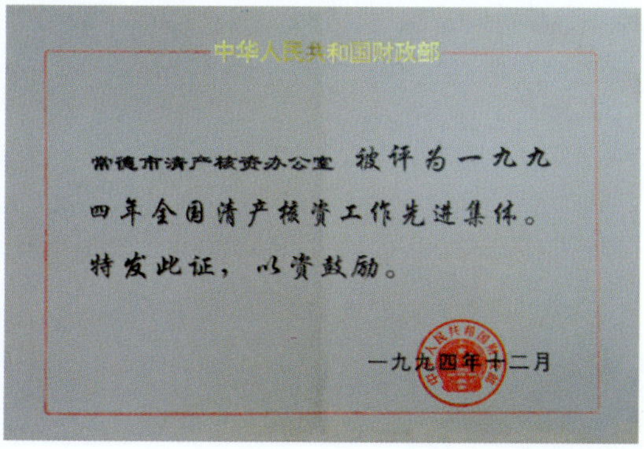
中华人民共和国财政部
常德市清产核资办公室 被评为一九九四年全国清产核资工作先进集体。
特发此证，以资鼓励。
一九九四年十二月

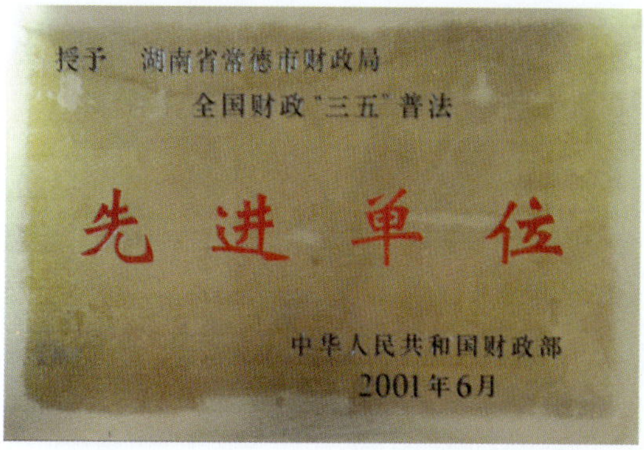
授予 湖南省常德市财政局
全国财政“三五”普法
先进单位
中华人民共和国财政部
2001年6月

全国财政系统党建工作
新风奖
全国财政系统先进基层党组织
事迹宣传活动组委会
二〇〇六年七月

2008年全民健身活动
先进单位
国家体育总局
二〇〇八年十二月

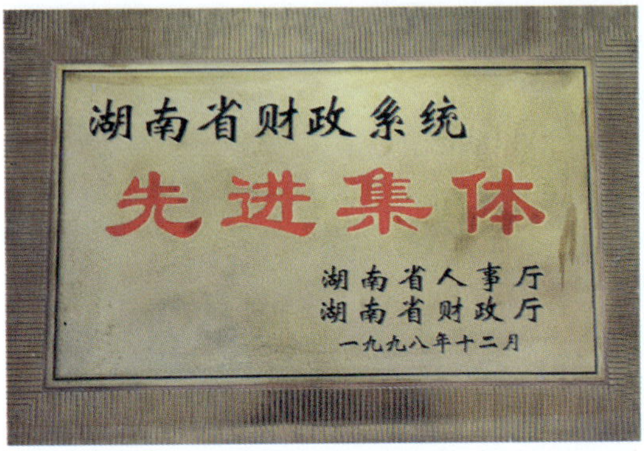
湖南省财政系统
先进集体
湖南省人事厅
湖南省财政厅
一九九八年十二月

常德市财政局：
二〇〇二年度财政企业工作先进单位
湖南省财政厅
二〇〇三年三月

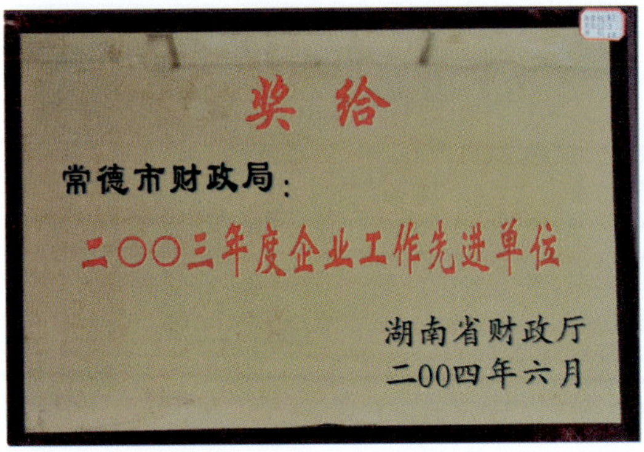
奖给
常德市财政局：
二〇〇三年度企业工作先进单位
湖南省财政厅
二〇〇四年六月

常德市财政局：
荣获2005年度全省财政监督检查工作
先进单位
湖南省财政厅
二〇〇六年三月

常德市财政局
二〇〇五年度财政企业工作
先进单位
湖南省财政厅
二〇〇六年四月

全省“四五”普法依法治理工作
先进单位
中共湖南省委办公厅
湖南省人民政府办公厅
二〇〇六年七月

湖南省先进财政所
湖南省人事厅
湖南省财政厅
二〇〇七年元月

荣誉证书
常德市财政局：
在全省财政系统 2006-2007 年度
信息工作评比中被评为
先进单位
二〇〇八年四月八日

奖状
常德市财政局
湖南省财政系统“二五”普法
先进单位
湖南省财政厅
一九九六年四月

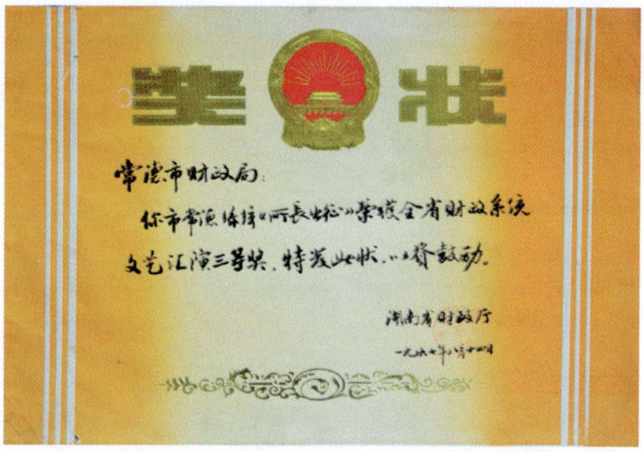
奖状
常德市财政局：
湖南省财政厅

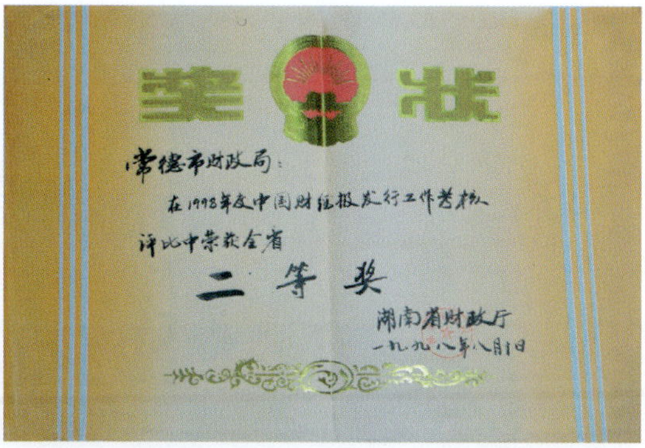
奖状
常德市财政局：
在1998年度中国财经报发行工作考核
评比中荣获全省
二等奖
湖南省财政厅
一九九八年八月1日

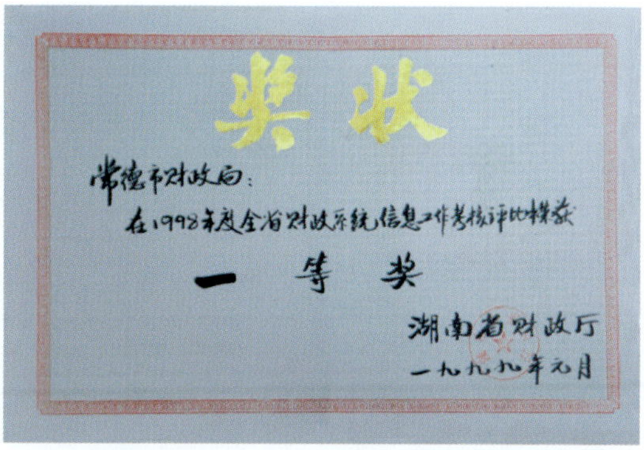
奖状
常德市财政局：
在1998年度全省财政系统信息工作考核评比中荣获
一等奖
湖南省财政厅
一九九九年元月

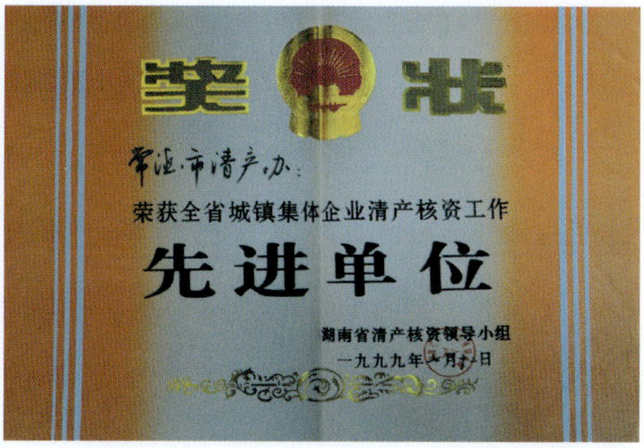
奖状
常德市清产办：
荣获全省城镇集体企业清产核资工作
先进单位
湖南省清产核资领导小组

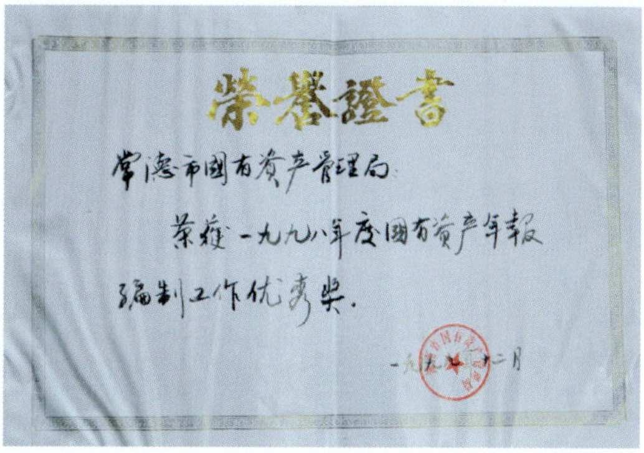
荣誉證書
常德市国有资产管理局
荣获一九九八年度国有资产年报
编制工作优秀奖.

一九九九度全省财政收入增长速度
第二名
湖南省人民政府
二000年四月

一九九九年度全省财源建设和
财政管理综合考评
第一名
湖南省人民政府
二000年四月

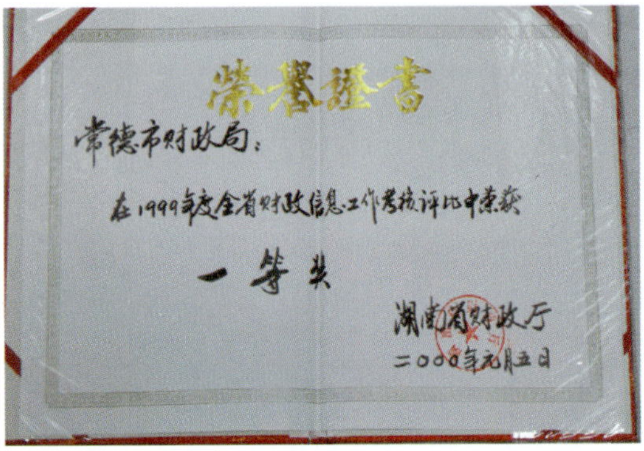
榮譽證書
常德市财政局：
在1999年度全省财政信息工作考核评比中荣获
一等奖
湖南省财政厅
二000年九月五日

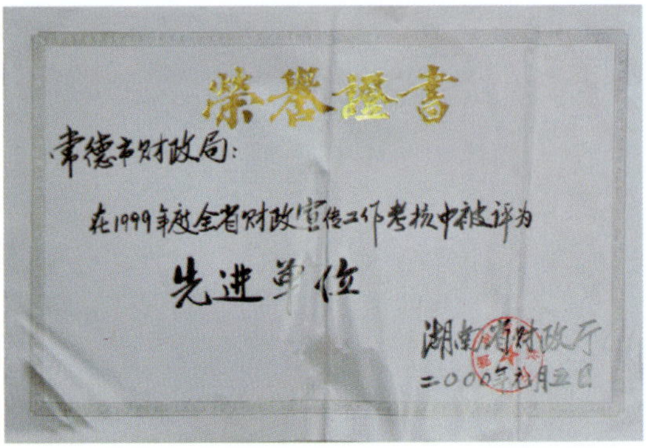
榮譽證書
常德市财政局：
在1999年度全省财政宣传工作考核中被评为
先进单位
湖南省财政厅

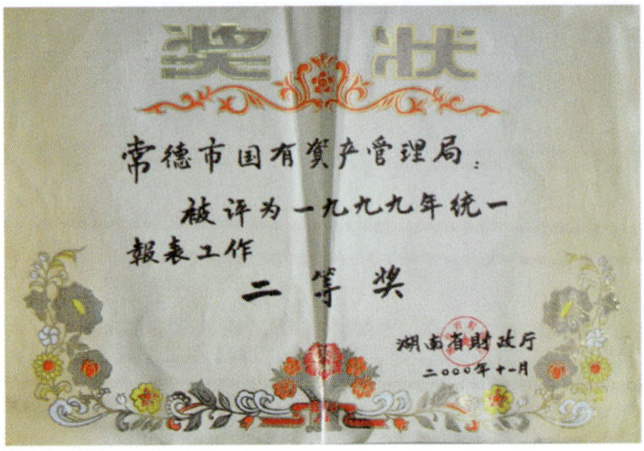
奖状
常德市国有资产管理局：
被评为一九九九年统一
報表工作
二等奖
湖南省财政厅
二000年十一月

常德市财政局：
2001年度企业工作先进单位
湖南省财政厅
二00二年三月

奖状
常德市财政局：
在 2001 年度抓企业扭亏增盈工作成绩突出，被评为一等奖，特发此状，以资鼓励。
湖南省财政厅
二00二年三月

湖南省“双联”工作
先进单位
湖南省“双联”工作领导小组
二〇〇二年十二月

奖　状
常德市财政局：
2003 年抓企业扭亏增盈工作取得突出成效，被评为一等奖，特发此状鼓励。
湖南省财政厅
二〇〇四年六月

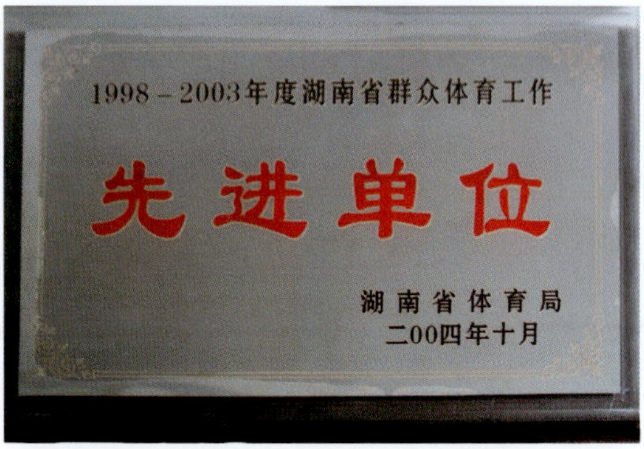
1998－2003年度湖南省群众体育工作
先进单位
湖南省体育局
二〇〇四年十月

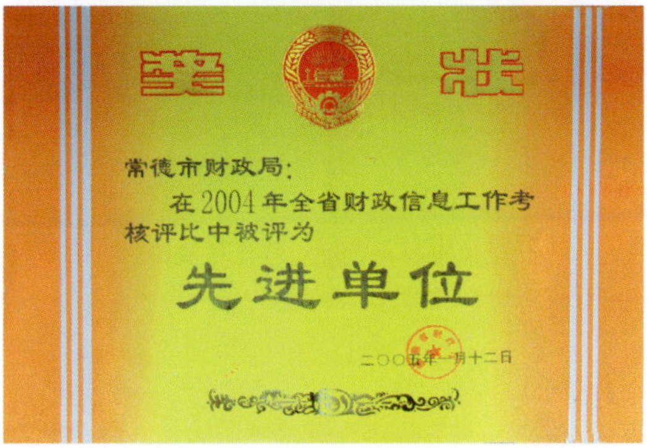
奖　状
常德市财政局：
在2004年全省财政信息工作考核评比中被评为
先进单位
二〇〇五年一月十二日

奖　状
常德市财政局：
在2004年全省财政信息工作考核评比中被评为
先进单位
二〇〇五年一月十二日

奖　状
常德市财政局：
在 2004 年全省财政系统办公室工作考核评比中被评为
先进单位
二〇〇五年一月十二日

全省财政系统法规知识抢答赛
二等奖
湖南省财政厅
二〇〇五年七月

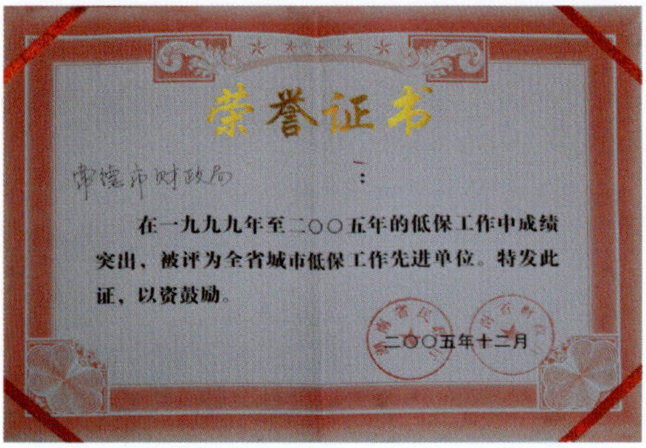
荣誉证书
常德市财政局：
在一九九九年至二〇〇五年的低保工作中成绩突出，被评为全省城市低保工作先进单位。特发此证，以资鼓励。
二〇〇五年十二月

奖　状
常德市控购办：
荣获2005年度控购全面工作
第　一　名
湖南省控购办
2006年元月

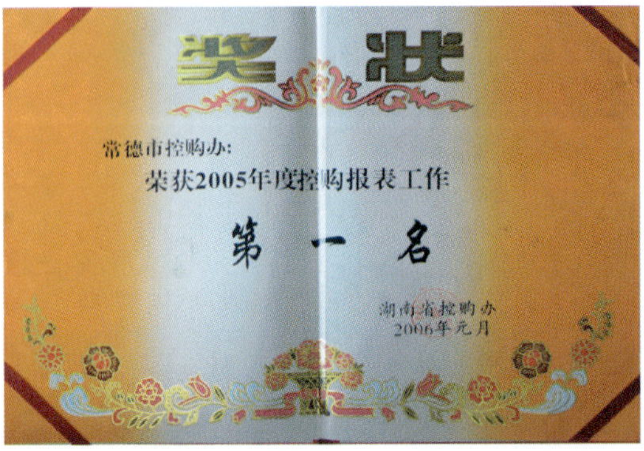
奖状
常德市控购办:
荣获2005年度控购报表工作
第一名
湖南省控购办
2006年元月

全省老龄工作先进单位
湖南省人民政府
二00六年五月

全省老龄工作先进单位
湖南省人民政府
二00六年五月

荣誉证书
常德市财政局办公室:
被评为2005年度全省财政
信息工作先进单位
二〇〇六年九月二十一日

荣誉证书
常德市财政局办公室:
被评为2005年度全省财政
宣传工作先进单位
二〇〇六年九月二十一日

荣誉证书
常德市财政局:
你单位在2005年度基本建设财务
决算评比中荣获一等奖，特此表彰。
湖南省财政厅
二〇〇六年十二月十一日

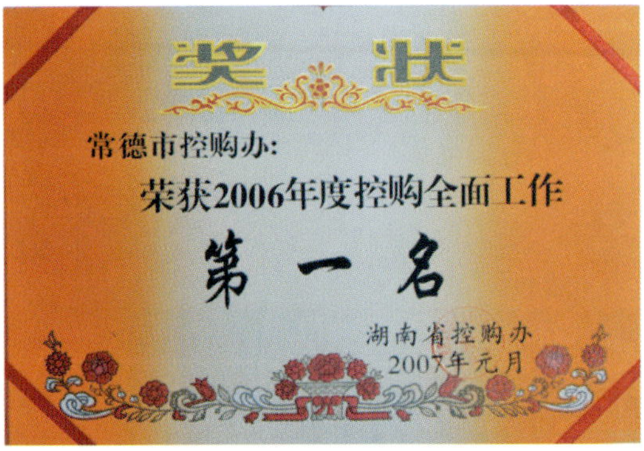
奖状
常德市控购办:
荣获2006年度控购全面工作
第一名
湖南省控购办
2007年元月

奖状
常德市控购办:
荣获2006年度控购报表工作
第一名
湖南省控购办
2007年元月

奖状
常德市财政局：
授予你单位 2006 年中国农民补贴网建设先进单位称号。
湖南省财政厅
二〇〇八年四月十七日

湖南省财政系统
“高新投杯”干部职工篮球赛
优秀组织奖
湖南省财政厅
二〇〇八年五月

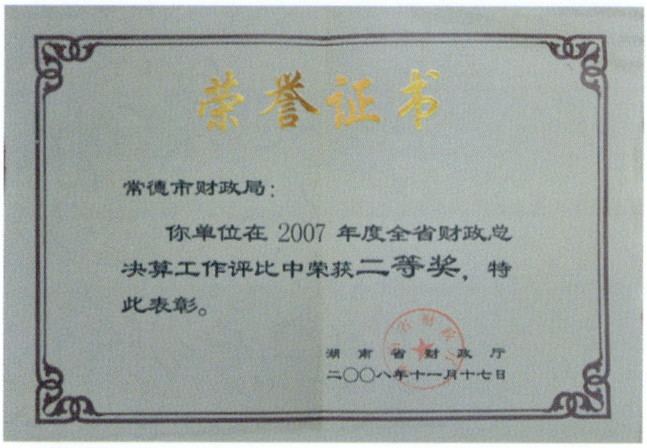
荣誉证书
常德市财政局：
你单位在 2007 年度全省财政总决算工作评比中荣获二等奖，特此表彰。
湖南省财政厅
二〇〇八年十一月十七日

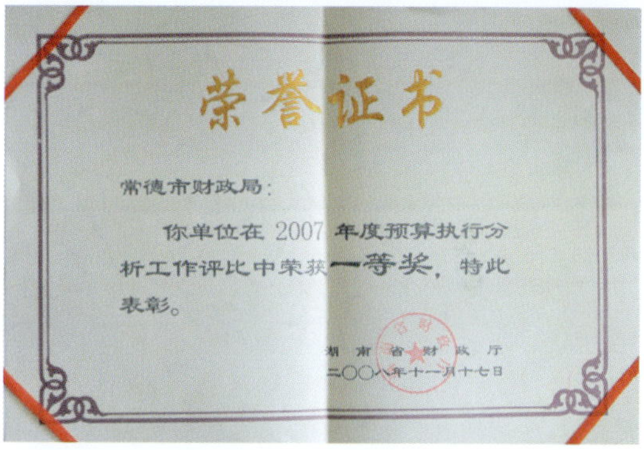
荣誉证书
常德市财政局：
你单位在 2007 年度预算执行分析工作评比中荣获一等奖，特此表彰。
湖南省财政厅
二〇〇八年十一月十七日

荣誉证书
常德市控购办：
荣获2008年度控购报表工作
第一名

奖状
常德市财政局：
荣获 2008 年度全省教科文财政工作目标管理考核评比
一等奖
湖南省财政厅
二〇〇九年四月二十一日

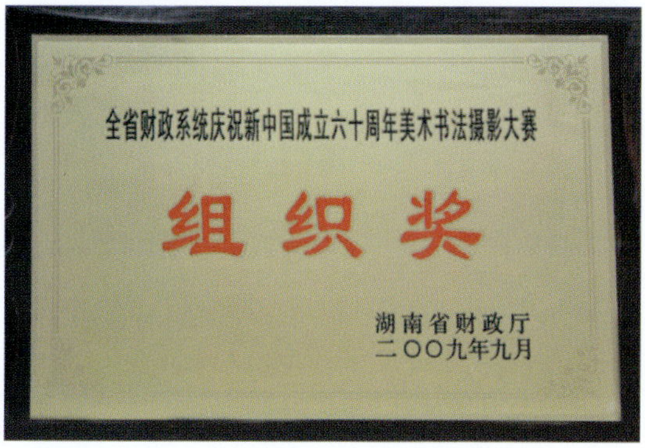
全省财政系统庆祝新中国成立六十周年美术书法摄影大赛
组织奖
湖南省财政厅
二〇〇九年九月

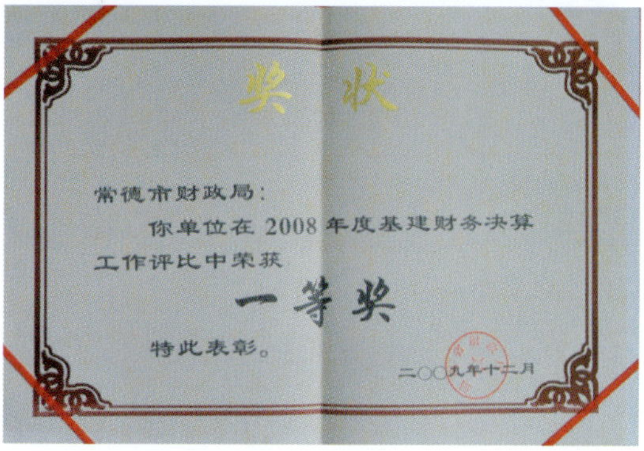
奖状
常德市财政局：
你单位在 2008 年度基建财务决算工作评比中荣获
一等奖
特此表彰。
二〇〇九年十二月

第二篇《

财政收入

第二篇　财政收入

财政收入是经济发展的晴雨表，是综合经济实力的集中体现。常德财政收入，主要来自工商税、企业收入、农业税、其他收入。随着经济体制、税收制度的改革不断深入和经济结构的调整，这些收入项目在财政收入中的比重，各个时期都有变化。总的趋势是：工商税收占主导地位，增幅也较大，企业收入大幅下降，农业税、其他收入等有升有降。在1989年全市财政收入54591万元中，工商税收占59.36%，农业税收占11.86%，企业收入占5.35%，其他收入占2.58%。随着农业各税的逐步开征和税基的扩大，农业税收入逐年提高，1994年农业税增加到14162万元。2003年，全市完成财政收入413317万元，其中工商税收入89399万元，占21.63%，农业税收入43506万元，达到农村税费改革前农业税收入的历史最高水平，占当年全市财政收入的10.5%。2010年全市完成财政收入700205万元，工商税收入357102万元，占50.99%，农业税收入65768万元，占9.39%。

附：1989～2010年常德财政收入分类统计表

常德市 1989～2010 年财政一般预算收入分类统计表

单位：万元

年度	总收入	工　商税收类	农业税类	国有企业所得税　类	国有企业调节税　类	国有企业上缴利润类	国有企业计划亏　损补贴类	专　款收入类	其　他收入类	国家预算调节基金类	国有企业承包收　入退库类	社会保险基金收入类	国有企业上缴利润类
1989	54591	32410	6473	2921	141	406	－1228	623	1409	449	－1		
1990	57653	34106	6319	2541	125	941	－1202	1125	2299	494	－200		
1991	69479	36061	6037	2067	67	1057	－1229	1633	2745	512	－89	6481	
1992	73826	38989	7627	1434	12	1243	－1172	1776	2479	434	－10	6671	
1993	94217	55070	6936	946	12	2142	－1033	2178	3941	235	－225	12233	
1994	120886	32510	14162	2502			－1062	2933	8705	170		10426	2489
1995	148783	40287	14086	2748			－1003	3694	7144	31		10847	2568
1996	193544	47838	18943	2917			－983	4020	5551	1		25610	3608
1997	198299	55856	18579	3125			－1048	4725	6104			30718	3003
1998	196176	60302	17553	1910			－1049	5533	8389				2353
1999	230130	57142	19309	4002			－1067	5173	11559				2236
2000	234189	63283	20440	4378			－956	6080	9496				2579
2001	276921	61426	18397	18420			－4109	7294	12954				3425
2002	358966	74957	38357	2960			－852	9143	4741				2623
2003	413317	89399	43506	2516			－613	10709	9668				5430
2004	493524	117314	27346	4346			－570	14278	13159				5854
2005	609400	142819	11959	6580			－570	18803	14604				9659
2006	792203	175701	13394	10106			－637	29190	18613				14602
2007	1079094	211887	20372	12093				35582	24039				5930
2008	1369811	254022	29049	12788				55211	13961				1735
2009	1745308	295589	42580	11955				73718	14942				440
2010	2205781	357102	65768	15480				96917	41582				541
合计	11016098	2334070	467192	128735	357	5789	－20383	390338	238084	2326	－525	102986	69075

常德市 1989～2010 年财政一般预算收入分类统计表

单位:万元

年度	所得税退税类	罚没收入类	行政性收费收入类	土地有偿使用收入	上级补助收入	调入资金	国债转贷收入	国债转贷资金上年结余	地方政府兑付有价券利息收入	地方政府兑付有价券利息收入	上年节余收入
1989					8794	349					1844
1990					9414	547				2	1142
1991					13041	874			1		221
1992					12317	904			28		1094
1993				396	14428	758					-3404
1994			2033	911	43369	819				3	3860
1995	-4	7741	3141	1373	47769	717				6	9011
1996		7698	8848	1234	54152	634					14707
1997		6509	3135	833	51025	1728			6		14834
1998		8766	10022	587	62993	1039	7632				10146
1999	-499	10465	13835	721	76826	822	9430	4094			16082
2000	-212	11241	14446	562	77750	3215	2712	1960			17777
2001		10188	17596	1458	114820	2335	2160	1050			10965
2002		10981	22730	2329	168405	2063	1500	50			21308
2003		11247	20373	1806	192111	1397	4340				23234
2004		11218	22215	2453	251452	1551		800			24561
2005		15072	28351	3187	314461	883	1241	17			45521
2006		20414	22507	7515	416546	1377	2282				68108
2007		22071	26434	22218	586184	1311					110973
2008		23878	24120	28324	766856	1289					158578
2009		24906	22579	24945	999305	2489		25000			206860
2010		31202	33545	58068	1122607	3999		28000			350970
合计	-715	177489	295910	158920	5404626	31100	31297	60971	35	11	1108392

第一章　工商各税收入

1989～1993 年，按“两步利改税”改革的精神，把工商税按性质划分为产品税、增值税、营业税和盐税四个独立税种，并开征了资源税和城市维护建设税，并将新中国成立后 30 多年实行的国营企业上缴利润制度改为缴纳企业所得税制度。1993 年，中央召开十四届三中全会，分税制度改革被写进《关于社会主义市场经济若干重大问题的决议》。1994 年 1 月 1 日起，税种由原来的 32 种精简为 18 种，新设置消费税、土地增值税，调整了增值税、营业税、资源税和城镇土地使用税，统一了企业所得税、个人所得税、房产税、车船使用税，取消了盐税、筵席税、集市交易税、牲畜交易税、特别消费税、烧油特别税等。下放了屠宰税，严格了政策性减免税，取消了困难性、临时性减免。与此同时，实行了分税制财政管理体系，将税种统一划分为中央税、地方税、中央与地方共享税。同时建起了中央和地方两套税收管理制度和中央、地方两套税收征管机构。

第一节　工商税收收入

增值税

增值税是对销售货物或者提供加工、修理修配劳务以及进口货物的单位和个人就其实现的增值额征收的一个税种。

根据公平税负，促进竞争的原则，财政部决定对原来征收产品税的有色金属矿采选产品，建筑材料，有色金属和电线、电缆等产品改按《增值税条例》和《完善增值税征税办法的若干规定》征收增值税。

1989 年 3 月，国家税务总局下发通知，对工业企业销售的外购原材料以及工业性加工、工业性修理修配，改征增值税。

1993 年，为了建立适应社会主义市场经济体制的需要，党中央、国务院批转了国家税务总局拟定的工商税制改革实施方案，从 1994 年 1 月 1 日起，在全国推行全面性结构性税制改革。1993 年 12 月 13 日，国务院颁布了新的《中华人民共和国增值税暂行条例》，同年 12 月 25 日，财政部发布了《中华人民共和国增值税暂行条例实施细则》，1984 年 9 月 18 日国务院发布的《中华人民共和国增值税条例（草案）》同时废止。

新的《增值税暂行条例》和《实施细则》的主要内容是：

（一）凡在中华人民共和国境内销售货物（是指有行动产，包括电力、热力、气体在内），或提供加工、修理修配劳务以及进口货物的单位和个人，为增值税纳税义务人。

（二）增值税的税率为：销售或进口下列货物税率为13%：1. 粮食、食用植物油；2. 自来水、暖气、冷气、热水、煤气、石油液化气、天然气、民用煤炭制品；3. 图书、报纸、杂志；4. 饲料、化肥、农药、农机、农膜。销售或进口以上货物之外的其他货物以及提供加工、修理修配劳务，税率为17%。出口货物，税率为零。

（三）应纳增值税额的计算：小规模纳税人（年销售在180万以下的）应纳税额为销售额乘以规定税率6%；一般纳税人（小规模纳税人以外的纳税人）应纳税额为“当期销项税额”抵扣“当期进项税额”后的余额。如当期“销项税额”小于当期“进项税额”不足抵扣时，其不足部分可以结转下期继续抵扣。

（四）以下项目免征增值税：1. 农业生产销售的自产农业产品；2. 避孕药品和用具；3. 古旧图书；4. 直接用于科学研究、科学试验和教学进口的仪器设备；5. 外国政府和国际组织无偿援助的进口物资和设备；6. 来料加工、来件装配和补偿贸易所需进口的设备；7. 由残疾人组织直接进口的供残疾人专用的物品；8. 销售的自己使用过的物品。

1993年12月27日，国家税务总局印发了《增值税专用发票使用规定》，并随同《增值税暂行条例》和《实施细则》从1994年1月1日起执行。专用发票不仅是纳税人经济活动中的重要商事凭证，而且是兼记销货方纳税义务和购货方进项税额的合法证明，对增值税计算和管理起着决定的作用。

1994年1月1日颁发并执行《增值税暂行条例》和《实施细则》以来，至2008年底，国家对税目、税率和减免税进行了一些调整和修改。

1989年至1993年，常德市共征收增值税59562万元，占同期全部财政收入的17.03%，平均年征收11912.4万元；1994年至2010年，全市共征收增值税329599万元，占同期工商税收入的15.42%。

营业税

营业税是对在我国境内提供应税劳务、转让无形资产和销售不动产的行为为课税对象所征收的一种税。

1989～1993年，财政部和国家税务总局根据经济发展和改革的要求，对营业税征收和减免作了不少补充和具体规定。

1993年12月，国务院发布了《关于实行分税制财政体制的决定》，并于12月13日颁布了《营业税暂行条例》，旧的《营业税条例（草案）》同时废止。新的《营业税暂行条例》规定，凡在我国境内从事交通运费、建筑安装、金融保险、邮电通讯、文化体育、娱乐服务业的单位和个人都是营业税的义务纳税人。按行业类别，营业税共设有交通运输业、建筑业、金融保险业、邮电通讯业、文化体育业、娱乐业、服务业、转让无形资产、销售不动产9个税目，并按照行业类别分别采用了不同的比例税率，交通运输业、建筑业、邮电通信业、文化体育业，税率为3%，服务业、销售不动产、转让无形资产，税率为

5%；金融保险业执行8%的税率，从2001年起，每年下调1个百分点，分3年降低到5%。

自2001年10月1日起，对农村信用社减按5%的税率计征营业税。

娱乐业执行5%～20%的幅度税率，具体适用的税率，由各省、自治区、直辖市人民政府根据当地实际情况，在规定的幅度内确定。

从2001年5月1日起，对夜总会、歌厅、舞厅、射击、狩猎、跑马、高尔夫球、保龄球、台球、游艺、电子游戏厅等娱乐行为一律按20%的税率征收营业税。

条例同时规定，对托儿所、幼儿园、养老院、残疾人福利机构提供的服务，医院、诊所和其他医疗机构提供的医疗服务，学校和其他教育机构提供的教育、勤工俭学提供的劳务，农业机耕、排灌、病虫防治、植保、农牧业保险以及相关技术培训业务，家禽、牲畜、水生动物的配种和疾病防治，纪念馆、博物馆、文化馆、美术馆、展览馆、书画院、图书馆、文物保护单位兴办文化活动的门票收入宗教场所举办文化、宗教活动的门票收入，全部免征营业税。

根据国务院《关于研究财税体制改革方案出台后有关问题的会议纪要》精神，为了更好地发挥税收的调控作用，财政部、国家税务总局在1994～2000年期间，对营业税的税目、税率和减免作了适当的调整和修订。

2001年8月，财政部和国家税务总局下发了不征营业税的“行政事业性收费”项目表，32项行政事业性收费不再征收营业税。

2002年8月，财政部和国家税务总局又公布了75项不征收营业税的收费（基金）项目。

同年12月，财政部和国家税务总局发出通知，对以无形资产、不动产投资入股参与利润分配、共担风险的行为和股权转让不征收营业税。

1989～1993年，常德市共征收营业税62519万元，占同期工商税收收入的31.79%，平均年征收12504万元。1994～2010年，常德市共征收营业税691389万元，占同期工商税收收入29.62%，平均年征收31427万元。

车船使用和牌照税

国务院发布的《中华人民共和国车船使用税暂行条例》中规定：凡是在中华人民共和国境内拥有并且使用车船的单位和个人，为车船使用税的纳税义务人，车船适用的税额：机动船按净吨位分为150吨以下至10001吨以上6个档次，每年每吨最低1.20元，最高5元，非机动船按载重吨位分为10吨以下至301吨以上5个档次，每年每吨最低0.60元，最高1.40元；二轮摩托车、三轮摩托车、乘人汽车（包括电车）每辆20～200元，载货汽车按净吨位每吨16～60元；各类非机动车（包括人力驾驶、畜力驾驶、自行车等），每辆1.20～24元。

条例还规定，对国家机关、人民团体、军队自用的车船，由国家财政部门拨付事业经费的单位自行用的车船，载重量不超过一吨的渔船；专供上下客货及存货用 船、浮桥用船，各种消防车船、洒水车、警车、防疫车、救护车船、垃圾车船、港作车船、工程船，按有关规定缴纳船舶吨税的船，经财政部批准免税的其他船，免征车船使用税。

个人自有自用的自行车和其他非营业用非机动车船，由省、自治区、直辖市人民政府确定征免。国有交通运输部门用银行贷款购买的平船，在规定的还贷期间，免征使用税。

1990 年 1 月 1 日起，对自收自支享受免税 3 年的事业单位，恢复征收车船使用税。

1992 年 1 月 1 日起，对国有交通运输部门贷款购买的船一律恢复征收车船使用税。贷款购买的车仍按原规定办理。

1989 ~ 2010 年，常德市共征收车船使用税 17560 万元，平均年征收 798 万元。

印花税

印花税是国家对因商事、产权等行为所出立或使用的凭证征收的一种税。党的十一届三中全会以来，我国社会主义商品迅速发展，在经济活动中，依法书立各种凭证成为普遍现象，1988 年 8 月 6 日国务院颁发了《中华人民共和国印花税暂行条例》，并于同年 10 月 1 日起在全国重征印花税。1988 年 9 月 29 日，财政部发布了《印花税暂行条例施行细则》。常德市按新的条例和施行细则，规定对合同或者具有合同性质的凭证、产权转移书据、营业账簿、权利许可证照征收印花税。印花税税目共 13 种，税率根据纳税凭证性质分为比例税率和定额税率两种。比例税率一般为万分之三至万分之五；定额税率按账簿、证照每件 5 元贴花。对已缴印花税的凭证副本或抄本，财产所有人将财产赠给政府、学校和社会福利单位所立书据，无息、贴息贷款合同，经财政部批准免税的其他凭证免征印花税。

1989 年，国家税务总局下达通知，再次对部分项目免征印花税作出规定。

2008 年 11 月 1 日，国家税务局下达通知，对个人销售或购置住房暂免征收印花税。

1989 ~ 2010 年常德市共征收印花税 50070 万元，年平均征收 2276 万元。

房产税

房产税是以城市的房屋土地为征税对象，按房价或租价及土地价格向房地产所有人征收的一种税。

1989 年接财政部通知对邮政企业和坐落在城市、县城以外的电讯企业自用的房产，1990 年底以前免征房产税；对专门为刑警部队生产武器、弹药、军训器材、部队装备的工厂，专为刑警服务的服务社、招待所免征房产税；对司法部门所属的少管所、劳改工厂农场管理用房（办公室、警卫室、宿舍室、储藏室、食堂、礼堂、图书室、理发室、医务室等）、关押犯人的监狱用房，免征房产税。

2000 年 1 月 1 日起，对高校后勤实体免征房产税。

2001 年 1 月 1 日，为配合国家住房制度改革，财政部和税务总局规定对以下几项减征或免征房地产税：

（一）按政策规定出租的公有住房和廉租住房，包括企业和自收自支的事业单位向职工出租的单位自有住房；房管部门向居民出租的公有住房；落实政策中的带户发还产权并以政府规定租金标准，向居民出租的私有住房等；

（二）个人按市场价格出租的居民住房，减按4%的税率征收房产税。

2001年7月起，对营利性医疗机构自用房产免征三年房产税，免征期满后恢复征税。

2001年10月，对行使国家管理职能的中国人民银行所属分支机构自用房，免征房产税。

1989～2010年常德市共征收房产税97851万元，年平均征收4448万元。

资源税

资源税是为调节资源优劣、开发难易、交通条件好坏等而形成的级差收入所征收的一种税。

资源税条例的主要内容是：

（一）凡是从事原油、天然气、煤炭、金属矿产品及其他非金属矿产品资源开发的单位和个人，为资源税的义务纳税人。

（二）资源税根据应税产品的销售收入利润表，采用超率累进税率计算应纳资拳税税额。销售收入利润在12%和12%以下的免征资源税，超过12%～20%部分，按销售利润率每增1%，税率增加0.5%累进计算；销售利润率超过20%～25%的部分，按销售利润每增加1%，税率增加0.6%累进计算，销售利润超过25%的部分，按销售利润每增加1%，税率增加0.7%累进计算。

（三）减免税的规定为：新建煤矿在施工中开采的煤，其销售收入抵顶工程费的免征资源税；县和县以下小煤矿，年产在1000吨以下的，免征资源税；年产在1000吨以上的，减半征收资源税。

1991年12月，财政部决定：从1992年1月1日起，对铁矿石开始征收资源税。

1993年12月，国务院又重新颁布了《中华人民共和国资源税暂行条例》及其实施细则。条例规定的税目、税额为：

（一）原油。开采的天然油征税，税额为8～30元/吨。人造石油不征税。

（二）天然气。专门开采的天然气和与原油同时开采的天然气征税，税额为2－1.5元/千立方米。煤矿生产的天然气暂不征税。

（三）煤炭。原煤征税，税额为0.3～5元/吨。洗煤、选煤和其他煤炭制品不征税。

（四）其他非金属矿原矿。税额为0.5～20元/吨、克拉或者立方米。

（五）黑色金属原矿。税额为2～30元/吨。

（六）有色金属原矿。税额为0.4～30元/吨或立方米（挖出量）。

（七）盐。一是固体盐，税率为10～60元/吨；二是液体盐（卤水），税额为2～10元/吨。

1994年6月，财政部和国家税务总局下发通知，鉴定税制改革后，铁矿石的流转税和资源税负担上升较大，经国务院批准，决定从1994年1月1日起，对独立矿山应纳的铁矿石资源税减征40%，按规定税额标准的60%征收。

1998年4月，国家税务总局印发了《中华人民共和国资源税代扣代缴管理办法》。

2002年2月，财政部、国家税务总局为促进冶金矿山发展，平衡不同类型企业的资源税负担，决定从2002年4月1日起，对冶金联合企业矿山铁矿石的资源税，减按规定税额的40%征收。

2003年6月，下达通知将石灰石资源税额由每吨2元调整为每吨0.5~3元，将大理石和花岗石资源税额由每立方米3元调整为每立方米3元至10元。

1991~2010年，常德市共征收资源税9267万元，年均征收427万元。

城镇土地使用税

城镇土地使用税（以下简称土地使用税），是对在城市和县城占有国家和集体土地的单位和个人，按使用土地面积定额征收的一种税。

土地使用税采用定额税率，每平方米的年应税税额为：市区0.4~8元；县城、镇、工矿区0.2~4元。

条例规定，对国家机关、人民团体、军队自用的土地，由国家财政部门拨付事业经费的单位自用的土地，宗教寺庙、公园、名胜古迹自用的土地如举行宗教仪式的用地和寺庙内宗教人员生活用地，提供公共参观游览的用地和管理单位的办公用地，市政街道、广场、绿化地带等公共用地，直接用于农、林、牧、渔业的生产用地等免征土地使用税。经批准开山填海整治的土地和改造的废弃土地，从使用的月份起，免缴土地使用税5~10年。

1991年11月，根据国务院《关于研究解决森工企业困难的会议纪要》精神，对林区的有林地、运材道、防火道、防火设施、林业系统森林公园、自然保护区，免征土地使用税。

1995年1月1日起，对军品科研专用厂房、车间、仓库及共相应的供水、供电、供暖、供煤、供油、专用铁路公路设施用地、军品试验靶场、试验场、调试场、危险品销毁用地免征土地使用税。

1995年，财政部发出通知，对中国航空、航天、船舶工业总公司所属军工企业免征土地使用税，对外商投资企业和外国企业在华机构的用地不征收土地使用税。

为了支持监狱和劳教事业发展，经国务院批准，对监狱和劳教企业用地，从1998年1月1日起至2000年12月31日免征土地使用税。

2001年，根据中国人民银行系统单位工作职能的转变，对行使国家行政管理职能的中国人民银行总行（含外汇管理局）所属分支机构自用的土地免征土地使用税。

1989~2010年，常德市共征收土地使用税27250万元。

个人所得税

1993年10月，为了规范和完善对个人所得税课税的制度，适应建立社会主义市场经济体制的要求，第八届全国人大常委会四次会议通过了《关于修改〈中华人民共和国个人所得税法〉的决定》；同时公布了修改后的《个人所得税法》，自1994年1月1日起施行。新的《个人所得税法》规定，在中国境内有住所或者无住所而居住满一年的个人，从中国境内或境外取得的所得，缴纳个人所得税。在中国境内无住所又不居住或居住不满一年的个人，从中国境内取得的所得，缴纳个人所得税。

个人所得税税率：1. 工资、薪金所得，适用6级超额累进税率。按每月所得超过800元的多少，确定所适用税率。超过部分不足500元的税率为5%，超过40000元以上的税率为30%。2. 个体工商户的生产、经营所得和对企事业单位的承包经营、承租经营所得，适用5%～35%的超额累进税率。全年应纳所得税额不超5000元的税率为5%，所得税额超过50000元的，税率为35%。3. 稿酬所得，适用比例税率，税率为20%，并按应纳税额减征30%。4. 劳务报酬所得，适用比例税率，税率为20%。对劳务报酬所得一次收入畸高的，可以实行加成征收。5. 特许权使用费所得，利息、股息、红利所得，财产租赁所得，财产转让所得，偶然所得和其他所得，适用比例税率，税率为20%。

条例还对个人所得税减免事项和应纳税所得额的计算做出具体规定。

1994年3月，国家税务总局印发了《征收个人所得税若干问题的规定》，对独生子女补贴，执行公务员工资制度未纳入工资总额的补贴、津贴差额和家属成员的副食品补贴，差旅费津贴，误餐补助，托儿补助费等不计入个人所得额，不征个人所得税。

1994年6月，财政部和税务总局下发了《关于个人所得税若干政策问题的通知》，对免征个个所得税的项目作了补充。

为了加强个人所得税的代扣代缴工作，国家税务总局于1995年4月印发《个人所得税代扣代缴暂行办法》。办法规定，扣缴义务人向个人支付所得税时，必须代扣代缴个人应纳的个人所得税。

1996年，国家税务总局对广告市场个人所得税和建筑安装业个人所得税下达了征收管理办法。

1997年，国家税务总局对个人所得税征收与管理的一些具体问题作了进一步的明确和规定。

1998年4月1日，对个人购买体育彩票一次中奖收入不超过10000元的，免征个人所得税，超过10000元的金额征收个人所得税。

1999年8月30日，国务院根据《全国人大常委会关于修改个人所得税法的决定》，发布了《对储蓄存款利息所得税征收个人所得税的实施办法》，自1999年11月1日起对储蓄存款利息所得征收个人所得税。国家税务总局于1999年10月8日印发了《储蓄存款利息所得个人所得税征收管理办法》和《关于储蓄存款利息所得征收个人所得税若干业务问题的通知》，储蓄存款利息所得个人所得税的税率是20%。个人取得的教育储蓄存款利息所得以及国务院财政部门规定的其他专项储蓄存款或储蓄专项基金存款的利息所得，免征个人所得税。

2000 年 5 月，国家税务总局为了支持企业改组改制的顺利进行，对在企业改革过程中个人取得的量化资产所得的征税办法作了具体规定。

2005 年 10 月 7 日，十届全会人大常委会第十八次会议通过《关于修改个人所得税法的决定》，规定“工资、薪金所得，以每个月的收入额减除用 1600 元后的余额，为应纳税所得额。”修改后的《个人所得税法》自 2006 年 1 月 1 日起执行。

1989～2010 年，常德市共征收个人所得税收入 121134 万元，占同期工商税收收入的 5.19%，平均收入 5506 万元。

城市维护建设税

城市维护建设税是指对交纳增值税、消费税和营业税的单位和个人，以其实际缴纳的“三税”税额为计税依据所征收的，用于城镇维护建设方面的一种特定目的税。

1994 年税制改革，国家税务总局于 1994 年 3 月 14 日下发通知，从 1994 年 1 月 1 日起，城市维护建设税暂按原税率和新颁布的增值税、消费税、营业税三税为计税依据计算征收。

1997 年 12 月 27 日，财政部和国家税务总局就出口货物计征城市维护建设税问题明确为：从 1997 年 1 月 1 日起，供货企业在向出口企业和外贸企业销售出口产品时，以增值税当期销项税额抵扣当期进项税额的余额为计税依据计征城建税。

2003 年 11 月 10 日，财政部、国家税务总局下发通知，取消了“对个别确有困难的，可由省、自治区、直辖市人民政府酌情予以减免照顾”的规定，强调除国务院另有规定外，各级财政、税务机关不得自行审批决定减免城市维护建设税。

1989～2010 年，常德市共征收城市维护建设税 913733 万元，占同期工商税收入的 39.15%，年均征收 41533 万元。

土地增值税

土地增值税是指转让国有土地使用权、地上的建筑物及其附着物并取得收入的单位和个人，以转让所取得的收入包括货币收入、实物收入和其他收入为计税依据向国家缴纳的一种税赋。

1993 年 10 月，为了规范和完善对个人所得税课税的制度，适应建立社会主义市场经济体制的要求，第八届全国人大常委会四次会议通过并公布了《中华人民共和国土地增值税暂行条例》，本条例自 1994 年 1 月 1 日起执行。

土地增值税实行四级超率累进税率：

纳税人转让房地产所取得的收入减除下列五种金额后的余额为增值额。

（一）取得土地使用权所支付的金额；（二）开发土地的成本、费用；（三）新建房及配套设施的成本、费用，或者旧房及建筑物的评估价格；（四）与转让房地产有关的税金；（五）财政部规定的其他扣除项目。

增值额未超过扣除项目金额50%的部分，税率为30%。

增值额超过扣除项目金额50%、未超过扣除项目金额100%的部分，税率为40%。

增值额超过扣除项目金额100%、未超过扣除项目金额200%的部分，税率为50%。

增值额超过扣除项目金额200%的部分，税率为60%。

条例中规定减免土地增值税的项目有：

（一）纳税人建造普通标准住宅出售，增值额未超过扣除项目金额20%的；

（二）因国家建设需要依法征用、收回的房地产。

土地增值税是对房地产企业收益影响较大的税种之一。

2006年12月28日国家税务总局发布的《关于房地产开发企业土地增值税清算管理有关问题的通知》中明确规定：从2007年2月1日起。房地产企业土地增值税的交纳将由先前的“预征制”转为“清算制”。

2008年11月1日，国务院统一安排对个人销售住房暂免征收土地增值税。

1995～2010年，常德市共征收土地征税134703万元。

建筑税

建筑税是国家为加强基本建设管理、控制固定资产投资规模，保证重点建设而开征的一个税种。

《中华人民共和国建筑税暂行条例》规定：

凡一切国营企业、事业单位、机关团体、部队、地方政府以及所属城镇集体企业，用国家预算外资金、地方机动财力、企业、事业单位留用的各种自筹的各种自有资金、银行贷款以及按规定不纳入国家固定资产投资计划的建筑工程投资，为建筑税的征税范围。

建筑税的税率为10%，对年度实际投资完成超过年度批准计划（包括调整计划）10%浮动范围的项目，其超过部分加征10%的建筑税（即按20%征收）。

条例中规定免征建筑税的项目有：能源（包括节约能源）、交通、学校教学设施和医院医护设施的投资；中外合资企业的投资；利用国际金融组织、外国政府贷款进行的项目以及相应配套工程的投资；利用国际组织、外国政府、国外社团和华侨赠款进行的项目及相应的配套工程的投资；经财政部专案批准免征建筑税的投资。

1991年，为了贯彻国家产业政策，控制投资规模，引导投资方向，加强重点建设，促进国民经济稳定协调发展，国务院发布了《中华人民共和国固定资产投资方向调节税暂行条例》，同时《建筑税暂行条例》废止，但对拖欠的建筑税，要限期追缴入库。

1989～1992年，常德市共征收建筑税37412万元。

产品税

产品税是对从事工业产品，农、林、牧、水产品进行生产、经营、外贸进口的单位和个人，就其产品销售收入或购进产品支付金额所征收的一种税，是国营企业实行第二步利改税时，由工商税分解出来的新税种。

国务院颁布的《中华人民共和国产品税条例（草案）》，财政部颁发了《实施细则》。

产品税的税目、税率，按《产品税税目税率表》所列，共分工业品和农、林、牧、水产品两大部分。工业品部分共 24 大类，260 个税目；农、林、牧、水产品的部分，共有 10 个税目。产品税的税率，按税目分别规定了 348 个比例税率和一个大型电力发电环节的固定税额。其比例税率最高的为 60%（甲、乙级卷烟），最低为 3%（坯布、火柴、人造板、农药、煤、热力、磷钾肥、食用猪、菜牛羊等）；大型电力发电每千度定额产品税为 10 元。

《细则》同时规定，对毛条第八类产品暂免产品税，对议价粮生产的白酒、烟类产品可减征产品税。

1989～1992 年期间，国家陆续对一些产品的税率和产品税的减免进行了适当的调整和修改。

1993 年 12 月 13 日。国务院发布了《中华人民共和国增值税暂行条例》，并从 1994 年 1 月 1 日起施行，《中华人民共和国产品税条例（草案）》同时废止。

1989～1993 年，常德市共征收产品税 23788 万元。

盐　税

盐税是我国古老的税种之一。建国后，由盐务部门征收和管理。

1989 年，鉴于国家物价局对食盐的零售价及盐的出场（厂）价进行大幅度调整，国家税务局对盐的减免税问题也做了相应的调整，每千克食克盐为 0. 34 元。

1992 年 12 月 8 日，国家税务局根据国家物价局《关于提高盐价的通知》，确定对农牧渔业用盐减免税的规定停止执行。

1994 年分税制改革后，将盐税并入资源税征收。

1989～1991 年，常德市共征收盐税 57 万元。

工商统一税

工商统一税是对从事工业品生产、农业品采购、外贸进口、商业零售、交通运输和服务性业务的单位和个人，根据其经营业务的流转额和业务收入所征收的一种税。它是将原货物税、商品流通税、营业税和印花税合并简化而成的，采用有差别的比例税率征收。

1994 年分税制改革，取消了“工商税”。

1989～1993 年，常德市共征收工商统一税 544 万元。

屠宰税

屠宰税是对几种牲畜的屠宰行为所课征的税收。

1989 年按以前规定进行征收，猪每头 4 元；羊每 0.8 元；牛和其他大型牲畜每头 6 元。对回民在三大节日自宰自食的牛、羊继续免征屠宰税。

1994 年 3 月，国家税务局根据国务院批转的工商税制改革实施方案，将屠宰税下放地方管理。

湖南省人民政府于 1996 年 7 月 11 日根据《关于修改〈湖南省屠宰税征收办法〉的决定》修正，并同时执行。

2001 年 1 月 1 日起，常德市停止征收屠宰税。但是，由于 2000 年以前存在应交未交的屠宰税，故常德市在 2001 年和 2002 年分别征收屠宰税 2718 万元和 219 万元。

1989～2008 年，常德市共征收屠宰税 13025 万元。

固定资产投资方向调节税

固定资产投资方向调节税是为了贯彻国家产业政策，控制固定资产投资规模，引导投资方向，调整投资结构，加强重点建设，对固定资产投资征收的一种税收。

1991 年 4 月 16 日，国务院发布了《中华人民共和国固定资产投资方向调节税暂行条例》。同年 5 月和 6 月，国家税务总局发布了贯彻固定资产投资方向调节税的通知和实施细则。7 月，国家计委和国家税务局又联合发布了实施固定资产投资方向调节税的若干补充规定。

《暂行条例》规定，在我国境内用各种资金进行固定资产投资的各级政府、机关团体、部队、国营企业事业单位、集体企业事业单位、私营企业、个体工商户及其他单位和个人，为固定资产投资方向调节税的纳税人。国家产业政策和项目经济规模，实行 0%、5%、30% 三级差别税率。计税依据为固定资产投资项目实际完成的投资额。其中，更新改造投资项目为建筑工程实际完成的投资额，其税额是按年度投资计划预缴，年度终了按年度实际完成投资额结算，多退少补，项目竣工后进行清算。条例同时规定，除国务院另有规定外，固定资产投资方向调节税，不得减免。计划外固定资产投资项目除按适应税率征税外，并可对纳税人处以应纳税额 5 倍以内的罚款。中外合资合作经营企业、外资企业的固定资产投资，不适应本条例。国家禁止发展的项目投资，不适应本条例。按规定不纳入计划管理、投资额不足 5 万元的固定资产投资，省、自治区、直辖市人民政府决定征收或减免。

1997 年，对经批准且国家承认毕业学历的“培训中心”建设、取得办学许可证的教育机构固定资产投资、高速公路服务区内设施投资，按零税率征收投资方向调节税。

1999 年，为了鼓励投资，扩大内需，促进经济发展，中共中央、国务院决定从 2000 年起，停止征收固定资产投资方向调节税。

常德市由于停征前存在应缴未缴的税款，停征后进行了认真的清算和催缴，故在停征后 2000 年、2001 年、2002 年，仍有固定资产投资方向调节税缴库。

1994 ~ 2002 年，常德市共征收固定资产投资方向调节税 13392 万元。

第二节　税收返还收入

税收返还是政府按照国家有关规定采取先征后返（退）、即征即退等办法向企业返还的税款，属于以税收优惠形式给予的一种政府补助。税收返还有两方面的含义：

1. 中央对地方的税收返还。中央的税收返还制度就其性质而言，是一种转移支付，是年年都有的经常性收入返还。中央财政对地方税收返还数额，以 1993 年为基期年核定。按照 1993 年地方实际收入以及税制改革后中央和地方收入划分情况，合理确定 1993 年中央从地方净上划的收入数额，并以此作为中央对地方税收返还基数，保证 1993 年地方既得财力。1994 年以后，税收返还额在 1993 年基数上逐年递增，递增率按全国增值税和消费税增长率的 1∶ 0. 3 系数确定，即全国增值税和消费税每增长 1%，中央财政对地方的税收返还增长 0. 3%。

2. 国家对人民的税收返还。我国的政策是“取之于民，用之于民”。税收虽然不能直接归还给每个具体的纳税人，但具有整体的返还性。

自 1994 年实行分税制财政体制后，在划分中央与地方事权的基础上，划分了中央政府与地方政府的财政收支范围，将维护国家利益、实施宏观调控所必需的税种划为中央税；将与国民经济发展直接相关的主要税种，列为中央与地方共离税；将零星分散，适合地方征管的税种划分为地方税。中央与地方共享收入包括：增值税、资源税、证券交易（印花）税，其中增值税中央 75%，地方 25%。1994 年常德上划中央两税收入为 34616 万元，中央返还 29143 万元，占上划数的 84. 18%。2010 年常德上划中央两税收入为 188484 万元，中央返还 89609 万元，占上划数的 47. 54%，比 1994 年下降了 36. 64 个百分点。

税收返还收入统计表

单位：万元

年度	上划中央两税数	两税返还收入数
1994	34616	29143
1995	35156	29300
1996	35253	29316

续上表

年度	上划中央两税数	两税返还收入数
1997	29068	28278
1998	31140	28590
1999	32592	28936
2000	33209	29069
2001	34355	29269
2002	35440	29451
2003	40546	30303
2004	57019	32404
2005	71854	34520
2006	85096	35812
2007	95209	36690
2008	113949	38199
2009	133072	39548
2010	188494	89609

第二章　农业各税收入

农业各税收入含农业税、农业特产税、耕地占用税、契税，由财政部门直接征收。1987 年，开始对占用耕地建房或从事非农业生产建设的单位和个人征收耕地占用税。1994 年，增加了在收购环节征收农业特产税的规定。随着农业各税的逐步开征和税基的扩大，农业税收入逐年提高。到 2003 年，全市完成农业税收入 43506 万元，达到农村税费改革前农业税收入的历史最高水平，占当年全市财政收入的 10.5%。其中，农业税完成 29106 万元，占农业各税收入的 66.9%；农业特产税完成 8118 万元，占农业各税的 18.7%；耕地占用税完成 3535 万元，占农业各税收入的 8.1%；契税完成 2747 万元，占农业各税的 6.3%。

2005 年起，全市全面取消农业税，有着 2600 年征收史的农业税依法彻底告别历史，农民负担从根本上得到减免。2004 年，按照国家有关规定，常德市全面取消了除烟叶税以后的农业特产税。与此同时，契税收入增长较快，成为财政税收收入中增长最快的税种。2007 年全市完成契税收入 11431 万元，首次突破亿元，实现了历史性的跨越。

1989～2010 年，常德市共完成农业各税收入 467192 万元，占财政收入的 5.64%。其中，2010 年，农业各税收共完成 65768 万元，占当年全部财政收入的 9.39%。在全部农业税收中，农业特产税完成 2259 万元，耕地占用税完成 23761 万元，契税完成 39748 万元。

1989～2010 年农业各税收入基本数字统计表

单位：万元

年度	合计	农业税	农业特产税	耕地占用税	契税
1989	6472	5805	373	263	31
1990	6319	5527	525	229	38
1991	6037	5172	596	217	52
1992	7627	6397	686	477	67
1993	6936	5830	677	342	87
1994	13027	10960	1605	386	76
1995	14086	10684	2188	1064	150
1996	18943	14581	2821	1318	223
1997	18579	14914	2970	408	287
1998	17553	12707	3477	818	551

续上表

年度	合计	农业税	农业特产税	耕地占用税	契税
1999	254	43	46		165
2000	20440	13867	4915	883	775
2001	18397	10067	5567	1451	1312
2002	38357	27930	7173	1361	1893
2003	43506	29106	8118	3535	2747
2004	27346	16930	1023	5131	4262
2005	11959		2354	4564	5041
2006	13394		555	6265	6574
2007	20372		822	8119	11431
2008	29049		1687	12377	14985
2009	42580		2295	18816	21469
2010	65758		2259	23761	39748

第一节　农业税

农业税是国家对一切从事农业生产、有农业收入的单位和个人征收和一种税，俗称“公粮”。农业税以农业收入为征税对象，以常年产量为计税依据，实行两种方式征收，实行由国家统一控制下的地区差别比例税率，地方政府具有相对较多的管理自主权。

农业税对从下列土地上所得到的农业收入，免征农业税：

1. 农业科学研究机关和农业学校进行农业试验的土地；

2. 零星种植的宅旁隙地。

对下列地区，经省、自治区、直辖市人民委员会决定，可以减征农业税：

1. 农民的生产和生活还有困难的革命老根据地；

2. 生产落后、生活困难的少数民族地区；

3. 交通不便、生活落后和农民生活困难的贫瘠山区。

1989 年，农业税征必以代金为主，全市农业税计税价格统一调整，按 22. 10 元/50 千克计算。

1992 年调整农业税征收价，全市统一按照中央确定的 3 种原粮价格计算，即 25. 10 元

/50 千克。

1993 年 1 月 1 日起，放开粮食定购后，农业税除原来规定征收代金外，原则上不再扩大征收代金范围。实行任务价与结算价分离，按中等粮食市场价格结算，其市价可以一年一定，也可一季一定。

1994 年，常德定为粮食收购价一价区，早籼稻 44 元/50 千克，晚籼稻 52 元/50 千克。

1996 年 1 月 1 日起，农业税征收价格全省统一按早籼稻定价 65 元/50 千克计征，对农户以稻谷任务为计算单位以代金作为结算依据，对征收代金的地方比照征粮区同步上调征收任务。

1997 年对农业税计税价格作了调整：早籼稻 65 元/50 千克，中籼稻 68 元/50 千克，晚籼稻 63 元/50 千克。

1999 年 1 月 1 日起，根据"自行申报，集中征收，微机管理，重点稽查"征管模式，切实改进征管手段，执行全市定价 58 元/50 千克。

2000 年，凡退耕地的农业税只能从补助粮食中扣除，不得向农民征收。

2002 年 6 月，省政府办公厅批复同意《常德市农村税费改革实施方案》，常德全面开展农村税费改革，农民负担明显减轻，平均减负达 32%。

2004 年，进一步完善和推广农村税费改革，严格按政策降低农业税税率 3 个百分点，取消除烟叶税以外的农业特产税，对种植粮食的农户，进行粮种补贴工作，全市农民减负增收 4.02 亿元。

2006 年 1 月 1 日起废止《农业税条例》，意味着在我国沿袭两千年之久的这项传统税收和终结。

1989～2004 年，常德市共征收农业税 190520 万元，占同期农业各税收入的 72.20%。

第二节　农业特产税

农业特产税是农业特产农业税的简称，它是国家对从事农业特产生产经营并取得收入的单位和个人征收的一项税收。

国务院规定，收购农业特产品的单位和个人应当按照收购金额和规定的税率缴纳或者代缴税款。扣缴义务人从收购所支付的金额中代扣代缴农业特产税额。征收机关按照规定付给其代扣、代收手续费。

农业特产税由生产单位和个人缴纳，在农业特产品生产地缴纳，税款由收购单位和个人缴纳或代扣代缴的，在收购地缴纳农业特产税。

农业特产税的计税依据是农业特产品实际收入。实际收入以人民币计算。从事农业特产品生产的单位和个人取得的实际收入，按照农业特产品实际产量和收购价格计算征收。对于实际收入难以掌握的，由征收机关根据不同产品的具体情况评定产量，按照当地中等价格计算核定。收购烟叶、水产品、原木、木耳、畜禽产品等农业特产品的单位和个人，按照实际收购金额计算征收。

生产毛茶的单位和个人适用税率为7%，收购毛茶的单位和个人适用税率为16%；养殖和捕捞水产品的单位和个人适用税率为8%，收购水产品的单位和个人适用税率为5%；生产贵重食品的单位和个人适用税率为8%，收购贵重食品的单位和个人适用税率为25%；生产和收购原木、原竹的单位和个人均按《规定》的同一税率8%执行；生产和收购其他应税产品的单位和个人，按《规定》的同一税率执行。

1989年6月1日起，常德市将果用瓜列入农业特产税范围。同时，调整了部分征税品种的税率：淡水养殖（包括鲜鱼、鱼苗和珍珠）收入税率为10%，其中珍珠为15%；果用瓜为10%；木材为8%；其他应税商品（包括观赏花卉、药材、芦苇、湘莲、茶叶、制茶用花、生漆、核桃、板栗、藕、竹子、油茶、油桐、竹笋干、香菇、桑蚕、棕片、木耳、乌桕子、松脂）的收入税率为5%；随同农林特产农业税征收的地方附加一律降为10%。

1993年1月起，降低部分农林特产品税率：淡水养殖（包括珍珠）收入、果用瓜收入税率降为8%；柑橘收入税率降为12%；木材收入税率降为7%。

1994年5月，根据省政府颁布的《湖南省农业特产税征收办法》规定，将农林特产农业税更名为农业特产税，对生产或收购农业特产品的实际收入分别依率计征，征收农业特产税。

1989～2010年，常德共征收农业特产税52732万元，占农业各税收入的11.29%。

第三节　耕地占用税

耕地占用税是国家对占用耕地建房或者从事其他非农业建设的单位和个人，依据实际占用耕地面积、按照规定税额一次性征收的一种税。

1991年，贯彻执行财政部关于下列情况征收耕地占用税的规定：

1. 铁路系统的堆货场。仓库、机修厂、车辆厂、招待所、疗养院、职工宿舍等建设项目占用耕地；

2. 未征用的采煤塌陷占用耕地；

3. 修建地下油气管道占用耕地；

4. 中外合资、合作经营企业，中方以土地作价入股，并由中方出面占用耕地；

5. 经济技术开发区征用耕地进行“三通一平”，建房或从事其他非农业建设，无论以后是否转让给“三资”企业使用占用的耕地。1998年12月，执行国家税务总局决定，对中央直属储备粮库建设项目，全额免征耕地占用税。

同年，省政府决定：

1. 对单位、个人获准使用或者占用的耕地超过两年不使用的，按规定税额加征两倍以下的耕地占用税；

2. 对未经批准或者超过批准限额，超过农民住宅建房规定标准的，由土地部门依照《土地管理法》的有关规定处理；

3. 对欠缴税收或者拒不缴纳税款的单位或个人，依照《税收征收管理办法》的规定处理。从1999年9月起，对水利防洪、城市防洪及退田还湖（林）工程本身占用耕地，可视同直接为农业生产服务的农田水利设施用地，免征耕地占用税；因城市环保和生态工程需要建设苗圃基地，直接为农业生产服务的水利灌溉及人畜饮水工程（不含城市供水工程）占用耕地，免征耕地占用税。

1989～2010年，常德市共征收耕地占用税91785万元，占农业各税收入的19.65%。

第四节　契税

契税是以所有权发生转移变动的不动产为征税对象，向产权承受人征收的一种财产税。应缴税范围包括：土地使用权出售、赠与和交换、房屋买卖、房屋赠与、房屋交换等。

契税是土地、房屋权属转移时向其承受者征收的一种税收，现行的《中华人民共和国契税暂行条例》于1997年10月1日起施行。在中国境内取得土地、房屋权属的企业和个人，应当依法缴纳契税。上述取得土地、房屋权属包括下列方式：国有土地使用权出让，土地使用权转让（包括出售、赠与和交换），房屋买卖、赠与和交换。以下列方式转移土地房屋权属的，视同土地使用权转让、房屋买卖或者房屋赠与征收契税：以土地、房屋权属作价投资、入股，以土地、房屋权属抵偿债务，以获奖的方式承受土地、房屋权属，以预购方式或者预付集资建房款的方式承受土地、房屋权属。契税实行3%～5%的幅度比例税率。

契税，是指对契约征收的税，属于财产转移税，由财产承受人缴纳。契税中所涉及的契约，包括土地使用权转移，如国有土地使用权出让或转让，房屋所有权转移，应该称为土地、房屋权属转移，如房屋买卖、赠送、交换等。除了买卖、赠送、交换外，房屋所有权转移的方式还有很多种。其中，有两种常见的房屋权属转移，按规定要缴纳契税：因特殊贡献获奖、奖品为土地或房屋权属；或预购期房、预付款项集资建房，只要拥有房屋所有权，就等同于房屋买卖。

契税是一种重要的地方税种，在土地、房屋交易的发生地，不管何人，只要所有权属转移，都要依法纳税。目前，契税已成为地方财政收入的固定来源，在全国，地方契税收入呈迅速上升态势。

各类土地、房屋权属转移方式各不相同，契税定价方法也各有差异。

契税的计税依据，归结起来有4种：

一、是按成交价格计算。成交价格经双方敲定，形成合同，税务机关以此为据，直接计税。这种定价方式，主要适用于国有土地使用权出让、土地使用权出售、房屋买卖。

二、是根据市场价格计算。土地、房屋价格，绝不是一成不变的，比如，北京成为2008年奥运会主办城市后，奥运村地价立即飙升。该地段土地使用权赠送、房屋赠送时，定价依据只能是市场价格，而不是土地或房屋原值。

三、是依据土地、房屋交换差价定税。随着二手房市场兴起，房屋交换走入百姓生活。倘若A房价格30万元，B房价格40万元，A、B两房交换，契税的计算，自然是两房差额，即10万元，同理，土地使用权交换，也要依据差额。等额交换时，差额为零，意味着，交换双方均免缴契税。

四、是按照土地收益定价。这种情形不常遇到。假设2000年，国家以划拨方式，把甲单位土地使用权给了乙单位，3年后，经许可，乙单位把该土地转让，那么，乙就要补交契税，纳税依据就是土地收益，即乙单位出让土地使用的所得。

征税对象：土地增值税是出让方交，契税是承让方交。

一、土地使用权的出让，由承受方交。

二、土地使用权的转让，除了考虑土地增值税，另由承受方交契税。

三、房屋买卖：

1. 以房产抵债或实物交换房屋。

2. 以房产作投资或股权转让。

3. 买房拆料或翻建新房，应照章纳税。

四、房屋赠与

赠与方不纳土地增值税，但承受方应纳契税。

五、房屋交换

在契税的计算中，注意过户与否是一个关键点。

在税率设计上，契税采用幅度比例税率。目前，我国采用3%～5%的幅度比例，这是国家定下的政策，各省、自治区、直辖市，在这个范围内可以自行确定各自的适用税率。财政部、国家税务总局发出通知，从1999年8月1日起，个人购买自用普通住宅，契税暂时减半征收。

应纳税额的计算

1. 国有土地使用权出让、土地使用权出售、房屋买卖，以成交价格为计税依据。

2. 土地使用权赠与、房屋赠与，由征收机关参照土地使用权出售、房屋买卖的市场价格核定。

3. 交换价格相等时，免征契税；交换价格不等时，由多交付货币、实物、无形资产或者其他经济利益的一方交纳契税。

4. 房屋附属设施征收契税的依据：

（1）采取分期付款方式购买房屋附属设施土地使用权、房屋所有权的，应按合同规定的总价款计征契税。

（2）承受的房屋附属设施权属如为单独计价的，按照当土确定的适用税率征收契税；如与房屋统一计价的，适用与房屋相同的契税税率。

税收优惠

一、契税优惠的一般规定

1. 国家机关、事业单位、社会团体、军事单位承受土地、房屋用于办公、教学、医疗、科研和军事设施的，免征契税。

2. 城镇职工按规定第一次购买公有住房，免征契税。

3. 因不可抗力灭失住房而重新购买住房的，酌情减免。

二、特殊规定

1. 企业公司制改造

一般而言，承受一方如无优惠政策就要征契税；另外，要注意不征税与免税是不同的概念。企业公司制改造中，承受原企业土地、房屋权属，免征契税。

2. 企业股权重组

在股权转让中，单位、个人承受企业股权，企业土地、房屋权属不发生转移，不征收契税。

但在增资扩股中，如果是以土地使用权来认购股份，则承受方需缴契税。

国有、集体企业实施“企业股份合作制改造”，由职工买断企业产权，或向其职工转让部分产权，或者通过其职工投资增资扩股，将原企业改造为股份合作制企业的，对改造后的股份合作制企业承受原企业的土地、房屋权属，免征契税。

3. 企业合并、分立

（1）两个或两个以上的企业，依据法律规定、合同约定，合并改建为一个企业，对其合并后的企业承受原合并各方的土地、房屋权属，免征契税。

（2）企业依照法律规定、合同约定分设为两个或两个以上投资主体相同的企业，对派生方、新设方承受原企业土地、房屋权属，不征收契税。

4. 企业出售

国有、集体企业出售，被出售企业法人予以注销，并且买受人妥善安置原企业30%以上职工的，对其承受所购企业的土地、房屋权属，减半征收契税；全部安置原企业职工的，免征契税。

5. 企业关闭、破产

债权人承受关闭、破产企业土地、房屋权属以抵偿债务的，免征契税；对非债权人承受关闭、破产企业土地、房屋权属，凡妥善安置原企业30%以上职工的，减半征收契税；全部安置原企业职工的，免征契税。

6. 房屋附属设施

对于承受与房屋相关的附属设施（如停车位、汽车库等）所有权或土地使用权的行为，按照契税法律、法规的规定征收契税；对于不涉及土地使用权和房屋所有权转移变动的，不征收契税。

7. 继承土地、房屋权属

法定继承人继承土地、房屋权属，不征契税；

非法定继承人应征收契税

8. 其他

经国务院批准实施债权转股权的企业，对债权转股权后新设立的公司承受原企业的土地、房屋权属，免征契税。

企业改制重组过程中，同一投资主体内部所属企业之间土地、房屋权属的无偿划转，不征收契税。

1989～2010 年，常德市共征收契税 111964 万元，占农业各税收入的 23.97%。

第三章　企业收入

企业收入是指除税收外，各类企业通过财政部门缴入国库的财政收入。企业收入主要包括国营企业所得税和调节税。

1989 年，对第一期承包到期或将要到期的企业实行第二期滚动承包，确定了“包死基数，确保上交，定额留利，其余还贷”的承包形式，起到了稳定承包者，稳定承包政策，稳定大局的作用。为进一步促使承包企业提高效益，对大部分工商企业实行了风险抵押，把风险抵押引入企业承包经营机制。同年还对工业企业和商业企业实行了工资与经济效益挂钩的办法。

1991 年 9 月，中央召开工作会议，指出要把企业改革的重点放到转换企业经营机制上来。

1992 年 7 月 23 日，国务院发布《全民所有制工业企业转换经营机制条例》，明确了企业享有 14 项经营权。

1992 年 10 月，党的十四大明确提出了改革的目标是建立社会主义市场经济体制。

1993 年 2 月 19 日，湖南省政府发布了《湖南省全民所有制企业转换经营机制实施办法》。

1994 年贯彻执行《中华人民共和国企业所得税退税暂行条例》，对应纳税单位计算应纳所得税额时准予扣徐的项目作了严格的规定，取消了纳税前可用利润归还贷款和补充企业自有流动资金等抵扣利润项目的规定。从当年起，企业收入才由财政补贴变为逐年回升。

1989 ~ 2010 年，常德的企业收入共计 265655 万元，占常德财政收入的比例为 3.21%。

1989 ~ 2010 年企业收入基本数字

单位：万元

年度	企业收入合计	企业所得税	企业所得税退税	企业调节税	上缴利润	计划亏损补贴	国有资产经营收益
1989	2239	2921	-1	141	406	-1228	
1990	2205	2541	-199	125	940	-1202	
1991	1873	2067	-89	67	1057	-1229	
1992	1507	1434	-10	12	1243	-1172	
1993	1842	946	-225	12	2142	-1033	
1994	3376	1949			2489	-1062	

续上表

年度	企业收入合计	企业所得税	企业所得税退税	企业调节税	上缴利润	计划亏损补贴	国有资产经营收益
1995	4309	2748	-4		2568	-1003	
1996	5542	2917			3608	-983	
1997	5080	3125			3003	-1048	
1998	3214	1910				-1049	2353
1999	5534	4386				-988	2136
2000	5789	4378	-212			-956	2579
2001	17736	18420				-4109	3425
2002	4731	2960				-852	2623
2003	7333	2516				-613	5430
2004	9630	4346				-570	5854
2005	15669	6580				-570	9659
2006	24071	10106				-637	14602
2007	18023	12093					5930
2008	14523	12788					1735
2009	37340	11955					25385
2010	74089	15480					58609

第一节　上缴利润、所得税、调节税

1989 年以来，国家预算收支科目又增设了“国营企业上缴利润”类级科目。1993 年又按规定未实行利改税企业上缴的利润、企业固定资金占用费和流动资金占用费、小型企业上缴的承包费、租赁费、转让费等列入本科目。1993 年又将按规定不交纳所得税的企业上缴的利润、税利分流后上缴的利润以及股份制企业国家股的经利收入，列为上缴利润。1998 年取消“上缴利润”科目，增设“国有资产经营收益”科目。

国营企业所得税的计税依据是企业所得税。税率为大中型企业适用 55% 的固定比例税率；小型企业、饮食服务企业和营业性的宾馆、饭店、招待所等，适用 8 级超额累进税率。

1994 年，国务院将 1984 年发布的《国营企业所得税条例》和 1985 年发布的《集体企业所得税暂行条例》及 1988 年发布的《私营企业所得税暂行条例》同时废止。重新发布了《中华人民共和国企业所得税暂行条例》。企业所得税的义务纳税人包括国有企业、集体企业、私营企业、联营企业、股份制企业和有生产经营所得的其他组织。纳税人的应纳所得税额，按应纳税所得额计算，税率为 33%，应纳税所得额为年度收入总额减去准予扣除项目后的余额。

条例还规定，对民族自治地方的企业，需要和鼓励的，经省人民政府批准，可定期减税或免税；对法律或行政法规和国务院关规定给予减税或者免税的企业，依照规定予以减免。

1999 年，把外商投资企业和外国企业所得税，也列入企业所得税内。

1991 年 4 月，国家发布《外商投资企业和外国企业所得税法》，同年 7 月 1 开始实施。所征外商投资企业和外国企业所得税，在 1999 年以前都列入工商税收类级科目，没有统计在企业所税内。当时的税率是遵循吸引外资，税负从轻的原则设计的。具体是：1. 外商投资企业和外国企业就其在中国境内设立的从事生产、经营的机构、场所，所取得的所得，企业所得税适用税率为 30%；地方所得税适用税率为 3%。2. 外国企业在中国境内未设立机构、场所，而取得的来源于中国境内的利润、利息、租金、特许权使用费和其他所得，或虽设立机构、场所，但上述所得与其机构、场所没有实际联系的，按 20% 的税率收预提所得税。

国营企业调节税，是对实行利改税的国营大中型企业，按规定缴纳所得税后，对留利水平较高的企业征收的一种税。根据国务院《国营企业调节税征收办法》，常德市对实行独立经济核算的大中型国营业生产经营所得和其他所得征收调节税。调节税由纳税人就地缴纳。跨地区经营的企业，按其隶属关系回原地缴纳。计税依据，按照国营企业所得税的计算办法办理。税率由财政部门商同企业主管理部门核定，税务部门负责征收。

1994 年，根据国务院关于税制改革和分税制财政体制改革的有关规定，取消了“国有企业调节税类”科目，不再征收国有企业调节税。

1989 ~ 1993 年，常德市共征收国营企业调节税 357 万元。

第二节　国有资产经营收益

国有资产经营收益是指国家凭借对国有资产的所有权所获得的利润、租金、股息、股利和占用费等。

1998 年，为进一步加强国有资产管理，国家预算收支科目取消“国有企业上缴利润”科目，增设“国有资产经营权益”类级科目。国有资产经营收益包括的具体内容有：国有企业上缴的税后利润，国有资产转让收入，有限责任公司、股份有限公司、联营企业、港澳台商投资企业、外商投资企业中国有资产经营收入，私营企业占用国有资产应上缴的收益，补交以前年度欠交的调节税，其他国有资产经营收益。

1998～2010年，常德市国有资产经营收益共计140320万元，占企业收入的52.82%。

第三节　国有企业计划亏损补贴

国有企业计划亏损补贴主要是指国家为了使国有企业能够按照国家计划生产、经营一些社会需要，但由于客观原因使生产经营出现亏损的产品，而向这些企业拨付的财政补贴。

导致企业计划性亏损的原因，主要是产品计划价格水平偏低，不足以抵补产品的生产成本。此外，企业的技术设备落后、供销条件不利等也是造成企业计划亏损的重要因素。

企业亏损补贴按企业的经营性质划分，可以分为以下两类：

1. 国内经营企业亏损补贴。国内经营企业亏损补贴包括冶金、有色金属、煤炭、化工等计划价格水平偏低的原材料工业的亏损补贴，商业、粮食企业经营购销倒挂商品所需的经营费用补贴，以及农机、轻工、农垦、农牧等企业的政策性亏损补贴。

2. 外贸企业亏损补贴。外贸企业亏损补贴包括进口亏损补贴和出口亏损补贴。外贸企业按照国家的定价政策，以国际市场价格进口产品而按低于进口价格的国内同类产品价格投放国内市场，由此造成的亏损，国家财政通过进口补贴给予弥补。

出口补贴是指财政对外贸企业以低于收购价格的销价向国外出口产品所形成的亏损给予的补贴。

由于近年来，我国外贸企业的出口竞争能力有所增强，外贸企业的出口亏损补贴已基本上取消，进口亏损补贴也减少到化肥、农药等个别商品。

1991年1月，取消国家对外贸易出口的财政补贴，实行自负盈亏。

1995年，对企业实行“亏损补贴包干、减亏全留、超亏不补”的办法。

1989～2006年，常德财政共投入20304万元用入国有企业计划亏损补贴。

第四章　专项收入

财政部为了便于预算执行分析，将纳入预算管理但又不列入国家预算的专款专用的收入，单设“专款收入类”科目。1992 年，将“专款收入类”科目改为“专项收入类”科目。常德市的专项收入，主要有排污收入、城市水资源费收入、城市教育费附加收入、国有土地有偿使用收入和矿产资源补偿收入。2004 年，把“公路运输管理费”由“行政性收费”改列“专项收入”。1989 年常德市的专项收入为 623 万元；2010 年专项收入为 219732 万元。1989 ~ 2010 年，全市共征收专项收入 585583 万元，占常德财政收入的 7.07%。

第一节　排污费收入

排污费收入，是对直接向环境排放污染物的单位和个体工商户征收的用于环境保护的专项资金收入。

从 1990 年 10 月 1 日起，明确规定各级环保部门必须依法按标准征收排污费，并按季如数缴入各级财政，不得拒缴和截留；各级财政部门必须认真执行环保补助资专款专用和按时拨款的规定，及时审批下达环保补助资金项目计划，并于季后 10 日内，根据环保部门的申请，一次拨入环保部门在银行开立的专户。环境保护补助资金包括依法征收的超标排污费、提高标准收费、加倍收费、滞纳金、污染环境补偿性罚款以及这些资金的存、贷款利息收入。环保补助资金中的存、贷款利息收入（扣除手续费外）各超标排污费的 80% 部分，作为治理环境污染贷款基金，用于重点排污单位污染源治理和综合性治理；超标排污费和排污水费的 20% 部分以及提高征收标准、加倍收费、滞纳金、补偿性罚款等收入，作为环保部门自身建设补助资金，主要用于环保部门仪器设备购置、环境监测、污染事故调处、宣传教育、科研培训等业务费开支。排污单位治理污染如本单位自有资金确实不足，可将治理方案和申请治理污染贷款报告送经主管部门审查后，报同级环保和财政部门审定，从治理污染贷款基金中给予一定数额的贷款，治理工程项目完成后，经主管部门会同财政、环保及有关部门验收合格者，可豁免部门或全部治理污染贷款，较大项贷款豁免金额不能高于本单位缴纳超标排污费的 80%。

1989 年，全市征收排污费 623.2 万元；2010 年，征收排污费 1856 万元。1989 ~ 2010 年，常德市共征收排污费 29577.1 万元，占专项收入的 5.05%。

1989～2010 年排污费收入

年度	金额（万元）	年度	金额（万元）
1989	623.2	2000	1628
1990	615	2001	1552
1991	668.9	2002	1506
1992	679	2003	1840
1993	785	2004	1769
1994	924	2005	2330
1995	1125	2006	1984
1996	1152	2007	1569
1997	1114	2008	1779
1998	1259	2009	1692
1999	1127	2010	1856

第二节　城市水资源费收入

城市水资源费收入，是对开发利用城市地下水资源的单位收的纳入地方财政预算管理、专用于城市水资源建设、管理的专项收入。

第三节　教育费附加收入

为贯彻落实《中共中央关于教育体制改革的决定》，加快发展地方教育事业，扩大地方教育经费的资金来源，国务院制订颁发了《征收教育费附加的暂行规定》。

1990 年，国务院发布了《关于修改征收教育费附加的暂行规定的决定》。修改的主要内容是：教育费附加率由 1% 改为 2%；教育费附加纳入预算管理，作为教育专项资金，根据“先收后支、列收列支、收支平衡”的原则使用和管理，不得以教育费附加抵顶教育事业费拨款。1990 年财政部下发的预算收支科目中，在“专项收入类”增设了“教育费附加收入”款级科目。

1994 年分税制改革，教育费附加的计税依据由产品税、增值税、营业税的税额改为增值税、消费税、营业税的税额，附加率改为 3%。

1999 年，对下岗职工从事社区居民服务业免征营业税，教育费附加也随同免征；2002 年，为了促进下岗失业人员再就业工作，对新办的从事批发或批零兼营的商贸企业，招用下岗失业人员在达到职工总数30%以上（含30%），并与其签订3年以上劳动合同的，经劳动、税务部门认定审核，3年内免征教育费附加。

1989～2010年，常德市的教育费附加收入共计354097.7万元，占专项收入的60.47%。

1989～2010年教育费附加收入

年度	金额（万元）	年度	金额（万元）
1989	242.1	2000	4452
1990	510	2001	5742
1991	963.6	2002	7637
1992	1097	2003	8820
1993	1393	2004	12509
1994	2009	2005	16443
1995	2569	2006	26663
1996	2868	2007	33666
1997	5420	2008	51421
1998	4274	2009	69035
1999	4046	2010	92318

第四节　国有土地有偿使用收入

1988年5月，国务院发出《关于加强国有土地使用有偿出让收入管理的通知》：凡进行国有土地使用权有偿出让的地区，其出让收入必须上缴财政，其中40%上缴中央财政，60%留归地方财政，主要用于城市建设和土地开发，专款专用。

1990年2月，省财政厅就全省土地使用权有偿出让有关问题作出规定：第一，土地出让主管部门可从所获取的土地使用权有偿出让收入（包括土地出让金、续期土地出让金、合同改约补偿金）中提取土地出让业务费，其标准一般不超过出让收入的2%，如有特殊情况，经同级财政部门核定，可适当提高，但最高不得超过5%；第二，地方各级的国有土地使用权有偿出让收入，除去土地出让业务费后，一律上缴当地财政，其中20%留给取得收入的城市财政部门作为城市土地开发建设费用，其余部分的40%上缴中央财政，60%由省财政和取得收入城市财政“四六分成”（即省财政40%，取得收入的城市财政

60%）。

1993年1月。贯彻执行新规定：第一，国有土地使用权有偿使用收入（包括土地出让金、土地收益金或土地增值费、土地荒芜费或土地闲置费、城镇国有土地使用费、“三资”企业土地使用费、复垦费），是国家以土地所有者的身份将土地使用权在一定年限内让与土地使用者，并由使用者向国家交纳一定费的行为，应纳入国家预算管理；第二，土地使用权有偿使用收入归中央政府和地方财政所有，由财政部门统一负责征收管理，分虽作为中央和地方的预算固定收入；第三，土地出让金总额的5%应上交中央财政，土地转让交易额和土地出租收入的5%，应作为上缴中央财政的土地收益金或土地增值费；对连同地面建筑物一同转让的土地使用权，应根据房产评估价格，经财政部门核定，在交易总额中扣除合理的住房价款，其余额的5%作为土地收益金或土地增值费上缴中央财政；国有土地使用权有偿使用收入中的外汇收入按外汇额度，上缴中央财政40%，留地方财政60%；从1992年起3年内，省、地（州）财政暂不参与国有土地使用权有偿使用收入分成；第四，全省国有土地使用权有偿使用收入，原则上由土地管理部门代收代缴，在征收该项收入时必须使省财政厅统一印制的国有土地使用权有偿使用收入缴款单；第五，应交中央的土地出让金、土地收益金（或土地增值费）由代收代缴部门按照规定的比例就地缴入中央金库；土地出让金、土地收益金（或土地增值费）扣除上缴中央财政收入、土地开发成本、代征部门业务费后，作为地方预算收入上交当地财政；土地荒芜费（或闲置费）、城镇国有土地使用费、“三资”企业土地使用费、复垦费金额上交当地财政，作为城市建筑和土地开发基金，专项用于城市建设和土地开发；第五，代收代缴部门从土地出让金、土地收益金（或土地增值费）中提取的业务费比例不得超过2%，主要用于有关土地有偿使用工作的调研办公、勘探设计、评估咨询、宣传培训、佣金租金等项开支，该业务费实行由“财政专户储存、计划管理、财政审批、银行监督”的管理办法；第六，将国家算收入科目中的“国有土地使用权有偿出让收入”款改为“国有土地使用权有偿使用收入”款。

1999年11月，省财政厅、省国土局联合规定：国有土地使用权出让，原则上都要实行招标拍卖；协议出让国有土地使用权，应缴金库的土地纯收益不得低于基准地价的25%；土地租金、土地收益金等按年收取的土地有偿使用费作为基金预算收入，上缴中央30%，上缴省70%；现有建设用地有偿使用费仍按老办法作为一般预算收入，缴入各地金库；缴入省级金库的新增建设用地土地有偿使用费，30%留省财政，70%通过财政预算下拨有关市、州财政，市、州与县（市）财政的分成比例由市、州政府确定；留给各级地方人民政府的新增建设用地土地有偿使用费作为各级地方财政耕地开发整理专项基金预算收入，专项用于耕地开发整理，不得用于平衡财政预算；新增建设用土地有偿使用费征收标准分为1～15等，每平方米收费为70～5元不等。

常德市的土地使用制度改革于1992年起步，当年国有土地使用权有偿收入为1654万元，没有列作地方一般预算收入。1993～2010年，列入全市地方一般预算收入中的国有土地使用权有偿使用收入为 145721 万元。

1989 ~2010 年国有土地有偿使用收入

年度	金额（万元）	年度	金额（万元）
1993	396	2002	2329
1994	911	2003	1806
1995	1373	2004	2453
1996	1234	2005	3187
1997	833	2006	7515
1998	587	2007	9019
1999	721	2008	28324
2000	562	2009	24945
2001	1458	2010	58068

第五节　预算调节基金

国家预算调节基金是指国家为了加强宏观调控能力、补充各级财政资金的不足，为改革和建设的顺利进行创造条件，对国有企事业单位、机关团体、部队与地方政府的各项预算外资金和所有集体企业、私营企业以及个体工商业户缴纳所得税后的利润征集的基金。

国家预算调节基金的纳税人是有预算外收入的一切国有企业事业单位、机关团体、部队、各级政府和所有集体企业事业单位、私营企业、个体工商户。

1989 ~1996 年预算调节基金

年度	金额（万元）	年度	金额（万元）
1989	449. 4	1993	235
1990	494. 6	1994	170
1991	512. 3	1995	31
1992	434	1996	1
合计		2327. 3	

第五章　其他收入

其他收入是指除企业收入、税收收入、农业税收入、专款收入以外的一些数额较小、项目较杂的财政收入、其他收入常随国家经济形势的变化和理财的需要而改变。

1989～2010年，常德市其他收入共计826511万元，占常德市财政收入的9.99%。

第一节　行政性收费收入

行政性收费是指国家行政机关、司法机关和法律、法规授权机构，依据国家法律、法规行使其管理职能，向公民、法人和其他组织收取的费用。行政性收费包括管理性收费、资源性收费和证照性收费。

为加强行政性收费管理，财政部于1994年3月印发《关于加强行政性收费纳入预算管理有关问题的通知》，通知规定：行政性收费应按照执收单位的财政隶属关系和各项收费的不同情况，分批逐步纳入同级财政预算管理。第一批先将属于全国性的资源性收费、证照性收费以及部分收入数额较大的管理性收费纳入预算管理，共有86项。

纳入预算管理的行政性收费，规定在取得收入的3日内全额上缴所在地同级国库；零星收费收入，账面余额不足1000元的，经同级财政部门的同意，可每15日上缴一次；达到1000元的，应即时上缴同级国库；任何单位和个人不得拖欠、截留、坐支、挪用、私分收取的行政性收费。

1994～2010年，常德市行政收费收入共计295910万元，占其他收入35.80%。

第二节　罚没收入

罚没收入是指法律、行政法规授权的执行处罚的部门，依法实施处罚取得的罚没款和没收物品的折价收入。1989～2010年，常德市罚没收入共计233597万元，占其他收入的28.26%。

1989～2010年罚没收入

年度	金额（万元）	年度	金额（万元）
1995	7741	1997	6509
1996	7698	1998	8766

续上表

年度	金额（万元）	年度	金额（万元）
1999	10465	2005	15072
2000	11241	2006	20414
2001	10188	2007	22071
2002	10981	2008	23878
2003	11247	2009	24906
2004	11218	2010	31202

第三节　其他杂项收入

其他杂项收入主要指一些数额较小或征收时间较短的其他项收入，如公产收入、赃款赃物收入、以前年度支出收回收入、国土使用权出让收入、事业性收入、利息收入等。

1989～2010 年，常德其他杂项收入共计 297004 万元，占其他收入的 35.93%。

1989～2010 年其他杂项收入

年度	金额（万元）	年度	金额（万元）
1989	1409	2000	9496
1990	2299	2001	12954
1991	2745	2002	4741
1992	2479	2003	9668
1993	3941	2004	13159
1994	8705	2005	14604
1995	7144	2006	18613
1996	5551	2007	24039
1997	6104	2008	13961
1998	8389	2009	14942
1999	11559	2010	41582

第六章　预算调拨收入

调拨收入是指根据财政体制规定在各级财政之间进行郊外调拨以及在本级财政各项资金之间的调剂所形成的收入。中央与地方之间、地方各级财政之间由于共享收入的分配、转移支付、体制结算必然产生上下级财政资金调拨事项，同级财政因预算收支平衡也会产生一般预算与基金预算之间的调拨事项。就性质而言，该类收入并不是从社会再生产的分配中集中的收入，而属于财政资金内部的调节。

第一节　上级补助收入

上级补助收入是指事业单位从主管部门和上级单位取得的非财政补收入，用于补助正常业务资金的不足。传统的事业行政单位会计中称其为“调剂收入”，属预算外资金来源。

1989 ~2010 年上级补助收入

年度	金额（万元）	年度	金额（万元）
1989	8793.7	2000	77750
1990	9413.7	2001	114820
1991	13041.1	2002	168405
1992	12317	2003	192111
1993	14428	2004	251452
1994	43369	2005	314461
1995	47769	2006	415546
1996	54152	2007	586184
1997	51025	2008	766856
1998	62993	2009	999305
1999	76826	2010	1122607

第二节　调入资金

资金调拨收入是指根据财政体制规定在各级财政之间进行郊外调拨以及在本级财政各项资金之间的调剂所形成的收入。中央与地方之间、地方各级财政之间由于共享收入的分配、转移支付、体制结算必然产生上下级财政资金调拨事项，同级财政因预算收支平衡也会产生一般预算与基金预算之间的调拨事项。资金调拨收入包括补助收入、上解收入和调入资金三部分构成。

1989～2010 年调入预算外资金

年度	金额（万元）	年度	金额（万元）
1989	349	2000	3215
1990	547	2001	2335
1991	874	2002	2063
1992	904	2003	1397
1993	758	2004	1551
1994	429	2005	883
1995	717	2006	1377
1996	634	2007	1311
1997	1728	2008	1289
1998	1039	2009	2489
1999	822	2010	3999

第七章 基金预算收入

1996年12月31日，财政部根据国务院《关于加强预算外资金管理的决定》，下发了《关于制发政府性基金预算管理办法的通知》。规定将养路费、车辆购置附加费、铁路建设基金、电力建设基金、三峡工程建设基金、新菜地开发基金、公路建设基金、民航基础设施建设基金、农村教育附加、邮电附加、港口建设费、市话初装基金、民航机场管理建设费等13项数额较大的政府性基金（收费）纳入财政预算管理。基金收入纳入预算管理的原则是：收支两条线，先收后支，单独编列预决算，自求平衡。因此从1997年开始，地方财政增设了基金预算收支部分。

第一节 工业交通部门基金收入

列入地方预算管理的工业交通部门基金收入的主要项目有养路费收入、公路建设基金收入、散装水泥专项资金收入、墙体材料专项基金收入。因养路费和公路建设基金收入纳入省级预算缴入省级金库，故常德市只包括散装水泥专项资金和墙体材料专项基金两项基金收入。

一、散装水泥专项资金收入

1999年按湖南省规定所有从事袋装水泥生产的企业，使用袋装水泥的建设单位和其他使用者，都要按规定缴散装水泥专项资金。收缴的散装水泥专项资金的20%上解省金库，80%本级留用。散装水泥资金必须专款专用年结余专结转下年使用，其使用范围是：新建、改建、扩建、散装水泥专用设施，购置和维修专用设备；散装水泥建设项目贷款的贴息；散装水泥的科研与新技术开发、推广；代征业务费开支；财政部门批准的与散装水泥有关的其他开支；其中前两项支出一般不得低于当年支出总额的90%。

二、墙体材料专项基金收入

1992年，国务院批转了国家建材局等部门《关于加强墙体材料革新和推广节能建筑意见的通知》，各省市根据“通知”精神开始征收新型墙体材料专项基金，当时纳入预算外资金管理。2002年，财政部、国家经贸委联合发布了《新型墙体材料专项基金征收和使用管理办法》。明确规定：新型墙体材料专项基金，属于政府性基金，收入全额缴入地方国库，纳入地方预算管理。凡新建、扩建、改建的建筑工业用新型墙体材料的建筑工程，由建设单位按工程概算面积在开工前，以最高不超过每平方米8元的标准预缴新型墙体材料专项基金，主体工程竣工后，凭有关决算资料进行清算，多退少补。

新型墙体材料专项基金必须专款专用。其使用范围包括引进、新建、扩建、改造新型墙体材料生产线工程项目的贴息；新型墙体材料示范项目（含引进项目）和推广应用试点工程的补贴；新型墙体材料的科研、新技术与新产品开发及推广；发展新型墙体材料的宣传；代征手续费；经地方同级财政部门批准与发展新型墙体材料有关的其他开支。

其中前四项开支合计，不得少于当年新型墙体材料专项基金支出总额的90%。

第二节　文教部门基金收入

常德市文教部门基金收入主要是地方教育费附加收入。农村教育费附加由乡人民政府组织收取，县政府教育部门或乡人民政府管理，用于本乡乡、村两级教育事业。1997 年，农村教育费附加作为政府性基金纳入预算管理。农村教育费附加缴入同级财政金库。

1989～2010 年教育费附加收入

年度	金额（万元）	年度	金额（万元）
1989	242.1	2000	4452
1990	510	2001	5742
1991	963.6	2002	7637
1992	1097	2003	8820
1993	1393	2004	12509
1994	2009	2005	16443
1995	2569	2006	26663
1996	2868	2007	33666
1997	5420	2008	51421
1998	4274	2009	69035
1999	4046	2010	92318

第三节　社会保险基金收入

社会保障基金收入是指按规定征收并缴入国库的各项社会保险费、滞纳金收入、社会保险基金收入，包括基本养老保险基金收入、失业保险基金收入、医疗保险基金收入、工伤保险基金收入和生育保险基金收入等。

第四节　地方财政税费附加收入

地方财政税费附加收入，主要包括农牧业税附加收入、城市公用事业附加收入。

一、农业税附加收入

农业税附加收入，是按农业税正税税额的一定比例征收的附加收入。主要用于乡、村修桥、铺路和弥补农村小学办学经费不足等农村公益事业支出。农业税附加收入 1997 年以前属于财政预算外资金。1997 年着“财政基金预算收入”科目的增设，纳入了基金预算收入的地方财政税费附加收入项目。

二、城市公用事业附加收入

城市公用事业附加收入，是为保证维护各项公共设施的资金需要，按国家规定的征收范围对城镇工业用电、工业用水、民用自来水、民用照明用电、电话、煤气、天然气、轮渡等公用事业按规定比例征收的附加收入。一直沿用 1964 年财政部发布的《关于征收城市公用事业附加的几项规定》，其附加率最高不得超过 10%。工业用电、用水附加，只限于城市工业企业和非工业部门的生产、加工企业。农业机电排灌用电、自备发电设备供电、自备水源供水、关停企业用电用水、基建施工工地用电用水，可免征公用事业附加。城市公用事业附加资金，必须坚持先收后支、统筹安排、合理使用的原则，用于城市公用事业基础设施建设和改造，一律不准用于兴建“楼、堂、馆、所”。

第五节　土地有偿使用收入

1989 年 5 月，国务院印发《关于国有土地使用权有偿出让管理的通知》，同年 9 年财政部颁发了《国有土地使用权有偿出让管理暂行实施办法》。其主要规定：（一）土地使用权出让收入包括出让金和合同改约补偿金。（二）土地使用权有偿出让收入由财政部门征收，土地出让主管部门可提取不超出出让收入 2% 的业务费。（三）取得收入的财政部门先留 20% 作为城市土地开发建设费用，其余部分，40% 上缴中央财政，60% 留归取得收入的城市财政部门，暂不参加体制分成。

1990 年 5 月，国务院为改革城镇土地使用制度，合理开发、利用、经营土地，加强土地管理，又颁布了《中华人民共和国城镇土地使用权出让和转让实施办法》。实施办法规定：土地使用权出让和转让期间，土地所有权仍属于国家，使用者只有使用权，不得擅自改变土地的用途，不得损害社会公共利益。

1989～2010 年国有土地有偿使用收入

年度	金额（万元）	年度	金额（万元）
1993	396	2002	2329
1994	911	2003	1806
1995	1373	2004	2453
1996	1234	2005	3187
1997	833	2006	7515
1998	587	2007	9019
1999	721	2008	28324
2000	562	2009	24945
2001	1458	2010	58068

第六节　政府住房基金收入

政府住房基金收入，主要是住房公积金管理机构上缴的管理费用。

1989～1996 年国家预算调节基金征集情况

单位：万元

年度	1989	1990	1991	1992	1993	1994	1995	1996
国家预算调节基金	449	495	512	434	235	168	31	1

第三篇《

财政支出

第三篇　财政支出

财政支出是财政活动的一个重要方面。它既体现着财政对经济社会的影响作用，也是实现政府调控经济的重要手段。财政支出的规模和结构的状况，既反映着政府介入经济社会生活的广度和深度，同时也反映着财政在经济社会生活中的地位和作用。常德市的财政支出，根据地方政府的职能与活动范围，本着“取之于民，用之于民”和“量入为出”的原则，统筹兼顾，全面安排，保证了各项事业的发展和满足城乡人民日益增长的物质文化生活需要。随着工农业生产的发展和经济建设规模的扩大，各项支出直线上升。1989年，财政支出41145.5万元，2010年达到1773011万元，是1989年的43.09倍。1989～2010年，常德财政累计支出达8970244万元，年均支出407738.36万元。其中：经济建设类支出2349143万元，占同期财政支出的26.19%；行政管理费类支出1205045.5万元，占同期财政支出的13.43%；文教科卫卫生事业费支出5051202.1万元，占同期财政支出的56.31%；社会保障类支出1323395.2万元，占同期财政支出的14.75%；政策性价格补贴在2007年，常德市取消该项补贴，1989到2006年该项支出开支共计82123.6万元；专项支出347020万元，占同期财政支出的3.87%。

在财政支出中，行政管理费的比重下降，说明非生产性的开支有所压缩；而文教科学卫生事业费和经济建设费等与人民生产生活攸关的支出比重上升，体现了财政支出的民生性和建设性。

常德市1989~2010年财政一般预算支出分类统计表

单位：万元

年度	合计	经济建设类支出	行政管理费支出	文教科卫卫生事业费支出	社会保障支出	政策性价格补贴支出	专项支出
1989	41145.5	10185.9	5290.2	13991.7	1892.1	2366	638
1990	44402.6	10279.9	5493.8	15154.2	1862.4	2167.4	1233
1991	55578.1	11635.2	1918.5	18148.2	2198.7	2550.2	1679
1992	55172	12408	9073	19766	1883	2047	1872
1993	65684	15425	10414	21847	2353	1609	2096
1994	89210	20690	15710	29177	2402	2792	2951
1995	110238	24820	19144	32968	3598	1875	3746
1996	136952	34480	22010	40430	4489	6550	6577
1997	142806	33661	23344	44653	3480	12685	8187
1998	154884	48236	22462	39842	4615	11604	8182
1999	179314	34323	25832	43272	7105	8889	8910
2000	193463	37847	29670	46951	5652	6119	8512
2001	233514	37271	36212	58320	7400	5928	9122
2002	308763	46832	29440	86751	13022	4686	12224
2003	358521	61825	50114	93656	19102	3001	13318
2004	417086	78234	55784	94735	20027	2438	15628
2005	510013	98316	64709	123501	26016	3397	20236
2006	646879	124405	91158	200988	30291	1420	29354
2007	889717	333335	135315	2711951	204169	/	38829
2008	1129767	120931	163989	362126	269653	/	47610
2009	1368056	511977	174729	426383	317871	/	49013
2010	1773011	642026	213234	526591	374314	/	57103

第一章　经济建设类支出

经济建设支出是各级财政用于发展工业、交通、农业、商品流通等国民经济和城市建设的生产建设性支出。随着经济发展和社会进步，财政支出项目不断增加，科目亦时有变化。经济建设支出的项目包括有：基本建设支出、企业挖潜改造资金、科技三项费用、农林水气事业费、工业交通等部门事业费、流通部门事业费、城市维护费、地质勘探、简易建设费等等。

1989～2010年，常德财政一般预算用于经济建设的支出达2349143万元，占同期财政支出的26.19%。从支出结构看，用于基本建设的投资占24.98%；用于企业挖潜改造资金的支出占1.94%；用于科技三项费用的支出占1.66%；用于农林水气方面的（包括支援农村生产、农业综合开发和农林水气等部门的事业费）支出占37.65%；用于工交商业等部门的事业费占9.29%；用于城市维护费的支出占27.16%。

常德市 1989～2010 年经济建设类支出统计表

单位：万元

年度	合计	分类支出											
		基本建设支出	企业挖潜改造资金	简易建筑费	科技三项费用	农林水气部门事业费	工交商业等部门事业费	流通部门事业费	城市维护费	支援农业生产支出	城镇青年就业经费	农业综合开发支出	地质勘探费
1989	10185.9	185	431	119	83.7	1067.8	425	47.8	3484.4	1942.2	79.5		
1990	10279.9	479.5	270.2	105	126	815	371.2	50.8	3473.5	2393.7	86.5		
1991	11635.2	320	142	235.6	140.7	1144.7	412	60.5	4037.5	2053.4	88.9		
1992	12408	592	619	110	203	975	417	75	4139	2475	77		
1993	15425	366	2613	300	194	1192	480	88	4509	2947	31		
1994	20690	535	4676	311	197	4992	694	131	6127	3027			
1995	24820	1422	5707	613	274	6224	654	131	6461	3334			
1996	34480	490	5509	909	1064	8759	1138	112	12664	3835			
1997	33661	880	2860	251	1504	9961	790	220	13052	4143			
1998	48236	235	711	432	746	13814	1362	137	26208	4105		486	
1999	34323	118	807		746	10512	903	73	16006	4221		922	15
2000	37847	903	1336		677	10512	1185	338	17708	4381		779	28
2001	37271	207	2057		692	11949	1801	427	15058	4266		812	2
2002	46832	799	1063		746	16839	2078	877	18826	4497		1102	5
2003	61825	3296	3884		1041	26887	2780	1194	26827				26
2004	78234	2721	2423		891	34218	4246	1836	31875				24
2005	98316	1244	2908		1449	40154	6818	2580	43161				2
2006	124405	7352	7747		2509	47530	8378	3467	47316				106
2007	333335	135315			4621	97244	25353		70802				
2008	120931	41491			2249	16131	8535		52525				
2009	511977	174729			8613	262655	53775		87549				
2010	642026	213234			10337	209079	83688		126167				

注：2007 年工交商业等部门事业费和流通部门事业费合并成工业商业金融等事务。

第一节　基本建设支出

基本建设支出的范围，包括新建扩建国有企业的基本建设投资、农田水利建设投资，也包括机关、学校、医院等行政事业单位住房建筑、设备购置和安装，还包括城市建设中属于基本建设的各项公用事业。支出项目，大体可分为工业、农业、商业、交通邮电、文教卫生、城市公用及其他七大类。

1989～2010 年，常德财政一般预算用于基本建设的支出累计达 586913.5 万元，占同期经济建设类支出的 24.98%。

第二节　企业挖潜改造资金

企业挖潜改造资金，也称企业更新改造资金。它是企业在保证维持再生产的前提下，对原有的厂房、设备进行技术革新、技术改造、采用新工艺所使用的资金，以达到充分挖掘企业生产潜力，全面提高经济效益的目的。

1989～1990 年，随着经济体制改革，不断扩大企业自主权，企业自有资金逐渐增多。又因财政体制改革的要求，压缩财政预算拨款，财政拨款给企业的挖潜改造资金增加不多。企业急需的挖潜改造资金的不足部分，采用企业向银行申请专项贷款的办法解决，在改造项目完工投产后，从企业新增加的利润或减少的亏损中归还。

1991～2006 年，随着经济体制改革的不断深入，社会主义市场经济体制的不断健全和完善，财政体制改革开始向公共财政构架迈进，财政支出结构不断调整，企业改革也以改制、改组为重点进行，企业挖潜改造资金主要由企业自行解决，财政只对重点项目、较大的技改项目，按规定给予补助。

1989～2006 年，常德财政用于挖潜改造的支出累计为 45763.2 万元，占同期经济建设类支出的 1.94%。

第三节　简易建筑费

简易建筑费主要用于国有商业、粮食、供销社、外贸、农业企业、工业企业和其他部门企业建筑简易仓库、工棚、粮仓和简易输送设备等费用开支。上述费用，在企业财务制度上曾规定在商品流通费用中开支。自 1978 年起原规定停止执行，改由国家财政预算拨款，支出科目增设简易建筑支出类。由各级主管部门和财政、银行部门根据计划安排，监督使用，专款专用，不得挪作他用。

1989～1998 年，常德财政用于简易建筑费的支出累计达 3385.6 万元。

第四节　地质勘探费

地质勘探费是指国家预算用于地质勘探单位的勘探工作费用，包括地质勘探管理机构及其事业单位经费、地质勘探经费。

1999～2006年，常德财政用于地质勘探的开支累计达208万元。

第五节　科技三项费用

科技三项费用，包括新产品试制费、中间试验费和重要科学研究补助费。

从1991年后，科技三项费用支出总趋势不断增加，这对新产品的研发和制造，起到了促进作用。对于提升产品的科技含量和产品的市场竞争力发挥了应有的作用。

2003年以后，国家加大对农业基础设施建设的投入，推动农业科技进步，促进农业更大发展，因此，科技资金由主要用于工业企业逐步向农业科技研发方面倾斜。

1989～2010年，常德财政用于科技三项的开支累计达39103.4万元，占同期经济建设类支出的1.66%。

常德市 1989 ~ 2010 年财政一般预算科技三项费用支出统计表

单位：万元

年份	合计	工业	建筑	交通邮电	流通	农林水气	教科文卫	其他
1989	83.7	17.6			0.2	18.1	47.6	0.2
1990	126	31.4			51.3		42.2	1.1
1991	140.7	12.7			0.7	4	109.3	14
1992	203	32				1	159	11
1993	194	29			1		164	
1994	197	11				4	170	12
1995	274	31			1		217	25
1996	1064	552					512	
1997	1504	20				3	1461	20
1998	746	33				135	578	
1999	746	10				126	610	
2000	677					56	505	116
2001	692	27		15		80	570	
2002	746					16	724	6
2003	1041					46	553	442
2004	891					120	763	8
2005	1449	220				152	709	368
2006	2509	37			2	712	1565	193
2007	4621						4621	
2008	2249						2249	
2009	8613						8613	
2010	10337						10337	

第六节　农业支出

支援农村生产支出，主要是指国家为了促进农村经济发展，通过预算安排的用于改善农业生产条件，发展商品生产以及防病、救灾等方面的资金。

1989 年，增设粮食发展专项资金支出科目。

1995 年，设立农业综合开发支出科目。

2003 年，支援农业生产支出科目作了重大调整。设立农业支出类，款级科目有：行业管理、自然灾害救助、农业生产资料补贴、农业资源和环境保护、土地管理支出、其他支出。林业支出类，款级科目有：行业管理、森林救灾、天然林保护、退耕还林、森林生态效益、森工、造林、其他支出。水利和气象支出类包括水利行业管理、防汛岁修抗旱、水文水质水土资源管理、水利建设、气象支出。

支援农业生产支出属于专项资金，实行项目管理，专户储存，实行专人、专户、专账管理，专款专用，跟踪问效。部分专项资金拨付实行“以物代资”，所需物资由市统一招标采购。

常德市 1989 ~ 2002 年支援农业生产支出统计表

单位:万元

年度	合计	小型农田水利和水土保持补助费	支援农村合作生产组织资金	农村农技推广和植保补助费	农村草场和畜禽保护补助费	农村造林和林木保护补助费	农村水产补助费	农业发展专项资金支出	发展粮食生产专项资金支出
1989	1942.2	20.6	12.4	41.7	3.3	17.5	5	119.1	98.8
1990	2393.7	95.7	37	81.7	2.1	33.2	3	66	12.4
1991	2053.4	437	237.8	194.5	26.9	176.8	9	623.8	215.6
1992	2475	585	245	218	19	161	27	765	455
1993	2947	36	96	57	33	46		79	19
1994	3027	676	432	135	48	181	9	1052	494
1995	3334	700	1441	264	109	297	38		485
1996	3835	867	1584	267	123	309	52		633
1997	4143	989	1972	308	128	310	38		398
1998	4105	1147	1789	366	111	229	46		417
1999	4221	1100	2023	422	172	102	26		376
2000	4381	1182	2240	392	71	111	115		270
2001	4266	1426	2284	112	270	54	120		
2002	4497	1426	2536	176	180	26	153		

第七节　林业支出

林业事业经费支出项目包括有：森林救灾支出、天然林保护支出、退耕还林支出、森林生态效益支出、造林支出等。1990 年将石门县列入全国长防林一期工程 145 个重点县之一。2003 年支出科目进行了大变动，不再设林业事业费，其支出有关款、项级科目中反映。

第八节　水利和气象支出

水利事业费支出主要包括防汛费、岁修费、水利设施补助费、水文站事业费、水土保持和农田水利事业费等。1989 年将中等专业学校经费划出。1993 年增设水政管理费，反映水政管理和宣传等经费。1994 年增设水资源保护局，反映水资源进行调整、规划、监督、宣传和培训等费用补助。

气象支出用于各级气象台、站的经费，1994 年增设气象探测经费和气象信息传输及加工处理费，市财政支出中所列的气象支出主要是对人工降雨等一些地方服务项目的补助。2003～2006 年水利事业费和气象事业费合并为水利气象支出。

第九节　城市维护费

城市维护费，主要是用于城镇原有设施的维修和保养，在确保维修前提下，安排一些改善人民生活环境的基本建设投资。包括市政工程、公用事业、园林绿化、公共卫生、城市房屋等维修经费、规划和勘测等费用，由城建部门掌握使用。这项资金的来源，除财政拨款外，还有公用事业附加、工商税附加、所得税附加、城市房地产管理部门收入和园林收入等。随着社会经济的发展，不断有所变化，包括的内容不断扩大。到现在为止，支出范围包括：通道、桥涵、给水、排水、公共污水处理、城市防洪堤坝、供气、城市交通管理、消防、路灯等项公共设施维护；园林、苗圃、公共绿地、风景绿化等园林绿化设施的维护费；公共厕所、清扫垃圾、街道洒水等公共环境卫生补助费；城市其他公用事业和公共设施的维护费。

1989～2010 年，常德用于城市维护费上的开支共计 637975.4 万元，占同期经济建设类支出的 27.16%。

第十节 经济部门建设事业费

常德市 1989～2010 年农林、水利、气象部门事业费支出统计表

单位:万元

年度	合计	农业事业费	林业事业费	水利事业费	畜牧事业费	农机事业费	水产事业费	乡镇企业事业费	气象事业费	土地管理事业费	农垦事业费	农场事业费	农业资源调查和区划费	其他农林水利事业费
1989	1067.8	207.6	50.9	407.4	25.8		9.3	16.8	4	16.3	13.3	229	1	
1990	815	202.1	44.9	89.2	13.7	113.5	11.5	4.2		27.6	16.4	291	0.9	
1991	1144.7	322	71.5	154.6	46.6	142.6	15.6	4.8		37.9	15.1	329	4	
1992	975	249	62	130	48	132	12	3	4	30	19	280	3	3
1993	1192	256	74	240	22	154	15	4	25	28	23	321	17	13
1994	4992	1535	509	1217	390	463	125	63	23	109	37	1535	21	43
1995	6224	1657	603	1824	427	635	161	80	47	129	46	427	22	166
1996	8759	1829	720	3036	565	672	179	116	44	443	27	708	21	399
1997	9961	2149	733	3696	741	735	223	69	9	111	35	725	503	232
1998	13814	1827	669	8330	637	582	175	98	58	350	26	864	5	193
1999	10512	2129	765	4286	613	677	239	93	55	485	27	966	8	169
2000	10512	2493	1016	3787	651	843	179	121	43	729	25	450		175
2001	11949	4213	1317	3168	676	819	184	146	14	718	53	362		279
2002	7694	2445	1004	1626	654	762	171	140	41	448	12	171		220
2003	26887	13722	4681	8484										
2004	34218	22393	4640	7185										
2005	40154	25881	5575	8698										
2006	47530	30972	5700	10858										
2007	97244	66440	8406	22398										
2008	16131	9781	2812	3538					483					
2009	262655	190716	11709	59876					354					
2010	209079	146211	14365	48024					479					

注:2003～2006 年水利事业费和气象事业费合并科目为“水利和气象支出”。

常德市 1989～2010 年工交商等部门事业费支出统计表

单位：万元

年度	合计	工业	商业
1989	472.8	425	47.8
1990	422	371.2	50.8
1991	472.5	412	60.5
1992	492	417	75
1993	568	480	88
1994	825	694	131
1995	785	654	131
1996	1250	1138	112
1997	1010	790	220
1998	1499	1362	137
1999	976	903	73
2000	1523	1185	338
2001	2228	1801	427
2002	2955	2078	877
2003	3657	2780	1194
2004	6082	4246	1836
2005	9398	6818	2580
2006	11845	8378	3467
2007	25353	10820	14533
2008	4742	6044	3793
2009	53775	17691	28100
2010	63889	32357	31532

一、工业交通部门事业费

工业交通等部门的事业费，主要用于工业、交通等主管经济建设部门所属的勘察设计、科学研究、干部训练等事业机构的经费。2007 年与商业流通部门事业费合并成“工业商业金融事业费”。1989 ~2007 年，常德市用于工业事业费的开支共计 34932. 2 万元。

二、商业流通部门事业费

商业流通部门事业费，主要用于商业等主管经济建设部门所属的勘察设计、科学研究、干部训练等事业机构的经费。2007 年并入“工业商业金融等事务”款级科目。1989 ~2007 年，常德市用于商业流通部门事业费的开支共计 11845. 1 万元。

第二章　行政管理费支出

行政管理费基本上是按人员编制和供给标准编制预算，实行定员定额管理。支出用途分为人员经费和公用经费两大部分。

1989 年，针对机构编制和经费管理相脱离的实际情况，推行编制经费双包干管理措施，在完善经费包干制度的基础上，把编制与经费管理有机结合起来，运用经济手段控制机构和人员膨胀。

1989～2010 年，常德行政管理费支出共计 1742057.3 万元，占同期财政支出的 19.42%。

1989～2010 年行政管理费支出分类统计表

单位：万元

年度	合计	人大经费	政府机关经费	政协经费	共产党机关经费	民主党派经费	社会团体经费
1989	5290.2	390.7	3581.5	215.5	1008.6		93.9
1990	5493.8	359.4	3763.9	233.3	1023.8		113.4
1991	1918.5	207.7	966.2	128.2	573.4		43
1992	9073	638	5890	384	2006		155
1993	10414	680	6729	437	2390		178
1994	15710	856	10522	632	3457		243
1995	19144	1084	12941	701	4095		323
1996	22010	1183	15136	719	4641		331
1997	23344	1711	14882	943	5475		333
1998	22462	1686	14315	1031	4955	165	310
1999	25832	1623	17487	1002	5131	230	359
2000	29670	1567	20014	973	6625	177	314
2001	36212	2256	23622	1343	8396	197	398
2002	29440	1369	20875	840	5837	210	309

续上表

年度	合计	人大经费	政府机关经费	政协经费	共产党机关经费	民主党派经费	社会团体经费
2003	50114	2665	34678	2036	9935	246	584
2004	55784	3339	36009	2123	13030	458	825
2005	64709	3392	42584	2238	15005	447	1043
2006	91158	4184	62123	2958	19496	519	1878
2007	135315	6025	104444	3402	19377	638	1429
2008	163989	6940	127421	3735	22949	1019	1925
2009	174729	6103	136986	3795	23753	1355	2737
2010	213234	7621	167866	4503	29822	1185	2237
合计	1205045.5	55879.8	882835.6	34372			16161.3

第一节　行政支出

行政经费支出包括行政机关经费、行政业务费、干部训练费、其他行政费四项。行政机关经费包括各级人民代表大会常务委员会、各级党政机关、民主党派、政协、青年团、妇联等人民团体以及由国家预算开支的乡（镇）行政干部经费、居民委员会补助费、人武部经费。1989～2010 年，常德市财政用于行政经费支出共计 1205045.5 万元，占同期财政支出的 13.43%。

一、人大机关经费

人大机关经费是人大机关用于人员经费、公用经费、干部训练等方面的经费开支。1989～2010 年，常德市财政用于人大机关经费的开支共计 55879.8 万元，占同期行政经费开支的 4.64%。

二、政府机关经费

政府机关经费是人大机关用于人员经费、公用经费、干部训练等方面的经费开支。1989～2010 年，常德市财政用于政府机关经费的开支共计 882835.6 万元，占同期行政经费开的 73.26%。

三、政协机关经费

政协机关经费是人大机关用于人员经费、公用经费、干部训练等方面的经费开支。1989～2010年，常德市财政用于政协机关经费的开支共计34372万元，占同期行政经费开的2.85%。

四、共产党机关经费

共产党机关经费是人大机关用于人员经费、公用经费、干部训练等方面的经费开支。1989～2010年，常德市财政用于共产党机关经费的开支共计184311万元，占同期行政经费开的16.87%。

五、民主党派机关经费

民主党派机关经费是人大机关用于人员经费、公用经费、干部训练等方面的经费开支。1989～2010年，常德财政用于民主党派机关经费的开支共计6846万元。

六、社会团体机关经费

社会团体机关经费是人大机关用于人员经费、公用经费、干部训练等方面的经费开支。1989～2010年，常德市财政用于社会团体机关经费的开支共计16161.3万元，占同期行政经费开的1.34%。

第二节 公检法司支出

公检法司支出包括公安、安全、司法、法院、检察院等机关及其所属单位人员经费、业务费、设备购置费、公务费、修缮费与办案经费等开支等。

第三节 国防支出与武装警察部队支出

国防支出指国家预算用于国防建设和保卫国家安全的支出，包括国防费、国防科研事业费、民兵建设以及专项工程支出等。武装警察部队支出是指国家财政拨款的武装警察、自卫、消防部队的经费支出等。

第三章　文教科学卫生事业费

文教科学卫生事业费，是文教科学卫生部门开展业务工作必需的经费。1996 年和 1998 年卫生事业费和教育事业费分别列类级支出。1989～2010 年，常德市文教科学卫生事业费支出共计 2681628.4 万元，占同期财政支出的 29.89%。

1989～2010 年文教科学卫生事业费支出统计表

单位：万元

年度	合计	文体广播事业费	教育事业费	卫生事业费	科学事业费
1989	13991.7	841.7	9625	3389.3	135.7
1990	15154.2	775	10258.1	3967.5	173.6
1991	18148.2	2775.4	10912.3	4259.8	200.7
1992	19766	2297	12407	4807	255
1993	21847	2698	13603	5311	235
1994	29177	3467	19068	6462	180
1995	32968	4101	21353	7302	212
1996	40430	6276	25669	8227	258
1997	44653	6484	28790	9049	330
1998	39842	5620	26208	7678	336
1999	43272	6026	30651	9233	362
2000	46951	5950	32587	8036	378
2001	58320	6806	41388	8883	1243
2002	86751	9175	65619	10412	1545
2003	93656	9911	70343	12816	586
2004	94735	11882	80196	2007	650
2005	123501	14866	87628	20213	794
2006	200988	25686	146669	27622	1011
2007	2711951	40679	178119	48532	4621
2008	362126	49947	232271	74067	5841
2009	426383	57174	254123	106473	8613
2010	526591	74338	296639	145277	10337

第一节　文体广播事业费

一、文化事业费

文化业费是财政预算用于文化部门举办的事业单位的支出费用。包括：艺术表演团体经费、图书馆经费、群众文化经费和其他文化事业费等。1989～2010年，常德市用于文化事业费支出共计55266.6万元，占同期文教科学卫生事业费支出的2.06%。

二、出版事业费

出版事业费是财政预算用于出版部门发行、出版等方面的支出费用。

三、文物事业费

文物事业费包括博物馆经费、文物事业机构经费、文物保护经费、干部培训经费和其他文物事业费。1989～2010年，常德市用于文物事业费支出共计8311.4万元，占同期文教科学卫生事业费支出的0.31%。

四、体育事业费

体育事业费是用于全国各地体育系统的经费，包括各级体育行政管理部门组强、委托承办的各种运动会和选拔竞赛经费；各级体育行政管理部门所属的优秀运动队训练经费；青少年业余体校、重点业余体校、单项业余体校、体育场所办的业余体校经费与传统项目布局学校经费；各级体育行政管理部门所属体育场、体育馆、游泳池、有固定看台灯光球场等体育场地的补助经费；各级体育行政管理部门的群众体育活动费、证章、证书费、干部培训等经费。1989～2010年，常德市用于体育事业费支出共计18707.4万元，占同期文教科学卫生事业费支出的0.7%。

五、档案事业费

档案事业费包括单独设立的档案馆等机构的经费，档案管理机构的档案专业业务费等。1989～2010年，常德市用于档案事业费支出共计7589.2万元，占同期文教科学卫生事业费支出的0.28%。

六、地震事业费

地震事业费包括地震机构、地震监测预报、地震台站等经费。1989～2010年，常德市用于地震事业费的支出共计1554.2万元。

七、广播电影电视事业费

广播电影电视事业费包括地方广播电视部门的广播电台、广播发射台、广播转播台经费；地方广播电视部门所属电视台以及电视发射台、电视转播台的经费；县市有线广播站经费；以及广播服务等单位开支的经费。1989～2010 年，常德市用于广播电影电视事业费的支出共计 41253.1 万元，占同期文教科学卫生事业费支出的 1.54%。

八、计划生育事业费

计划生育事业费包括手术减免经费、避孕药具经费、科学研究经费、基层计划生育专干经费、独生子女保健费、宣传服务部经费等。1989～2010 年，常德市用于计划生育事业费的支出共计 103618.4 万元，占同期文教科学卫生事业费支出的 3.86%。

九、党政群干部训练经费

党政群干部训练经费包括党校经费、政府机关干部、公检法部门干部和党派团体干部训练事业费。1989～2010 年，常德市用于党政群干训练经费的支出共计 106382.4 万元，占同期文教科学卫生事业费支出的 3.97%。

十、其他文体广播事业费

1989～2010 年，常德市用于其他文体广播事业费的开支共计 5342.3 万元。

常德市 1989～2010 年文体广播事业费支出分项统计表

单位:万元

年度	合计	文化事业费	文物事业费	党政干群事业费	体育事业费	档案事业费	地震事业费	广播电视事业费	计划生育事业费	其他事业费
1989	841.7	177.6	6.5	47.9	105.3	16.4	5.9	279.7	45.7	156.7
1990	775	430.1	36.8	30.8	122.6	4.8	6	310.7	86	61.6
1991	2775.4	484.9	64.1	157.7	161.5	61	14.3	424.7	485.7	151
1992	2297	534	71	199	167	71	16	495	603	141
1993	2698	602	114	191	173	90	23	637	729	139
1994	3467	709	93	351	334	133	21	704	900	222
1995	4101	816	107	406	395	129	22	870	1137	228
1996	6276	1344	133	576	1366	172	27	1006	1431	221
1997	6484	1263	185	541	1557	195	27	1033	1478	205
1998	5620	1145	339	601	374	199	33	1118	1712	99
1999	6026	1322	324	613	368	213	36	1113	2023	14
2000	5950	1420	162	474	400	233	36	1286	1920	19
2001	6806	1584	193	548	479	197	40	1368	2387	10
2002	9175	2033	271	622	615	264	54	1619	3677	20
2003	9911	2145	288	860	720	316	68	1786	4356	49
2004	11882	2033	312	885	692	364	73	1821	5650	52
2005	14866	2853	617	1228	1420	457	88	2045	6064	114
2006	25686	3980	862	2150	2127	558	176	7687	7965	181
2007	40679	4882	836	19377	1215	754	172	3455	9688	300
2008	49947	7084	845	22949	1613	834	215	3536	12223	648
2009	57174	7448	1074	23753	1786	895	191	4083	16897	1047
2010	74338	10977	1378	29822	2517	1433	210	4576	22161	1264

第二节　教育支出

教育事业费，包括高等学校经费、中等专业学校经费、职业学校经费、中学经费、小学经费、特殊教育经费、教师进修经费、民办教师补助费和其他教育事业费。1989～2010年，常德市用于教育支出的经费共计1694126.4万元，占同期文教科学卫生事业费的63.18%。

1989～2010年教育事业费支出统计表

单位：万元

年度	合计	普通教育	职业教育	成人教育	广播电视教育	特殊教育	教师进修及干部教育	其他教育
1989	9625	7082.3	718.3	131.7	42.5	30	133.4	1486.8
1990	10258.1	7556.1	707.3	153.8	47.6	24.4	161.5	1607.4
1991	10912.3	8195.6	730.2	162.3	31.8	9.6	165.5	1617.3
1992	12407	9525	886	146	30	8	198	1614
1993	13603	10657	1091	124	35	10	242	1444
1994	19068	14827	1189	186	43	12	346	2465
1995	21353	16173.	1264	143	53	30	322	3368
1996	25669	19424	1547	224	95	42	371	3966
1997	28790	21973	1697	428	63	49	350	4230
1998	26208	21569	2785	285	96	73	270	1130
1999	30651	25225	3489	116	66	62	334	1359
2000	32587	27537	2755	99	44	49	356	1747
2001	41388	36677	2829	119	55	70	288	1350
2002	65619	60668	2974	172	183	70	470	1082
2003	70343	65715	2908	238	72	81	429	900
2004	80196	74960	2888	366	78	106	450	1348
2005	87628	80251	4994	526	110	175	705	867
2006	146669	122584	17971	1196	528	253	1197	2940

续上表

年度	合计	普通教育	职业教育	成人教育	广播电视教　育	特殊教育	教师进修及干部教育	其他教育
2007	178119	129292	8744	604	26	225	2517	36711
2008	232271	168081	15083	208	37	287	3321	45254
2009	254123	189574	15271	225	46	682	3303	45022
2010	296639	225471	14905	325	152	592	4111	51729
合计	1694126. 4	1343017	107425. 8	6177. 8	1933. 9	2940	20040. 4	213237. 5

注1. 1989～1997 年其他教育支出包括了民办教师补贴。

2. 2007～2010 年其他教育支出包括了教育管理事务、留学教育、教育附加及基金支出。

一、普通教育

普通教育支出包括学前教育、小学教育、初中教育、高中教育、高等教育等项费用。1989～2010 年，常德市用普通教育的支出共计 1343017 万元，占同期教育支出的 79. 27%。

二、职业教育

职业教育支出包括初等职业教育、中专教育、技校教育、职业高中教育、高等职业教育等项费用。1989～2010 年，常德市用职业教育的支出共计 107425. 8 万元，占同期教育支出的 6. 34%。

三、成人教育

成人教育支出包括成人初等教育、成人中等教育、成人高等教育等项费用。1989～2010 年，常德市用成人教育的支出共计 6177. 8 万元，占同期教育支出的 0. 36%。

四、广播电视教育

广播电视教育支出包括广播电视教育、教育电视台等项费用。1989～2010 年，常德市用广播电视教育的支出共计 1933. 9 万元。

五、特殊教育

特殊教育支出包括特殊学校教育、工读学校教育等项费用。1989～2010 年，常德市用特殊教育的支出共计 2940 万元。

六、教师进修及干部教育

教师进修及干部教育支出包括教师进修、干部教育和其他教师进修及干部继续教育支出等。1989～2010年，常德市用教师进修及干部教育的支出共计20040.4万元，占同期教育支出的1.18%。

七、其他教育

其他教育支出包括留学教育、民办教师补贴及其他教育等项费用。1989～2010年，常德市用其他教育的支出共计213237.5万元，占同期教育支出的12.59%。

第三节 医疗卫生支出

医疗卫生支出包括卫生事业费、中医事业费、公费医疗经费、药品监督管理事业费、其他卫生经费等款级科目。

一、卫生事业费

卫生事业费反映常德地方卫生部门及其所属卫生医疗单位的事业经费，包括医院经费、卫生院补助费、防治防疫事业费、妇幼保健经费、干部培训费、合作医疗补助费、托儿所经费、处理群众医疗欠费基金、其他卫生事业费等。但随着卫生事业的发展，各个时期的内含项目时有变化，增速也不一致。

二、中医事业费

中医事业费反映地方各级中医管理部门及其所属医疗机构的事业费、补助费，包括医院经费、集体医疗机构补助费、中等专业学校经费、干部训练费、处理群众医疗欠费基金、其他中医事费等。

三、行政事业单位医疗经费

行政事业单位医疗经费以前也称公费医疗，是按国家规定享受公费医疗待遇人员的医疗经费。1989年，从严核定公费医疗享受费用范围，切实执行定点就医。1990年，对公费医疗管理制度进行改革，实行公费医疗经费包干，定点医疗，与个人利益适当挂钩，进行综合治理，不断完善和加强公费医疗管理工作。1999年7月实行省政府颁发的《湖南省建立城镇职工基本医疗保险制度实施意见》。

1989～2010年常德市卫生事业费支出统计表

单位：万元

年度	合计	卫生事业费	中医事业费	公费医疗经费	食品与药品监督与管理	其他
1989	3389.3	2459.6	183.3	746.4		
1990	3967.5	2893.5	231.2	842.8		
1991	4259.8	3070.3	257.3	932.2		
1992	4807	3525	281	1001		
1993	5311	3815	343	1153		
1994	6462	4666	359	1437		
1995	7302	5180	436	1686		
1996	8227	5843	483	1864		37
1997	9049	6205	693	2088		63
1998	7678	4917	482	2279		
1999	9233	6072	445	2620	96	
2000	8036	5735	476	1756	69	
2001	8883	6053	489	2197	144	
2002	10412	7500	918	1994		
2003	12816	9471	919	2425	1	
2004	2007	1848	159	3102		
2005	20213	15104	1069	4039	1	
2006	27622	20954	975	5570	123	

年度	合计	医疗卫生管理事务	医疗服务	社区卫生服务	医疗保障	疾病预防控制	卫生监督	妇幼保健	农村卫生	中医药	其他医疗卫生支出
2007	48532	2072	5332	350	24276	6913	962	741	7061	66	759
2008	74067	2882	5371	799	40022	16647	973	864	5967	168	374
2009	106473	3458	10138	2533	62149	11700	1181	2602	11363	486	544

年度	合计	医疗卫生管理事务	公立医院	基层医疗卫生机构	公共卫生	医疗保障	中医药	食品和药品监督管理事业	其他医疗卫生支出
2010	145277	3197	15797	11023	29134	84509	315	595	707

第四节　科学事业费支出

科学事业费，是财政预算用于发展科学事业的费用。包括自然科学事业费、社会科学事业费、科学技术普及经费和科这事业其他支出。

一、自然科学事业费

自然科学事业费包括技术开发研究经费、基础研究经费、社会公益和农业研究经费、行业技术开发基金、科技信贷和贴息资金、专项科研经费、科研管理机构经费、自然科学基金、专项奖励经费、国际学校交流经费、干部培训费、其他自然科事业费等项内容。

二、社会科学事业费

社会科学事业费反映各级社会科学院校机关及其所属研究机构的经费，包括社会科学管理机构经费、社会科学研究机构经费、社会科学基金、学术交流经费、其他社会科学事业费。

三、科学技术普及经费

科学技术普及经费包括学术活动经费、科学普及活动经费、青少处科技活动经费、科技馆站经费、其他科协事业费。

1989～2010 年科学事业费支出统计表

单位：万元

年度	合计	自然科学事业费	科协事业费	社会科学事业费
1989	135.7	114	21.7	
1990	173.6	146.4	27.2	
1991	200.7	169.6	31.1	
1992	255	211	44	
1993	235	179	56	
1994	180	126	54	
1995	212	150	62	
1996	258	182	76	
1997	330	221	109	
1998	336	228	108	
1999	362	243	119	
2000	378	256	122	
2001	1243	1064	179	
2002	1545	1324	221	

		自然科学事业费	社会科学事业费	科学技术普及	其他
2003	586	341	11	217	17
2004	650	270	55	244	81
2005	794	487	48	185	74
2006	1011	519	58	379	55

		科学技术管理事务	基础研究	应用研究	技术研究与开发	科技条件与服务	社会科学	科学技术普及	科技交流与合作	其他科学技术支出
2007	4621	960	1		2412	131	6	628		483
2008	5841	1207	2	94	3043	94	27	626		748
2009	8613	1076	2	156	4579	157	13	680	6	1944
2010	10337	1341	6	72	5590	255	12	844	47	2170

第四章　社会保障支出

社会保障体系由社会保险、社会救济、社会福利、优抚安置和社会互助等内容构成，其中社会保险是社会保障体系的核心部分。

在党的十四届三中全会后，国家逐步明确了建立社会保障制度的基本原则和主要任务，提出了建立社会保障体系的总体目标。从 1993 年起，社会保障制度进入了全面改革阶段，到 1998 年，社会保障制度加快了改革步伐。

1989 ~ 2010 年，常德市用社会保障支出的经费共计 1323395. 2 万元，占同期财政支出的 14. 75% 。

常德市 1989 ~ 2010 年社会保障支出分类统计表

单位：万元

年度	合计	抚恤支出	社会福利救济支出	自然灾害救助支出	安置费支出	残疾人事业费支出	离退费支出	其他民政支出	社会保险基金补助	就业补助支出	国企下岗职工补助支出	企业关闭破产补助支出	社保经办机构补助	其他支出
1989	1892.1	495.4	388.9	757			185.4	65.4						
1990	1862.4	542.4	383	641.8			234.5	60.7						
1991	2198.7	546.4	379.6	952.2			223.1	97.4						
1992	1883	588	372	548			239	136						
1993	2353	630	488	767			263	245						
1994	2402	659	535	560			375	273						
1995	3598	741	591	2567			426	308						
1996	4489	1005	745	2156			120	463						
1997	3480	1046	791	993			210	440						
1998	4615	1166	784	1768		85	269	543						
1999	7105	1442	1219	3464		121	313	546						
2000	5652	1874	1858	601		119	429	771						
2001	7400	2169	2522	1453		121	352	783						
2002	13022	3643	5958	1625	136	901	535	901						
2003	19102	3830	10164	3106	331	347	521	803						
2004	20027	4008	11781	1265	803	326	736	1108						
2005	26016	6235	13652	1836	1829	439	979	1046						
2006	30291	7573	16937	1640	1211	268	1032	1630						
2007	204169	8909	28613	2098	3032	698	68337	2727	64580	21388		1002		3055
2008	269653	11237	38727	8036	3165	909	81975	3545	96207	20738		433		4681
2009	317871	14864	68775	3504	3876	1532	88114	4100	102221	24265		209		6411
2010	374314	20088	73519	6448	3854	1468	106873	4797	124606	33757		606		6214
合计	1323395.2	93291.2	279182.5	46786	18237	7334	352741	25388.5	387614	100148		2250		20361

第一节 抚恤事业费和社会福利救济费

一、抚恤费

抚恤事业费，是指国家对革命军人、国家机关工作人员在其退伍、伤残或牺牲病故时，给予本人或其家属的一次性或定期定额的物质资助，是国家和社会依法对以军人及其家属为主体的优抚对象实行物质照顾和精神抚慰的一项特殊社会工作、是社会保障体系的重要组成部分。主要项目包括牺牲病故抚恤费、伤残抚恤费、烈军属复员退伍军人生活补助费、优抚事业单位经费、烈士纪念建筑物管理维修费等。

1989～2010 年，常德市用抚恤费的支出共计 93291.2 万元，占同期教育支出的 7.05%。

二、安置费

安置费是由民政部门按规定发给无住房或严重缺房，而自身确有困难、无力建造的当年退伍回乡义务兵的一次性建房补助费。2002～2010 年，常德市用安置费的支出共计 18237 万元，占同期教育支出的 1.43%。

三、城镇居民最低生活保障费

城市最低生活保障是指国家对家庭人均收入低于当地政府公告的最低生活标准的人口给予一定现金资助，以保证该家庭成员基本生活所需的社会保障制度。最低生活保障线也即贫困线。对达到贫困线的人口给予相应补助以保证其基本生活的做法。

四、农村及其他社会救济费

农村及其他社会救济费，主要用于农村五保户的生活救济、农村社员困难户的临时困难救济以及农村集体办的敬老院的经费补助等。

五、社会福利费

社会福利费该费支出包括农村社会救济费、城镇社会救济费、精简退职老弱残职工救济费、其他救济福利事业费、社会福利事业单位经费、集体办福利事业单位补助费、收审遣送费、社会残疾人福利事业费、假肢事业费、殡葬事业费等 10 个项目。1989～2010 年，常德市用于福利费的支出共计 279182.5 万元，占同期社会保障支出的 21.10%。

六、其他民政救济费

其他民政救济费，包括民政部门接待社会对象来访处理经费、福利事业单位经费、起义投诚人员救济费、特赦人员救济费等。

七、残疾人事业费

残疾人事业费，是反映残疾人联合会用于残疾人康复、职业介绍、培训、体育竞赛经费和档案管理、专用书刊、音像制品补助费等。

八、自然灾害生活救助费

自然灾害生活救助包括一般自然灾害、特大自然灾害救助和特大自然灾害后重建补助支出。1989 ~ 2010 年，常德市用于自然灾害生活救助的支出共计 46786 万元。

第二节　行政事业单位离退休费

行政事业单位离退休经费包括行政事业单位离退休人员和军队移交地方安置的离退休人员的离退休费、生活补助费、死亡后的丧葬补助费以及离退休人员管理机构经费等。

一、行政事业单位离退休经费

行政事业单位离退休经费，包括党政、人大、政协机关、民主党派、社会团体机关离退休经费，以及民政部门管理的地方离退休人员的开支。

二、公检法司离退休经费

公检法司离退休经费，包括公安、安全、检察、法院、司法、劳教等部门所属事业单位离退休经费。

三、事业单位离退休经费

事业单位离退休经费包括农、林、水、气象等部门所属事业单位开支的离退休经费、教育、科学、文体广播、卫生以及其他部门事业单位开支的离退休经费。

第三节　社会保障补助支出

社会保障补助支出是 1998 年新设立的类级科目，主要包括社会保险基金补助、就业补助、国有企业下岗职工补助、补充社会保障基金、企业关闭破产补助、社会保险经办机构的经费用其他费用。是根据政府或社会立法，通过多方筹集建立的用于保障全体社会成员最低限度的经济生活需要的一种专项资金。财政社会保障工作，是财政工作的重要组成部分，支持社会保障体系建设是公共财政的主要职能之一。各级财政部门把支持社会保障体系建设作为财政工作的重中之重，做了大量卓有成效的工作。

一、社会保险基金补助

社会保险基金是指为了保障保险对象的社会保险待遇，按照国家法律、法规，由缴费单位和缴费个人分别按缴费基数的一定比例缴纳以及通过其他合法方式筹集的专项资金。社会保险基金是国家为举办社会保险事业而筹集的，用于支付劳动者因暂时或永久丧失劳动能力或劳动机会时所享受的保险金和津贴的资金。社会保险基金按照保险类型确定资金来源，逐步实行社会统筹。用人单位和劳动者必须依法参加社会保险，缴纳社会保险。

二、就业补助

就业补助主要是劳动市场建设、再就业培训补贴、职工介绍补贴和社会保险补贴等。2007～2010 年，常德市用于就业补助的支出共计 100148 万元。

三、企业关闭破产补助

企业关闭破产补助是反映财政用于国有企业关闭破产所需资金缺口的补助。2007～2010 年，常德市用于企业关闭契产补助的支出共计 2250 万元。

四、社会保险经办机构补助

社会保险经办机构经费主要用于社会保险经办机构开展社会保险业务以及社会保险基金运行过程中所发生的各项费用，包括人员经费、公用经费、补助下级支出、上解上级支出和其他支出。2007～2010 年，常德市用于社会保险经办机构补助的支出共计 387614 万元。

五、其他社会保障补助

此项支出是反映财政对其他社会保险基金的补助支出。2007～2010 年，常德市用于其他社会保障补助的支出共计 20361 万元。

第五章 政策性价格补贴支出

常德市的政策性价格补贴支出，主要包括棉花加价款、粮油和棉花价差补贴、市镇居民的肉食价格补贴、平抑市价肉食价差补贴、平抑蔬菜市价价差补贴、民用煤销售价差补贴、农业生产资料价差补贴、粮食和副食品风险基金等国家批准的政策性价格补贴。从1986年起，根据财政部《关于国家批准的政策性价格补贴支出预算管理问题的规定》文件精神，所有政策性价格补贴支出一律纳入支出预算管理（粮油加价款1985年已改列支出），即列入1986年国家预算支出科目第19类“价格补贴支出类”，不得再从预算收入退库。根据常德市实际，将本章分为生活性价格补贴支出、粮油价格补贴支出和其他价格补贴支出3个大类，来记述政策性价格补贴支出的情况。

第一节 生活性价格补贴支出

一、市镇居民肉食价格补贴

从1985年3月起，根据省财政厅规定，对全市吃定量粮的城镇居民和非农业人口，实行肉食价差补贴，由各地粮食部门负责按标准发放到个人。

1990年，按照每年递增3%的标准，当年省财政厅下拨常德市肉食价格补贴1126.8万元（其中津市市104.6万元）。同时因撤区建市，原常德县改为常德市鼎城区，该区肉价补贴标准调增（原标准人年14元）与武陵区一致，即每人年18.40元，当年全市支出肉价补贴资金1141.7万元。

从1993年1月1日起，根据省财政厅决定，常德市放开粮食销售价格发放给职工的粮价补贴，与原按城镇居民发放的猪肉价差补贴合并为统一按职工发放，从工资渠道开支，财政只对特殊困难的纯居民户给予适当补助，原则上每户每月不超过5元。

从1989年起，该项开支每年（除1998年因灾害原因该项补贴支出达到1882万元外）维持在1100万元左右，直到2001年市财政取消该项支出。

二、平抑市价肉食价差补贴

这是经地方政府决定，给予大中城市食品公司的价差补贴，以保持需要用肉类作为原料的食品公司生产出的副食品价格平稳，起到调节供求矛盾和平抑市价的作用。同时，扶持农业部门为保障市场供应发展猪、禽、蛋生产的专项资金，也列入该项开支。1989年～2002年，全市该项补贴支出共计7446万元，每年平均支出532万元。从2003年开始，常德市财政取消该项补贴支出。

三、平抑蔬菜市价价差补贴

这是由地方财政拨付给国有蔬菜公司的包干补贴，用于蔬菜公司调剂淡旺季供应和平抑市场菜价。1989～1995年，全市该项补贴支出共计1008.1万元，平均每年支出126万元；1996～2001年，全市该项补贴支出共计6083万元，平均每年支出1013.8万元，与1996～2001年期间比较，平均每年增加887.8万元，平均每年增加7倍多；2002～2005年，全市该项补贴支出共计85万元，每年平均支出仅21.25万元；从2006年开始，常德市财政取消该项补贴支出。

四、民用煤销售价差补贴

这是财政拨付给煤炭经营单位的价差补贴，用于弥补煤炭出厂价提高后，为保障市场民用煤销售价不变而发生的进销差价。

1990年5月，财政部对该项补贴范围进行适当调整，除城镇居民、部队生活用煤价差补贴继续保留外，取消城市饮食业、服务业用煤补贴，而机关团体、学校等集体单位饮食、取暖用煤补贴是否取消，由地方政府决定。

从1991年起，根据市政府专题会议精神，对市城区市场民用煤价格进行适当调整，为保证职工群众生活水平不受煤炭调价的影响，将市城区各单位对干部职工的煤炭补贴由以前的每人每月2元调增到每人每月3元，此项补贴企业单位列支成本（费用）行政事业单位在本单位包干经费中解决。

1989～1992年，常德市该项开支每年约700万元左右。从1993年开始，随着使用煤气、石油液化气、天然气的单位和居民大量增加，该项补贴支出大幅度减少，当年该项补贴支出134万元；到1997年，该项补贴支出仅22万元。从1998年起，该项补贴改为“地方煤炭风险基金”，常德市也随之取消该项补贴支出。

五、副食品风险基金

从1994年起，常德市开始建立副食品风险基金，主要用于平抑副食品市场价格，吞吐储备猪肉、食糖和蔬菜的费用支出，对发生严重自然灾害的地方恢复生产补助性支出，从而以加强市场宏观调控，稳定副食品市场，维护消费者权益。副食品风险基金，由同级财政部门负责筹集并设立专户管理，专款专用，年初列入财政预算，年中按计划拨款，年终决算结余部分可以结转到下年滚动使用。用于扶持发展副食品生产方面的，可采用有偿与无偿相结合的投资方式，其增值部分作增加副食品风险基金本金。

1994年，该项补贴支出9万元；1994～2005年，该项补贴支出共计5750万元，每年平均支出718.75万元；2003～2005年，该项补贴支出共计28万元，每年平均仅9.3万元；从2006年开始，常德市财政取消该项补贴支出。

第二节　粮油价格补贴支出

常德市的粮油价格补贴支出，按其性质大致可划分为价格价差补贴、财务亏损挂账补贴和粮食风险基金3类。

一、价格价差补贴

这类补贴包括粮油加价款、地方粮油价外补贴和国家专储粮油价差补贴。

从1989年1月1日起，粮油价差补贴由省级财政预算支出改列地州市级财政预算支出，省对各地州市实行“总额包干、超支不补、节余留用”的办法。从7月1日起，除城镇居民、菜农定量油及军供、事业用油照原规定标准继续按平价供应外，其余各项用油均改按议价供应；为鼓励食油调出，以地市为单位，每调省食油50公斤，由省补贴调出地区30元。

1990年2月，根据省里规定，将合同定购粮每50公斤加价款由1988粮食年度的6.5元提高到8.37元；将议转平和贫困县收购任务粮食平均每50公斤差价由1988粮食年度的12.9元提高到14.77元。从4月1日起，将平价食油销售每50公斤价差补贴标准调整为：茶油90.77元、毛茶油74.54元、精菜油94.84元、毛棉油64.83元、精棉油76.33元。

1992年4月，适当提高粮食购销价格，实行购销同价。从当年11月1日起，全省城乡粮油销价全面放开，除军供粮油外，一律取消平价供应，价格随行就市。

从1993年1月1日起，取消国家粮油定购任务和对农民“三挂钩”物资（化肥、农药、柴油）平均供应，价格随行就市。

粮油价格放开后，政府主要通过吞吐粮食来调控市场，当粮食波动过大时，政府可制定收购保护价或销售限价，所发生的价差由同级财政支付，对于政府指令或委托国营粮食企业购销储运粮油，由财政按规定向企业支付费用。库存的专项储备粮、国务院市场调节粮、506粮、甲字粮、国家周转粮、储备粮均由当地政府统一管理。

从1997年1月1日起，军供粮差价补贴款由原来的中央财政和省级财政各负担50%，改为全部由中央财政统一拨补，分别拨付到用粮部队和粮食军供企业。

1998年，将原来在粮食风险基金中列支的移民补贴，改为在“地方粮油价外补贴”科目中列支。

从1989年以来，常德市的粮油价格价差补贴支出，除地方粮油价外补贴每年均有支出、较为完整外，粮油加价款和国家粮油价差补贴支出只有较少几年略有涉及。

1989～1999年，常德市共支出地方粮油价外补贴876万元，平均每年支出79.6万元；

2000~2006 年，全市共支出地方粮油价外补贴 3281 万元，平均每年支出 468.7 万元，比 1989~1999 年平均每年增加支出 389.1 万元。2007 年，常德市取消该项补贴支出。

1989~2010 年，常德市只有其中 5 年列支国家粮油价差补贴，累计支出 489 万元。

1989~2010 年，常德市只有其中 6 年列支粮油加价款，但其中 1996~1999 年，4 年共支出粮油加价款 9363 万元，平均每年支出 2340.75 万元。

二、粮食政策性财务亏损挂账补贴

1994 年下半年，随着粮食流通体制改革深化，全省粮食部门实行政企分开，划分政策性业务与经营性业务，对于 1992 年 3 月 31 日以前的财务挂账，通过清理核实分为政策性挂账、企业自补挂账和其他挂账 3 类，分别转入设在中国农业发展银行的专户逐年进行考核。中央对湖南的政策性挂账部分，由中央财政从 1994 年 10 月 1 日起开始给予停息，对企业自补挂账和其他挂账，由各地区视情况在 5 年内逐步解决。

1997 年 5 月，省政府发出《关于切实消化粮食财务挂账有关问题的通知》规定：一是粮食财务体制下放以后（即 1995 年、1996 年）形成的粮食财务挂账均由地州市负责消化；二是从 1997 年开始，各地州市要确保不再新增粮食财务挂账（包括政策性挂账和经营性挂账），同时各行署和市州政府要对本地清理上报的 1995 年、1996 年粮食财务挂账本息分 5 年进行消化，每年最低消化比例为：1997 年 10%，1998 年 20%，1999 年 20%，2000 年、2001 年、2002 年各 25%；三是各地的政策性挂账由财政全额消化，经营性挂账由粮食企业自行消化，消化挂账通过财政预算安排、粮食企业经营利润弥补、清理历年结余的粮食“平转议”差价款、批准变卖粮食企业闲置固定资产等渠道筹集资金。

1998 年 6 月，省政府就妥善解决粮食财务挂账，改善资金管理的有关问题作了进一步规定：一是 1992 年 3 月 31 日以前的粮食政策性财务挂账继续由省负责消化；二是 1992 年 4 月 1 日至 1994 年 12 月 31 日的政策性挂账本金及 1995 年 1 月 1 日至 1998 年 5 月 31 日发生的挂账利息和省属粮食企业政策性财务挂账，经清理认定由省负责消化；三是各地 1995 年 1 月 1 日至 1998 年 5 月 31 日的粮食财务挂账和其他不合理占用贷款，由各行署和市州政府组织清理，经报中央和省审核确认后，挂账本金由各地统筹资金负责消化，利息从 1998 年 7 月 1 日起由农业发展银行对粮食企业实行停息，1998 年 6 月份发生的挂账利息，按粮食企业隶属关系分级负责消化；四是 1998 年 6 月 1 日后，粮食收储企业不允许再发生新的亏损，省政府要求各地州市根据当地财务状况、挂账数额、粮食产量等实际情况，从 1999 年 1 月 1 日起，分别安排在 5~10 年内消化挂账本金，挂账利息由省里根据各地完成消化挂账情况给予补贴；五是经清理核实的新增粮食财务挂账和其他不合理占用贷款的债权、债务关系原则上不作变动，政策性挂账由各级政府统筹资金消化，粮食企业经营性挂账在规定期限内用企业所得税前的经营利润消化；六是粮食企业的开户银行要将新增财务挂账和其他不合理占用贷款分开，实行专户管理，粮食企业单独记账。

1998 年，根据省财政厅要求，市财政设立粮食政策性财务挂账利息补贴款，并明确规定如下：1. 粮食政策性财务挂账利息补贴由市财政通过各区县市财政局在农业发展银行开设的消化粮食政策性财务挂账专户逐级下拨，专项用于弥补 1991 年粮食年度前粮食政策性财务挂账在 1998 年下半年支付的银行利息。2. 银行对粮食企业 1991 粮食年度前粮食政策性财务挂账已停收利息的，该项利息补贴由财政部门直接归还银行；银行对 1991 粮食年度前粮食政策性财务挂帐仍收取利息的，该项利息补贴款由财政部门拨付给粮食企业，有关财务处理按现行规定执行。

1999 年 7 月，财政部、国家审计署、国家发展计划委员会、中国人民银行、国家粮食储备局、中国农业发展银行联合发出《关于调整新增粮食财务挂账和其他不合理占用贷款处理政策的通知》，决定给地方政府和粮食企业一个过渡期，暂定为 1999～2003 年。在过渡期内，湖南新增粮食财务挂账和其他不合理占用贷款本金，暂不统一要求消化，实行本金挂账。同时确定中央财政贴息按 10 年逐年递减，每年递减 10%，递减到 50% 为止；地方贴息每年递增 10%，递增到 50% 为止。

从 1998 年常德市开始设立粮食政策性财务挂账支出开始，到 2002 年，常德市共支出粮食政策性财务挂账 521 万元，平均每年支出 104.2 万元。

三、粮食风险基金

粮食风险基金是中央和地方政府用于平抑粮食市场价格，补贴部分吃返销粮农民因粮食销价提高而增加的开支，是促进粮食生产稳定增长，维护粮食正常流通秩序，实施经济调控的专项资金。根据《粮食风险基金实施意见》相关规定和要求，1994 年，常德市着手建立粮食风险基金。

1995 年 10 月，湖南省政府发布《湖南省粮食风险基金管理办法》，其中规定：一是从 1995 粮食年度起，各地州市必须建立足够的粮食风险基金。县市是否建立粮食风险基金，由各地根据粮食收支平衡和财力情况自行确定。二是粮食风险基金用于各级政府为平抑粮食市场价格吞吐粮食发生的利息、费用和价差支出；对库区、灾区、贫困地区吃救助粮的农民由于粮价提高而增加开支的补助；粮食风险基金不得用于粮食企业正常的经营性活动，原由扶贫经费、社会优抚救助费等开支仍由原资金渠道解决，不得挤占粮食风险基金。三是省级粮食风险基金规模由国务院批准确定；地州市粮食风险基金最低由当地政府确定，报省政府批准后批准实行。四是地州市粮食风险基金的资金由省财政下放地州市的相关补贴、本级财政预算安排和地方纳入粮食风险基金范围吞吐的粮食发生的价格顺差转入组成。五是经国务院和省政府确定的粮食风险基金最低规模所需资金必须每年全部到位，并随用随补。六是粮食风险基金由同级财政部门在农业发展银行设立专户管理，财政部门在编制预算时，应将当年安排的粮食风险基金纳入预算，不留缺口；在预算执行中，粮食风险基金应优先拨付，先存银行专户，再按规定使用；当年结余的粮食风险基金结转到下年滚动使用；基金的存款利息全部转入本金。七是粮食风险基金以财政部门为主，会同同级粮食、物价等部门管理；基金的调度使用权属同级政府。粮食风险基金中的经常性开支，由同级财政部门审核办理；如遇重大自然灾害或粮食市场价格发生大幅波动等情况，需动用粮食风险基金时，由粮食部门提出初步意见，经财政部门审核并会同物价等部门商定，报同级人民政府批准后执行。

从 1996 年 8 月 1 日起，原已下放到地州市预算管理的水淹区移民用粮有关补贴全部上收省级，由省、地、县财政部门在每个季度的首月通过设在农发行的“水淹区移民用粮补贴专户”按季逐级封闭式下拨。

1997 年，实行按保护价敞开收购农民余粮，对粮食企业因此增加的超正常库存粮食发生的费用利息，从粮食风险基金中解决。

1998 年，为确保对国有粮食收储企业敞开收购农民拿政府补贴政策的贯彻落实，市财政局制定《关于粮食风险基金规模有关问题的通知》，其中明确规定：1. 补贴范围为 1997 年粮食年度应补未补超正常库存粮食及库存粮食剔除合理周转库存，1998 年 4 至 9 月份销售部分后的超正常库存粮食、新增定购粮和保护价粮库存。2. 补贴标准 1997 年粮食年度应补未补超正常库存粮食与库存粮食剔除合理周转库存，1998 年 4 至 9 月份销售部分后的超正常库存粮食，按原粮每百斤均价 65. 39 元和同期银行农副产品优惠贷款利率计算利息补贴；1998 年 4 至 9 月份新增定购粮和保护价粮库存按实际入库价，与同期银行农副产品优惠贷款利率计算利息补贴；费用均按原粮每年每百斤 3 元补贴。3. 分担比例为 1997 年粮食年度应补未补超正常库存粮食及库存粮食剔除合理周转库存，1998 年 4 至 9 月份销售部分后应补库存补贴，区县市负担 24%，中央和省补助 76%；1998 年 4 月至 9 月份新增库存补贴，定购粮区县市负担 36%，中央和省补助 64%；保护价粮区县市负担 24%，中央和省补助 64%。4. 市对各区县市的补助暂按各区县市应负担补贴的 20% 测算，具体对某县补助比例待结算时视其财力定。根据补贴政策、负担比例和粮食库存情况，1998 年全市支出粮食风险基金规模 5476 万元，其中市本级 1340 万元、区县市 4316 万元。

从 1998 年 7 月 1 日起，财政部门负责粮食风险基金专户开设、资金到位、拨付清算、使用管理和监督；农业发展银行负责系统内资金划拨和柜台监督，县级及其以上各级财政总预算会计均应在同级农业发展银行开设“粮食风险基金”专户，同时还设置“上级专户下拨资金”和“本级自配资金”明细账，分别核算上级专户拨付的粮食风险基金和本级财政通过预算内或预算外安排并直接拨付专户的自配资金，各级农业发展银行还在“粮食风险基金”专户中设置“上级专户下拨资金”和“本级自配资金”明细账，分别登记不同来源的到位资金；“粮食风险基金”专户资金，按照规定的用途和补贴标准、对象，按季逐级拨付到需要补贴的粮食企业，粮食风险基金补贴资金到达专户后，农业发展银行在资金到达后的次日，将专户资金的到位情况通知到开户单位；“粮食风险基金”专户资金按单位活期存款利率计息，利息收入转增基金本金；各级农业发展银行在划拨“粮食风险基金”专户资金时，不得以各种名义和手段收取任何手续费、工本费、业务费。

1999 年 6 月，中央财政对地方粮食风险基金补助实行总额包干，省对地州市粮食风险基金补助相应改行包干办法，在包干基数中，省财政补助 76%，地州市负担 24%，包干期限为 1999～2001 年。

1994～2001 年，常德市共支出粮食风险基金 1966 万元，平均每年支出 218.4 万元。

从 2002 年开始，常德市取消粮食风险基金。

第三节　其他价格补贴支出

常德市的其他价格补贴支出主要是指政策性价格补贴支出中除生活性价格补贴支出和粮油价格补贴支出之外的国家储备调拨棉花利息费用补贴、农业生产资料价差补贴和其他政策性价格补贴。

一、国家储备棉花利息费用补贴

主要包括国家安排储备棉花的保管费用，以及棉花储备库按规定开支的保管、维修、保险、工资等费用。常德市的此项补贴支出费用较少，只涉及 1989 年、1995 年、1998 年和 1999 年，4 年共支出 246 万元。

二、农业生产资料价差补贴

该项补贴为财政部门对供销系统经营农药、化肥、农用塑料薄膜以及其他农业生产资料的价差补贴。该项补贴原由市财政对市供销社直接拨款的各项政策性补贴，后根据上级规定，改为增列各区县市财政预算支出指标，由各地供销社按规定向同级财政部门申请办理补贴事项。

1991 年，市财政开始设立该项补贴支出，1991～1996 年，全市共支出该项补贴 773 万元（其中 1994 年支出 734 万元），平均每年支出 128.83 万元；1997～2004 年，全市共支出该项补贴 5342 万元，平均每年支出 667.75 万元，平均每年增长 539 万元；2005 年，市财政取消该项补贴支出。

三、其他政策性价格补贴支出

该项补贴支出在“其他补贴支出”中比例较大，每年变化波动也比较大，如 1991 年、1997 年该项支出分别达到 4264 万元和 4622 万元，但 1993 年、2001 年没有此项补贴支出。1989～2006 年，该项补贴支出共计 22310 万元，平均每年支出 1394.4 万元。2007 年以后，取消了该项补贴支出。

第六章　专项支出

专项支出又叫专款支出，主要包括支援不发达地区支出、环境保护补助补助资金、教育费附加支出、城市水资源建设资金、矿产资源补偿费支出和探矿权采矿权使用费及价款支出。

专　款　支　出

单位：万元

年度	支援不发达地区	环境保护补助资金（排污费）	教育费附加	城市水资源建设资金	矿产资源补偿费支出	探矿权采矿权使用费及价款支出	合计
1989	112	526					638
1990	94	629	510				1233
1991	145	540	994				1679
1992	175	719	978				1872
1993	123	704	1269				2096
1994	233	895	1823				2951
1995	199	1145	2402				3746
1996	2918	1228	2422		9		6577
1997	3328	1192	3667				8187
1998	2590	1322	4249		21		8182
1999	3472	1322	4094		22		8910
2000	2981	1403	4109		19		8512
2001	2313	1560	5228		21		9122
2002	4775	1329	6101		19		12224
2003	3987	1827	7503		1		13318
2004	3956	1552	10040		22	58	15628
2005	3397	2131	14399	13	26	270	20236
2006	3731	2700	22144	33	36	710	29354

续上表

年度	支援不发达地区	环境保护补助资金（排污费）	教育费附加	城市水资源建设资金	矿产资源补偿费支出	探矿权采矿权使用费及价款支出	合计
2007	4413	1614	32199	17	41	545	38829
2008	5387	1961	37672	911	108	1571	47610
2009	5800	1272	39352	1422	347	820	#REF!
2010	5543	2690	44370	1223	528	2749	57103
总计	59672	30261	245525	3619	1220	6723	347020

第一节　支援不发达地区支出

支援不发达地区发展资金，是国家财政设立的支援经济不发达的革命老根据地、少数民族地区、边远地区以及贫困地区（以下简称老、少、边、穷地区）改变落后面貌，加快经济和社会发展的专项资金。主要用于帮助这些地区发展生产、增加收入、解决群众脱贫致富的问题。

1989～1996 年，该项支出从主要包括支援不发达地区发展资金、少数民族地区补助费和支援革命老根据地资金等。从 1997 年开始，以工代赈资金列入该项支出范围。从 1999 年开始，又将新增财政扶贫资金和其他支援不发达地区支出纳入此项支出。2000 年，民族工作经费和扶贫贷款贴息也并入该类支出。

从 1992 年 1 月起，每年从支援不发达地区发展资金中提取技术培训费，与扶贫贴息贷款和发展资金配套，本着“谁贷款、培训谁、干什么、学什么”的原则，凡是使用了扶贫贴息贷款和发展资金的单位领导、项目负责人和农户，都可以参加项目技术培训；市里负责乡（镇）长（包括同级企业领导）以上干部和新产业开发的技术培训，各类实用技术的培训以县、乡为主。

从 1999 年 7 月起，财政扶贫资金不再安排有偿周转，全部实行无偿使用，各级各部门原来已将财政扶贫资金作有偿使用的，要尽快收回，并按原资金使用范围，全部作无偿投入。发展资金由省里进行分配，地方财政部门按安排资金额度的 10%～30% 落实配套资金。

1989～1995 年，常德市支援不发达地区支出比较稳定，共计 1081 万元，平均每年约 154. 4 万元。从 1996 年开始，该项支出猛增到 2918 万元，1996～2010 年，该项支出共计 58591 万元，每年平均 3906. 1 万元，是 1996 年以前年平均支出的 25. 3 倍。

第二节 环境保护补助资金（排污费）

该项目是环保部门征收的超标准排污费、加倍收费、滞纳金、污染环境补偿性罚款以及这些资金的存、贷款利息等收入安排的支出。1985 年开始，在专项（款）支出类中设置了一个环境保护补助资金款级科目；1998 年以后，改为排污费支出。

1989 ~ 1994 年，常德市的环境保护补助资金支出每年都低于 1000 万元，共计 4013 万元，平均每年支出 668.8 万元。1995 年，该项支出增加到 1145 万元，以后每年逐步递增；1995 ~ 2010 年，该项支出共计 26248 万元，平均每年支出 1874.9 万元。

第三节 教育费附加支出

此项支出是征收教育费附加收入后，专款用于改善办学环境和办学条件的支出。从 1990 年起，根据 1990 年国务院 60 号令、财政部〔1990〕财预字第 69 号通知精神和全省统一部署，常德市开始将教育费附加的收入和支出纳入财政预算，按照“先收后支、列收列支、收支平衡”的原则进行管理和使用，并在预算支出科目“专款支出类”中增设“教育费附加支出”一个款级科目，当年教育费附加支出 510 万元。

由于常德市是一个教育大市，该项支出数额较大，增长较快。1990 ~ 1992 年，教育费附加支出共计 2482 万元，平均每年支出 827.3 万元；1993 ~ 2003 年，该项支出共计 42867 万元，平均每年支出 3897 万元；从 2004 年开始，该项支出每年都在亿元以上，2004 ~ 2010 年，该项支出共计 200176 万元，平均每年支出 28596.6 万元。教育费附加支出从 1990 年的 510 万元到 2010 年的 44370 万元，21 年间增长了 86 倍。

第四节 城市水资源建设支出

该项目是用城市水资源费收入安排的支出。2005 年以前，湖南省只在 23 个县市区开展水资源费征收试点。2005 年，常德市在预算收支决算中开始体现，当年支出 13 万元。2005 ~ 2007 年，该项支出额度较少，3 年只有 63 万元；2008 年该项支出猛增到 911 万元，2009 年、2010 年两年，该项支出均在 1000 万元以上，分别为 1422 万元、1223 万元。

第五节 矿产资源补偿费

矿产资源补偿费是国家对矿产资源的财产权益，是国有资产的合法收益。矿产资源补偿费的使用对象为中央直属的地质勘查单位、国有独立矿山企业和矿产资源补偿费征收部门，因此，常德市从 1996 年开始设立此项支出，但额度较少，1996 ~ 2007 年，该项支出共计 237 万元，平均每年支出 19. 8 万元；2008 ~ 2010 年，该项支出逐年呈较大幅度增长，分别达到 108 万元、347 万元、528 万元。

第六节　探矿权采矿权使用费及价款支出

为适应国家财政改革和部门预算管理的要求，规范和加强中央所得探矿权采矿权使用费和价款的预算管理，根据《中央所得探矿权采矿权使用费和价款使用管理暂行办法》（国土资发〔2002〕433 号）的文件要求，常德市于 2004 年开始设立探矿权采矿权使用费及价款支出，专项用于矿产资源勘查、保护和管理性支出。2004 ~ 2010 年，该项支出共计 6723 万元，平均每年支出 960. 4 万元；该项支出从 2004 年的 58 万元到 2010 年的 2749 万元，7 年间增长了 46. 4 倍。

第七章　上解支出

常德市上解中央和省的款项分为体制上解、专项上解和其他上解三个部分，体制上解为按财政体制计算的一年一度的收入上解，专项上解为按政策规定的各项专项收入或资金的上解。

1989 年，常德市的体制上解 6945 万元；1990～2000 年，每年上解数额变化不大，平均每年体制上解 7929 万元；2001～2009 年，体制上解数额没有变化，每年均为 7629 万元；2010 年，部分体制上解得到豁免，减至 3766 万元。

专项上解主要包括以下几个方面：农业税价差上解、资源税上解、预算调节基金上解、土地使用税上解、耕地占用税上解、中央借款上解、屠宰税增收上解、向中央贡献数上解、奖金税上解、城建税上建、固定资产投资调节税上解、土地增值税上解、国有土地使用出让收入上解、粮食风险基金上解、工商经费上划、税务基数上划等。此外，还包括极少数的烤烟税增收上解、行政经费罚款、工农两金农业税新增差价上解、国安上划、再贷款扣款上解等。

上 解 支 出

单位:千元(1989～1991年)单位:万元(1992～2008年)

年度	总计	体制上解	专项上解																							其他上解
			农业税价差	烤烟税增收	资源税	预算调节基金	土地使用税	耕地占用税	中央借款	屠宰税增收	向中央贡献数上解	行政经费罚款	奖金税上解	城建税	固定资产投资调节税	土地增值税	国有土地使用出让收入	工农两金农业税新增差价	粮食风险基金上解	收入混库上解	国安上划	再贷款扣款	工商经费上划	技监经费上划	税务基数上划	
1989	411455	69454	16300	37		2247	707	453	19997	509				9584												5266
1990	133257	74316	15830			2473	846	482	19997	704	5600	62	1150	11797												
1991	138846	79518	14528			2563	914	456	19997	913	5600		997	13360												
1992	14325	7616	2072			218	92	101	2001	82	560		84	1499												
1993	13914	7921	1545			118	78	72	2001	79	560		97	1442						1						
1994	13864	8397	5467																							
1995	16667	8097	1327		125	15	394		2001		560			1442						135					2571	
1996	17885	8097	2563		137		148		2001	59	560			1442	101	21	185								2571	
1997	17700	7929	1034		178		563		2001	101	560				263	43	125	1304	1028						2571	
1998	19605	7929	713		181		436		2001	110	560				264	34	88		4473						2571	118
1999	22325	7929	975						2001	126	560				192		105								2571	8202
2000	26086	7929	1414						2001		560												600	174	2571	10837
2001	22906	7629	993						2001		560												600	241	2571	8311
2002	25931	7629	18302																							
2003	28114	7629	20485																							
2004	31019	7629	23390																							
2005	28628	7629	20743																							256
2006	27069	7629	1015						2001		560								7152		167	2426	641	229	2571	2459
2007	28499	7629	20495																							375
2008	30063	7629	22121																							313
2009	19731	7629	11764																							338
2010	31547	3766	27439																							342

第八章 基金支出

基金支出，是指用基金收入安排的支出。这一个大类支出项目是从 1997 年开始单列实施的。由于基金支出项目的单列，把财政预算分成了一般预算和基金预算两个部分。

改革开放后，随着国家对经济管理体制和财政体制进行改革，一些部门和单位的理财范围及权力有所扩大，同时由于国家财政比较紧张，有的部门超越其职责范围，擅自出台一些收费项目，扩大收费范围，提高收费标准，并由此带来了一系列新的问题。在这种情况下，国家相应加强了对政府收费的监管：一是将部分政府收费全额纳入预算管理，实行收支两条线。即凡纳入预算管理的收费，收入按的执行部门的行政隶属关系分别作为本级财政的预算收入，上缴同级国库，不再实行收入按比例分成或以收定支、节余上缴财政的办法。按照中央和财政部的有关规定，公安、工商、海关等 26 个部门 83 项收费实行了预算管理。二是从 1996 年起，养路费、车辆购置附加费、铁路建设基金、电力建设基金、公路建设基金、新菜地开发基金、农村教育事业附加费、邮电附加费、港口建设费、市话初装基金、民航机场管理建设费等 13 项数额较大的政府基金（收费）纳入财政预算管理。基金（收费）收入按体制上缴国库，财政在预算上单独编列反映；使用主管部门提出计划，财政部门按规定拨付。财政和主管部门都必须坚持专款专用，不得挪作他用或平衡预算。地方财政按规定收取的各项税费附加，也统一纳入地方财政预算，不再作为预算外资金管理。三是对未纳入预算管理的政府收费，实行财政专户管理。即收入上缴财政专户，支出由财政部门按使用计划核拨，实行财政收支两条线管理。在支出安排上，财政部门在安排部门经费时，将预算内外资金统筹使用。

适应预算外资金管理体制改革的要求，从 1997 年起，常德市对预算编制方法进行改革，将年初预算调整为一般收支预算和基金收支预算，基金收支预算包括新纳入预算管理的政府性基金、财政税费附加收支预算，一般收支预算和基金收支预算分别自求平衡。1997 ~ 2010 年，各项基金的本年支出累计 39.56 亿元。具体项目包括：

工业交通部门基金支出：除中央支出专用科目外，地方支出项目主要包括养路费支出、散装水泥专项资金支出、墙体材料专项基金支出等。1998 年，常德市设立此项支出。1998 ~ 2002 年，5 年支出 2065 万元，平均每年支出 413 万元。2003 ~ 2005 年，没有此项支出数。从 2007 年开始，工业交通部门基金支出与商贸部门基金支出合并为工业商业金融等事务支出。

商贸部门基金支出：常德市的商贸部门基金支出主要是外贸发展基金支出，2001 ~ 2006 年，此项支出共计 1061 万元，平均每年支出 176.8 万元。从 2007 年开始，商贸部门基金支出与工业交通部门基金支出合并为工业商业金融等事务支出。

文教部门基金支出：主要是地方教育附加支出，特别是农村教育附加费支出。主要用于“普九”达标、中小学校基础设施等，提高了中小学校办学条件，改善了师生住房条件，支持了全市基础教育事业发展，特别是支持了农村教育事业的发展。自 1997 年设立此项支出以来，可分为三个阶段：第一阶段，1997～2001 年，5 年共支出 37374 万元，平均每年支出 7474.8 万元；第二阶段，2002～2007 年，6 年共支出 638 万元，平均每年支出 106.3 万元；第三阶段，2008～2010 年，3 年共支出 8711 万元，平均每年支出 2903.7 万元。

农业部门基金支出：除中央专用科目外，地方主要是新菜地开发基金、育林基金、灌溉水源工程补偿费、地方水利建设基金、库区维护建设基金、农业发展基金、水资源补偿费、森林植被恢复费等。1997 年，此项支出只有 645 万元；1998～2006 年，此项支出共计 31820 万元，平均每年支出 3535.6 万元；2007～2010 年，此项支出共计 74127 万元，平均每年支出 1.85 亿元。

社会保险基金支出：是反映由国库划转到社会保障基金财政专户的各项社会保障基金支出。主要包括基本养老保险基金支出、失业保险基金支出、医疗保险基金支出、工伤保险基金支出、生育保险基金支出等项目。常德市从 2001 年开始在预算支出中设立此项支出，当年支出 71 万元，2006 年支出达到 6777 万元，2001～2006 年，此项支出共计 12251 万元，平均每年支出 2041.8 万元。从 2007 年起，此项支出预算科目变为社会保障和就业支出，决数报表数字仅指残疾人事业支出，2007 年、2008 年、2009 年，此项支出分别为 787 万元、1200 万元、1260 万元。2010 年，该项支出猛增到 18552 万元，其中残疾人事业支出 1692 万元、大中型水库移民后期扶持基金支出 16673 万元、小型水库移民扶助基金支出 187 万元。

地方财政税费附加支出：主要是指农牧业税附加支出、城镇公用事业附加支出、燃油附加费支出、其他附加支出。常德市从 1997 年开始设立此项支出，2007 年取消此项支出，其中 2003 年没有此项支出。1997～2006 年，该项支出共计 27724 万元，平均每年支出 3080.4 万元。

土地有偿使用支出：主要包括城市土地开发建设支出和耕地开发专项支出两项。城市土地开发建设支出，是反映国有土地使用权有偿使用收入安排的城市土地开发建设支出；耕地开发专项支出，是反映用新增建设用地土地有偿使用费收入安排的用于耕地开发方面的支出。常德市从 2000 年开始设立此项支出，2006 年取消此项支出，7 年共支出 15098 万元，平均每年支出 2156.9 万元。

其他部门基金支出：是指除以上七项基金支出以外的基金支出，包括一般公共服务基金支出、城乡社区事务基金支出等。

常德市 1989～2010 年财政决算基金支出统计表

单位：万元

年度	本年支出合计	社会保险基金支出	工业交通部门基金支出	商贸部门基金支出	文教部门基金支出	农业部门基金支出	地方财政税费附加支出	其他部门基金支出	一般公共服务	城乡社区事务	土地有偿使用支出
1997	9614				5453	645	2324	1192			
1998	7225		213		2552	2096	2363	1			
1999	11387		255		6635	1961	2536				
2000	16334		400		11218	2139	2229				348
2001	18941	71	489	46	11516	3474	2101				1244
2002	11527	513	708	60	290	2276	6081				1599
2003	11400	642		186	23	3703		4577			2269
2004	13482	1256		144	57	4045	4514	644			2822
2005	13638	2992		186	82	4288	2273	861			2816
2006	24292	6777	18	439	94	7838	3303	1823			4000
2007	30745	787	1040（工业商业金融等事务）		92	16944		2033		11609	
2008	69769	1200	9636		3505	25646		2065	4611	23106	
2009	67950	1260	627		3440	21732		2832	4414	33645	
2010	89275	18552	3093		1766	9805		11835		44224	
总计	395579	34050			46723	106592	27724	27863	9025	112584	15098

第四篇《

县市区财政

第一章　武陵区

武陵区财政局局长　丁建国

武陵区为原常德市，1988 年 1 月 23 日，国务院国函〔1988〕18 号文件批复湖南省撤销常德地区，设立常德市地级市；1988 年 7 月 1 日原常德市正式更名为常德市武陵区。

武陵区为常德市的首府所在地。南抵沅水与鼎城区隔江相望，一桥相连；北邻鼎城区灌溪镇和白鹤山乡；西与桃源县的陬市镇毗邻；东与鼎城区的牛鼻滩镇接壤。总面积 272.1 平方公里，其中城区 48.12 平方公里、郊区 223.98 平方公里；总人口 40.92 万人，其中：农业人口 10 万人；行政区划管辖 5 个街道办事处，1 个镇，6 个乡，50 个社区居委会，88 个自然行政村（其中村改社区居委会 20 个）。

武陵区财政状况自市改区后经历了一段较大的波动。新常德市政府将原常德市 1987 年底的财政收入基数上收 70%，武陵区财政收入从 9481 万下降到 2300 万元。1991～1994 年连续四年出现财政赤字，滚存赤字高达 1183 万元，自 1995 年起实现当年收支平衡，直到 2003 年彻底消除历年滚存赤字，实现收支平衡并略有结余。自党的十六届三中全会以来，武陵区立足区情，坚持解放思想，抢抓机遇，大力招商引资，培植财源，全区经济快速发展，财政收入迅速增长，到 2008 年底实现收入 68085 万元，是 1989 年的 16.5 倍，全区财政状况显著改善。

武陵区财政局领导班子成员讨论运用科学发展提高财政管理水平

武陵区 1989 ~ 2008 年财政收支总表

单位:万元

年度	收入					支出				
	合计	一般预算收入	上级补助收入	基金收入	上年结余收入	合计	一般预算支出	上解支出	基金支出	年终滚存结余
1989	4136	2814	1241	26	55	4120	3197	856		67
1990	3332	2499	734	32	67	3339	2161	1408		-230
1991	3257	2735	477	284	-239	3235	2361	1292	255	-673
1992	3236	2950	503	457	-674	3357	2644	1361	438	-1086
1993	3709	3816	698	281	-1086	3816	3165	1440	394	-1183
1994	4434	3243	1958	416	-1183	4693	3927	1361	543	-1138
1995	5801	4537	2344	58	-1138	6204	4816	2080	412	-1104
1996	7121	5398	2722	105	-1104	7184	6227	2012	69	-1124
1997	7116	5223	2706	261	-1074	7636	6409	2010	261	-1044
1998	7997	5813	2938	280	-1034	8060	6699	2040	258	-937
1999	10932	6987	4591	275	-921	10932	9351	2139	293	-851
2000	12560	7751	5240	420	-851	12718	10890	2020	415	-607
2001	15112	8636	6608	471	-603	15495	12920	2490	508	-423
2002	18654	9508	9331	105	-290	18887	16426	2577	178	-294
2003	21653	11630	10206	104	-287	21919	18579	3181	130	29
2004	27060	14108	12707	106	139	27176	22720	3929	120	407
2005	32470	17513	14223	327	407	32626	26671	3866	627	1462
2006	45771	22931	18629	2749	1462	45827	35258	4450	2827	3292
2007	56030	29730	22981	27	3292	56317	50123	5273	121	800
2008	68085	36338	30636	317	794	69417	61169	6250	1590	308
合计	358466	204160	151473	7101	6216	362958	305713	52035	9439	6365

一、财政体制

武陵区财政管理体制根据1988年11月14日常德市委、市政府决定，武陵区仍保留县级财政，明确财政体制：1. 从1988年起，常德市对武陵实行“定额上交，递增包干，一定三年”的财政体制；2. 调整计算，以1987年上交535.27万元为基数，递增比例为8%，则1988年应上交市财政578万元；3. 中央借款按当年实际完成财政收入和规定比例专项上解，即1987年留区基数收入按上交比例3.94%计算，超过基数部分按全市综合上交比例6.06%计算；4. 武陵区征收城建税全额上交市财政，完成城建税收入计划后，市定额补助区200万元，用于中小学房屋维修；5. 从1988年起，市和区的生活用煤亏损和粮食差价转平补贴超过1987年基数部分，市和区两级财政分别分担70%和30%；6. 国库综合上解比例由原来的84.5%调整为34%。

1990年，市与区的职能第二次调整，市对区财政体制改为“定额上交，递增包干，递增8%”。以1989年定额上交1122.68万元为基数，递增8%，1990年定额上交1212.5万元。这种财政包干体制使武陵区财政十分吃紧，入不敷出，市政府决定1991年将递增比例由8%调减为6%。

1993年市对区实行“定额上交，递增包干，一定三年，递增6%”的财政体制。

1994年，根据国务院实行分税制财政管理体制的决定，按新的税种划分中央固定收入、地方收入和中央地方共享收入的财政分税制管理体制。市、区两级的事权划分，收入级次没有改变，只在1995年行政区划调整，从鼎城区划入武陵区“四乡一镇”后，划转有关财政收支基数。从1995年起，增加武陵区体制上解130万元，相应调增税收返还基数100万元；增加武陵区中央借款、中央贡献款专项上解24万元。此后，分税制财政管理体制一直沿用至今。税收返还随着上划收入的逐年递增有所增加。

武陵区对辖区内乡（镇）街道的财政管理体制采取统筹兼顾，区别对待，逐步并轨的办法。

1987年从建立乡财政所起，实行“定收定支、收入上缴、超收分成、短收分担、支出上拨、节余留用、一定三年”的包干体制。

1993年起，对街道财政实行“划分收支、核定基数、超收分成、短收自补、超支自负、一定两年”的财政管理体制。

1994年全国统一实行分税制体制后，对乡（镇）街道如何适应新财政管理体制进行多方探索。起初制定了《武陵区乡财政“分税制”管理体制暂行办法》，规定“划分收支范围，分灶吃饭，分税、分制、分权、分征、分管”的乡财政管理体制；1995年区政府再次下发《武陵区1995年乡、镇财政管理体制实行办法》，对乡（镇）街道实行“界定区域、划分收支、收支挂钩、支出返还、分级包干、增收分成”的财政管理体制。1996～1997年，区对乡镇实行“划分收支、收支挂钩、分级包干、定额上解、增收分成、按档计奖”的体制；1998年改为“定收定支、收支挂钩、超收分成、短收全赔、定额递增上解”的新体制，分别建立乡（镇）金库，同时，实施《武陵区街道财政管理体制方案》，逐步与乡（镇）财政管理体制并轨。

2003年，根据农村税费改革的新形势和《湖南省乡（镇）财政管理条例》的规定，在充分调查研究的基础上，区对乡（镇）实行“划分税种、核定收支、收入全解、定额补助、新增分成、自求平衡”的财政管理体制。自此，以分税制为主体的财政管理体制全面运行，政府财力分配格局趋于合理，更加规范、更加科学。

二、财源建设

坐落在武陵经济技术开发区园内的武陵工业新区，引入规模以上工业企业24家，2008年实现生产总值突破30亿元，创出“天马牌”电器成套设备、“珠峰牌”卷烟用胶、“希客牌”马铃薯片等名牌产品

武陵区的经济发展和财源建设，大体经过4个时期：

1989～1991年是调整适应时期。这个时期我国社会经济仍处在计划经济阶段。市改区后，武陵区面临原有骨干大中型企业上收，财源锐减，各项经济计划指标大调整。区财政当务之急是保“吃饭”。因而，经济发展放慢，增长放缓，财政收支自新中国成立以来首次出现赤字。

1992～1995年是稳定增长时期。也是国家计划经济向市场经济转变过渡的时期。武陵区委、区政府抓住机遇，全面深化改革，调整经济结构，千方百计提高经济效益，全区经济增长速度达到8%，财政收入平均增长13%，在滚存赤字达到1183万元后，峰迴路转，实现当年财政收支平衡。

1996～2000年是快速发展时期。这个时期国家实施“九五”计划，更加指明了经济发展方向，更进一步放开搞活，市场经济体制初步形成。武陵区委、区政府审时度势，适时确定全区经济思路，依据武陵区占据常德市主城区的有利地理优势，突出“三产”主区、工业强区这个主题，大力实施城市经营战略，加快武陵区经济发展速度。2000年，实际完成国民生产总值124370万元。三大产业在国内生产总值中比重为：18.41：28.38：53.21，第三产业年均增长13.66%。财政收入突破亿元大关，达到12560万元。

2001～2008年是又好又快高速发展时期。这个时期我国市场经济显现出巨大活力，武陵区民营经济蓬勃发展，占据全区经济的主导地位，实现的税收占全区工商税收入的90%以上。2008年区财政总收入68085万元，比2000年增长5.5倍，比1989年增长16.5倍。

武陵区发展经济、扩大财源主要采取三项过硬措施：

一是定位“三产”主区，大力引导，扶持发展第三产业。“三产”业由原来单一的商贸零售餐饮业，发展成由房地产开发业、物流管理业、社区服务业、休闲娱乐业、品牌旅游业等多元化行业所构成的商业服务网。区财政每年安排200万元～300万元的引导，扶持资金，配合区委、政府出台的鼓励、优惠政策，支持城乡居民、下岗职工、外来人员从事三产创业。1990年，全区“三有”（即有执照、有固定门点、有主营项目）的个体工商户仅有3380户，营业额6659万元；1992年增加到5271户，营业额12328万元，1995年增加到5754户，营业额5.8亿元。到2008年，全区个体工商户达12787户，第三产业在区内生产总值中的比重占55.39%，成为武陵区经济的半壁江山。

坐落在洞庭大道繁华地段的武陵区再就业服务大楼吸纳600多名人员从事第三产业

二是巩固民营经济为主体，实施工业强区目标。历经计划经济到市场经济转轨的剧烈阵痛，武陵区原有的国有、大集体等中小企业相继进行了“两个置换”的改制改革，一大批新的民营企业应运而生。区委、区政府及时出台一系列鼓励和支持民营企业的政策和措施，让民营企业通过嫁接、兼并、合作等方式，强强联合，强弱联合，弱小联合，走联合发展之路，扩大民营资本投资，加快发展，形成民营经济群体。振兴武陵区的工业行业，实现工业强区的发展目标。1990年全区个体私营工业户仅有336户，产值不过1909万元，1995年个体工业户和民营工业企业发展到1668户，产值3.7亿元。到2008年全区民营工业企业稳步发展，达到1810户，产值超过20亿元，其中：规模以上工业企业53家，形成以机械电子、食品加工、塑料制品、新型建材、化纤纺织等五大支柱产业。二、三产业的民营经济占全区生产总值的70%以上，稳固占据民营主

武陵农资交易大市场是武陵区政府招商引资项目之一，由香港建设投资集团投资1亿元兴建，占地128亩，建筑面积8万平方米，商业门面144间，经营户130余家，2007年荣列农业部定点农资市场，为全国35家定点农资市场成员

体地位。

三是招商引资、筑巢引凤、借鸡下蛋。武陵区发展经济首先要突破资金瓶颈。钱从哪里来？一方面区财政大力增收节支，挤出部分资金作为引导和启动资本，运用市场方式运作，滚动发展。1990 年，经区政府批准，成立常德市财务发展总公司，把财政局内各职能股室管理的各项财政周转金集中统一调配。为区重点建设项目提供启动资金，为民营企业搭建融资平台。每年发放小额、短期财政周转金借款在 500 万元～1000 万元左右，有效地支持了全区经济发展。另一方面大力招商引资、融资和启动民间资金。截至 2008 年，实际到位利用外资 6429.56 万美元，兴办“三资”企业 68 家，引进内资合同金额 41 亿元，实际到位 28 亿元；融资和启动民间资金 17 亿元，兴办 10 万元以上项目 2830 个。建成一批功能配套，设施齐全的经济园区和经营市场。其中主要的有：

1992 年 5 月成立常德市武陵经济开发区，规划面积 3.88 平方公里，固定资产投资 270 万元，基础设施完成建筑安装量 347 万元，“五通一平”完备。到 1999 年引来到开发区落户的企业和单位 51 家，总产值 40722 万元，上缴税金 2980 万元。2000 年因城区西扩，开发区企业、单位归口管理、居民改为社区居委会。

1999 年 12 月，武陵区委、区政府在东江乡新安村境内投资创办武陵民营工业园，一、二期工程引进民营工业企业 17 家，2002 年更名为武陵工业新区，到 2006 年，工业新区开发面积 44 公顷，引进工业企业 26 家，其中规模以上企业有 24 家，完成产值 8000 万元，实现税收 350 万元。根据省、市政府指示，将原武陵经济技术开发区和新建的武陵工业新区合并，统称武陵经济技术开发区，以求更大、更快、更强发展。

1996 年 9 月建成甘露寺蔬菜批发大市场，这是武陵区重点“菜篮子”工程。市场占地 10 万平方米，经营门点 200 间，零售摊位 458 个，交易量达 2.8 亿公斤，年交易额 3 亿多元。

武陵区种植蔬菜面积 12154 亩，品种多达 280 个。2004 年经农业部检查验收合格，颁发给武陵区 5 万亩蔬菜、3 万亩油菜、1 万亩柑橘三个无公害农产品产地认定证书；包心菜、辣椒、春萝卜、丝瓜四个无公害农产品质量认证证书。

2000 年 8 月，常德火车站大市场开业。提供经营门面 2070 间，年销售额 29008 万元。

近几年，武陵区还相继建成武陵农资交易大市场、水果大市场、干货大市场、钢材大市场、新世纪汽车商贸城、兴隆装饰城、家具城、就业广场风味美食街、再就业广场等大型综合市场，以及各居民稠密区 42 个农副产品交易市场。目前，“一区四圈”即：经济技术开发区、环火车站大市场商贸圈、环兴隆装饰城建材交易圈、环步行街休闲购物圈、环钢材大市场物流配送圈已经成为武陵区经济增长的主动力、财源建设的主基地和财政收入的主渠道。

三、财政收入

武陵区财政收入依照市、区两级政府职能和事权划分。区级收入包括：地方工商各税、农业税、农业特产税、耕地占用税、罚没收入、行政规费收入、国有资产经营收入、专项基金收入和其他收入。

工商税收是武陵区财政一般预算收入的主要来源，约占65%～70%左右。随着区经济发展、工商税收逐年递增，1990～1999年年平均增长12.7%，2005年更是突破亿元大关，是年税收达到11127万元，比1998年3898万元净增7229万元；到2008年工商税收再翻一番，达到23600万元，是市改区后1998年税收的6.05倍。

农业税是财政部门直接征收的税种，包括农业税、农业特产税、耕地占用税三项（契税由市财政征管）。1989年武陵区有农业税纳税单位295个，应纳税农户12912户，土地面积38393亩。稻农、菜农都以代金征收方式缴纳，共计征收农业税41万元；1995年，鼎城区“四乡一镇”划入武陵区后，增加农业税计征单位75个、纳税农户21002户、计税土地104799亩。是年，全区征收农业税317万元。2004年农业税税率在上年基础上降低3个百分点，同时，对种粮农民每亩直接补贴11元。当年入库税额比核定额下降40%。2005年全面取消农业税并继续对种粮农民实行补贴。

1989～2004年，全区累计征收农业税4258万元，仅占同期一般预算收入的4.3%，取消农业税后对全区财政收入影响有限，而农民得到实惠，激发出热情，进行农业产业化经营，以另一种形式创造更多的财政收入。

农业特产税在区财政收入中所占比重更小，根据农村税费改革政策，在农业税计税土地上生产农业特产品的只征农业税，不征农业特产税。武陵区于2002年停止征收农业特产税。

耕地占用税从1987年开始实施，随着经济建设的高速发展，已成为财政收入的一项重要来源。因为是一次性征收的税种，往往额度较大，征收难度也较大。财政部门与国土、银行配合，加强征管，新征、尾欠全部足额入库。1989～2008年累计征收耕地占用税15347万元，占同期一般预算收入的7.52%。

非税收入（包括罚没收入、行政性收费、国有资产经营收益及其他收入），虽然具有不确定性，但由于加强了管理，全区非税收入逐年上升，1989年完成98.1万元，1999年增加至600万元，2008年上升至9570万元，成为区财政收入中不可或缺的一部分。

此外，还有专项收入（教育附加）和基金收入。2006年，社会养老保险实行属地化管理，市城区的社会养老保险金全部缴入武陵区。20年间，基金收入累计7101万元，全部纳入财政预算管理。

武陵区财政收入总的形势是年年增长。一般预算收入前10年，年平均递增11.8%；后10年财源建设显现成效，年均增速达到23.6%；2008年，实际完成一般预算收入36338万元，比市改区前收入基数9481万元提高了3.8倍，比市改区后的1989年提高了12.9倍，净增加33524万元。

2008年，武陵区财政总收入已达到68085万元，收支两抵，当年收支平衡后，年末结余308万元，财政收入继续稳步增长。

四、财政支出

1989年武陵区区级财政体制开始运行，当年财政支出3197万元，其中：行政管理费支出417万元，占总支出的13%；公共安全支出231.9万元，占总支出的7.25%；文、教、卫事业费支出845万元，占总支出26.43%。上述三项合占总支出的46.69%，主要用于工资性支出，公费医疗费用，少量用于办公经费。抚恤、救济、政策性补贴（居民生活用煤、猪肉、粮差补贴等）支出636.8万元，占总支出的19.9%，经济建设类支出629.6万元，占总支出的19.7%。主要用于支援农村生产和城市维护。专项和其他支出436.7万元，占总支出的13.71%。

以后，随着经济建设、社会事业的发展，区财政收入不断增长，上级财政补助随之增加，区财政为各项事业的支出幅度也逐渐上升，财政支出结构不断优化。经济建设类、社会保障类、文化、教育、卫生类支出占财政总支出的比重明显变化。例如：科技三项费用（新产品试制费、中间试验费和重要科学技术研究费），1989年财政支出9.3万元；1999年增加到16万元；2008年上升至520万元，增幅为55.9倍。社会保障类支出占财政总支出的比重，由1989年的19.9%，提高到2008年的31.4%；文、教、卫支出比重由1989年的26.43%，提高到2008年的34.5%。此外，行政事业单位离退休人员支出，各部门事业费支出、基金支出、专项支出、支援不发达地区支出、环境保护支出等，也相应大幅度增加。

除一般预算支出、基金支出外、武陵区上解支出亦逐年大幅上升。1989年上解支出856万元，1995年增加到2080万元，2005年上升到3863万元；2008年猛增到6350万元。1989～2008年，武陵区累计上解支出（包括直缴上解收入，上解分成收入和上交专项资金）52436万元。为国家财政做出了巨大贡献。

五、财政管理

（一）预算管理

年度财政预算的编制、执行、调整、总决算标志着一级政府理财、生财、聚财、用财的能力与水平。区财政局在区委、区政府领导下，精心编制预算方案，严格执行预算收支，准确核定年终决算，建立起公开、透明、规范、高效的预算管理机制。一是改革过去

武陵区财政 1989～2008 年总收入情况表

（均以各年度总决算报表为准）

科目 ＼ 年份	1988	1989	1990	1991	1992	1993	1994	1995	1996	1997	1998
一、总收入	2308	2840	2531	3019	3407	4097	3659	4595	5503	5484	6093
比上年＋－%		18.7	－12.21	16.16	11.39	16.84	－11.97	20.37	16.50	－0.35	10.00
（一）一般预算收入	2308	2814	2499	2735	2950	3816	3243	4537	5398	5223	5813
比上年＋－%		21.92	－11.19	9.44	7.86	29.36	－15.02	39.90	18.98	－3.24	11.30
其中：税收收入	2156	2717	2340	2444	2623	3349	2515	3571	4132	4196	4458
比上年＋－%		26.02	－13.88	4.44	7.32	27.68	－24.90	41.99	15.71	1.55	6.24
非税收入	152	97	159	291	327	467	728	966	1266	1027	1355
比上年＋－%		－36.18	63.92	83.02	12.37	42.81	55.89	32.69	31.06	－18.88	31.94
（二）基金收入		26	32	284	457	281	416	58	105	261	280
二、上级补助收入	881	1241	734	477	503	698	1958	2344	2722	2706	2938
三、调入资金	168	10	40	7	27	107	109		98	520	92
四、上年滚存结余	212	55	67	－239	－674	－1086	－1183	－1138	－1104	－1074	－1034
合计	3569	4146	3372	3264	3263	3816	4543	5801	7219	7636	8089

续上表

年份 科目	1999	2000	2001	2002	2003	2004	2005	2006	2007	2008
一、总收入	7262	8171	9107	9613	11734	14214	17840	25680	29757	36655
比上年＋－%	16.10	11.12	10.28	5.26	18.08	17.45	20.33	30.53	13.70	18.82
（一）一般预算收入	6987	7751	8636	9508	11630	14108	17513	22931	29730	36338
比上年＋－%	20.20	10.93	11.42	10.10	22.32	21.31	24.14	30.94	29.65	22.23
其中：税收收入	5521	5721	6359	7592	9393	10227	12478	16612	21711	26768
比上年＋－%	23.84	3.62	11.15	19.39	23.72	8.88	22.01	33.13	30.69	23.29
非税收入	1466	2030	2277	2277	2237	3881	5035	6319	8019	9570
比上年＋－%	8.19	38.47	12.17	0.00	－1.76	73.49	29.73	25.50	26.90	19.34
（二）基金收入	275	420	471	105	104	106	327	2749	27	317
二、上级补助收入	4591	5240	6608	9331	10206	12707	14223	18629	22981	30636
三、调入资金		157	383	233	266	98		15	271	66
四、上年滚存结余	－921	－851	－603	－290	－287	139	407	1462	3292	794
合计	10932	12717	15495	18887	21919	27158	32470	45786	56301	68151

武陵区 1989～2008 年农税收入统计表

单位：万元

年度	合计	农业税	农业特产税	耕地占用税	契税
1989	196	41	5	150	
1990	137	38	7	92	
1991	91	38	8	45	
1992	117	45	7	65	
1993	174	40	5	129	
1994	367	54	23	290	
1995	893	317	105	471	
1996	944	481	105	358	
1997	778	480	116	182	
1998	560	376	116	68	
1999	1077	374	116	587	
2000	867	450	116	301	
2001	933	287	116	530	
2002	1489	475	711	303	
2003	2008	481	711	816	
2004	1301	281		1020	
2005	1351			1351	
2006	2563			2563	
2007	2858			2858	
2008	3168			3168	

武陵区 1989～2008 年工商税税收收入表

单位：万元

年度	合计	增值税	营业税	所得税	城　市建设税	房产税	其他
1989	2521	719	1202	88		83	429
1990	2203	638	1136	72		77	280
1991	2353	678	1295	49		84	247
1992	2506	692	1320	47		94	353
1993	3175	1106	1555	11		95	408
1994	2148	530	1106	150		157	205
1995	2678	650	1132	416		135	345
1996	3188	646	1355	574		103	510
1997	3418	568	1531	795		209	315
1998	3898	612	2379	438		94	375
1999	4444	622	2638	385		137	662
2000	5484	653	3701	547		230	353
2001	5426	739	2869	1433		100	285
2002	6103	816	4479	312		144	352
2003	7385	943	5346	348		346	402
2004	8926	1135	6421	372		475	523
2005	11127	1500	7831	410		665	721
2006	14050	1925	9566	775		791	993
2007	18853	2452	12747	1013		1085	1556
2008	23600	2970	16130	888		1242	2370

按资金性质和类别编制预算的常规做法，打破把财政资金分为预算内、预算外两类，编内不编外的预算编制体制，实行综合财政预算。1997 年，区政府下发《武陵区区直单位综合财政预算管理暂行办法》，区财政局与 60 余家区直单位签订综合预算目标合同书，以合同形式明确各单位当年预算外收入基数以及预算内、外支出总额和财政补贴数额，率先在全市实行综合财政预算，最大化发挥财政资金效益，扭转单位间苦乐不均的状况。2001 年，又在综合财政预算的基础上，推行部门预算，建立机构编制与经费预算相对应和公用经费定额管理标准体系，统一编制，统一管理、统筹安排，各部门预算内外资金和其他收支，采用零基预算和标准周期预算模式，将预算编制到部门、到项目，使预算内外收入统收统管，预算支出统定统核，把一切财政资金纳入预算约束之中。二是改革财政资金运行方式，保证财政资金使用安全、高效、节约、顺畅运行。为此，建立起五道“防火墙”，即：会计集中核算、国库集中支付、投资项目评审、实行政府采购、单一单位账户。使财政各项收支由“中转”变“直达”，防 止“巧立名目”、“虚报冒领”、“层层截留”等弊端。

2007 年财政部对预算科目进行重大改革调整，财政预算和总决算按照新规定政府收支分类科目编制。预算管理更趋精细。

（二）非税收入管理

非税收入以前称为预算外资金。早在 1987 年武陵区财政在全省首创了对预算外资金专户储存管理办法。1988 年又实行定期划转制度。1989 年为加强预算外资金管理，将全区 22 户自收自支和预算外企业以及 151 户有收入职能的行政、事业单位全部纳入了财政预算外资金管理范围。1991 年，区财政局印发《关于我区行政、事业单位预算外资金实行“两定、两控”的管理办法》，即定人员，在区编委核定的编制人数之内确定经费基数；定额度，本着预算外各项费用标准略宽，确定当年用款额度。“两控”，是指控制用款单位的分月计划不得突破全年用款计划；控制单位用款资金在本单位专户储存额度以内。当年年终汇编，预算外资金收入比上年净增 207.5 万元，增幅 17.42%；支出比上年减少 248.8 万元，减幅 16.75%。

随着对预算外资金管理办法的不断完善，1993 年武陵区人民政府办公室印发《关于加强行政事业单位预算外资金管理的规定》，明确规定对行政事业单位的预算外资金实行“专户储存、计划管理、财政审批、银行监督和收支两条线”的管理原则。同年 9 月，湖南省第八届人民代表大会常务委员会第四次会议通过并发布的《湖南省行政事业性收费管理条例》，对行政事业性收费的性质、收费项目标准、管理使用和监督以及法律责任作出了具体规定，为进一步加强预算外资金管理提供了法规依据。

1995 年正式成立了武陵区行政事业性收费管理局（副科级，与财政综合计划股合署办公），积极探索收费征管体制改革和综合财政预算改革。从 1996 年到 2003 年依据国家有关政策要求，行政事业性收费更加规范，预算外资金管理更加严细。先后分三批取消城区暂住人口增容费、出租车治安管理费、建设工程施工招投标管理费等 53 项行政性收费项目，将 16 项行政性收费转为经营性收费。凡执收执罚单位，一律不再直接收款，委托银行代收，资金通过银行结算进入财政专户。同时，区财政与各专业银行微机联网，及时准确地掌握财政专户资金动态。对执收执罚单位的收费，罚款一律统一使用收费票据，亮证收费罚款。收费票据的申购、审核实行微机管理、凭票清缴、以票管费，防止了资金流失，专户储存余额稳定快速增长。2000 年全区预算外资金收入达到 4629 万元，比上年纯增加 1179 万元，长幅 34.17%。

2003 年，根据上级统一部署，行政事业性收费管理局（行政事业性收费中心）更名为武陵区非税收入征收管理局。非税收入并入财政预算统筹安排，实现了综合财政预算体制。

附：《武陵区非税收入征收统计表》

（三）社会保障管理

社会保障财政管理机构是根据以胡锦涛总书记为首的党中央提出的“以人为本，改善民生”的重要思想建立完善起来的。武陵区财政局社会保障财务管理股设立于 1995 年 12 月，从对城镇居民实行最低生活保障做起，按照党和国家的政策逐步扩展到农村最低生活保障，城镇居民基本医疗保障、基本养老保险、失业保险、工伤保险、生育保险、就业再就业补助、新农村合作医疗保险等涉及民生的方方面面。

武陵区委、区政府从财政拨出专款新建和改造全区 51 个社区办公楼，为受保群众提供优质服务

到 2008 年，武陵区基本实现“应保尽保”。城镇参保纯居民达到 7.88 万人，农村投保人数达到 10.76 万人。保障补助标准不断提高。城市低保和农村低保月人均补助水平分别达到 133 元和 52 元，企业退休职工养老金月平增加 110 元；职工医疗保险个人自付比例下降了 3 个百分点；财政对参加城镇居民医保，新农合参合农民补助标准均提高到每人每年 80 元。职工医保住院补偿比例达到 75%～80%，居民医保住院医疗费补偿比例达到 50%，新农合补偿比例达到 45%。据统计，仅 2001 年至 2008 年区财政用于社会保障的资金达到 37404 万元，民生得到改善，弱势群体得到保障。

附：2001 年～2008 年武陵区财政社会保障资金投入统计表。

武陵区非税收入征收情况表

编报单位:武陵区非税收入征收管理局　　　　单位:万元

年度	政策性基金收入	行政性收费	事业性收费	专项收入	其他收入	罚没收入	国有资源有偿使用收入	合计
2003		370	1430	130	940	149		3019
2004		609	2072	167	1173			4021
2005		321	2933	92	1521	24		4891
2006		621	2501	195	1622	270		5209
2007		869	2233	21	1977	941		6041
2008	37	926	960	234	2088	630	154	5029
合计	37	3716	12129	839	9321	1865	154	28210

2001～2008 年武陵区财政社会保障资金投入统计表

单位：万元

项目 / 年份	养老金补贴	失业、就业培训补贴	城市居民最低生活保障资金	农村特困户最低生活保障资金	优抚对象基本生活补贴	军转干部解困资金	城镇居民医疗保险补贴	新农村合作医疗保险补贴	大病医疗救助补贴	特殊人群医疗补贴	改制企业“4050”人员医保补贴	建立社区卫生服务机构	建立农村医疗服务机构
合计	16540	2954	12289	725	1065	210	710	773	567	1008	219	332	12
2008	5028	900	3561	140	656	30	485	724	357	206	12	332	12
2007	3681	682	1897	66	322	46	225		89	243	120		
2006	2706	644	1662	136	87	17		17	40	202	87		
2005	2031	308	1500	120		115		17	81	130			
2004	1650	296	1354	120		1		15		129			
2003	1444	124	1250	108		1				98			
2002			658	28									
2001			407	7									

（四）会计工作管理

为适应市场经济体制的要求，1988 年武陵区财政局设立会计事务管理股。遵照上级统一安排，对全区现有会计核算单位，实有财会人员、会计基础工作全面进行调查摸底。1989 年制定出台《武陵区会计工作达标升级实施方案》，由点到面开展会计达标，上等级工作。历时两年，辅导整改会计核算单位 1080 个，会计工作达标率达到 70% 以上，升级率达到 30% 以上。举办单位财务主管、会计从业人员培训班 5 期，参训人数 2000 多人；还有 1000 多人参加珠算等级鉴定考试。1992 年，颁发第一批“会计证”2350 册（人）。

从 1996 年开始，会计管理工作步入规范化和常规化。每年进行一次会计资格考试和认证。同时，举办以《会计法》、《会计条例》、《会计准则》、《湖南省实施〈中华人民共和国会计法〉办法》以及各类新出台的会计制度为主要内容的会计资格考试培训班、电算会计培训班、会计专业技术职称考试培训班和会计从业人员继续教育培训班。每期 1 个月，分脱产和业余两种方式授课，不断提高会计队伍的职业道德水平和专业技术能力。截至 2008 年，全区接受报考“会计证”人数总计达到 3 万多人次，经严格考试认证合格人数 6000 多人，其中：本区持有“会计证”上岗 2300 多人，还有 1800 多人持“会计证”到周边和沿海用人单位从事会计工作。

参加全国会计专业技术职称统一考试的人数达到 2000 多人，获得会计师中级职称的有 400 多人；获得会计员（含助理会计师）初级职称的有 500 余人。还有一批会计人员获得高级职称和通过了注册会计师考试。

（五）国有资产管理

1991 年 7 月 19 日，区人民政府批准成立武陵区国有资产管理办公室，为副科级事业单位，归口区财政局管理，配备工作人员 4 名，办公地点设在区财政局内。1996 年 7 月，区国资办更名为武陵区国有资产管理局，其职能、级别不变，配备工作人员 6 名，负责全区行政事业单位和国有企业资产的清查、登记、评估、处置审批及保值增值等工作。2002 年 3 月行政事业单位机构改革中撤销国资局，其行政职能并入区财政局。由区财政局内设产权管理股和资产经营管理公司，继续承担全区国有资产及非经营性资产转为经营性资产的管理工作。

国有资产管理机构成立后，当年，清理全区国有资产总量为 8954.9 万元，其中 33 户国有企业单位 457.4 万元，占 38.6%；160 个行政事业单位（含乡镇以上）5497.5 万元，占 61.4%。

1993 年，遵照统一布置，开展全国第五次清产核资工作，摸清家底，对全区行政事业单位财产清查造册，查清和登记全部国有资产存量为 9508.5 万元。清产核资中，处理和核销盘亏、报损报废资产 135.2 万元，清查出单位负债 591.4 万元。

1995 年，在清产核资工作的基础上，对国有资产存量进行价值评估（不含土地资产价值），确认全区国有资产总量价值为14695.5万元，其中，国有企业资产3714万元，行政事业单位减去负债，实有资产为10981.5万元。占用土地面积910多万平方米，房屋建筑面积30多万平方米。

1997年，依照国家法规，加强对产权的登记和年检年审管理。共办理行政事业单位国有资产产权登记73户，企业国有资产产权登记55户，登记国有资产14372万元。此后至2008年，每年均进行年检年审，占应检户数的99%以上，有效地维护了国有资产的安全。为防止国有资产流失，加强对国有资产处置收益的管理，采取“产权集中处置，手续集中办理，资金集中管理”的原则，将国有资产产权交易收入全部纳入财政国有资产保值增值专门账户，除用于改制、破产企业职工安置支出后，将存量国有资产处置、交易收入等参与市场经营，1998～2008年10年间，全区共获得国有资产经营效益2168.95万元。

（六）财政监督管理

武陵区财政监督管理工作，以《湖南省财政管理条例》和《湖南省财政监督条例》为依据，从1989年到2008年多次制订和修改《武陵区财政监督制度》、《财政监督人员工作守则》和《财政监督保密规定》，加强对财政资金筹集和使用的管理，清理、整顿各类违规违纪问题。坚持依法监督，反腐倡廉，维护财政资金安全，提高资金使用效益。

1989年，围绕“治理经济环境，整顿经济秩序”，开展“三清”（清理公产公物、清理罚没收入、清理预算外资金）和“三大查”（查税收、查财务、查物价）。清出违规预算外资金117万元，欠交罚没收入28.9万元；查出违纪金额275.85万元（其中偷漏国家税收162.32万元、乱挤摊成本10.36万元、违反物价政策32.5万元）。当年清缴入库160.7万元。1996年对48个行政事业单位财务重点清查，查出违纪金额176.43万元，收缴入库17.47万元。2000年，检查60个单位的财务收支，共查出违法违纪金额102.9万元，收缴入库69万元，2003年全面检查“小金库”，收缴入库113万元。

2003年，根据财政部《关于进一步整顿财政秩序切实强化财政监督的意见》，区财政选派了13名财政兼职监督员，抽调30名专业会计人员，组成乡镇、街道、教育、基建、综合和农税6个财政监督组，帮助各单位自清自查自纠，整顿和堵塞财务管理方面的混乱状况和漏洞。同时，对各种专项财政资金进行跟踪审计、检查中发现民政经费，东江中学收费，东郊乡、护城乡1990年度财政决算，以及三岔路防汛经费等管理方面存在一些问题，查出违纪金额162.59万元，当即收缴财政32942元；对以前各年度投放的174万元财政支农周转金使用情况的审计发现，上述资金分布在4个乡、54个项目，多数借款手续不完善，逾期借款过多，有的已经成为坏账。为此，帮助建立健全了项目投放审批、论证评价制度、跟踪反馈管理制度，以保证财政资金的规范、高效使用。

加强财政内部监督是财政监督的另一个重要职责。监督股陆续检查和审计本局内设机构12个股室执行财经纪律、规章制度的情况，对招待费开支过大、补贴超项目、超标准，业务基础工作差等九个方面的问题，提请局领导整改处理。2006年从内部审计中发现线索，配合司法机关侦破本局工作人员郭小华、郑昭两人伙同外部人员共同贪污财政资金150万元的案件，使之得到法律的惩罚。

六、财政机构和队伍

（一）机构沿革

1949年7月29日常德解放，8月5日成立常德市人民政府，同时设置常德市财政局，1952年11月改名为财政科，1958年7月，财政与税务合并，改名为常德市财税局。

1984年1月财政、税务分开设立，2月成立常德市财政局，内部设置办公室、预算管理股、综合计划股、工业财务管理股、商业财务管理股、农业财务管理股、城市建设财务管理股、文教行政财务管理股、人事教育股、财政监察股、公产公物管理办公室、会计咨询公司、财政会计学校、中华会计函授站（与财校合署办公）、代管国库券推销办公室、控制社会集团购买力办公室。

1987年组建护城乡财政所、东郊乡财政所、东江乡财政所、德山乡财政所。

1988年市改区后，更名为常德市武陵区财政局。内设机构进行调整，撤销工业、商业、城建、公产公物管理、会计咨询公司五个股室，增设了农业税征收管理股、企业财务管理股、会计事务管理股。

1991年，经区政府、区编委批准，设立由财政局代管的武陵区国有资产管理办公室、常德市财务发展总公司（副科级），增设社会中介机构会计师事务所和资产评估事务所。

1992年，德山乡（含德山乡财政所）划归常德市德山经济开发区。

1995年，从鼎城区划入芦荻山乡、南坪岗乡、河伏乡、丹洲乡、河伏镇五个乡（镇）财政所，新组建城东、城南、城西、城北、三岔路五个街道财政所，局内增设财源建设办公室。同年12月，成立武陵区行政事业性收费管理局（副科级，与综合计划股一套人马、两块牌子、合署办公），增设基本建设财务管理股、社会保障财务管理股，财政监察股改名财政监督股。

1997年，河伏乡与河伏镇合并后设一个河伏镇财政所。

1998年，经区政府、区编委批准，国有资产管理办公室改名国有资产管理局，同年增设武陵经济开发区财政所。

1999年，增设工资发放中心、政府采购中心（与文教行政财务管理股三块牌子、一套人马）。

2000年，撤销武陵开发区财政所，会计师事务所、资产评估事务所与财政局完全脱钩。

2002年，区、乡机构改革，乡镇财政所改为财税经管所，将农业税征收管理股升格为农业税征收管理局（副科级）；撤销国有资产管理局，改为产权管理股；农业财务管理股、基本建设财务管理股、工资发放中心与文教行政财务管理股合并（对外四块牌子、一套人马），人事教育股与办公室合并（两块牌子、一套人马），增设会计集中核算中心。

武陵区财政局领导班子成员（左起：鲍明勇、朱兰莉、王林、丁建国、宋克平、杨小燕、高湘明、杨智程）

住房公积金管理办公室、农业综合开发办公室划归财政局管理。

2003 年住房公积金管理办公室上收市住房公积金管理中心，行政事业性收费管理局改称行政事业性收费中心，新增国库管理股（工资发放中心随之并入）。

2008 年，区财政局内部机构设置为：科级单位 4 个，非税收入管理局和农业综合开发办公室（正科级），契税和耕地占用税征收管理局，国库集中支付局（副科级），股级单位 11 个（办公室、预算股、国库股、文教行政财务管理股、社会保障财务管理股、企业财务管理股、产权管理股、综合计划股、会计管理股、会计集中核算中心、政府采购中心）保留单位 4 个（财务发展总公司、国有资产经营公司、财政会计学校、中华会计函授站）。另还设有 1 个信息中心。加上 6 个乡镇财税经管所、5 个街道财政所共计 29 个办事机构。

区财政局定行政编制 15 人，事业编制 46 人。根据工作需要合同招聘专业技术人员若干名，现局机关在岗总人数 63 名。具有大、中专以上学历和中级以上职称的占 90%。

（二）历任领导班子成员（1989 ~2008 年）

时　　间	职　　务	姓　　名
1985.3 ~1990.12	局长、书记	陶诗炎
	副局长	刘嫦娥、左宜斌
1990.2 ~1994.12	局长、书记	左宜斌
	副局长、副书记	赖远辉
	副局长	岳正耕、黄广弟、刘嫦娥

续上表

时　　间	职　　务	姓　　名
	纪检组长	胡顺臣
1995. 1 ~1996. 1	局长	王大玉
	书记	赖远辉
	副局长	黄广弟、刘嫦娥
	纪检组长	江少清
1996. 1 ~1997. 6	局长、副书记	熊国建
	书记、副局长	黄广弟
	副局长	刘嫦娥、王 林、谢泽敏
	纪检组长	陈义成
1998. 1 ~2008. 9	局长、副书记	谭绍武
2001 年	书记、副局长	黄广弟
2002 年	副局长	刘嫦娥、王 林、朱兰莉、杨小燕
2002 年	工会主席	王首伦
2002 年	书记、副局长	刘嫦娥
2003 年	副局长	宋克平
2004 年	书记、副局长	王 林
2005 年		宋克平、鲍明勇
2005 年	纪检组长	高湘明
2005 年	工会主席	杨智程
2008 年 9 月至今	党组书记、局长	丁建国
	副书记、副局长	王　林
	副局长	宋克平、朱兰莉、杨小燕、鲍明勇
	纪检组长	高湘明
	工会主席	杨智程

（三）荣誉奖励

集体荣誉：

1991 年，东郊乡财政所获湖南省文明财政所称号；

1991 年，南坪乡财政所获湖南省文明财政所称号；

1995 年，护城乡财政所获湖南省文明财政所称号；

2005 年，武陵区财政局获湖南省乡镇财税信息化工作评比第一名，省财政厅授予“湖南省财税信息化工作先进单位”。

个人荣誉：

2005 年，郭金枝获“湖南省会计工作先进个人”；

2005 年，刘跃进获“湖南省城市低保工作先进个人”。

第二章 鼎城区

鼎城区财政局局长 熊 辉

鼎城区原名常德县，历史悠久，其来有之。北宋大中祥符五年（1012 年）改朗州为鼎州，1988 年常德撤区建市，改常德县为鼎城区，古为今用，恢复旧名。

鼎城区区境东西宽 67 公里，南北长 85 公里，总面积 2213.29 平方公里，耕地面积 116.9 万亩，其中水田 101.24 万亩、旱地 15.66 万亩，管辖 22 个镇、10 个乡、8 个农（林）场、67 个居委会、542 个村委会，总人口 82.37 万人。鼎城区是一个以生产粮、棉、油、瓜果、蔬菜、竹、木、水产等农产品为主的农业大区。党的十一届三中全会以后，特别是改革开放以来，鼎城区委、区政府相继实施“兴工促农，强区富民”、“开放兴区、工贸强区”等战略，经济社会步入健康、稳定、可持续发展轨道，各项事业取得了令人瞩目的成绩。1989 年，鼎城区的国民生产总值仅为 8.93 亿元，到 2008 年已达到 104.3 亿元，经济总量增长 11.68 倍。2008 年粮食总产 702124 吨，比 1989 年的 631486 吨增加 70638 吨，增长 1.11 倍。2008 年，农民人平年纯收入 4484 元，比 1989 年的 742 元增加 3742 元，增长 6 倍。2008 年，城镇居民可支配年收入 12503 元，比 1989 年的 1427 元增加 11076 元，增长 8.76 倍。鼎城区地处常德市城区周围，乡（镇）环城经济发展迅速，形势喜人。特别是与市城区毗连的桥南市场，在发展环城经济中更是首屈一指。到 2003 年，桥南已形成规模宏大的市场群，包括桥南工贸市场、桥南副食城、商贸城、家电城、轻纺城、农贸市场、水产市场、水果市场、联托运公司等 10 多个专业市场和 1500 多家“前店后厂”式的加工企业。2003 年，商品年成交额突破 120 亿元，上缴税费 6000 多万元，占鼎城区财政总收入的 1/3。

二十年来，鼎城区各项改革硕果累累。农村经济体制改革率先进行，首先实行家庭联产承包，一定 15 年不变。接着又实行土地延包，再延长 30 年不变。同时允许土地有偿转让，促进土地合理流转。2002 年又实行税费改革，切实减轻农民负担。2003 年人均负担 143 元，亩均

武陵镇城区鸟瞰

106 元，比改革前分别减少 29.3 元、20.7 元，减幅分别为 17%、16%。企业体制改革，由以目标管理为中心的经济责任制和各种形式的承包责任制逐步过渡到产权转让、资产重组、租赁经营、股份制改造、破产拍卖直至两个置换。2001 年至 2003 年，鼎城区共支付工业企业改制资金 14103.79 万元，置换职工身份 4537 人。10 家国有企业和 24 家二轻企业全部改制为民营企业。115 家部门工业有 111 家改制为民营企业。1260 家乡（镇）企业有 1258 家拍卖、转让给民营企业主。财政体制改革，分区本级财政和乡（镇）财政两块进行。区本级财政 1988 年后实行“定额上解，递增包干，超收全留”的体制。1994 年国家实行分税制改革，即“合理划分为中央税、地方税及中央与地方共享税”，鼎城区乡（镇）财政体制先后经历了 6 次改革，直至 2002 年 4 月实行税费改革。

鼎城区的经济社会发展来势较好，是财政的基础，前景光明。但是，财政也存在着诸多困难与不利因素，财政收支矛盾尖锐，财源基础薄弱。近些年来，由于鼎城区地理位置环抱常德市城区，行政区划及财税征管范围调整相当频繁。历经了 1991 年、1992 年西洞庭农场和浦沅机械总厂的税收先后上划，1995 年 4 乡 1 镇（即芦荻山乡、南坪岗乡、丹州乡、河伏乡、河伏镇）划转武陵区，斗姆湖镇、石门桥镇的部分村相继划转德山开发区，随后区烟草公司、区石油公司、区新华书店、区工商银行沅水北岸片以及华南厂、烟草机械厂等企业上收主管部门或因核算方式改变，其税源已不再属鼎城。2008 年，白鹤山乡、灌溪镇的白石村划转柳叶湖旅游区。历次的行政区划调整，使得鼎城区最具经济发展潜力的市城区周边乡（镇）和重点税源企业被划转，失去了有收入增长潜力的城郊型经济，给鼎城区经济可持续发展带来了重大影响。为使财政走出困境，达到一要保吃饭、二要保建设、三要保平衡的目的，鼎城区委、区政府坚持实行几条行之有效的增收节支措施：一是大力削减、压缩非生产性支出，杜绝不合理开支，确保人员经费和公用经费的正常运转。特别是 1989 年实行的“两定两控”管理（“两定”，即定员定额；“两控”，即控制非生产性支出，控制非编制人员进入行政事业单位），1995 年推出的“十大”支出管理办法，为压缩支出保运转、保平衡起到了决定性作用。二是积极培植财源，夯实收入基础，增强财政的后劲。1992 年，鼎城区委、区政府花大力培植了以桥南市场为龙头的骨干财源，其经济拉动力和辐射力覆盖全区，而且每年都向财政提供 2000 多万元的税利。2003 年后培植的灌溪工业园，对鼎城的经济建设发挥巨大的作用，2007 年向财政提供税收 4806 万元，2008 年上缴税收超亿元。三是加强收入征管力度，堵塞漏税、清理欠税，确保财政收入足额入库。主要是积极支持税收部门征管改革，从 2004 年起，在全区范围内推行电子报税和税控机收税，实行科学化、精细化管理、堵漏截流，各项税收逐年增长。例：2008 年税收完成 16942 万元，为 2003 年 5598 万元的 3 倍。坚持均衡入库与突击入库并举，大头收入与零散收入并重，奖励与惩罚同行，坚持收入入库“8·33”考核办法，使其成为制度化、规范化、经常化。这些办法、措施的实行，为鼎城区财政收入持续稳定增长起到了极大的推动作用。1997 年，财政一般预算收入完成 10897 万元，跨过了亿元大关。四是不断完善本级财政管理体制，充分调动区、乡（镇）两级财政理财的积极性。这方面分两块进行。一块是对乡（镇）的管理体制。从1993年起废除对乡（镇）“供统型”管理办法、推行了“收支挂钩，分灶吃饭”的管理体制。是年，乡（镇）一般预算收入完成3971万元，占预算计划的127%，比上年增长24%，全区45个乡（镇）中有44个超收，有18个乡（镇）收入过百万元，特别是武陵镇财政收入完成1097万元，跨过了1000万元台阶，比上年增收435万元，增长66.46%。1999年后区对乡（镇）实行“划分收入范围，核定支出基数，收支挂钩，比例上解，自求平衡，节余留用”的管理体制等等。这些体制的不断完善，对调动乡（镇）理财的积极性都起到了激励作用。另一块是对行政事业单位的管理体制。从1991年起，在抓支出方面：全区35个行政事业单位采取“澄清实底，科学测算，一次定死、中途不补”的管理办法，实行经费包干责任制。在抓收入方面：实行“确定基数，目标管理，全额上缴，超收全返，短收抵扣”管理的办法，鼓励行政事业单位创办经济实体，开展创收补支。1992年通过创收弥补行政事业单位经费348万元（人均创收300元）。1999年以后全面推行“综合预算”和“部门预算”相结合的管理办法。核定经费自给率，实行定支或定额、定项补助、超支不补、节余留用的管理体制等等，为行政事业单位的正常运行起到促进作用。

1994年，中央实行分税制改革后，鼎城区委、区政府不断强化财政职能，区财政部门抓住契机，相继推出了零基预算、综合预算、部门预算以及政府采购、财政国库集中支付、非税征管、预算投资评审、工资统发的改革与实施。同时，加强对国有资产的存量管理，盘活了存量国有资产和国有资源以及帮助国有企业转换经营机制，实行两个置换，均取得了好的成效。通过以上努力，鼎城区的财政逐渐步入了良性循环轨道。2008年，鼎城区财政一般预算收入达到22630万元，比1989年的5371.1万元增长4.21倍，年均增长7.9%。1989年至2008年，累计完成财政一般预算收入236274.6万元（考虑“农特两税”、桥南市场“12·21”火灾影响等因素，按可比口径计算，年均增长9.6%）。2008年，财政一般预算支出103827万元，比1989年的4630.5万元增长22.4倍。1989年至2008年，累计完成财政一般预算支出563400.9万元，年均增长17.8%。

附：鼎城区1989年至2008年财政收支总表。

鼎城区 1989～2008 年财政收支总表

单位：万元

年度	财政收入					基金收入		财政支出				基金支出			
	合计	一般预算收入	上级补助收入	调入资金收入	上年结余收入	基金收入	社保基金收入	合计	一般预算支出	上解支出	年终滚存结余	基金支出	基金结余	社保基金支出	社保基金结余
1989	6324.7	5371.1	729.2		224.4			6324.7	4630.5	1545.9	148.3				
1990	6603.8	5662	680.2	113.3	148.3			6603.8	4860.7	1562.8	180.3				
1991	6947.9	5471.5	1199.1	97	180.3			6947.9	5728.7	856.4	362.8				
1992	7743	5357	1937	86	363		329	7596	6348	952	296			476	
1993	8976	6130	2033	210	603		681	8669	7458	771	440			988	
1994	11247	5805	4647	355	440		362	11247	9705	962	580			362	
1995	12980	7176	4644	580	580		559	12980	11089	1124	767			559	
1996	15238	9233	5002	236	767		1441	15238	12958	1320	960			1441	
1997	17907	10897	4992	1088	930	1135	1595	17907	15624	1707	576	689	446	1560	35
1998	18675	12283	5783		609	910		18675	15711	2139	825	433	477		
1999	21694	13355	7229	285	825	2997		21694	18852	2358	484	2834	163		
2000	21832	13481	7855	12	484	2490		21832	18823	2899	110	2303	187		
2001	28257	14843	13156	148	110	2688		28257	23093	2519	2645	2461	227		
2002	38691	16456	19590		2645	2269		38691	32479	3392	2820	1746	523		
2003	43052	18456	21776		2820	977		43052	36467	3162	3423	498	479		
2004	50622	15020	31160	1019	3423	1575		50659	41235	4200	5224	1079	496		
2005	56592	13538	37830		5224	2282		56602	46828	3424	6350	1527	755		
2006	71992	15602	50040		6350	3010		71992	60798	3055	8139	2059	951		
2007	99233	19508	71586		8139	4284		99233	86886	3462	8885	3428	856		
2008	124240	22630	92725		8885	7685		124240	103827	4665	15748	5249	2436		
合计	668847	236275	384594	4229.3	43750	32302	4967	668440	563401	46076	58963	24306	7996	5386	35

财政实力的不断增强，为鼎城区经济社会发展提供了可靠的财力保障。一是连续 20 年实现了财政收支平衡，略有节余的目标。二是保证了行政事业单位人员经费的正常支出，财政供养人员的工资及时足额发放。三是基本上保证了各项事业发展和建设所需资金。据统计，2003 年至 2007 年，鼎城区累计实施重点工程项目 118 个，完成投资 80 亿

鼎城区财政局办公大楼

元。城乡交通、能源、水利、通讯等基础设施承载能力进一步提高。城区基础设施条件明显改善，城市建设面积由 7.9 平方公里扩大到 10 平方公里，城区人口达到 10 万人，城镇化水平达到 35%。城市创建工作取得了阶段性成果。农村基础设施不断完善，苏家渡排洪泵站等一批重大水利项目发挥作用。农村综合开发使全区 6.5 万名农民受益。新建通乡公路 118 公里，硬化通村公路 543 公里。解决了 4.7 万人的安全饮水问题。新建沼气池 16416 口。新农村示范点建设位居全市前列等等。从 2007 年起全部免除农村义务教育阶段学生学杂费，做到无一适龄儿童失学。兴建、维修、改造了全区学校所有危房，使全区的校舍得到良好的改善。全面启动新型农村合作医疗。城乡低保，农村五保的保障标准逐年提高，养老、医疗、失业、工伤等各种保险覆盖面不断扩大等等。二十年来，鼎城区财政累计上解中央、省、市财政支出 46076.1 万元，平均每年贡献 2303 万元，为国家的经济社会发展做出了一定贡献。这些成绩的取得，是鼎城区委、区政府实施“开放兴区”和“工贸强区”，扎实推进“三个鼎城”战略的结果，也是鼎城区财税部门坚持不懈增收节支、严格监督管理的结果。

财　政　体　制

1989 年以来，鼎城区财政体制，大至经历了两个重大转折时期，一是党的十一届三中全会后实行新的财政管理体制（由供统型、统包型转为经营型、效益型、开放型）；二是中央实行分税制改革时期实行的构建社会主义公共财政管理体制。两个时期的财政管理体

制变革，不仅给全国的经济发展带来腾飞，也给鼎城区的经济发展带来巨大的变化。1989年，鼎城区的国民生产总值为8.93亿元，到2008年已达到104.3亿元，经济总量增长11.68倍。同时，鼎城区的财政收入也得到快速发展。1989年，鼎城区财政一般预算收入5371.1万元，到2008年已达到22630万元，比1989年增长4.21倍，年均增长7.9%，特别是1994年国家实行分税制后，年均增长达到12.7%（已考虑“农特两税”、桥南市场火灾等因素）。

一、区本级财政体制

1989年，鼎城区财政部门继续执行1985年市对鼎城区制定的“定额上解、递增包干，超收全留”的财政管理体制。即：市对鼎城区核定收入基数和上解基数，鼎城区按市核定的上解基数，每年向市按6%的递增率上解，上级只管收入计划和上解兑现，支出计划由本级制定。此体制一直沿袭到1993年。其间，1991年，西洞庭农场税收上划，1992年，浦沅机械厂迁址省会长沙，市对鼎城区确定当年上解数为134万元。1993年，市将鼎城区递增上解率6%调减为4%。这5年鼎城区财政上解中央、省、市款共计5688.1万元，其中体制上解2059.6万元。

1994年起，中央实行税收分级管理的财政管理体制。即：依据中央政府与地方政府的事权划分和财政相结合的原则，将国家全部税种划分为中央税、地方税、中央和地方共享税。如：消费税属中央税，营业税属地方税，增值税为中央和地方共享税。为实现分税制的平稳过渡，当年采取了新老体制双轨运行办法，除保留原体制中央财政对地方财政的定额补助、专项补助和地方上解外，还建立了税收返还制度。规定增值税上划中央75%，返还地方25%；消费税上划中央100%。同时，相应设置了国家税务局和地方税务局，对中央和地方的税收实行分别征收。是年，鼎城区石门桥和斗姆湖两镇的部分村划转德山开发区，但市对鼎城区仍实行“定额上解，递增包干”的财政管理体制，并将上解基数调整为134.3万元。这年，鼎城区财政上解中央、省、市款共计962万元，其中体制上解139万元。

1995年，市对各区、县（市）的财政管理体制，一律调整为“定额上解”。市将鼎城区的上解基数调减了18万元。市对鼎城区确定，这年因国、地两税收增长返还30%，分别是省集中10%，市集中5%，区本级集中15%；驻区的中央、省、市属工业企业缴纳的城市维护建设税，市集中40%、区集中60%；上述企业缴纳的流转税，其增长部分，市集中80%，区集中20%；屠宰税，市集中40%，区集中60%。另外，土地增值税、土地使用税、土地出让收入资源税、农业税的新老差价部分，市分别集中10%，区分别集中90%。此财政管理体制一直沿袭到2001年，未作大的调整和变动。

2002年，中央实行所得税分享改革，对企业所得税和个人所得税收入实行中央、省、市和鼎城区按比例分享，鼎城区上划的所得税收入大于中央、省、市下划的所得税收入差额部分，由市作为基数返还鼎城。同时，建立一般性转移支付制度。是年，常德烟机厂收归市管，农村税费改革，取消农村“三提”、“五统”，实行了财政转移支付。

2004年，上级财政下达了降低农业税征收税率，同时取消对农业特产税的征收。由此减少的财政收入，由上级财政给予转移支付补助，鼎城区共计3258万元。

2005年，国务院取消了对农业税的征收，由此而减少的地方财政收入，由中央和省财政给予转移支付补助，鼎城区共计6250万元。同时，鼎城区财政对村级也给予了转移支付补助。

2008年，鼎城区白鹤山乡、灌溪镇的白石村划转柳叶湖旅游区。由此减少的财政收入，市根据收、支基数计算，对鼎城区给予了财政弥补。

二、乡（镇）财政体制

1989年至1991年，鼎城区对乡（镇）制定了“定收定支、收入上缴、超收分成、短收分担、支出下拨、超支不补、节余留用、一定一年”的财政管理体制。分成（担）的比例是：乡（镇）按短收部分的40%分担，办事处按短收部分的10%分担。另外，各办事处完成收入的奖励按超收部分2%提取。例：1990年，全区9个办事处中超额完成收入任务的办事处2个，全区45个乡（镇）中超额完成收入任务的乡（镇）39个，共分得超收款61万元。短收单位分担赔偿资金共11.6万元；1991年，超额完成收入任务的办事处3个、乡（镇）38个共分得超收款52.7万元，分成最多的武陵镇计20.9万元。短收单位分担计24.6万元，分担最大的河伏镇高达15万元。

1992年，鼎城区有40个乡（镇）仍继续执行原财政管理体制。同时，鼎城区政府决定对钱家坪、白鹤山、冲天湖、中河口、南坪岗等5个乡（镇）进行财政管理体制改革试点，实行“核定基数、定额上解、递增包干、超收全留、短收自负、一定三年”的财政管理体制。实施此体制的当年，全区乡（镇）共完成财政收入3201万元，较上年的2860万元增长12%。

1993年，鼎城区政府决定对乡（镇）的财政管理体制进行以“收支挂钩”、“分灶吃饭”为核心的全面改革，实行三种不同的财政管理体制。第一种是对镇德桥、双桥坪等15个乡（镇）实行了“核定基数、定额补贴、递增包干、超收全留、短收自负、一定三年”的财政管理体制；第二种是以洞庭（现在的十美堂）、牛鼻滩等25个乡（镇）实行了“核定基数、定额上解、递增包干、超收分成、短收分担、一定三年”的财政管理体制；第三种是对武陵镇、河伏镇、灌溪乡、蔡家岗等5个乡（镇）实行了“定收定支、超支不补、节余留用、一定一年”的财政管理体制。是年，鼎城区各乡（镇）共完成财政收入3971万元，比上年的3201万元增长24.05%。全区45个乡（镇）中有44个乡（镇）的工商税收实现超收，超收额达315万元，有18个乡（镇）年财政收入过100万元。其中武陵镇年财政收入达到1097万元，比上年的659万元增收438万元，增长66.5%。由于乡（镇）没有建立金库，财政管理体制运行过程中，仍实行“收入上缴、支出下拨”

的结算方式。

1994 年，是全面贯彻执行国家税制改革时期，鼎城区政府对各乡（镇）实行“稳定老体制，注入新内容”的原则，基本上保留了上年区对乡（镇）的财政管理体制。

1995 年，鼎城区撤销办事处，合并乡（镇），除划转武陵区管辖的 4 乡 1 镇，全区 33 个乡（镇）实行了“定收定支、收入上缴、超收分成、短收分担、支出下拨、超支不补、节余留用、一定一年”的财政管理体制。

1996 年，根据《预算法》和分税制财政管理体制的基本原则，鼎城区对乡（镇）原财政管理体制进行了改革和完善。即：对经济实力较强、收入增长后劲较足的蒿子港等 5 个乡（镇）实行了“定收定支、收入上缴、超收分成、短收分担、支出下拨、超支不补、节余留用、一定一年”的财政管理体制；对中河口等 28 个财政收入一般的乡（镇）实行了“核定基数、收入上解、支出下拨、定额上解、递增包干、短收自负、一定三年”的财政管理体制。是年，鼎城区开始筹建乡（镇）国库工作。

1997 年，是国家实施“预算会计制度”改革之年，为进一步完善乡（镇）财政管理体制，鼎城区对乡（镇）实行了“划分收入范围、核定支出基数、收支差额上解或补贴、超收比例分成、短收自负、一定一年”的财政管理体制。

1998 年，鼎城区对乡（镇）财政管理体制稍作调整，实行了“划分收入范围，核定支出基数、收支差额、定额递增上解或递增补贴，超收（节支）全留、短收（超支）自负，增值税短收全赔，一定三年”的财政管理体制。是年，鼎城区推广了石门桥镇财务管理经验，落实了乡（镇）“七站八所”的财务由乡（镇）财政所统管。呈报市建立 10 个乡（镇）国库获批准。

1999 年，鼎城区对乡（镇）财政管理体制又作了适当调整，实行了“划分收入范围，核定支出基数，收支挂钩，比例上解，自求平衡”的财政管理体制。从 7 月 1 日起，蒿子港等 10 个乡（镇）国库投入运行。是年，全区各乡（镇）推行了“村账乡管，站账财管，乡账区审”的财务管理办法。

鼎城区骨干财源桥南大市场

2000 年至 2001 年，鼎城区各乡（镇）继续实行上年的财政管理体制。是年，8 个乡（镇）国库投入运行。

2002 年，鼎城区从 4 月 10 日开始启动乡（镇）农村税费改革工作，到 11 月 10 日，全区 38 个乡（镇）、场核定农业税计税面积 92.14 万亩，平均常产 761 公斤/亩，农业税正税 5006.61 万元，附加税 1001.31 万元，农业特产税据实测算，落实642万元；一事一议资金核定913.43万元，基本水费核定821.6万元，排渍电费1210.23万元。全区农民负担总额核定11111.88万元，比上年减少3360万元，减幅23.2%；人均负担161元，比上年减少49元，减幅23%；亩均114元，比上年减少30元，减幅21%。对比2001年，农民实际负担减少7695.64万元，减幅40.9%。

随着分税制改革的深化和农村税费改革的推进，鼎城区乡（镇）财政收入减少，乡（镇）国库逐渐失去了存在的实际意义。2003年，鼎城区取消了已建立的18个乡（镇）国库。乡（镇）财政管理体制又改变为由区财政统收、统支管理。是年，鼎城区政府对乡（镇）站、办、所进行改革，人员竞聘上岗。乡（镇）站、办、所竞聘上岗人员实行岗位工资制。

2006年，鼎城区对乡（镇）的财务管理，推行“乡财区管乡用”，进一步理顺区、乡（镇）财政管理体制，改革遵循乡（镇）预算管理权不变、财政资金所有权和使用权不变、财务审批权不变的原则。随着财政实力的不断扩充，鼎城区加大了对基层财政转移支付的力度，从根本上保障了乡（镇）机关、村级组织的正常运转。

2007年，鼎城区政府继续对乡（镇）站、办、所改革，进一步深化和完善了乡（镇）机构改革、农村税费改革的延伸、启动了减轻湖区农民负担改革、基层水利管理体制改革和国有农（林）场改革。

财　源　建　设

经济是财政的基础，财源是财力的保障。积极培植财源、扩充收入总量是振兴地方财政的必由之路，也是促进整个经济建设发展的一项重要举措。二十年来，鼎城区把财源建设当做财政工作的重头戏唱，真抓实管。党的十一届三中全会以后，鼎城区坚持以农业为基础，大力发展工业和个体工商业，采取“筑巢引凤”和“蓄水养鱼”的形式培植财源，几年来经济得到长足发展。“八五”和“九五”期间，鼎城区委、区政府立足于财源建设，充分发挥“三大优势”（环城优势、交通优势、市场优势），认真实施“四大战略”（开放开发战略、新生新增战略、垄断集权战略、兴工活商战略），把财源建设当做强区富民的头等大事来抓。一是切实加强了对财源建设的领导。多年来，鼎城区财源建设领导小组组长都由区政府常务副区长担任，各有关部、办、委、局的负责人为成员。1992年2月，鼎城区在全市率先成立了名副其实、坚强有力的财源建设领导小组办公室，由区财政局党组书记和一名副局长兼任正、副主任，主持日常工作。同时，鼎城区各乡（镇）相应建立了培植财源的领导班子和工作机构，均由行政一把手负总责。二是明确主攻方向，认真制定和落实财源建设规划。结合鼎城区的区情、乡情，明确了加快全区农业产业化调整结构进程、发挥市场优势活商生财的两条主攻方向，力争在“八五”和“九五”期间，完成“3581”上台阶工程［乡（镇）财政收入达300万元、500万元、800万元、1000万元］，实现鼎城区财政一般预算收入过亿元。按照这一思路和奋斗目标，形成了一个分段实施、多元、立体有活力的财源建设格局。依托“大桥南”优势，加强基地专业化建设，鼎城区形成“一乡一品”、“一村一品”的专业乡村有200多个，兴办了优质稻、棉、油、水产、林果等十大产业生产基地。以武陵镇、蒿子港镇为主的万亩蔬菜，以区芦苇场为主的万亩欧美杨，以钱家坪乡为主的万亩药材，以白鹤山乡为主的十里鸭廊、千亩鸡群示范点都初具规模。同时，鼎城区委、区政府从战略的高度出发，大力发展乡（镇）工业，构筑了“雷公庙—蔡家岗—石板滩—灌溪”工业走廊，为以后形成的“灌溪工业园”乃至鼎城经济开发区打好了坚实的基础。以桥南市场为龙头，鼎城区先后筹资近3亿元，兴建了仿古城家电市场、桥南轻纺城、桥南副食城、桥南商贸城等专业市场。从而，对全区的经济发展、财源培植起到了极大的推动作用。三是建立财源发展基金，加大财源建设资金投入。按照市委、市政府的要求，鼎城区建立了财源建设发展基金，专项用于扶持财源建设奖励和贷款、贴息，其基金来源主要是通过农业特产税新增收入等5条渠道筹集，每年大约300多万元。另将财政周转金和预算外间歇资金全部集中，组织银行贷款，引进社会资金，争取上级款项，培植财源。“八五”和“九五”时期，鼎城区累计投入财源建设资金达4亿多元。四是完善财源建设考核机制，稳固基础财源。1996年，鼎城区委、区政府联合下达了2号文件，把财源建设纳入了全区目标管理考核内容，从班子建设、财源培植点、资金投入、周转金回收、工商各税及“农特两税”入库等5个方面都作了具体的规定，并形成了长效管理机制。据统计，“3581”工程上台阶方面：武陵镇1993年财政收入完成1097万元，登上千万元台阶，登上300万元台阶的乡（镇）有16个，登上500万元台阶的乡（镇）有9个，登上800万元台阶的乡（镇）有2个。同时，区财政一般预算收入在1997年跨过亿元大关，实现10897万元。到2000年，已达到13481万元，比1989年的5371万元增加8110万元，增长2.5倍，圆满完成了“八五”和“九五”期间制定的目标。

鼎城区灌溪工业园一角

“十五”和“十一五”期间，鼎城区财源建设面临新的课题。特别是2004年12月21日，突发的一场无情大火，将闻名全国的桥南市场葬身火海。大火不仅烧掉了几十亿元资产，更重要的是导致其他经济增长点萎缩和衰退。各方面的经济损失给鼎城区财政带来巨大的困难。严重的突发灾害，没有吓倒坚强的鼎城人。鼎城区委、区政府清醒地认识到，十年苦心经营所形成的人、财两旺的购销网络还在，品牌效应还在，桥南市场面临重新发展的机遇。鼎城区委、区政府抓紧实施“发展型”重建规划，组织各方面的资金近6亿元，其中，鼎城区财政直接投入近8000多万元，为再造“聚宝盆”、重铸“桥南”辉煌起到决定性作用。同时，鼎城区委、区政府也加快了桥南工业园二期开发和灌溪工业园基础设施建设，在资金和政策上给予大力倾斜。在“八五”和“九五”期间，鼎城区财政投入“园区”建设的资金就达亿元。到2008年底，鼎城区拥有民营、独资、股份制等多种经济成分的企业1500多家，其中规模企业100家；全年入库税金100万元以上的企业16家；入库1000万元以上的企业4家。如：中联建筑起重机分公司入库3800多万元，湖南特力液压有限公司入库2054万元，中联重科常德汽车起重机分公司入库1700多万元，中联重科结构件有限责任公司入库1300多万元。“园区”工业企业全年共计入库税金超过亿元。桥南市场已于2006年10月复市，2007年、2008年，分别入库税金2000多万元。与此同时，以“园区”为龙头新建的“丁武”（丁家港至武陵镇）工业走廊、“谢武”（谢家铺至武陵镇）工业走廊也相继建成。以十美堂镇、周家店镇、黄珠洲乡为代表的“珠”、“龟”、“蟹”等特种水产养殖基地，以武陵镇、中河口镇、牛鼻滩镇为代表的蔬菜基地，以石板滩镇、雷公庙乡、长岭岗乡为代表的花卉基地实现了产业化，呈现出良好的发展势头。鼎城区不断加强财源建设，培育壮大了财政收入增长点，有力地促进了财政增收。2008年，鼎城区工商各税收入完成16942万元，比2000年的4620万元增收12322万元，增长2.67%；鼎城区财政一般预算收入已达到22630万元，比2000年的13481万元增加9149万元，增长0.68倍。

财　政　收　入

鼎城区的财政收入主要包括：工商各税、农业各税、企业收入（1994年，企业利改税后不再上缴利润，其科目已不复存在。为继承原已发生的数据，故仍作保留科目）、非税收入（2007年由其他收入科目调整过来的新科目，包括罚没收入、行政事业性收费收入、预算调节基金、国有资源资产有偿使用收入、专项收入、其他收入）。随着国有企业转换经营机制和国家分税制改革的实施，国民经济得到迅速发展，鼎城区的财政收入保持了快速增长的势头，财政一般预算收入由1989年的5371.1万元增加到2008年的22630万元，增长4.21倍，年均增长7.9%（考虑“农特两税”、桥南市场“12·21”火灾影响等因素，按可比口径计算，年均增长9.6%）。1989年至2008年，财政一般预算收入累计完成236274.6万元，其中：工商各税完成121627万元，占预算总收入的51.77%；农业各税完成47864.4万元，占预算总收入的20.26%；企业收入完成45.3万元，占预算总收入的0.02%；非税收入完成66737.9万元，占预算总收入的28.25%。

附：鼎城区1989年至2008年财政总收入统计表。

鼎城区财政局 1989～2008 年财政总收入统计表

单位：万元

年度	财政总收入合计	一般预算收入合计	其中：工商各税收入	农业税收入	农业特产税收入	耕地占用税收入	契税收入	行政性收费收入	罚没收入	企业上缴利润收入	国有资源（资产）有偿使用收入	预算调节基金收入	专项收入	其他收入	上级补助收入：上级补助收入合计	其中：税收返还	调入其他资金
	(1)	(2)	(3)	(4)	(5)	(6)	(7)	(8)	(9)	(10)	(11)	(12)	(13)	(14)	(15)		(16)
1989	6100.3	5371.1	3855.8	1229.3	73.6	21.2	9.3		127.3	-5.5		22.8	36.1	1.2	729.2		
1990	6455.5	5662	4075.3	1186.9	106.4	7.2	10.3		182.6	14.4		27	50.9	1	680.2		113.3
1991	6767.6	5471.5	3587.9	1147.1	112	11.7	16.4		139.4	-8.6		42.2	98.5	324.9	1199.1		97
1992	7380	5357	3580	1352	111	13	22		138	5		35	100	1	1937		86
1993	8373	6130	4295	1253	122	43	23		257	40		15	70	12	2033		210
1994	10807	5805	2427	2335	221	77	23	70	345		174	9	104	20	4647	2284	355
1995	12400	7176	3461	1827	292	110	29	308	637		183	6	272	51	4644	2201	580
1996	14471	9233	4215	2692	411	106	25	375	544		257		290	318	5002	2225	236
1997	16977	10897	4301	2604	492	10	42	398	858		321			1871	4992	2125	1088
1998	18066	12283	4306	2332	328	66	82	786	1593		305		265	2220	5783	2152	
1999	20869	13355	4286	2033	400	298	72	1000	1645		326		210	3085	7229	2161	285
2000	21348	13481	4620	1836	1184	176	71	1000	1345		683		244	2322	7855	2150	12
2001	28147	14843	5158	1700	1180	186	72	1200	1388		772		231	2956	13156	2161	148
2002	36046	16456	5136	4458	838	196	82	1300	1400		455		241	2350	19590	2875	
2003	40232	18456	5598	4747	838	215	96	1587	1443		1533		217	2182	21776	3131	
2004	47199	15020	7884	2469		256	124	1458	1255		638		269	667	31160	3506	1019
2005	51368	13538	9030			292	250	800	2188		127		290	561	37830	3439	
2006	65642	15602	11447			223	351	924	2139		76		328	114	50040	3525	
2007	91094	19508	13422			426	381	1727	2289		163		298	802	71586	3621	
2008	115355	22630	16942			991	449	1630	1639		399		549	31	92725	3820	
合计	625097	236275	121627	35201	6709	3724	2230	14563	21552	45.3	6412	157	4164	19890	384594	41376	4229

注：1.（3）栏至（14）栏相加 =（2）栏合计数。2.（2）栏 +（15）栏 +（16）栏 =（1）栏合计数。

一、工商各税收入

工商各税一直是鼎城区财政收入的主要来源，由税务部门负责征收、解缴。1989 年至 2008 年，鼎城区累计入库 121627 万元，占同期财政一般预算收入的 51.77%。1989 年至 1993 年，除保留原税种外，先后开征了：固定资产方向调节税、资源税、增值税、消费税、土地增值税等 5 个税种。1994 年国家实行分税制改革，原产品税、建筑税、个人收入调节税、奖金税、集体企业所得税、部分产品增值税和国家预算调节基金停止征收，或改为其他税种。改制后的征收税种分为：增值税、营业税、企业所得税、个人所得税、资源税、印花税、地产税、车船使用税、土地增值税、屠宰税、城建税、土地使用税等 12 个税种。通过培植财源，鼎城区的工商各税收入逐年持续呈上升趋势。从 2002 年至 2006 年对工商各税完成的统计情况可以看出，增值税、营业税是工商税收中的主体税种，占工商税收的 72.35%。

附：鼎城区 2002 年至 2006 年工商各税完成一览表。

鼎城区 2002 年至 2006 年工商各税完成情况一览表

单位：万元

预　算　科　目	2002 年	2003 年	2004 年	2005 年	2006 年
一、增值税	649	856	1795	1663	1862
二、营业税	2451	2557	3559	4760	6420
三、企业所得税	78	95	116	135	149
四、企业所得税退税					
五、个人所得税	753	611	651	613	700
六、资源税	18	16	23	27	68
七、固定资产投资方向调节税					
八、城市维护建设税	567	811	930	891	1119
九、房产税	389	458	592	671	750
十、印花税	79	96	108	138	171
十一、城镇土地使用税	70	70	71	88	90
十二、土地增值税		4	5	10	57
十三、车船使用和牌照税	14	24	34	34	61
十四、屠宰税	68				
合　　计	5136	5598	7884	9030	11447

从工商税收的税种来看：增值税 1862 万元，增长 11.97%；营业税 6420 万元，增长 34.85%；企业所得税 149 万元，增长 10.37%；个人所得税 700 万元，增长 14.19%；城市维护建设税 1119 万元，增长 25.59%；房产税 750 万元，增长 11.77%；印花税 171 万元，增长 23.91%。

从工商税收的构成来看：增值税占 16.27%，营业税占 56.08%，个人所得税占 6.12%，城市维护建设税占 9.78%，房产税占 6.55%。

由以上分析可知，增值税、营业税仍是工商税收中的主体税种，占工商税收的 72.35%。这两个税种在鼎城区的财政收入中具有举足轻重的作用。

二、农业各税收入

中河口镇冬瓜收购现场

农业各税收入包括农业税、农业特产税、耕地占用税、契税等 4 个税种。1989 年至 2008 年，鼎城区累计征收农业各税 47864.4 万元，占同期财政一般预算收入的 20.26%。

1. 农业税。对农业税的征收，鼎城区一贯坚持稳定税赋和增产不增税的原则，一直委托区粮食部门代征、代缴。1989 年至 2005 年，鼎城区累计征收农业税 35201.3 万元，占农业各税收入总数的 73.54%。2005 年国家取消农业税征收。

2. 农业特产税。鼎城区从 1986 年开始征收农业特产税，应税品种有：水果、茶叶、花卉、竹子、木材、蔬菜、菜油、茶油、湘莲、莲藕、芦苇、成鱼、鱼苗等。其税率为产值的 5% ~8%。1989 年至 2004 年，鼎城区累计征收农业特产税 6709 万元，占农业各税收入总数的 14%。2004 年国家取消农业特产税征收。

3. 耕地占用税。凡个人和单位占用耕地进行基本建设，均应缴纳耕地占用税，每亩税额为 3333 元。1989 年 1 月 1 日起，耕地占用税收入，中央和地方的分成比例由原来的对半分成，调整为“3∶7”分成。即：中央 30%，地方 70%。2007 年以前，鼎城区的耕地占用税委托区国土管理部门代征、代缴。为了强化国有土地管理，鼎城区于 2008 年 4 月成立了鼎城区契税、耕地占用税征收局，并从 2007 年起，改代征为直征。1989 年至 2008 年，鼎城区累计征收耕地占用税 3724.1 万元，占农业各税收入总数的 7.78%。

4. 契税。契税的纳税对象是转移土地、房产交易权属的单位和个人，税率为 4%。鼎城区的契税早在新中国成立之时，开始征收。1958 年，国家下令停止征收，后于 1985 年恢复征收。直到1996年，都是遵照“政务院”（国务院）1950年4月3日颁布的《契税暂行管理条例》执行。1997年，中华人民共和国颁布了新的《契税暂行管理条例》，随之湖南省人民政府发布了《实施中华人民共和国契税条例若干规定》，并于1998年2月1日启用统一的“湖南省契税完税证”和“湖南省契税申报审批表”，税率仍为4%，契税征收更加规范。鼎城区的契税一直委托区房产管理部门代征、代缴。2007年起，鼎城区的契税与耕地占用税同步由区财政局改代征为直征，效果显著。契税自开征以来，鼎城区一直未停止征收。1989年至2008年，鼎城区累计征收契税2230万元，占农业各税收入总数的4.67%。

三、企业收入

企业收入主要是指企业所得税、上缴利润、企业亏损补贴、国有资产收益。计划经济时期，企业收入曾是鼎城区财政收入的主要税源。市场经济时期，由于国有企业亏损、破产、转换经营机制为民营企业，鼎城区国有企业收入削减。1994年，国家实行利改税政策，企业再不向财政上缴利润或亏损补贴。1989年至1993年，鼎城区累计入库企业收入45.3万元，仅占同期财政一般预算收入的0.02%。

四、非税收入

非税收入包括罚没收入、行政事业性收费收入、政府调控基金、国有资源（资产）有偿使用收入、专项收入和其他收入等。1989年至2008年，鼎城区累计入库非税收入66737.9万元，其中：罚没收入为21552.3万元，占非税收入总数的32.29%；行政事业性收费收入为14563万元，占非税收入总数的21.82%；国有资源（资产）有偿使用收入为6412万元，占非税收入总数的9.6%；专项收入为4163.5万元，占非税收入总数的6.34%；政府调控基金为157万元，占非税收入总数的0.23%。鼎城区非税收入增幅较大的主要原因：一是1993年后国家对行政事业性收费收入实行规范化管理，全部纳入财政预算收入；二是司法机关和物价、工商等执法部门在处理经济案件中罚没收入增多；三是其他不可预料的临时性杂项收入增长较快。

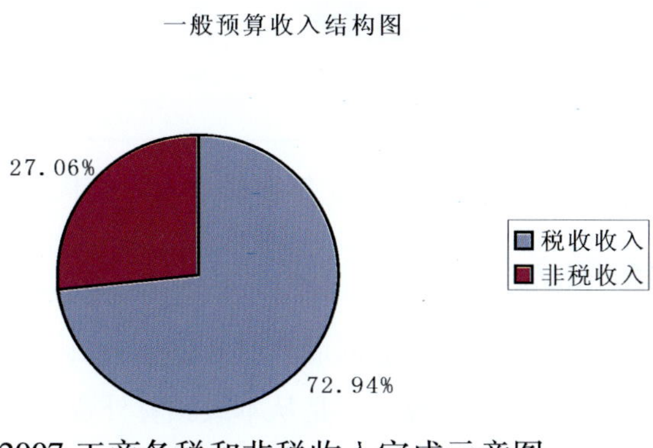

2007工商各税和非税收入完成示意图

从图可知，2007 年，鼎城区财政一般预算收入完成 19508 万元，其中：税收收入完成 14229 万元，占财政一般预算收入的 72.94%，比上年增长 32.16%；非税收入完成 5279 万元，占财政一般预算收入的 27.06%，比上年增长 15.48%。

除上述一般预算收入科目外，反映在财政总收入中的还有两个重要收入科目，即：上级补助收入和调入资金收入科目。

五、上级补助收入

上级补助收入是指上一级财政对下一级财政下拨的补助款项，一般包括体制补助、干部职工调资补助、中小学教师工资转移支付补助、其他特定的专项补助等。1989 年至 2008 年，鼎城区累计上级补助收入 384593.5 万元，其中：税收返还收入 41376 万元。剔除税收返还部分，实际上级补助收入 343217.5 万元，年平均 17160.875 万元。目前，上级补助收入已成为鼎城区财政收入的重要收入来源和打好每年财政预算盘子不可缺少的组成部分。例：2008 年，鼎城区财政一般预算收入 22630 万元，财政一般预算支出 103827 万元，差额 81197 万元依赖上级财政补助收入补贴，依赖率达 78.2%。上级补助收入来源：一靠政策规定，二靠汇报争取。如果一旦政策偏移或“争取”未果，或受世界金融风暴影响，缩小转移支付规模或减少上级政策性财政补助，都将会给鼎城区的财政收入带来巨大压力和困难。

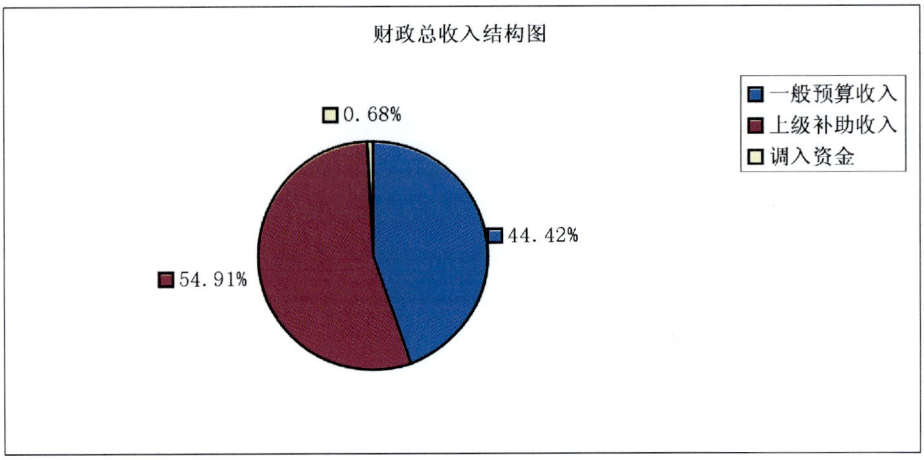

1989 年至 2008 年财政总收入结构图

六、调入资金收入

调入资金收入是因当年预算不足而形成的财政资金缺口，须从其他方面资金补入才能平衡当年财政预算收支。其资金来源：一是从本级预算外资金中调入；二是通过其他渠道调入。1989 年至 2008 年，鼎城区除 1989 年、1998 年、2002 年、2003 年、2005 年、2006

年、2007 年、2008 年这 8 个年度以外，其余年度共计调入预算调入资金 4229. 3 万元，平均每年 352 万元，对平衡财政预算起到积极的补充作用。

财　政　支　出

鼎城区政府安排财政支出一贯本着“量入为出”的基本原则：一是保吃饭，二是保建设，三是保平衡。在保证人员经费的同时，优先安排经济建设、科技、教育、卫生、计育、文化、行政管理以及下岗职工的生活费、就业费等支出。1989 年，财政一般预算支出 4630. 5 万元，到 2008 年已增加到 103827 万元，增加 99196. 5 万元，增长 22. 42 倍。1989 年至 2008 年，全区累计财政一般预算支出 563400. 9 万元，年均增长 17. 8%。

附：鼎城区 1989 年至 2008 财政总支出统计表。

2006 年以前的财政一般预算支出科目主要分为 5 大项：经济建设类支出、行政管理类支出、各项事业类支出、社会保障类支出、其他支出类支出。另加上解支出形成财政总支出科目。这种支出框架是 20 世纪 50 年代仿照苏联财政管理模式设立的，是与计划经济体制下的财政管理体制相适应的。但在社会主义市场经济体制下，这种支出框架已经在构建社会主义公共财政建设中显现出种种弊端，主要表现在：一是收支内容不完善，支出分类欠科学，不能直观反映政府各项职能。二是预算分类笼统，不利于预算编制细化和强化预算约束。三是支出的统计口径不利于宏观分析与决策，也与国际通行做法不相适应。为进一步改革和完善政府预算管理制度，加强财政监督和促进社会主义民主政治建设，我国财政收支分类改革已于 2006 年开始启动，并于 2007 年在全国实行新的财政收支分类科目。鼎城区也于同年正式启用，执行了新的财政收支分类科目。

一、一般公共支出

以前的行政管理类支出。从 2002 年起，计育经费也并入公共支出科目。2008 年，鼎城区财政实际公共支出 13986 万元，比 1989 年的 682. 8 万元增加 13303. 2 万元，增长 19. 48 倍。1989 年至 2008 年，鼎城区累计一般公共支出 86657. 9 万元，占财政一般预算支出的 15. 38%。

二、公共安全支出

以前的公、检、法、司支出，列入行政管理类支出。为便于统计，将国防支出并入公共安全支出科目（因发生额不多）。2008 年，鼎城区财政实际公共安全支出 5998 万元，比 1989 年的 251. 9 万元增加 5746. 1 万元，增长 22. 81 倍。1989 年至 2008 年，鼎城区累计公共安全支出 32790. 4 万元，占财政一般预算支出的 5. 82%。

三、教育支出

鼎城区 1989 年至 2008 年财政总支出统计表

单位：万元

年度	财政总收入合计	一般预算收入合计	其中：一般公共支出	公共安全支出	教育支出	科学技术支出	文体传媒支出	社会保障就业支出	医疗卫生支出	城乡社区事务支出	农林水事务支出	交通运输支出	工业商业金融等事务支出	专项支出	环境保护支出	其他支出	上解支出：合计上解	其中：体制上解
	（1）	（2）	（3）	（4）	（5）	（6）	（7）	（8）	（9）	（10）	（11）	（12）	（13）	（14）	（15）	（16）	（17）	
1989	6176.6	4630.5	682.8	251.9	1432.6	12.2	86.2	217.7	438.5	105.2	642			36.1		725.3	1546	795.8
1990	6423.5	4860.7	748.6	325.7	1638.8	7.7	104.7	174.6	523.8	123.1	501.5			50.9		661.3	1563	843.5
1991	6585.1	5728.7	917.5	330.8	1699.5	9	120.4	210.2	574.8	182.7	709.8			116.5		857.5	856.4	147.3
1992	7300	6348	1293	333	1893	10	143	262	591	259	776			100		688	952	134
1993	8229	7458	1617	434	2168	12	168	248	683	222	863			70		973	771	139
1994	10667	9705	2370	819	2920	14	212	301	790	398	956			104		821	962	139
1995	12213	11089	2702	789	2784	15	265	366	928	565	1129			257		1289	1124	
1996	14278	12958	2691	911	3566	16	314	333	1096	525	1138			282		2086	1320	
1997	17331	15624	2766	1371	4247	21	400	329	1243	655	1497					3095	1707	
1998	17850	15711	2835	921	3002	29	365	442	993	847	1621			182		4474	2139	
1999	21210	18852	4008	1969	3611	34	428	648	1149	872	1660			227		4246	2358	
2000	21722	18823	4274	1215	3500	31	385	806	753	514	1441			267		5637	2899	
2001	25612	23093	5276	1667	4928	36	516	890	766	565	1370			255		6824	2519	
2002	35871	32479	6522	1836	9419	32	798	1489	1101	681	2805			281		7515	3392	
2003	39629	36467	7164	2039	10245	36	873	1960	1649	1405	3014			429		7653	3162	
2004	45435	41235	4021	1770	11425	45	1824	8619	2069	1264	5999			302		3897	4200	
2005	50252	46828	4495	1967	11434	48	1825	12325	2267	1014	5909			542		5002	3424	
2006	63853	60798	6276	3082	12242	70	2202	14999	4296	1884	6212			482		9053	3055	
2007	90348	86886	12013	4761	22719	279	1281	18169	7374	1719	13414	2893	1244		278	742	3462	
2008	108492	103827	13986	5998	26841	289	1508	23449	9071	2531	15508	2308	1164		557	617	4665	655
合计	609477	563401	86658	32790	141715	1045.9	13818	86238	38356	16331	67165	5201	2408	3984	835	66856	46076	2854

注：1.（3）栏至（16）栏相加 =（2）栏合计数；2.（2）栏 +（17）栏 =（1）栏合计数。3. 一般公共支出主要是行政管理费等，含 2001 年前计育经费在内。4. 公共安全支出主要是公检法司支出及国防支出。5. 农林水事务支出含支援农业生产支出。6. 城乡社区事务支出含 2003 年以前经济建设类支出及城市建设维护费等。

以前列入各项事业类支出。2008 年，鼎城区财政实际教育支出 26841 万元，比 1989 年的 1432.6 万元增加 25408.4 万元，增长 17.74 倍。1989 年至 2008 年，鼎城区累计教育支出 141714.9 万元，占财政一般预算支出的 25.15%。

四、科学技术支出

以前列入各项事业类支出。2008 年，鼎城区财政实际科学技术支出 289 万元，比 1989 年的 12.2 万元增加 276.8 万元，增长 22.69 倍。1989 年至 2008 年，鼎城区累计科学技术支出 1045.9 万元，占财政一般预算支出的 0.19%。

五、文化体育与传媒支出

以前列入各项事业类支出。2008 年，鼎城区财政实际文化体育与传媒支出 1508 万元，比 1989 年的 86.2 万元增加 1421.8 万元，增长 16.49 倍。1989 年至 2008 年，鼎城区累计文化体育与传媒支出 13818.3 万元，占财政一般预算支出的 2.45%。

六、社会保障与就业支出

2008 年，鼎城区财政实际社会保障与就业支出 23449 万元，比 1989 年的 217.7 万元增加 23231.3 万元，增长 106.71 倍。1989 年至 2008 年，鼎城区累计社会保障与就业支出 86237.5 万元，占财政一般预算支出的 15.31%。

七、医疗卫生支出

以前列入各项事业类支出。2008 年，鼎城区财政实际医疗卫生支出 9071 万元，比 1989 年的 438.5 万元增加 8632.5 万元，增长 19.69 倍。1989 年至 2008 年，鼎城区累计医疗卫生支出 38356.1 万元，占财政一般预算支出的 6.81%。

八、城乡社区事务支出

以前列入行政管理类子目中的城市维护建设类支出，包括交通运输支出等。2008 年，鼎城区财政实际城乡社区事务支出 2531 万元，比 1989 年的 105.2 万元增加 2425.8 万元，增长 23.06 倍。1989 年至 2008 年，鼎城区累计城乡社区事务支出 16331 万元，占财政一般预算支出的 2.9%。

九、农林水事务支出

以前列入行政管理类支出。列入以前行政管理类支出中的还有支援农业生产支出，同样列入新科目。2008 年，鼎城区财政实际农林水事务支出 15508 万元，比 1989 年的 642 万元增加 14866 万元，增长 23.16 倍。1989 年至 2008 年，鼎城区累计农林水事务支出

67165.3 万元，占财政一般预算支出的 11.92%。

十、交通运输支出

以前列入行政管理类子目中的城市维护建设支出。从 2007 年起已单列为新科目，到 2008 年，鼎城区累计交通运输支出 5201 万元。

十一、环境保护支出

以前列入行政管理类子目中的城市维护建设类支出。从 2007 年起已单列为新科目，到 2008 年，鼎城区累计环保支出 835 万元。

十二、其他支出

当年预计不到的临时性或突发性发生的支出。包括：抗洪救灾、支援不发达地区等支出。1989 年至 2008 年，鼎城区累计其他支出 66856.1 万元，占财政一般预算支出的 11.87%。

除上述一般预算支出科目外，在财政总支出中反映的科目还有上解支出科目。

十三、上解支出

1989 年至 2008 年，鼎城区财政上解支出项目有：农业税差价超收部分、城市维护建设税、屠宰税、农业特产税、房产车船使用税、酒税超收部分、耕地占用税、商业、物资、批发、营业税等。到 2001 年，鼎城区专项上解（含体制上解）的支出项目有：农业税差价超收部分、向中央作贡献款、税务经费上划、工商经费上划、技监经费上划、“小三税”（资源税、土地使用税、土地增值税）及其他上划（包括粮食风险基金和世行贷款等）。1989 年至 2008 年，鼎城区财政累计上解支出 46076.1 万元，其中体制上解 2853.6 万元，即：1989 年至 1994 年和 2008 年，共 7 个年度的体制上解支出数。

1989 年至 2008 年，鼎城区的财政支出增长是高速的，也是惊人的，年均增长达到 17.8%，比同期财政收入年均增长 7.9% 高出 9.9 个百分点（考虑“农特两税”、桥南市场火灾等因素，按可比口径计算，实际年均增长 9.6%，收支增长幅度相减后为 8.2%）。

财　政　管　理

随着国家经济体制改革的不断深化，财政体制改革的逐步推进，鼎城区财政各项管理工作得到进一步强化，基本上形成了一个新型的有活力的财政管理体系，逐渐步入制度化、规范化、科学化、法制化轨道。

一、财政预算管理

鼎城区财政预算管理的主要工作是：执行国家预算方针、政策；拟定预算管理制度；研究财政体制；编制中长期财政收支计划；编制区级财政预算草案；草拟机动财力安排意见；汇总年度财政预、决算；审查、批复部门预算；提出增收节支和平衡财政收支的建议；办理财政预算追加事宜；承担区人大、区审计部门有关联系工作；审批国、地税收退库和招商引资优惠政策的核拨事项。

（一）编制财政预算，实行区长负责制

1989 年至 1996 年，鼎城区财政预算编制，实行区长负责制。每年年初，根据上级核定的收支指标结合本区经济发展的要求和区计划会议精神，编制全年财政收支预算。区财政部门在安排收入计划时，根据区实有财源和可靠的经济增长点进行科学测算；安排支出时，秉承量入为出的原则进行。在预算编制过程中，采取“由上至下、自下而上”的方法反复进行论证。编制人员经费，按照表内人数定额计算；编制公用经费，按照标准，分类分档计算；编制专项经费，按照项目分轻重缓急计算。预算编制方案，报区长办公会、区委常委会、区政协主任会（协商）、预算审查委员会、人大常委会审查、区人民代表大会批准通过后，统一批复至各单位执行。在预算执行过程中，除政策性和人力不可抗拒的因素外，一律不得擅自变更。

1997 年后，根据经济发展的需要，鼎城区政府改变过出“基数”加“幅度”的传统编制方法，将财政预算内外资金捆绑在一起，实行综合预算，彻底改变过去那种“穷富不均”、“苦乐不匀”的局面。次年，鼎城区又推行了“零基预算”与“综合预算”双轨并行的办法编制部门预算，将各单位的全部收入纳入财政预算统筹安排。2007 年、2008 年编制的鼎城区财政预算，重点关注了民生民本、建设和谐鼎城、推进“二次创业”和建设新农村的资金需求，充分体现了统筹兼顾，有保有压，量力而行，尽力而为，集中财力办大事保平衡促发展。

（二）深化财政改革，规范财政收支行为

一是深化部门预算编制改革。鼎城区启用部门预算 C 财软件，建立了基础数据信息库，开展了公用经费、非税收入征收成本的调查，逐步提高公务费定额标准，确定政府调控比例，规范了编制范围。二是整体推进了政府收支分类改革。2006 年，鼎城区财政部门组织了全区各行政事业单位共 390 多人进行了收支分类改革业务培训，有序地完成了新老科目的衔接和预算数据转换工作。

（三）加强收支监管，提高资金使用效益

一是规范了拨款程序。鼎城区财政部门按照支出指标的管理要求及拨付程序，严格按制度进行拨付，严格审核追加指标，及时登记指标账。二是建立健全了财政供养人员台

账。针对鼎城区各单位人员的异动、退休、死亡等增减变化情况，区财政部门从源头上防止单位虚报、无正规手续自动补员、套取财政资金等问题，建立了鼎城区财政供给对象信息管理台账。通过建立台账，共节约人员经费552万元，有效遏制了“吃空饷”现象。三是强化了对单位的收支管理。预算执行中，单位有超收收入要求追加预算外指标时，预算严格按照“财政局长签批——国库股核实收入——归口股室控制政府统筹任务”的流程办理，在单位完成年初调控及超收部分前提下，预算才办理追加单位支出指标，有效地防止了财政收入流失。

（四）预算资金管理的主要成效

近几年来，鼎城区针对中央实行“三奖一补”政策规定，即人均财力低于3万元的困难县纳入奖补范围，认真落实财政各项体制改革政策，争取上级财政支持，减轻了本级财政压力。根据各类专项转移支付政策，鼎城区把财政投入的重点放在新农村建设、社会保障、农村义务教育、公共卫生设施、生态环境保护、食品药品安全等建设上，深入研究政策内涵，洞悉有关信息，制定切实有效的措施，扩内需保增长。2008年，鼎城区争取中央、省级补助收入58339万元，其中一般性转移支付补助及缓解县乡财政困难转移支付补助18422万元，比2007年增加8798万元；争取市以上一次性专项补助34386万元，比2007年增加11483万元。鼎城区争取中央、省、市财政资金支持，在一定程度上缓解了本级财政收支矛盾，促进了全区社会事业健康发展，本级财力水平有较大幅度提高，财政供养人员2.5万人人均财力从2000年的0.85万元增加到2008年的2.9万元。

2006年，鼎城区委、区政府在一般性转移支付资金分配、使用和管理上要求具有合法、合理和效益“三性”，对一般性转移支付资金的使用经过全面、综合审核和评价，详细地制定了《鼎城区一般性转移支付资金绩效评价自评报告》，调动区、乡（镇）两级发展经济的积极性。2007年6月15日，省财政厅就一般性转移支付资金绩效评价工作召开座谈会，全省9个区、县（市）参加，鼎城区代表常德市出席。座谈会上，省财政厅主要领导听取并采纳了鼎城区财政局提出的湖区财政水利及一、二线防洪大堤转移支付补助标准和教师津补贴缺口的建议，落实了湖区财政产粮大县政策性挂账因素多给予照顾性补助方案，扩充了区本级财政实力。2004年至2008年，鼎城区财政一般预算内收入出现高幅度增长，年均增长10.8%。针对区域税源严重不足，鼎城区狠抓财税征收工作，确定了国、地两税增收目标，落实促收责任，任务不留缺口，制定了财税征收“按月考核、按季结账、兑现奖励”的工作考核办法，对区国税、地税、财政部门完成全年任务的超收部分实行比例分成。近几年来，鼎城区财政部门直征的契税、耕地占用税、国土收入、国资收益、政府调控资金均逐年增长。

二、财政收入管理

1989年，严重的洪涝灾害，极大地影响了鼎城区的经济发展，财政收支一度举步艰难。是年，鼎城区政府采取了几条增收节支措施：一是责成专业银行解决税收压库问题，确保财政收入及时到位。二是严格履行企业收入承包合同，并鼓励效益好的区国有企业力争多交（如：灯泡厂、新源印刷厂、物资局、药材公司分别多交了4万元、3万元、3万元、2万元）。三是加强税收征管，严格控制减免税。是年，鼎城区实现工商税超收150万元。四是严格控制财政支出，保必要开支，缓可缓开支，砍必砍开支。是年，鼎城区节减财政支出300多万元，全区完成财政一般预算收入5371.1万元，占调整任务5202.8万元的103.23%，实现当年财政收支平衡，净结余51.8万元，其中区本级1.4万元、乡镇50.4万元。

1990年，是“七五”计划的最后一年。鼎城区财政部门进一步深化财政改革，尤其在组织收入方面做到了“三个狠抓”：一是坚持调查研究，狠抓收入计划落实。二是强化岗位责任制，狠抓目标管理。三是加强计划执行监督，狠抓入库进度。是年，鼎城区完成财政一般预算收入5662万元，占调整任务的100.9%，收支相抵，财政净结余49.4万元，其中区本级1.4万元、乡镇47.7万元。

1991年，是“八五”计划的第一年，也是鼎城区财政收支矛盾最尖锐、资金调度最紧张、预算平衡最困难的一年。区财政部门继续坚持治理整顿和深化改革的方针，按照鼎城区委、区政府提出“兴工促农”、“强区富民”的战略思想，面对现实，励精图治、勤政务实，具体抓了以下工作：一是抓财源建设。在一手抓以乡（镇）企业为主体的基础财源建设的同时，另一手抓骨干财源建设，巩固和发展区属企业。经济的发展，涵养了财源，壮大了财政基础。二是抓计划落实。强化岗位责任，狠抓目标管理，组织财政收入采取“三挂钩”，即把组织收入与干部职工个人利益挂钩，与岗位责任制考评挂钩，与单位应拨经费挂钩。财政收入做到以月保季，以季保年。三是抓收入缴库。这方面做到三点：第一是开展了以屠宰税为中心的农村各税清缴战，收缴入库10万元。第二是开展了查补偷、漏、欠工商税的攻坚战，共查补税收300多万元。第三是开展了财政收入全面入库“双过半”突击战。通过以上促收措施的落实，是年完成财政一般预算收入5471.5万元，占调整任务的102.49%，顺利渡过难关，实现财政收支平衡。

1992年，按照中共中央2号文件精神，解放思想，开拓进取，鼎城区财政部门紧密依靠各级党委政府，科学理财，勤抓严管，组织收入实行“确定基数，目标管理，全额上缴，超收全返，短收抵扣”的办法，鼓励和支持行政事业单位办经济实体，开展创收补支。是年，行政事业单位人均创收300多元。通过单位创收，全年共弥补行政事业单位经费348万元。此外，为保证必要开支和财政平衡，调入企业承包外收入80万元。

1993年，是鼎城区财政工作步履艰难的一年。表现在：收入入库缓慢，资金调度奇紧，供需矛盾尖锐，收支平衡极难。为了确保财政收支计划的完成，区财政部门具体狠抓了以下工作：一是适应市场经济，转变理财观念。社会主义市场经济模式要求财政运行从传统的惯性传递转为摒弃变动，变计划经济下的“供统型、统包型、粗放型”财政为市场经济所要求的“经营性、效益性、开放型”财政。因此，区财政部门立足解放思想，更新理财观念，注重生产投入，着力培植财源，进一步完善乡、镇财政体制，鼓励行政事业单位创收，规范政府、企业、个人经济行为，大力扶持企业发展，注重社会化服务监督，为配合国家分税制改革作了大量的前期准备工作。二是积极投入资金、大力培植财源。经济是财政的基础，财源是财力的保障。狠抓财政收入，是缓解财政收支矛盾的根本途径。区财政部门按照区委、区政府提出的“3581”财源建设发展规划与目标，抽调了专人成立办事机构，积极培植财源，并在政策上、资金上给予引导、扶持，因地制宜“放水养鱼”。采取的做法是：1. 挖掘巩固现有财源。在加强桥南经济开发总公司等“八大公司”的管理的同时，注重预算内企业的社会服务，帮助企业转换经营机制，调整产业结构，并为其投放周转金455万元，新增产值880万元，新增利税110万元。是年，从企业调入承包外收入210万元，用于平衡预算。2. 扶持壮大骨干财源。为了抓好农村各税收入，加大了对农业的投入，1993年支农资金比上年的348万元增加46万元，并提供周转金531万元，有力地促进了农村经济发展，确保了农村各税收入的顺利征收。3. 开发培育替代财源。主要是鼓励、引导行政事业单位创办经济实体，抓好抵支收入的管理。是年，共投放周转金160万元。据统计，1993年实体创收产值达4800万元，实现利税536.6万元，抵支收入717万元，财政渡过了难关，圆满完成年度预算任务。

桥南工业园区

1994年，是国家实行分税制改革的头一年。在以分税分征分管、中央集中增量、宏观调控加强、地方财源相对减少为主要特征的分税制情况下，矛盾与困难交织。为了确保新旧体制的顺利衔接，鼎城区财政部门成立了专门税收班子，按照有关税种划分收入留解等方面的规定，确定本区财政新体制的基本框架，测算了一个本级可用财力5800万元的预算盘子，并且在预算执行过程中，积极向上反馈新旧体制磨合过程中暴露出来的矛盾和问题，及时给予妥善处理，尽力缩减财政体制转轨变型给本区财政工作带来的负效应。及时落实新体制的有关政策精神，使该享受优惠政策基本到位，确保了新旧体制平稳过渡和新体制正常运行。1994年，鼎城区完成财政一般预算收入5805万元，占年度预算的115.27%，同口径比1993年增长41.01%，顺利完成了新旧体制的交换。

1995年，是“八五”计划的最后一年，也是分税制正常运行的一年。新的形势和任务，给鼎城区财政工作带来新的困难、新的矛盾、新的挑战、新的机遇。为了确保当年财政收入完成，鼎城区委、区政府着重抓了三项工作：一是加强领导，强化目标管理。从区级领导到每一个有收入任务单位的负责人，年初都要签订收入任务责任状，层层建立首长负责制，分片包干负责，实施了“三个一”（一把手负责，一票否决，任务铁板一块）、“五挂钩”（任务与单位领导提拔挂钩，任务与单位拨款挂钩，任务与单位工资晋级挂钩，任务与年终奖金挂钩，任务与单位评先挂钩）的强硬措施。二是密切部门配合，形成合力抓收入。尤其是在罚没收入和行政事业性收入征管上，实行了“收入全缴，支出核拨，比例返回，一年一定”的管理方法。全年入库行政事业性收费收入和罚没收入共945万元，比1994年的445万元增长1.12倍，超过计划数507万元。三是开辟新的收入渠道。是年，开征了国有资产占用费，全年征收150万元，占计划的150%。四是加强计划监督，建立健全财政收入均衡入库机制。鼎城区委、区政府对有收入任务上交的单位严格执行以“按月考核，择地结账，兑现奖惩”为主要特征的“8·33”考核办法，并在参与全市开展的“8·33”分月结账考评中，月月达到入库进度要求，取得了5个前三名。

1996年，是“九五”计划的头一年，也是党的十四届五中全会提出的“振兴财政”发展战略的第一年。鼎城区财政部门面临新的任务，为确保预算收入计划的完成，从根本上扭转过去平时欠账多，年终打突击的被动局面，坚持“勤征”与“细管”并举，开展以均衡入库为主要特征的促收活动。一是量化考核目标，及时分解征收任务。是年初，鼎城区采取“三按”，即按政策、按税源、按基数的原则，科学进行测算分配，敲定收入预算盘子。二是强化奖惩措施，落实“8·33”考核。鼎城区委、区政府联合出台了《鼎城区1996年财政工作奖惩办法》，将“8·33”考核纳入制度化、规范化、经常化的轨道。三是完善奖惩机制，搞好勤征细管。为了加强征管，鼎城区委、区政府在10月和11月相继下发了《关于在区范围内开展“财税征收月”活动的通知》、《关于明确责任，强化征管，抓紧税收入库的紧急通知》，采取收现、压欠、堵漏等7条措施，实施了“挂”、“诉”、“打”、“罚”、“贷”并举的超常措施，全年清缴欠税3200万元，后3个月清缴财政收入2191万元。全年完成财政一般预算收入9233万元，占年度预算的108.79%，比上年的7176万元增长28.66%。

1997年，香港顺利回归祖国，党的十五大胜利召开，是我国历史上最重要的一年。同时，也是鼎城区财政收入在“九五”计划时期上亿元台阶目标的一年。这一年，鼎城区委、区政府把组织财政收入作为压倒一切的中心工作来抓。一是坚持均衡入库，认真开展“8·33”考核结账。从3月份起将工商各税、农业各税、国有资产占用费、矿产资源补偿费等经常性收入按月平均进度8.33%进行考核，坚持在收入完成进度最慢的单位所在地召开财税入库结账会议，当场兑现奖惩。二是加强财税宣传，努力净化征管环境。为了营造一个良好的征收环境，在电视台，电台开辟了常年性的宣传栏目，定期宣讲《预算法》、《税收管理法》等政策、法律、法规。出动宣传车、张贴横幅标语，在主要街道开展财税宣传一条街活动。三是强化征收职能，切实做到应收尽收。采取的措施是：一方面，坚持大头收入与零散收入并重，堵塞“跑”、“冒”、“滴”、“漏”。另一方面，坚持均衡入库与突击入库并举，全力组织收入。通过各方面的努力，1997年，鼎城区财政一般预算收入完成10897万元，占年度预算计划的108.64%，实现了“九五”期间鼎城区财政收入的既定目标。

1998年，鼎城区遭受了严重的洪涝灾害，财政资金供求矛盾非常突出。为保持财政工作的正常运行，鼎城区加大收入征收力度，继续开展“8·33”考核结账的同时，采取了“八字”方针，狠抓收入征收，即“协”、“催”、“查”、“调”、“扣”、“盘”、“诉”、“包”的强硬举措。是年，鼎城区共查增税收750万元，清缴欠税1925万元，挖潜征收房产税142万元，为大灾之年财政收支保平衡起到了积极作用。

1999年至2001年，鼎城区组织财政收入坚持“按月考核，择地结账，兑现奖惩，媒体公布”的促收措施。坚持依法征收，不断改革征管方式，既保证了重点税收和主体税收入库，又狠抓了零散收入入库。这三年，鼎城区财政一般预算收入完成分别达到预算调整计划的100.49%、98.6%、101.91%，连续保持了预算收支平衡。

2002年，鼎城区完成财政一般预算收入16456万元，比1994年的58058万元增长18.35倍，年均增长11.6%。鼎城区的财政收入增长如此之快，有两个方面的原因：一是国家实行分税制后，增强了地方培植财源、壮大财政收入的积极性。二是理顺了税收征管方式，激发了地方财政的活力。2002年前，农村工商税收都是通过行政手段强加在乡（镇）一级政府负责征收，既违反了税收政策，又削弱了税收部门的征管职能，征管体制不顺。这年主管财政的常务副区长陈安生同志着手理顺征管关系，迅速作了调整，在全市率先将工商税收从乡（镇）目标考核内容中剥离出来，完全由税收部门承担征收责任，既扭转了以往工商税收征管过程中“买卖税收”、收入质量不高的现象，又在很大程度上缓解了乡（镇）一级政府的工作压力，减少了征收成本，促进了依法征收。

2004年，一场突发的无情大火，将鼎城区的商业“航空母舰”——桥南市场葬身火海。大火不仅烧掉了几十亿元资产，由此而带来的其他经济影响，直接给鼎城区的财政带来巨大的困难，加之这年国家为减轻农民负担，下达了降低农业税征收税率比例和取消农业特产税征收政策，鼎城区的财政举步维艰。针对全市宏观调控趋紧、桥南市场火灾影响等不利因素，鼎城区委、区政府及时调整工作思路，转变工作重心，紧紧围绕完成2004年财政收入任务采取了超常的促收措施：一是狠抓了宣传发动。区财税部门以《税收管理法》、《湖南非税管理条例》等为主要内容，开展多种形式的宣传活动，全区上下形成了一个整体联动抓促收的格局。二是狠抓了责任到位。层层分解落实收入任务，对有收入任务的单位继续执行“按月考核，奖惩兑现”的促收考核办法。区国税、地税部门大力清缴欠税，全年共清缴入库2921万元，其中国税2000万元、地税921万元。区财政部门以农业税和非税收入为重点，加大对乡（镇）、场农业税、区直执罚单位非税收入的征收力度，确保各项收入及时足额入库。尤其对乡（镇）采取征收考核办法，调动乡（镇）干部的积极性，全区除草坪镇外，其他乡（镇）、场全部完成年度任务。其中蒿子港镇等 13 个乡（镇）提前半年完成了全年任务。三是狠抓了合理调度。区财政部门积极争取区委、区政府的支持，协调各有关职能部门之间的关系，较好地解决了收入征管过程中的重点、难点问题，做到了应收尽收。由于依法、依规组织收入征收，收入结构明显优化，在财政一般预算收入中，工商税所占比重由 2003 年的 30.33% 提高到 2004 年的 52.49%。是年，全区完成财政一般预算收入 15020 万元，占调整预算的 100.12%，成为鼎城区财政收入征收史上提高收入质量的重要转折点。

2005 年，是国家实施“十五”计划的最后一年。鼎城区克服了桥南市场火灾后的种种困难，重振桥南雄风。针对农业税全额免征的政策和骨干税源短缺的实际情况，区财税部门充分发挥主力军作用，积极应对新问题，强化促收措施。区地税部门通过对个体工商税收定额征税、强化行业税收、重点项目建设征管和对私房出租的清理，共完成区级税收 7216 万元（含教育附加费 178 万元），比上年增长 19.41%。同时，区地税部门加大了地方税收的稽查力度，共清查各类地税企业 69 户，个体经营户 11 户，查补税收入库 290 万元。区国税部门强化征管责任，及时足额组织收入，共征收入库税收 7854 万元（其中：区级税收 1991 万元）。区财政部门加大了契税、耕地占用税征收的覆盖范围和非税收入的入库，共实现收入缴库 4329 万元。全年财政一般预算收入完成 13538 万元，占调整预算的 101.25%。

中河口镇万亩棉花基地

2006 年至 2008 年，鼎城区委、区政府围绕市委、市政府提出的财税工作目标，大力推进“三个鼎城”建设，推进“二次创业”，努力发挥财税部门的职能作用，全区社会经济呈现协调发展态势。2006 年，区国税、地税部门夯实征管基础，规范税收执法，大力推进税企联网、电子报税、划卡缴税、税控机收税，突出加强了对第三产业、个体工商税收征管，提高了工商税收入库水平。是年，国税收入完成 2190 万元，地税收入完成 9257 万元，均超过年初计划数。区财政部门切实抓紧直征收入征管，完成了各项收入任务，特别是契税和耕地占用税创历史新高，分别完成 351 万元、223 万元，两项合计 574 万元，比上年的 542 万元增长 5.57%。2007 年，一是做到既从总体上把握税收增长潜力，又从重点上把握收入项目。如灌溪工业园区骨干机械行业，年入库 4806 万元，其中：区级税收 1533 万元，比上年增长 42.24%，成为全区收入增长亮点。二是积极支持税收部门推行电子报税和税控机收税，实施科学化、精细化管理，堵漏节流，使各项税收收入得到较快增长，尤其是增值税、营业税、城建税分别增长 23.74%、15.33%、24.5%。三是推进契税、耕地占用税直征改革，“两税”入库 807 万元，比上年的 574 万元增长 28.87%。2008 年，在财源建设上，致力于特色财源的培植，“筑巢引凤”，促进了园区经济蓬勃发展。园区税收达到 10480 万元。壮大骨干财源，采取财政贴息、风险补偿、奖励补助、税收减免等方式，全年投入资金 1500 万元，支持企业发展。致力于潜在财源挖掘，向上争取和本级筹措资金 2000 多万元，加快城市基础设施建设，完善城市功能，做好城镇国有资产、土地无形公共资源开发挖掘文章，在经营城市中增加财政收入。这三年，鼎城区分别完成财政一般预算收入 15602 万元、19508 万元、22630 万元，分别占当年调整预算的 100.21%、104.14%、102.64%，鼎城财政形势显现出“突围”本色。

三、财政支出管理

1989 年，鼎城区财政部门在预算内外资金管理中推行了“两定”、“两控”管理办法。“两定”，即定人员编制、定支出额度；“两控”，即控制非生产性支出、控制非编制非计划人员进入行政事业单位。

1990 年，面对特大洪涝灾害，鼎城区财政部门在大力组织收入的同时，狠抓了支出管理。是年，先后制定出台了《关于控制行政经费支出的若干规定》、《关于在国内公务活动中工作用餐的规定》、《鼎城区会议管理办法》、《关于差旅费管理的补充规定》等一系列控支措施。完善了“鼎城区公费医疗管理暂行办法”。据统计，这些管理手段实施仅 9 个月，全区招待费较上年下降 4%，会议费比预算压减 35 万元，一度混乱的公费医疗违纪现象得到了遏制。但由于解决工资普调、增人增支以及人口普查等所需资金，导致当年支出较大幅度增长。

1991 年，鼎城区 35 个行政事业单位实行公用经费包干制，采取“澄清家底、科学测算、一次定死、中途不补”的管理办法控制财政支出。同时，鼎城区政府批转了区财政局《关于行政事业单位小车定点维修的管理办法》、《鼎城区公费医疗管理暂行办法》，重申了《关于控制行政经费支出的若干规定》、《关于控制社会集团购买力的几项规定》、《关于小车司机出车补助和劳保待遇执行标准的通知》等。这些管理办法的出台，维护了财经纪律，控制了财政支出。当年，在全区行政事业单位公务小车配备增加 10 辆的情况下，小车油修费比上年减少 8.1 万元。

1992 年，鼎城区委、区政府提出了“三不一铁”的行政经费支出管理原则，即平时不收经费报告，中途不调整包干指标，年终不追加经费拨款，铁板一块地实行行政经费包干责任制。为了压减行政支出，抑制腐败行为，鼎城区政府成立了“鼎城区汽车维修中心”。当年仅 9 个月，就维修各类车辆 550 台次，其中，财政性拨款的小车 515 台次，营业收入 52.5 万元。车修费同口径比上年减少支出 2.3 万元，下降 3%。行政事业单位会议费支出除继续完善包干制外，实行“会前预算，会中监督，会后审核”的管理办法。是年，会议费同口径比上年减少支出 8.1 万元，下降 11.8%。

1993 年、1994 年，鼎城区在财政支出管理上坚持“有保有压”原则，进一步完善行政经费包干制，对全区 40 个行政事业单位公用经费实行了“定额包干，超支不补，节余留用，一定三年”的支出管理体制。

1995 年，鼎城区推出了《十大财政支出管理办法》。即“一压”（压人头经费），“二减”（减行政事业单位小车），“三控”（控制会议费），“四紧”（紧缩接待费），“五抵”（抵制不属于财政供给范围的支出），“六砍”（砍掉一些可缓压的非生产性支出），“七收”（收回财政资金管理权），“八包”（包干差旅费、通信费等公用经费），“九限”（限制奖金、津补贴发放范围和标准），“十统”（统一管理，统一审批，统一分配财政性资金）。这《十大财政支出管理办法》，为当年的财政支出管理起到极大的推动作用，并由财政部在全国财政系统广泛推行。

1996 年、1997 年，鼎城区财政部门严格执行《预算法》，加强支出管理，千方百计提高资金使用效益。一是坚持“量入为出”的原则，科学安排支出。年初，采取“六按”的办法，即人员经费按实际，差额补助按基数，公用经费按上年，有关配套按比例，中心配套按可能。二是进一步规范支出行为，完善支出管理。在认真总结《十大财政支出管理》经验的基础上，针对财政支出中存在的问题，重点修订了会议费、小车维修费、公费医疗、公用通讯工具配置等一系列财政支出管理办法。三是合理调度资金，保证重点项目支出。预算执行中，坚持按计划、按进度、按用途拨款和一支笔审批制度，统筹安排预算内外资金，实行“保”、“压”并举，缓解当年收支逆差，解决了资金调度难的矛盾，确保了财政负担人员工资按月发放，以及迎“八运”等重点工程支出。

1998 年，鼎城区受到严重洪涝灾害和政策性以及其他突发性减收增支因素影响，财政资金供需矛盾加大。鼎城区委、区政府重点在以下三个方面加强财政支出管理：一是对全额预算单位实行“零基预算”，对行政事业单位实行“综合预算”，并结合实际不同程度地压减人员经费（教育 5%、其他事业单位 10%）。二是专项资金安排，原则上不新增项目和数额，并压减部分项目。三是资金管理上，针对支出中突出存在的问题，进一步完善原来行之有效的管理办法，较好地遏制了人员经费、会议费、接待费、通讯费等非生产性支出过猛增长。

1999 年、2000 年，鼎城区进一步强化财政支出管理，继续对全额单位实行“零基预算”，继续对行政事业单位实行“综合预算”，提高人员经费压减比例（行政 5%、教育 10%、其他事业单位 20%、差额单位 30%、部分差额单位“断奶”）。专项资金安排有保有压，不新增项目和数额。

2001 年、2002 年，鼎城区财政支出管理做到“三抓”：一抓源头控制。坚持全额管理，核定财政收支基数，实行“定收定支、定额定项补助，超支不补，节余留用”。二抓预算约束。坚持按计划、按进度、按用途拨付资金，对重大支出项目的资金拨付，实行“事前调查、事中检查、事后审查”。三抓规范管理。进一步明确各种津贴、奖金发放标准，遏制支出上的不正之风。

2003 年，鼎城区财政重点保证人员经费拨付。按常鼎政发〔2002〕8 号文件规定部分补助支出，包括大病互助金、医疗保险金、失业保险金、住房公积金等。公务费、小车油修费、人员经费、运转经费、稳定经费等重点支出，实行“定额补助、包干使用”。针对全区事业单位机构改革和人员分流情况，对全额管理的交通、桥南市场、环保、物价等事业单位压减人员经费。规范各项津补贴、奖金发放范围和标准，禁止一切形式的乱补滥发，压减非生性支出。专项资金支出实行“单位申请、财政汇总、领导审批、分期拨付”制度。

2004 年，鼎城区财政部门按照区委、区政府提出“按规模、调结构、保重点、增效益”的要求，从紧安排财政支出，科学调度资金，保证重点支出，保证人员工资正常发放，保证行政事业单位正常运转，保证桥南市场火灾后重建复市工作顺利实施。是年，鼎城区的经济发展虽然受到桥南市场火灾的冲击，但财政通过各方面的努力，在圆满完成年度预算收入任务的前提下，通过妥善调度资金、压减非生产性支出，确保了人员经费、维护稳定等重点支出。

2005 年至 2008 年，鼎城区财政部门充分发挥财政职能作用，从源头截流控支，利用“鼎城区会计核算中心”平台，严把财政支出口子。2006 年，鼎城区政府将“鼎城区会计核算中心”更名为“鼎城区财政国库集中支付局”，进一步加强了区直行政事业单位的财务管理。仅以 2008 年为例，鼎城区累计完成财政国库集中支付额 48348 万元，日均流量 207.95 万元，其中：财政直接支付 30645 万元，占集中支付总额的 63.4%；授权支付占集中支付总额的 36.6%。规范和节约资金支出共计 16171.9 万元，其中：拒不合理开支 67 万元，退回不规范开支 49.7 万元，督促纳入政府采购资金 10375 万元，节约财政性资金 1225 万元；转入投资评审建设和维修项目共 35 个，审减资金 385 万元；督促非税收入上缴财政专户 4070.9 万元。为了堵塞行政事业单位购买大宗物品中存在的不正之风及腐败行为，鼎城区政府于 1999 年成立“鼎城区政府采购中心”，后于 2002 年更名为“鼎城区政府采购管理办公室”，规范区直行政事业单位采购行为，强化采购监督。2003 年至 2008 年，共办理政府采购 3271 次，计划采购金额 43628.72 万元，实际采购金额 38133.75 万元，节约资金 5494.96 万元，平均节约率为 12.6%。加强工程项目预、决算评审，确保财政投放资金安全。2000 年至 2008 年审核各类工程预算、决算项目 940 个，送审金额 65578 万元，审定金额 53894 万元，审减金额 11684 万元，综合审减率 17.82%。

四、财政监督管理

财政监督是财政工作的重要职能。二十年来，鼎城区财政部门以《会计法》、《预算法》、《财政违法行为处罚处分条例》等法律法规为武器，加强财政监督，为维护财经纪律起到保驾护航的作用。

1989年，鼎城区政府成立财务、税收、物价三大检查领导小组，由区长任组长，设置专职机构“三大检查办公室”（简称“三查办”），配备3名专职人员，常年负责督办三查工作。根据国务院的统一安排，每两年开展一次财务、税收、物价大检查，抽调大批人员分组对行政、企事业单位和个体工商户进行自查与重点抽查。截至2002年，鼎城区共查处2481个行政、企事业单位和个体工商户，查出违纪问题1398个，违纪金额3333.15万元，处罚入库金额2148.7万元。2003年，国家取消“三大查”，对财务、税收、物价等由突击性检查改为经常性检查和监督。

抓监督检查是财政监督工作的重要手段，也是规范财政工作秩序的关键环节。2003年以来，鼎城区共检查行政、事业单位187个，查出违纪金额4548.5万元，罚没收缴入库60.3万元，调账等处理4488.2万元。这些年来，鼎城区财政监督工作从四个方面强化：一是调整监督检查日程，变“突击性”检查为“经常性”检查。每年重点抽查30个左右的行政、事业单位，包括学校、乡（镇）政府等单位的前一年度财务收支情况，进行监督检查，并对违纪违规问题进行处罚，责令整改。二是调整监督方式，变“马后炮”监督为“全程化”监督。过去，财政监督方式主要是事后监督，出了问题再去放“马后炮”。虽然在一定程度上挽回了部分经济损失，但由于其操作上的被动性和滞后性，在防范资金风险、防范违纪犯罪上的缺陷仍然十分明显，结果是问题暴露了，上级查来了，财政监督才去“按图索骥”，处理“善后”，财政监督的监测、预警职能根本得不到有效发挥。从2003年开始，鼎城区财政监督实现“事前审核、事中监督、事后检查”，一个多环节、全过程的财政监督新格局基本形成。

五、社会保障管理

鼎城区从1996年开展社会保障工作13年以来，在实践中探索，区财政部门对全区社会保障资金管理（仅指社保财政专户管理资金）进行了一系列的改革、创新和完善。

（一）抚恤社救资金投入直线上升，弱势群体救助应保尽保

1996年至2001年，鼎城区抚恤社救资金预算实行“包干”办法和“责任状”制度。2002年至2008年，鼎城区抚恤社救资金实行“零基预算”和“部门预算”管理，按照政策对供养对象执行待遇标准满额预算，定期按月（或季）拨付抚恤社救资金。为确保其拨付资金安全，采取社会化（银行）打卡发放手段直接送到供养对象手中。1996年，鼎城区抚恤社救供养对象2005人，资金预算193万元；2008年，鼎城区抚恤社救供养对象上升到42430人，资金支出7501万元。13年时间，鼎城区抚恤社救供养对象翻了12.21倍，资金供应翻了近39倍，保障了弱势群体生活稳定。一是民政优抚水平不断提高。从2005年开始实行民政优抚资金社会化（银行）打卡发放。1996年，鼎城区发放优抚资金132

万元；2008 年，鼎城区优抚对象 5955 人，发放优抚资金 1905 万元，分别为 1996 年的 3 倍、14.43 倍。二是保障农村五保供养资金。截至 2008 年，鼎城区供养农村五保户 7236 人，财政供养资金 729.726 万元。建成乡（镇）敬老院 14 所，农村五保之家 10 家，集中供养农村五保老人 465 人、五保之家生活老人 46 人，集中供养水平每人每年 2781 元，位居全市最高。鼎城区支持“爱心房”、“安居工程”建设，2006 年至 2008 年，有 200 多户无房困难户搬进新居。三是城镇居民最低生活保障水平上升。1999 年，鼎城区政府对全区城镇人均月收入达不到当地城镇居民最低月生活标准的城镇居民家庭，实施城镇居民最低生活保障，简称“城市低保”。其资金主要来源于上级专项拨款和本级财政配套资金。是年，鼎城区保障资金支出 22 万元，落实城镇低保对象 331 人。从 2004 年开始，对城市低保资金，实行“财政社保专户储存，收支两条线管理”的封闭式运行办法。2008 年，鼎城区财政保障资金支出 1764 万元，保障城镇低保对象 10814 人。从 1999 年以前的一次性临时救济推进到 2005 年开始由区财政按月打卡发放。鼎城区城镇居民最低生活标准由 1999 年的 110 元/人·月提高到 2008 年的 186 元/人·月；区财政拨款补差标准由 1999 年的 55 元/人·月提高到 2008 年的 136 元/人·月。四是农村居民最低生活水平有保障。2006 年，鼎城区政府全面启动对全区农村人均年收入达不到当地农民最低生活年均标准的农村家庭，按政策规定实行最低生活差额补助，简称“农村低保”。资金主要来源于上级财政和本级财政配套拨款。是年，鼎城区保障资金支出 187 万元，落实农村低保对象 10212 人，保障标准为 15 元/人·月。2008 年，鼎城区财政保障资金支出 704 万元，保障农村低保对象 15388 人，人均月保障达到了 38 元。

（二）社会保障制度不断完善，基金征缴突飞猛进

鼎城区社会保险基金主要有 9 大项（包括企业养老保险基金、失业保险基金、机关事业单位养老保险基金、农村养老保险基金、城镇职工基本医疗保险基金、城镇职工大病医疗互助金、生育保险基金、工伤保险基金、城镇居民基本医疗保险基金），执行时间不一，最早是“企业养老保险金”和“失业保险金（又称待业保险金）”，简称“小两金”，1987 年启动；最迟是“城镇居民医疗保险金”，2007 年启动。1996 年以来，鼎城区政府严格按照《社会保险基金财务管理制度》、《社会保险基金会计制度》、《社会保险费征缴暂行条例》等一系列制度。对 9 大项社会保险基金实行“财政社保专户储存，收支两条线管理”的封闭式运行办法。其基金建立了力求平衡的预算管理机制，按“收入环节应征尽征，支出环节应保尽保”的原则细化预算，收入细化到了每个参保单位享受对象的人均月工资标准、支出细化到了每个参保单位享受对象的人均月工资支付水平。基金征缴收入实行季度考核，基金支出按月足额拨付。

13 年来，鼎城区的社会保险规模、基金总量均发生了翻天覆地的变化。1996 年，鼎城区企业、机关、农村、失业四大社会保险基金共收入 2455 万元，其中：经办机构征收 2136 万元，支出 1996 万元，年终滚存结余 2682 万元。2008 年，鼎城区社保基金发展壮

大到9个大项，收入达到2.59亿元，为1996年的10.57倍。其中：征缴收入1.85亿元，是1996年的8.8倍；支出2.11亿元，是1996年的10.55倍；滚存结余1.11亿元，是1996年的4.1倍。参保对象从1996年的2.4万人增加到2008年的9.87万人。其社保政策惠及到了每一个城镇职工、居民和村级干部。一是参保缴费人员规模不断壮大。截至2008年，企业养老保险参保缴费18784人，是1996年的1.44倍；失业保险参保缴费25264人，是1996年的2.3倍；机关事业单位养老保险参保缴费14574人，是1996年的2.43倍；农村养老保险为1996年一次性参保缴费5000人；生育保险参保缴费25569人，是1998年启动时的3.1倍；城镇职工基本医疗保险参保缴费25765人，是2000年启动时的1.43倍；城镇职工基本医疗大病互助金，参保缴费25778人，是2000年启动时的1.41倍；工伤保险参保缴费16755人，是2004年启动时的4.09倍；城镇居民基本医疗保险为2007年启动，2008年正式运行，参保缴费60360人。二是基金供给能力不断增强。截止2008年，企业养老金收入12612万元，是1996年的9.42倍；失业保险金收入332万元，是1996年的3倍；机关事业单位养老金收入8175万元，是1996年的11.21倍；农村养老金，为一次性缴纳，到规定年龄再分月领取，目前有基金余额211万元，较1996年略有减少；生育保险金收入112万元，是1998年的3.11倍；城镇职工基本医疗保险收入3170.56万元，是2000年启动时的3.91倍；城镇职工基本医疗大病互助金收入219万元，是2000年启动时的1.84倍；工伤保险基金收入175万元，是2004年启动时的15.9倍；城镇居民医疗保险2008年启动，收入1126.62万元。三是待遇保障人数逐年增加，支出保障水平不断提高。2008年，企业养老金待遇享受人数8845人，是1996年的2.95倍，养老金支出8952万元，是1996年的5.86倍，人均月保障标准821元，是1996年的2.2倍；机关事业单位养老金待遇享受人数6065人，是1996年的1.66倍，养老金支出7994万元，是1996年的19.69倍，人均月保障标准1088元，是1996年的2.72倍；农村养老保险金，待遇享受人数由1998年的2人增加到2008年的676人，基金支出12万元，略低于1996年；失业保险基金待遇享受人数由1996年的69人发展到2002年的452人，以后年份逐渐减少到2008年享受人数33人，人均月保障标准487元，是1996年的3.75倍；生育保险金待遇享受人数74人，基金支出28万元，是1998年的28倍，人均支付水平3784元，是1998年的51倍；城镇职工基本医疗保险基金享受待遇214756人次，是2000年的19.57倍，基金支出2496万元，是2000年的10.76倍；大病互助金享受待遇280人次，是2000年的16.47倍，基金支出227万元，是2000年的13.35倍，人均补偿标准是2.27万元，是2000年的2.27倍；工伤保险金享受待遇352人，是2005年的20.7倍，基金支出214万元，是2005年的7.13倍，人均待遇支出达到5312.5元；城镇居民医疗保险享受待遇4319人次，发生基金支出527万元，人均待遇支出水平1220.2元。四是基金管理制度不断完善。为加大基金支撑力度，鼎城区政府出台了一系列政策和措施。在基金收入征缴上，出台了《鼎城区保险费征缴稽核管理办法》和《社会保险基金征缴考核管理办法》，将各社保经办机构经费与基金收入征缴挂钩，实行总额考核以奖代拨，极大地提高了征缴部门积极性，征缴收入一年一个新台阶。特别是企业养老保险基金实行考核办法后，收入从2001年的762万元增加到2008年的8420万元，7年翻了11倍。在基金支出上，为确保基金的安全完整，出台了《关于建立死亡冒领养老保险基金、民政优抚社救资金举报制度的通知》，将社会化打卡发放资金进行公示，接受社会监督。2006年至2008年接受举报领取养老保险金死亡人数近1000人，减少基金损失近500万元。

（三）加强再就业资金管理，促进就业和再就业事业发展

鼎城区再就业资金启动于1998年，2003年更名为“国有企业下岗职工生活费”。2000年至2005年，“国有企业下岗职工生活费”与“再就业资金”并存。2006年取消“国有企业下岗职工生活费”，仅存“再就业资金”，实行“财政社保专户储存，收支两条线管理”的封闭式运行办法。2005年前，“国有企业下岗职工生活费”主要来源于三个三分之一：财政拨款三分之一，个人筹资三分之一，社会筹集三分之一（主要来源于失业保险基金，最大调剂额为单位缴纳部分即2%），发放标准为100元/人/月。1998年，鼎城区进“再就业中心”管理的国有企业下岗职工3665人，2005年下降到1129人。2004年，“再就业资金”来源于财政拨款和失业保险调剂收入，且绝大部分为上级财政专项拨款。2008年，落实《常德市统筹城乡就业试点实施办法》，鼎城区建立城乡一体化人力资源信息数据库27万户，在32个乡（镇）成立试点工作机构，581个行政村、74个居委会设立劳动保障联络员、协理员，促进全区新增就业6065人，下岗失业人员再就业3054人，进行职业培训14829人，就业援助城乡困难群体新增202人，帮助实现“4050”人员、残疾人和“零就业”、家庭人员等就业困难群体1012人就业再就业，开发公益性服务、管理岗位960个，办理再就业优惠证累计达15000多本。是年，鼎城区城镇登记失业率为4%（控制在了政策规定的4.5%以下），城镇就业困难人员就业率达90%。据统计，截至2008年，鼎城区再就业资金收入累计9325.8万元，实现社会保险补贴12358人、职业介绍补贴17688人、公益性服务、管理岗位补贴2880人、享受特定政策补助3981人、享受小额贷款担保184人、技能鉴定补贴1767人。

（四）全面改善基层医疗卫生条件，确保医疗保障制度惠及民生

一是整合基层医疗机构资源。2004年底，鼎城区委、区政府决定，对全区36个乡（镇）、农林场卫生院和4个基层血防医院进行管理体制改革，清理基层单位人、财、物和进行资源整合，将乡（镇）卫生院2004年前欠缴养老保险费单位部分1700多万元，由区财政分20年偿还。重新落实了财政投入机制，每年用于基本建设和设备投入300万元以上，为实行全区2005年新型农村合作医疗制度改革打下了基础。截至2008年，鼎城区乡（镇）卫生院争取国债资金建设项目33个，市以奖代投建设项目12个；鼎城区122个村级医务室纳入规范化建设，其中市投61个、区投61个，并按农业人口每人每年0.28元

的标准配套 20.89 万元，对乡村医生从事医疗服务进行劳务补助，用政府购买服务的方式来确保我区农民的医疗健康。目前，鼎城区乡（镇）、村医疗条件得到很大改善。二是注重专项基础服务工作。截至 2008 年，鼎城区建立了江南、江北社区 2 个医疗服务中心，6 个医疗服务站，建立了以家庭为单位的健康信息卡 53857 户，146922 人（常住和一年以上流动人口），覆盖率达到 100%；投入计划免疫经费近 200 万元，鼎城区的计划免疫乡（镇）达到 90% 以上、重大传染发病率人数控制在每年 3 名以内、结核病阳性病人治疗 50 人、重特大传染病二代感染为零；投入血吸虫专项经费近 500 万元，血吸虫病达到疫情控制标准，全区没有出现 1 ~2 类疫情村，完成血吸虫疫区改厕 8944 所；建立了三级妇幼保健网络，全区 32 个乡（镇）、3 个农林场、配备妇幼专干各 1 名，按三位一体要求配备村保健员 590 名。对全区孕产妇进行电子网络建卡管理，2008 年建档孕妇 6630 名，建卡率达 99.5%。对全区 0 ~6 岁儿童 32429 人进行了实时系统管理，管理率达 91.36%，对 28 个乡（镇）8415 人次儿童进行了体检，对 6073 名已婚育龄妇女进行了体检，极大地保障了妇女儿童的身体健康。三是医疗保障制度惠及民生。2000 年起，鼎城区由财政拨款启动特殊人群医药费制度，当年享受对象 260 人，药费支出 88 万元。2008 年，享受对象 571 人，药费支出 543 万元，人均年支药费从启动时的 3384 元提高到 9509 元。2005 年起，鼎城区由财政拨款启动城乡特困家庭大病医疗救助金制度，4 年来，全区共有 18744 人享受医疗救助，资金累计 770.8 万元，救助标准由启动时最高 500 元/人・年提高到 2008 年最高 3000 元/人・年。2005 年，鼎城区开始启动新型农村合作医疗基金制度，到 2008 年底全区参合农民 684781 人，参合率由 2006 年的 75% 上升到 2008 年的 97.17%。2008 年，鼎城区农合基金收入 5623 万元，较 2006 年增加 3197 万元；支出 4231 万元，较 2006 年增加 2102 万元；滚存结余 1780 万元，较 2006 年增加 1483 万元。保障机制、惠民水平、基金管理位列全省前茅。2007 年鼎城区被列为全省财政社会保障工作会议的学习现场。

（五）完善残疾人就业保障机制，促进残疾人事业健康发展

1996 年，鼎城区启动残疾人就业保障金制度。13 年来，鼎城区建立健全了区、乡（镇）、村三级残疾人管理组织网络，在全区 32 个乡（镇）全面开展康复示范达标工作，帮助 3978 名残疾人进行各种康复治疗，先后有 2516 名残疾人走上工作岗位。扶持 218 名残疾人创业，草坪印刷厂是全省残疾人就业先进单位、灌溪按摩院等是鼎城残疾人创业示范企业。除此，鼎城区政府每年对助残、扶残和残疾人就业先进单位进行奖励，促进了残疾人事业的发展。

六、教科文财务管理

鼎城区教育、科技、文化、体育、传媒、计生等单位的财务管理工作，于 2007 年从行政、政法、事业等单位的财务管理工作中划分出来，设立鼎城区财政局教科文股，独立行使管理职能。开展全区教科文财政管理工作两年多以来，围绕区委、区政府提出“教育

强区，文化名城，和谐鼎城”的主题，保障重点支出，完善各项管理制度，提高财政资金使用效益，促进了全区教科文工作持续发展。8所学校创省级合格学校建设，占全市创优学校总量一半；连续被市评为教育、人口和计划生育工作先进县市（区）；计划生育工作连续获全省优质服务先进县市（区）称号。

（一）加大财政投入，建立和完善长效机制。一是坚持教育优先，确保各项教育经费的落实。以政府投入为主，压减其他开支，多渠道筹措教育经费，加大对教育尤其是对基础教育资金的投入力度。第一，保障义务教育新机制经费。2007年，鼎城区免中小学生杂费补助公用经费2038.5万元，其中区级配套245万元；2008年，鼎城区免中小学生杂费补助公用经费2651.7万元，其中区级配套314万元，此项经费通过财政设立专户直接拨付到全区各中小学校，并随即组织专门力量督导，杜绝挤占、截留、挪用，以及开支违规现象。2007年，全区落实补助中小学校秋季寄宿生生活费104.1万元，享受学生6036人，其中：小学学生1376人，标准125元/生；初中学生4660人，标准186.5元/生。2008年，鼎城区落实补助中小学校寄宿生生活费384.7万元，其中：区级配套20万元，享受学生7672人。落实中专、职业学校国家助学金：2007年秋季下拨391万元；2008年，春季下拨300万元，其中区级配套43万元；秋季下拨311万元，其中区级配套37万元。两年来，鼎城区投入校舍维修改造资金1451万元，改造项目34个，其中新建项目22个，改造面积33750平方米。农村中小学校环境得到很大改善，群众满意，家长放心，社会效应明显。第二，抓好合格学校建设。2008年，鼎城区委、区政府将武陵镇中心小学等五所乡（镇）小学校列入省、市为民办实事之一合格学校建设项目，共投入资金400万元。第三，加大教学设施投入。2008年，鼎城区财政追加资金160.5万元解决农村中小学校课桌椅；解决资金40万元添置高考监控屏蔽设备。不同程度地改善了全区学校的教学仪器设备、图书、体育设施等。四是全面提高教师待遇。鼎城区教师工资按标准全额纳入财政预算，并打卡发放到人。教师的绩效工资与行政、事业机关公务员同等对待，2007年、2008年分别按人均7500元、10000元标准发放。教师的年终奖（第13个月工资）及医疗保险、养老保险、住房公积金等社会保障待遇均纳入财政预算。五是化解教育“普九”债务。按照中央、省、市部署，鼎城区开展“普九”债务清理、

石板滩镇毛栗岗镇村部

认定和偿还工作。鼎城区“普九”债务报经省认定5786万元，其中学校债务2000万元分两年还清，2008年已偿还1000万元，其中区级配套315.5万元。通过“普九”债务的化解，保证了教育经费更多地用于农村中小学校建设和发展。二是支持文化建设和传媒事业发展。第一，打造文化品牌市场。两年来，鼎城区投入资金65.3万元用于文艺作品创新、非物资文化遗产保护和民间艺术提升。第二，丰富农村文化生活。采取奖补结合，鼎城区投入资金54万元扶持武陵镇15个社区和6个乡镇文化站建设；安排配套资金43.56万元用于电视数字化设备购置和补助农村电影放映场次；投入资金25.6万元用于流动舞台下乡演出、专业剧团送戏下乡、千册图书下乡和农家书屋建设。第三，加大公共文化建设投入。两年来，鼎城区投入资金81万元用于区图书馆升级改造、文化信息资源共享工程、文化场馆维修等公共文化设施的完善。四是促进广播电视事业有序发展。2007年至2008年，鼎城区累计投入资金100多万元支持区广播电视局新建800多平方米演播厅，更换摄像机、编辑机等设备，以及丁家港乡、灌溪镇、牛鼻滩镇等乡（镇）数字广播建设；推进数字电视的整体平移，完成2万用户电视数字化。三是完善城乡体育设施，推动全民健身活动。两年来，鼎城区投入资金990万元新建区老干部活动中心；拨付专项资金35万元成功举办市第九届老干部门球赛；投入资金1030万元完善城乡体育健身设施，投入体育竞赛经费23万元参加省群众运动会，获得27枚金牌。四是落实计划生育保障资金。鼎城区建立了“足额预算，稳定增长”的计划生育经费长效机制，财政重点保障对计划生育事业经费的投入。区财政部门依据全区总人数，2007年、2008年分别按人均5.83元、7.22元的经费保障标准，安排计划生育事业经费490.34万元、611.85万元，并统筹安排和预算细化执行情况，强化支出重点。2007年以来，鼎城区累计投入资金76.4万元奖励4152名计划生育对象、扶助657名独生子女死亡伤残对象；投入资金81万元用于计划生育四项手术减免和流动人口管理；投入资金79.58万元用于区计划生育协会开展“五星农家”100个示范户；投入资金103万元建设基层计划生育组织，其中区计生服务站建设资金60万元、“三位一体”村级计生阵地建设资金30万元，为鼎城区计划生育工作迎省检创国优提供了资金保障。五是支持科技创新事业发展。2007年、2008年鼎城区累计投入科技资金333.6万元，其中科技项目资金投入210万元，支持13个中小型科技企业开发技术项目；推广31个科技项目走进市场；奖励10个优秀科技项目。对科技的资金投入，极大地促进了全区农业产业结构的调整和工业企业的技术创新。

（二）完善各项管理制度，加强资金监管。一是规范教育资金监管，提高资金合理使用效益。第一，加强教育经费预算执行情况的监督。继续推行部门预算、政府采购和国库集中支付制度改革，教育经费在预算安排上，实行“公用部分按定额，专项经费经论证，财政部门视财力”的原则，确保预算基础数据的真实可靠。预算执行上，严格按照预算开支项目和标准执行。预算监督上，区财政部门开展经常性的检查，逐步健全专项资金的效益考核评价制度。第二，加强教育经费使用的管理，规范中小学校收支行为。取消义务教育学校学生寄宿费和高中学生信息技术教育费后，学校原有的收费项目减少了，义务教育学校仅有学生伙食费。对此，区财政局与区教育局联合召开教育经费管理会议，传达中央、省、市关于教育经费管理的有关规定，转发《常德市农村中小学公用经费支出管理暂行办法》，按制度使用教育经费，专款专用，减少非生产性支出。二是坚持计划生育利益导向机制，突出管理重点。区财政局与区计育局联合开展一年一度计划生育专项资金检查，严格审查专项资金项目，认真核定专项资金额度，努力降低机构运行成本，实现计划生育经费安排向基层倾斜、向困难乡镇倾斜、向计生对象倾斜，使更多资金用于人口和计划生育的宣传教育、人员培训、技术服务，以及奖励独生子女父母和扶助计划生育困难家庭。三是加强体育资金监管，保证资金合理使用。每年区财政局对投入的体育建设资金都进行实地调查，基建项目的评审实行严格把关，做到专款专用。协同区资产管理部门强化国有资产监管，租赁收入、资产盘活收入纳入财政专户实行严格管理。四是统筹管理广电资金，体现宣传媒体特色。广播电视行业的收入来源渠道多，除了财政收入，还有广告经营收入、宽带公司分成收入等，广电聘用人员流动较大，人员工资的支出方式采取媒体经营责任制。因此，区财政局对广电资金的管理实行灵活的监管方式，即单位内控财务管理和财政监管资金机制结合的双重管理模式，既体现了经济与效益的挂钩，又不违反财经纪律的规定。

（三）优化支出结构，提高财政资金使用效益。一是优化教育资源配置，提高教育经费使用效益。近年来，鼎城区依法落实国家教育投入政策，确保政府对教育的投入达到以“三个增长”和“两个比例”的要求，确保教师工资由财政统一打卡发放。第一，促进教育均衡发展。根据鼎城区教育整体规划，落实“以县为主”的农村义务教育管理体制，在资金投入上，重点保障边远乡镇和规模小的乡镇，以及特色学校的资金倾斜。第二，加快农村学校布局调整。鼎城区农村中小学校学生人数逐年减少，采取合并、撤校的方式整合农村学校办学资源，借校舍维修改造长效机制的契机，加快农村寄宿制中小学校的建设，形成布局合理、规模适中、师资优化的农村义务教育格局。二是整合村级活动组织建设资金，完善计生服务阵地建设。2008 年，鼎城区投入资金 30 万元重点对 150 个村“三位一体”村级活动阵地进行建设、改善村级计划生育服务场所。

七、行政政法财务管理

鼎城区财政局行政政法股设立于 2007 年，主要负责鼎城区“四大家”（区委、政府、人大、政协）、公安局、检察院、法院、司法局等单位（含二级单位 14 个）共 37 家的财务管理工作。一是确保工作运转，确保重点支出。2004 年以前，鼎城区政法单位公用经费采取一刀切，年人均 640 元。此后，公、检、法、司的公用经费保障水平逐年提高，到 2008 年，区公安局年人均公用经费达到 2. 8 万元；区交警大队、区检察院、区法院年人均公用经费达到 2. 7 万元；区第一看守所年人均公用经费达到 2 万元；区司法局、区公证处年人均公用经费达到0.7万元。二是加强财政监管，确保专款专用。对年中追加的经费支出指标，严格按规定程序办理，对上级下达的专项指标按文件精神办理拨付手续，并实行跟踪问效，发挥财政部门的监管职能作用，确保资金安全。2008年，鼎城区行政、政法单位财政一般预算支出9116.41万元，其中：工资福利支出3659.88万元、商品和服务支出5159.99万元、困难家庭和个人补助支出296.54万元，全年未发生拨款错误。三是规范财务管理，严审经费报告。2006年至2008年，共审核行政、政法单位各类追加经费报告70个，单位申报金额1076.46万元，财政审核金额682.38万元，审减金额394.08万元，审减率36.61%。2005年，鼎城区委、区政府制定出台《鼎城区区直行政事业单位接待费管理办法》，对全区97个区直行政事业单位分别下达接待费控制额度。当年控制行政、政法单位接待费总额1625.6万元，分别占部门预算总收入和部门预算公用经费总支出的8.82%和28.3%，比2004年减少接待费总额358.6万元，下降18.07万元。2007年，鼎城区委、区政府制定出台《鼎城区区直行政单位会议费管理办法》，实行“分类管理、归口审批、统一标准、定点开会”的会议经费管理制度。2007年比2006年节约会议费支出130万元。四是重视基层建设，搞好新农村建设资金投入。摸清36个乡（镇）、场机关办公用房现状，针对房屋破损轻重程度建立了项目库，制定了工程预、决算和公开竞标制度，设立了乡（镇）、场机关办公用房改造资金管理专户。区财政、区国土、区房产等职能部门按照区委、区政府提出“手续从简、税费从减”的办事要求，加快基层组织房屋改造进度。2007年、2008年，鼎城区维修改造17个乡（镇）政府机关办公用房，占乡（镇）总数的53%，共投入维修改造资金610万元，其中市财政补助160万元，区财政配套300万元，乡（镇）自筹150万元。根据常组通〔2008〕47号文，2008年按照省、市、区财政对每个项目村建设资金和办公用品配置分别按3万元、1万元、2万元给予补助，投入46个村级组织活动场所建设资金276万元，其中省财政投入138万元、市财政投入46万元、区财政配套92万元。五是建立城区电子防控系统，抓好经济文化中心治安安全。2008年，为建好武陵镇城区治安电子防控系统，通过电子防控产品竞标采购，与电信、网通、铁通等网络运营公司商洽，选择确定由电信部门垫资所有设备及工程建设，区财政部门拿出经费预算方案，经区长办公会研究审定：城区治安监控点106个，治安监控中心3个，总投资183.72万元，其中设备款170.1万元，按8%支付银行利息13.62万元。区政府分三年支付前期防控设备和监控中心设备投资，并租用电信公司的电信平台及网络，其租金为：2009年按每个月一个治安监控点480元收取，往后每年按每个月一个治安监控点530元收取。此方案与电信公司报价相比，审减建设资金100多万元。六是采取有力措施，确保财政收入及时均衡入库。2005年，鼎城区行政、政法单位完成政府调控资金262.46万元、国有资产经营收益50.37万元；2006年完成政府调控资金296.8万元，国有资产经营收益199.5万元、罚没收入687.3万元；2007年完成政府调控资金933.21万元、罚没收入953.65万元；2008年完成政府调控资金2525.31万元、收费收入1861.94万元、罚没收入2910.43万元。七是加强专项资金管理，改善办公办案状况。2004年至2008年，中央、省拨付鼎城区政法单位专项补助资金累计1295.41万元，在一定程度上改善了办案装备和办公条件。其中：2004年公安96.6万元（装备经费68.69万元、维修经费5万元、办案经费23万元）；法院52.4万元，用作装备专款；司法7.6万元（装备经费1万元、维修经费6.6万元）。2005年公安95.4万元（装备经费38.5万元、维修经费21.9万元、办案经费35万元）；检察院53.1万元（装备经费45.1万元、办案经费8万元）；法院5万元，用作维修专款；司法14万元，用作装备专款。2006年公安146.78万元（装备经费86.78万元、办案经费60万元）；检察院10万元，用作办案专款；法院7万元，用作维修专款；司法5万元，用作维修专款。2007年公安120万元（装备经费42.2万元、维修经费31.8万元、办案经费46万元）；检察院67万元（装备经费57万元、办案经费10万元）；法院152万元，用作办案专款；司法8.5万元（维修经费5万元、办安经费3.5万元）。2008年公安144.94万元（装备经费43万元、维修经费18.94万元、办案经费83万元）；检察院40万元（装备经费28万元、办案经费12万元）；法院252万元（装备经费54万元、维修经费8万元、办案经费190万元）；司法18万元（装备经费9.8万元、维修经费4.2万元、办案经费4万元）。近几年来，鼎城区财政局重点保障行政、政法单位经费，落实资金管理机制，公用经费水平逐年提高，支出结构不断优化，保证了行政机关正常运转和维护社会稳定的需要。

八、非税收入管理

鼎城区财政非税宣传现场

2005年，鼎城区非税征收管理局（隶属鼎城区财政局管理的正科级单位）组织专门力量对全区77家行政事业单位共涉非税收入223个项目进行了清查和征缴，应征非税收入9167万元（不含医院和教育收费），实征非税收入8833万元，实征比例达到96.3%。切实加强非税收入征管，大力推进非税收入新理念，突出“依法征收，源头控收，以票管收”的工作重点，努力实现应收尽收、资金安全和规范管理的基本目标。一是强化非税收入征管，确保非税收入应收尽收。合理编制部门预算，科学制定非税收入年度收支计划，铁板一块地执行年初预算方案，切实做到勤征细管。2005年至2008年连续4年，鼎城区共完成政府调控资金5421万元、罚没收入9763万元、国土收入

10119万元，其中：2005年，完成政府调控资金676万元、罚没收入2189万元、国土收入1264万元；2006年，完成政府调控资金925万元、罚没收入2139万元、国土收入1229万元；2007年，完成政府调控资金1993万元、罚没收入2289万元、国土收入4050万元；2008年，完成政府调控资金1827万元、罚没收入3146万元、国土收入3576万元。二是抓住票据管理龙头，规范管理非税收入。严格执行《湖南省非税收入票据管理办法》，建立票据台账，进行专项稽查，设立专户储存，加强非税票据管理，做到“源头控收，以票管收”。完善非税收入管理网络系统，非税收入征管实行“单位开票，银行代收，财政统管，政府统筹”的模式，并按照“核旧领新，总量控制”的原则，对购领非税收入票据单位实行计划供票，预防票据失控。

九、政府采购管理

鼎城区政府于1999年8月正式成立“鼎城区政府采购中心”，10年来，加大政府采购管理改革的工作力度，提高财政资金使用效益。仅以2003年、2008年为例，2003年政府采购次数221次，计划采购金额1492.84万元，实际采购金额1333.83万元，节约资金159万元，节约率10.65%；2008年政府采购次数805次，计划采购金额16197.28万元，实际采购金额14285.23万元，节约资金1912.04万元，节约率11.81%。6年来，节约资金由2003年的159万元增加到2008年的1912.04万元。严格按照“收支两条线”预算外资金管理和“专项资金”财政报账制的规定，把好资金拨付关，凡用财政性资金采购的项目一律通过政府采购，从源头上谨防套取采购资金。根据《政府采购法》以及财政资金管理的相关法规，将水利、建设等专项资金纳入政府采购，公开招标项目，公布采购信息，扩大社会影响，依靠制度推动政府采购范围。实行政府采购资金专户管理，资金结算由采购人或供应商持中标通知书、采购合同、正规税务发票、验收报告向专户申请，专户或区财政国库集中支付局直接将资金拨付给供应商。

十、财政国库集中支付管理

鼎城区会计集中核算工作从2002年至2007年推行6年以来，累计督促单位减少债务1608万元，消化赤字3360万元，拒付不合理支出2040万元。其工作力度主要表现在：一是夯实会计基础工作，增强会计资料的真实性，提高了会计信息质量。二是增强财政资金调控能力，提高了财务资金的使用效益。三是规范核算单位财务管理行为，防范了各种不合理支出。四是加强部门预算的执行力度，规范了投资评审和政府采购工作的运行。五是强化财政监督职能，遏制了各种违反财经纪律的行为发生。鼎城区财政国库集中支付局从2006年11月成立到2008年8月止，已对102家区直行政事业单位实行了财政国库集中支付改革。财政国库集中支付改革两年来，鼎城区实现集中支付支出55905万元，其中直接支付33227万元，其比例由2007年的34.2%上升到2008年的63.4%；授权支付22678万元，其比例由2007年的65.8%下降到2008年的36.6%。

2008年是鼎城区区直行政事业单位进行财政国库集中支付改革后的第三年，区财政国库集中支付局在探索中全力推进财政国库集中支付改革成果，强化了单位支出监管。全年集中支付和集中核算资金总流量75903万元，日均流量207.95万元。区直102家实行集中支付的行政事业单位共支付资金48348万元，其中：财政直接支付30645万元，占集中支付总额的63.4%；授权支出17703万元，占集中支付总额的36.6%。直接支付比较2007年提高29.2%。区直54家差额单位和临时机构集中核算收入24243万元，支出27555万元，日均资金流量141.91万元。规范和节约支出16171.9万元，其中：拒报不合理开支67万元，退回不规范开支49.7万元；督促10375万元资金纳入政府采购，节约财政资金1225万元；监督35个新的基本建设和维修项目纳入财政投资评审，审减投资额385万元；督促4070.9万元非税收入及时足额上缴财政专户；行政事业单位人平津补贴0.93万元。深化财政改革，鼎城区财政国库集中支付制度日臻完善。一是消除现行国库管理制度存在的诸多弊端，遏制多头设置银行账户和资金在区财政部门内部各账户间流动、影响拨付时效等问题。在不改变预算单位资金使用权限、会计核算和财务管理职责，不影响部门正常用款的前提下，改革财政资金的拨付方式。二是提高政府对财政资金的调控能力。通过财政国库集中支付改革，让财政资金全部留存于国库，政府和财政部门对资金的调度能力进一步加强，提高了资金的使用效率。三是强化预算的执行与监督。通过强化部门预算的执行，细化后的预算指标通过财政国库集中支付到供应商或劳务者，遏制资金的挪用、截留，实现财政对资金的有效监督和管理。四是从根本上减少违纪违规，促进廉政建设。五是建立健全集中支付内部管理制度，规范相关操作程序。按照财政国库集中支付改革的要求，鼎城区政府制定出台了《鼎城区财政国库集中支付改革实施方案》，根据《方案》要求，区财政国库集中支付局出台了《鼎城区财政国库集中支付管理办法》和《资产清算办法》等规定，把清算业务、审核支付和会计核算三者联系在一起，形成一体化。同时，把预算内资金、预算外资金、专项资金、往来资金都纳入财政集中支付管理范围，在执行过程中按时序进度或收入缴库进度实行申报和支付。针对财政授权支付中实际支出与申报用途不符，以及大量提取现金的现象，区财政国库集中支付局出台了《对授权支付实行网上审核的通知》，对财政授权支付中容易出现的问题予以明确规定。

十一、国有资产管理

为了加强国有资产的认定和管理，鼎城区政府于1996年对区属110家行政事业单位的国有资产的家底与资产存量、结构情况进行了全面摸底检查，共查证拥有国有资产77833万元（不含土地），其中：建筑物价值36049万元，占查证的46.3%，其余为办公设施和专用设备。全区负债31529万元，资产负债率达40.5%。国有企业单位剔除已宣告进入破产的企业以外，统计的48家企业，资产总额153067万元，减去负债149394万元，净资产3673万元。破产企业资不抵债，净资产为负数。2005年以后，鼎城区国有资产管理部门为盘活全区存量国有资产，将行政事业单位的非经营性资产转作经营性资产征收资产占用费，是年，全区共征收国有资产占用费127万元。2005年至2008年连续4年，鼎城区共征收国有资产经营收益765万元，其中：2006年征收国有资产经营收益76万元，2007年征收国有资产经营收益163万元，2008年征收国有资源资产有偿使用收入399万元。

鼎城区在全面摸清2006年全区国有独资、控股、参股企业国有资产存量底数的基础上，2007年成立区资产清查领导小组，下设办公室，明确专人负责，组织开展了全区229个行政事业单位国有资产大清查。从单位自清自查到申报核实连续下发了三个文件：《常德市鼎城区人民政府关于进一步加强全区国有资产管理的紧急通知》、《常德市鼎城区财政局关于全区行政事业单位资产核实工作有关问题的通知》、《常德市鼎城区财政局关于转发〈财政部关于印发行政事业单位资产核实暂行办法的通知〉的通知》。是年，清查资产总额13.13亿元，其中：账面资产总额13.18亿元，账面负债总额8.61亿元、账面净资产总额4.57亿元。2008年，清查全区行政事业单位资产，229个单位固定资产总额6.33亿元，通过盘盈盘亏审核，共计盘盈资产0.55亿元，盘亏0.93亿元。通过全区行政事业单位国有资产核查，发现一些具体问题，如土地、房屋建筑物大多无产权证；部分固定资产名存实亡，呆账、死账未做处理；个别固定资产的购建入账不及时等等。对存在的问题，鼎城区国有资产管理部门要求区直行政事业单位制定整改措施，建立部门资产管理有效机制。一是明确各单位国资专管员，对单位资产实行有效监管。实行单位“一把手”负责制，明确专管员及其职责，建立资产管理台账，履行资产购置报批手续，实行资产动态管理。二是进一步规范国有房屋、土地等资产的交易行为。单位转让房屋、土地等资产，须提交资产处置申请，由区财政部门审批，区国土、区房产等部门配合，严格履行报批手续。

为盘活企业不良资产，避免国有资产造成大量流失和浪费，鼎城区国有资产管理部门始终坚持“资产清理评估、实物公开处置、资产专户储存”原则，规范办事程序。2007年，鼎城区继续按照财政部“两个办法”的要求，加大全区行政事业单位国有资产的管理力度，紧密联系区国土、区房产、区交警、区会计核算中心等职能部门，严格把好资产过户关、入账关；紧密联合区纪检、区监察、区审计等部门，对违规操作和擅自低价处置国有资产的单位和个人严格按照国务院《财政违法行为处分处罚条例》，追究单位分管人员和直接责任人员的责任。2007年共办理国有资产处置业务28笔，处置国有资产收益1560万元，拨付国有资产处置收益25笔，拨付金额1164万元。在总结往年国有资产处置工作经验的基础上，2008年按照《鼎城区行政事业单位国有资产管理暂行办法》，进一步细化行政事业单位国有资产处置操作方式，做到阳光、公平操作，确保国有资产不流失，保值增值。如：5万元以上的大宗资产严格按照程序办事；5万元以下的车辆处置，经区财政局党组集体研究，并上报区政府分管副区长，区纪委派员参与资产公开竞标处置，处置资金入专户。2008年共办理国有资产处置业务21笔，处置国有资产收益218万元，拨付国有资产处置收益20笔，拨付金额200万元。全方位参与企业改制，对全区改制企业的资产处置、方案预审、资金分配，进行全面监督和管理，按政策安置好改制企业职工。截至2008年底，鼎城区进入区产权交易中心的改制企业79家，置换职工身份6811人，改制企业资产处置总额22681万元，资产总支出21945万元。对行政事业单位兴办的经济实体、对外投资、入股、出租等形式形成的经营性国有资产进行调查研究，了解其经营状况，落实单位国有资产经营收益指标。2007年，鼎城区对大多数有经营性资产收益的行政事业单位下达政府调节基金征缴任务，取消国有资产占用费。对兴办经营实体的4家单位下达7万元的征收任务，并及时上缴国库。是年共完成国有资产经营性收益15.5万元，占年度任务的90.4%。

十二、企业财务管理

1988年，鼎城区共有区属企业10家，1994年，转为国有企业，其中：预算内企业7家，预算外企业3家，共有固定资产16188万元。1989年至1993年，仅向政府上缴利润45.3万元。随着国家经济体制改革推进，企业生产和销售由计划经济转变为市场经济。1994年，国家对企业实行利改税政策，接着又实行企业承包制和厂长、经理负责制。尽管政府多方扶持，但区属企业由于产权不明晰、机制不灵活，弊端凸现，设备老化，技术落后，产品积压，人员过剩，负债沉重，导致企业连年亏损。到2000年，区属10家企业共负债28684万元，负债率188%，绝大多数企业，已处于停产或半停产状态。为了激活企业经营机制，2001年，鼎城区政府按照上级政策和精神，决定对区属国有企业实行“两个置换”，即国有企业产权置换、国有企业职工身份置换，成立“鼎城区国有资产产权交易中心”，对国有企业实施破产清算，整体拍卖企业国有资产，置换企业职工身份。到2008年底，全区10家国有企业资产置换基本结束，企业职工身份置换除区氮肥厂、区元件厂尚未结束，其余8家区国有企业“两个置换”全部结束，资产拍卖成交额5962万元，企业自筹资金2892万元，区财政补贴6050万元，共计9504万元，用于企业三项保险（养老保险、医疗保险、失业保险）和企业职工身份置换。

1995年，鼎城区委、区政府根据《湖南省人民政府关于完善粮食购销调拨包干政策和财务管理体制的通知》精神改制区粮食、购销企业。《通知》要求“分级负责、分级管理和坚持事权、人权、粮权、财权相统一的原则，从1995年1月1日起，各地粮食企业、事业单位财务盈亏，列地州、市财政预算管理”。1998年6月，上级部门派出清查、审计小组，对鼎城区粮食系统所属政策性经营单位从1992年4月1日起到1998年5月3日止，新增财务挂账和其他不合理占用贷款，以及财政和粮食主管部门粮油政策性补贴、拨补情况进行了审计，确认政策性新增财务挂账37074万元。2004年8月，鼎城区财政局牵头，和区审计局、区农发行联合组成审计小组，对1998年6月以后至2004年6月30日前鼎城区粮食企业、区粮食购销企业新增财务挂账，进行联合审计认定，新增政策性财务挂账

31807万元。前后两次审计认定政策性新增财务挂账共68881万元。截至目前，因牵涉方方面面的原因，加上上级又未明确指示，故区粮食、购销企业的改制暂予搁置。

落实国家惠农政策，保障农民的根本利益，做好审核粮食补助到户，以及退耕还林工作。鼎城区在操作中减少中间环节，采取银行打卡发放款项方式，直接将补助款发放到农户，做到了公开、公平、公正，使农民兄弟放心。2005年至2008年，鼎城区发放补助农民各款共计227771万元，其中：粮食补助款166963万元，退耕还林款58783万元，奖励性母猪繁殖款808万元，石油补助款1217万元，极大地提高了农民种田、养猪等的积极性。

十三、财会工作管理

抓好财会管理工作，是提高和培养会计人员业务素质和职业道德的关键。二十年来，鼎城区会计管理部门特别注重全区财会人员业务培训、证件年检、知识竞赛、论文研讨等方面工作。

（一）抓好财会业务培训。组织各种财会业务知识培训，是会计管理部门的基础性工作，鼎城区会计管理部门做到了常抓不懈。财会人员取得“会计证”和“电算会计证”是从事会计工作的基本条件，为此，区会计管理部门常年组织“两证”报名考试工作，搞好宣传发动，力争不留死角。从2004年起，根据上级要求，“会计证”和“电算会计证”两证合一，换发“会计从业资格证”。此项工作涉及面广，情况复杂，区会计管理部门认真搞好全区在岗会计人员的摸底调查，确保换证质量。据统计，2004年换发新证达到2000多人，2005年又补换新证300多人。

（二）抓好证件年检工作。对在岗会计人员进行继续教育，是提高财会人员业务素质的重要手段，也是搞好“会计从业资格证”年检工作的主要途径，区会计管理部门每年组织一次全区财会人员业务素质提高会议，进行会计从业人员法制教育，指定专人抓好证件年检审核工作，加强了财会队伍的思想建设。

（三）抓好论文研讨工作。二十年来，鼎城区会计管理部门坚持以财会审计学会为纽带，积极加强与各单位会计人员联系，组织会员积极开展会计理论研讨和学术交流活动。到2008年，全区共有财会学组23个，会员485人，由区会计管理部门和区财会审计学会每隔一至两年组织一次由在岗财会人员撰写的会计工作理论联系实际文章研讨会。1989年至2008年，鼎城区财会人员在国家级、省市级财会财务报刊上发表理论文章多篇（因人员异动频繁，资料散失无法考查）。仅以2008年为例，全区征集在岗财会人员撰写论文20篇，向上级会计主管部门推荐参评论文10篇，其中4篇获优秀奖。区财会审计学会这座桥梁，加强了各单位财会人员之间、各学组之间的沟通与联系，不断提高了会计从业人员的业务水平。

（四）抓好会计职称工作。1989～1991年三年时间，从事财会工作的同志获取会计专业技术职称是由地方财会、人事部门进行考评，主要是结合财会人员的工作年限和工作能力给予评定并确认。1992 年开始实施全国会计专业技术职称统一考试制度，实行全国出题，由地方财会、人事部门组织考试，职称级别分为会计员、助理会计师、会计师和高级会计师。1999 年开始将会计职称级别分为初级（会计员、助理会计师）、中级（会计师）和高级职称。1989 年至 2008 年，全区通过地方财会、人事部门评定并确认，或参加全国会计职称统一考试获取初级职称共 705 人，获取中级职称共 347 人。

十四、乡镇财政管理

1988 年，鼎城区农业各税征收工作从农业财务管理中划分出来，分设农业税征管机构，管理全区农业各税征收工作。1989 年，鼎城区政府成立“鼎城区农业税征收管理办公室”，加强全区农业各税征收管理，2002 年升格为“鼎城区农业税征收管理局”（副科级事业单位），强化农业各税征收管理职能。2004 年国家取消农业特产税征收，2005 年国家取消农业税征收。2006 年，“鼎城区农业税征收管理局”更名为“鼎城区契税、耕地占用税征收管理局”，加挂乡镇财政管理局牌子，加强“两税”征管力度和规范乡（镇）一级政府财务管理工作。农业税征管机构建设的不断完善，为农业各税的征收起到了有力地保障作用。二十年来，鼎城区累计征收农业各税 47864. 4 万元，占同期财政一般预算收入 236274. 6 万元的 20. 26%，为鼎城区支柱税收之一。

（一）农业各税征收管理

石板滩镇花木栽培基地

1. 农业税（俗称“公粮”）、农业特产税管理。建国初期始征，是鼎城区财政收入的主要来源之一。农业税、农业特产税征收过程中，鼎城区政府始终坚持“稳定税负，增产不增税”的原则，征收上建立了一套比较完整的管理办法。一是查清税源，建立税收档案。在调查核实税源的基础上，建立各乡（镇）、村税源档案，采取“乡（镇）建档、村建账、区建库”的管理模式，印制了《土地承包经营证》、《农业税、农业特产税征纳手册》。二是强化职能，规范征管秩序。按照农业税、农业特产税的征收政策，据实将税收任务层层分解，下达到乡（镇）、村、组、户，采用“通知单”形式将纳税数额分发到农民手中，让农民对应缴税收一目了然。强化农业税收入结账考核，在“8. 33”考核结账的同时，坚持平时征收与突击征收结合，零散收入与大头收入并举，严格执行奖惩兑现，使每年的农业税征收任务都能在10月底前完成。三是建立机构，改革征管体制。按照“征”“管”“查”三权分离的原则，设立了农业税征收管理股和农业税征收稽查股，保证了全区农业税、农业特产税征收任务全面完成，谨防了农业税、农业特产税征收中的“跑”“冒”“滴”“漏”现象。同时，鼎城区政府加大农业税、农业特产税的征缴力度，选聘乡（镇）协税员，形成乡（镇）财政专干和农村协税员相结合的农税征收网络，保证农税政策的正确执行和税收目标的全面实现。2004年，国家降低农业税税率和取消农业特产税。鼎城区农业税税率由2003年的7%下调到2004年的4%，降低了三个百分点。2004年，鼎城区减征农业税正税2219万元，减征农业税附加445万元，合计减征2664万元。是年，鼎城区减少农业特产税801万元。两项合计减少农税收入3465万元。但落实惠农政策，利益于农民。2005年，国家取消农业税。1989年至2005年，鼎城区累计征收农业税35201.3万元、农业特产税6709万元，两项税收合计41910.3万元。“两税”虽然取消，但为国家在历史上做出的贡献是永远存在。

2. 契税、耕地占用税管理。鼎城区的契税、耕地占用税从计征开始就由区房产、区国土部门代征代缴。1989年至2008年，鼎城区契税、耕地占用税累计征收5954.1万元，占农业“四税”（农业税、农业特产税、契税、耕地占用税）47864.4万元的12.44%。2006年前，由于契税、耕地占用税委托他单位代征代缴，在征管过程中存在很多不规范行为，如不按政策漏征少征、任意减免等，导致契税、耕地占用税收入大量流失。为强化契税、耕地占用税征收管理，鼎城区政府于2006年成立“鼎城区契税、耕地占用税征收管理局”，从2007年起改契税、耕地占用税代征为直征。2007年，鼎城区契税、耕地占用税收入807万元，比2006年的574万元增加233万元，增长28.87%。2008年，鼎城区契税、耕地占用税更上一层楼，实现收入1440万元，较2007年的807万元增加633万元，增长78.43%。目前，契税、耕地占用税已成为鼎城区财政收入的主要来源之一。

（二）乡（镇）财政管理

鼎城区乡（镇）财政所组建于1984年，编制约70多人（具体数不详），到1989年，全区9个办事处、45个乡（镇）共有财政人员188名。此后，因撤处并乡以及行政区划等因素，截止2008年，鼎城区实有32个乡（镇）财政所，159名财政干部，其中：行政编127名，事业编32名。20世纪90年代初、中期，乡（镇）财政所作为乡（镇）一级政府的职能部门，只能服务于政府，而不能独立行使财政管理职能，尤其在控制乡（镇）财政支出上更是显得无能为力。因此，大多数乡（镇）出现收不抵支，年终赤字结余。乡（镇）财政所成了乡（镇）政府机关的“出纳”，盯着上级财政等、靠、要。从1993年起，鼎城区政府对乡（镇）实行了“收支挂钩”、“分灶吃饭”，以及后来的“划分收入范围，核定支出基数，收支挂钩，比例上解，自求平衡”等一系列的财政管理体制，充分调动了乡（镇）一级政府增收节支理财的积极性，乡（镇）财政收入不断增长，逐年实现财政收支平衡。在完善乡（镇）财政管理体制上做了以下工作：第一，合理制定乡（镇）

财政管理体制方案。重点贯彻《湖南省乡镇财政管理条例》和常办通字〔2000〕57号文件精神，落实1994年国家实行分税制改革的有关政策，确定了乡（镇）分税制财政体制，合理划分区、乡（镇）两级政府的事权，并赋予乡（镇）政府相应财权。第二，加强乡（镇）财政财务管理。规范乡（镇）财务收支秩序，进一步遏制乡（镇）乱收、乱支、乱发等问题。主要做了以下工作：一是建立健全财政管理制度。乡（镇）建立健全综合预算、现金管理、票据管理等十项基本财政、财务管理制度。二是全面实行“两无一统”的管理办法。乡（镇）做到站、办、所无会计、无账户，由财政所统管乡（镇）财务。积极推行乡（镇）财务由区管乡用的管理体制。三是对乡（镇）机关及站、办、所实行零基预算和综合预算。第三，抓好乡（镇）消赤减债工作。一是认真摸清底子。截止2008年，乡（镇）、村两级负债共12.8亿元（乡镇7.1亿元、村级5.7亿元），比1989年的乡（镇）、村两级负债793.5万元增加12.72亿元，增长161.3倍，是区财政目前最大隐患。二是积极培植财源。采取创收消减债务、盘活资产增加收入。

十五、控制社会集团购买力管理

1981年，原县政府行文成立“常德县控制社会集团购买力领导小组”，1985年，原县委以49号文件予以撤销。1986年9月，原县政府以常政发〔1996〕64号文件《关于成立常德县控制社会集团购买力领导小组的通知》，宣布恢复“常德县控制社会集团购买力领导小组及办公室”（简称社控办），办公机构及业务关系隶属原县财政局。1988年6月撤县建区，常德县控制社会集团购买力领导小组更名为“鼎城区控制社会集团购买力领导小组”。为了从源头控制社会集团购买力，防止大宗商品采购时弄虚作假，1998年，鼎城区政府行文成立“鼎城区政府采购中心”，与“区社控办”合署办公，两块牌子、一套人马。2008年4月，“区社控办”与“区政府采购办”分离，各自单独行使工作职责。

区控购办自成立以来，为全区控制社会集团购买力，严格执行审批手续，加强控管压缩不必要的行政事业经费支出起到了极大的作用，据历史统计从1989年至2003年15年间，共查处违控案件125件，没收违控小车4台，摩托车10辆，收缴违控金额280万元，压缩全区社会集团购买力累计金额920多万元，为平衡财政收支做出了积极贡献。

2008年，根据上级要求加强对公务车辆的管理，结合鼎城区实际，制定了区直行政事业单位公务车辆购置等一系列管理规定和程序。区控购办具体对购置车辆的标准、编制、条件、资金及型号等进行审核，一般要求换购条件是单台车行驶6年以上或多台车行驶10年以上，总行驶里程达到20万公里至30万公里以上。对区直行政事业单位换购车规定：单车行使20万公里以内，排量2.0升以下；车辆审批规定：先由购车单位向“区控购办”及“区公务用车领导小组”申报同意后，再呈报“市控购办”及“市公务用车领导小组”每月集中研究审批。购置的车辆经市审批同意后开具全省统一的“准购证”，再通过“区政府采购办”办理购置手续。依据规定，对购置的进口车、国产车和省产车分别按5%、

3%、2%的标准征收“帮困”资金，2008年共计收入10万多元。同时，作为政府公务车管理部门，“区控购办”加大了对公务车使用调查的力度并分别在《常德日报》和市委机关内刊即《常德论坛》杂志刊发了有关社控和公务车管理的新闻和调研文章产生了较好的社会影响。

十六、农林水财务管理

20世纪50年代初期，鼎城区财政局最早设置有3个股室，即预算股、农业（农财）股、企业股（兼办公室）。农业股在这50多年的风雨历程中，加强农业（农口企业和农口事业单位）财务管理、抓好支农资金的立项投放、提高支农效益达到增产增收等方面，为鼎城区的经济建设和发展做出了积极贡献。

（一）支农周转金管理

支农周转金大约起始于1999年（具体日期不详，无资料考究），根据上级财政部门的指示，于1999年结束周转金的发放工作。在这一年时间约有近1000万的支农周转金在不停地周转（不详，无资料可查），为支持乡镇培植财源起到了不可磨灭的历史作用。截止到2008年，待处理周转金余额尚有105万元，应收回的周转金余额为590多万元。对这方面的管理情况因无史料可查，加之从事该项工作的同志异动频繁，目前管理这方面工作的同志，几乎都是新手，故无法提供相关资料。

（二）农口企事业单位财务管理

1995年前，农口单位在安排年度支出时，一贯秉承“量入为出”的原则。编制人员经费，严格控制表内人数定额预算，编制公用经费按照标准分类、分档计算，专项经费分轻重缓急按照项目编制预算。

1998年，实行“零基预算”与“综合预算”双轨并行的办法编制预算。

1999年至2003年，坚持“全额预算管理，核定经费自给率以及实行定支、定收或定项补助，超支不补，结余留用”的管理体制。

2004年后，陆续对区畜牧场、区特养场、区蚕桑场等16家差额补助单位实行财政“断奶”，转为自收自支单位，极大地减轻了财政负担，对区农业局、区农经局、区农机局、区水电局等11家全额预算管理单位，实行部门预算。编制预算时，人员经费足额安排，公用经费按定额安排，津补贴按相关政策执行。坚持收支平衡，项目细化，定额科学。做到预算编制公平、公正、透明、高效。对区农科所、区茶场、区水稻原种场、区棉科所、区林科所、区油科所、区花圃、区苗圃、区黑山嘴农场、区园艺场等11家原差额补助单位，实行定额补助，除区园艺场外，其余10家将定额补助分别拨到主管单位。

（三）做好支农项目考察立项申报，推进社会主义新农村建设

为落实鼎城区委、区政府推进“三个鼎城”建设的指示精神，根据财政部关于《财

政农业专项资金调整和改革方案》所明确的财政支农资金投资方向，区财政局会同农、林、水各主管部门就全区农村产业化建设、农村基础设施、生态环境能源建设等方面进行了多个项目考察、立项、申报。截至目前，全区申报的项目有优质粮、棉、油基地建设、水库除险加固，排涝设施更新改造、中河口、石板滩土地治理、动物防疫体系建设等20多个支农项目，争取上级投资2500多万元。据统计，从1989年至2006年财政直接投入的支援农业生产资金就达20367.6万元。

为了进一步贯彻执行鼎城区委、区政府实施的“开放兴区，工贸强区”建设新农村的指示精神，1995年，鼎城区在省农业综合开发办争取立项，经批准把鼎城区作为“子项目区”，进入国家第三期综合开发——洞庭农业综合开发项目区内。

2002年，为了加强农业综合开发，鼎城区政府成立“鼎城区农业综合开发办公室”（具有行政职能，财政全额拨款的正科级事业单位），负责全区开发项目的评估、审定申报、组织施工、检查监督、竣工验收及资金管理。区开发办原由区农村办管理，于2007年划靠区财政局管理。据统计，1995年至2008年，鼎城区土地治理项目共完成投资8378.21万元，其中，中央财政投入资金3564.95万元（其中：有偿资金339万元）；省财政投入资金1401.85万元（其中：有偿资金143.98万元）；市财政投入资金329.26万元（其中：有偿资金49.6万元）；区财政配套资金366.45万元（其中：有偿资金46.25万元）；专项贷款资金313万元；农民自筹2402.7万元。共计改造低产田24.4万亩，建设优质粮基地1万亩。项目区累计投入工日178.5万个，使用混凝土10806立方米，浆砌石47437万元，移动土方296.8万立方米，硬化山塘207口，新修排灌站21座，计736千瓦。改造低灌站42座计1843千瓦，架设农电线路12.4公里，疏滩排渠519公里，现浇主渠234.1公里，铺设田间渠315.6公里，修建附属建筑4534处，铺设机耕道216.8公里，硬化村道5公里，购置联合收割机5台，营造防护林0.76万亩，所有工程竣工后，与受益主体签订了移交手续。同时，制定管护措施，落实管护人员，管护经费随水费综合征收。农业的综合开发为鼎城区的经济发展、粮食增产、农民增收起到了巨大的推动作用。

鼎城区在农村产业化项目立项方面：1995年至2008年，产业化项目共完成投资6257.38万元，其中，中央财政投入资金1259万元（其中：有偿资金995万元）；省财政投入资金543.5万元（其中：有偿资金439.5万元）；市财政投入资金146.5万元（其中；有偿资金119万元）；区财政配套资金77万元（其中：有偿45万元）；专项贷款980万元；企业自筹3251.38万元。扶持珍珠蚌吊养、鳜鱼繁养、千亩主体开发、各类鱼养殖、湘莲种植、美国五鸽和鱼鸭配套养殖等7个多种经营项目，扶持粮食精加工和蔬菜深加工等产业化经营项目4个。

2008年，财政部确定鼎城区为国家支农资金整合优质稻产业建设项目后，区委、区政府针对各乡（镇）优质稻生产现状，选定优质稻生产面积大和质量高、产业化开展基础好的灌溪镇、蔡家岗镇、黄土店镇、蒿子港镇等4个镇作为优质稻产业建设项目实施区。为保证项目顺利实施，区政府先后组建了三套专门工作班子：“鼎城区支农资金整合试点项目规划编制工作领导小组”，由区委书记王昌义、省水稻研究所副所长（研究员）赵正洪任顾问，区长李秋葆任总策划，区农业局局长熊春来任主编，组织7名农业专家负责鼎城区支农资金整合优质稻产业化建设项目的规划编制；“鼎城区支农资金整合协调领导小组”，由区长李秋葆任组长，区政府常务副区长向美华、区委常委、副区长杨君任副组长，区政府办主任、区农办、区发改局、区财政局、区农业局、区水利局、区国土局等21个单位负责人为成员，组织、指导和协调财政支农资金整合试点工作；“鼎城区支农资金整合优质稻产业化建设项目工作领导小组”，由区委常委、副区长杨君任组长，区农业局局长、区财政局局长任副组长，区发改局、区财政局、区农业局、区农业技术推广中心等单位负责人为成员，负责财政支农资金整合优质稻产业化建设项目的实施和管理。是年，区委、区政府按照“以优势区域和主导产业为整合平台，按项目整合支农资金”的总体思路，实现“区域与产业对接、基地与协会对接、产品与市场对接”，以小农水建设资金为切入点，锁定一个区域，培育一个产业，整合农业综合开发、农业产业化等项目资金；以“企业+协会+基地+农户”为模式的产业化发展，建设好四大优质稻生产基地，扶持一个稻米加工龙头企业——常德精为天米业有限责任公司和5个专业合作组织（优质稻产业协会）。8月份以来，设计小组对4个项目镇的71个村进行了全面调查，结合耕地资源状况，土壤肥力状况、优质稻生产水平等，确定了8万亩的优质稻生产基地、确定了20万米排灌沟渠的新建改造、34公里机耕道新建改造、18公里生产基地公路整修。区委、区政府制定出台了《鼎城区支农资金整合试点专项资金及项目管理实施细则》，采取“统一安排，明确主体，分别实施”的管理办法，对项目公示、项目合同、招标投标、政府采购、项目监理、项目验收、资金拨付、项目审计和建后管护等均进行严格管理。支农资金整合项目实行资金财政集中支付制度，项目实施单位根据项目实施合同、项目计划和项目施工进度，提出用款计划，经项目主管部门审查，报财政部门审批，实行集中支付。支农资金整合优质稻产业化建设，其项目所显现出的经济效益十分明显：一是优质稻生产增长增收。2008年，项目区水稻面积达200531亩，比2007年增加2344亩，其中，早稻86147亩，一季稻25440亩、晚稻88944亩；项目区一季稻和晚稻优质稻面积达92300亩，比2007年增加42300亩，比计划增加12300亩；优质稻平均亩产达462公斤，共生产优质稻4.2643万吨，比2007年增加2.2293万吨，比2007年每亩增产稻谷55公斤，共增产稻谷0.5076万吨；项目区优质稻总产值9738.146万元，比2007年增加2167.946万元；通过新品种和新技术配套推广，每亩节省生产成本25元，共节省生产成本230.75万元；项目区共节本增效2398.696万元，亩平259.88元，人均298.72元。二是龙头企业加工增效。常德精为天米业有限公司通过扩改建设后，年加工能力达到10万吨，年销售收入达到17588万元，年利润达到700万元，新增就业人员320人。三是带动全区优质稻生产。2008年，项目带动了全区农民生产优质稻面积达110万亩，比2007年增加5万亩；平均亩产410公斤，比2007年增加3公斤，总产优质稻谷45.1万吨，比2007年增加2.36万吨。优质稻生产为全区农民新增产值9020万元，全区农民人均增加收入120.93元。优质稻生产为鼎城区粮食增产增效和农民增收做出了巨大贡献，已成为鼎城区的优势产业和主导产业。农村产业化的发展为鼎城区培植了强大的基础财源，为完成财政收入打好了坚实的基础。

十七、财政信息化管理

鼎城区委、区政府根据党的十五届六中全会明确提出的“推行和完善部门预算、财政国库集中支付、政府采购、招投标等制度改革”精神，以及财政部规划建立的“政府财政管理信息系统”（定名为“金财工程”）建设的要求，深化财税体制改革，规范财经纪律，加强资金监管，于2006年底成立了“鼎城区财政信息管理办公室”，隶属区财政局管理的二级事业单位。其主要工作职能是：制定全区“金财工程”建设规划及实施方案；负责全区财政系统广域网建设中的软件平台选型、网络系统论证；负责区财政局机关局域网和区级财政业务城域网管理；负责财政业务数据建立及应用软件开发；负责区财政局因特网站，及时提供各种财政工作信息；负责财政信息网络设备的日常管理和维护；负责财政干部财政知识网络技术培训工作等。政府财政管理信息系统（简称GFMIS），利用先进的财政网络信息技术，以预算编制、财政国库集中支付、宏观经济预测为核心，覆盖全区行政事业单位和财政资金使用部门。GFMIS系统的建立，从根本上改变了财政系统多年来“粗放型”的管理模式，逐步走向依法理财，极大减少了预算执行的随意性，可监控任一时间点的财政资金收支状况，遏制了财政资金在财政管理之外运行和沉淀。

政府财政管理信息系统建设由两大部分构成：一是财政业务应用系统，包括预算管理、财政国库集中支付、国债管理等核心的财政业务管理系统和宏观经济预测系统；二是覆盖全区各级财政管理部门和财政资金使用部门的信息网络系统。目前，鼎城区“金财工程”建设已取得可喜成效：（一）部门预算编制系统得到较大推广。鼎城区部门预算编制系统已运行三年，实现了预算编制从基本预算单位使用专用软件编报预算、主管部门审核、财政部门主管股室审核、标准定额测算、项目管理、预算批复全程信息化。目前，区级部门预算编制信息管理系统支撑了近100个行政部门（单位），以及乡（镇）预算编报和逐级汇总。（二）工资集中统发系统得到全面推广。鼎城区财政部门开发了适应行政事业单位公务员工资集中统一发放的专用软件系统，既解决了公务员工资延时发放问题，又遏制了“吃空饷”的漏洞。（三）财政国库集中支付信息系统得到全面运行。全区已有80多家区直行政事业单位完全进入该系统实行财政国库集中支付，乡（镇）财政财务管理在探索中采用了会计集中核算信息系统。（四）新版非税收入管理系统试点顺利。在全省统一印制非税收费票据的基础上，鼎城区实现了非税票据信息网络化管理，收款单位开票自动计账、银行代收后将全部信息传递到省财政厅信息中心进行分类管理、部门和执收单位与财政部门网上对账。执收单位或缴款人通过银行缴纳的每一笔非税收入，都处在财政计算机网络的有效监控之下，有效地防止了占压、挪用财政性资金和私设“小金库”的违法违纪现象。

机　构　沿　革

一、鼎城区财政局机关变迁

鼎城区财政局，原名常德县财政局。1988 年 4 月 18 日，省人民政府根据国务院〔1988〕18 号文件精神，下达了湘政函〔1988〕22 号文，决定撤销常德地区和常德县，设立地级常德市和县级鼎城区。是年 6 月 9 日，县人大召开了十届三次会议，通过了县属机构更名的决议。根据县人大决议，常德县财政局更名为鼎城区财政局。局机关始设常德市大西门原常德县人委大楼内，后置办公楼于常德市光明巷，1983 年迁址武陵镇。

二、鼎城区财政局二级机构沿革

1. 1988 年鼎城区编委核定鼎城区财政局机关行政编制 28 名，后勤服务事业编制 2 名，合计 30 名。

1991 年 11 月，因税务部门增人增编，鼎城区财政局机关带编（行政编制）调入鼎城区税务局 2 人，区财政局机关行政编制减为 26 名。

2. 1996 年 1 月，常鼎编〔1996〕19 号文件核定鼎城区财政局机关行政编制 28 名，后勤服务事业编 2 名，合计 30 名。设局级领导 4 名，纪检组长 1 名，股级职数 13 名，其他工作人员 10 名。

3. 2002 年 4 月，常鼎政办发〔2002〕57 号文件重新核定鼎城区财政局机关编制 29 名（行政编制 21 名，专项事业编制 5 名，离退休管理编制 1 名，后勤服务事业编制 2 名）。设局长 1 名，副局长 4 名，纪检组长 1 名，工会主席 1 名，总会计师 1 名，股以下工作人员 18 名。

2002 年，撤销农业税征收管理股；

2003 年，国库股单独设立；

2004 年，撤销统计评价股；

2005 年产权股更名为资产管理股。

4. 到 2008 年底，鼎城区财政局机关共有内设职能股室 14 个，即：（1）办公室；（2）预算股；（3）国库股；（4）综合规划股；（5）行政政法股；（6）教科文股；（7）经济建设股；（8）农业股；（9）社会保障股；（10）企业股；（11）会计股；（12）资产管理股；（13）监督检查股；（14）人事教育股。

局属二级事业单位（股级）14 个：

（1）鼎城区控制社会集团购买力领导小组办公室；（2）鼎城区政府采购管理办公室；（3）鼎城区国库券推销办公室；（4）鼎城区住房资金管理办公室；（5）鼎城区工资发放管理办公室；（6）鼎城区财源建设领导小组办公室；（7）鼎城区财政局机关事务管理办公室；（8）鼎城区财政投资评审管理办公室；（9）鼎城区财政预算审核管理办公室；（10）鼎城区财政信息管理办公室；（11）中华会计函授学校鼎城函授站；（12）鼎城汽车维修中心（2002 年撤销）；（13）鼎城会计师事务所（1999 年脱钩为社会中介机构）。

局属副科级以上单位 4 个：

（1）鼎城区非税收入征收管理局；（2）鼎城区农业开发办；（3）鼎城区契税、耕地占用税征收管理局；（4）鼎城区财政国库集中支付局。

三、鼎城区财政局历年班子成员任职情况

1989 年

党组书记、局长：蒋祥政（1985 年 2 月至 1990 年 10 月）

党组成员、副局长：焦桂富（1986 年 9 月至 1995 年 1 月）

党组成员、副局长：郭述政（1989 年 8 月至 1994 年 12 月）

副局长：龙胜秋（1985 年 12 月至 1990 年 3 月）

1990 年

党组书记、局长：蒋祥政（1985 年 2 月至 1990 年 10 月）

党组书记、局长：鲍学孝（1990 年 10 月至 1995 年 1 月）

党组成员、副局长：焦桂富

党组成员、副局长：郭述政

党组成员、纪检组长：陈代元（1985 年 1 月至 1995 年 1 月）

副局长：龙胜秋

1991 年

党组书记、局长：鲍学孝

党组成员、副局长：焦桂富

党组成员、副局长：郭述政

党组成员、副局长：石启文（1991 年 3 月至 1999 年 2 月）

党组成员、纪检组长：陈代元

1992 年

局领导班子成员同上。

1993 年

党组书记、局长：鲍学孝

党组成员、副局长：焦桂富
党组成员、副局长：郭述政
党组成员、副局长：石启文
党组成员、副局长：麻建国（1993 年 3 月至 2006 年 3 月）
党组成员、副局长：黄建平（1993 年 3 月至 2003 年 10 月）
党组成员、纪检组长：陈代元

1994 年

党组书记、局长：鲍学孝
党组成员、副局长：焦桂富
党组成员、副局长：郭述政
党组成员、副局长：石启文
党组成员、副局长：麻建国
党组成员、副局长：黄建平
党组成员、副局长：王光波（1994 年 12 月提拔援藏）
党组成员、纪检组长：陈代元

1995 年

党组书记、局长：鲍学孝（任职到 1995 年 1 月）
党组书记、局长：郭述政（1995 年 1 月至 2007 年 11 月）
副局长、党组成员、副局长：焦桂富（1995 年 1 月离任，现已退休）
党组成员、副局长：石启文
党组成员、副局长：麻建国
党组成员、副局长：黄建平
党组成员、副局长：王光波（1995 年 5 月援藏）
党组成员、副局长：颜复国（1995 年 1 月至今）
党组成员、纪检组长：陈代元（1995 年 1 月离任，现已退休）
党组成员、纪检组长：李书国（1995 年 1 月至 2001 年 10 月）
党组成员、收费局局长：杨爱国（1995 年 7 月至 2005 年 11 月）

1996 年

党组副书记、局长：郭述政：（1996 年 7 月任党组副书记）
党组书记：鲍学孝（1996 年 7 月，任专职党组书记）
党组成员、副局长：石启文
党组成员、副局长：麻建国
党组成员、副局长：黄建平

党组成员、副局长：王光波（援藏）

党组成员、副局长：颜复国

党组成员、纪检组长：李书国

党组成员、收费局局长：杨爱国

1997 年

党组副书记、局长：郭述政

党组书记：鲍学孝

党组成员、副局长：石启文

党组成员、副局长：麻建国

党组成员、副局长：黄建平

党组成员、副局长：王光波（援藏）

党组成员、副局长：颜复国

党组成员、纪检组长：李书国

党组成员、收费局局长：杨爱国

1998 年

局领导班子成员同上。

党组成员、副局长：王光波（1998 年 5 月援藏结束）

1999 年

党组副书记、局长：郭述政

党组书记：鲍学孝

党组成员、副局长：石启文（1999 年 2 月离任，现已退休）

党组成员、副局长：麻建国

党组成员、副局长：黄建平

党组成员、副局长：颜复国

党组成员、国资局局长：王光波（1999 年 10 月到 2004 年 9 月）

党组成员、纪检组长：李书国

党组成员、收费局局长：杨爱国

2000 年

石启文离任。是年，局领导班子成员同上。

2001 年

党组副书记、局长：郭述政

党组书记：鲍学孝（2001 年 6 月离任，现已退休）

党组成员、副局长：颜复国（2001 年 7 月任党组书记至 2007 年 2 月）

党组成员、副局长：麻建国

党组成员、副局长：黄建平

党组成员、副局长：黄国平（2001 年 7 月至 2008 年 4 月）

党组成员、纪检组长：李书国（2001 年 10 月离任，现已退休）

党组成员、国资局局长：王光波

党组成员、收费局局长：杨爱国

党组成员、工会主席：张　毅（2001 年 7 月至今）

2002 年

党组副书记、局长：郭述政

党组书记、副局长：颜复国

党组成员、副局长：麻建国（2001 年 6 月兼任农税局局长至 2006 年 3 月）

党组成员、副局长：黄建平

党组成员、副局长：黄国平

党组成员、国资局局长：王光波

党组成员、收费局局长：杨爱国

党组成员、工会主席：张　毅

党组成员、纪检组长：杨明跃（2002 年 4 月至今）

2003 年

党组副书记、局长：郭述政

党组书记、副局长：颜复国

党组成员、副局长：麻建国

党组成员、副局长：黄建平（2003 年 11 月病故）

党组成员、副局长：黄国平

党组成员、纪检组长：杨明跃

党组成员、国资局局长：王光波

党组成员、收费局局长：杨爱国

党组成员、工会主席：张　毅

党组成员、总会计师：龙墙昀（2003 年 3 月至 2008 年 4 月）

2004 年

党组副书记、局长：郭述政

党组书记、副局长：颜复国

党组成员、副局长：麻建国

党组成员、副局长：黄国平

党组成员、纪检组长：杨明跃

党组成员、国资局局长：王光波（2004 年 4 月后外调）

党组成员、收费局局长：杨爱国

党组成员、工会主席：张　毅

党组成员、总会计师：龙墙昀

党组成员：刘先春（2004 年 9 月至 2008 年 4 月后外调）

2005 年

杨爱国于 2005 年 11 月调离。是年，局领导班子成员同上。

2006 年

麻建国于 2006 年 3 月任非税局局长，同时免任财政局副局长、党组成员、农税局局长职务。是年，局领导班子成员同上。

2007 年

党组书记、局长：郭述政（2007 年 3 月至 11 月）

党组书记、局长：熊　辉（2007 年 11 月至今）

党组副书记、副局长：颜复国（2007 年 2 月任党组副书记）

非税局局长：麻建国

党组成员、副局长：黄国平

党组成员、副局长：麻秀娟（2007 年 10 月至今）

副局长：梁腊清（系农开办主任，2007 年 7 月兼任财政局副局长）

副局长：汤长辉（系城投办主任，2007 年 7 月兼任财政局副局长）

党组成员、纪检组长：杨明跃

党组成员、工会主席：张　毅

党组成员、总会计师：龙墙昀

党组成员：刘先春

2008 年

党组书记、局长：熊　辉

党组副书记、副局长：颜复国

党组副书记、副局长：黄国平（2008 年 4 月任党组副书记）

党组成员、副局长：麻秀娟

党组成员、副局长：龙墙昀（2008 年 4 月任副局长，同时免任总会计师）

副局长：梁腊清（兼）

副局长：汤长辉（兼）

党组成员、纪检组长：杨明跃

党组成员、工会主席：张　毅

党组成员：刘先春（2008 年 4 月离任外调）

党组成员、总会计师：赵忠林（2008 年 4 月至今）

四、荣誉奖励

集体荣誉：

1991 年 1 月 9 日，省财政厅授予鼎城区石门桥镇财政所“文明财政所”的称号。

1996 年，鼎城区有 1 个乡镇财政所通过了省级验收。

个人荣誉：

高大兴，2005 年被财政部授予全国先进会计工作者。

第三章　桃源县

一、概　述

桃源县财政局局长　谢永忠

桃源县位于湖南省西北部，沅水中下游，东晋诗人陶渊明笔下奇文《桃花源诗并序》所述之“世外桃源”的原型就在境内。全县域内生活着以汉族为主以及回族、维吾尔族、土家族、满族、侗族、壮族、瑶族等13个民族，总面积4458平方公里，耕地面积130万亩，共辖40个乡镇（建制镇18个），877个行政村（居委会），总人口97.3万人，其中农业人口81.6万人。在全省122县市区中，桃源县的地域面积占第4位，耕地面积居第2位，总人口为第12位，是湖南省重要的粮、油、棉生产基地，粮食、油料、肉类产品跻身全国百强之列，一直引领着传统农业的风骚；主要农作物有水稻、棉花、甘薯、苎麻、花生，林产有松杉、南竹、油茶、油桐、桃源大叶茶，禽畜有三阳大种鸡、桃源黑猪等品牌。历史上桃源是个典型的农业大县。

改革开放以来，特别是在1989至2008年期间，百万桃源人民在历届县委、县政府的领导和“强县创新市，富民奔小康”的战略目标鼓舞下，大力弘扬“拼搏奉献，开拓争先”的桃源精神，艰苦创业抓经济，巧借外力促发展，在保持农业生产优势的同时，不断强化“工业兴县”措施，在全县建立了铝材、建材、纺织、农副产品加工、电力等优势产业集群；使全县经济实力大大增强；二十年中，全县GDP累计实现860.9亿元，年均增长13.43%，其中，2002年GDP达到53.4亿元，财政一般预算收入登上1.77亿元台阶，县经济总量和财力均列全市第一位，2008年GDP实现103.7亿元，财政总收入历史性的突破5亿元，实现5.37亿元，人民生活整体走上了小康水平。

桃源财政大楼

桃源县 1989～2008 年财政收支总表

单位：万元

年度	收入						支出					年终滚存结余
	合计	一般预算收入	上级补助收入	政府性基金收入		上年结余收入	合计	一般预算支出	上解支出	政府性基金支出		
				政府性基金收入	其中社保基金收入					政府性基金支出	其中社保基金支出	
1989	6024.9	4788.8	1106.5			129.6	6024.9	4519.6	1421.5			83.8
1990	6424.4	5115.5	1225.1			83.8	6424.4	4938	1420.8			65.6
1991	6512.3	5061.4	1385.3			65.6	6512.3	5184.3	1481.8			-153.8
1992	6830.2	5380	1604			-153.8	6830.2	5957	1591			-717.8
1993	7352.2	6312	1758			-717.8	7352.2	6557	1583			-787.8
1994	8942.2	6325	3405			-787.8	8942.2	7851	1841			-749.8
1995	12278	8609	4419			-749.8	12278	10785	1969			-475.8
1996	15428	10506	5398			-475.8	15428	13416	2355			-342.8
1997	16981	11953	4724	647		-342.8	16981	14334	2637	288		-277.8
1998	18279	13560	4583	414		-277.8	18279	14215	3331	608		125.2
1999	22269	14928	5771	1445		125.2	22269	17101	3326	1409		433.2
2000	26019	15973	6648	2965		433.2	26019	18220	3741	2785		1273.2
2001	32954	16813	10911	3957		1273.2	32954	22496	3306	3955		3197.2
2002	40816	17721	18078	1820		3197.2	40816	31918	4178	1966		2754.2
2003	45594	19693	20399	2748		2754.2	45594	35702	4651	2872		2369.2
2004	53470	17517	32685	899		2369.2	53470	42750	5381	832		4507.2
2005	68047	18037	43942	1561		4507.2	68047	56661	4596	974		5816.2
2006	83539	20876	52868	3979		5816.2	83539	70749	4886	3507		4397.2
2007	108600	26348	74300	3555	451	4397.2	108600	85178	4827	3866	456	14729
2008	149206	29894	99869	4714	789	14729	149206	112095	5008	7689	760	24414
合计	735569	275411	395079	28704	1240	36375	735569	580627	63531	30751	1216	60660

二、体制沿革

1989 至 1993 年，桃源实行“定额上交，递增包干”的县级财政体制，县对乡镇实行由“收入上解、支出下拨、统收统支”逐步过渡为“定额上交，递增包干”的财政体制。

1994 年，根据国务院《关于实行分税制财政管理体制的决定》，桃源县实行了分税制财政体制至今。翌年，将分税制财政体制延伸到乡镇；按照“事权与财权结合，一级政府一级财政”的要求，对乡镇以“划分税种，收支挂钩，递增上解”进行财政管理；实行了“两定两分”，即定收入基数、定增收比例、分级征收管理、分别上解下拨的乡镇财政新体制。

1999 年，乡镇教师队伍上收县教育局管理，乡镇教育事业经费列入县本级财政预算，减轻了乡镇为教育经费筹资的负担，解决了教师队伍工资难到位的问题。

2002 年，乡镇取消“递增上解，增收分成”的体制，实行“固定上解，增收全留，短收自补，自求平衡”的管理体制。同时对特别困难乡镇实行工资性财力补助；同年，在全县实行农村税费改革，按照“减轻、规范、稳定”的要求，取消乡统筹费、农村教育集资等专门面各农民征收的行政事业性收费和政府性基金、集资；取消屠宰税；逐步取消统一规定的劳动积累工和义务工；调整农业税政策；调整农业特产税政策；改革村提留征收使用办法。当年全县农民减负总额达 3914 万元，减负幅度为 27. 79%。

2003 年，停止将国税、地税与农税等项收入任务一并下达给乡镇的做法，工商税收由国税和地税部门直接征收，使征管职能归位，调动了征管部门的积极性，当年工商税收入入库 4815 万元，比上年净增 742 万元，增长 18%。

2004 年，取消了除烟叶外的农业特产税，农业税税率降低 3 个百分点；2005 年，全面免征农业税，全县 81 万多农民从此彻底告别了“皇粮国税”。同年，在全县 40 个乡镇推行了“乡财县管乡用”体制，乡镇财政实行“五统”管理方式，即核算统一、账户统设、工资统发、采购统办、票据统管，在进一步理清县乡财权与事权的同时，县财政当年对乡镇新增安排支出 1600 万元，保障了乡村组织正常运转。

三、财源建设

桃源县创元工业园区

随着改革开放的不断深入，桃源县、乡（镇）财政部门对财源建设重要性的认识不断提高，思路不断明确，力度不断加大，财源的结构、质量和规模发生了可喜变化。1994 年，全县启动了财源培植“大、中、小 3581”系列工程；“大 3581”工程，即要求县级财政收入突破省财政厅规定的 3000 万元、5000 万元、8000 万元、1 亿元中的亿元规模；“中 3581”工程，即在县内培植一批财政收入上 300 万元、500 万元、800 万元、1000 万元的乡镇；“小 3581”工程，即在县内扶持一批上缴财政收入过 30 万元、50 万元、80 万元、100 万元的财源项目。1995 年县财政总收入首次突破亿元大关，达到 1. 12 亿元。

鸟瞰创元工业园

进入新世纪后，县委、县政府提出了“工业兴财”战略，确立了“三个坚定不移”的经济发展措施，即坚定不移抓工业，用工业引领县域经济的发展；坚定不移地抓招商，用招商引资促进工业的快速扩张；坚定不移地抓环境，用好的环境筑巢引资，促进全县工业经济又好又快发展，实现工业经济增长与财政收入增长的良性循环。2001 年到 2008 年，县财政预算内投入财源建设资金达 1.22 亿元，向金融部门融资和引导吸纳社会资金 9.2 亿元，建成了创元工业园和漳江、陬市、热市工业小区，先后有创元铝业、桃源县华隆金属硅厂、桃源县京龙机械有限公司、湖南金固力油墨涂料公司、湖南金果果蔬食品公司、湖南晟通科技常德分公司、常德胜利化工有限公司、牛力水泥厂、热市水泥厂、桃源县裕东纺织有限公司、桃源县大华机械厂、桃源县明月鹏程矿业有限公司、湖南省澳伊化工科技有限公司、科新电子元件厂、湘鲁万福农业开发有限公司、桃源县新源棉花加工厂、桃源县津山食品有限责任公司、湖南省三尖农牧有限责任公司、桃源县科辉墙材有限责任公司、桃源县国钦棉业有限公司等规模企业落户“一园三区”。全县规模工业产值从 2001 年的 8.73 亿元增加到 2008 年的 88.3 亿元，增长 10 倍多；规模工业增加值从 2001 年的 7.6 亿元增加到 2008 年的 28.1 亿元，增长 3.7 倍；工业税收从 2001 年的 3300 万元增加到 2008 年的 3.1 亿元，增长 9.4 倍。2008 年纳税过百万元的工业企业达到 18 家，特别是创元铝业，全年完成产值 63.8 亿元，实现税收 2.52 亿元，成为全市第二大“工业航母”。

三尖农贸有限公司

二十年中，桃源在抓好工业强县的同时，还对县内农业生产，特别是对农业品牌产业进行了重点扶持。1990 年起，财政每年对桃源大叶茶生产都予以重点投入，在政策上将该项目争取列入了全省“八五”星火发展计划和全省六市县农产品试验区工程，多年来财政先后投入资金达 1336.82 万元，目前野茶王基地面积已有 25048 亩，年投入达 7500 万元。

1996 年以来，为促进县域黑猪品牌产业的发展，县财政共投入资金 350 万元，用于黑猪保种核心群与保护区的建立，资源场基础设施改造、维修和选育种群研究。1997 年 12 月黑猪品牌通过省级成果鉴定，获省农业科技进步特等奖和省科技进步一等奖。1999 年通过省畜禽品种委员会的审定，定名为“湖南黑猪”。黑猪产品具有品质好、生产速度快、瘦肉率高、适应性强、繁殖力强、护仔性好、耐粗饲料等特性，肌体细而丰富、肉质滑嫩、鲜味浓、口感好，瘦肉率达 62.2% 的优势；该品牌的保护和发展得到了国家、省和市县畜牧部门的高度重视，上级有关部门先后投入资金 468 万元，给予了重点支持发展。

四、财政收入

桃源大叶茶基地

1989～2008 年，全县累计完成一般预算收入 275410.7 万元，年均增长 10.1%。二十年中桃源财政结构变化主要分为三个阶段：

第一阶段，1994 年税收体制改革以前，县财政收入的主体是：县直预算内工业企业、集体企业的税收，农税收入。

1989～1993 年，县级财政一般预算收入徘徊在 5000 万元左右，其中工商税收在 3200 万元～3400 万元区间，占一般预算收入的比重为 64%～68%，税收比重较大。

1994 年，实行分税制后，工商税收下降到 2660 万元，比上年实际减少 768 万元，下降 22%。

第二阶段，1995～2004 年，企业改革后，形成了多种经济主体，县财政收入主体是：个体企业、私营企业、合资企业、股份制企业等税收，农业四税一收入，预算外收入，县内重点工程建设等税收。

1995 年，全县撤区并乡建镇，由原来的 68 个区乡镇合并为 40 个乡镇，乡镇财政收入直接上解县级财政，减少了征缴的中间环节。

1996 年，财政一般预算收入突破亿元大关，达到了 1.0506 亿元，其中工商税收 3955 万元，农业税收由于粮食收购价格的调价，征管措施进一步加强，全年征收 2974 万元，比上年增收 814 万元，增长 37%，农村税收占到了税收比重的 47%，是典型的农业财政。

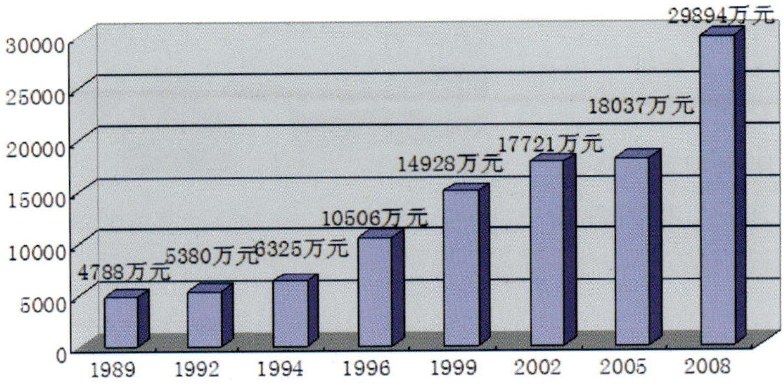

1989～2008 年桃源县一般预算收入增长趋势图

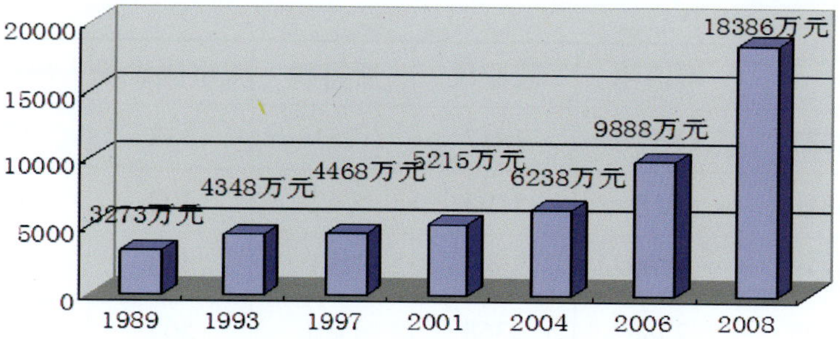

1989～2008年桃源县工商税收增长趋势图

1997～2003年，县委、县政府提出了一系列发展县域工业的举措，国家重点建设项目凌津滩水电站的建设和并网发电，分税制政策利益逐步显现，工商税逐年增长，财政总收入每年以2000万元以上的净增额递增，达到31990万元。

第三阶段，2004年以后，国家逐年减征和取消农业税，全县农税收入一项减少财政收入8442万元。县级财政收入主体是：通过加大招商引资力度，以大办工业为主的企业创税（其中引进的创元铝业，2006年国地两税收入达1亿元以上），上级转移支付收入，非税收入。

桃源县1989～2008年工商税税收收入表

单位：万元

年度	合　计	增值税	营业税	所得税	城市建设税	房产税	其他
1989	3273.4	517.9	1509.7	244.3	142.6		858.9
1990	3374	578.7	1534.3	232.9	122.8		905.3
1991	3173	599.7	1378.5	176.3	123.5	20.2	874.8
1992	3428	692	1446	165	143	29	953
1993	4348	1290	1815	37	173	102	931
1994	2660	726	1039	69	185	135	506
1995	3449	832	1399	226	178	233	581
1996	3955	910	1694	230	198	299	624
1997	4468	760	2033	494	280	137	764
1998	4877	753	2370	867	216	251	420
1999	5576	785	2445	1303	323	234	486
2000	5562	750	2315	1446	417	276	358
2001	5215	786	1270	2191	213	116	639

续上表

年度	合　计	增值税	营业税	所得税	城市建设税	房产税	其他
2002	4073	831	1817	751	338	156	180
2003	4815	958	2195	762	402	310	188
2004	6238	1760	2587	753	450	482	206
2005	8095	2388	3368	1101	563	530	145
2006	9888	2654	4561	1188	673	441	371
2007	15173	3235	5585	2378	891	557	2527
2008	18386	5575	6739	2736	1326	1260	750

桃源县 1989 ~2008 年农税收入统计表

单位：万元

年　度	合　计	农业税	农业特产税	耕地占用税	契　税
1989	1065	968. 6	70. 6	12. 2	13. 6
1990	1049. 6	895. 1	102. 2	39. 3	13
1991	1072. 6	891. 4	114. 1	57	10. 1
1992	1230	1051	135	31	13
1993	1130	946	114	55	15
1994	2383	1887	370	104	22
1995	2173	1657	386	107	23
1996	2987	2067	390	502	28
1997	2974	2384	490	60	40
1998	3249	2163	686	350	50
1999	4282	2152	660	1395	75
2000	3150	2265	660	150	75
2001	2702	1592	860	150	100

续上表

年　度	合　计	农业税	农业特产税	耕地占用税	契　税
2002	8653	6548	1894	91	120
2003	9050	6548	1894	478	130
2004	4993	3645	330	498	520
2005	905		430	161	314
2006	804			358	446
2007	1588			872	716
2008	2868			1989	879

2004～2008 年，桃源工业兴财战略效果显现，金果实业、鲁州糖业、湘鲁万福、牛力水泥、创元铝业等一批规模工业逐渐为县创收，财政总收入快速增长，收入结构趋于合理，到 2008 年工商各税已占一般预算收入的 70%，财政总收入完成 53663 万元，其中一般预算收入 29894 万元，逼近 3 亿元大关。

五、财政支出

1989～2008 年的 20 年中，桃源县财政支出从保工资的单一支出而逐步形成保工资、促发展、抓建设和重点做好我县公益事业，建立社会保障机制（社会养老险、工伤保险、医疗保险、低保等）为主体的支出结构。一般预算支出 20 年间增长了 23.8 倍，使政府工作职能的转变，财政公共职能的发挥，在财政支出上得到了充分体现。

1989 年，全县一般预算支出 4519.6 万元，其中上解上级支出 1421.5 万元，占支出总额的 31%；文教卫和农林水支出 2157.7 万元，占 47%，主要财力用于教育和农林水支出。

桃花源风光

在财政收入不断增加的基础上，支出规模相应扩大，县财政支出从 1995 年的 1.07 亿元，经过 6 年的盘整，支出快速扩张，2001 年达到 2.2 亿元，2002 年过 3 亿元，2004

桃源县1989～2006年财政支出统计表

金额单位：万元

年度	合计	支援农村生产支出	农林水气象事业费	工交事业费	城市维护费	文教事业费	科学事业费	抚恤救济费	行政管理费	公检法支出	政策性补贴	支援不发达地区支出	专项支出	其他
1989	4519.6	282	332.8	147.3	5.9	1824.9	4.1	292.4	680.9	212.5	279.6	31.3	51.2	374.7
1990	4938	460.5	305	106.2	12.3	2063.6	7.2	237.2	725.5	229.4	173.5	7.6	78.5	531.5
1991	5184.3	337.3	323.3	32.2	109.1	2255	7.5	241.4	780	298.4	176.4	4.6	111.6	507.5
1992	5957	340	357	8	129	2655	8	327	1008	268	75	7	1118	-343
1993	6557	581	286	8	208	2619	9	392	975	279	41	7	124	1028
1994	7851	563	311	4	157	3191	13	268	1679	571	171	7	166	750
1995	10785	741	470	47	265	3850	10	567	2380	676	26	21	259	1473
1996	13416	838	770	124	395	3757	14	1133	2682	1292	453	352	325	1281
1997	14334	955	1076	95	193	5023	15	520	2865	1479	1157	435		521
1998	14215	995	553	98	183	2820	37	635	4346	804	1235	80	313	2116
1999	7101	1133	979	108	253	3100	42	915	4600	1389	1051	407	174	2950
2000	18220	1084	976	204	259	3500	43	806	5275	1526	388	219	194	3746
2001	22496	1085	980	440	2237	5283	45	962	6427	361	26	175	105	4370
2002	31918	1274	1378	310	330	8818	47	1838	9398	2582	54	343	100	5446
2003	35702	1450	1271	735	319	9125	49	2440	10224	2161	409	278	153	7088
2004	42750	2568	853	1174		10020	36	2596	12773	3049		257	186	9238
2005	56661	3098	1659	2679	465	10028	38	4014	13073	4109	2042	222	289	14945
2006	70749	3405	2338	3233	1509	10073	107	4343	17315	4641	100	395	627	22663
合计	383353.9	21189.8	15218.1	9552.7	7029.3	90005.5	531.8	22527	97206.4	25927.3	7857.5	3248.5	4374.3	78685.7

年过4亿元，2005年过5亿元，2006年过7亿元，2007年过8亿元，2008年突破了10亿元大关，达到11.21亿元，相当于1988年4223万元的26.6倍。比2007年支出增幅达31.6%，是近20年来支出增长最快的一年。

2008年，农林水支出14098万元，比1989年支出332.8万元增加13765.2万元，增长42.36倍；教育支出25105万元，比1989年支出1824.9万元增加23280.1万元，增长13.75倍；城乡社会事业支出2261万元，比1989年支出5.9万元增加2255.1万元，增长383倍；卫生事业费支出9144万元，比1989年支出207.4万元增加8936.6万元，增长44.08倍；社会保障与就业支出25822万元，比1989年支出149.2万元增加25672.8万元，增长173倍。

桃县2007～2008年财政支出统计表

项　　目	2007年	2008年
一般公共服务	13047	15782
外交		
国防	92	217
公共安全	4863	5932
教育	16901	25105
科学技术	361	402
文化体育与传媒	711	935
社会保险和就业	19284	25822
医疗卫生	6207	9144
环境保护	619	646
城乡社区服务	2184	2261
农林水事务	10963	14098
交通运输	6429	6751
工业商业金融等事务	2352	3562
地震灾后恢复重建	1165	
其他支出	2421	1438
合　　计	87599	112095

桃城防洪堤

“九五”计划以来，在投资公益事业重点建设方面，桃源财政筹资1.37亿元建起了全省第一个县城防洪圈；投入近4亿元对全县近百座水库和五座万亩堤垸进行了全面加固修整，大大增强了全县整体防洪保安能力；投资近亿元建成了桃源沅水大桥；投资1.98亿元完成常桃高等级公路建设，投入1.2亿元完成了通乡通村公路建设，全县公路总里程达4990公里，人均占有公路总里程居全省前列。

“十五”后，县财政预算安排，对民本民生支出比重不断加大。2008年，工资、社保、教育、医疗、计生等民生支出占到财政总支出的已达八成以上。2004～2008年，落实国家粮直补、综合直补、水稻良种补贴、能繁母猪养殖补贴等惠农补贴5.25亿元。

六、财政管理

（一）预算外资金及非税收入管理

1989年，在加强预算外资金监督的基础上，对县直行政事业单位预算外资金实行了“专户储存”，逐步实行收支两条线管理。

1993年，预算外资金开始探索“预算管理与计划管理双轨运行和实行政府调控”的管理模式，即：行政性收费和政府性基金实行“全额上缴、预算管理、收拨挂钩、定额调控”管理；事业性收费实行“收支两线、专户储存、计划管理、分类调控”管理，此后，预算外资金管理得到了逐步加强，专户储存面不断扩大，专户储存资金逐年增加，到1995年，全县预算外资金达到9016万元，专户储存额8300万元，专户储存率达92%。

1997～2003年，县政府制定了《关于进一步加强预算外资金管理的规定》，为增强政府调控力度，强化对预算外资金的全面管理，按照“收入全额上缴，分档累进返还”的方法，分四个层次征收政府调节基金；即：经费自给率20%以下征收20%；经费自给率20%～40%的征收15%；经费自给率40%～60%的征收10%；经费自给率60%以上的征收6%。同时对公安、检察院、法院等执法单位的预算外资金实行“全收全返”。是年11月1日起，县直行政事业单位取消过渡账户，实行各项收费直接进入财政专户，清理取消了单位收入银行账户，对县直24个重点收费单位的预算外资金进行专项检查，查出违纪金额1683万元，并作出相应处理。同时还推行了预算外支出月计划管理，全年专户储存额达1.339亿元，征收调控基金307万元。

2004年，桃源县非税收入征收管理局成立，确定为具有行政职能的正科级事业单位，人员实行公务员管理。职能是对全县非税收入进行管理，非税局的成立加快了全县非税收入规范管理的进程。拓展了非税收入管理的新思思路；一是从源头抓起，规范票据管理。实行了以票管收。对财政票据进行了精细化管理，把住了财政票据领用关、使用关、核销关，实施了票据年检，从而实现了“以票管收”的目标。二是规范了非税收入的征收流程。实行了非税收入的“单位开票、银行代收、财政统管、政府统筹”的征管体制，同时对票款同行进行了严格要求和控制。三是强化了非税收入并入财政预算的力度。每年年初，在进行财政收支预算编制时，执收单位的非税收入计划都必须要与财政预算打捆安排。由非税局与单位根据政策变化情况，逐项核定、合理测算，认真并合理核定非税收入年度预算收支，未列入预算的，单位有钱也不能进行列支，政府采购项目不能列入计划，从管理上均衡了单位之间的苦乐不均问题。

（二）社会集团购买与政府采购管理

从1989年起，为严格控制行政事业单位对控购商品的购买，县社会集团控购办公室加大了对有关商品的审批力度，控购商品实行了品种控制和限额购买。

1996～1997年，行政事业单位购买控购商品的能力明显增加，针对这种现状，县财政出台了一系列严控措施，实行了严格审核把关，主要是采取对违规购买专控商品的单位进行严厉经济处罚，对购买专控商品的单位按采购计划金额征收政府调节基金等手段管理，两年共查处违规购买单位60个，违纪金额17.24万元，处以罚款4.24万元；征收政府调节基金66万元。

2001年6月，县编委批准成立桃源县政府采购管理办公室和桃源县政府采购中心，实行两块牌子、一套人马办公，内部进行严格分工，履行管理和采购双重职责，2001年7月1日正式挂牌。政府采购活动，开始通过采购平台，按照公开、公平、公正的程序，面向社会进行招标、询标，提高了政府采购的透明度，得到了社会的认可。当年，政府公开采购涉及货物类、工程类、服务类等20多个品种项目，规模达760多万元。

2005年，县政府采购办在“扩规模、健机制、抓规范”上下工夫，按照“依法监督，稳步推进”的思路，工作中管理有序，监督有力，理顺了财政业务股室与政府采购的关系，实现“三个统一”。采购申报标准和格式统一，招标文件和合同文本统一，采购项目和采购资金审核支付统一。全年采购近200次，采购金额6745余万元，资金节约率10%以上。

2008年，狠抓了对采购审批、项目委托、信息发布、采购评审、中标确定、合同签订履行和验收、供应商投诉处理等工作的规范，强化了对采购过程的监督管理，优化了采购方式和程序。在创新采购工作方面，桃源对公务车辆定点保险和定点维修事项进行了深入调查研究，分析制订了可行的操作方案，采取全县统一与厂家签订优惠协议和优质服务承诺书的方式，规范了桃源公务车辆保险和维修行为。由于采购工作范围的拓展，全年纳入政府采购管理支出金额14117万元，节约资金1690万元，节约率12%以上。

桃源一中鸟瞰

（三）会计工作管理

桃源会计管理工作做到了严格会计岗位、严格会计职称、严格学习培训的“三严”要求；把住进口关，把住合格关，把住称职关。20 年中，会计队伍确保了会计人员的质量，确保了财政性资金安全。

1989 年，县财政局印发《会计工作达标升级试行办法》，由点到面开展会计达标、上等级的工作。全县 1255 个会计单位，实有财会人员 2122 人，占职工总人数的 4.95%。

1990 年，为配合开展会计达标活动，全县所有企事业单位会计主管人员近 500 人到临澧县肉联厂实地参观学习。是年，举办财会人员培训班 7 期，1000 多人参加学习。

1992 年，全县有会计工作人员 1300 人参加各种形式的培训，2000 多人参加珠算等级鉴定考试，是年，颁发“会计证”2540 人。

1993 年，全县有 7 个财政所达到了县级文明财政所标准，尧河、畲田、马石、龙虎 4 个财政所被市财政局授予文明财政所称号，其中畲田乡财政所还被省财政厅命名为文明财政所。是年，会计工作达标面达到 60% 以上，升级率达到 10% 以上。同年 4 ~ 5 月，举办了 3 期企业新财务会计制度培训班，所有的会计人员参加了学习。

1996 年，全县有 718 人参加“会计证”考试，其中 682 人取得了“会计证”。

1997 年 3 月，在黄石水库管理处举办了由 40 个乡镇财政所的总会计参加的预算会计培训班，学习了国家《预算法》的有关内容，明确了县乡财政体制。是年 12 月，举办了 40 个乡镇财政所的总预算会计和单位会计参加的新会计制度培训班，学习了《新编财政总预算会计》、《财政总预算会计制度》、《新编事业单位会计》等内容。同年，县政府在延溪宾馆召开了财会人员、乡镇长、县直单位负责人等 300 多人参加的会议，学习贯彻《会计法》和《会计条例》。这一年，有 87 人参加电算会计的考试，600 人参加《会计证》

考试。

2001 年，对县直行政事业单位推行了会计人员体制改革，对县委办等 28 个行政事业单位实行会计集中核算试点，统一会计人员管理，统一账户管理，统一资金结算，统一会计核算。

2002 年，正式组建了县会计核算中心，县直行政单位、全额拨款的事业单位和差额拨款的事业管理单位的会计核算进入“中心”。在财务管理上实行单位预算体制不变，资金性质不变，资金的收支主体不变，审批权不变和对下属单位的管理权不变的“五不变”原则；在资金管理上取消单位会计岗位和银行账户，改由“中心”实行统一账户管理，集中办理资金结算，集中进行会计核算，集中管理会计档案。

2003 年，全县会计工作以贯彻落实《湖南省实施〈中华人民共和国会计法〉办法》为契机，进一步整顿会计秩序，打击会计造假行为，加强会计制度建设，完善会计内部监督机构，规范会计考试管理体制，加强会计继续教育培训力度，不断提高全会计队伍的职业道德水平和专业技术能力，各项工作均取得了新的进展。全年举办会计从业资格证、电算会计证培训班 3 期，培训学员 210 人，举办会计继续教育培训班 9 期，培训会计人员 1625 人。对历年来持有的会计证、电算会计证、会计专业技术资格证的人员，实行微机管理，建立了会计人员继续教育数据库。统计结果显示：1989 年以来全县累计发放会计证 6360 个，发放电算会计证 425 个。

2004 年，全县会计工作继续以贯彻实施《会计法》和《湖南省实施〈中华人民共和国会计法〉办法》为主线，以会计工作服务经济建设、服务财政工作为核心，以加强会计队伍建设为手段，坚持依法行政，深化会计改革，加强会计监管，全面提升我县会计管理工作水平。全县开展了《会计法》执行情况检查，重点检查 14 户，其中企业 1 户、社会团体 1 户、行政事业单位 12 户。同年，根据《湖南省会计基础工作规范化办法（试行)》，结合桃源县实际，印发了《桃源县乡镇财政所会计基础工作规范化管理办法》，下发至各个乡镇财政所，成立了乡镇财政所会计基础工作规范化验收领导小组，狠抓了乡镇财政所会计基础工作规范化。对验收合格的乡镇财政所，县局授予“会计基础工作规范化单位”，并给予一定的物质奖励，是年，有杨溪桥乡财政所等 23 个单位验收合格。

2005 年，全县会计工作继续做好会计从业资格证的换发煞尾工作。通过换发新证，全面澄清了桃源县会计队伍的底子，全县共换发会计从业资格证 2073 个，年检换证人员 1891 人。有会计初级职称的 342 人，中级职称的 150 人；会计工龄 5 年以上的 1767 人，10 年以上的 1294 人，20 年以上的 545 人，30 年以上的 45 人。是年，对 10 个乡镇财政所会计基础工作规范化进行验收，对上年度已验收合格的 23 个财政所进行了年检。

2006 年，为深入贯彻落实《会计法》和《湖南省会计从业资格管理办法》，进一步加强会计从业人员管理，规范会计基础工作，提高全县会计工作质量，树立财政部门对会计工作管理的权威。在全县范围内开展了一次以审查会计人员从业资格和会计机构负责人任职条件为主要内容的专项执法检查。全县自查单位267户，其中企业单位26户、行政单位92户、事业单位149户。全县会计机构人数1589人，其中持有会计从业资格证书1316人，占82.8%，无会计从业资格证书273人，占17.2%。自查中会计人员按规定完成2005年度继续教育学习1215人，占92.3%。

2008年，组织了全县841个村级会计人员的培训，严格规范村级财务秩序。狠抓了农村会计人员从业资格、会计基础工作、会计管理体制、会计人员的培训管理，提高村级会计人员的从业水平。

（四）国有资产管理

1991年，县人民政府设立国有资产管理办公室，归属县财政管理，对县属国有资产进行行政管理、监督和经营，实行“国家统一所有，政府分级监管，企业自主经营”的管理体制，当年核定县级国有资产2.8306亿元，其中行政事业单位1.872亿元，企业资产0.95亿元。

1992年，对预算内企业、预算外企业、企业化管理的事业单位等有全民所有性质的企业进行摸底调查和归类，全县共有107家企业进行产权登记，加强了对国有资产转移、报废、报损及非经营性资产转为经营性资产进行严格审批，以控制国有资产的流失和无偿占有。

1996年，按照国有资产管理的需要，县成立了县国有资产管理局，隶属县财政管理的二级机构，同时，乡镇配备了国有资产管理专职干部，并在企业、事业单位明确国有资产管理兼职人员。在县内建立了一个比较完整的国有资产管理网络体系。

1998年，针对桃源国有资产管理的状况，制订了《桃源县国有资产处置管理实施办法》，推进了国有资产处置工作的规范化、程序化，促使国有资产行政管理权与资本运营权的分离，同时加强了国有资产交易市场的管理，使闲置、不良资产有序流动，全年盘活国有资产3000万元，解缴财政收入500万元。

2001年，全县国有资产评估立项55个，评估资产2.89亿元。同时对县属国有山林进行普查和评估，价值4188万元，全部租赁给所在乡镇经营。

2002年，对县属77个行政单位，141个事业单位的国有资产进行了清算评估，行政单位资产账面价值为4.954亿元，清理价值为5.093亿元，盘盈0.13亿元；事业单位资产账面价值为8.273亿元，清理价值为8.068亿元，盘亏0.2亿元。对国有资产验证和产权登记后，颁发“产权登记证”。

2006年，根据桃编发〔2006〕16号和桃编发〔2006〕45号文件，成立桃源县国有资产与城市建设投资经营管理局，对国有资产和城市投资建设经营进行合并管理，当年处理国有资产项目10个，实现资产处置收入7315万元。

2008年，对78家国有改制企业的85宗土地，面积741500平方米，387栋144438平方米房屋建筑物，设备资产913万元，采取资产与原单位脱离，归属县国资部门管理。全年依法处置国有资产27宗，完成直管资产出租续租54宗，实现国有资产收入2976.8万元。

（五）财政监督

1989 年以来，桃源财政监察工作的重点是：突出内部人员管理，加强财政资金的使用过程监督，查找主要违规违纪问题，提交整改措施，维护财政权威，保证资金的安全，提高资金使用效益。

1990 年，县财政制定《财政监督制度》、《财政监督人员守则》、《财政监察保密制度》等，强化财政监督人员行为规范，强化内部人员素质，突出行政管理，提高业务能力相结合，当年重点进行执法单位罚没收入收缴和农村“四税”政策执行的检查，查出违纪金额 48. 8 万元，上缴财政 43. 8 万元。

1993 年，从规范县内经济秩序入手，全县抽调 260 名财政税务人员，组成 85 个检查小组，对 511 个独立核算单位和 3000 多个工商个体户的行政事业性收费执行情况和各种税费解缴情况进行全面检查，查出偷税漏税金额 793 万元，全部追缴财政，有力地整治税收秩序和税收环境。

1997 年 12 月，根据湖南省财政厅《关于加强国有企业财务监督的意见》，县财政监察部门加强了对企业成本费用、收入利润的监督。1999 年，对票据使用、银行账户、收费项目等情况进行专项检查，查出违纪金额 2613 万元，取消银行账户 110 个，处以罚金 6. 3 万元。同年，对乡镇和县直属单位的财务进行检查，查出违纪金额 851. 1 万元，应上缴财政 570. 8 万元，实际收缴金额 290. 2 万元。

2001 年，县财政局培训乡镇财政监察员，组织学习《湖南省财政管理条例》、《湖南省财政监督条例》等文件。是年，对 15 个乡镇和 31 个行政事业单位进行财政监督检查，查处违纪金额 975. 9 万元；并重点对预算外资金、粮食专项资金、农业基金进行专项检查，查处违纪金额 52. 9 万元。2002 年，开展“收支两条线”（收费和罚没收入全部上缴财政，执收执罚部门所需经费由财政部门按预算核拨）专项检查，查出违纪金额共 1070. 26 万元，其中未执行“收支两条线”规定的金额 762. 24 万元，自立项目、超标准收费的金额 82. 49 万元，其他违纪金额 225. 53 万元。对此，均按规定作出相应处理。

2003 年，为健全财政监督机构和人员，经上级批准，县乡财政部门配备财政监督人员 46 人，加强各级财政收支情况监督。全年开展了对 99 个单位财政财务收支、国土资源、“小金库”、会计信息、收费票据、预算外资金的核查，查出违纪金额 932 万元，纠正各类问题金额 464 万元，处罚上解财政 67 万元。

2004 年，财政监督主要围绕财政收支、财政收费票据、政府采购、专项资金等八项检查，全年共检查 138 个单位，查出违纪金额 1888. 5 万元，纠正违纪使用资金 1498 万元，提出整改意见及措施 22 条，处罚入库金额 20. 3 万元。

2007 ~ 2008 年，财政监督工作重点开展了对全县维稳、解困、建设专项资金的检查，主要是体育、福利彩票销售、财务管理、社保资金、移民资金、乡镇机关维修资金和县内大中型水库国债资金使用情况的专项检查。经过严格检查，规范了专项资金使用，强化了单位财务管理，促进了专项资金的专款专用。全年共查出违规使用资金 372.62 万元，追缴入库 57.89 万元。

桃源县财政局领导合影（左起：李新德、邓秀芳、朱亚军、孙启银、肖志君、汪祖国、陈炳国、王志宏、谢永忠、周继平、黄吉焱、彭道菊、唐如钢、吴承杰、燕 涛、郭历璞）

七、机构队伍

二十年中，桃源县财政内设机构经过了多次改革，财政职能分工专业化，使财政工作实行了更为精细化的管理，现有多个具有行政职能的事业单位（正、副科级），归口纳入财政局机关的人事、业务和财务统一管理。即：非税收入征收管理局（正科），乡镇财政管理局（副科），国库集中支付局（副科），财政监督检查局（副科）。

桃源县财政局历任领导一览表（1989～2008 年）

任职时间	局 长	副 局 长	其 他 领 导 职 务	党组成员
1989 年	包学云	杨崇贵、文政清	张全力（工会主席）	
1990～1992 年	包学云	杨崇贵、李春山、文政清	代本林（监察室主任）、张娥仙（工会主席）	
1991～1992 年	包学云	杨崇贵、李春山、文政清张娥仙	代本林（纪检组长）	
1993～1994 年	朱　敏	杨崇贵、陈惠君、陈炳国	朱红光（工会主席）	

续上表

任职时间	局长	副局长	其他领导职务	党组成员
1995 年	朱　敏	吕斌秋、杨金球、杨崇贵陈惠君、陈炳国、陈建鹏、	朱红光（工会主席）	
1996 年	朱　敏	吕斌秋、杨金球、杨崇贵陈惠君、陈炳国	朱红光（工会主席）	
1997 年	朱　敏	吕斌秋、杨金球、杨崇贵陈惠君、陈炳国、	朱红光（纪检组长）、姚善银（工会主席）	
1998～2000 年	朱　敏	吕斌秋、杨金球、陈惠君陈炳国、李卫民、	朱红光（纪检组长）、姚善银（工会主席）	
2001 年	李卫民	吕斌秋、杨金球、陈惠君陈炳国、姚善银、谢永忠	朱红光（纪检组长）、汪祖国（收费局长）王雨清（工会主席）	唐如钢
2002 年	李卫民	杨金球、陈炳国、姚善银谢永忠	朱红光（纪检组长）、汪祖国（收费局长）王雨清（工会主席）、陈惠君（总会计师）	唐如钢、覃文亚
2003～2005 年	李卫民	方楚高、陈炳国、姚善银谢永忠、佘协平、	朱红光（纪检组长）、汪祖国（收费局长）肖志君（农税局长）、王雨清（工会主席）李新德（监察室主任）	唐如钢、覃文亚
2006～2007 年	李卫民	方楚高、陈炳国、姚善银谢永忠、黄吉焱	朱红光（纪检组长）、汪祖国（非税局长）肖志君（乡财局长）、王雨清（工会主席）孙启银（非税副局长）、郭历璞（非税副局长）、李新德(监察室主任)	唐如刚、覃文亚、刘家才
2008 年	谢永忠	胡廷文、陈炳国、黄吉焱肖志君、王志宏、黎泽忠	彭道菊（副书记）、汪祖国（非税局长）、孙启银（纪检组长）、王雨清（工会主席）邓秀芳（支付局长）、燕涛（乡财局长）郭历璞（财监局长）、李新德（监察室主任）曾双明（非税副局长）、王作汉（非税副局长）、覃惠明（非税工会主席）	唐如钢、吴承杰、周继平、朱亚军

桃源县财政系统历年人员变化情况（1989～2008 年）

年份	人数			年份	人数		
	财政局机关	乡镇财政所	合计		财政局机关	乡镇财政所	合计
1989	48	175	223	1999	77	168	245
1990	60	261	321	2000	77	171	248
1991	60	262	322	2001	81	164	245
1992	53	254	307	2000	104	157	261
1993	53	254	307	2003	102	188	290
1994	56	238	249	2004	110	180	290
1995	62	231	293	2005	114	177	191
1996	70	227	297	2006	119	166	285
1997	73	170	243	2007	121	164	285
1998	74	168	242	2008	125	139	264

说明：1995 年桃源县行政体制和区划改革，原设 9 个区财政办，59 个乡镇财政所，改革后撤并为 40 个乡镇财政所。

（三）荣誉奖励

集体荣誉

1998 年　桃源县财政局被评为全省农业综合开发项目验收先进单位。

2007 年　乡镇财政局被省财政厅评为信息化建设一等奖。

2008 年　乡镇财政局被省财政厅评为信息化建设一等奖。

1990 年　马石乡财政所被省财政厅授予文明财政所。

1992 年　畲田乡财政所被省财政厅授予文明财政所。

1993 年　尧河乡财政所被省财政厅授予文明财政所。

1994 年　漆河镇财政所被省财政厅授予文明财政所。

1996 年　理公港镇财政所被省财政厅授予文明财政所。

1996 年　热市镇财政所被省财政厅授予文明财政所。

1998 年　沙坪镇财政所被省财政厅授予文明财政所。

2002 年　黄甲铺乡财政所被省财政厅授予文明财政所。

2006 年　漳江镇财政所被省财政厅授予文明财政所。

1998 年　漆河镇财政所被国家人事部、财政部授予文明财政所。

个人荣誉

1992 年　张岸福被推荐到省财政厅给予晋升一级工资奖励；段太和、王作汉、田金玉被推荐到省财政厅给予记大功奖励。

1995 年　张薇被省财政厅授予粮食专项资金管理先进个人。

1995 年至 1997 年江光明连续三年被省财政厅评为全省税收、财务、物价大检查先进个人。

1998 年　吕斌秋被评为全省城镇集体企业清产核资先进个人。

2002 年　刘光胜被省财政厅授予全省财政系统先进个人。2006 年 李卫民被省财政厅荣记二等功。

2008 年　袁志勇被省财政厅评为优秀系统管理员。

2008 年桃源县在“普九”化债工作中，探索出了“三查六法”经验。“三查”就是查“普九”建设项目及投资额，查“普九”资金来源，查“普九”会计信息；“六法”就是疑点突破法，账实对照法，笔迹比对法，逐项剔除法，历史查证法，据实还原法。积极稳妥地开展了政府债务化解工作，40 个乡镇共化解债务 5071 万元，债务已全部支付到 1825 个债权人的银行账户上。此项工作经验被国务院综改办向全国推介。国务院总理温家宝、省委书记张春贤等高层领导作出了充分肯定，并亲自签批。温总理的签批是“桃源的做法经核实可发各地参考”；张书记的签批是“桃源普九债务清理核实工作的经验值得肯定”。

桃源之夜

第四章　临澧县

临澧县财政局局长　黄新春

临澧县历史悠久。古属荆楚之地。清雍正七年（1729），始设县，称安福县。民国 3 年（1914）1 月，因与江西省安福县同名，乃取壤联澧水之意，改称临澧县。

临澧县地处湘西北，澧水中下游，东邻津市市，南接鼎城、桃源，西与石门毗邻，北抵澧县。石长铁路、207 国道及 304 省级公路干线纵贯其间，道水航道连接澧水，水陆交通便捷，这是老一辈无产阶级革命家林伯渠、著名作家丁玲的家乡。县辖 8 个镇、9 个乡、1 个经济开发区，314 个行政村，25 个社区居委会；总面积为 1203.43 平方公里，耕地面积 54.8 万亩，其中水田 45.5 万亩。全县年末人口 44.24 万人，其中非农业人口 8.36 万人。县财政局内设 29 个股室、单位（其中正科级单位 2 个，副科级单位 3 个）及下设 18 个乡镇（区）财税所，现有干部、职工 260 人，其中在职 227 人（局机关 136 人、乡镇所 91 人），离退休 33 人；获得会计初级职称 11 人，中级职称 62 人，高级职称 4 人，注册会计师 2 人。党的十一届三中全会后，临澧县财政收入从 1989 年的 2298.2 万元到 1993 年的 4821 万元，比 1989 年增长 1.1 倍；实施分税制财政体制后，从 1994 年的 4147 万元到 2002 年县财政一般预算收入首次过亿元，达 11460 万元，比 1994 年增长 1.76 倍；2005 年取消农业税后，县财政收入持续稳定增长，至 2008 年底，完成一般预算收入 17910 万元，比 2002 年增长 56%。1994 年至 2008 年临澧县财政上划中央增值税、消费税 49123 万元；2002 年至 2008 年上划中央所得税 7692 万元，合计上划中央税收 56815 万元。2008 年末，城镇居民人均可支配收入 11701 元、农民人均纯收入 4577 元，分别比上年增加 1209 元、497 元。

临澧县财政局

一、财政体制

临澧县财政体制经历了两个时期：一是 1978 年至 1993 年实行的财政包干体制；二是

1994 年至 2008 年实施的分税制财政体制。

1983 年国务院出台了《关于地方实行财政包干办法的决定》，实行“收入递增包干、总额分成、总额分成加增长分成、上解额递增包干、定额上解、定额补助”的财政包干预算体制。临澧县从 1985 年实行“定额上解、递增包干、超收全留”的新的包干财政体制一直延续到 1993 年。

1994 年，国家实施“分税制”财政体制改革，划分中央与地方事权，划分中央与地方的财政支出范围；按税种划分收入，明确中央与地方的收入范围（分设国家税务局和地方税务局），中央对地方实行税收返还。当年核定临澧县税收返还基数为 1918 万元，同时下达 1994 年增值税、消费税上划中央考核目标为 2612 万元（此目标是以 1993 年核定的净上划中央收入为基数，也就是以 1993 年产品税、增值税、营业税、工商统一税“四税”比上年实际增长水平的 50% 计算递增确定）。增值税、消费税的完成数达到增长目标的，承认 1993 年核定的税收返还基数，并按 1：0.15 的系数增加税收返还。2002 年，临澧县所得税按中央与县实行 72% 和 28% 的比例分成，执行至今。

二、财源建设

湖南安福气门有限公司的厂区

湖南安福气门有限公司的生产厂房

临澧县的经济发展，1989 年始概括起来大体有 3 个阶段：一是 80 年代末至 90 年代初始财政注资，重点扶持县工业企业（项目）的发展阶段；二是 90 年代上半期在加快农业产业结构调整的同时，乡镇工业企业处于快速发展阶段；三是 90 年代末到 2008 年，临澧县在加强农业基础设施建设的同时，实行改革开放，招商引资，

规模以上工业企业处于蓬勃发展阶段。1991 年，省财政厅就财源建设提出实施“3581”工程建设，通过 3 至 5 年努力，使县、市级财政收入分别达到 3000 万元、5000 万元、8000 万元和 1 亿元；1992 年，又提出小“3581”工程建设，即培植一批财政收入上 300 万元、500 万元、800 万元和 1000 万元的乡镇。

1991 年 8 月临澧县被列入全省 14 个“3581”工程建设县、市之一。同年 8 月 17 日，省财政厅与临澧县人民政府签订了“临澧县财政收入上台阶责任合同书”。合同期为 1993 年，目标收入 3500 万元。同时，确定了湖南气门厂康明斯及座圈生产线等 8 个项目为重点扶持项目。投入资金 1605 万元（其中省财政 430 万元）。通过重点扶持，除大输液生产线新上项目当年未投产外，其余 7 户企业实现利税 520.9 万元，比上年 396.1 万元增长 31.5%；上交税金 315.3 万元，占财政收入的 12%。1992 年 3 月和 1994 年 4 月，省财政厅将合口、新安镇分别列入全省第一批和第二批 14 个“小 3581”工程试点乡镇。通过 3 年的努力，县财政收入，特别是工商税收入大幅增长。1993 年底，临澧财政收入为 4821 万元，比 1990 年的 2435.3 万元增长 98%；工商税收入 3721 万元，比 1990 年 1705.4 万元增长 118%。合口镇 1994 年财政收入 419.95 万元，比 1992 年的 273.41 万元增长 54%；1995 年新安镇财政收入 903 万元，比 1991 年的 763 万元增长 18%。

湖南安福气门有限公司办公大楼

到 90 年代上半期，临澧县委、县政府联合下发了《关于建设农业强县的决定》，大力调整农业产业结构，形成了以茶叶、烟叶产业、杨树、柑橘林果产业、珍珠产业、蔬菜、瓜果等农业主导产业，肉、禽、蛋、鱼等商品率逐年增加。据统计，1995 年，全县出笼肉鸡 300 万羽，加工冷冻产品 7500 吨，实现产值 15000 万元，利税 900 多万元；吊放手术蚌 40 万个，产珍珠 4 吨，饲养肉、蛋鸭 55 万羽，产蛋 3000 吨，出口鲜鱼 15 万公斤，共创产值 7500 万元，利税 300 万元。此期间，乡镇工业企业不断发展，到 1995 年，全县乡镇工业企业总产值达到 29.2 亿元，比上年 19.07 亿元增长 53%。其中太平村工业企业总产值过 1 亿

湖南中泰特种装备有限公司生产的“高强高模聚乙烯纤维及无纬布”先后被科技部等五部局评定为“国家重点新产品”，远销美国、以色列、韩国等多个国家。图为公司厂房

元，跨入了全省乡镇企业的先进行业，党和国家领导人江泽民、李鹏、朱镕基、李瑞环等先后到太平村考察。

1998 至 2008 年，临澧县累计投入资金 6392.5 万元，其中争取了上级（中央、省、市财政）投资 3780 万元（其中无偿投入 2860.5 万元），县财政投入 305 万元（其中无偿投入 269 万元），进行了土地治理和多种经营项目的建设。其中土地治理项目覆盖 8 个乡镇 100 个村，改造中、低产田 12.57 万亩，投入资金 5900 万元；推广清水鸭种养加工等 6 个多种经营项目，投入资金 1452 万元。改造后区域的粮食产量平均亩产（稻谷每亩双季）由原来的 450 公斤增加到 700 公斤。

湖南胜芝化工有限公司（原临澧县氮肥厂），现日产化肥 600 吨的生产厂房一角

2001 年，县政府积极组织开展了工业企业创建年纳税“百十工程”活动，即年入库税金分别达到 100 万元和 10 万元以上企业（项目）。重点扶持了龙凤山特种水泥厂、湖南胜芝化工有限公司（原临澧县氮肥厂）等 30 多家骨干企业（项目），全县累计投入资金 31566 万元，其中财政投入 582 万元，银行贷款 30984 万元。2003 年底，入库税金过百万元的有龙凤山特种水泥厂等 14 家企业；入库税金过 10 万元以上的有县石膏粉厂等 43 家企业。全县完成财政收入 13127 万元，比 2000 年 8241 万元增长 52.29%；工商税收入 3912 万元，比 2000 年 3593 万元增长 8.9%。同时，通过招商引资，2003 年引进了湖南三金石膏有限公司，常德亿达食品有限公司 2 家外资企业和湖南嘉丰建材有限公司、恒杰制品有限公司、中加水电有限公司 3 家中外合资企业，共引进外资 475.71 万美元，实现总产值 8214.65 万元，产生利润 171.31 万元，实交税金（含附加费）286.58 万元。

2006 年至 2008 年，临澧县将“一区两园”（即湖南临澧经济开发区辖太平、安福工业园）工程作为全县主体工业财源建设来抓，采取招商引资、财政投入、开发银行融资、建设单位垫资等方式，累计投入资金 16277 万元（其中县本级投入 5697 万元，占总投入资金的 35%），先后引进金健面制品、金峰铜业等 14 家企业，规模以上工业企业由 2005 年的 7 家增加到 2008 年的 19 家，形成了高新材料、化纤纺织、建筑材料、能源电力、机电、食品、陶瓷等 7 大优势产业集群。同时，通过引进先进技术，开发科技产品，培育出一批“名、优、特、新”产品，太平工业园生产的“高强高模聚乙烯纤维、高强高模聚乙烯纤维无纬布、高强高模聚乙烯纤维防弹板”获省名牌产品称号；“高强高模聚乙烯纤维及无纬布（UD）”先后被科技部等五部局评定为“国家重点新产品”，并销往美国、以色列、韩国等多个国家，已成为出口创汇的支柱产业。2008年底，落户园区投资过千万元的项目13个，过亿元的项目4个［新引进冀东水泥项目（计划投资14亿元，已投资2.99亿元，新上年产2×200万吨干法水泥生产线）、新引进天裕纺织项目（计划投资1.2亿元，已投资5757万元）、金键米业食品基地续建项目，年产6万吨面粉，7万吨精米等生产线（计划投资1.1亿元，已投资5926万元）、新增600吨高强高模聚乙烯纤维、无纬布生产线及产品深度开发技改项目（计划投资1.2亿元，已投资6116万元）］。园区全年完成工业总产值（现行价）125916万元，比上年增长78.44%。其中，规模以上工业产值125618万元，销售收入110865万元，入库税金2917万元，均比上年增长79%、74.4%和9.8%。

2008年底，全县规模以上工业企业89家，实现工业产值36.1亿元，上交税金（含国、地税）10289万元。

三、财政收入

党的十一届三中全会后至80年代末，临澧县坚持以发展为中心，以改革为动力，以市场为导向，以结构调整为主线，以机制转变为重点，生产发展，经济繁荣，财政收入实现了持续稳定增长。1989年完成财政收入2298.2万元，其中工商税收1596.3万元，占财政收入的70%；农业“四税”544.3万元，占财政收入的24%；企业收入50.6万元，占财政收入的2%；其他收入51.7万元，占财政收入的2%；专项收入55.3万元，占财政收入的2%。

拥有固定资产达五千多万元的临澧县人民医院

1989年至1998年，临澧县在加快农业产业结构调整的同时，重点扶持了县工业企业和乡镇工业企业的发展，财政收入增幅较大。1991年至1993年实施了“大3581”工程，重点扶持了县重点工业企业的发展，取得了较好的效果。1993 年完成财政收入 4821 万元，比 1990 年财政收入 2435.3 万元增长 98%，年均增长 26%。其中工商税收入 3721 万元，比 1990 年 1705.4 万元增长 118%，年均增长 30%。1993 年工商税收占财政收入比重为 77%，是 1989 年至 2008 年 20 年中工商税收占当年财政收入比重最高的年份。1994 年，实施了“分税制”财政体制改革，增值税、消费税上划中央，工商税收占财政收入比重有所下降。1994 年完成工商税收 2139 万元，占财政收入的 52%，比上年占财政收入比重 77% 下降了 25%。另外该县在狠抓工商税收入的同时，也注重了农业“四税”、企业收入、其他收入、专项收入的征管，各项收入均有较大幅度增长。1998 年完成财政收入 6963 万元，比 1989 年增长 203%，年均增长 13%。其中：工商税收入 3450 万元、农业“四税”1649 万元、企业收入 258 万元、其他收入 1368 万元、专项收入 238 万元，分别是 1989 年的 2.16 倍、3.03 倍、5.1 倍、26.46 倍、4.3 倍。工商税收占财政收入的比重由 1989 年的 70% 降至 50%。

临澧县投入 1100 万元资金，易地新建农村九年一贯制学校——烽火中学

1999 年至 2008 年，临澧县在实行改革开放，招商引资，发展规模以上工业企业，提高工商税收的同时，积极推行了税费改革和非税收入征管改革，财政收入继续保持了持续稳定增长。

到 2002 年，县财政收入首次突破了亿元大关，达到 1.146 亿元。是年，该县积极推行了农村税费改革，调整了农业税和农业特产税征收政策。当年完成农业“四税”3014 万元，其中农业税 2311 万元、农业特产税 548 万元，分别比 2001 年增长了 156%、214%。2004 年按 4% 的税率征收农业税，2005 年全面取消了农业税，2006 年取消了除烟叶特产税以外的农业特产税，农业四税减少，占财政收入比重下降。如 2006 年完成农业四税 339 万元，比 2002 年减少了 2675 万元，占财政收入比重由 2002 年的 26% 下降到 2%。2005 年对非税收入征管进行了改革，实行了“单位开票、银行代收、财政统管、政府统筹”的规范化管理。当年实现非税收入 11816 万元，比 2004 年增长 30%。2008 年全县完成财政收入 17910 万元，是 1998 年的 2.57 倍。其中：工商税收 7669 万元，是 1998 年的 2.22 倍；其他收入 6670 万元，是 1998 年的 4.88 倍；专项收入 2069 万元，是 1998 年的 8.69 倍；农业四税 1290 万元，比 1998 年减少了 22%；企业收入 212 万元，比 1998 年减少了 18%。

临澧县投入 1.55 亿元资金，易地新建临澧县第一中学

四、财政支出

1989 年至 2008 年 20 年间，临澧县财政部门合理调度资金，保障重点支出需要，积极推行各项改革，严控非生产性开支，连续 20 年实现了财政收支平衡。

1989 年，财政总支出 3089.6 万元，其中行政管理支出 556.6 万元，占总支出的 18%，主要用于干部职工的工资性支出；文教科卫生事业费 1143.7 万元，占总支出的 37%，主要用于文教科卫人员经费和基础设施的建设；经济建设支出 546.5 万元，占总支出的 18%；社会保障支出 112 万元，占总支出的 4%；政策性价格补贴支出 92.7 万元，占总支出的 3%；其他支出 91.1 万元，占总支出的 3%；专项支出 38.8 万元，占总支出的 1%；

上解支出440.8万元，占总支出的14%。

随着县财政收入的不断增长和上级财政补助收入的逐年增加，县财政为各项事业的支出也逐年上升，各类事业性支出占财政支出的比重明显变化。到1998年，县财政总支出12093万元，其中：行政管理支出2388万元，占总支出的20%；文教科卫事业费2867万元，占总支出的24%；经济建设支出1140万元，占总支出的9%；社会保障支出1127万元，占总支出的9%；政策性价格补贴支出256万元，占总支出的2%；其他支出136万元，占总支出的1%；专项支出201万元，占总支出的2%；上解支出1666万元，占总支出的14%。

1999年至2008年，由于财政刚性支出的不断增长，该县在积极组织财政收入的同时，推行了各项改革，压缩非生产性开支，确保财政收支平衡。2002年推行了会计集中核算改革；2004年，实行了公务消费货币化改革；2005年，推行了部门预算改革；2006年推行了“乡财县管乡用”改革，2007年推行了国库集中支付改革，压缩了非生产性开支，规范了财政支出管理。2008年完成财政总支出85023万元是1998年的7倍，其中：一般预算支出完成59506万元是1998年8115万元的7.33倍；上解支出完成2866万元是1998年1666万元的1.72倍。

临澧县 1989～2008 年财政收支总表

单位：千元

年度	收入										支出							
	合计	一般预算收入	上级补助收入	社会保险基金收入	国债转贷收入	国债转贷资金上年结余	负抵未调库归还收入	兑付有价证券利息收入	调入资金	上年结余收入	合计	一般预算支出	上解支出	社会保险基金支出	国债转贷收入支出	国债转贷收入结余	调出资金	年终滚存结余
1989	30896	22982	6764						90	1060	30896	25814	4408					674
1990	32843	24353	7670					23	132	665	32843	27677	4249					917
1991	42205	30251	10987						50	917	42205	36669	4204					1332
1992	46230	31300	8890	4640					70	1330	46230	35110	4790	5300				1030
1993	65420	48210	10390	4800					190	1830	65420	48210	4750	4800				7660
1994	82920	41470	31190	2600						7660	82920	68220	5960	2600				6140
1995	96160	53700	31780	3790						6890	96160	73820	11170	3790				7380
1996	115080	64320	34970	6810					1600	7380	115080	88430	13060	6810				6780
1997	115950	65350	34840	8130						7630	115950	87000	13650	8130				7170
1998	120930	69630	40390		2250				1380	7280	120930	81150	16660			2250		20870
1999	142790	75430	43170		870	2250				21070	142790	102370	18980		3120			18320
2000	151180	82410	48290						1960	18520	151180	108300	23550					19330
2001	187090	90680	75580						1500	19330	187090	135790	20760					30540
2002	253020	114600	106400						1480	30540	253020	185570	28650					38800
2003	303260	131270	123450			4900			4500	39140	303260	228460	27560		4900			42340
2004	351240	143180	163420						2300	42340	351240	265700	31560					53980
2005	426740	161880	208130				150		2600	53980	426740	326960	29050					70730
2006	519710	175260	270920						2800	70730	519710	392560	25960					101190
2007	676800	168930	404480						2200	101190	676800	511380	27890					137530
2008	850230	179100	521600						12000	137530	850230	595060	28660				80	226430
合计	4610694	1774306	2183311	30770	3120	7150	150	23	34852	577012	4610694	3424250	345521	31430	8020	2250	80	799143

临澧县财政局 1989 ~2008 年财政收入完成情况统计表

单位：千元

年度 / 金额 / 收入项目	1989	1990	1991	1992	1993	1994	1995	1996	1997	1998
一、工商税收类	15963	17054	18630	21950	37210	21390	29210	32430	32350	34500
1. 产品税	1809	1301	1362	1100	1490					
2. 增值税	3537	4051	5330	6510	16020	8880	10290	11050	8570	8290
3. 营业税	7690	8526	8035	10870	14180	6490	10400	12000	13110	14800
4. 工商统一税					150					
5. 集体企业所得税	575	477	1058	610	1990					
6. 城乡个体工商业户所得税	39	20	24	100	40					
7. 个人所得税						1320	2750	3670	4630	5110
8. 个人收入调节税	64	71	81	100	180					
9. 私营企业所得税		57	3							
10. 城市维护建设税	541	586	595	740	1030	1470	1340	820	910	920
11. 车船使用税	153	127	123	150	110	160	160	480	400	440
12. 房产税	305	429	472	540	530	680	970	1640	1000	1210
13. 屠宰税	92	109	178	150	140	280	360	500	910	1000
14. 资源税				10	10	360	310	400	410	410
15. 城镇土地使用税	127	167	155	180	170	330	400	300	410	410
16. 国营企业奖金税		22	6	10	20					
17. 国营企业工资调节税		34	22	20	20					
18. 事业单位奖金税			3		10					
19. 集体企业奖金税	1	18	2							
20. 印花税	114	106	109	100	170	410	590	1100	1190	1190
21. 土地增值税							10		20	20
22. 固定资产投资方向调节税				420	880	980	1620	450	710	700
23. 建筑税	521	820	894	250						
24. 盐税	363	86	121	10						
25. 工商税收款滞纳金、补税罚款收入	32	47	57	80	70	30	10	20	80	

续上表

收入项目＼金额＼年度	1989	1990	1991	1992	1993	1994	1995	1996	1997	1998
二、农牧业税和耕地占用税类	5443	5162	5015	6470	6450	11410	12480	15680	15860	16490
农业税	5012	4659	4270	5450	5070	9750	11050	14000	13610	12860
农（林）特产税	270	302	359	450	500	800	750	1110	1500	2280
耕地占用税	125	171	316	490	740	650	470	260	400	1000
契税	36	30	70	80	140	210	210	310	350	350
三、（国营）企业所得税	570	529	483	680	480	2800	2290	2180	2000	1550
四、国营企业上缴利润	201	272	247	30			300	310	1770	
五、国营企业企业计划亏损补贴	-260	-280	-300	-240	-30	-70	-40	-40	-40	-40
六、国营企业承包收入退库	-5									
七、所得税退税							-40			
八、国有资产经营收益										1070
九、其他收入	517	903	1211	1310	2770	4500	640	630	2480	500
十、罚没收入、行政性收费收入							7200	10850	10930	13180
十一、专款收入	417	549	814	930	1250	1390	1630	2280		1800
十二、国家预算调节基金	136	164	188	170	80	50	30			
十三、社会保障基金收入			3963							
十四、土地和海域有偿使用收入										580
合计收入	22982	24353	30251	31300	48210	41470	53700	64320	65350	69630

临澧县1989～2008年一般预算收入统计表

单位：千元

年 度	合 计	工商税收	农业四税	企业收入	其他收入	专项收入
1989	22982	15963	5443	506	517	553
1990	24353	17054	5162	521	903	713
1991	30251	18630	5015	430	1211	4965
1992	31300	21950	6470	470	1310	1100
1993	48210	37210	6450	450	2770	1330
1994	41470	21390	11410	2730	4500	1440
1995	53700	29210	12480	2510	7840	1660
1996	64320	32430	15680	2450	11480	2280
1997	65350	32350	15860	3730	13410	
1998	69630	34500	16490	2580	13680	2380
1999	75430	35670	15060	2760	19490	2450
2000	82410	35930	16810	5310	22560	1800
2001	90680	33760	11760	16660	27100	1400
2002	114600	38870	30140	4850	39260	1480
2003	131270	39120	29650	10510	50190	1800
2004	143180	46080	21080	12190	62190	1640
2005	161880	56130	8150	1160	93170	3270
2006	175260	64430	3390	18330	86250	2860
2007	168930	72310	7570	16610	62530	9910
2008	179100	76690	12900	2120	66700	20690
合 计	1774306	759677	256970	106877	587061	63721

临澧县 1989 ~2008 年工商税收收入统计表

单位：千元

年度	合计	增值税	营业税	所得税	城市建设税	房产税	城镇土地使用税	印花税	车船使用税	其他
1989	15963	3537	7690	1184	541	305	127	114	153	2312
1990	17054	4051	8526	1083	586	429	167	106	127	1979
1991	18630	5330	8035	1568	595	472	155	109	123	2243
1992	21950	6510	10870	1390	740	540	180	100	150	1470
1993	37210	16020	14180	2510	1030	530	170	170	110	2490
1994	21390	8880	6490	1320	1470	680	330	410	160	1650
1995	29210	10290	10400	2750	1340	970	400	590	160	2310
1996	32430	11050	12000	3670	820	1640	300	1100	480	1370
1997	32350	8570	13110	4630	910	1000	410	1190	400	2130
1998	34500	8290	14800	5110	920	1210	410	1190	440	2130
1999	35670	8640	15140	4980	1060	1300	220	1250	310	2770
2000	35930	8940	14620	5490	1080	870	250	970	300	3410
2001	33760	8960	12110	6000	1050	1600	250	1000	300	2490
2002	38870	9880	20130	3600	1100	1700	340	1200	520	400
2003	39120	8910	21360	3130	1120	1900	400	1220	560	520
2004	46080	11020	25580	3270	1250	2100	400	1350	600	510
2005	56130	12740	32570	3690	1640	2300	400	1500	680	610
2006	64430	14010	38770	3630	1900	2610	430	1500	690	890
2007	72310	16530	40070	4030	2200	3860	980	2590	980	1070
2008	76690	16550	42280	5160	2490	3980	950	2610	1200	1470
合计	759677	198708	368731	68195	23842	29996	7269	20269	8443	34224

临澧县 1989 ~2008 年农税收入统计表

单位：千元

年　度	合　计	农业税	农业特产税（含烟叶特产税）	耕地占用税	契　税
1989	5443	5012	270	125	36
1990	5162	4659	302	171	30
1991	5015	4270	359	316	70
1992	6470	5450	450	490	80
1993	6450	5070	500	740	140
1994	11410	9750	800	650	210
1995	12480	11050	750	470	210
1996	15680	14000	1110	260	310
1997	15860	13610	1500	400	350
1998	16490	12860	2280	1000	350
1999	15060	12540	2160	100	260
2000	16810	12930	3500	130	250
2001	11760	7370	3650	450	290
2002	30140	23110	5480	1270	280
2003	29650	25260	3850	200	340
2004	21080	14730	4130	1320	900
2005	8150		6260	370	1520
2006	3390		1200	410	1780
2007	7570		1690	1670	4210
2008	12900		5100	2630	5170
合　计	256970	181671	45341	13172	16786

临澧县财政局 1989 ~2008 年财政支出完成情况统计表

单位：千元

年度 / 金额 / 收入项目	1989	1990	1991	1992	1993	1994	1995	1996	1997	1998
一、基本建设支出		650	500							
二、企业挖潜改造资金				500		100	110	1000	90	30
三、简易建筑费	60						30	100	150	310
四、地质勘探费										
五、科技三项费用			16	20	10			520	330	640
六、支援农村生产支出	2523	2100	1451	1310	2160	3140	2600	2730	2260	2770
七、农林水利气象事业费	1946	1713	2960	2740	2770	4080	4370	5200	5400	5600
八、工业交通事业费	179	124	258	230	120	200	180	250	490	390
九、农业综合开发支出										300
十、土地和海域开发建设支出										430
十一、城市维护费	757	705	831	860	1150	1530	1260	1510	1520	930
十二、文教卫事业费	11346	12000	12490	14420	18950	26830	29270	32320	33840	28440
十三、科学事业费	91	91	138	190	330	410	560	140	200	230
十四、抚恤、福利救济费	1101	1844	3798	1700	2250	2060	2930	3460	2720	2550
十五、社会保障补助支出										390
十六、社会保险基金支出			3301							
十七、行政事业单位离退休经费									130	8330
十八、城镇青年就业经费	19	52	115	20	40					
十九、国防支出										
二十、行政管理费	3538	3424	4172	6160	8220	12340	14800	19960	15100	15660
二十一、公检法司支出	1179	1193	1513	1660	2140	2810	4520	7120	8430	5600
二十二、其他部门事业费	849	1684	2468	2640	5800	8160	3280	6560	4460	
二十三、税务、统计、财政、审计等部门的事业费										2620
二十四、价格补贴支出	927	885	895	820	260	930	380	1490	8410	2560
二十五、其他支出	911	626	808	920	2900	3890	7700	2210	1330	900
二十六、支援不发达地区支出		10	60	90	80	80	60	1980	2140	460
二十七、专款支出	388	576	895	830	1030	1660	1770	1880		2010
二十八、总预备费										
合　计	25814	27677	36669	35110	48210	68220	73820	88430	87000	81150

续上表

收入项目　　金额　　年度	1999	2000	2001	2002	2003	2004	2005	2006	2007	2008
一、基本建设支出					4500	2910	3000			
二、企业挖潜改造资金	580	320	5120	100	600	880	3150	470		
三、简易建筑费										
四、地质勘探费					80	80				
五、科技三项费用	680	660	670	280	310	850	1080	1380		
六、支援农村生产支出	3620	2560	2820	2770						
七、农林水利气象事业费	5410	5730	6570	8960	13080	23540	26470	30270		
八、工业交通事业费	480	310	320	270	1140	1260	2230	2360		
九、流通部门事业费					1410	1120	2190	3080		
十、农业综合开发支出	590	680	480	300						
十一、土地和海域开发建设支出	450				30					
十二、城市维护费	1460	1360	1690	1500	1310	4800	6660	6950		
十三、文体广播事业费	3600	3160	4180	6040	6820	7660	11750	10590		
十四、教育事业费	23840	25060	30130	57600	63830	70220	78800	86960		
十五、卫生事业费	7050	5990	6140	7150	9120	8600	12920	20040		
十六、科学事业费	340	160	290	310	340	340	830	880		
十七、城镇青年就业经费										
十八、抚恤、福利救济费	5640	5050	5370	8860	19160	15120	19540	21750		
十九、社会保障补助支出	2160	2700	5760	11980	16210	21110	23280	29930		
二十、行政事业单位离退休经费	9170	11030	15180	17310	21940	25960	31290	35310		
二十一、行政管理费	19190	21740	28950	34430	40210	44320	52810	65620		
二十二、公检法司支出	6890	10840	11900	12180	13140	15000	17600	22860		
二十三、税务等部门的事业费	2920	3420	3050							
二十四、其他部门事业费				4070	5630	6910	7640	9260		
二十五、车辆税费支出								8820		
二十六、政策性补贴支出	2600	2520	1510	1260	100	170	150	240		
二十七、其他支出	1150	1720	1980	2460	4430	8710	21450	29350		
二十八、支援不发达地区支出	2660	1230	2250	5510	2720	2770	780	2310		
二十九、专款支出	1890	2060	1430	2230	2350	3370	3340	4130		
三十、总预备费										
合　　计	102370	108300	135790	185570	228460	265700	326960	392560		

临澧县 1989～2008 年财政支出统计表

单位:千元

年度	合计	行政管理支出	文教科卫事业费	经济建设支出	社会保障支出	政策性价格补贴支出	其他支出	专项支出
1989	25814	5566	11437	5465	1120	927	911	388
1990	27677	6301	12091	5292	1896	885	636	576
1991	36669	8153	12628	6016	7214	895	868	895
1992	35110	10460	14610	5660	1720	820	1010	830
1993	48210	16160	19280	6210	2290	260	2980	1030
1994	68220	23310	27240	9050	2060	930	3970	1660
1995	73820	22600	29830	8550	2930	380	7760	1770
1996	88430	33640	32460	11310	3460	1490	4190	1880
1997	87000	27990	34040	10240	2850	8410	3470	
1998	81150	23880	28670	11400	11270	2560	1360	2010
1999	102370	29000	34830	13270	16970	2600	3810	1890
2000	108300	36000	34370	11620	18780	2520	2950	2060
2001	135790	43900	40740	17670	26310	1510	4230	1430
2002	185570	50680	71100	14180	38150	1260	7970	2230
2003	228460	58980	80110	22460	57310	100	7150	2350
2004	265700	66230	86820	35440	62190	170	11480	3370
2005	326960	78050	104300	44780	74110	150	22230	3340
2006	392560	106560	118470	44510	86990	240	31660	4130
2007								
2008								
合计	2317810	647460	793026	283123	417620	26107	118635	31839

临澧县 2007 ~2008 年财政支出统计表

单位：千元

项　　目	2007 年	2008 年
一般公共服务	87010	91920
外交		
国防	920	300
公共安全	26410	36040
教育	114050	126500
科学技术	2000	2120
文化体育与传媒	6120	6090
社会保险和就业	110200	147050
医疗卫生	27290	42200
环境保护	4570	5230
城乡社区服务	8780	11560
农林水事务	90760	100900
交通运输	22960	13880
工业企业金融等事务	7460	6730
地震灾后恢复重建		
其他支出	2850	4540
合　　计	511380	595060

临澧县 1989～2008 年基金收支统计表

单位：千元

年度	合计	基金收入	上级补助收入	上年结余	调入资金	合计	基金支出	上解支出	调出资金	年终结余
1989										
1990										
1991										
1992										
1993										
1994										
1995										
1996										
1997	11890	4140	270	4590	2890	11890	3580	510		7800
1998	10160	2130	340	7690		10160	1120			9040
1999	12860	3230	590	9040		12860	2240	610		10010
2000	24310	13250	1050	10010		24310	12220	320	1960	9810
2001	23650	12990	850	9810		23650	10330	300	1500	11520
2002	21080	8660	900	11520		21080	10620	150	1480	8830
2003	25220	15200	1190	8830		25220	13380	900	3000	7940
2004	20810	11800	1070	7940		20810	10320	890	2300	7300
2005	19560	11480	780	7300		19560	9450	400	2600	7110
2006	20960	12060	1790	7110		20960	10110	470	2800	7580
2007	35430	13910	14340	7180		35430	20770	910	2200	11550
2008	98750	46920	40200	11550	80	98750	69250	1190	12000	16310
合计	324680	155770	63370	102570	2970	324680	173390	6650	29840	114800

临澧县财政局党组成员合影

五、财政机构和队伍

（一）机构沿革

1989 年临澧县财政局内设机构为办公室、人教股、预算股、农财股、农税股、行政财务股、企业财务股、监察股、综合计划股、会计股、临澧县政府控制社会集团购买力办公室（控购办）、中华会计函授学校临澧函授站（函授站）、国库券推销办公室 13 个股、室、办、站。17 个乡镇财政所人、财、物属财政局管理。

1992 年成立临澧县财源建设领导小组办公室（财源办）。

1994 年 5 月，成立临澧县会计师事务所；同月，临澧县成立太平经济开发区，同时成立了太平经济开发区财政所，乡镇（区）财政所增加到 18 个；同年 6 月，局内机构按财政职能和业务需要进行了调整，设立了基本建设股。

1996 年 3 月，监察股更名为监督股；4 月，局内机构设置，增设社会保障股、工交股、商业股，撤销企业财务股；10 月，为强化预算外资金征管成立临澧县收费管理局（副科级）。

1998 年 3 月，成立临澧县国有资产管理局（副科级），隶属财政局管理。

1999 年 4 月，成立临澧县会计局；同月，临澧县实行乡镇机构改革，18 个乡镇（区）财政所人、财、物管理权全部下放到乡镇；12 月，临澧县会计师事务所与县财政局脱钩。

2000 年 4 月设立临澧县财政局工资发放中心、临澧县政府采购办公室（采购办）。

临澧县财政局机关干部轮岗交流和竞争上岗述职演讲大会

2002 年 3 月，成立临澧县农村税费改革领导小组办公室（税改办），由财政局代管。4 月，撤销会计局，取消会计委派制；8 月，撤销农税股成立临澧县农业税征收管理局（副科级），同时，乡镇（区）财政所统一更名为乡镇（区）财税所；同月，成立临澧县会计核算中心（副科级）；12 月，实行县、乡机构改革，财政局内部机构设置变动较大。划归管理 1 个正科级事业单位和 1 个副科级事业单位："县农业综合开发办公室"（正科级）、"县住房公积金管理中心"（副科级）；更名 3 个股室，综合计划股更名为综合规划股，基本建设股更名为经济建设股，农财股更名为农业股；撤销县国有资产管理局，成立产权股和统计评价股；撤销行政财务股，成立行政政法股和教科文股；撤销工交股、商业股，成立企业股，同时将商业股一部分职能划归经济建设股；增设了 2 个股，即税政法规股、国库股。

2003 年 4 月，县住房公积金管理中心由市住房公积金管理中心垂直管理。

2005 年 5 月，临澧县收费局更名为临澧县非税收入征收管理局；7 月，县非税收入管理局升格为正科级事业单位；是年，撤销统计评价股。

2006 年，产权股更名为资产管理股；同年 12 月，成立县国库集中支付局（副科级）。

2007 年 8 月，县农业税征收管理局更名为临澧县契税耕地占用税征收管理局（临澧县乡镇财政管理局），两块牌子、一套人马，合署办公，属副科级单位。同年，县农村税费改革领导小组办公室更名为临澧县农村综合改革领导小组办公室（综改办）。

2008 年 12 月，成立财政投资评审中心。至 2008 年底局内机构设置为：正科级事业单位 2 个（县非税收入征收管理局、县农业综合开发办公室），副科级事业单位 3 个［县契税耕地占用税征收管理局（县乡镇财政管理局）、县会计核算中心、县国库集中支付局］，股级行政事业单位 23 个（办公室、人教股、预算股、国库股、经济建设股、税政法规股、综合规划股、行政政法股、教科文股、会计股、资产管理股、社会保障股、企业股、农业股、监督股、工资发放中心、财源办、控购办、采购办、国库券推销办、投资评审中心、函授站、综改办）；18 个乡镇（区）财税所。另外，1999 年 7 月成立的临澧县富源资产投资经营有限公司，隶属县财政局管理，2003 年 4 月，更名为临澧县国有资产经营有限公司（2009 年 4 月更名为临澧县国有资产管理中心）。

（二）历任领导

任职时间	局　长	副局长	纪检组长	工会主席
1989 年	苏宏金	胡良次　何代生　田　明	万方柏	
1990 年	史训炎	胡良次　何代生　田　明	万方柏	
1991～1994 年	史训炎	胡良次　何代生	万方柏	
1995～1996 年	史训炎	胡良次　何代生　毕金生　黄新春	刘光兰	
1997 年	史训炎	龚金宏　胡良次　毕金生　黄新春	刘光兰	
1998～2000 年	史训炎	龚金宏　胡良次　黄新春	刘光兰	
2001 年	史训炎	龚金宏　胡良次　黄新春　辛　忠	刘光兰	
2002 年	史训炎	龚金宏　黄新春　辛　忠	刘光兰	
2003～2004 年	史训炎	黄新春　辛　忠　贾文昌	刘永兴	叶发祥
2005 年	史训炎	黄新春　辛　忠　贾文昌　林泽福	刘永兴	叶发祥
2006 年	史训炎	黄新春　辛　忠　贾文昌　林泽福　杨富国	刘永兴	叶发祥

续上表

任职时间	局　长	副局长	纪检组长	工会主席
2007 年	黄新春	辛　忠　贾文昌　林泽福　杨富国　石　华　叶发祥	刘永兴	余桃安
2008 年	黄新春	辛　忠　林泽福　罗伯海　石　华　叶发祥	刘永兴	余桃安

（三）荣誉奖励

1. 集体荣誉

1992 年	合口镇财政所被财政部综合计划司评为“全国财源管理先进单位一百强”；同年被省财政厅评为“全省财源建设先进单位”
1993 年 11 月	财政局被财政部、人事部评为“全国财政系统先进集体”
1994 年 6 月	财政局被省教育厅、财政厅评为“全省中小学勤工俭学先进单位”
1995 年	新安镇财政所被国家财政部评为“全国文明财政所”
1995 年	财政局被省教育厅、财政厅评为“全省农村中小学教育布局调整工作先进单位”
1996 年 8 月	新安镇财政所被省财政厅评为“全省财政系统先进财政所”
1999 年 7 月	财政局被省清产核资领导小组评为“全省城镇集体企业清产核资工作先进单位”
1999 年 7 月	财政局清产办被省清产核资领导小组评为“全省城镇集体企业清产核资工作先进单位”
2005 年 3 月	非税局被省财政厅、省非税收入征收管理局评为“全省非税收入征收管理工作先进单位”
2005 年	农税局被省财政厅评为“乡镇财税信息化建设工作先进单位”
2006 年	农税局被省财政厅评为“乡镇财税信息化建设工作先进单位”
2006 年	合口镇财税所被省财政厅、人事厅评为“全省先进财税所”；同年被省财政厅评为“中国农民补贴网建设先进单位”
2007 年	新安镇财税所被省财政厅评为“全省农民补贴网发放先进单位”
2008 年	乡财局于 2005～2008 年连续 4 年被省财政厅评为“乡镇财税信息化建设工作先进单位”

2. 个人荣誉

1990 年 11 月	张德钧被财政部、人事部评为“全国先进会计工作者”
1995 年	张化懿被省财政厅、人事厅评为“全省先进会计工作者”
1995 年 8 月	何代生被省教育厅、财政厅评为“全省中小学教育布局调整先进个人”

续上表

1999年2月	金春树被省财政厅评为“1998年度全省财政收入级次检查先进个人”
2005年10月	韦明、肖进军分别被省财政厅评为“全省统一着装整顿和清理党政领导干部拖欠公款工作先进个人”
2005年	杜晓澍于2005年至2008年连续4年被省财政厅评为“乡镇财税信息化建设优秀系统管理员”
2008年3月	周泽华被省财政厅评为“全省行政事业单位资产清查工作先进个人”

获部以上先进单位和个人事迹简介

1993年11月，临澧县财政局被财政部、人事部授予“全国财政系统先进集体”称号

1995年10月，临澧县新安镇财政所被财政部授予全国财政系统“文明财政所”称号

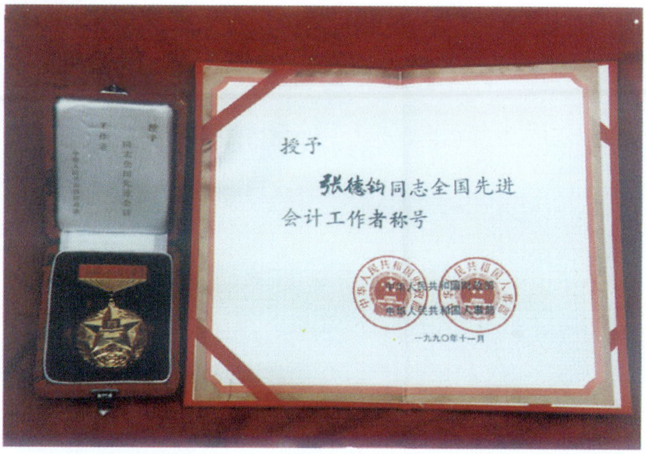

1990年11月，临澧县财政局干部张德钧被财政部、人事部授予“全国先进会计工作者”称号

临澧县财政局获部以上先进单位和个人名单

▲1993 年 11 月，临澧县财政局被财政部、人事部授予“全国财政系统先进集体”称号；

▲1995 年 10 月，临澧县新安镇财政所被财政部授予全国财政系统“文明财政所”称号；

▲1990 年 11 月，临澧县财政局干部张德钧同志被财政部、人事部授予“全国先进会计工作者”称号。

△临澧县财政局申报财政部、人事部先进单位事迹原件材料内容。

临澧县财政局干部张德钧先进事迹简介

临澧县财政局干部张德钧，自 1989 年担任县财会审计学会秘书长和会计股长以来，务实创新，认真组织财会人员培训及职称评定和组考，大大提高了会计人员工作能力和业务水平。同时，他刻苦钻研业务，勤于思考，善于写作，将自己在财会改革和财务管理工作实践中所取得的成绩及改革经验认真进行了总结，并撰写成财会理论性文章和实用性文章，多次在省、市财会杂志上发表。由于他工作成绩突出，论文成果卓著，1982 年和 1988 年分别被评为会计师和高级会计师；1986 年 12 月被原常德地区评为优秀科技工作者；1990 年 9 月，被财政部、人事部授予“全国先进会计工作者”称号，已编入《湖南省志（1978～2002）·财政志》“先进个人名录”。

第五章　澧　县

澧县财政局局长　淡光兴

澧县古为澧州，位于湖南省西北部，澧水中下游，洞庭湖西岸，是湘西北通往鄂、川、黔的重镇，素称“九澧门户”，因澧水贯穿全境而得名。全县辖32个乡镇、636个行政村，2008年末全县人口总户数353833户，总人口919493人，总面积2107.3平方公里。改革开放以来，特别是1989年以来，县财政部门在县委、县政府的正确领导下，解放思想，与时俱进，开拓创新，积极探索适合澧县区域经济特点的生财、聚财、用财之道，全县财政运行呈现出收入稳步增长、规模不断扩大、结构逐步改善、重点支出保障有力、财政改革纵深推进的良好态势，财政发展的持续性、协调性和稳定性不断增强，财政工作步入了科学化、规范化、法制化的发展轨道。

一、财政收入

澧县财政局

澧县是个典型的农业大县。1989年以前，由于全县的经济总量小，农民的经济收入以农业为主，全县财政总收入没有达到5000万元，勉强能维持全县行政事业单位人员的工资。1989年之后，全县财政部门坚持“一手抓发展，一手抓收入，两手都要硬”的方针，坚持科学生财聚财，合理培植财源，狠抓收入征管，努力做大收入“蛋糕”，有力地推进了财政收入的持续、稳定增长。1989年全县财政总收入首次超过5000万元，达到5330.2万元，比上年增长19%。1994年登上1亿元台阶，1997年登上2亿元台阶，2005年登上5亿元台阶，2007年登上10亿元台阶，2008年超过14亿元。

企业税收突飞猛进。1989年以前，农业税收几乎占据了澧县财政收入的半壁江山。1989～1993年期间，澧县财政收入增长速度缓慢，始终没有突破亿元大关。1993年实行分税制改革以后，充分调动了地方财政积极性，财政部门充分发挥财政政策和资金“四两拨千斤”的作用，有效整合、统筹运用财力资源，综合运用预算、税收、投资、国债、补贴、贴息等政策手段，支持重点项目、主导产业、基础设施建设，促进了全县经济持续快速发展。特别是近年来，县委、县政府又提出了“工业立县”发展战略，财政部门按照“工业立县”总体战略部署，积极研究制定各项财政扶持政策，不断加大对工业企业的扶持力度。2003～2008年间，财政共投入开发区基础设施建设资金1.5亿元，不断夯实财源建设融资平台。到2008年，已有运达包装、晶源新材、诺雅蚕丝、嘉利塑业、盛大纺织、国人环保、嘉业达电子、金鹏陶瓷、盈成食品、平安医药、金成纺织等10多家工业企业落户开发区；2003～2008年，争取上级财政部门财源建设贴息资金700多万元，对全县80多家企业给予了银行贷款贴息扶持；从2005年开始，财政每年还安排企业发展奖励资金近300万元、企业发展基金500多万元、企业挖潜补助资金200多万元，最大限度的发挥财政资金引导作用，促进企业技术进步、科技创新和节能降耗，激励全县工业企业日益发展壮大。到2008年，全县煤炭、电力、化工、食品、建材等支柱产业和一批骨干企业形势越来越好。全县规模工业企业达到64家，税收上千万元的企业有2家，上百万元的企业有22家。特别是近五年来企业税收优势更加明显。2004年工商税收收入为7512万元，2008年达到15566万元，五年时间增加8054万元，增长107.2%，为财政收入的增长奠定了扎实基础。1996年，全县一般预算收入首次突破亿元大关，2005年突破2亿元，2008年突破3亿元。

湖南重庆啤酒国人有限责任公司

湖南平安医疗器械有限公司

契税、耕地占用税后来居上。契税是1997年恢复征收的老税种，耕地占用税是1987年4月开始征收的新税种，这两种税与农业税、农林特产税合称农业“四税”。2005年，在国家废止农业税条例之后，财政部门一方面认真落实国家政策，免除了向农民征收的农业税与农林特产税，另一方面加大了契税、耕地占用税的征缴力度，保证了财政收入稳步增长。1997年恢复契税时，全县只有几万元，到2002年也不过80万元。2003年以后，我们加强管理、加大征缴力度，使契税和耕地占用税一年一个台阶，2004年入库达到724万元，其中契税为670万元、耕地占用税为54万元；2005年入库数为1001万元，首次突破千万元大关，其中契税为870万元、耕地占用税131万元；2006年在千万元台阶上，又向前迈出了一大步，达到1320万元。

非税收入异军突起。2005年以前，税收以外诸如罚没收入、行政性收费、政府性基金、国有资产资源收益等“预算外资金”一直游离于财政管理之外，一些部门特别是执法职能单位受利益的驱使，形成了“执法就是罚款，管理就是收费”，甚至“无钱不作为，有钱乱作为”的怪圈，政府行为被扭曲，非税收入成了部门小团体的“小金库”。2004年，《湖南省非税收入管理条例》颁布实施，澧县非税局以此为契机，出台了一系列过硬措施，一律取消了各执收单位的收入过渡账户，让所有非税收入都进入全县统一的“非税收入汇缴结算账户”，形成了“单位开票、银行代收、财政统管、政府统筹”的新机制。同时建立了非税收入项目库，将收入项目和收入标准的审核报批权限集中在财政、物价部门，通过网络化征管手段，堵住了单位和个人擅自设立项目和随意变更标准进行收费的漏洞。强有力的非税收入征管措施和较为完善的体系，使澧县非税征管行为更加规范，做到应收尽收，颗粒归仓，非税收入年年攀新高，2005 年为 9855 万元，到 2008 年达到 31980 万元，四年间增长 3.2 倍。

国有资产管理经营成效显著。2005 年，县财政组建了国有资产管理中心。国资中心成立后的第一大任务就是对全县 705 个行政事业单位资产进行了全面

清查，其中行政单位 166 户，事业单位 539 户，清查出国有资产 15.15 亿元，其中固定资产 10.11 亿元。同时采取了多种灵活的方式进行管理，效果非常明显。2004 年时不到 2000 万元，2006 年却达到 5300 多万元，2007 年为 6234 万元，2008 年达到 6900 万元。

随着经济的不断发展，财政管理不断加强，使全县财政收入稳步增长，财政蛋糕越做越大，运行质量明显优化。现在，全县的财政收入形成了以增值税、营业税、城市维护建设税、房产税、契税、耕地占用税等占主导地位，非税收入与其他收入齐头并进的财政收入新格局。

康哲（湖南）制药有限公司

二、财政支出

1989 年，县财政一般预算支出为 4119 万元。其中：支援农村生产支出 227.2 万元，

农林水气象事业费 344.3 万元，城市维护费 79.2 万元，文教事业费 1726.3 万元，抚恤救济费 305.2 万元，行政管理费 604.9 万元，公检法支出 217.9 万元，政策性补贴 160 万元。

以后，随着县财政收入的不断增加和上级财政补助拨款的增加，县财政为各项事业的支出幅度也逐步上升，到 1995 年首次突破 1 亿元，2001 年突破 2 亿元，2003 年突破 3 亿元，2004 年突破 4 亿元，2006 年突破 5 亿元，2007 年突破 8 亿元，2008 年突破 11 亿元，达到 112446 万元。其中：一般公共服务支出 15747 万元，占总支出的 14.00%；公共安全支出 6834 万元，占总支出的 6.08%；教育支出为 29056 万元，占总支出的 25.84%；科学技术支出为 846 万元，占总支出的 0.75%；文化体育与传媒支出 1695 万元，占总支出的 1.51%；社会保险和就业支出 18995 万元，占总支出的 16.89%；医疗卫生支出 9794 万元，占总支出的 8.71%；环境保护支出 856 万元，占总支出的 0.76%；城乡社区服务支出 2940 万元，占总支出的 2.61%；农林水事务支出 16504 万元，占总支出的 14.68%；交通运输支出 4613 万元，占总支出的 4.10%；工业企业金融等事务支出 2889 万元，占总支出的 2.57%。从支出结构来看，一般公共服务、教育、社会保险和就业、医疗卫生、农林水事务等支出成为财政支出的重要组成部分。

三、财政改革

1998 年以来，财政改革的内容越来越广，改革的步伐越来越快，触及的层面越来越深。通过改革，使财政管理更加科学规范，财政管理的能力越来越强。

（一）部门预算改革

部门预算改革是从 2005 年开始的，首先是实行综合预算，预算安排统筹考虑部门预算内外资金，核定部门（单位）支出需求。其次是实行零基预算。各类支出取消“基数加增长”的预算编制方法，确定财政供给范围的基础上，按照不同的财政供给形式确定人员经费和公用经费的定额标准，并根据经济事业发展需要和财力可能逐项审定专项经费。同时，县财政局还调整财政内部机构设置。将预算编制（预算股）、预算执行（国库集中支付局）和预算监督相对分离，建立起适应部门预算新要求的组织机构，强化预算管理各环节的相互制衡。在此基础上，2007 年又扩大编制范围，将县环卫处、园林处、兰江公园、市政处等以往靠“吃”城市维护费的单位统一纳入部门预算，并充实编制内容，将重点建设资金、城市维护费、农发资金、工发资金、水利资金、科技三项费、排污费、专项接待费和会议费等公共性财政大额专项资金预算进一步细化；对各项社保基金、防洪保安基金、育林基金、植被恢复费、墙改基金和水泥散装基金等专项基金纳入部门预算范围，将单位债务收支纳入部门预算。对单位行政性收费、罚没收入、事业性收费、其他非税收入由原来统一按 40% 调控改为分别按 80%、60%、40%、20% 的比例予以调控；对单位超年度计划收入部分，在相应项目调控比例的基础上提高 10% 予以调控；原来未纳入政府调控的单位赞助收入按其他非税收入调控标准执行。

（二）国库集中支付改革

2006年3月，澧县国库集中支付改革开始试点，8月1日正式试点运行，开全省县级国库集中支付改革先河。2006年底，全县上线单位达到116家。基本形成了“预算单位在网上申报用款，财政部门在网上审批计划，代理银行设立专柜办理支付，人民银行按日办理清算”的国库集中支付模式。2007年，国库集中支付改革力度不断加大，在业务培训、制度建设、机构建设、试点运行、整体推进等五个环节上一环紧扣一环，不断完善，使纳入国库集中支付单位达到122家，支付时间由半天改为全天。2008年，按照横向到边，纵向到底的改革要求，将城区未上线的24家单位一次性全部纳入上线，使纳入国库集中支付的预算单位增加到146个。同时还将社保资金、惠农补贴资金及其他原由单位开设账户管理的专项资金等22项资金一并纳入国库集中支付，真正做到了“全单位、全资金”。

（三）政府采购改革

2004年以来，县财政局认真贯彻落实《政府采购法》，不断探索政府采购方法，拓宽政府采购渠道，扩大政府采购规模，政府采购工作取得了较大成效。从2004年到2006年12月，先后进行了486次政府采购活动，预算安排18047万元，实际采购金额20948万元，与预算相比节约资金2541万元，节约率为14.08%。2007年，对指定目录中的办公设备等通用类货物变分散采购为政府集中采购，全年共组织邀请招标3次，竞争性谈判18次，询价采购18次，实现了采购目录中通用类货物集中采购率100%；部门集中采购类货物变部门直接采购为在政府采购办和纪委的监督下依法采购，杜绝了部门直接采购中不规范、不公开和个别腐败现象的发生。2008年，政府采购范围和规模不断扩大。将张津一级公路改善工程、县计生服务大楼、全县中小学校舍维修等工程类项目纳入了政府采购范围。全年共采购批次238次，采购预算金额1.277亿元，同比增长223%；合同执行金额1.05亿元，节约资金2270万元。

（四）非税收入征管体制改革

2005年，财政部门争取财政预算投入和各方面的支持，建起了高标准的非税收入汇缴结算计算机网络。新的征管体系从当年7月1日开始正式运行，全县110个执收单位，分三批先后纳入了澧县非税收入汇缴结算专户进行规范化管理。通过与部门预算相结合，我县非税收入实行了真正意义上的“财政统管、政府统筹”。2006年至2007年，在全面实行“单位开票、银行代收、财政统管、政府统筹”的征管体制下，非税改革又强化了三个方面工作：一是加强暂扣款和罚没物资的规范管理。要求执收单位对暂扣款和收缴的罚没物资依照有关法律法规的规定，统一上交县财政局管理和处置，其他任何单位与个人无权私自处理，更不准暗箱操作；二是加强服务性收费管理。对在人、财、物上与财政未彻底脱钩的服务性单位，其收支全部纳入财政部门预算，实行收支两条线管理。三是规范非税收入减免行为。严格执行非税收入减免政策和减免程序，所有非税收入减免项目都要先报非税局审核，再由非税局报县政府审批，坚决杜绝和严肃查处擅自减免非税收入的行为。2008 年，非税网络系统改版，采用了省内最先进的新版网络征管系统；在票据管理方面，及时换发了全省统一的新版非税收入票据，严格以票管收；在非税收入稽查方面，采取定期与不定期检查、重点单位重点查的办法，及时发现问题，堵塞收入漏洞，确保非税收入按时解缴；在规范协会收费管理方面，对 19 家规模较大的单位协会收费管理情况进行了重点解剖，为全面规范行业协会收费奠定了坚实基础。

（五）国有资产管理改革

2005 年，组建澧县国有资产管理中心，印发了《澧县国有资产管理暂行办法》，确保全县国有资产管理、营运、处置有章可循。扎实开展行政事业单位国有资产产权接收工作，管好管住行政事业单位国有资产。积极参与企业改制，有效防止国有资产的流失。“管好一块”，即对县属各单位的土地、办公房和直管公房等资产管住、管好，对单位处置资产严格按规定程序办理，严格把关，制止单位随意处置行为，处置收入全额上缴财政；“盘活一块”，即盘活边贸城等行政事业单位经营性国有资产，强化国有资产收益的征缴，确保国有资产经营收入有较大幅度增长。2007 年，根据国有资产分布及管理现状，采取了更加灵活的管理方式。对医院、房管等企业化管理的事业单位，其收益实行预算管理；对行政事业单位的门面、仓库等委托占用单位实行市场经营，收入全部上缴财政，实行收支两条线管理；对商、物两办改制企业破产清算后的国有资产，全部交城市建设投资公司经营，国资中心实行监督，经营收入全额上缴财政；对七里湖农场、北民湖渔场等生产经营权进行出让，由县政府直接与投资企业签订合同，财政收取租赁经营收益。通过优化管理，达到了增效目的。2007 年实现国资收入 6235 万元，比上年增加 880 万元，增长 16.4%。2008 年，澧县国有资产管理中心升格更名为“澧县国有资产经营管理局”，提升了管理级别，强化了管理职能；出台了《澧县国有资产管理办法》，使国资管理步入了程序化、规范化轨道。

四、财政机构

（一）机构沿革

1989 年，财政局机关设有 16 个股室，即办公室、政工股、监察室、预算股、行财股、企财股、综合计划股、农财股、农税股、会计股、湖南省中华会计函授学校澧县函授站、预算外资金管理股、国库券推销办、社控办、农业税征收管理股、湖南省会计师事务所常德分所澧县办事处。乡镇设有 6 个区财政办事组、37 个乡镇财政所。

1991 年，局机关增设澧县国有资产管理办公室。

1995 年，根据县机构改革“三定”方案，局机关股室设置发生变化，共设有 17 个股室，分别为办公室、预算股（加挂基建股牌子）、综合计划股、企业财务管理股、行政事业财务股（加挂社保股牌子）、农财股、农业税征收管理股、会计事务管理股、财政监督股（加挂县人民政府税收财务物价大检查办公室牌子）、人事教育股（与纪检组、监察室、机关党支部、工会合署办公）；设独立机构2个：澧县收费管理局（副科级）、澧县农税稽查队。乡镇机构也进行了改革，撤销6个区财政办事组，乡镇财政所合并为32个。

1996年，澧县国有资产管理办公室更名为澧县国有资产管理局。

1997年，局机关增设了2个股，即基建股和社保股。

2000年，局机关增设了澧县财政局工资统发中心和澧县人民政府采购管理办公室，撤销了澧县会计师事务所。

2002年，根据澧政办发〔2002〕89号“三定”方案，财政局内设机构为办公室（加挂税政政法股牌子）、预算国库股、综合规划股、行政政法和教科文股（加挂工资统发中心牌子）、经济建设股、农业股、社会保障股、企业和对外经济贸易股、会计股、产权和统计评价股、监督检查股和监察室、人事教育股。增设独立二级机构2个，即澧县财源建设领导小组办公室、澧县农业税征收管理局（副科级）；撤销机构6个，即国有资产管理局、澧县农税稽查队、农业税征收管理股、基建股、国推办、预算外资金管理股。

2004年，澧县收费管理局更名为澧县非税收入征收管理局（正科级）。

2005年，局机关增设澧县国有资产管理中心。

2006年，局机关增设澧县财政国库集中支付局（副科级）、澧县财政投资评审中心。

2008年，局机关监督检查股升格更名为澧县财政监督监查局（副科级），澧县国有资产管理中心升格更名为澧县国有资产经营管理中心（副科级）。

澧县财政局领导班子成员合影

财政局长淡光兴到财政所调研

（二）历任领导

1989年，皮世舫任局长，李承新、杜方德、蔡其云任副局长，李祖洪任纪检组长。

1990年，李祖洪任副局长，免去其纪检组长职务；纪检组长由胡定玉担任。

1992年，陶宗富任副局长，李育东任工会主席，免去李祖洪副局长职务。

1993年，免去皮世舫局长职务；李承新任局长，免去其副局长职务。

1995 年，张湘洲任党组书记。

1998 年，吴杨益、彭汉生、向辉任副局长；胡志银任纪检组长，免去胡定玉纪检组长职务。

1999 年，雷元林任工会主席，免去李育东工会主席职务。

2002 年，免去李承新局长职务，金忠军任局长；免去张湘洲书记职务；免去杜方德、蔡其云、陶宗富副局长职务。

2003 年，免去彭汉生副局长职务。

2005 年，游龙、蔡良任副局长；何才安任工会主席；雷元林为党组成员，免去其工会主席职务。

2008 年，免去金忠军局长职务，淡光兴任局长。

（三）荣誉奖励

集体荣誉：

1990 年，洞市乡财政所被评为省级文明财政所。

1992 年，宜万乡财政所被评为省级文明财政所。

1994 年，码头铺镇财政所被评为省级文明财政所。

1996 年，澧澹乡财政所被评为省级文明财政所。

2002 年，澧阳镇财政所被评为省级文明财政所。

2002 年，太青乡财政所被评为省级文明财政所。

2002 年，会计股被评为省级先进单位。

2006 年，永丰乡财政所被评为省级先进单位。

2006 年，财政局被评为省级先进单位。

个人荣誉：

2006 年，邹荣享被评为省级先进个人。

澧县一中风光

1989 年 ~2008 年澧县财政收入总表（一）

单位：万元

年度	财政总收入								
	合计	收　入				基金收入		上年结余收入	
		一般预算收　入	上级补助收入	调入资金	国债转贷收入	县级基金收入	上级补助基金收入	一般预算上年结余收　入	基金上年结余收入
1989	5330.2	4020.0	1294.4					15.8	
1990	5782.3	4522.2	1257.2					2.9	
1991	6997.8	4507.6	2157.0			298.1		35.1	
1992	7117.0	4975.0	1676.0	22.0		324.0		120.0	
1993	8267.0	6189.0	1670.0	62.0		652.0		-306.0	
1994	10231.0	6383.0	3921.0	20.0		80.0		-173.0	
1995	14088.0	8590.0	4512.0	18.0		859.0		109.0	
1996	18558.0	10083.0	5129.0	20.0		3141.0		185.0	
1997	20858.0	10442.0	5327.0	6.0		4776.0	74.0	201.0	32.0
1998	21366.0	11722.0	6993.0		722.0	1565.0	200.0	162.0	2.0
1999	26847.0	11943.0	9022.0	337.0	2172.0	2656.0	149.0	566.0	2.0
2000	25146.0	13029.0	7522.0	501.0		2083.0	70.0	1940.0	1.0
2001	29082.0	14530.0	11654.0	192.0		1765.0	129.0	810.0	2.0
2002	35427.0	16280.0	16852.0	270.0		222.0	146.0	1654.0	3.0
2003	44780.0	18406.0	22449.0	300.0	310.0	1176.0	76.0	2060.0	3.0
2004	49031.0	18886.0	25204.0			2003.0	340.0	2595.0	3.0
2005	56361.0	20680.0	32317.0			625.0	256.0	2434.0	49.0
2006	70125.0	22913.0	42575.0		90.0	1627.0	401.0	2434.0	85.0
2007	110206.0	28648.0	67273.0			1539.0	2474.0	10099.0	173.0
2008	146360.0	30989.0	90475.0			1920.0	4353.0	17840.0	783.0

说明：1. 1991 ~1997 年的基金收入中的社会保险基金收入均纳入了一般预算收入管理，数据分别：1991 年 298.1 万元、1992 年 324 万元、1993 年 652 万元、1994 年 80 万元、1995 年 859 万元、1996 年 3141 万元、1997 年 3420 万元。

2. 1997 年“基金预算年终滚存结余”1427 万元中实际滚存结余 2 万元，其中 1425 万元为社会保险基金支出结余，从 1998 年开始财政收支决算总表不再统计社会保险基金收支，故 1998 年的“基金上年结余收入”未体现社会保险结余 1425 万元。

1989 年～2008 年澧县财政支出总表

单位：万元

年度	财政总支出								
	合计	支出				基金支出		年终滚存结余	
		一般预算支出	上解支出	增设预算周转金	国债转贷资金	基金支出	基金上解支出	一般预算年终滚存结余	基金预算年终滚存结余
1989	5330. 2	4119. 0	1204. 5					6. 7	
1990	5782. 3	4596. 9	1205. 4					－20. 0	
1991	6997. 8	5607. 0	1168. 7			167. 5		54. 6	
1992	7117. 0	5630. 0	1319. 0			455. 0		－287. 0	
1993	8267. 0	6679. 0	1283. 0			652. 0		－347. 0	
1994	10231. 0	8742. 0	1375. 0			80. 0		34. 0	
1995	14088. 0	11304. 0	1755. 0			859. 0		170. 0	
1996	18558. 0	13190. 0	2160. 0	22. 0		3141. 0		45. 0	
1997	20858. 0	13546. 0	2288. 0			3362. 0	93. 0	142. 0	1427. 0
1998	21366. 0	16223. 0	2471. 0		722. 0	1705. 0	60. 0	183. 0	2. 0
1999	26847. 0	17390. 0	2762. 0		2172. 0	2743. 0	63. 0	1716. 0	1. 0
2000	25146. 0	19248. 0	2934. 0			2083. 0	69. 0	810. 0	2. 0
2001	29082. 0	23102. 0	2573. 0			1835. 0	58. 0	1511. 0	3. 0
2002	35427. 0	29423. 0	3618. 0			351. 0	17. 0	2015. 0	3. 0
2003	44780. 0	36828. 0	3920. 0		310. 0	1242. 0	10. 0	2467. 0	3. 0
2004	49031. 0	40364. 0	4178. 0			2125. 0	172. 0	2143. 0	49. 0
2005	56361. 0	48824. 0	4228. 0			797. 0	48. 0	2379. 0	85. 0
2006	70125. 0	54688. 0	3470. 0		90. 0	1920. 0	20. 0	9764. 0	173. 0
2007	110206. 0	85074. 0	3384. 0			3346. 0	57. 0	17562. 0	783. 0
2008	146360. 0	112446. 0	3677. 0			5521. 0	37. 0	23181. 0	1498. 0

说明：1. 1991～1997 年的基金收入中的社会保险基金收入均纳入一般预算收入管理，数据分别：1991 年 298. 1 万元、1992 年 324 万元、1993 年 652 万元、1994 年 80 万元、1995 年 859 万元、1996 年 3141 万元、1997 年 3420 万元。

2. 1997 年“基金预算年终滚存结余”1427 万元中实际滚存结余 2 万元，其中 1425 万元为社会保险基金支出结余，从 1998 年开始财政收支决算总表不再统计社会保险基金收支，故 1998 年的“基金上年结余收入”未体现社会保险结余 1425 万元。

1989～2008年澧县工商税税收收入表

单位：万元

年度	合计	增值税	营业税	所得税	城市建设税	房产税	其他
1989	2733.3	492.4	1165.9	265.3	81.1	44.4	684.2
1990	2934.8	567.6	1240.0	229.8	86.2	49.8	761.4
1991	3061.3	531.2	1344.2	256.7	69.6	72.6	787.0
1992	3200.0	665.0	1462.0	187.0	95.0	92.0	699.0
1993	4576.0	1165.0	1664.0	264.0	117.0	104.0	1262.0
1994	2277.0	932.0	525.0	98.0	156.0	119.0	447.0
1995	3218.0	1065.0	654.0	318.0	323.0	121.0	737.0
1996	3827.0	1148.0	997.0	461.0	240.0	131.0	850.0
1997	3977.0	1012.0	1061.0	546.0	290.0	111.0	957.0
1998	4451.0	950.0	1267.0	788.0	321.0	211.0	914.0
1999	4278.0	969.0	1321.0	643.0	287.0	163.0	895.0
2000	4687.0	1038.0	1625.0	808.0	294.0	212.0	710.0
2001	7074.0	1140.0	1770.0	3025.0	301.0	167.0	671.0
2002	5387.0	1254.0	2377.0	699.0	572.0	207.0	278.0
2003	6065.0	1442.0	2793.0	579.0	706.0	267.0	278.0
2004	7512.0	1867.0	3579.0	727.0	731.0	307.0	301.0
2005	9274.0	2235.0	4405.0	882.0	1001.0	394.0	357.0
2006	11150.0	2651.0	5717.0	808.0	1049.0	470.0	455.0
2007	13359.0	3249.0	6803.0	925.0	1230.0	530.0	622.0
2008	15566.0	3528.0	8147.0	1030.0	1421.0	652.0	788.0

1989～2008年澧县农税收入统计表

单位：万元

年度	合计	农业税	农业特产税	耕地占用税	契税
1989	1026.9	982.1	32.7	11.1	1.0
1990	1058.1	964.5	49.1	41.3	3.2
1991	856.6	760.0	65.6	27.2	3.8
1992	1222.0	1103.0	73.0	41.0	5.0
1993	1146.0	1013.0	119.0	7.0	7.0
1994	2268.0	2007.0	206.0	44.0	11.0
1995	2404.0	2107.0	235.0	42.0	20.0
1996	3234.0	2841.0	340.0	30.0	23.0
1997	3234.0	2812.0	378.0	15.0	29.0
1998	2764.0	2144.0	564.0	7.0	49.0
1999	3195.0	2466.0	575.0	60.0	94.0
2000	3134.0	2372.0	616.0	66.0	80.0
2001	2235.0	1487.0	621.0	47.0	80.0
2002	4860.0	3885.0	740.0	79.0	156.0
2003	4854.0	3697.0	621.0	258.0	278.0
2004	3198.0	2474.0		194.0	530.0
2005	1551.0		550.0	276.0	725.0
2006	1320.0			475.0	845.0
2007	1320.0			270.0	1050.0
2008	1518.0			662.0	856.0

1989～2008 年澧县财政支出表

单位：万元

年度	合计	支援农村生产支出	农林水气象事业费	工交事业费	城市维护费	文教事业费	科学事业费	抚恤救济费	行政管理费	公检法支出	政策性补贴	支援不发达地区支出	专项支出	其他
1989	4119.0	227.2	344.3	8.3	79.2	1726.3	6.9	305.2	604.9	217.9	160.0		43.5	395.3
1990	4596.9	337.1	313.3	9.3	97.1	1946.8	3.2	290.9	610.0	263.5	157.0	4.2	69.7	494.8
1991	5774.5	250.6	664.5	33.8	82.6	2107.4	3.2	551.1	668.2	258.9	208.2	2.5	77.4	866.1
1992	5630.0	292.0	448.0	15.0	105.0	2420.0	4.0	199.0	938.0	311.0	214.0	2.0	78.0	604.0
1993	6679.0	327.0	430.0	14.0	122.0	2412.0	3.0	330.0	975.0	273.0	76.0	4.0	135.0	1578.0
1994	8742.0	213.0	594.0	29.0	160.0	3760.0	5.0	318.0	1547.0	785.0	118.0	2.0	230.0	981.0
1995	11304.0	214.0	580.0	41.0	189.0	4073.0	9.0	407.0	1929.0	997.0	46.0	5.0	334.0	2480.0
1996	13190.0	428.0	688.0	64.0	693.0	4472.0	26.0	386.0	2214.0	1060.0	225.0	440.0	290.0	2204.0
1997	13546.0	365.0	742.0	45.0	254.0	5013.0	27.0	425.0	2239.0	978.0	941.0	445.0		2072.0
1998	16223.0	370.0	1479.0	76.0	407.0	4576.0	24.0	766.0	2245.0	1147.0	243.0	566.0	258.0	4066.0
1999	17390.0	302.0	1043.0	59.0	334.0	4641.0	29.0	1091.0	2416.0	1361.0	217.0	375.0	216.0	5306.0
2000	19248.0	365.0	1023.0	118.0	406.0	5072.0	30.0	495.0	2697.0	1595.0	189.0	416.0	280.0	6562.0
2001	23102.0	323.0	1113.0	111.0	321.0	5759.0	25.0	767.0	3144.0	1841.0	198.0	553.0	232.0	8715.0
2002	29423.0	332.0	1475.0	286.0	834.0	9043.0	77.0	1461.0	3895.0	2082.0	693.0	174.0	394.0	8677.0
2003	36828.0	1366.0	3513.0	462.0	1893.0	9142.0	44.0	2396.0	4176.0	2194.0	643.0	436.0	449.0	10114.0
2004	40364.0	2294.0	1663.0	467.0	997.0	10467.0	67.0	2376.0	4617.0	2383.0	886.0	432.0	601.0	13114.0
2005	48824.0	3266.0	1911.0	484.0	1126.0	11639.0	79.0	3255.0	6452.0	2782.0	816.0	434.0	526.0	16054.0
2006	54688.0	3098.0	1180.0	693.0	1054.0	12198.0	68.0	3656.0	6785.0	3337.0	210.0	514.0	344.0	21551.0
2007														
2008														

2007～2008 年澧县财政支出统计表

单位：万元

项　　目	2007 年	2008 年	备注
一般公共服务	15351.0	15747.0	
外交			
国防	72.0	140.0	
公共安全	6172.0	6834.0	
教育	20252.0	29056.0	
科学技术	733.0	846.0	
文化体育与传媒	1478.0	1695.0	
社会保险和就业	14272.0	18995.0	
医疗卫生	6050.0	9794.0	
环境保护	526.0	856.0	
城乡社区服务	2214.0	2940.0	
农林水事务	11133.0	16504.0	
交通运输	3718.0	4613.0	
工业企业金融等事务	2859.0	2889.0	
地震灾后恢复重建			
其他支出	244.0	1537.0	
合　　计	85074.0	112446.0	

第六章　石门县

一、基本概况

石门县财政局局长　易继平

石门位于湖南省西北部，地处湘鄂边陲，洞庭闾尾。南北朝置石门郡，隋文帝开皇九年（589）废石门郡，建石门县，划归澧州管辖。素有“桔城、茶乡、矿都”之称。总面积3973平方公里，耕地面积79.6万亩，辖20个乡镇、5个农林场、324个村（居）民委员会，2008年末总人口68.53万人，其中农业人口49.98万人，非农业人口18.55万人。世为少数民族聚居区，土家族占全县人口的50.9%，其他还有白族、回族、苗族、佤族、蒙古族、维吾尔族等15个少数民族。

改革开放特别是近20年来，石门借助优越的地理位置、丰富的自然资源和便利的交通条件，抢抓机遇，艰苦奋斗，掀起了大开放、大开发、大引进、大建设的热潮，形成了“产业特色鲜明、交通优势明显、发展潜力强劲”的县域经济发展格局。农业初步形成以柑橘、马头羊、茶叶、高山蔬菜、干水果、烤烟为主的支柱产业和以粮食、生猪、家禽为主的传统产业。工业经济依托资源优势，依托大型项目，依托园区发展，依托服务创新，突出国家重点工程引进，全方全对接战略投资者，初步形成了水泥、电力、磷化工、矽矽、建材、机械制造等六大产业集群。第三产业以房地产为龙头，商贸、物流、旅游业蓬勃发展。成为湖南省经济增长最具活力的县市之一，2006年进入“全省经济十强县”行列。2008年实现国民生产总值76.67亿元，比上年增长11.3%。第一产业增加值20.16亿元，增长8.6%；第二产业增加值28.22亿元，增长14.8%；第三产业增加值28.32亿元，增长10.2%。全县经济快速发展的同时，也带来了财政收入的迅速增长，2008年财政总收入突破10亿元，达到11.93亿元，其中一般预算收入为29695万元，直逼3亿元。

石门县财政局办公楼

石门县 1989 ~2008 年财政收支总表

单位：万元

年度	收入						支出					年终滚存结余
	合计	一般预算收入	上级补助收入	政府性基金收入		上年结余收入	合计	一般预算支出	上解支出	政府性基金支出		
				政府性基金收入	其中社保基金收入					政府性基金支出	其中社保基金支出	
1989	4432	3176	1256				3884	3059	627		186	12
1990	4814	3329	1485				5019	4218	614		198	－11
1991	5264	3606	1658				5339	4590	553		221	－25
1992	6090	4078	2012				6142	5362	584		234	－38
1993	7506	5250	2256				6767	5975	536		252	4
1994	9195	5307	3679		277	－104	9195	8323	723		277	－164
1995	11278	6682	3829		870	－94	11278	9285	1136		870	－4
1996	13990	8069	4730		1130	61	13990	11183	1268		1130	409
1997	16380	8268	5000		2627	485	16380	12113	1337		2627	303
1998	15619	9627	5217			401	15619	13358	1394			493
1999	17334	9856	6341			710	17334	15255	1514			138
2000	18854	10818	7179			408	18854	16515	2126			213
2001	23004	11906	10850			248	23004	20686	1431			887
2002	30962	13157	16847			958	30962	28558	1726			678
2003	35491	15308	19079			704	35491	32567	1813			711
2004	42385	18019	23546			820	42385	38865	2207			1313
2005	53205	21189	29669			1447	53205	48787	2356			1161
2006	63234	22487	39064			1403	63234	58469	2127			2358
2007	86405	26993	56806			2606	86405	77079	2332			6994
2008	111952	29695	75263			6994	111933	100251	2308			9374
合计	577394	236820	315766	0	4904	17047	576420	514498	28712	0	5995	24806

二、财政体制

自1989年至2008年石门县财政管理体制大体经历了如下几个时期：

1989年至1993年，石门实行“定额上交，递增包干，超收全留，短收不补”的县级财政体制，递增比例为7%。由于受特大自然灾害、企业效益下滑等因素影响，1990年开始连续三年财政赤字，到1993年才有所好转，当年实现收支平衡并略有结余。乡镇实行“定收定支，收入上交，支出下拨，节余留用，超支不补，一年一定”的财政管理体制，对部分困难乡镇在税收分成上实行政策倾斜。

1994年，根据国务院《关于实行分税制财政管理体制的决定》，按照事权和财权结合，公平税负、简化税制的原则，石门县实行了分税制财政管理体制，确立了中税、地方税及共享税种范围、上划及返还比例。一直到现在，这种财政体制没有做大的变动，其间对部分税种和分成比例做了微调。当年税收收入有所下滑。

1997年，根据县乡财政发展形势，调整乡镇财政管理体制，将分税制改革内容延伸到乡镇。实行“划分税种，核定基数，递增上解或递增补贴，超收全留，短收自负，综合平衡”的财政管理体制，核定了乡镇收支基数，确定体制上解或补助方案。公安、法庭、工商、国土划归县级财政负担范围，减轻乡镇财政负担。

2000年，实施以“划分收支范围，核定收支基础，收入增量上解，综合预算平衡，一定三年不变”为主要内容的第二轮乡镇财政体制改革。乡镇设立金库，明确了乡镇财政主体责任。2002年实施农村税费改革，按照“减轻、规范、稳定”的要求，取消乡统筹费、农村教育集资等专门面各农民征收的行政事业性收费和政府性基金、集资；取消屠宰税；逐步取消统一规定的劳动积累工和义务工；调整农业税政策；调整农业特产税政策；改革村提留征收使用办法。

2004年，对第二轮县乡财政体制改革内容进行了调整，乡镇财政实行收入全额上缴，支出分项划拨，并且在招商引资企业分成、新办企业分成、烤烟特产税分成等方面继续向乡镇倾斜。乡镇取消金库，设立乡镇支出专户和收入上解专户，县级财政直接负担乡镇财政供养人员的工资和乡镇的基本运转经费，人员经费由县财政直接上卡发放到人，减轻了乡镇政府保工资、保运转的压力。同年，取消了除烟叶外的农业特产税，农业税税率降低3个百分点；2005年，全面免征农业税，全县70万多农民从此彻底告别了“皇粮国税”。2006年，在全县19个乡镇全面推行了以核算统一、账户统设、工资统发、采购统办、票据统管为主要内容的乡财县管乡用管理方式改革，并对第三轮县乡财政体制改革内容进行了完善，乡镇国、地税收入不再计入体制基数，由税务部门直接征收全额上缴县国库，支出根据“人员经费按政策、公用经费按标准、专项资金按项目”由纳入县财政负担范围。

2008年，在坚持“财权与事权相结合、统筹平衡、适当倾斜”的原则下，全县实行以“确定收支范围，核实收支基数，收入全额上缴，支出标准补助，税收分类共享，预算综合平衡，一定五年不变”的为主要内容新体制。新体制加大了对乡镇人员经费、公用支出、村级转移支付、退职村干部、“五保户”、优抚对象等保障力度。当年安排村级转移支出1758万元，乡镇税收分成达1580万元。

三、财源建设

20年来，石门财政把财源建设作为自身发展的第一要务，不断探索新形势下财政支持财源建设的新思路、新模式、新方法，突出国家重点工程引进，促进企业发展，重点产业发展，财源建设呈现出生机勃发之势，取得结构、规模、效益双赢。

大唐石门发电有限公司

20世纪七八十年代，石门工业体系比较齐全，效益较好。进入90年代后，由于受市场经济的冲击，曾经辉煌的工业财源陷入低迷状态，生产经营举步维艰，亏损严重，难以为继，对财政贡献日渐萎缩，已成为石门县经济发展的巨大制约因素。1993年，县属21家企业处于停产半停产状态，19家亏损，负债总额达到4.95亿元。面对工业发展困境，县委、县政府采取了破产、兼并、拍卖、租赁、股份合作等多种形式全面实行国有企业改制工作。在此期间，县财政承担企业改制“两个置换”成本3983万元，为4398名职工买断了身份，1480名离退休职工进入社保，确保了企业改制改革的顺利完成，使石门国有企业重焕生机，宝川连杆厂、坝道水泥、玉叶化肥公司、强盛水泥、永兴煤矿等一批改制企业脱颖而出，成为石门县重点财源支柱。

石门海螺水泥公司

在艰难推进国有企业改制的同时，县委、县政府加大了对国家重点项目争取力度，先后有国家投资25亿元的大唐石门发电、投产投资30亿元的华电石门发电有限公司、投资32亿元的皂市水库落户石门，为石门财源建设注入了新活力。

进入21世纪后，石门坚持走“工业强县”的发展之路，产业兴工、园区兴工、科技兴工和民营兴工的思路逐渐明晰，工业财源突飞猛进。自2000年来，财政投入累计资金1亿多元，带动社会资金10多亿元，重点支持了石门经济开发区、宝峰创业园、海螺建材工业园、兆恒科技工业园、磷化工工业园“一区四园”的道路、电力、通讯、排水、网管、绿化等配套基础设施建设，极大地增强了园区洼地效应。大唐石门有限公司、华电公司、三江兆恒、海螺水泥、合磷、二化公司、田园公司、宝川公司、宝亿公司等“权重股”落户“一区四园”，有力提升了园区工业经济。2008年，园区规模工业企业达到40多家，实现工业总产值31.26亿元，规模工业企业入库税金1.85亿元，同比增长25.36%。除集中财力支持园区建设外，县财政积极筹集财源建设资金6000多万元，利用财政资金引导和杠杆作用，采取贴息、以奖代投、信用担保等措施，对有市场、有效益、有潜力的二化公司、宝川公司等500个项目进行了重点扶持，有力促进了水泥、电力、磷化工、矽矿、建材、机械制造六大支柱产业的发展。2008年，全县规模以上工业企业完成总产值44.8亿元，增长53.3%。规模以上工业企业达到73家，其中年产值过亿元的企业11家，5000万元至1亿元的企业7家。提供税收达到3.82亿元，其中超过5000万元有2家，1000万元至5000万元有7家，成为石门财政收入的主导来源。

石门有机茶基地：白云山林场

在下大力抓好抓实工业财源同时，石门还对烟叶、茶叶、柑橘等农村特色财源进行了重点扶持，促进其扩容提质。20年来，县财政通过直接投入、税收政策倾斜、以奖代投等方式，对茶叶产业的品种改良、品牌创建及龙头深加工企业进行有力扶持，茶叶产业得到空前发展。2008年，石门10万亩茶园已有8万亩通过国家无公害茶叶产地认证，有机茶面积达到3万多亩，其中1.1万亩获国际有机茶认证，成为“湖南有机茶第一县”，产值达到1.8亿元。“石门银峰”、“白云银毫”和“冠云春芽”“东山秀峰”等一大批名优品牌饮誉海内外。

烤烟生产在石门较长的种植历史，但烟叶产量一直起伏不定，没有较好转化为优势产业。1995年，整合财政资金、烟叶部门发展资金300多万元，重点加强烤烟基地建设和重点生产乡镇、村及大户的奖励，提高了种烟积极性，当年全县种植面积上升到8100亩。随后几年逐年上升，1997年至2002年稳定在2万亩左右。2005年来，石门加大烟叶产业化推进力度，通过实行烟叶税财政分成政策，对烟农进行财政补贴，实施“烟水工程”、标准化烟站等基础设施建设。烟叶产业步入快速发展阶段，成为常德“芙蓉王”原料基地。2008 年种烟面积达 4.5 万亩，提供税收 1550 万元。

四、财政收入

1989 年全县财政一般预算收入为 3176 万元，2008 年为 29695 万元，20 年间增长了 8.4 倍，年均增长 %。20 年来石门收入变化情况主要分为三个阶段。

1989～1993 年为第一阶段，石门财政一般预算收入进入较快发展阶段。1989 年财政收收入突破 3000 万元，1992 年又突破 4000 万元。1993 年，依托国家重点工程石门电厂的启动和辐射作用，立足于资源优势，努力促产促收，当年突破 5000 万元大关，实现一般预算收入 5250 万元，比上年增加 1172 万元，提前一年登上“3581”工程第二步台阶。这个时期，工商税收是主要收入来源，比重达到 70%～81%。

1994～2004 年为第二阶段，石门财政收入格局日趋多元化和合理化，纳税主体范围扩大，收入考核机制逐步完善，工业税收占工商税收的比重逐步提高，收入规模得以大幅提升。

1994 年，实行分税制财政管理体制改革，中央与地方“分家分税”，当年财政一般预算收入增幅明显下滑，仅比上年增长 1.08%，工商税收比上年减少 1223 万元，下降 28%。

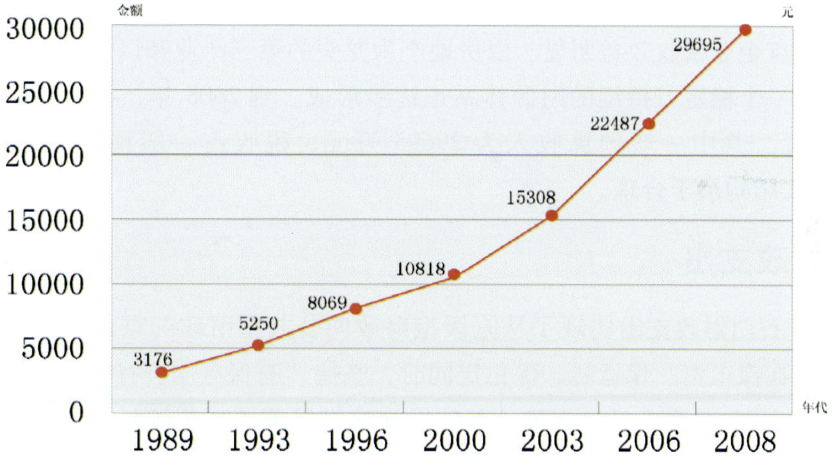

石门县财政 1989 年至 2008 年一般预算收入趋势

经过 1994 年短暂调整后，从 1995 年开始，石门财政收入又步入高速发展阶段，1995 年完成一般预算收入 6682 万元，比上年增加 1375 万元，增长 25.9%。1996 年又突破 8000 万元大关，完成一般预算收入 8069 万元，增长 20.75%，提前二年完成“3581”工程第三步，是年由于粮食收购价格的提高，征收农业税 1050 万元，占到财政收入的 13%，保持着一个比较低的比例。

1997 年至 2000 年，受税收基数不断提高、国家重点工程竣工、特大自然灾害、国家宏观调控政策的影响，石门财政收入步入一个增速相对缓慢时期。1997 年完成一般预算收入 8268 万元，到 2000 年突破亿元大关，实现一般预算收入 10818 万元，每年仅以 500 万元的净增额增长，年均增长率为 7.7%。

2001 年，面对收入增速乏力情况，石门严格落实各种增收措施，加大对各级各部门组织收入考核力度，强化行政事业性收费、其他收入等控管，努力促收。当年完成一般预算收入 11906 万元，比上年增加 1088 万元，增长 10%，初步扭转了收入增幅缓慢的局面。

自 2002 年开始，由于农村税费改革的实施，农业税大幅增加，2002 年、2003 年完成农业税 2703 万元、3060 万元，分别比 2001 年增加 1496 万元、1853 万元，占一般预算收入达到了 20% 以上，而工商税收自 1999 年来一直徘徊在 5800 万元至 6000 万元之间，所占比重下降到 50% 左右。

2004 年，虽然国家下调农业税税率，石门为此减征农业税 2253 万元。但由于石门县国家重点工程皂市水库顺利开工、工业化进程加快、农村特色税源的发展，财政收入实现了超历史、超进度、超预算的目标，当年完成一般预算收入 18019 万元，比上年增长 17.7%，超预算 5 个百分点。

2005 年国家停征农业税后为第三阶段。石门经过多年潜心发展，工业经济突飞猛进，到 2008 年底规模企业达到 74 家，石门电厂、三江兆恒、宝川机械厂、二化公司、海螺水泥等一大批重点企业税收效益明显。以房地产为龙头的第三产业和以烟叶为重点的特色财源蓬勃发展，一个稳定可持续的财源体系正逐步形成。到 2008 年，石门县实现财政总收入 104888 万元，其中一般预算收入为 29695 万元，税收占一般预算收入的比重达到 63.25%，收入结构趋于合理。

五、财政支出

20 年来，石门财政支出实现了从吃饭型财政向公共型财政的重大转变。特别近几年来，财政支出在保工资、保运转、保稳定同时，坚持“有保有压、有控有促”的方针，财政支出向“三农”、教育、社会保障、基础设施建设等薄弱环节倾斜，提升了财政公共服务能力，显现公共财政的公平性、公益性。

1989 年，石门实现一般预算支出 3509.3 万元，随着工农业生产的不断发展，经济建设规模日益扩大，社会各项事业方兴未艾，财政支出总体上呈增长趋势。尤其从 90 年代中期开始，财源建设明显加强，财政收入迅速增长，财政支出大幅度增加，实现了跨越式扩张，1996 年过 1 亿元，2001 年过 2 亿元，2003 年过 3 亿元，2005 年过 4 亿元，2006 年、2007 年分别过 6 亿元、8 亿元，2008 年达到 101703 万元，是 1989 年的 28.9 倍，年均增长率 14.45%。

随着财政支出规模的扩大，财政支出结构发生了重大变化。2008 年，农林水支出为 2727.41 万元，比 1989 年支出 280.2 万元增加 2447.21 万元，增长 8.7 倍；社会保障与就业支出 25682 万元，比 1989 年支出 203. 4 万元增加 25478. 6 万元，增长 125 倍；文教卫支出 31253 万元，比 1989 年支出 1511 万元增加 29742 万元，增长 19. 6 倍；行政管理费支出 6944. 49 万元，比 1989 年支出 539. 30 万元增加 6405. 19 万元，增长 11 倍，公共安全支出 3201. 39 万元，比 1989 年支出的 172. 40 万元增加 17 倍。2008 年，教育支出、社会保障和就业支出、“三农” 支出、医疗卫生支出等民生民本支出占到财政总支出的 70% 以上，比 1989 年提高了 20 多个百分点，行政管理费占财政总支出 6. 8%，比 1989 年的 15. 36% 下降了近 7 个百分点。

随着财政支出结构逐步合理，支出效益明显增强，促进了社会各项事业全面发展。

20 年来，财政支出在保工资、保政权运转方面做到按政策及时到位。1989 年在职和离退休人员工资性支出达 327. 3 万元，占同期行政管理费的 74%。1994 年实施行政事业单位第三次工资是度改革，当年人员工资性支出达到 2070 万元，人均增资 1456 元。1999 年在全省率先实行县直单位财政全额负担人员的工资县财政统一上卡发放，同时改革教师工资发放方式，设立工资专户管理、封闭运行，保证了教师工资及时到位。2000 年全面实行工资统发，所有财政负担人员工资发放“一人一卡一户”，由县工资发放中心定时发放。自 2001 年起，将适当补助、误餐费、第 13 个月工资、年终奖金等政策性待遇纳入县财政统发范围，并提高干部住房公积金、医疗费、职工福利费的财政补助标准。2006 年，按照国家统一政策调整了职工工资和离退休费，当年新增工资支出 2741 万元。2008 年实施公务员津贴补贴改革，全县新增人员支出 4214 万元。建立和完善政法保障机制，从 2001 年建立年政法部门经费保障机制以来，政法部门保障经费逐年上升，截至 2008 年底，公、检、法系统人均经费超过 5 万元。

湖南省重点中学：石门一中

1989～2008 年，社会保障和再就业累计支出为 95224 万元，有力地支持了建立起以企业职工基本养老保险、城镇职工基本养老保险、失业保险、工伤保险和生育保险等为主要内容的社会保险制度；以城市居民最低生活保障、城市医疗救助、城镇居民医疗保险等为主要内容的城镇社会保障体系框架；以新型农村合作医疗、农村最低生活保障、农村医疗救助、农村五保户供养等制度为主要内容的农村社会保障体系。2008 年，全县纳入城乡低保范围为 2.89 万名，完成了 3500 栋爱心房和 19 所敬老院建设，集中供养农村五保户 1513 名，2100 名贫困群众得到临时救助。积极推进公共卫生体系建设，先后启动了农村新型合作医疗和城镇居民医疗保险制度，2008 年，全县 50.3 万人参加新农合，6.01 万人参加城镇医疗保险。同时县财政筹措资金 2000 多万元，完成 18 所乡镇卫生院的门诊楼、住院大楼建设，改善了农民就医条件。20 年来，财政用于教育事业投入累计达 11.28 亿元。有力地改善了办学条件，提高了教师待遇和公用经费标准，促进全县教育事业快速发展。2005 年实施以免除学杂费、书本费，补助生活费，提高公用经费保障水平等为主要内容的农村义务教育经费保障机制改革后，教育支出大幅增加，4 年来教育支出达 6.5 亿元。发放“两免一补”资金 4212 万元，全县 10.51 万学生受益。实施农村义务教育贫困学生资助工程，财政筹集资金 1171 万元，资助 2 万多贫困学生完成了学业。

实施农村中小学危房改造工程，投入资金 5185 万元，改造中小学校危房面积 9.53 万平方米，消除 D 危房面积 11.37 万平方米。加快调整和优化学校布局，全县学校由原来的 537 所减少至目前 366 所。助力高职中教育发展，满足人民群众对优质教育资源的需求，投入资金 1.7 亿元异地重建了石门一中，为打造沅澧流域教育品牌奠定坚实基础；投入财政资金 1200 万元支持石门湘北职业中学、石门电视广播大学、石门经贸学校等职业学校的建设和发展。

20 年来，也是石门基础设施投入力度不断加大，基础设施建设步伐明显加快阶段，一大批关系到国计民生的基础设施建设在这个时期顺利完成。1989～2008 年财政累计筹集交通建设资金近 10 多亿元，新建通乡公路 140 公里，通村公路 2500 公里，改造硬化乡村公路 935 公里，基本达到村村通路的目标。投入资金 1 亿多元对蒙泉水库、南溪水库等 35 座水库进行全面加固排险，增强全县防洪保安能力。1991～2002 年，累计投入资金近 2 亿元在县城区澧水流域南、北两岸修

石门县城区十里防洪大堤

建了具防洪、休闲、观光于一体的十里防洪大堤，提高县城防洪功能。为完善城市配套功能设施，先后投入资金1.2亿元，完成了区城主街道及小巷道路改造、供水设施、地下排水系统、垃圾处理厂等公益性建设。

财政资金支持下发展壮大的石门柑橘产业

20年来财政支出在“三农”方面不断地倾斜，1989年至2008年财政累计支出8.6亿元，有力地支持农业综合开发、农业产业化建设、农业服务体农村劳动力培训、安饮工程、沼气池建设、新农村建设、“万村千乡”等。2004～2008年累发放各项涉农3.52亿元。

1989～2006年石门县财政支出分类统计表

金额：万元

年度	地方财政支出												上解支出
	合计	经济建设费	农林水事业费	文教科卫事业费	抚恤金费	社保经费	行政事业离退休费	行政管理费	公检法司	其他部门事业费	专项支出	其他支出	
1989	3509.3	323.6	280.2	1511.80	203.40			539.30	172.40	138.40	31.9	308.3	627.90
1990	4218.40	420.3	259.9	1711.30	249.20			523.1	230.5	235.2	68.2	520.7	614.50
1991	4590	380.4	433.5	1781.8	213.8			620	245.1	261.2	95.8	558.4	553.80
1992	5362	776	331	1990	199			756	281	325	120	584	584
1993	5975	570	348	2154	330			918	386	560	127	582	536
1994	8323	908	491	3049	333			1508	472	609	195	758	723
1995	9285	683	593	3769	340			1606	532	513	257	992	1136
1996	11183	943	787	4928	393		49	1672	904	668	253 586	1268	
1997	12113	1080	928	5105	389		41	1794	875	652		1249	1337
1998	13358	1174	861	4637	629	240	1306	1810	573	441	533	1154	1394
1999	15255	819	1124	5381	732	652	1674	2225	729	388	433	1098	1514
2000	16515	1026	1121	5634	550	1019	2212	2365	878	345	287	1078	2126
2001	20686	1197	1327	7032	768	1253	2969	3101	1093	375	364	1207	1431
2002	28558	1171	2720	10413	1313	2120	3880	3552	1689	537	148	1015	1726
2003	32567	996	3222	11538	2071	2325	4323	3580	1797	1183	532	1000	1813
2004	38865	1206	4284	13896	1724	2562	5112	4369	2566	674	615	1857	2207
2005	48787	3103	5077	16118	2098	3135	5882	5930	2907	1188	912	2437	2357
2006	58469	2729	5585	18278	2478	3426	5982	6186	3820	1211	1863	6911	2127

2007～2008 年石门县财政支出分类统计表

单位：万元

预算科目	2007 年	2008 年
一般公共服务	10396	13012
国防	99	102
公共安全	4900	5056
教育	19046	23252
科学技术	173	240
文化体育与传媒	822	1047
社会保障和就业	15452	21652
医疗卫生	4618	6868
环境保护	470	844
城乡社区事务	1752	2858
农林水事务	10895	17367
交通运输	6676	5477
工业商业金融等事务	1684	1950
其他支出	2667	580
净结余	63	142
总　计	86，405	100，447

六、财政管理

（一）部门预算管理

1997 年，根据常德财政局的《常德市综合财政计划管理办法》的通知，石门在预算管理上迈出键一步，改过去财政单一财政预算为综合财政预算，实行财政内外统筹。

1998 年，取消财政预算安排“基数加增长”的做法，开始试行零基预算和财政预算内外资金统筹的财政综合预算。当年纳入财政综合预算管理的预算外资金达 3510 万元，征收调控基金 232 万元。

2000 年，根据县乡财政管理体制改革的内容，严格划分县本级收支和乡镇收支范围。在预算编制时，坚持量入为出、以收定支、突出重点、综合平衡的原则，优先做到“四打足，四增长”，即干部职工和离退休人员的工资及离退休费、国有企业下岗职工的基本生活费、公检法系统经费、粮食风险金打足，农业、科技、教育和社会保障费适度增长。

2001 年，石门推行部门预算编制，实行一个部门一本预算，把部门作为预算编制的组织形式。科学测算预算单位的基本支出和项目支出，按照“人员经费核到人、公用经费按标准、专项经费到项目”的方法编制。统筹部门预算内外资金，实行财政综合预算。在编制程序上，实行“两上两下”的编制程序。并严格预算执行管理，做到“有预算不超支、无预算不开支”。当年四大家及公检法等 13 家单位实行部门预算改革。经过几年完善和发展，2008 年，全县所有行政事业家单位实行部门预算，公安、教育已经编制到派出所和中心校。10 个单位的部门预算交予人大审查。

2005 年，石门在全省率先实施了政府新收支科目改革试点，成功转换政府收支分类改革新旧科目，并逐步建立了基础信息数据库，项目支出数据库和公用经费定额体系，为实施部门预算精细化、透明化、规范化奠定了坚实的基础。

（二）预算外资金及非税收入管理

石门预算外资金及非税收入管理大致可分为如下几个时期。

1989～1993 年为第一个时期，主要根据国务院《关于加强预算外资金管理的通知》，预算外资金在部门单位所有权和使用权不变的前提下，实行“专户储存、计划管理、财政审批、银行监督”的管理办法。1989～1993 年，预算外资金专户储存累计达到 16245 万元，专户支出 15421 万元，滚动结余 824 万元。

1994～2003 年为第二时期，是对预算外资金管理理念、制度、方式、手段不断创新和完善阶段，预算外资金管理逐步规范。

1994 年，石门被列为全省实行预算内外资金财政综合预算的 4 个试点县之一，本年县直单位纳入预算管理的预算外资金达到 2908 万元，县直单位行政事业性收费资金征收 15% 的调控资金，实现政府调控收入 110 万元，有效地发挥了资金的整体效益。1996 年，取消了单位预算外收入过渡户，设立财政预算外资金收入专户，收入全额上缴财政专户，支出由同级财政按预算外资金收支计划和单位财务收支计划统筹安排，当年进入财政专户资金规模达 4250 万元，专储率达 98%。

1997～2003 年，石门开始推行以收缴分离、账户管理、票据控管、政府调剂为主要内容的收支两线管理。改变收缴方式，行政性事业性收费、罚没收入、基金收入等委托银行或财政收费部门征收，首批纳入范围为公检法部门等执收执罚，1998 年在县直 140 多家单位全面推开。2000 年，在财政局设立政务收费中心，实行“单位依规定费、中心统一执收，票款严各分离、资金直达专户”的新收缴体制，并延伸到乡镇，启动“一块牌子公示、一个窗口执收、一本账目管理”的运行模式，有效遏制了“三乱”现象，当年缴入专户的金额达 6500 万元。

完善了 1995 年出台的《石门预算外资金实施细则》，重点加大政府调控力度，实行

"核定收支，收入上解，支出统筹，政府调控"的体制，全额预算单位按 40%、差额预算单位按 20%、自收自支单位按 10% 的比例进行政府调控，公检法部门的罚没收入全额返还，弥补办案工作经费，1997 年完成调控收入 310 万元。此后延续到 2003 年没有做大的变动。

1999 年，按照统一归口、便于管理的原则，石门县成立了收费局，明确为副科级单位，负责预算外资金的征收、管理、监督、稽查。自此，预算外资金管理主要是以强化专项和日常监督检查，督促各项制度落实为主，同年对全县 144 个单位预算外资金管理情况进行了专项检查，查出违规违纪单位 82 个，违规金额达 793 万元。2000 年对 38 家单位进行汇缴清查，追缴财专户储存 800 万元。2002 年开展收费项目清理，查出违规收费金额 246 万元。

2004 年至今为第三时期。2004 年石门县非税收入征收管理局正式挂牌运作，石门县非税收入管理进入一个新阶段，全面推行非税收入的"单位开票、银行代收、财政统管、政府统筹"的新体制。一是清理非税收入项目，对收入项目实行编码管理，建立非税收入项目库，并对收费项目、标准、范围和征收主体、文件依据，进行了公示，全面接受社会各界监督。二是推行票据精细化管理。严格实行"统一凭证、分类管理、分次限量、核旧领新、票款同步"的管理办法。组织开展非税收入票据年度审验，统一年审时间、统一年审内容、统一审验重点，促进非税收入及时足额入库。三是健全非税收入征管网络体系，2006 年县直 30 个单位上网运行，到 2008 年，已拓宽到县直 144 家单位，基本上取代了手工票。县局非税网并与财政局国库集中支付网、财政补贴网等成功对接，实现了资源共享，各种网络平台融为一体，成为"金财工程"不可缺少一环节。四是严格非税收入综合预算，打破"谁收谁用、多收多用"，实现收入与支出相分离。一方面实行部门预算，将非税收入全部纳入部门预算，通过预算内外结合的方式来确定单位的收支预算。另一方面，实行综合预算。将全部收入支出纳入一个预算计划，实现预算内外资金统一协调、综合平衡。财政部门根据单位性质、职责和履行职能的需要，细化支出项目，按照规定标准安排支出额度。通过深化非税收入管理与改革，

（三）社会集团购买与政府采购管理

1989 年，主要实行品种控制、限额控购和指标控管，当年控购指标为 350 万元，实际执行 274 万元，为指标的 78%，并查处违规购买单位 5 个，罚款 1.23 万元。

1990～1996 年，对单位购买专控商品主要实行严格审批把关、开征调节基金、加强监督检查、指标控管和定点供应等管理措施，7 年共实现社会集团购买力 4800 万元，征收调节基金 298 万元，压缩非生产性专控商品 850 件，节约资金 1200 万元，查出违规购买 167 件，违纪违规金额 762 万元。

1999 年，石门政府采购中心成立，承担管理和采购双重职责，确立了基本机构框架，组织了第一次政府采购招标活动，对县直 58 辆公务用车保险业务实行公开招标，约预算

资金10多万元，节支率达到16%。出台了《石门政府采购暂行办法》，成为政府采购工作第一个法规文件，并采取各种形式对其进行了广泛宣传，得到了社会认可。政府采购活动全面推开，通过搭建采购平台、严格程序、规范运作，在节约财政资金同时扩大了社会影响，2000年采购货物、工程类规模达810多万元，节支率为15%。

2003年，石门实行采管分离，成立政府采购管理办公室，不再承担具体采购事务，侧重于健全制度、政策指导、编制计划、监督检查等方面。当年政府采购154次，采购金额达到6329万元，节约资金900万元，节支率为12.18%。

2003年至2008年，政府采购工作主要围绕“上规模、扩范围、促规范”目标，积极探索政府采购新模式，拓展采购范围，完善政府采购管理体制、运行机制和监督体系。加强采购预算的编制与执行，实现预算内外资金统筹和国库集中支付。积极拓宽政府采购领域，推行了网上询价采购、协议定点供货、公务车辆定点保险、公务定点印刷等采购方式。狠抓信息公开、专家库建设、投诉处理、招投标监督等。政府采购日益规范，效益明显提升。2008年，政府采购规模达到18566万元，节约资金2862万元，节支率13.45%。

（四）会计事务管理

1989年，县财政局设立会计股，负责全县会计事务管理。当年组织对全县各类会计人员培训考试，颁发会计证1480人，评聘具有会计专业技术职称1099人，其中会计师83人，高级会计师3人。

1994年，对全县会计人员进行摸底调查，调查单位683个，从事会计岗位人员为3821人，1979人取得会计证，其中：取得初级以上职称为1749人，占会计人员总人数的45.7%。

1995年，为纪念《会计法》颁布10周年，石门组织会计知识竞赛活动，经过普选等环节，8个队进入最后决赛，县财政局获一等奖。会计股承担

1996年，石门全面开展整顿会计秩序和加强预算外资金管理专项整治活动。采取单位自查自纠、全面复查和重点检查相结合方式进行。全县290个行政事业单位、企业单位及其他社会团体进行自查自纠。在此基础上，组织对115个单位进行全面复查，并对50个单位进行了重点检查。

1997年，《湖南省会计条例》正式实施，年底，石门举办会计知识竞赛活动，并对1150名会计人员进行了年检，占持证人数的86%。

1999年，是全面推行会计人员管理体制改革的一年。石门县根据会计改革的有关精神，制定了《石门县行政事业单位会计人员管体制改革初步实施方案》，明确了会计人员管理的原则、目的、任职条件、职责、权利、义务和奖惩办法。这一年，县财政局组织对全县会计人员任职资格考察，对145个单位的284名会计人员进行资格任命。在全县范围推行会计基础工作规范化达标考核工作，当年有县烟草局等9个单位验收合格。到1999年，共举办会计短期业务培训28期，培训人数达到3338人。开展会计人员继续教育54

期，参训人数达到8256人次。举办电算会计培训班16期，参训人数为1783人；组织会计证资格和会计专业技术职称考试16次。

2000年，是修订后《会计法》实施的第一年，石门通过报刊、电视讲话、张贴标语、集中培训、组织组织竞赛等多种形式对新《会计法》进行了广泛的宣传。同年根据财政部有关在全国范围开展会计人员调查统计工作的文件精神，全面完成全县范围调查统计任务，统计单位396个，从事会计岗位人员1948人，拥有从业资格证的1825人，取得专业技术职称的462人。年底有司法局、太平财政所等11家单位会计基础工作规范化验收为合格单位。

2001年，石门推行会计集中核算，在坚持单位预算体制不变，资金性质不变，审批权不变的原则下，取消单位会计岗位和银行账户，由会计核算中心统一账户管理，集中进行会计核算和办理资金结算及会计档案管理。当年进行集中核算单位达43个，2002年县直134个单位财务管理进入核算中心。2006年，实行国库集中支付后，县直预算单位相继恢复了会计机构，会计核算职能返还单位，会计集中核算中心工作人员及部分职能过渡到国库集中支付局。

2002至2004年，会计工作以做好《会计法》执行情况执法检查、会计从业人员后续教育、提高会计人员职业道德、积极推行会计人员管理体制改革、规范整顿会计工作秩序、为主要内容。在此期间，对乡镇财政所及部分学校等单位的会计基础工作进行了实地指导，提出整改建议，促进会计基础工作规范化。会计培训围绕提高参训率、保证合格率、保证满意率下工夫，突出针对性和实效性，分层次、分行业地进行。会计后续教育面达到了95%以上，会计证考试通过率保持60%以上，

2004年，石门全面进行会计证换发工作，根据“严密组织、坚持标准、把握条件、掌握政策”的要求，全县共换发会计从业资格证2822个。对所有会计人员建立基本信息数据库。

2006年至2008年，更加注重会计基础工作，强化会计监管，加强会计诚信建设，开展会计执法和会计信息质量检查，为县域经济发展服好务。2006年，在全县范围内开展会计基础规范化达标“回头看”，实行严格的摘牌制度，是年有4个单位被摘牌，并责成限期整改。严格会计从业资格管理，2007年开展对单位从事会计岗位的人员调查摸底，县直有13个单位共21人无证上岗，临时机构6人无证上岗，及时督促其到位。强化会计源头控管和中介服务机构监管及指导，加大了对利用虚假会计信息进行偷税漏税行为的检查力度，2008年会同监督股对4家中介机构、6家临时机构进行了会计执法检查。

（五）国有资产管理

1991年，县政府在财政局成立国有资产管理办公室，承担全县国有资产进行管理和监督的职能。实行“国家统一所有，政府分级监管，企业自主经营”的管理体制。

1993年，为摸清全县国有资产家底，对全县273个行政事业单位进行全面清产核资，

是年核定行政事业单位国有资产 亿元，并对每件资产设卡编号，造册建账。

1995 年，根据国务院《关于在全国进一步开展清产核资工作的通知》，在全县范围内开展了对国有企业、企业化管理的事业单位等进行摸底调查和归类。重点是内容是资产清查、产权界定登记、资产土地价值重估等。本次清查企业共 62 家，资产总额 35074 万元，负债 29360 万元，资金负债率为 83.7%。对企业资产进行产权界定和登记。为提高国有资产管理效益，对企业开始征收国有资产占用费。是年，石门进行撤区并乡，组织对原乡镇政府、站办所及其企业共 1368 单位的财产财务进行了查、合、并、转，确保了国有资产完整。

1997 年，根据国有资产管理的需要，成立石门县国有资产管理局，归属县财政局管理，内设 4 个机构。在 19 个乡镇明确了一名国有资产专管员。在企业、事业单位明确国有资产管理兼职人员。形成一个比较完整的国有资产管理网络体系。

1997～2001 年，在国有企业、集体企业和乡镇事业单位改制过程中，国有资产管理部门根据改制企业资产存量和变动情况，采取兼并、租赁、拍卖和股份改造及转让等形式，促使企业改制，有效防止国有资产在企业改制中流失的同时也盘活了企业国有资产。当年底全县 101 家企业和 37 家卫生院顺利成了产权转换。

2001 年，石门县国有资产管理局被撤销，其职能划转到县财政局下设机构产权股和统计评价股。

2003 年，组建石门国有资产经营管理中心和石门国有资产经营投资有限责任公司，两块牌子、一套人马。依法对授权范围 的国有资产进行经营管理，优化资本结构和资产配置。是年对县乡所有行政事业单位、社会团体及所属单位、县级国有企业等共 200 个单位进行清理，行政单位资产账面价值为 7.35 亿元，清理价值为 8.97 亿元（县直部门 6.01 亿元、乡镇 1.95 亿元、农林场 1.01 亿元），盘盈 1.62 亿元。

2004 年至 2005 年，国有资产管理更加系统化、规范化、细精化，将国有资产管理纳入单位法人代表政绩考核和离任审计内容，健全资产购置、备案、保管、使用和处置、责任追究等制度体系，理顺国资收益分配关系。积极盘活国有资产，实现其增值保值。2004 年至 2005 年依法处置国有资产 68 宗，实现资产处置收入 16463 万元，资产增值 4163 万元。调剂资产 23 宗。

2006～2008 年。2006 年根据财政部资产清查工作要求，对全县 400 个进行了资产清查，其中行政单位 66 个、事业单位 315 个、社会团体 6 个，企业化管理单位 13 个。全县行政事业单位资产清查数为 16.9 亿元，分门别类地统计到各个项目。是年，撤销石门国有资产经营投资有限责任公司，成立县城市建设投资有限责任公司，从县财政局剥离。继续深化国有资产经营管理，健全公共管理机制，资产经营管理步入规范有序轨道。2006 年至 2008 年来全县盘活国有资产 122 宗，实现经营收入 3.7 亿元，资产增值 1.2 亿元。

（六）财政监督

1989 年，财政监察工作主要是开展税收、财务、物价大检查为主，通过专项检查、事后检查，经达到查补财政收入，严肃财经纪律，治理整顿经济秩序为目的。当年对 129 家国营企业、县直单位进行了重点检查，查出违纪金额 819.2 万元，收缴金额 227.6 万元。另对全县干部职工拖欠公款进行了全面清理，有 1646 人拖欠公款 1547384 元，当年清收 244056 元，对确有偿还难度的，制定偿还计划和措施。

1991 年，“三大检查”工作纵深推进，国家对违反财经纪律、税收法规和能源交通重点建资金、预算调节基金征庥办法及物价法规的处理问题作了明确规定。当年清收工商个体户、企业尾欠税款 112 万元。

1992～1997 年，财政监察工作主要以检查农村五税（农业税、特产税、耕地占用税、契税、屠宰税）、支农周转金、罚没收入、小金库、乡镇财务收支为主，累计检查 215 个，共查出违纪金额 1702.05 万元，收缴县财政 154.48 万元。

1998 年，为规范单位财务管理行为，全县抽调 100 多人，组成 20 个小组，对 19 个乡镇政府、站办所、乡镇教育办的财务收支、资产、负责、人员情况进行了清理，历时 40 天，查出违纪金额 350.31 万元，乡镇教育系统空编 202 人。并对违纪问题作出相应的处理。1999 年组织对县直 137 个单位的预算外资金管理、票据使用、专项资金使用等情况进行了专项检查，查出违纪单位 82 个，违纪金额 793 万元，收缴财政 86 万元，补交税款 3.92 万元。

2000 年，《湖南省财政监督条例》正式实施，在全县范围进行宣传和组织单位财务人员进行了学习。是年对 5 个乡镇和 25 个行政事业单位进行财政监督检查，查处违纪金额 206.9 万元。

2002 年，财政检查领域不断拓展，内容不断丰富，逐步实现了收支并举，监管并重，实行经常性检查和专项检查相结合。当年对 33 个单位的收支两条线管理、会计信息质量、行政事业性收费、偷漏税费、买税卖税等情况进行了检查，查出未纳入专户储存资金达 622 万元，乱收费 45 万元，混库税收 110 万元及其他违纪资金 823.2 万元。收缴税款 71 万元，收缴财政资金 15.3 万元。

2003 年，石门开展全县国有资产清理、财务清理、小金库清理、优抚对象清理。抽调 2120 人，组成 31 个清理组，历时 6 个月。通过清理，摸清了各单位国有资产情况，查出各类违纪资金 9813.49 万元。

2004 年，财政监督检查强化内部监督，通过健全内部监督机制，加强相互制约，防范财政违纪风险。全年对东泉水库项目资金使用情况、农业税灾社减情况进行了监督检查，查出未落实农业税灾社减资金 192 万元。对 19 个乡镇进行了内审，查出违纪金额 431 万元，检查县直单位 18 个，查出违规资金 813 万元，收缴县财政 15.4 万元。

2006～2008 年，财政监督工作坚持日常监督和专项检查相结合，加大财务违规违纪行为监督查处力度，在开展财政收支、非税收入管理、政府采购、国有资产管理、投资评审、住房公积金等方面日常监督检查同时，更加突出专项资金使用情况的监督检查，确保了专项资金安全、规范、高效。2008 年全年检查单位达到 131 个，查出违规违经金额达 2700 多万元，处罚单位 112 个，处罚金额为 195 万元，通过监督检查，有力地规范了全县财经秩序。

七、机构队伍

二十年来，随着财政职能的变化和财政管理日益专业化、精细化。石门财政内设机构历经多次改革，到 2008 年，内设机达到达到 25 个股室（局、中心、办），其中副科级以上行政事业单位达到 4 个：国有资产经营管理中心（正科级）、非税收入征收管理局（正科），乡镇财政管理局（副科），国库集中支付局（副科）。

（一）机构变迁

1989 年、1990 年　内设办公室、人教股、预算股、行财股、综合股、会计股、监察股、农财股、企财股、农税股、函授站。

1991 年　增设国有资产管理办公室

1994 年　增设常德会计事务所石门分所

1996 年　增设收费管理局、基建股

1997 年　撤国资办，成立国有资产管理局，企财股分设为商业股、工交股、外经股

1998 年　成立财会培训中心、工资发放中心、财源办。

1999 年　成立政府采购中心，农财股改为农业股，行财股改为行政政法股、教科文股，撤常德会计事务所石门分所，监察股改为监督股

2001 年　成立会计核算中心

2002 年　撤农税股，成立农业税征收管理局。设国库股，基建股改为经济建设股，政府采购中心改为政府采购管理办公室。商业股、工交股、外经股合并为企业股（外经股）

2003 年　撤国资局，成立国有资产经营管理办公室、国资经营投资有限责任公司

2004 年　收费管理局更名为非税收入管理局

2005 年　成立信息管理中心

2006 年　撤会计集中核算中心，成立财政国集中支付局、财政投资评审中心，撤国有资产经营管理办公室、国资经营投资有限责任公司，成立国有资产经营管理中心

2007 年　办公室（税政法规股）、预算股（社控办）、国库股、经济建设股、农业股、社会保障股、行政政法股、教科文股、监督检查股、信息中心、综合股、政工股（监察室）、财源办、资产管理股、企业股、非税收入管理局、国库集中支付局、会计股、政府采购办公室、乡镇财政管理局、财政投资评审中心、国资经营管理中心。

2008 年　增设后勤中心

（二）历任领导及历年人员情况

石门县财政局历任领导一览表（1989～2008年）

任职时间	局　长	副　局　长	其他党组成员
1989～1996	申祖长	申玉生（1991～1996年）、 龙西金（1989～1996年）、 杨锡清（1989～1995年）、 赵崇武（（1992～1996年）	田杰生（1991～1996年） 王祖平（1995～1996年）
1997～2007	申玉生	龙西金（1996～1998年）、 赵崇武（（1996～2002年）、 黄道新（1998～2003年）、 冉晓文（2002～2007年） 易继平（2003～2005年）、 伍兰兰（1999～2007年）、 覃事洋（2001～2007年）、 洪家善（2003～2007年）、 林忠厚（2004～2007年）	伍法备（1997～2002年） 任党组书纪、 骆树棠（2003～2007年） 任工会主席、 覃福英（1998～2002年） 任纪检组长、 王祖平（1997～2002年）、 田辉举（2002～2007年） 任纪检组长、 李文化2007后任纪检组长、 单家春（2003～2007年）、 董仁忠（2004～2005年）、 卿远舟（2005～2007）、 陈汉楚（2005～2007年）
2007.10－2008	易继平	冉晓文、伍兰兰、覃事洋、 林忠厚、田辉举、李子儒	骆树棠、李文化、卿远舟、 陈汉楚、单家春、贾贤炎

石门县财政系统历年人员变化情况（1989～2008年）

年　份	人　数			年　份	人　数		
	财政局机　关	乡　镇财政所	合　计		财政局机　关	乡　镇财政所	合　计
1989	43	124	167	1999	84	130	214
1990	43	124	167	2000	80	141	221
1991	50	118	168	2001	78	192	270
1992	41	129	170	2002	111	188	298
1993	43	177	220	2003	95	188	284
1994	37	182	219	2004	107	176	283
1995	34	180	214	2005	110	163	273
1996	70	165	235	2006	105	157	262
1997	56	149	205	2007	113	150	263
1998	80	131	211	2008	93	127	220

说明：1995年石门县行政体制和区划改革，原设7个区财政办、38个乡镇财政所，改革后撤并为20个乡镇财政所。

（三）荣誉奖励

集体荣誉

1992 年　县财政局获办校先进单位　湖南省财政厅

1993 年　县财政局获国库券推销先进单位　湖南省财政厅

1996 年　楚江、新关财政所获省级双文明财政所　省人事厅、财政厅

1997 年　县财政局获办学先进单位　湖南省财政厅

1997 年　县财政局获三大查先进单位　湖南省“三大查”办公室

1998 年　县财政局获省农业综合开发一等奖　湖南省财政厅

1998 年　县财政局获省三大查工作先进单位　湖南省财政厅

1998 年　壶瓶山财政所获省级文明财政所　湖南省人事厅 财政厅

2000 年　县财政局获办学先进单位　湖南省财政厅

2000 年　农业综合开发一等奖　湖南省财政厅

2001 年　农业综合开发项目建设先进单位　湖南省财政厅

2002 年　县财政局获财政系统先进集体　湖南省财政厅、人事厅

2002 年　住房公积金管理中心　获省住房制度和住房建设领导小组先进单位　湖南省财政厅

2002 年　白云财政所获省级双文明财政所　湖南省人事厅、财政厅

2005 年　农税局获全省乡镇财税管理信息化建设先进单位　湖南省财政厅

2005 年　非税局获全面工作先进单位　湖南省财政厅

2005 年　农税局获乡镇财税信息化建设先进单位　湖南省财政厅

2006 年　县财政局获“四五普法”先进单位　湖南省财政厅

2006 年　政府采购办公室获湖南省财政系统先进集体　湖南省人事厅、财政厅

2006 年　农税局获全省信息化建设先进单位　湖南省财政厅

2006 年　二都财政所获湖南省先进财政所　湖南省人事厅、财政厅

2008 年　县财政局获省级文明单位　湖南省人事厅　财政厅

个人荣誉

2006 年　郑国敦被省财政厅授予湖南省财政系统先进个人

第七章　津市市

津市市财政局局长　周　枭

津市，湘北名埠，九澧门户。居澧水尾间，洞庭湖西缘；北枕澧阳平原沃野，南挟武陵万顷秀山；境地自北而南状若葫芦。津市先有市区而后纳4镇3乡郊域，市境方圆550.79平方公里。2008年末，城池6公里见方，人口26.5万人。

一、财政体制

（一）市级财政体制

1985年，湖南省财政厅对津市实行“定额上缴，递增包干，超收全留，短收不补，一定五年”的财政新体制。确定上解基数为1100万元，是当年财政收入2045万元的54%，且每年按8%的比例递增。由于上解基数和递增比例都过高，1987年起财政开始出现赤字，至1993年滚存赤字达1338万元，津市财政运行举步维艰。1992年，上级财政对本市财政进行体制微调，上解基数在1991年1746万元基础上减少243万元，该年定额上解1503万元，递增比例也由8%减少到4%，从一定程度上缓解了津市财政困难。

1994年国家进行新一轮财税体制改革，全面实施分税制的财政体制，按税种划分中央、地方收入。把产品税、批零环节营业税改为增值税，国库分别按75%上划中央、25%留存地方。是年，津市完成税务机构分设。市委、市政府抓住机遇适时调整政策，把财政收入作为各级领导和有关部门的中心工作来抓，实行目标兑现，奖惩挂钩，确保财政收入增长，市财政收入突破5000万元大关，比上年增长28.67%，实现了当年收支平衡。

财政体制问题一直是困扰市财政的重大问题。1995年，市政府和财政部门负责人多次上省城汇报工作，反映情况，得到省财政厅领导的理解与支持，最后确定津市市财政体制

湘北明珠——津市

再次微调，上解基数在上年基础上减少 300 万元，取消递增。由于财政体制问题得到初步解决，2003 年，津市实现了财政滚存结余为零，消化了历史老赤字。至 2008 年，津市市财政体制上解基数均为 1326 万元。

（二）乡镇财政体制

1987 年，市财政局对乡镇实行“定收定支，收入上交，超收分成，短收分担，支出下拨，超支不补，节余留用，一定三年”的财政体制，当年完成收入 324.3 万元，支出 246.8 万元。1989 年，“三年一定”改为“一年一定”，翌年各乡镇建立“定收定支，收支包干，递增上交”的财政体制，该年收入 361 万元，支出 291 万元，较上年增长 33%。1996 年，全市实行以分税制为内容的乡镇财政体制改革，经历了边试点，边摸索，逐渐完善的过程。1999 年，全市 9 个乡镇均建立起乡镇国库，实行“划分收支范围，核定收支基数，递增上解，分灶吃饭，自求平衡”的乡镇财政体制，是年乡镇财政收入 789 万元，较上年增长 13.4%，支出 415 万元，较上年减少 22%。2005 年 1 月，津市市委、市政府出台 1 号文件，全面调整乡镇财政体制，撤销乡镇国库，对乡镇实行预算统编、核算统一、账户统设、工资统发、票据统管、采购统办的“乡财市管乡用”体制。

津市市江南明珠广场

津市市新工业园区

二、财源建设

津市靠工商业立市，享有“湘北明珠”的美誉。20 世纪 90 年代以前，全市有 67 种品牌的产品先后 118 次获部优省优，13 种产品获国内国际各类博览会大奖。“九五”时期，工业经济始终占本市经济总量 80% 以上的份额，财税收入近 70% 来源于工业。80 年代中开始，由于陆路运输的快速发展导致津市水运优势丧失等一系列因素的影响，津市经济有江河日下之慨叹，财源严重短缺。

随着 21 世纪的到来，津市市委、市政府大力推进“工业立市”战略，倾力建设工业园区，打造汽配、造纸、纺织、食品、盐化工等五大工业板块，并成功引进中联重科落户，开创了财源建设新纪元。纵观二十年的财源建设历程，突出体现了四个方面的特点。

（一）领导重视，责任明确。为抓好财源建设，市里成立了财源建设领导小组。市长任组长，市委分管经济工作的副书记、市纪委书记、常务副市长和分管工业、农业的副市长、市人大和市政协各派一名负责人任副组长，市里各部门一把手为成员。领导小组下设办公室，由财政局局长兼任办公室主任，财政局党组安排两名负责人具体负责抓这项工作，并配与一名专干。

为强化责任，市里规定，市财源建设领导小组的正副组长和各成员单位负责人，每人联系一个项目或一家企业，市委常委每人联系一个乡镇，市财政局党组也联系一个乡镇，负责包点带面工作。每个点上都有项目建设任务，联点的市级领导和财政局负责人要对项目的可行性及问题进行认真研究，切实为企业搞好服务，帮助企业加强管理，确保联系点的经济效益和上缴税收都有较大幅度增长，并按预期目标升级上档。

（二）完善机制，强化监管。一是完善了财政建设投入机制。规定除上级专项投入外，市财政用上年一般预算收入的 20%、政府调节基金总额的 20%、新增农业特产税的 25%、上级豁免和本级收回各类周转金总额的 50% 作为财源建设基金来源。其基金按讲求实效，择优扶持，集中使用，间接投入为主的原则，采取贴息、以奖代投、以奖代补的形式，支持鼓励有发展潜力或入库税收达一定额度的项目及财源建设工作达到要求的单位。二是完善了项目评审机制。为确保财源建设资金的投入效益，规定凡投入到项目的财源建设资金，必须经过严格的立项审批程序，必须由专家进行公开评议，搞好科学论证，再经财源办主任审核后报分管的市级领导审批同意后方可实施。三是完善了监督管理机制。对财源建设专项资金的监督管理，市里确定了定项管理，定期上报，定时检查的“三定”原则。规定财源建设专项资金由市财源办专项管理，追踪问效，实行单独核算，专款专用，定期检查，及时汇报资金使用情况和项目建设效益。四是完善了日常工作机制，市财源办与相关部门密切配合，建立完善了财源建设项目库、数据库和资料库。

（三）精心组织，认真督导。近几年财源建设工作的重点就是开展“百十”工程和“升级上档”活动。围绕这一重点精心组织，认真督导。一是明确目标：市里确定每年要培植2个税收过100万元的企业，乡镇分别确定每年培植1～3个税收过10万元的企业，6个乡镇到“十五”末期有1个一般预算收入达到800万元，4个达到500万元，3个达到300万元。二是明确奖惩。为鼓励解税交税，市政府设立“税收贡献奖”。凡入库税收达100万元的企业，按入库额的1%奖励企业法人代表；入库税收达20万元的私营业主，按形成地方可用财力的10%给予奖励；乡镇一般预算收入达到500万元的，对乡镇党政一把手分别给予2万元的奖励。同时将乡镇开展财源建设“百十”工程和“升级上档”活动成效与班子成员年度岗位责任制考评挂钩。三是督查督办。围绕任务计划落实，每年由市财源办负责，开展两次督查，并将检查情况向市财源建设领导小组进行专题汇报。

（四）优化环境，扶持企业。为此，着力做了三方面的工作：一是政策上尽量优惠。在政策允许的范围内，最大限度地给予前来投资兴业者以利益上的优惠，为他们提供一系列优惠政策，促进企业改制和技术革新，为企业轻装上阵闯市场卸包袱。二是环境上尽量优化。为企业搞好服务，2002年，市政府推出了“一个窗口对外，一站式审批”的招商管理体制，加大了对“三乱”的查处力度，设立了“市长热线”，为企业排忧解难，制发了“治安保护卡”对外资企业挂牌保护，加强水、电、路等基础设施及绿化建设，有效改善了投资环境。三是资金上尽力支持。为促进财源建设上台阶，2004～2008年，市财政预算安排了财源建设类资金5376万元，拿出“税收贡献奖”奖励资金2105万元；通过各种渠道争取财源建设无偿资金4785万元，有偿资金27578万元，投入机械、食品、纺织、蚕桑、奶牛、造纸等产业。5年里，财政直接投入财源建设资金达到5334万元，占市级预算收入的7.89%，吸引社会和银行资金投入653817万元。

招商局办公大厅“一站式”服务

三、财政收入

1989～2008年，津市市财政总收入33.158亿元，其中财政本级收入14.805亿元；上级补助收入17.978亿元，上级补助收入占财政总收入的54.22%。

1986～1990 年“七五”时期，津市市工商业企业推行第二步利改税，从“税利并存”逐步过渡到“以税代利”。五年的市财政收入 1.5112 亿元，年均收入 3022 万元。其中地方各税收入由“六五”时期的 1.1861 亿元上升到 1.443 亿元，增长 21.66%；国营企业利润则由 973 万元减少到 -52 万元，减少绝对额 1026 万元。1987 年后，因银根紧缩，市场疲软，市属工商企业出现生产滑坡，产品积压，经营亏损等情况。至 1990 年底，工业企业产品积压 733.4 万元，占整个流动资金 8323.5 万元的 8.81%；商业（含供销）企业商品积压 148 万元，占整个流动资金 8234 万元的 9.08%。工业企业亏损 1525.2 万元，商业企业亏损 164 万元，供销企业亏损 259.8 万元。

1991～1995 年“八五”时期，津市市财政收入 1.9992 万元，年均收入 3998.4 万元。此时期是津市财政困难时期，1991 年是连续 7 年按 8% 的比例递增体制上解的最后一年，上解额为 1746 万元，占当年财政收入 3846 万元的 45.4%。1993 年，市财政收入 5514 万元（含上级补助收入 794 万元），财政支出 5756 万元（含上解支出 1978 万元），财政滚存赤字 1338 万元，上解额度过大是主要原因，这年市财政处于最低谷状态。尔后对按 8% 的比例递增体制上解方案进行调整，市财政状况出现转机。1994～1995 年财政收入 1.3479 亿元，支出 1.3060 亿元，两年共消化滚存赤字 419 万元。此时期终止了连续七年的财政赤字，市财政状况逐渐好转。

1996～2000 年“九五”时期，市财政收入 3.4049 亿元，年均收入 6809.8 万元，是“八五”时期的 1.7 倍，收入增加绝对额 1.4057 亿元。其原因是各项税收增加 4120 万元，其他收入增加 8426 万元，社保基金收入增加 1157 万元，专款收入增加 418.4 万元，企业收入增加 163 万元。该时期年年财政预算平衡，累计消化滚存赤字 688 万元。

2001～2005 年“十五”时期，市财政收入 4.7118 亿元，年均收入 9423.6 万元，同上期相比上升 38.38%，此时期，国家实施惠农政策，农业各税予以减免。2003 年津市免除农业特产税，2004 年免除农业税，两税合计每年减少壹千多万元财政收入，但财政收入还是稳步上升。其主要原因是其他各税收入上升明显，本期末年与上期末年税收收入相比绝对值增加 1312 万元，上升 33.69%；非税收入增长幅度大，上期末年非税收入为 2927 万元，本期末年非税收入为 6751 万元，相比其绝对值增加 3824 万元，上升 130.65%。

2006～2008 年，市财政收入 4.5559 亿元，年均收入 15186 万元，与上年平均值相比上升 61.15%，该时期财政收入上升的主要原因是非税收入增长较快，“十五”时期非税收入年平均值为 4536.4 万元，2006～2008 年非税收入年平均值为 8396.67 万元，两时期相比其年平均值增加 3859.27 万元，上升 85.05%，其非税收入中又以国有资产经营收益上升明显。“十五”时期国有资产经营收益年平均收入 222.4 万元，2006～2008 年平均收入为 3077.67 万元，两时期相比绝对值增加 2855.27 万元，该时期是上时期国有资产经营收益年平均值的 12.8 倍。

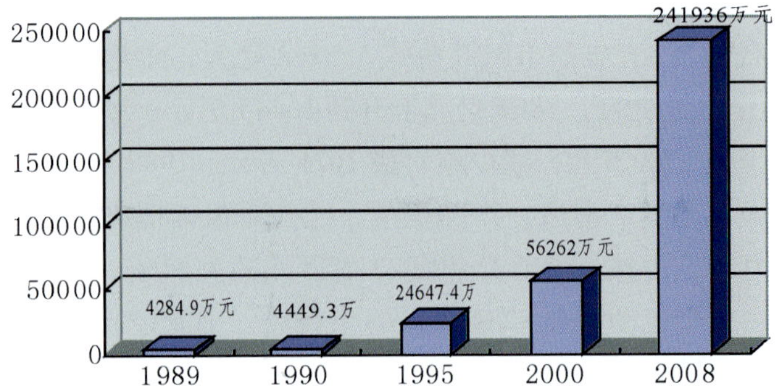

1989～2008 年津市市一般预算收入增长趋势图

津市市 1989～2008 年财政收支总表

单位：万元

年度	收入						支出						
	合计	一般预算收入	上级补助收入	基金收入	其中：社保基金收入	上年结余收入	合计	一般预算支出	上解支出	基金支出	其中：社保基金支出	社保基金支出结余	年终滚存结余
1989	4284.9	3270.2	1007.8	401	344	6.9	4373.9	2514.2	1859.7	254	232	113	-89
1990	4449.3	3420.4	1107.9	459	373	-89	4674.3	2635.7	2038.6	286	243	241	-225
1991	4863.4	3846	1241.8	467	370	-225	5260.4	3090.3	2170.1	48.5	337.2	310	-397
1992	4266	3513	780	395	335	-397	5362	2986	1930	476	446	374	-1096
1993	4418	3934	794	300	239	-1096	5756	2992	1978	817	786	386	-1338
1994	5004	2938	3050	467	450	-1338	6045	3609	2082	358	354	557	-1321
1995	6096	3865	2886	364	363	-1041	7015	4599	2030	387	386	845	-919
1996	9007	4752	3388	1710	1710	-919	9630	5800	2044	1428	1428	1127	-623
1997	10102	5744	3301	2211	1732	-623	10542	6743	2119	2080	1600	1259	-440
1998	11863	6578	3750	3130	2805	-440	12179	8116	2088	2810	2463	1602	-316
1999	13680	6700	4574	383	3522	-316	14012	8897	2393	3767	3383	1742	-332
2000	11610	6809	5133	4811	4791	-332	11841	9130	2711	4879	4853	1690	-231

续上表

年度	收入						支出						
	合计	一般预算收入	上级补助收入	基金收入	其中：社保基金收入	上年结余收入	合计	一般预算支出	上解支出	基金支出	其中：社保基金支出	社保基金支出结余	年终滚存结余
2001	15405	7508	8127	5299	5228	-231	15404	13242	2278	6226	6151	576	-116
2002	18160	8302	9974	7436	7387	-116	18160	15543	2625	7029	6931	706	-56
2003	20459	9258	11119	7621	6970	-56	20459	17425	2903	8875	8239	-45	41
2004	24138	10088	13798	10787	10101	41	24030	20396	3434	10373	9701	-102	115
2005	27999	11962	15912	11069	10552	115	27999	24806	3166	11218	10725	-516	10
2006	33302	12568	20522	13282	12523	10	33302	30076	3006	12923	12243	-369	50
2007	44247	15710	28537	20956	20188	50	44329	41148	3181	18902	18134	2536	167
2008	58226	17281	40778	29588	27409	167	58226	55078	2966	20109	17930	3153	163
合计	331579.6	148046.6	179780.5	121136	117392	-6829.1	338599.6	278826.2	49002.4	113245.5	106565.2	16185	-6953

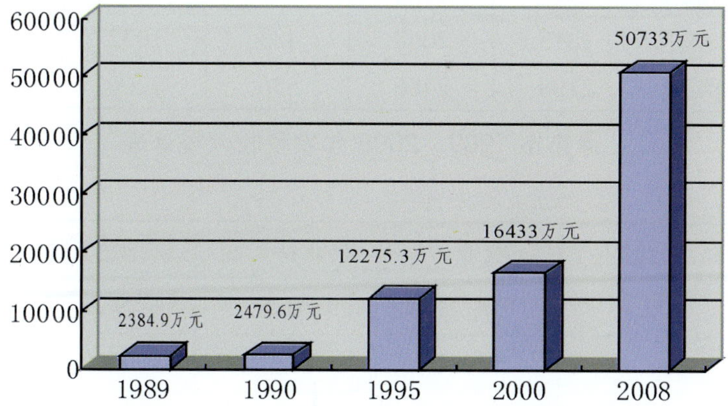

1989～2008 年津市市工商税收增长趋势图

津市市 1989～2008 年工商税收收入表

单位：万元

年度	合计	增值税	营业税	所得税	城市建设税	房产税	其他
1989	2384.9	777.1	852.3	257.5	260.8	89.1	148.1
1990	2479.6	1005	789.6	196.1	262.3	92.5	134.1

续上表

年度	合 计	增值税	营业税	所得税	城市建设税	房产税	其他
1991	2555.3	993.6	825.4	186.1	306.4	113.3	130.5
1992	2573	1011	851	187	301	114	109
1993	2907	1167	1019	129	308	111	173
1994	1956	683	387	121	305	120	340
1995	2284	842	407	262	370	163	240
1996	2829	920	500	730	400	250	29
1997	3436	708	540	955	463	230	540
1998	3666	779	660	1337	459	287	144
1999	3067	783	737	407	349	210	581
2000	3435	715	794	532	331	300	763
2001	4250	762	371	1033	370	404	1310
2002	3803	779	1326	485	428	298	487
2003	5235	844	1598	402	435	310	1646
2004	6201	1227	1640	444	550	430	1910
2005	6920	1343	1710	409	600	500	2358
2006	7482	1525	2030	431	655	459	2382
2007	7999	1815	2068	483	1032	470	2131
2008	8843	2198	2486	536	1260	488	1875

津市市 1989～2008 年农税收入统计表

单位：万元

年度	合 计	农业税	农业特产税	耕地占用税	契税
1989	209.8	187.7	10.5	9.9	1.7
1990	198.8	179.1	11.8	6.4	1.5
1991	180.2	155.5	13.5	9	2.2
1992	235	204	13	16	2
1993	206	186	14	2	4
1994	396	346	11	34	5
1995	471	376	70	20	5
1996	432	302	100	20	10

续上表

年度	合 计	农业税	农业特产税	耕地占用税	契税
1997	584	419	130	20	15
1998	504	314	130	29	31
1999	578	353	141	32	52
2000	928	794	34	40	60
2001	724	591	61	20	52
2002	1091	872	141	20	58
2003	1248	897	253	21	77
2004	754	595	/	20	138
2005	170	/	/	20	150
2006	188	/	/	20	168
2007	323	/	/	130	193
2008	510	/	/	230	280

2007～2008 年财政收入统计表

单位：万元

项　　目	2007 年	2008 年
一、税收收入	6615	8032
增值税	1815	2198
营业税	2068	2486
企业所得税	72	137
企业所得税退税	—	—
个人所得税	411	399
资源税	11	13
固定资产投资方向调节税	—	—
城市维护建设税	1032	1260
房产税	470	488
印花税	230	302

续上表

项　　目	2007 年	2008 年
城镇土地使用税	115	150
土地增值税	18	31
车船税	50	58
耕地占用税	130	230
契税	193	280
烟叶税	—	—
其他税收收入	—	—
二、非税收入	9095	9249
专项收入	545	854
行政事业性收费收入	1493	1274
罚没收入	1006	1195
国有资本经营收入	3439	1509
国有资源（资产）有偿使用收入	481	2542
其他收入	2131	1875
合　　计	15710	17281

四、财政支出

1989～2008 年津市市财政总支出 33.86 亿元，其中财政本级支出 27.88 亿元，上解支出 4.9 亿元，本级财政支出占财政总支出的 82.34%。

财政支出项目主要有经济建设费、文教科学卫生及其他部门事业费，抚恤和社会福利救济费、社会保障基金支出，行政管理费、专项及其他支出。上解支出项目主要分为体制上解、专项上解。

新工业园区一角

灵泉乡新农村建设

（一）经济建设费。1989～2006年累计支出1.8159亿元，年平均支出为1008.83万元，“七五”时期（1986～1990年）经济建设支出3086万元，年平均支出617.2万元；“八五”时期（1991～1995年）该项支出2122万元，年平均支出424.4万元；“九五”时期（1996～2000年）该项支出4654万元，年平均支出930.8万元；“十五”时期（2001～2005年）该项支出8491万元，年平均支出1698.2万元；2006年经济建设支出2892万元，同上时期年平均支出值相比，上升70.32%。

（二）文教科学卫生及其他部门事业费。1989～2006年，累计支出4.958亿元，年平均支出为2754万元。“七五”时期（1986～1990年）文教科学卫生及其他部门事业费支出4554万元；年平均支出910.8万元；“八五”时期（1991～1995年）该项支出7495万元，年均支出1499万元；“九五”时期（1996～2000年）该项支出14809万元，年均支出2961.8万元；“十五”时期（2001～2005年）新增支出为22303万元，年均支出4460.6万元；2006年该项支出8053万元，同上时期年均支出值相比，上升80.52%。

津市一中

（三）抚恤和社会福利救济费。1989～2006年，累计支出1.002亿元，年均支出为556.67万元。“七五”时期（1986～1990年）抚恤和社会福利救济费支出494万元，年均支出98.8万元；“八五”时期（1991～1995年）该项支出1635万元，年均支出127万元；“九五”时期（1996～2000年）该项支出1281万元，年均支出256.2万元；“十五”时期（2001～2005年）该项支出5947万元，年均支出1189.4万元；2006年该项支出1891万元，比上期年平均值增加702万元，上升59%。

（四）社会保障费。1989～2006年，累计该项支出30906万元，年均支出为1717万元。“七五”时期（1986～1990年）该项支出992万元，年均支出198.4万元；“八五”时期（1991～2000年）该项支出2850万元，年均支出570万元；“十五”时期（2000～2005年）该项支出14168万元，年均支出2833.6万元；2006年该项支出5389万元，同上期平均值相比，绝对值增加2555万元，上升90.16%。

（五）行政管理费。1989～2006年，累计支出3.5939亿元，年均支出1996.61万元，“七五”时期（1986～1990年）该项支出1910万元，年均支出382万元；“八五”时期

（1991～1995年）该项支出4915万元，年均支出983万元；“九五”时期（1996～2000年）该项支出11510万元，年均支出2302万元；“十五”时期（2001～2005年）该项支出19881万元，年均支出3976万元；2006年该项支出4446万元，同上期年均值相比其绝对值增加476万元，上升11.82%。

（六）专款支出。1989～2006年，累计支出3062万元，年均支出170.11万元，“七五”时期（1986～1990年）该项支出160万元，年平均支出32万元；“八五”（1991～1995年）该项支出501万元，年平均支出100.2万元；“九五”（1996～2000年）该项支出904万元，年平均支出180.8万元；“十五”（2001～2005年）该项支出1102万元，年平均支出220.4万元；2006年该项支出452万元，同上期年均值相比其绝对值增加232万元，上升105.26%。

（七）其他支出。1989～2006年累计支出1.2848亿元，年均支出713.78万元，“七五”时期（1986～1990年）该项支出395万元，年均支出79万元；“八五”时期（1991～1995年）该项支出729万元，年均支出145.8万元；“九五”时期（1996～2000年）该项支出880万元，年均支出176万元；“十五”时期（2001～2005年）该项支出8958万元，年均支出1791.6万元；2006年该项支出2058万元，比上期年平均值增加266万元，上升14.84%。

（八）体制上解。1989～2008年，累计上解上级财政2.8115亿元，占同期财政收入的84.79%。因体制上解方案不断的调整，各时期上解金额有增有减，1986～1990年体制上解额6970万元，年均上解额1394万元。1991～1995年体制上解额7764万元，年均上解额1552.8万元，从1995年起体制上解额调整为1326万元，该上解额延续至今未变。

（九）专项上解。1989～2008年，累计专项上解上级财政2.1375亿元，年均上解额1068.75万元，占同期财政收入的6.45%。1986～1990年该项上解额1171万元，年均额234.2万元；1991～1995年上解额2427万元，年均上解额485.4万元；1996～2000年上解额4714万元，年均上解额942.8万元；2001～2005年上解额7318万元，年均上解额1463.6万元；2006～2008年上解额5176万元，年均上解额为1725.33万元，同上期相比其年均值增加261万元，上升17.83%。

津市市1989～2008年财政支出统计表

单位：万元

年度	合计	支援农村生产支出	农林水气象事业费	工交事业费	城市维护费	文教事业费	科学事业费	抚恤救济费	行政管理费	公检法支出	政策性补贴	支援不发达地区支出	专项支出	其他
1989	2354.1	66.3	81.2	36.5	437.4	774.5	3.7	140.2	329.3	152	190.8	—	28.9	113.3
1990	2176.6	76	87.3	32.1	442.7	837.5	15.6	125.9	3.9	173.3	194.4	1	73.8	113.1
1991	2562.4	64.1	174.6	45	257.8	885.3	7.4	99.5	418.6	189.8	200.5	—	77.5	142.3

续上表

年度	合计	支援农村生产支出	农林水气象事业费	工交事业费	城市维护费	文教事业费	科学事业费	抚恤救济费	行政管理费	公检法支出	政策性补贴	支援不发达地区支出	专项支出	其他
1992	2802	89	114	37	339	1004	5	93	511	223	205	—	25	157
1993	2833	86	95	38	286	1048	5	112	512	244	9	—	109	289
1994	3373	120	100	45	307	1335	8	143	802	316	65	4	112	16
1995	4292	110	140	30	319	1458	12	187	1251	447	33	2	178	125
1996	4755	113	157	41	451	1205	15	171	1481	500	140	170	211	100
1997	5684	115	222	40	542	1774	14	196	1579	562	296	202	—	142
1998	5154	117	320	77	428	802	21	247	1774	570	230	88	227	253
1999	6722	199	297	59	413	2135	23	334	1681	650	151	249	216	315
2000	6646	150	269	21	459	2128	26	333	1702	1011	131	130	250	36
2001	9699	157	349	26	525	2715	34	579	2906	1321	137	193	177	580
2002	10540	188	377	26	504	3113	36	812	3132	1348	133	134	179	558
2003	12520	356	396	30	651	3525	40	1393	3877	1441	122	153	193	343
2004	14413	771	325	44	709	4157	45	1397	4262	1839	125	172	211	356
2005	17280	920	362	110	1830	4705	55	1766	4383	2138	62	122	342	485
2006	19596	1090	425	167	1266	5289	64	1891	4446	2128	100	220	452	2058
2007														
2008														

五、财政机构和队伍

（一）机构设置

1989 年 3 月财政局设立农业税征收管理股。至年底共有内部机构 9 个，即办公室、预算股、行政财务股、农业财务股、综合计划股、人事监察股、工业交通财务股、商业企业财务股和农业税征收管理股。下辖湖南省中华会计函授学校津市函授站、信托公司和 11 个乡镇街道财政所。

1991 年 4 月，撤销工业交通财务股、商业企业财务股、成立企业股，同月成立国有资产管理办公室，为独立二级机构；7 月份，设立会计工作管理股、津市控制社会集团购买力办公室。

1992 年 9 月，湖南省会计师事务所津市办事处更名为常德会计师事务所津市分所。

1994 年 3 月，常德会计师事务所津市分所更名为津市市会计事务所。

1995 年 12 月，财政局设立办公室、社控办、预算股、综合计划股、企业股、文教行政股、社会保障股、农业税征收管理股、会计股、基本建设股、人事教育股、财政监督股等 12 个股室，下辖 13 个乡（镇）街道财政所。12 月津市行政事业性收费管理局更名为津市收费管理局，为副科级事业单位。是年，市区 4 个街道财政所正式下文成立。

1996 年 6 月，市编委下文，收费管理局内设征收稽查股、收费结算股。7 月市里“三定”方案确定：津市财政局内设机构由原来 12 个股室改为 8 个，即办公室（社控办）、预算股（会计）、文教行政股（加挂社会保障股）、企业股、农业股、人教监察室（加挂“三查”办），综合计划股（基建）、农业税征收管理局。

1997 年 1 月，市编委下文，财政局文教行政股与社会保障股分设。3 月市里下文，津市国有资产管理办公室更名为津市市国有资产管理局，并升格为副科级事业单位，内设综合、企业资产和行政事业资源 3 个股。

1998 年 8 月，津市财政局与津市会计师事务所分离脱钩。

2000 年，因城市区域调整，撤销窑坡乡、阳由乡两个财政所，其工作合到金鱼岭和襄阳街财政所。

2001 年 2 月，常德市编办下文批复，同意成立津市农业税征收管理局，定为副科级单位，归属津市财政局管理。

2002 年 4 月，市政府办下文明确财政局内设 8 个职能股室，即办公室（加挂市财源建设领导小组办公室牌子）、预算股（加挂税政法规股）、文教行政股、经济建设股、农业股、社会保障股、企业股（加挂统计评估股）、会计股（加挂监督检查股）。局属部门 4 个，即收费管理局、农税局、会计核算中心、农业综合开发办公室和 11 个乡镇街道财政所。11 月市编委下文同意成立国库股，与预算股实行两块牌子、一套人马。是年，津市国有资产管理局被撤销。

2004 年 10 月，市编委下文将津市收费管理局更名为津市非税收入征收管理局，其管理体制、级别编制维持不变。

2005 年 9 月，常德市编办下文批复，津市非税收入征收管理局升格为正科级事业单位，核定正副职数 3 名，其人员编制维持现状。11 月撤销统计评价股，设立财政信息中心。

2006 年 10 月，农业税征收管理局更名为津市市契税耕地占用税征收管理局（加挂津市乡镇财政管理局牌子）。是年财政局实际内设 16 个职能股室，即办公室（税政法规股）、人教股、预算股、国库股、文行股、经建股、农业股、社保股、企业股、监督股、产权股、综合股、政府采购办、会计股、财源办、会计核算中心，辖农开办、非税局、乡财局（契税耕地占用税征收管理局）、国资经营和城投公司 4 个二级机构。

2007 年 3 月常德市编办批复，撤销“津市市会计核算中心”，设“津市市国库集中支付局”，归属市财政局管理的具有行政职能的副科级事业单位。内设综合、支付和清算、稽核 3 个股室，定编 26 人，领导职数 3 名，其中局长（副科级）1 名，副局长（正股级）

2名，其他工作人员23名。

2008年，《津市市财政投资评审管理暂行办法》颁布实施，财政局内设立了投资评审中心。

（二）历任领导（1989～2008年）

时间	局长	局党组成员、副局长	备注
1989～1992年12月	周克俊	李国喜、王正贵、吴瑞湘	
1993～1997年7月	滕自铁	李国喜、吴瑞湘、刘仕泉、周向阳、卜茂万、贺家声、滕小平、简星云、周克俊	
1997年7月～2000年12月	贺家泽	刘仕泉、卜茂万、李国喜、李泽斌、简星云、封生富、夏刚、蔡德习、黄利华、罗成模、周向阳	
2000年12月～2007年12月	周向阳	罗成模、卜茂万、龚德平、沈立杰、蔡德习、简星云、封生富、夏刚、黄利华、孟祥云、高毅、滕小平、朱传协、胡碧洪、朱传勇、谭文斌	此期间有调进、调出领导人员
2008年至今	周枭	夏刚、罗成模、胡碧洪、朱传协、朱传勇、谭文斌、谭贵凡、孙国友、高毅、刘爱龙、朱德山、黄利华、封生富	

（三）荣誉奖励

集体荣誉：

2003年，被省档案局授予“一级档案室”。

2004年，被省体育局授予“全省群众体育工作先进单位”。

2005年，被省建设厅授予“省园林单位”。

2005年，被省爱国卫生运动委员会授予“省文明卫生单位”。

2007年，被省人事厅、省财政厅授予“湖南省财政系统先进单位”。

个人荣誉：

2002年，卜茂万被人事部、财政部授予“全国财政系统先进工作者”（劳动模范），并被推选为“常德市十大新闻人物”。

2003年，朱传勇被省财政厅授予“湖南省财政系统宣传工作先进个人”。

2004 年，周向阳被省体育局授予“全省群众体育先进个人”。

津市市财政局领导合影（左起：黄利华、谭贵凡、胡碧洪、高毅、封生富、罗成模、夏刚、周枭、朱传勇、朱德山、谭文斌、朱传协、刘爱龙、孙国友）

津市市财政局办公楼

第八章　安乡县

安乡县财政局局长　瞿宏辉

安乡位于湖南北部，地处北纬29°08′~29°45′，东经111°59′~112°18′。南北长71千米，东西宽30千米，总面积1087.032平方千米，全县辖20个乡镇、263个村民委员会，总人口58万人。

安乡古老文明，据文物考证鉴定，在7000年前即有人类在这块土地上繁衍生息，春秋战国时期属楚、屈原流放旅吟诵的“涔阳极蒲”遗址，即在县城北部，公元前277年为秦黔中郡地。公元561年建县，因“左挹洞庭、右接兰澧”“洞庭兰澧诸水各安其流”而名安乡，迄今1448年。

安乡地处洞庭湖畔，为水乡泽国，以农业为本，财源贫乏，人口众多，水利建设投资巨大，社会事业开支繁重。1989年至1992年，财政滚存赤字达1100多万元，在实施分税制财政管理体制改革和农村税费改革后，安乡大力发展财源建设，县域经济快速发展，财政收入迅速增长，1989年至2008年，财政总收入149548万元。2008年财政收入比1989年增加11347万元，增长了6.2倍，安乡财政渐趋殷实。

财　政　体　制

财政体制即为划分中央和地方政府之间，地方各级政府之间的收支范围以及财政资金分配权与财政管理权的体现。财政体制是随着社会制度的改革，国家财政方针政策的变化而变化的。1989年至2008年二十年期间，安乡县、乡（镇）财政体制历经了多次改革。

安乡经济开发区鸟瞰

一、县级体制

安乡县级财政管理体制大约经历了两个阶段，第一阶段为1989年至1993年的“划分收支、分灶吃饭、定额上交、递增包干、超收全留、短收不补”的财政体制。这一阶段的财政体制的实行存在着许多弊端，财政收不敷出，到1993年底，安乡财政累计赤字1120万元。

第二阶段为1994年至2008年实行的“分税制”管理体制。这种构建社会主义公共财政的管理体制，极大限度地调动了县级财政的理财积极性。1994年在分税制基础上，上级核定安乡税收返还基数为1097万元；同时，上级对安乡原体制的递增包干继续递增上缴。直至2008年，上级对安乡县的财政管理体制没有大的变动，只是为完善分税制财政管理体制，对安乡在增值税、所得税等税种上的上划和返还比例做了小的调整。为完善农村税费改革，2002年取消了屠宰税，2004年取消了农业特产税，农业税按税率下调4个百分点征收，2005年安乡全面取消农业税。农业税收取消部分全额由上级实行转移支付补助。

二、乡（镇）级体制

安乡乡镇财政管理体制，依据国家和上级政府财政管理体制的规定，结合安乡县实际，制定适合县乡镇的财政管理体制。

1998～1991年实行“包死收支基数、收入上缴、支出下拨、超收分成、短收自负、一定两年”的管理体制，并规定各乡镇超收分成比例：城关镇、大京港镇为30%，黄山头镇为80%，安尤、安障、安昌、安宏、安全、安造、安福、安凝、安丰、安裕、安德13个乡及三岔河、官垱、焦圻、下渔口、陈家嘴5个镇为10%。

1992年，乡镇实行“定收定支、递增包干（定额包干）、收入上解、支出下拨、一定三年”的财政包干管理体制。是年乡镇实行“四大资金”统一管理。1993年县人民政府决定，对乡镇实行“定收定支、收入上解、比例递增、短收全赔、超收全奖”的财政包干体制。在核定的收支范围内超收或者短收概不增加或减少上解上级财政的定额上解数和递增包干上解数，其支出由乡镇财政在符合财政法规的前提下自行解决。

1994年，统一实行分税制财政管理体制，同时，原体制递增包干一定三年继续执行。是年，乡镇财政、地税合署办公，成立乡镇财税所，强化了地方税收的征收与管理。

1995年，县对乡镇实行“分散决策、分级负责、分灶吃饭、自求平衡”的财政管理体制。

1996～1999年，县对乡镇财政实行“划分收支范围、核定收支基数、定额上解或定额补贴，超收分成按税种、短收自负扣补贴、分灶吃饭”的管理体制。乡镇预算收支基数以1996年县财政预算安排依据核定。根据核定的基数，收大于支的乡镇按收支顺差定额上解，收支小于的乡镇按收支逆差定额补助。

2000～2003年，为了充分调动乡镇生财、聚财、理财的积极性，建立一级政府、一级财政的管理体制，达到稳固县级财政，壮大乡镇财政的目的，根据《中华人民共和国预算法》和省、市有关规定，结合本县实际，中共安乡县委、安乡县人民政府印发了《关于乡镇财政体制改革的意见》，决定从2000年1月1日起全面实施乡镇财政体制改革。

改革后县对乡镇财政实行“划分收支范围、核定收支基数、定额上解或补贴，上解比例递增，自求收支平衡，一定三年不变”（在国家没有实行费改税等重大政策调整的前提下）的管理体制。具体办法是：以2000年收支为基数，收大于支定额上解，收小于支定额补贴：收入基数剔除农业税后（农村教育附加单列，不进入乡镇收入基数），从2001年开始，按8%递增上解：超过收入基数和比例递增上解部分，全部返还给乡镇：短收等额全赔，增支自行负责。

乡镇财政管理体制的改革，因农村税费改革后发生重大变化，2004年和2005年期间农业税收的相继取消，乡镇财政基本没有了本级税收收入，2006年至2008年各种费又全部停摊，乡镇财政仅有少量本级收入，乡镇政府基本形成了县级财政的一个基本预算单位，其财政管理体制也由“定收定支、自求平衡”转变为：“核定支出、定额补贴”的管理体制。

财　源　建　设

为适应社会主义市场经济发展的客观要求，安乡县及时调整和理顺财源建设工作思路，以壮大地方经济实力、促进地方财政收入持续、稳定增长为目标，坚持“统一规划、分级实施、因地制宜、分类指导、效益优先、择优扶持”的原则，充分发挥财政政策和财政资金的导向作用，采取贴息、垫息、借款、社会中介机构担保、以奖代补、税收返还等方式，建立集中使用、滚动发展的财源建设资金机制。

安乡县金大地化工厂

1993年，安乡积极响应湖南省财政厅开展“3581”财源建设工程的号召，拓宽思路，大力发展县乡企业，重点解决企业流动资金和技术改造资金的缺口，给企业“输血供氧”，使少数“断奶”企业恢复生产，大部分企业增税增利。

1994年，安乡被列入省财源建设试点县之一。安乡贯彻“全局工作以经济建设为中心，经济建设以经济效益为中心，经济效益以财政征收为中心”的思想，以壮大地方财政实力为目标，以加快“一体多元”财政结构为战略，以寻求新的财源增长点为突破口，坚持因地制宜，制定财源建设的规划和年度实施方案。全县重点扶持了安尤乡米厂、安全乡纺织厂、安宏乡竹席加工厂、陈家咀镇园艺场、县农机公司新办的气门嘴等 14 家企业，千方百计筹措资金 456 万元，有效地解决了 40 家企业更新改造和流动资金不足的困难，使这些企业当年财税收入上缴比上年增长 35%，较好地发挥了财政资金培植财源、涵养财政的作用。

1995 年，全县投入财源建设资金 5818 万元，比上年增长 33%，其中省、市、县三级财政部门投放 800 万元，银行贷款 2000 万元，企业自筹 3018 万元，为财源建设增添了活力。

安乡县珊珀湖渔场一角

湖南省淡水珍珠养殖示范基地——安裕乡赵家湖

1996 年，财源建设按照“定向发展、整体推进”的战略，立足“财源建设抓重点、财政收入登台阶”的工作思路，规集资金集中使用。主要突出：一是主攻粮棉生产，稳定农业基础财源；二是主攻水产养殖立体开发，增加农业特产税源；三是主攻个体私营经济发展，拓宽补充财源；四是主攻乡镇企业，壮大主体财源。全年全县总投入财源建设资金达 6118 万元，其中，财政投入 500 万元，财源建设基金 212.4 万元，银行贴息贷款 610 万元，企业和项目单位自筹资金 3548 万元。

1997 年，为增强财政增收的后续能力，全县在培植财源上，立足“两定”（即定项目单位，定经济指标），狠抓“三投入”（项目资金及时投入、专项资金足额投入、领导力量到位投入），完善四种机制（领导责任机制、资金保障机制、合同约束机制、奖罚激励机制），实现稳定、发展、壮大、拓宽的财源建设总目标。注重效益，加大投入，以重点扶持县氮肥厂、安康纸厂、飞达橡胶厂、黄天湖渔场、珊珀湖渔场等财源骨干企业。当年骨干企业产值、销售收入、利税比上年分别增长 25%、21% 和 15%，财政收入入库比上年增长 31.6%。

1998 年，全县开展财源建设“三个一”工程活动，一是以个体工商税为“一个新的切入点”，全年完成个体工商税865万元，比上年上升32.2%；二是以棉麻产、销、加工为“一个新的突破口”，全年农业产业化税费入库完成320万元，比上年增长4.5%；三是以龙头企业“一个新的增长点”，全年税费入库212万元，比上年增长32.5%。由于狠抓“三个一”工程，全年的税费入库比上年增长31.7%。是年为保证财源建设项目顺利实施，用于财源建设的资金达8650多万元，其中财政投入705万元，银行贷款近4000万元，乡级自筹3850万元。23个项目单位全年实行产值34850万元，实现利润3035万元，入库税费达到2097万元。

湖南凯斯机械股份有限公司

2008年新建的伟厦水泥厂

2000年安乡县采取财源建设贷款贴息、以奖代补等方式，充分发挥财政资金的引导作用。吸收社会资金发展农村经济，增长农业税收，全县农业结构调整，财政投入达600万元。安乡工业资源贫乏，无山无矿、无一家中央及省、市企业，为了发展工业企业，安乡招商引资，筑巢引凤，建立工业园区，前期工程财政投资金额近500万元。

安乡经济开发区始建于2002年，经过几年的发展，开发区已初具规模，形成了“一区两片”（河东片河西片）的总体框架，区内现有规模企业28家，基础设施总投资过亿元。初步形成了机械、制药、造纸、化工、饲料等产业雏形。年工业总产值达3.5亿元，可创税收2328万元。

2003年，立足县情，在农业方面全面实施“3211”工程（全县建设30万亩高效养殖水面、20万亩杨树生产基地、10万亩人工牧草和饲料粮、10万亩优质水果和蔬菜）提供积极的财政支持；工业方面，加大工业园区建设，提高工业企业税收占整个财政收入的比重，完善工业园区的配套基础设施，扶持已入园的凯斯公司、津津药业做大做强，为新入园的投资商投入启动资金；民营经济方面，选择了一批有发展前景的民营企业给予适当的资金支持，提供全方位的优质服务，营造良好的创业环境，全年财源建设投入达1000万元。

2004年，财源建设安乡立足三个方面：一是发展工业上项目；二是提高农业市场化、产业化程度；三是发展城镇经济、搞活城镇经营，加快开发步伐。

2001～2008 年期间，安乡财源建设，共投放资金共计 7000 多万元，给安乡工农业基础产业和第三产业长足发展增添了极大动力。

财　政　收　入

一、一般预算收入

1989 年，安乡县紧紧围绕发展生产、培植财源、增收节支的工作目标，完成财政收入 2174.6 万元，比 1988 年的 1600.6 万元增长 34%。在收入中工商税收完成 1250.9 万元，农牧业税类完成 699.2 万元，企业收入完成 133.6 万元，退库 10 万元。剔除农业税不可比因素后，经常性收入实际完成 1491 万元。但由于县域经济基础差，收入增长速度落后于政策性增支的增长速度，从而导致当年赤字 140 万元。

1993 年，省财政厅号召开展“3581”财源建设工程，安乡抓住机遇不失时机的积极推进财源建设，扶持多家商企业和多家乡村企业，大力培养和开展财源，广辟收入渠道，当年完成一般预算收入 3430 万元，比上年增收 827 万元。

1994 年实行财政税收体制改革，强化财政收入征管，坚持“超收、节支、控赤”的原则，安乡县财政收入开始有了明显的好转，当年全县完一般预算收入 3623 万元，比上年的 3430 万元，增收 193 万元，增长 5.63%，其中中央税收完成 1540 万元，地方税收完成 1333 万元，农业税完成 1389 万元，农业特产税完成 286 万元，耕地占用税、契税完成 23 万元。

1996 年为适应财税体制改革，切实加强行政事业性收费收入的专项管理，依据《湖南省预算外资金管理条例》，对全县行政事业单位的收费实行监督、控制和管理，进一步强化预算外资金管理，财政状况得到较好改善。全县财政工作实现了“四增”、“三保”。预算外资金专户储存率达 88%，储存累计金额达 2979 万元，比上年增长 29.3%，财政收入持续高幅度增长，全年完成一般预算收入 6578 万元，比上年净增 1751 万元，增长 36.27%。

1997 年，市场经济疲软，企业经济滑坡，为切实推进两个根本性转变，推行财政两项改革，积极组织财政收入，严格控制财政支出，在保工资发放、保农业、科技、教育、政法、救灾等重点支出的前提下，全年完成县级一般预算收入 6887 万元，比上年增加收入 448 万元，增长 6.96%。财政状况从根本上得到好转，丢掉了多年财政赤字的包袱。

1998 年，安乡县遭受历史罕见的洪涝灾害，条条河流超历史水位，且高洪持续时间长，洪涝灾害程度极大，渍灾损失 2.5 亿元，抗洪消耗 0.7 亿元。是年 7 月，安造大院溃堤，导致直接经济损失 16 亿元。安乡财政经受了严峻的考验，溃院造成财税收入短收 1500 万元。其中短收增值税 744 万元，地方工商各税短收 206 万元，因溃院农作物绝收、鱼池串塘，农业税收短收 550 万元。历经重创的安乡人民，在中央、省、市政府的关怀下，在社会各界的支持下，在县委、县政府的领导下，因势利导，克难奋进，继续推行财政两项改革，实行适度从紧的财政政策，克服压力，积极组织财政收入，完成县级一般预算收入 6852 万元。

1999 年是安乡县灾后重建的第一年，上半年几个乡镇又接连遭受龙卷风的严重袭击，粮棉减收，加之城关经济萧条，农工商经济都十分不景气，但全县各部门通力合作，大力发展县域经济，着力加强财源建设，严格规范财政管理，狠抓灾后增收节支。全县完成一般预算收入 7601 万元。

2000 年，全县实行农民减负，教育收费，解困资金收缴项目取消等三项专项治理，给全县财政加大减收增支压力 1400 余万元，为实现“保收入增长、保工资发放、保大局稳定，保收支平衡”的财政工作目标，安乡强化财税收入征管，全县完成一般预算收入 8056 万元，其中工商税收 2433 万元、农业税收 2768 万元。

2002 年，全面实施农村税费改革，全县农村负担总额比上年减少 3075.8 万元，减幅达 28.9%。加强预算外资金管理，严格“收支两条线”，推行和完善收费、基金、罚没等收入实行“单位开票、银行代收、财政统管”征管制度，全年预算外资金专储存额达 2872 万元，比上年增加 180 万元。完成县级一般预算收入 10279 万元，突破亿万元大关，比上年 8862 万元增收 1417 万元，增长 16%。

2003 年，推行财政国库集中收付改革，建立国库单一账户体系，全县完成一般预算收入 11659 万元，比上年增长 13.4%，其中工商税收 2948 万元，农业税收 4618 万元。

2004 年，以加快发展为主题，以增加农民、职工收入；以增加财政收入为目标，培植农业基础、工业主导、发展以第三产业为主的新型财源，稳步推行部门预算和国库集中收付制度、完善政府采购制、农村税费改革，促进全县经济社会统筹发展，在全面取消农业特产税，农业税按农业税税率免征四个百分点的条件下，完成一般预算收入 10435 万元。其中工商税收 3772 万元、收费收入 4450 万元、农业税收 2213 万元。

2005 年，安乡规范非税收入征收管理，当年征收非税收入 6143 万元。为实行农村税费改革，从 2005 年起安乡开始全面取消农业税，至此农业税收仅含耕地占用税和契税。2005～2008 年 4 年间，共组织一般预算收入 50967 万元，其中工商税收 18691 万元、农业税收 2110 万元、非税收入 30166 万元。

1989～2008 年二十年间，安乡县共组织一般预算收入 149548.8 万元，平均每年 7477.44 万元，从 1989 年的 2174.6 万元发展到 2008 年的 13522 万元，增长 6.2 倍，其中工商税收由 1989 年的 1330.1 万元发展到 2008 年的 5460 万元，增长 4.1 倍。其中非税收入由 1989 年的 140.8 万元发展到 2008 年的 7243 万元，增长 51 倍。

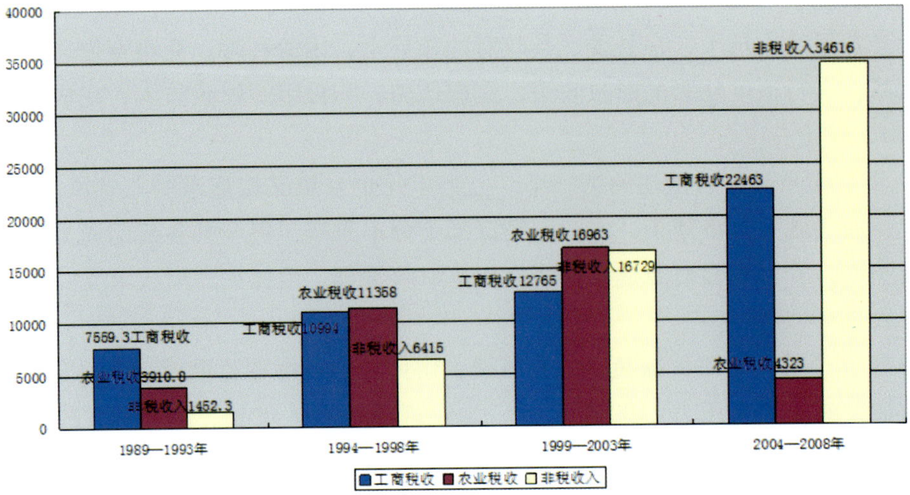

1989～2008 年不同时期一般预算收入比较图

1989～2008 年安乡县一般预算收入统计

单位：万元

项目＼年份	1989	1990	1991	1992	1993	1994	1995	1996	1997	1998	1999
一般预算收入合计	174.6	2156	2558.8	2603	3430	3623	4827	6578	6887	6852	7601
一、工商税收	1330.1	1101.2	1520	1396	2212	1284	1959	2410	2636	2705	2503
1. 增值税 25%	311.6	182.5	264.5	286	555	482	578	618	501	501	433
2. 个人所得税 28%						54	112	167	282	268	306
3. 企业所得税 28%	79.3	6	13.1	50	50	150	328	582	727	407	370
4. 营业税	640.1	621.5	590.5	588	744	200	550	567	632	933	906
5. 房产税	36	40.8	47.9	67	74	156	120	157	143	144	149
6. 城市维护建设税	45.5	41.3	49.8	52	71	72	66	100	118	135	140
7. 城镇土地使用税	7.6	9.1	12.7	16	11	40	60	49	53	56	25
8. 车船使用和牌照税	5.2	5.8	6.6	6	10	22	40	57	50	50	35
9. 印花税	7.2	7.9	8.6	8	9	32	36	41	50	53	56
10. 土地增值税									5	3	2
11. 资源税							9	15	15	15	8
12. 其他税	197.6	186.3	526.3	323	688	76	60	57	60	140	73

续上表

项目＼年份	1989	1990	1991	1992	1993	1994	1995	1996	1997	1998	1999
二、农业税收	703.7	768.9	731.2	923	784	1748	2092	2932	2455	2131	2321
13. 屠宰税	4.5	15.3	20.5	23	20	50	62	81	128	100	230
14. 农业特产税	35	67	67	100	55	286	500	700	306	350	350
15. 农业税	657.1	675.6	630.6	786	690	1389	1500	2106	1977	1621	1661
16. 耕地占用税	6	9.3	11.4	11	14	16	20	30	14	30	30
17. 契税	1.1	1.7	1.7	3	5	7	10	15	30	30	50
三、非税收入	140.8	285.9	307.6	284	434	591	776	1236	1796	2016	2777
国有资产收益	54.4	108.8	103.1	48	24	86	100	118	122	106	105
行政性收费											
罚没收入	62.7	125.7	16.3	161	295	392	324	478	400	422	580
专项收入	18	32	59.9	74	101	103	117	139		160	168
其他非税收	5.7	19.4	128.3	1	14	10	235	501	1274	1328	1924

注：1. 此表数据来源于各年决算报表；

2. 非税收入项目又名预算外资金（1989～1995 年），收费收入（1996～2004 年）。

1989～2008 年安乡县一般预算收入统计

单位：万元

项目＼年份	2000	2001	2002	2003	2004	2005	2006	2007	2008	总计
一般预算收入合计	8056	8862	10279	11659	10435	10538	12119	14788	13522	149548.4
一、工商税收	2433	2393	2488	2948	3772	4026	4299	4906	5460	53781.3
1. 增值税 25%	488	502	512	534	741	703	795	917	869	10773.6
2. 个人所得税 28%	303	485	333	278	277	290	289	328	272	4044
3. 企业所得税 28%	200	356	89	69	103	107	110	111	158	4065.4
4. 营业税	1006	665	1108	1530	1820	2068	2230	2502	3472	23373.1
5. 房产税	151	131	130	170	230	240	274	340	212	3012.7
6. 城市维护建设税	128	107	143	159	321	328	309	347	175	2907.6
7. 城镇土地使用税	30	28	29	30	30	30	31	60	60	667.4

续上表

项目 \ 年份	2000	2001	2002	2003	2004	2005	2006	2007	2008	总计
8. 车船使用和牌照税	35	31	65	85	90	95	96	125	95	1004.6
9. 印花税	85	81	70	77	145	150	150	151	92	1309.7
10. 土地增值税	1	1	2	6	5	5	10	15	45	100
11. 资源税	6	6	7	10	10	10	5	10	10	136
12. 其他税										2387.2
二、农业税收	2768	2965	4291	4618	2213	369	368	554	819	36554.8
13. 屠宰税	375	400	30							1539.3
14. 农业特产税	350	600	763	1100						5629
15. 农业税	1963	1875	3408	3408	2073					26420.3
16. 耕地占用税	30	30	30	30	109	243	182	298	420	1563.7
17. 契税	50	60	60	80	31	126	186	256	399	1402.5
三、非税收入	2855	3504	3500	4093	4450	6143	7452	9328	7243	59212.3
国有资产收益	105	105	105	63	1062	965	1744	2299	1219	8642.3
行政性收费		423	1960	2432	2049	3238	2475	2644	1597	16818
罚没收入	509	583	650	800	839	1077	1044	873	1582	11213.7
专项收入	170	190	195	195	110	133	162	140	225	2491.9
其他非税收	2071	2203	590	603	390	730	2027	3372	2620	20046.4

注：1. 此表数据来源于各年决算报表；

2. 非税收入项目又名预算外资金（1989～1995 年），收费收入（1996～2004 年）。

二、上级补助收入

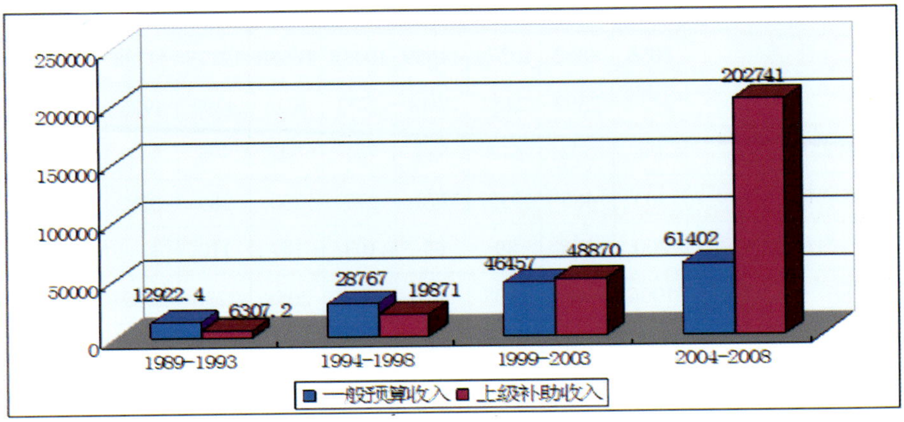

1989～2008 年安乡一般预算收入与上级补助收入比较图

1989～1993 年，安乡上级补助收入共计 3607.2 万元，1994 年，实行“分税制”财政新体制后，上级补助收入增加了税收返还性收入，上级补助收入不断增大，1994～2000 年，安乡上级补助收入共计 32286 万元，2001 年起上级对中小学教师工资实行转移支付补助，农税费改革后，取消的农业税部分全额由上级实行转移支付补助，安乡的财力性转移支付补助进一步增大。2001～2008 年，上级补助收入 239194 万元。

1989 年—2008 年安乡县上级补助收入统计表

（单位：万元）

年份	总额	税收性返还收入	财力性转移支付收入	专项转移支付收入	年份	总额	税收性返还收入	财力性转移支付收入	专项转移支付收入
1989	1048.5		303.6	744.9	1999	6698	922	1902	3874
1990	888.3		261.9	626.4	2000	5719	1044	2329	2346
1991	1249.4		281.5	967.9	2001	8953	1153	4886	2914
1992	1545		507	1038	2002	12874	1510	7867	3497
1993	1576		521	1055	2003	14626	1596	8853	4177
1994	2650	1132	588	930	2004	20843	1665	14288	4890
1995	2859	1164	568	1127	2005	27755	1671	20351	5733
1996	3562	1176	1120	1266	2006	35311	1660	25708	7943
1997	3677	1127	1113	1437	2007	52118	1752	35925	14441
1998	7123	1127	1438	4558	2008	66714	1742	42632	22340
总额合计	277789.2 万元								

三、上划税收入

1994 年，实行分税制后，按税种形成上划税收入，即上划税中央两税收入（增值税 75% 部分，消费税）和上划所得税收入（企业、个人所得税部分）。其收入在此单列。1994～2008 年十五年来共组织上划税收入 29097 万元。

1989～2008 年安乡县上划税收入统计表

单位：万元

年份	合计	1994	1995	1996	1997	1998	1999	2000	2001	2002	2003	2004	2005	2006	2007	2008
上划税	29097	1470	1749	1856	1506	1508	1304	1470	1510	1536	2495	2223	2366	2729	1646	3729

财　政　支　出

一、一般预算支出

1989 年，安乡县财政支出 2946.7 万元，其中农林水支出 397.7 万元，比上年 345 万元增支 42.7 万元；文教科卫类支出 1320.3 万元，比上年增支 80 万元；增幅为 6%，行政公检法两大类支出 490.1 万元，比上年的 555 万元减支 64.9 万元；当年产生赤字 140 万元，由于安乡经济基础差，收入增长速度落后于政策性增支的增长速度，从 1989 年至 1993 年连年赤字。

1994～1997 年，安乡深化财政体改革，注重财源建设，遵循“超收、节支、控赤”的原则，采取多种措施，实行开源节流、增收节支、规范财务收支行为，硬化财政管理，收到了良好的效果，四年间，安乡县财政共支出 30334 万元，其中：农林水支出 3532 万元，教育支出 9180 万元，行政、公检法支出 7597 万元，医疗卫生事业支出 2490 万元，社会保障、抚恤福利救济 872 万元，财政连年结余降赤。截至 1997 年底，1993 年前的历年累计赤字 1120 万元全部消化完毕，并净结余 8 万元。

1998 年，安乡遭受了前所未有的洪涝灾害，加上当时客观经济的低位运行，使全县财政工作经受了严峻考验。全年坚持开源节流，着力把住“三个口子”（即把住预算支出口子、把住基本建设口子、把住社控口子），确保了财政收支连续平衡。当年财政支出 12632 万元，比上年增加 3262 万元，其中农林水支出 2925 万元。救灾支出 2582 万元。

1999～2006 年 8 年间，安乡财政总支出 192640 万元，年均支出 24080 万元，其中：农林支出 18707 万元，教育支出 50712 万元，行政、公检法支出 35901 万元，医疗卫生支出 10760 万元，社会保障抚恤福利救济 23533 万元。特别是 1999 年，安乡县财政在经济环境偏紧，灾害损失惨重，政策性减收增支压力进一步加大的困难下，基本保证了财政负担人员工资按时发放，保证了农科教和抗洪救灾等重点支出及行政事业单位正常运转的资金拨付，确保了财政收支平衡。

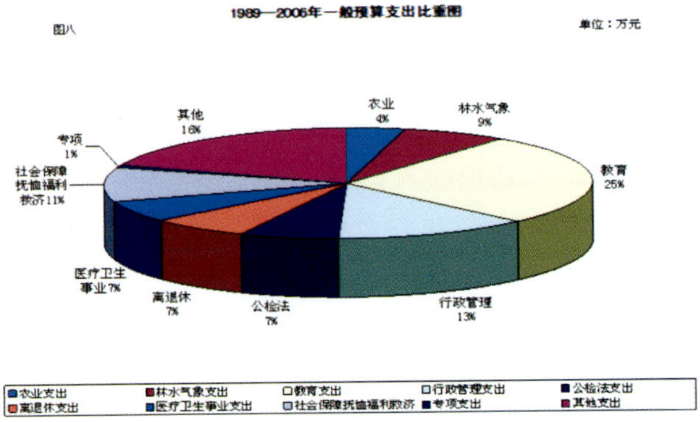

2007_2008年财政一般预算支出比重图

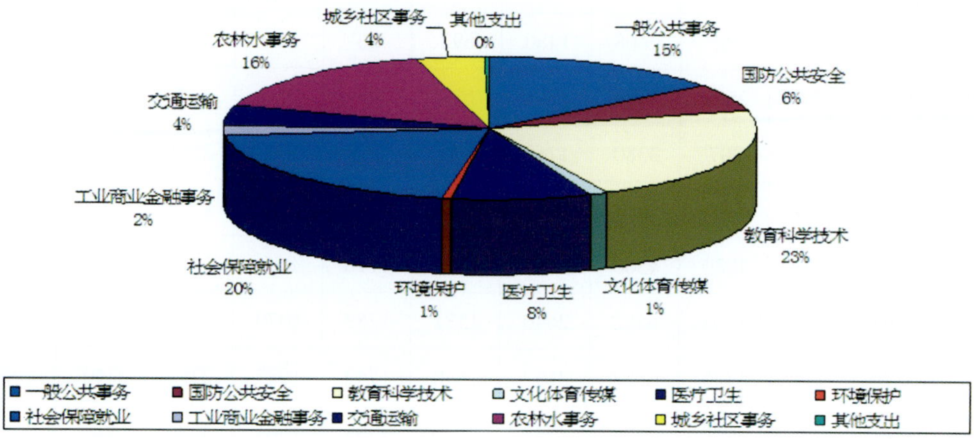

2007 年 1 月 1 日起，安乡县开始执行政府收支分类科目。2007 ~2008 年 2 年间，安乡财政总支出 140968 万元，其中：公共、安全事务支出 26508 万元，教育科技支出 35159 万元，社会保障就业支出 29767 万元，医疗卫生支出 11972 万元，农林水务支出 21041 万元，交通运输支出 5527 万元。

安乡县 1989 ~2008 年财政一般预算支出统计表

单位：万元

项目 年份	一般预算支出合计	农业支出	林水气象支出	教育支出	行政管理支出	公检法支出	离退休支出	医疗卫生事业支出	社会保障抚恤福利救济	专项支出	其他支出
合计	254092.4	10031	17791.7	68086.5	32335	17066.2	17026	15960.8	25623.1	2491.4	47680.7
1989	2946.7	85.2	397.7	887.7	360	141.1	12	326.9	113.4	15	607.7
1990	3231	118.8	328.7	946.9	327	187	19.7	344.1	106.3	32.5	820
1991	3721.7	54	563.3	991.9	499	211.1	20.3	373.8	94.4	39.9	874
1992	4045	177	337	1060	781	274	29	394	125	76	792
1993	4542	213	410	1328	795	313	32	518	144	42	747
1994	5690	223	462	1810	1052	467	37	545	151	100	843
1995	6699	244	654	2401	1219	537	31	673	230	116	594
1996	8575	250	660	2301	1469	676	24	582	220	139	2254

续上表

项目 年份	一般预算支出合计	农业支出	林水气象支出	教育支出	行政管理支出	公检法支出	离退休支出	医疗卫生事业支出	社会保障抚恤福利救济	专项支出	其他支出
1997	9370	247	765	2668	1480	697	26	690	271		2526
1998	12632	327	2598	2980	1384	631	660	754	635	175	2488
1999	13352	360	807	3380	1768	805	726	964	2311	188	2043
2000	13358	400	988	3913	1972	961	970	871	1027	170	2086
2001	15278	440	1080	4500	2168	1100	1110	886	1587	190	2217
2002	20893	440	1303	6562	2640	1531	1288	1070	2734	195	3130
2003	23890	613	1345	6682	3157	1698	1742	1031	2781	240	4601
2004	26401	1475	1022	7498	2843	2040	1795	1561	3086	274	4807
2005	35610	1878	1521	8556	3989	2229	3996	1967	4655	246	6573
2006	43858	2486	2550	9621	4432	2568	4508	2410	5352	253	9678

项目 年份	一般预算支出合计	一般公共事务	国防公共安全	教育科学技术	文化体育传媒	社会保障就业	医疗卫生	环境保护	城乡社区事务	农林水事务	交通运输	工业商业金融事务	其他支出
合计	140986	18123	8385	35159	1339	29767	11972	801	5601	21041	5527	2849	422
2007	61158	8937	3741	13252	605	12990	5004	359	2525	9447	2706	1402	190
2008	79828	9186	4644	21907	734	16777	6968	442	3076	11594	2821	1447	232

二、上解、上划税支出

1989～2008 年安乡上解支出总计 26304.9 万元，1994～2008 年上划税支出 29097 万元，两项合计 55401.9 万元。

1989～2008年安乡县上解、上划税支出统计表

单位：万元

年份	1989	1990	1991	1992	1993	1994	1995	1996	1997	1998	1999	2000	2001	2002	2003	2004	2005	2006	2007	2008	总计
上解数	460.2	342.5	398.2	402	288	425	576	928	1054	1000	1407	1636	1622	2185	2037	2023	2533	2228	2195	2565	26304.9
上划税数						1407	1749	1856	1506	1508	1304	1470	1510	1536	2495	2223	2366	2729	1646	3729	29097
合计	460.2	342.5	398.2	402	288	1895	2325	2784	2560	2508	2711	3106	3132	3721	4532	4246	4899	4957	3841	6294	55401.9

财　政　管　理

安乡县财政管理根据国家的财政政策、法律、法规不断完善其财政管理职能，近20年来，对预算、非税收入、行政事业财务、农业财务、社会保障财务、经济建设财务、政府采购等项财务实行全方位管理。

一、预算管理

1989年始，认真执行《国家预算管理条例》和省财政厅《关于加强预算管理工作的几项规定》，按照量入为出、收支平衡的原则进行预算编制。由于安乡经济基础差，工商税收增幅慢，政策性增支口子大，1989～1992年基本都是赤字预算，因而形成财政滚存赤字达1100多万元的不良局面。

1993年，县政府确定财政预算编制根据安乡财政实际，努力增收节支，最大限度地节减财政赤字，预算县级收入比上年增长10.2%，支出按照复式预算要求，保教育支出比例增长、保行政事业单位政策性支出增长、保支农支出的前提下，安排一定的建设性开支，其他各项支出比上年节减10%进行预算编制，计划当年预算赤字298.15万元。预算执行结果，当年财政收入3430万元，占预算的125.96%，支出完成4542万元，占预算数的119.75%，加上上级补助收入1576万元，安乡财政首次实现当年平衡。

1994年，按照“四个坚持”编制预算方案：1. 坚持财政工作服务于经济建设，进一步加大财源建设投入，使安乡的经济创历史最高水平；2. 坚持财政收入增长与国民收入增长相适应，力争全县财政收入比上年增长8%；3. 坚持以分税制改革为动力，充分调动各级生财、聚财、理财的积极性；4. 坚持严格财政管理，狠抓增收节支，努力实现保工资、保重点、保稳定、保平衡的全年财政工作目标。在分税制改革的基础上，财政预算实行预内预外综合预算编制管理，并制定了《安乡县预算外资金管理实施办法》，全县预算外资金专户储存1704万元，比上年增加1154万元，为全年保收支平衡创造了条件。是年，安乡财政预算执行为收入完成3623万元，占预算调整数的100%，支出完成5690万元，占预算数的89.99%，当年财政结余18万元，冲减了历年赤字。

1995年，预算编制执行《中华人民共和国预算法》，同时按照省政府和市政府的要求，安乡进一步完善财政体制改革，理顺关系，强化征管，加强财政监督，依法组织财政收入，量入为出，以收定支，严格单位预算，按照确保工资按时发放、确保稳定经费支出、确保全年收支平衡编制预算，计划全年收入增长18%。是年，预算执行为收入完成4827万元，占预算调整数的100%，支出完成6699万元，占预算数的89.08%，当年结余300万元，冲减了历年赤字。

1996年是“九五”计划的第一年，县财政收支预算编制按照收入递增20%编制，财政支出增幅低于财政收入两个百分点进行预算编制，继续实行单位综合预算，严格执行预算法，严格控制支出，力求全年收支平衡，略有结余。当年预算执行为收入完成6578万元，占预算调整数的100%，支出完成8575万元，占预算数的89.11%，结余410万元，冲减了历年赤字。

1997年，全面贯彻湖南省委、常德市委经济工作会议精神，预算编制按照收入增长幅度与国内生产总值的增长相适应，预算支出继续实行"开源节流、注重效益、适度从紧、有保有压"的方针，力争县级收入比上年增长10%，支出保96年基数不增加，同时强化预算管理，实行"收支两条线"，将养路费等13项基金纳入财政预算管理，按国家规定收取的各项税费附加统一纳入地方财政综合预算。当年预算执行情况为财政收入完成6887万元，占预算调整数的100%，支出完成9370万元，占预算数的90.79%，是年财政结余8万元，丢掉了财政赤字包袱，实现财政结余县。

1998年，按照财政收支与国民生产总值同比增长的要求编制收支预算方案。当年安乡因遭受特大洪水袭击，安造大垸溃决。9月28日，财政局根据灾后的实际情况，将预算方案进行部分调整，调整后当年财政收入减少502万元，其中工商各税由2915万元调整为2865万元，调减50万元，减幅1.7%；农业税由2192万元调整为1912万元，调减280万元，减幅12.77%；农业特产税708万元调整为558万元，调减150万元，减幅21.18%；其他收入调减22万元，其余项目均未作调整。

是年，为了加强预算监督，县人大常委会根据《中华人民共和国地方各级人民代表大会和地方各级人民政府组织法》、《中华人民共和国预算法》、《湖南省县级以上人民代表大会常务委员会监督条例》以及其他相关法律法规，结合本县实际，县十三届人民代表大会第七次会议通过了《安乡县人大常委会预算监督管理暂行办法》，从而加强了地方国家权力机关对政府财政工作的有效监督。

1999年，贯彻落实党的十五届三中全会精神，财政预算编制继续实行适度从紧的政策，积极优化财源结构，严格财税目标管理，加强预算外资金管理，搞好综合预算，努力提高综合财力使用效益，考虑灾后重建因素，全年收入按比上年增长11%预算编制，支出按全年收支平衡进行编制。其执行情况是：收入完成7601万元，占预算调整数的100%，支出完成13358万元，占预算数的92.45万元。当年净结余8万元。

2000年，按照保收入增长、保工资发放、保大局稳定、保收支平衡的财政工作目标编制收支预算，收入按比上年增加6%预算，支出按比上年节减6%计划编制（主要考虑灾后恢复重建支出减少因素）。是年预算执行结果为一般预算收入完成8056万元，占预算调整数的100%，支出完成13358万元，占预算数的98.7%。当年净结余8万元。

2001年，财政收支预算继续按照"四保"目标，着力强化财税收入征管严格控制财政支出的原则，收入按10%增长编制预算，支出按保收支平衡略有结余预算编制。是年收入完成8862万元，支出完成15278万元，占预算数的93.1%，净结余9万元。

2002年，本着持续健康发展县域经济、着力深化财政改革、挖掘增收节支潜力的指导思想，结合全县国民经济发展计划，县级收入按照10%增长编制预算，支出按可用财力编制，全年预算收支平衡。是年预算执行为一般预算收入10279万元，占预算数调整的100%，支出完成20893万元，占预算数的100.8%，净结余18万元。

2003年，坚持量入为出，以收定支，按照可用财力安排预算支出，优先安排财政应负担人员的基本工资和农科教等重点支出，县直各单位的预算支出原则保持上年预算支出水平，到各大类的支出只考虑一些重点因素的增加，预算安排到各类支出的增额，一律作为新增工资及两年合格岗晋级工资支出；严格编制综合预算，实行预算内外统筹和单位财政收支统管，坚持按《安乡县综合预算计划管理暂行办法》办事，确保当年平衡进行预算编制。是年一般预算收入完成11659万元，占预算调整数的100%，支出完成23890万元，占预算数的94.1%，结余21万元。

2004年，按照全面贯彻“三个代表”重要思想和党的十六届三中全会精神，以加快发展为主题，以增加农民收入、增加职工收入、增加财政收入为目标，树立一种意识（围绕财政抓经济发展的意识），加大两个力度（组织收入和向上争资的力度），培植三大财源（农业基础、工业主导、以第三产业为主的新型财源），深化四项改革（部门预算、国库集中支付、完善政府采购、深化农村税费改革），强化五项管理（收入考核、支出控制、资金监督、会计信息、队伍建设管理）。为促进全县经济社会统筹发展，全面建设小康社会提供财力保障，全县一般预算收入按比上年增长12%进行编制预算，支出按照五个确保（确保财政负担人员工资、确保社会保障支出、确保政权机关正常运转经费、确保重点支出到位、确保当年收支平衡）进行支出预算编制。是年收入完成10435万元，占预算调整数的100%，支出26401万元，占预算数的86.04%，当年净结余172万元。

2005年，预算编制的指导思想：坚持用科学发展观统领财政工作全局，认真贯彻落实稳健的财政政策，坚持以人为本，努力构建和谐社会。紧紧围绕县委经济工作目标，突出一个中心（组织收入）、营造两个环境（严格执行《预算法》、严格执行财经纪律），推动三项政策（国库集中支付、部门预算、政府采购），完善四项制度（一般预算收支制度、财政供养人员管理制度、乡镇财政管理制度、行政事业单位财务管理制度）。按照坚持量入为出安排预算支出、坚持综合预算，实行预算内外资金统筹安排，确保财政供养人员正常待遇到位、坚持按预算法办事，确保当年收支平衡进行收支预算编制。是年财政一般预算收入完成10538万元，占预算调整数的116.4%，支出完成35610万元，占预算数的88.5%，净结余178万元。

2006年是实施“十一五”规划的开局之年，安乡县人民政府办公室印发了《关于2006年县本级部门预算管理编制有关事宜的通知》，财政预算编制总的指导思想是以科学发展观统领全局，贯彻实施稳健财政政策，突出以人为本，优化支出结构，提高公共领域保障水平，着力深化改革，加强监督管理，健全财税运行机制，大力培植财源，积极组织收入，为全县经济和社会事业的健康、快速、协调发展提供强有力的财力保障。全年预算编制完成一般预算收入 11700 万元，增长 11%，确保重点支出，确保收支平衡。同时完善部门预算改革，对全县 65 个行政事业单位编制了完整的部门预算。当年执行情况是：完成一般预算收入 12119 万元，占预算调整数的 101.77%，支出完成 42858 万元，占预算支出数的 88.47%，净结余 178 万元。

2007～2008 年，继续实行稳健财政政策进行预算编制，按照“综合预算、统筹安排、收支平衡、略有结余”的原则进行安排。

2007 年预算执行结果，完成一般预算收入 14788 万元，上级补助收入 52118 万元，上年结转 6021 万元，是年完成一般预算支出 61158 万元，上解支出 2195 万元，结转下年支出 9300 万元，净结余 274 万元。

2008 年，预算执行结果为完成一般预算收入 13522 万元，上级补助收入 66714 万元，上年结转收入 9300 万元。完成一般预算支出 79828 万元，上解支出 2565 万元，结转下年支出 7130 万元，当年净结余 287 万元。

二、非税收入管理

安乡县非税收入征收管理近 20 年期间大约经历了三个阶段：第一个阶段为预算外资金管理，时间 1989～1995 年；第二个阶段为收费收入管理，时间 1996～2003 年；第三个阶段为非税收入管理，时间 2004～2008 年。

预算外资金管理阶段。早在 1985 年，安乡财政局就成立了预算外资金管理股（综合计划股），把预算外资金作为“第二财政”进行管理。1986 年执行常德市财政局对预算外资金采取专户存储的管理办法，完善“收支两条线”的管理措施。同年 7 月，湖南省人民政府下达了《关于加强预算外资金管理的通知》，安乡县财政局对预算外资金进行了全面清理和整顿。

1989 年安乡预算外资金管理财政专户归集收入 296.7 万元，比 1988 年增加了 98.1 万元，增幅 49.4%。1990 年以后，预算外资金增长快，规模大，逐渐占到地方财政收入的半壁江山，行政性收费和预算外资金管理问题成为财政管理和社会生活中的热点和焦点。基于预算外资金的重要性和特殊性，安乡对相关管理经常督促、指导、检查。至 1994 年，安乡预算外资金管理总额达到 3125 万元。1995 年安乡相继印发了《安乡县预算外资金管理办法》、《票据管理办法》等管理文件。为了进一步强化预算外资金管理，是年 5 月，安乡成立了行政性事业性收费收入管理站，定编 5 人，专司其责。

收费收入管理阶段。1996 年 7 月 6 日，国务院下达了《关于加强预算外资金管理的决定》。决定明确规定，预算外资金是国家机关、事业单位和社会团体按规定收取的各种行政事业性收费、各种专项基金和其他预算外资金，都属于预算外资金管理范畴，其资金所有权为国家，资金调度权属各级人民政府，资金管理权属财政部门。安乡为了适应这一新形势的发展要求和管理需要，于1996年5月将收费收入管理站更名为安乡县“收费管理局”。其主要职责是依照《湖南省预算外资金管理条例》对全县行政事业单位的收费实行监督、控制和管理。由此，安乡县预算外资金管理步入了第二个管理阶段。

1997年，安乡县为强化预算外资金管理，制定了财政综合预算计划。预算收入基数的确定，以1996年单位预算外资金收支决算数为依据，同时参考1997年单位预算外收入计划和收入项目的增减变化而确定；预算支出基数的确定，一是行政事业单位人员以县编委提供的编制人数为依据，未经编委审核认定的超编人员不得进入综合预算支出基数；二是工资总额以人事劳动部门提供的情况为依据，凡未经人事劳动部门审核的工资的不得进入综合预算人员工资支出基数。预算外支出安排的原则坚持量入为出、自求平衡。综合预算实行预算内支出年初包干，预算外收入短收一概不补，超收后原则上不平调。

为了规范专户存储管理，安乡加强专项票据管理，制订了领用、缴销制度。1997年起安乡县统一使用省财政厅印制的“湖南省收费（基金）罚款缴款凭证”和常德市财政局统一印制的“常德市收费（基金）罚款缴款书”。

1998年为了加强对预算外资金管理，更有力的遏制“三乱”现象，在对行政事业单位的预算外资金实行财政专户储存的基础上，重点搞好“两项制度改革”，进一步实施预算内外综合平衡，通过“委托银行代收”和强化预算约束，逐步实现预算外资金预算化管理。

1999年，安乡县预算外资金管理以国务院《关于加强预算外资金管理的决定》为政策依据，进一步贯彻《湖南省预算外资金管理条例》。从1月1日起全县共设立12个委托代收点，其中工商银行2个、建设银行4个、农业银行5个、中国银行1个，对86家行政事业单位的315个收费项目全面推行银行代收代缴制度，全年完成预算外总收入8638万元，使管理工作上了一个新台阶。

2000年，进一步贯彻国务院、省、市有关预算外资金管理工作有关精神，继续严格“收支两条线”管理，继续推进委托银行代收代缴制度，在管理上实行两手抓的方法，一手狠抓票据管理，一手狠抓财政综合预算管理，全年共完成预算外收入9372万元，其中行政事业性收费收入3852万元，占预算外总收入的41%，比上年度增加842万元，增长27%；政府性基金收入1922万元，占预算外总收入的20%，比上年度增加361万元，增长23%；乡镇自筹统筹收入3598万元，比上年减少469万元，下降11%。是年对30家行政事业单位的预算外资金管理工作进行了检查，共查出存在问题的单位11户，涉及违纪金额143万元，对违纪金额全额收缴财政专户，并对责任单位进行了处罚。

2001年安乡纳入财政综合预算管理的行政事业单位共计59个，占县属行政事业单位的83%，列入财政综合预算支出的汇编人数8606人，离退休人员1948人，占财政供养人数的94%，财政综合预算收入达11783万元，利用预算外资金弥补财政预算内支出不足达1208万元。为了加强预算外资金支出计划管理，确保财政综合预算的执行，根据《预算法》和《湖南省综合财政计划管理暂行办法》的规定，安乡制定了《安乡县预算外资金支出计划管理暂行办法》，实行单位用款月计划管理。

2002 年，安乡进一步严格“收支两条线”管理，继续推行和完善收费、基金、罚没收入实行“单位开票、银行代收、财政统管”的征管制度。在管理上实行“两手抓”的方针，一手狠抓票据管理，另一手狠抓预算外资金管理的稽查。通过加强预算外资金管理，安乡 2002 年预算外资金专户储存额达 2872 万元，比上年增加 180 万元。

非税收入征收管理阶段 安乡非税收入征收管理依据《湖南省非税收入管理条例》主要从事了征收管理、资金管理、票据管理、监督检查等方面的管理工作。

征收管理 安乡非税收入征收项目为行政性收费、事业性收费、政府性基金、罚没收入、国有资产资源收益、其他非税收入六大类。在收费项目管理过程中，安乡始终坚持依照有关法律、法规的规定设定，按项目、范围、标准收取。同时每年都对执收执罚部门的收费项目进行清理，不合规的收费项目坚决予以取缔。为了确保非税收入规范管理，安乡 2005 年投资 120 多万元，建立了非税收入征管信息网络，并于当年 11 月 1 日正式开通，全面实现了对城关地区所有执收执罚单位电子信息化控管非税收入的目标。至 2008 年安乡非税网络连通非税单位 166 个，其中一级拨款单位 58 个、二层单位 108 个，并与安乡县农村信用联社、省、市非税网络连通。

资金管理 安乡在非税收入资金管理上，首先按规定取消了相关单位的收入过渡账户，2005 年在相关银行和县监察局的支持下，对县直单位的银行账户进行了全面清理，取消了变相收入过渡户，单位原则上只保留一个支出账户，所有收入直接缴入县财政局财政专户。对非税收入缴款代理银行印发了《关于要求代理银行协同取消县直单位非税收入过渡户的通知》。其次制定了《安乡县非税收入资金拨付程序及账务处理办法》。按照非税收入管理条例的规定，将本县非税收入汇缴结算户内的资金，按级次和类别定期划解国库或财政专户，同时按照规定将行政性收费、罚没收入、国有资产收益、国有资源收益纳入一般预算管理，将政府性基金（附加）纳入基金预算管理，将事业性收费、其他非税收入纳入一般预算管理或财政专户管理，将本级财政收入纳入财政统筹安排，调剂使用或专款专用。

2006 年 2 月，安乡县财政局、人民银行安乡县支行联合印发了《关于贯彻落实〈湖南省非税收入收缴管理暂行办法〉的通知》。就非税收入资金收缴业务有关问题予以明确：一是非税收入的收缴从 2006 年 3 月 1 日起，安乡正式启用《湖南省非税收入一般缴款书》和安乡县非税收入汇缴结算户，汇缴结算户设在安乡县农村信用社；二是非税收入汇缴结算户退付非税收入时，使用《湖南省非税收入退付书》，代理银行凭此办理退付结算时一般采取转账支付，原来以现金方式缴款的经批转可退付现金；三是其他未尽事宜以《湖南省非税收入收缴管理暂行办法》为准。2004 年至 2008 年期间，安乡非税收入资金总额到达 34616 万元，至此安乡县非税收入资金管理更加规范。

票据管理　为加强源头控收，安乡县非税票据管理始终坚持“缴旧领新、限量供应、日清月结、以票管收、票款同步”的票据管理原则，并建立了票款同步台账，做到应收尽收、应缴尽缴、不缴停票。实行非税收入票据领购、使用、保管、核销规范化管理。同时还制定了票据管理制度和票据年检制度。为了提高工作效率及强化票据管理水平，安乡于2006年将票据管理由手工台帐改为电脑系统台账。

2003年2月，安乡县为了加强非税收入的征管，规范财政票据的管理，根据国务院《关于加强预算外资金管理的决定》和《湖南省行政事业性收费基金票据管理办法》的有关规定，结合全县实际，制定了《安乡县财政票据管理办法》。从2003年2月1日起执行。

2006年6月30日，安乡县非税收入征收管理局为了加强非税收入票据的购领、保管、发放、使用、核销及其监督管理工作，规范执收执罚单位的各种收费罚款行为，达到以票管费、票款同步的目的，切实维护国家、公民、法人和其他组织的合法权益，根据《湖南省非税收入票据管理办法》制定了《安乡县非税收入票据管理制度》。从2006年7月1日起执行。

为了将票据管理制度落实到位，安乡县还制定了票据管理年检制度，每年都对所有领用票单位实行票据年检。2006年3月，对县直103家票据购领单位和20个乡镇财政所2005年度的票据使用情况进行了年检。

2006年对全县所有非税票据购领单位进行了票据年检，共检手工票据20547本，电脑票据145540份，其中：手工一般缴款书1292本，电脑一般缴款书20540份；定额专用票据2476本；手工非定额专用票据16125本，电脑非定额专用票据125000份；其他财政票据654本。县直99家票据购领单位使用财政票据征收非税收入资金面额为22096万元，比2005年的17539万元增长了4557万元，增长率为25%。当年应缴非税收入结算专户10116万元（社会保障基金和医疗收入除外），实际缴存9560万元，缴存率为94.5%。

监督检查 安乡县非税收入征收管理多次接受市、县人大依法监督检查。2005年12月28日，非税局局长郑晓林向县人大常委会汇报了贯彻落实《湖南省非税收入管理条例》的有关情况并得到了肯定。2007年5月29日县人民政府向市人大常委会检查组汇报了安乡认真学习贯彻执行《湖南省非税收入管理条例》的相关情况及存在的问题，接受询问并予回答。

2004年8月，组织专项检查小组，从财政、监察、审计等部门抽调二十多人进行为期一个月的检查，共查出应缴未缴财政专户资金348万余元，使用违规票据收费75万元，对18个单位下发了处罚告知书，处罚决定书，罚款4万多元。

2005年7月对公安局、检察院、法院、司法局、发政委、计生局、审计局、畜水局、国土局、安乡一中等11个单位上半年的非税收入进行了稽查。共查出应缴未缴财政收入234万元，对其中6个单位发出了整改通知书，将应缴未缴款项整改到位。

2006年至2008年安乡县非税收入征收管理对县直执收执罚单位的非税收入进行了不定期检查，查处房产局、畜水局、公安局、环保局、城管局等单位，应缴未缴非税收入80余万元。经过当面交换和发出整改通知书后，各单位迅速整改，并在限期内将应缴未缴收入补缴到位。对城关地区7家医院使用白纸条收取门诊挂号费的问题，开出了整改通知书，对逾期没改正的发出了处罚决定书进行处罚。

三、行政事业财务管理

安乡行政事业财务管理范围涵盖各级行政部门及相关事业单位的行政管理费及事业费。

90年代期间，安乡县行政事业财务管理的范围，包括各级行政事业部门及其所属单位的管理费，在管理方式上分别实行全额预算管理和差额预算管理。1994年起对部门实行预算内、预算外综合预算。1996年将民政、卫生、社会保障事业费及专项资金划归社会保障财务管理。

2003年，加强专项资金管理，制定并印发了《安乡县委接待处接待工作管理办法》、《安乡县转移支付计生经费管理办法》等有关制度。7月份对所有行政事业单位2000～2003年的收支情况进行了调查摸底，为实施国库集中支付改革提供了重要数据。是年9月，根据全县清理“小金库”工作的总体部署，对30个行政事业单位的财务进行了检查，共查出各类违规管理金额800多万元，事后对相关单位进行通报批评并限期改正。

2004年，根据省财政厅、省监察局、省纠风办关于清理整顿统一着装工作的精神，安乡于5月25日召开了清理整顿统一着装工作会议，清理整顿工作分：准备发动、自清自查、检查验收、总结报告四个阶段进行。通过清理共有经批准符合规定着装单位11个，符合着装人数781人；违规着装单位16个，着装人数280人。经整顿，共收缴标志物及大盖帽928件，使违规着装得到了遏制，制式着装的严肃性和权威性得到了保障。是年10月，安乡财政、编办、人事等部门抽调12名干部，对全县123个行政事业单位的8910个工资持卡人员进行了全面清理，共清理出各类不在岗人员179人，其中属于“吃空响”的有44人，这些人员全部停卡，为财政节约50余万元。

三岔河镇计划生育服务站

2005年，安乡按照市纪委、监察局的安排，在全县各乡镇推行公务消费改革，县财政局印发了《安乡县乡镇机关公务消费财务管理细则》。从4月1日起，全县20个乡镇开始执行新的公务消费管理标准，改革后，全县乡镇机关公务消费总额每年控制在750万元以内，比2004年压减300万元，下降了25%。公务消费货币化补贴达到250万元，乡镇机关行政成本明显降低。

2006年，安乡印发了《关于2006年县本级部门预算编制有关事宜的通知》。全县行政事业单位实行部门预算改革，严格审核单位人员编制及财政供养对象，清理了“吃空响”人员，并建立部门预算数据库，各相关预算单位在4月15日前完成预算编制，并将录入数据软盘和纸质报表报财 政局。是年对专项资金实行了“总体预算、单位申报、财政审核、常务副县长审批、政府采购”的管理办法。相继落实《湖南省农村义务教育阶段学生免收学杂费实施细则（试行）的通知》和《湖南省财政厅、湖南省教育厅关于确保农村义务教育经费投入、加强财政预算管理的通知》，全年共减免14954个中小学生的学杂费课本费241万元，补助4000余名困难学生寄宿费及生活费补贴78万元。落实《湖南省农村中小学校舍维修改建专项资金管理实施细则（试行）的通知》精神，对12处农村中小学危房改建和寄宿制学校建设投入新建的维修改建资金435万元，完成新建和维修校舍12500平方米。执行常德市财政局关于印发《常德市计划生育专项资金管理办法》的通知精神，调整核实农村计划生育奖励扶助对象1022人，发放奖励扶助金94.3万元，确保了中央扶民政策的贯彻落实。

2007年，进一步强化预算约束，加强财务监管。是年压减支出47万元，确保了五个重点支出的落实，一是全面落实了财政供养人员新增工资打卡发放；二是保证了教育新机制改革县级配套资金254万元到位；三是落实了公、检、法人员人均公用经费2.5万元的目标；四是保障了计划生育按省、市要求按总人口增长1.39元的经费；五是落实了财政供养人员的养老保障、医疗保障和住房公积金补贴。是年贯彻落实《常德市深化农村义务教育经费保障机制改革实施方案》，安乡对38686个中小学生的课本费和学杂费补贴资金271万元，完成农村中小学改建15处，新建、维修校舍14700平方米，投入资金460万元。执行《湖南省人口计生委、湖南省财政厅〈关于落实“十一五”期间人口和计划生育事业费投入的通知〉》，对农村1191个计划生育奖励扶助对象发放奖励扶助金71.46万元，发放了324个独生子女伤、残、死亡家庭扶助金30.84万元。

改建后的安昌乡政府机关

2008年，继续完善和细化部门预算编制，确保重点支出项目，在县财政十分困难的情况下，保证了财政供养人员津贴按年人均4800元（离退休6000元/年）打卡发放。是年按照常德市人民政府办公室《关于加强乡镇机关建设的通知》精神，认真组织乡镇政府机关建设改造，县乡两级共投资金220万元对安昌乡和焦圻镇两个乡镇机关进行整体规划，合理设计改造。

四、农业财务管理

安乡农业财务，统一管理财政农村生产支出类、农林水利气象等部门事业费类的支出列支。至2008年止，管理农口预算单位17个，共有编制人数1579人，其中行政编人员153个、事业编人员1426个，全额拨款人员777人，差额拨款人员649人。

1989～1995年农业财务管理执行《湖南省农业事业单位预算和财务管理若干规定》，对全县农林水利气象事业单位及农垦单位分别实行以下几种管理方法：全额预算管理的单位实行“支出包干、超支不补、结余留用、一定一年”的管理办法；差额预算管理的单位，实行“定收定支、定补助、增收节支留用、减收超支不补、一定三年不变”的管理办法；自收自支经费自给的单位，财政不再拨给经费。

1996年，按照《常德市农业综合开发资金暂行管理办法》的规定，对安乡农业综合开发资金实行规范管理，印发了《安乡县农业综合开发资金管理和会计核算实施细则》。是年7月，对全县农口局级行政事业单位和农场进行了一次财务大检查，对检查发现的问题进行了整顿。

1998年，执行常德市财政局《关于进一步清理整顿财政周转金的通知》，认真贯彻财政部对周转金管理“控制规模、限定投向、健全制度、加强监督”的十六字方针，安乡对财政支农周转金进行了全面清理整顿，清理时段1984年至1997年，时间跨度13年，清理工作进行了三个多月，对80家周转金往来单位的1247.3万元周转金进行账目核对，基本澄清了周转金的投放底子，为管好用活支农周转金打下了基础。

1999年，制定了《安乡县农口企事业单位财务会计基础工作考核办法》和《安乡县农业发展基金管理办法》，采取项目资金跟踪问效制，钱拨到哪里就监督到哪里，对大宗专项资金、中央特大防汛经费、省市追加的各项经费均采取跟项目调查。

2000年，建立健全了《农口企事业单位财务管理办法》和《农业财务工作目标管理考核评比办法》，在财务管理上重点抓了三件事：一是加强专项资金的财务监督检查，当年对水利局蓄洪区安全台的建设和农业综合开发办的专项资金进行了专项检查；二是加强事业费的财务监督检查；三是加强农口单位会计人员业务培训，督促参加全国统一会计资格考试，坚持持证上岗。

2001年，执行财政部《财政农业专项资金管理规则》的通知和省财政厅《财政农业专项资金调整和改革方案》的通知精神，安乡农业专项资金的申报种类规范为：农业产业化发展资金、农业科技推广示范基地建设资金、农业社会化服务体系建设资金、品种改良资金、农村小型公益设施建设资金（含人畜饮水、薪炭林、农村沼气等）。按照上述种类向上申报项目，并形成农业专项资金管理项目文本，建好项目管理库，是年安乡共申报项目5个，上级支持批准项目3个，其中鲁梅克斯草引种项目30万元。

三岔河镇罗洲村蔬菜基地一角

安乡沟渠生态林

2002年，按照《湖南省森林生态效益补助资金管理办法实施细则（试行）》的通知精神，严格管好用好森林生态效益补助专项资金，将市财政下拨的森林补助资金65万元。增列“林业事业费”预算科目，同时对2000～2002年农业综合开发资金进行了清查。

2003年。安乡农口系统专项资金进行自清自查。当年中央、省、市共安排各类专项资金1291.83万元，其中林业专项资金82.83万元、水利专项资金537.5万元、农业专项资金146万元、扶贫资金97万元。专项资金全部足额及时拨付到位。特大防汛资金到位后及时解决了全县垮堤滑坡100多处，电排除险5处，水毁设施修复3处，清除了安全隐患，增强了抗洪能力。

是年，以工代赈资金机埠改造、电排更新26处，电机11台，水泵改造24台，变压器2台，节能装置1台，整修涵管80米，拦污栅20块，修检闸一座，机房改造50平方米，农民受益面积115万亩，扶贫资金97万元，扶持龙头企业洞庭水殖和洞庭牧业贴息各15万元，其余资金用于老区道路及水利设施老化等问题的改造建设，使老百姓真正受到了政府的关怀。

2004年，加强农业专项资金管理，安乡对水利专项资金、农业综合开发专项资金、扶贫专项资金分别制定了管理办法。建立水利专项资金报账制度，在人民银行开设水利资金专户，在财政局开设报账专户，实行专人专账统一管理。建立了农业综合开发专项资金管理办法，明确了三家会计主管机构，设立了三套会计核算账务。此外，农发办还设立一套统计台账，全面、真实地反映整个农业综合开发资金的计划、来源、运用情况，把以上三套账统一为一个有机的整体，形成完整的核算体系。

2005年，农业股管理农口财务单位14个，干职人数1752人，其中全额拨款人员395人、差额拨款人数462人、离退人员316人。

安丰乡黄家台村农业综合开发项目区

1995～2007年，安乡农业综合开发完成土地整治项目累计投资7417.75万元，其中财政资金5184.17万元（无偿4602.15万元、有偿581.52万元），群众自筹2210.16万元。完成低产田改造13.2万亩，优质粮食基地建设2万亩，节水农业示范项目1万亩，完成重点科技项目9个，水毁设施工程修复建设0.3万亩，完成珊珀湖水产综合养殖项目二期、主体养殖水域2.45万亩，禽产品加工厂改扩项目1个，使农业开发资金得到有效的发挥，为改善农业生产条件，实现农业增产、农民增收打下了基础。

2007年，按照常德市《关于建立财政支农资金项目管理库的通知》，安乡对农业产业化项目、农业科技推广项目、农村小型公益设施建设项目，农村社会化服务体系项目等支农资金建立项目库管理。当年安乡申报了“安康乡南北低水渠建设”、“一农场机埠机电设备维修”、“安昌乡梅家洲村道路建设”等项目，于11月将项目以电子文本上报市财政局。是年10月执行《湖南省能繁母猪补贴资金管理实施细则》，对全县14100头能繁母猪，按每头50元标准补贴到位，并对补贴资金进行公示，建立补贴资金专账。

2008年1月，安乡抽调200名干部，对惠农政策落实情况进行了全面检查验收。7～9月相继对油菜良种补贴及粮食良种补贴发放到位，是年共发放油菜补贴资金5773326元、粮食良种补贴资金8661112元。

五、经济建设财务管理

经济建设财务管理经济建设方面的各类专项资金。

平垸行垸、移民建镇资金。1998～2000年按照国家计划委员会、财政部、国土资源部、建设部、水利部、农业部《关于进一步做好湖北、湖南、江西、安徽四省平垸行洪、退耕还湖、移民建镇工作的通知精神》，安乡对全县8条河流的湖、滩、民垸和巴垸所居住的农户进行摸底登记。2001～2005年安乡第三、四期移民建镇全部完成。全县一、二、三、四期移民建镇工作历时8年，累计完成平垸行洪移民建镇移民7097户，共投入移民建房资金10645.5万元（每户平均1.5万元），投入基础建设配套资金1411.6万元，使7097个农户摆脱了水患困扰。

在平垸行洪、移民建镇资金管理上，为确保专项资金及时发放，安全运行，按照《湖南省平垸行洪、移民建镇工程建设管理暂行办法》的规定，安乡印发了《关于加强平垸行洪、移民建镇资金管理的通知》。在管理上严把"三关"：即严把计划拨付关，坚持按计划、按进度拨付资金；移民资金实行财政专账、银行专户、管理专人的办法。严把资金发放关；实行程序公开、结算公开、结算到户，坚持"五不"：即县里不留、乡镇不扣、部门不收、村里不用、农户不调；严把跟踪检查关；坚持日常监管，跟踪问效，坚持"五不准"：即不准村里代领、不准抵扣债务、不准违规发放、不准截留挪用、不准提取费用；对资金实行平建办主管，财政局直管、乡镇协管、审计监管的办法，有效地保障了移民建镇资金的安全运行顺利发放，保证了平垸行洪、移民建镇工程按质按量按时地完成了任务。

粮食直补资金　安乡粮食直补资金从2004年始对种粮农民实行粮食直接补贴，当年共补贴种粮面积654514亩，补贴标准亩平11元，全县共发放补贴资金7199650元。按照《常德市财政局关于加快清算兑付粮食直补资金的通知》精神，为充分调动农民种粮的积极性，确保资金发放到位，采取由乡镇财政所统一调查摸底，填表造册、张榜公布、审核到户、资金直发的办法将直补资金发放到农民手中。

2005年贯彻落实中央1号文件精神和省委、省政府关于促进粮食增产，农业增效和农民增收的部署，对全县20个乡镇及农场的110430个农户，按计税面积中的种粮面积，每亩按13元的标准，共补贴种粮面积689000亩，首次通过乡镇财税管理网络发放补贴资金895.7万元。

2006～2008年，执行常德市财政局《关于认真做好财政补贴落实工作、确保石油价格改革顺利实施的通知》精神，实行补贴资金的发放坚持公开、公平、公正的原则，坚持张榜公布，接受群众监督，继续通过乡镇财税管理信息网络，以信用社"一卡通"的方式发放到户。2007年起，粮食直补每亩补贴标准由2006年的每亩13元增加到亩平13.5元，至2008年止，全县累计发放补贴资金43717650元，使党的惠农政策落实到实处，极大程度地调动了农民种粮的积极性。

农资综合补贴　农资综合补贴是国务院为确保石油价格改革顺利实施，保持社会稳定的一项重大决策，2006年安乡根据常德市财政局《关于认真做好财政补贴落实工作确保石油价格改革顺利实施的通知》、《关于做好石油调价财政补贴工作地通知》的规定，认真做好补贴资金的发放和管理，首先为确保补贴资金及时足额到位，防止截留挪用，县财政局在当地农业发展银行开设了“成品油改革补贴资金专户”；其次是便于监管补贴兑付，实行张榜公布，对种粮农民的补贴资金，向农民发放补贴通知单，明确新增补贴资金的数量和标准。让农民详细了解柴油、化肥等农业生产资料增支，国家给予补贴的政策，同时通过乡镇财税管理信息网以银行“一卡通”形式发放到户。是年，安乡农资综合补贴标准每亩 14. 1 元，补贴面积 689000 亩，补贴金额 971. 49 万元。2007 年综合补贴标准提高到每亩 31. 8 元，全县补贴资金 2191 万元。2008 年农资综合补贴标准大幅度提高，每亩补贴 80. 6 元，安乡当年补贴资金 5553. 34 万元。

除了对农民实行综合补贴外，对从事捕捞及养殖并用机动渔船的渔民和渔业企业、国有林业企业和林场苗圃、城市公交企业、农村道路运客营运者、城市出租车，按提价幅度核定分行业补贴比例及补贴标准。2006 ~ 2008 年，安乡共发放行业燃油补贴资金 909. 12 万元，补贴受益车辆 475 台（辆），渔业捕捞船只 170 多余条，林业机动机械 60 多台，林场苗圃面积 1721 亩，受益人群 4600 多人。

其他专项资金　1998 年至 2008 年，安乡经济建设其他专项资金总投入 15753 万元，其中投入较大的项目资金有农村安全饮水及城镇水厂改造资金 1994. 42 万元，卫生医疗体系建设 764 万元，退耕还林及长江防护林 900 万元，农村道路建设 3812. 67 万元，农村能源建设 834. 87 万元，土地开发整理及耕地开垦等 3076. 17 万元，这些资金的管理都按照上级有关文件实行专户储存、专账管理、政府采购、专款专用。

六、社会保障财务管理

安乡社会保障财务，管理预算单位 37 家，其中全额拨款单位 15 家、差额拨款单位 22 家。

1998 年，县财政局社会保障股对劳动局、人事局、民政局、卫生局等单位的专项基金进行全面清理检查，将社会保障基金纳入财政专户储存，实行收支两条线管理。

2001 年，安乡出台了《安乡县城镇职工基本医疗保险（试行）办法》，确立 5 家医疗单位，15 家专售药店实行定点医疗、定点购药的公费医疗管理。

2002 年，为贯彻落实《湖南省机关事业单位养老保险制度改革办法（试行）》，安乡印发了《关于在机关事业单位全面推行工作人员社会养老制度的通知》，从 2002 年 1 月 1 日起在全县机关事业单位全员启动社会养老保险。养老保险基金单位征缴纳标准为在职工作人员上年度月平均工资总额的 23%，个人缴纳标准为本人上年度月平均工资总额的 5%，基本养老保险金实行“全额上缴，全额拨付，不缴纳不拨付”。

2005 年，根据湖南省财政厅《关于规范社会保障资金专户管理的通知》精神，安乡县社会保障资金分别开设财政专户，进一步规范收支两条线管理。是年，安乡建立了财政社保信息应用管理系统，及时完成了会计科目的确立，期初数据录入、凭证录入、报表取数、数据核对、报表编制等处理工作，年底与上级联网运行，提升了社会保障资金的管理水平。

2007年，根据省人民政府《关于加强农村卫生工作的决定》，安乡启动新型农村合作医疗，县委办、政府办印发了《安乡县新型农村合作医疗实施办法（试行）》，实行“政府负责、农民参与、县办县管”的工作方针，坚持自愿参与、多方筹资、以收定支、保障适度、科学管理、民主监督的原则。是年参加农村合作医疗人数375389人，共收缴农村合作医疗资金750.8万元。是年，全县优抚低保资金实行社会化发放，以“民政核算、财政核资、银行打卡”的新型管理方式取代了“以拨代管”的传统发放模式，对8252户城镇低保家庭的13082名低保人员发放资金579万元，解决了最低生活保障人员的吃饭问题，对五保户、优抚对象全部实行打卡发放，杜绝了虚报冒领，使党的惠民政策落实到实处。

2007年至2008年，社会保障基金管理更加规范，社会养老保险继续扩面，至2008年底止，安乡企业职工基本养老保险参保人数22432人，收缴基金44579037元，财政补贴38232000元，支出80881987元，其中；基本养老基金支出80115812元，丧葬抚恤支出531504元，转移支出234670元；失业保险参保人数15649人，收缴基金1282961元，支出137492元；城镇职工基本医疗保险参保人数35925人，收缴基金19981134元，支出16745592元；工伤保险参保人数12816人，收缴基金1142299元，支出1232675元；生育保险参保人数24409人，收缴基金1517609元，支出856964元；城镇居民基本医疗参保人数50148人，收缴基金4207258元，支出2949606元；机关及事业单位养老保险参保人数12700人，收缴基金53383489元，支出55598222元，领取人数3609人；优扶对象医疗救助收入890000元，支出89000元，救助人数3567人；收缴其他社会保障资金收入37230582元，支出37367000元，其中；就业补助9593277元，城镇医疗救助2167537元，农村医疗救助1220328元；城镇居民最低生活保障参保人数12472人，收缴资金19557908元，；农村居民最低生活保障参保人数9700人，收缴资金4261531元；收缴新型农村合作医疗参保基金28773493元，参合人数426022人，支出25432948元。

七、国库集中支付管理

2003年始，安乡开始稳步推行财政国库集中支付，根据《湖南省国库集中支付核算改革试点方案》精神，安乡县财政国库集中支付局（以下简称支付局），主要职责是：办理财政直接支付零余额账户和授权支付零余额账户的业务；根据财政局批复的分月用款计划，具体办理财政直接支付的审核拨付；具体负责登陆和核算预算单位财政性资金支出明细账；汇总并及时向财政部门提供财政资金支付和清算日、旬、月报信息。

2006年11月安乡县人民政府办公室转发了县财政局、人民银行安乡县支行制定的《安乡县财政国库集中支付改革试点方案》。是年11月20日，安乡县完成了机构设置等一系列前期准备工作，11月底开展宣传动员、业务培训工作，与工商银行安乡县支行签订零余额账户代理协议，初步建立起财政国库单一账户体系。

2007年1月，县财政局分别印发了《安乡县财政国库集中支付制度改革会计核算暂行办法》《安乡县财政国库集中支付制度改革财政直接支付与财政授权支付范围划分细则》《安乡县国库集中支付管理内部操作规程》《安乡县财政国库集中支付制度改革资金支付管理办法》。1月19日，安乡县国库集中支付局与安乡县电信公司签订了电信服务协议，安乡县电信公司为国库集中支付局提供光纤接入，建设虚拟局域网，并为指定的代理银行（中国人民银行安乡县支行、工商银行安乡县支行）提供2m电路接入以及各使用单位ADSL接入组网。4月起，在全县县直18家一级预算单位实施国库集中支付改革试点，正式联网运行。至11月底，完成直接支付金额11532万元，授权支付金额3457万元。

2008年安乡执行湖南省财政厅转发财政部关于印发《化解农村义务教育“普九”债务资金国库集中支付管理暂行办法》的通知和湖南省财政厅转发财政部关于印发《新型农村合作医疗补助资金国库集中支付管理暂行办法》的通知精神，将化解农村义务教育普九债务资金和新型农村合作医疗补助资金实行国库集中支付管理。

11月，安乡国库集中支付改革扩面，与建设银行安乡县支行签订零余额账户代理协议，取消了39个预算单位不符合规定的银行账户。召开第二批单位加入国库集中支付改革扩面的动员大会，对42个单位的财务负责人和财会人员进行了业务培训。安乡国库集中支付改革平稳运行，全年完成直接支付金额22900万元，授权支付7162万元。年底，新扩面的42个单位正式上线运行，安乡国库集中支付改革预算单位达到60家，覆盖面达到82%，其资金涵盖预算内资金、预算外资金、往来结算资金、专项资金。

八、工资统一发放管理

安乡于1999年11月成立工资发放中心，负责县财政拨款人员的工资发放核算、统计、决算、监督、检查等管理工作，实行财政纵向管理。并依据国家有关政策规定和县政府办公室《关于安乡县财政负担人员工资发放管理暂行办法》，及时制定了《财政负担人员工资发放实施细则》，确定将工资发放实行由财务统一发放到人的管理模式，但其预算管理方式不变，仍执行原预算运行的管理体制，将人员工资列入单位年初预算。

发放项目确定为：行政单位包括基础工资、职工工资、级别工资、工龄工资、未纳入津贴及政法干警的警衔工资；事业单位包括职务工资、活工资、未纳入津补贴、教龄工资、提高部分、行政事业单位离退休人员的离退休金。发放办法由工资发放中心与银行部门积极配合，核定统发人员，编制个人“工资储蓄”账号，输入电脑，分批统发到位，第一批是1999年11月起党政、群、公检法司等行政机关首先开始实行工资发放，第二批是教育系统从2000年1月份起实行，第三批是乡镇机关干部从2000年5月份起实行，至此，安乡工资统发全部到位，工资统发单位达102个，其中县本级82个、乡镇20个；统发人数为8675人，其中教育系统6200人、乡镇702人，月统发工资额达490万元。

到2004年全县现有发卡人员8910人，其中在职6835人，离退休2075人，在职发卡人员中教育系统22个单位发集体卡，人数为3671人，教育系统发个人卡1138人，合计4809人；乡级政府439人，政法系统551人，其他县直单位1036人；离退休发卡人员中教育系统1331人，乡级政府157人。

2004年12月底，为加强工资发放工作，对全县行政事业单位发卡情况进行了清理，共检查123个单位（56个县直单位，28个教育单位，20个乡镇机关及19个乡镇事业单位），清理出人员179人，其中在职脱产学习的41人，下海经商的14人，办企业的1人，读研究生的10人，已在外地正式办理调动手续的44人，无请假手续未上班的39人，已经死亡至8月份未报的29人，在这179人中县直单位24人，乡镇机关16人，教育系统121人，乡镇事业养老保险18人，检查后已经下卡85人。

2006年7月机关事业单位工资收入分配制度改革，人员津贴补贴进一步规范，归并津贴补贴项目。所有津贴补贴规范为工作性津贴和生活性补贴两种，工资发放项目因此做了调整。行政公务人员包括职务工资、级别工资、工作津贴、生活补贴等。事业公务人员包括岗位工资、薪级工资、工作津贴、生活补贴等。至2008年底，安乡工资统放在岗人员7061人，离退休人员2475人。

九、社会集团购买力管理

1989年安乡县根据湖南省人民政府《关于从严控制社会体团购买力的几项具体规定》，安乡成立以常务县长为组长、财政局长为副组长、由专人负责管理的社控领导小组。根据《国务院关于从严控制社会集团购买力的决定》，从紧从严管理专控商品。规定非特殊情况不得购买专项控制商品，特别是小轿车等高档消费品从严控制，不准到外地购买进口小汽车；严禁购买国家规定的彩色电视机、国产13种名牌卷烟和进口卷烟、国产13种名牌和进口酒；严防借生产之名购买非生产用商品。并在原29种专控商品的基础上，增加对微机、名牌自行车、100元以上的电子计算、50元以上的旅行箱（袋）、电子打火灶、电饭煲（电炒锅）等6种商品实行专项控制。从1989年1月1日起对社会集团购买专项控制商品征收专项控制商品附加费，小汽车价格在10万元以上的征价款的30%，价款在10万元以下的征20%。

1991年为坚持紧缩方针，压缩非生产性开支，根据财政部、国家税务局〔1991〕控购字第6号文件精神，安乡加强对小汽车的控制管理，规定行政单位包括有行政职能的事业单位不得购置进口车、走私车。

1992年，安乡开征专控商品调节基金，政府采取利用购买社控商品征收调节基金的办法，用经济手段控制集团的高消费。

1993～1996年，为适应国民经济和社会发展的形势对国家当时的二十九种专项控购商品品目作了大幅度的调减，只将其中高档耐用的八种（消费品）列入专控品目。并根据湘财〔1993〕控购字第9号文件精神，为严格控制财政支出，对行政事业单位亏损和拖欠税利企业购买小汽车、空调等作了规定；及对亏损、拖欠税收的企业停止审批，对行政单位购买其他六种专控商品，原则上停止。

1997年，安乡明确了社会集团购买专空商品的范围，只对小汽车、大轿车、摩托车、空调、录像设备、各种音响设备、照相机（单价500以上的）、无线寻呼机、天线机动电话、对讲机继续实行专控。并对专控商品审批权限作了调整，进口小汽车和国产奥迪车由省社控办审批，国产小汽车由市控购办审批，除汽车外的7种专控商品均由县控购办审批。

2001年，社会集团控购商品再次缩小范围，只对小汽车、大轿车、摩托车实行控制。

2002年，对行政事业单位的小汽车开始实行定编管理，对非生产性用车严加控制。遵循严格审批管理，审批不越权，超标不审批的原则，县审批各类车辆198辆。

2003年，根据省财政《关于进一步加强党政机关小汽车配备和使用管理的通知》和市人民政府《关于核实机关小汽车编制的通知》的要求，对全县行政事业单位小汽车进行了清理和定编。全县130多家行政事业单位拥有小汽车232辆，原定编198辆，超编34辆。通过清理后，按照实际情况，全县重新定编210辆，审批12辆。

2004年8月，根据省市要求取消企业购买小汽车的控购审批，企业购买小汽车可直接到车管部门办理上牌手续，但具有行政管理职能或事业单位性质的国有企业以及具有管理职能的国有控股企业，仍按省委办公厅有关文件精神继续实行控购审批。

2005～2007年按照省、市领导干部廉洁自律工作领导小组和市汽车定编领导小组有关文件精神，为进一步规范全县党政机关及事业单位小汽车编制管理工作，加强行政事业单位公务用车的定编、定标管理，专门成立县配备公务用车审批领导小组。通过对全县行政事业单位的车辆及定编情况进行调查摸底，制定《安乡县机关事业单位小汽车编制管理暂行规定》，并对县委、县人大、县政府、县政协、县纪委按有关规定在保证公务用车需要得前提下，由县公务用车审批领导小组核定小汽车编制。县直各办、局（含乡镇政府）配备小汽车编制标准规范为；机关公务员编制在25人以下的部门或单位按1辆定编，机关公务员编制在25～50人的部门或单位按2辆定编，如有工作需要，确需增加编制，经单位申报，由县配备公务用车审批领导小组审批核定。并规定对公务用车的处理，如果没有财政部门批文，交警部门不得办理汽车过户手续。据此至2008年止，全县机关行政、事业单位小汽车定编330辆，新增编制120辆，其中2006年新增编78辆（含工具车增编37辆），2007年新增37辆，2008年新增编9辆。

对机关行政事业单位小汽车管理提出了处置原则，规定了处置范围，规范了旧车处置程序。规定编制内的车辆，在正常使用期限内，原则上不得更换，确需要更换的，财政拨款的多台公车单位编制内的公车必须使用10年或行驶里程超过30万公里以上，单台公车单位编制内的公车必须使用8年或行驶里程超过25万公里以上，不占编制的专车必须使用6年或行驶里程超过20万公里以上，资金自筹单位的公车同等条件下可优先更换。2005～2008年间共外置22辆，其中2005年3辆，2006年6辆，2007年3辆，2008年10辆。

十、政府采购管理

根据《中华人民共和国政府采购法》和省人民政府办公厅《关于进一步规范管理政府采购工作的通知》精神，安乡于2003年3月成立了以常务县长为组长的政府采购领导小组，并在财政局内设政府采购监督管理办公室，正式开展采购工作。

2003年8月，安乡出台了《安乡县人民政府关于推行政府采购制度的通知》、《安乡县政府采购工作实施草案》、《安乡县政府采购目录》、《安乡县招标投标管理办法》、《安乡县政府采购账务处理规定》。并根据“稳定发展、逐步规范、突出重点、全面推进、先易后难”的原则，确定先在县四大家，政法系统、水利建设、农业综合开发、血防卫生、城建环保等行政、政法、事业单位展开。并初步确定先从其行政、事业单位的住房基建、改造维修、办公设备及办公用品、通信器材、交通工具、小车定点加油、定点维修、保险、医疗器械、教学用仪器设备、水利设施、城建环保绿化亮化改造工程。农业综合开发项目工程，一类会议、接待、印刷等实施政府采购。明确按公开招标、邀请招标、询价采购方法进行。先后对保密局在线UPS、县委、县政府、人大的小车配置，县财政局国库股信息系统、县收费局网络系统、县人民医院住院大楼设备进行了政府采购，采购金额510万元，节约资金60万元，节约率达10.7%。

2004年，全面推行政府采购制度在全县顺利实施，各级组织《政府采购法》宣传周活动，开展政府采购法教育。按照县委、县政府《关于加强全县行政事业单位财务管理的意见》、《安乡县行政事业单位机动车辆统一保险运作办法》的要求，采购办不断加大政府采购工作力度，提高财政资金使用效益。对全县行政事业单位63台机动车辆实行统一保险，保险金额39万元。在工程采购方面，对国投项目安乡县疾病控制中心大楼建设整个招标活动进行监督。全年扩大规模采购，拓宽采购品目，采购金额2489万元。

2005年，全县政府采购工作按照“依法监督、稳步推行、和谐发展”的要求，着重“扩规模、健机制、抓规范”，完善了《安乡县政府采购实施办法》。政府采购目录涉及货物、工程、服务三大类的几十种商品的上百个品种。规定政府采购限额标准，即：货物类，单项金额或批量金额在3000元以上的货物；工程类，5万元以上的工程项目；服务类，单项金额或批量金额在3000元以上的服务项目均必须规口政府采购。对机动车辆、办公用品、专用设备、会议置品等大宗货物实行公开招标；对经常性服务项目实行招标定点，如定点办会、定点投保、定点印制、定点维修。政府采购资金实行“封闭直达”，当年采购规模达到4789万元，节约财政资金400多万元。

2006年，结合全市财政系统开展政府采购领域商业贿赂专项整治工作，进一步净化采购市场，规范采购行为，完善采购机制，惩治商业贿赂。理顺了政府采购管理体制（即形成政府采购领导机构、监管机构、执行机构三个层次的管理体制），建立了监管职能和执行职能相互分离，相互制约的运行机制，加强对政府采购委托代理机构的管理，对招标程序、操作过程进行直接或间接性的管理、督促委托代理机构提高用“法”能力。并根据社会经济状况和全县财力状况，科学制定政府集中采购目录和限额标准，增加政府采购项目，降低限额标准，进一步扩大政府采购范围和规模，全年完成政府集中采购 125 次，金额 5500 万元，节约资金 828. 25 万元。

2007 年，加强政府采购信息系统建设，注重重点工程采购和农村人畜安全饮水工程建设、新农村示范片建设等涉及民生的一系列工程采购，认真做好政府采购资金直达的探索工作。全年完成政府采购额达 5853. 85 万元，比预算节约 449. 25 万元。

2008 年，根据县委、县政府颁发的《关于加强政府采购政府审核及投资项目资金直接支付工作的暂行规定》，进一步拓宽政府采购领域，加强重点行业，重点单位的政府采购工作，将卫生，教育，水利，交通涉财资金较大的部门加入政府采购管理的重点范围。逐步完善从采购项目申请到采购资金的结算支付等操作规范，建立以财政部门为主，纪检监督、审计等部门共同配合的有效监督机制。全年政府采购规模达 7955. 03 万元，节约资金 1275. 89 万元，节约率达到 16. 5%。

十一、财政监督

财政监督，是财政管理的重要内容。

1993 年 10～12 月根据省政府《关于开展 1993 年税收财政物价大检查的通知》精神，结合本县实际情况，县政府决定成立由县长任组长的领导小组，下设办公室，由财政局局长兼任主任，并抽调财政、税务、工商物价、审计等部门 115 名专业人员组成 28 个检查组，对全县 1707 个国有集体企业、行政事业单位及社会团体、私营企业和个体工商户进行以 1993 年发生的各种违反财经法纪问题为主要内容的“三大查”，对此做到边检查、边处理、边调账、边入库、边建制。

1995 年安乡对全县 1931 个单位（含个体工商户）进行了“三大查”，共查出违纪金额 609. 5 万元，上缴财政 388. 5 万元。

1996 年 6 月起，县政府按照国务院的统一部署，在全县范围内进行预算外资金清理情况的全面检查，在自查自纠的基础上，组织县财政局、县物价局、县审计局、县人民银行、县监察局业务骨干 22 人，分成 6 个小组历时三个月，对 39 个行政事业单位进行了重点抽查，共查出违法违纪金额 859. 8 万元，占全县预算外资金总额的 33. 5%（按 9 月份预算外资金计算），其中没有按规定实行财政专户储存的有 474. 6 万元，超项目、超标准收费和自制票据收费的有 193. 1 万元，乱支乱用的有 17. 9 万元，其他违纪金额 174. 2 万元。

1997 年 5 月县财政抽调 8 人组成两个检查组，对全县 1994～1996 年度农业税收政策执行情况进行了大检查。全县 20 个乡镇，三年共征收农业税 6683 万元（含附加税），特产税 1995 万元，耕地占用税 99 万元，契税 32 万元。三年中从特产税和耕地占用税提取税源发展基金和征收经费 603 万元，其中上缴省市 180 万元、县存 423 万元。8 月，为确保财税收入的完成和各项支出的合理使用，维护财经纪律的严肃性，采取自查自纠和集中检查的方式分四个阶段（宣传发动阶段、自查自纠阶段、集中检查阶段、总结阶段），在全县范围内组织开展财经秩序整顿，并对重点单位进行检查，共查出违法违纪金额780万元，收缴财政126万元。9月，为扎实搞好乡财政所的财务收支管理，促进会计基础工作规范化，对各乡镇财政所的财务收支情况及会计基础工作情况进行全面检查。

1998年10月，在县财源建设领导小组的统一部署下，由县农委、县财政局组成的检查组，对全县乡镇和县直有关农场站1998年财源建设开展情况进行了重点抽查。全年用于财源建设的资金达8500多万元，其中财政投入705万元，银行贷款近4000万元，乡级自筹3850万元。

1999年12月，安乡对水淹区移民粮财政补贴款的拨付资金进行了专项检查，按常移办〔1999〕1号《关于下达水库移民用粮补贴款计划的通知》，全县补贴计划为84.04万元。

2001年，县财政局与县监察局组成联合检查组，对全县30个行政执法单位1998～2001年期间行政执法部门的行政执法行为和收支两条线执行情况进行了专项督检，共查处违规金额8249890元，并对其中24个单位存在的有关问题作出了相应的行政处罚，共处罚资金838340元，收缴漏缴税款71万元，从而进一步规范了各单位预算外资金管理和收支两条线的管理。

2003年8～9月，对2002年以来各行政事业单位财务收支情况开展清理整顿“小金库”专项督查，共清理检查行政单位238个（含二层单位），发现64个单位的各类违纪违规资金17867807元，并对其中51个单位（县直37个、乡镇3个、教育系统11个）进行了处罚，处罚资金1597882元，收缴金额45410元。

2005年，县委、县政府部署由财政牵头，组织纪委、审计、财政42名业务素质好的同志组成14个检查组，对141家行政事业单位2003年、2004年的财务情况进行了一次全面的检查，在检查中，共查出各类违纪金额3740万元，其中：违规票据收费360.8万元、未缴专户3401万元，查出小金库137万元、违规列支544.6万元、未按程序处置国有资产账面反映124.5万元、挤占挪用专项资金167.6万元、招待费超标603.9万元，自立项目和超标收费13万元。是年，非税收入征收管理专项检查，共查出违纪金额1545万元，违反专户存储金额939万元，其他违纪金额606万元。给予市场服务中心、残疾人联合会两个单位的责任人党纪政纪处分。

2006年，对人事局、林业局、环保局、安监局、城管局及其下属机构等8个县直单位进行了检查，共查处以上单位违纪金额2808345.20元。3月，由政府办牵头，审计局、纪检、财政监察、农税等5个单位组成联合检查组，对房产局的交易中心就2005年以来的私房交易、商品房的购买、集资联建等相关情况，进行了全面清理抽查。检查发现在2005年来颁证的2030户中，规避契税现象较为严重，可实现税收而未实现的有714.983万元，税金应入库而未入库的有65.004万元。

2007年，为落实政府关于教育债务剥离的会议精神，做好债务清查核实工作，通过1个多月时间对14所中学的债权、债务情况及闲置小学资金进行了摸底核实工作。9月，对县屠宰办、食品安全办、畜水局、人口和计划生育局等单位2006年的财务收支情况进行了检查。其中，3家行政事业单位共查出违纪金额4036563元。

2008年，根据《财政部关于开展彩票发行销售和财务管理情况专项检查的通知》的要求，对县募捐办、体育彩票销售办2005年、2006年、2007年的彩票发行销售和财务管理情况进行了专项检查。处理了体育彩票销售办用公益金归还建设款共47141.02元、支付招待费35244.6元的问题。是年，根据常德市财政局《关于开展财政专项资金绩效监督检查的通知》的要求，对2007年包括农村改水项目、农业产业化、科技三项费用、农村合作医疗补助经费、财源建设发展基金、计生专项、农村义务教育免学杂费等八项资金的拨付情况、项目实施情况、项目资金使用情况、工程预决算情况、项目完工情况、工程质量情况进行了专项监察。

2008年，对法院、交警大队、交通局、公安局、党校、司法局、工业园、物价局、国土局其下属机构等9个县直单位进行了常规性财务收支检查，共查处违纪违规金额8422115元。对7个单位作出了处理，收缴财政资金20万元，罚款2.8万元。

十二、国有资产管理

1991年4月，安乡县设立安乡县国有资产管理办公室，1992年4～5月安乡县正式办理产权登记手续。6月，开展国有资产产权登记工作结束，全县有81个企事业单位取得合法经营权。其中：经委系统15个，农委系统21个，党政群9个；财委系统18个，外经委4个，计委5个；建委系统4个，乡经委3个，科委2个。

1995年9月，安乡县根据《行政事业单位国有资产处置管理实施办法》，行政事业单位国有资产处置实施申报与批复，实行报告审批、评估作价、公开变卖、收入上交、专户储存、预算拨还的管理办法。

1996年1月，安乡执行《企业国有资产产权登记管理办法》，对安乡县湘北食品罐头厂，粮酒副食品公司、食品冷藏加工厂、罐头食品厂、县酒厂、添加剂厂、皮鞋厂进行整体资产登记评估。

1996年6月，开展事业单位非经营性资产转经营性资产的评估、验资工作。此年，行政事业单位科局级单位产权登记85户，达100%；二层独立核算单位95户，达85%，总资产13062万元，资产负债658万元，国有资产11404万元，其中固定资产7433万元，国有企业年检105户达100%，总资产达92802万元，资产负债85888万元，国有资产6914万元。

1997年5月，安乡县开展集体企业清产核资试点，试点单位有：安乡县橡胶厂、湖南工业缝纫机厂、安乡棉麻总公司、生产资料公司、航运公司、运输公司、建筑公司、潺陵建筑公司、城关镇文化站、澧陵医院。6 月对全县城镇集体企业、单位全面进行清产核资工作，重点对县城市、农村信用社及县直供销社系统以及大部分二轻、经委等系统等城镇集体企业进行产权登记。是年，出台了《安乡县国有资产管理规定》。对全县 13 家国有企业（安乡县棉纺织厂、安乡县印刷厂、安乡县氮肥厂、安乡县造纸厂、安乡县建材厂、湘北食品罐头厂、机械厂、饮食服务公司、五交化总公司、百货总公司、商业大厦、蔬菜副食品公司、肉食水产公司）进行了国有资产保值增值考核。

1999 年，为不断完善国有资本金监管工作，强化企业激励约束机制，科学地对企业经济效益和经营者业绩进行评价，结合安乡实际制定了《安乡县国有企业效绩评价工作方案》。是年，国有企业效绩综合评价对象为安乡县氮肥厂、安乡县造纸厂等工厂。

安乡县国有资产清查动员大会剪影

2000 年 6 月，安乡县制定了《安乡县国有资产产权界定和产权纠纷处理办法》，强调县人民政府代表国家行使国有资产的所有权，并授权给县国有资产管理局管理。10 月，结合安乡县实际，制定了《在机构改革中加强行政事业单位国有资产管理的实施办法》。至 2001 年止，安乡登记占有、使用国有资产 183 户，其中行政事业单位 154 户、国有企业 29 户，拥有资产总额 101421 万元。是年，通过公开拍卖、拍租、招商引资开发等形式处置国有资产 35 处，总计评估底价 1976 万元，实现总价值 2213 万元，资产升值 12 个百分点。

2004 年 5 月，对 43 家县直行政事业单位进行了资产清查，资产总额 35239 万元，其中固定资产 28665 万元；负债总额 8685 万元。同时，对全县 39 家县直行政事业单位房屋门面（非经营性资产赚经营性资产）出租、租赁及国有房产、土地转让进行了清查，清查结果为房屋门面出租面积 4075 平方米，年租金 52.4 万元，房屋门面租赁面积 5469 平方米，年租金 59 万元。转让房屋建筑物面积 3150 平方米，转让金额 303 万元，转让国有土地面积 8590 平方米，转让金额 1024 万元。是年，共对 3 家改制的国有企业（印刷厂、食品罐头厂、机械厂）的国有资产进行了处置，处置印刷厂土地、房屋建筑物 143 万元；食品罐头厂土地、房屋建筑物 215 万元、设备 100 万元；机械厂土地、房屋建筑物 100 万元、设备 100 万元。年底，全县共列入部门决算报表的有 133 户，其中党政机关 22 户、事业单位 111 户；列入国有企业决算报表的有 8 户，其中国有独资企业 5 户、国有控股企业 3 户。部门资产总额 73829 万元，其中固定资产 37739 万元，负债总额 39621 万元，净资产 34208 万元；国有企业资产总额 40991 万元，其中固定资产净值 7391 万元，负债总额 58619 万元，净资产 －17628 万元。是年，全县企业改制 73 户，占应改制企业 105 户的 69.5%，置换职工 19136 人，占应置换职工 24070 人的 79.5%。全年共查处 3 宗不按程序处置国有资产案，实现国有资产收益 1062 万元。

2006 年，安乡县对原 2003 年 2 家企业（粮食的东风仓库、建设局的木工厂）改制的国有资产（土地资产）进行了评估和处置。既评估两宗土地价值为 252 万元，实现公开拍卖价值为 505 万元，比评估值增加 253 万元，增长 100.40%。

2007 年，根据《湖南省财政厅关于组织开展全省行政事业资产清查工作的通知》（湘财资发〔2007〕39 号），从 3 月 10 日开始，到 5 月中旬结束，对全县 70 家县直行政事业单位，20 家乡镇人民政府，22 家行政卫生院和卫生系统二层单位，53 家教育系统二层单位进行了资产清查。清查结果；资产总额 131218 万元，其中固定资产 56812 万元。负债总额 94769 万元，其中欠干部职工工资 286 万元，银行贷款 1198 万元，资产负债率 72.63%，净资产 36447 万元。并对全县 7 宗国有资产（含国有土地资产）进行了公开处置。实现公开拍卖价值为 1923 万元，比评估值 810.69 万元增加 1112.31 万元，增长 137.21%。通过这次资产清查，基本摸清了全县行政事业单位资产家底，对全县的资产分布、存量、结构和效益状况有了一个完整的了解，为加强全县国有资产管理，提高行政事业单位国有资产使用效益，进一步推动财政预算管理制度改革将起到积极作用。

十三、会计工作管理

1989 年，安乡县企业、事业单位财会系列职务评审工作结束，全县参加评审人员 821 人，占会计总人数 1237 人的 66.4%，经评议审定授予职务的人员 708 人，其中：中级会计师参评人数 96 人，授予职务 66 人，占参评人数的 68.8%；初级职务参评人数 725 人，授予职务 642 人，占参评人数的 88.6%。是年根据上级要求，开展会计达标升级活动，全县共有会计单位 402 家，其中行政事业单位 39 家。1989 年进行试点，1990 年全面展开，至 1991 年 5 月止，242 个应达标升级单位，实际达标 25 家，升级 1 家。

1991 年 5 月，安乡财政会计审计学会第三届代表大会换届选举，修改通过了《安乡县财政会计审计学会章程》。10 月又召开了安乡县财政会计审计学会、珠算协会第三届理事会，民主选举产生了新的理事会人选。

1992 年 2 月，成立安乡县财会系列职称改革领导小组，负责全县会计职称改革的领导和专业技术职务的评审。4 月，根据有关要求，经人事局、财政局考察明确王子先等四十位同志分别担任会计机构负责人、主管会计。同年，全国首次会计系列资格考试开考，全县 742 名财会人员报名，其中会计员 235 人、助理会计师 283 人、会计师 224 人。

1993 年开始实施企业财务会计制度改革。安乡县下发了《执行新的企业财务制度有关政策衔接的问题》、《关于建立健全行政事业单位财产管理规章制度、账卡的通知》，并制定了《安乡县会计基础工作规范实施细则》。

1994 年，安乡县财政会计审计学会第四届常务理事会选举。此年以企业会计准则和新会计制度的贯彻实施为中心，着重会计人员专业培训和知识更新，确保实现新旧会计制度、会计模式的交替和转换。4 月全县举办预算会计培训班。8 月，实施《代理记账管理暂行办法》，规定从事代理记账业务的机构，除会计师事务所外均须按隶属管理向财政部门申请代理记账资格。

1995 年 9 月，县财政局、财会学会组织各单位财会人员以行业分会集中培训，采取短期脱产（或业余）形式上课，以培训财会法规、专业知识、职业道德、税收知识、银行结算业务、财会电算化为主要培训内容，由各行分会组织落实参训人员，水电 100 人、卫生 100 人、教育 100 人、财政 160 人、经委 100 人、建行 100 人。10 月为纪念《会计法》颁布实施十周年，提高会计人员业务理论素质，在全县范围内开展财会知识竞赛。

1996 年开始，全县行政、事业、企业单位实现财务会计电算化，财务人员必须持“双证”（会计证和电算会计资格证）上岗。安乡县财政局中华会计函授站常年举办电算会计资格证定点培训班。6～8 月在全县范围内开展会计人员基本情况调查。同年下半年，全县 411 个行政事业单位、企业单位、社会团体开展《整顿会计工作秩序，促进会计基础工作规范化》活动，历经宣传发动，自查自纠，互审互查和重点检查四个阶段。

1997 年，按照《湖南会计基础工作规范化考核确认试行办法》组建安乡县会计基础工作规范化考核验收小组，对全县各申报单位的会计机构、会计人员、会计凭证、账簿、报表、档案以及内部财务管理情况进行验收，采取“听、看、议、评”的办法全面考核、综合评议，形成考核验收小组整体意见，经财政局审批、发文验证批准。

1998 年，实施事业、行政单位财务会计制度改革。依托中华会计函授学校开展在职会计人员财会学历教育，同年根据“湖南省中华会计函授学校十年发展规划”及“巩固中专、搞活培训、稳定办学规模”的精神在安乡县招生 45 名。

1999 年 5 月，为加强会计人员管理，强化会计管理，确保会计信息真实准确，规范经济秩序，便于开展会计委派制和确认制改革工作，建立了安乡县会计人才电脑档案库，

2000年6月，依据《中华人民共和国会计法》、财政部《会计从业资格管理办法》，安乡县印发了《安乡县行政事业单位和国有企业会计人员任命管理暂行办法》，经各有关单位推荐，财政及人事部门考察，任命120名具有会计从业资格的同志为58家单位的会计工作人员。10月开展乡镇财政所长、财政总预算会计、“二无一统”单位预算会计参加的会计赛帐活动。

2001年5月，在全县范围内，各县直行政事业单位、社会团体、乡镇政府机关、乡镇财政所、公司、企业和其他组织执行《会计法》的情况进行一次全面检查。主要针对法律法规的规定和要求查看各单位会计人员持证上岗情况，会计法、会计条例、会计制度执行情况。

2004年9月，对全县11个单位（行政机关5个、事业单位5个、企业1个）《会计法》执行情况进行了重点检查。

2005年，推进乡镇财税管理信息化建设。安乡“乡财县管乡用”正式启动，县、乡会计电算化全面推行。

2006年，为贯彻落实《会计法》即《湖南省会计从业资格管理办法》强化安乡会计基础工作，对各单位会计人员的会计从业资格进行检查，被查单位74个（其中企业单位21个、行政单位18个、事业单位35个），其会计机构人数217，持有会计从业资格证书人数207人，会计机构负责人不符合任职条件3人，会计从业资格证书已办理注册登记175人，已办调转登记18人，建议调离会计工作岗位2人。

2007年8~9月，安乡根据财政部第三届全国会计知识大赛组委会办公室文件精神，为普及财会知识，推动中国企业会计准则的宣传贯彻和确保各级、各类会计工作者积极参加第一赛程网上答题，积极开展工作，全县持有会计从业资格证书人员参加网上答题参赛率达85%。

2008年6月，根据常德市财政局和社会保障局《财政局关于开展农村劳动力财会业务技能培训的通知》精神，为加快性农村建设步伐，提高农村劳动力就业技能，安乡开展以财会业务知识为内容的农村劳动力预备制和劳务输出培训。全年组织培训8期，参训人员64人。

2005年至2008年四年时间，全县参加会计从业资格证考试合格101人，中级职称26人，初级职称65人。至2008年底，全县持有“会计资格证”1241人，其中中级职称69人、初级职称125人。

安乡县会计人员数据汇总表

学历分布		职称分布		取证方式	
学　历	人　数	职　称	人　数	取证地方	人　数
高中以下	184	无 职 称	1047	学生免试	2
中　　专	226	初级职称	125	外省调入	7
大　　专	714	中级职称	69	考试合格	102
本　　科	117	高级职称	0	遗留换证	1130
总　　计	1241	总　计	1241	总　计	1241

机构与队伍

一、机构沿革

20 世纪 90 年代前，安乡县财政机构经数度并、易名后，其内设机构大致有：办公室、人事股、预算股、农财股、行财股、企财股、监察股、综合计划股、会计工作管理股、农业税征收管理股等职能股室，另设常德市信托投资公司安乡办事处、中华会计函授学校安乡函授站、会计师事务所办事处等事业性机构。1991 年 4 月根据要求设立安乡县财政局国有资产管理办公室，正股级事业单位，编制 2 人。同年 8 月湖南会计师事务所常德分所安乡办事处更名为常德会计师事务所安乡分所。

1992 年成立安乡县财政经济开发公司，属全民所有制企业，1993 年底要求各级财政机关与所办经济实体脱钩而被解散。1993 年 6 月，成立住房资金管理办公室，为财政局下设事业机构。

1994 年 1 月各乡镇财政所聘任乡镇财政监察人员。1994 年 5 月设立安乡县行政事业专项收费收入管理站。同月常德会计师事务所安乡分所更名为安乡会计师事务

安乡县财政局班子成员：左起潘锐、刘华斌、秦燕、瞿宏辉、贺春喜、范国斌、傅义河、帅开军

所，法人代表为汤学斌同志。依法独立从事注册会计师审计和会计咨询，会计服务等各项服务，独立核算、自负盈亏、依法纳税，与财政局脱钩。6 月，成立安乡县财源建设办公室。7 月设立安乡县财政局检察室。

1995 年 9 月成立安乡县住房公积金管理中心。1996 年 5 月为了适应财税体制改革，切实加强行政事业性收费收入的专项管理，成立安乡县收费管理局。8 月按照《安乡县乡镇机构改革实施意见》建立健全农村社会化服务体系的要求，根据中央、省市、编制部门文件精神，乡镇设财政所，列为基层行政机构，按照简政放权的管理体制，财政所属乡镇直属二级机构，由乡镇政府直接管理，各财政所作为乡（镇）的建制机构，交乡（镇）政府管理，财政局只负责其业务。

1998 年 3 月为加强对安乡县基本建设资金和洞庭湖工期治理工程及以工代赈经费的管理和监督，根据政府要求设置基本建设股。1999 年 10 月，成立安乡县工资发放中心。

2000 年 4 月，安乡县国有资产管理办公室更名为安乡县国有资产管理局，升格作为副科级机构管理的全额拨款事业单位，归口县财政局管理。5 月，湖南省财政厅根据省《中华人民共和国注册会计师法》和省财政厅《湖南合伙会计师事务所设立及审批暂行管理办法》的有关规定，批复同意由注册会计师汤学斌、罗列宽共同发起并出资设立无限责任的安乡伟业联合会计师事务所。办公地址设在安乡县城关镇潺陵大街第 19 号，其合伙人以及注册会计师的党团、人事关系，由常德市人才交流服务中心负责管理和服务。同年 6 月成立安乡县国有资产经营有限责任公司，由瞿宏辉同志兼任该公司董事长。

2001 年 4 月，建立县设农税局、乡（镇）建财政所、村配农税员的农业税征收管理体系，实行农民依法纳税，政府依法征税，税费分开收取，促进农村经济发展和社会稳定，成立“安乡县农业税征收管理局”，作为副科级的事业单位，隶属县财政局管理。6 月，为搞好安乡县预算单位清产核资工作，适应财政预算管理改革的需要，为编制部门预算制定科学和实际的定员定额标准提高真实可靠的依据，加强行政事业单位财产监管奠定重要基础，成立预算单位清产核资领导小组。

2002 年 3 月，根据安乡县人民政府办公室关于印发《安乡县财政局职能配置、内设机构和人员编制规定》的通知，县财政局内设 6 个职能股，即办公室（加挂人事监督检查股牌子）、预算股（加挂国库股和产权统计评价股牌子）、综合规划股、业务股（加挂行政政法股、教科文股、农业股、农税股、企财股牌子）、经济建设股、会计股。但根据上级部门要求和业务关系衔接，财政局实际内设办公室、人事股、监督检查股、预算股、国库股、综合规划股、行财股、农业股、企财股、经济建设股、会计股、产权统计评价股、社保股等职能股，另设置安乡县收费管理局、安乡县农税征收管理局等县有行政职能的副科级事业单位，安乡县工资发放中心、安乡县政府采购中心、中华会计函授学校安乡站、安乡国库集中支付中心、安乡县财源建设办、安乡县国库券推销委员会办公室等股级事业单位。撤销安乡县住房资金管理办公室、安乡县会计师事务所。改革后局机关二层骨干职位由30个减少到23个，行政编制由24人减少到18人，机关总人数由81人减少到68人，16位机关工作人员提前离职离岗或下岗分流。各股室的正副股长、一般干部按照竞争上岗、双向选择的要求上岗到位，确保了全局人员结构整体优化。

安乡县财政局办公大楼

2004年4月，安乡县财源建设办公室升格为副科级事业单位。2004年11月，安乡县收费管理局更名为安乡县非税收入征收管理局。

2005年4月，为理顺县财政管理关系，规范乡镇财政管理，根据有关精神，各乡（镇）财政所的管理权限由县乡共管，以乡（镇）管理为主调整为由县乡共管，以县财政局管理为主，保持乡镇财政所原有的机构性质不变，其人事异动、监督、考核、业务指导和各项经费由县财政局管理为主，党团组织关系等按属地管理原则以乡（镇）管理为主。同年9月，安乡县非税收入征收管理局升格为正科级。

2006年，安乡县农业税征收管理局更名为安乡县契税耕地占用税征收管理局，并加挂安乡县乡镇财政管理局牌子。

2007年6月，设立财政局国库集中支付局。2007年12月，县政府采购中心更名为县政府采购办。

至2008年底，财政局内设办公室、人事股、预算股、农财股、行财股、企财股、监察股、综合计划股、会计工作管理股、经济建设股、社会保障股、产权统计评价股等12个职能股室。另设置安乡县契税耕地占用税征收管理局（加挂安乡县乡镇财政管理局牌子）、安乡县非税收入征收管理局两个正科级事业单位；安乡县财源建设办、安乡县财政国库集中支付局副科级事业单位和安乡县工资发放中心、安乡县政府采购办、安乡县国库券推销委员会办公室、中华会计函授学校安乡站等股级事业单位。

二、历任领导

时　间	局长姓名	党组书记姓名	副局长姓名
1984.01～1990.12	龚道赐	龚道赐	胡鹏武　赵先桃　祁开斌
1991.01～1992.12	赵先桃		胡鹏武　祁开斌
1993.01～2002.03	姚禹庭	姚禹庭 祁开斌	胡鹏武　祁开斌　熊道衔　瞿宏辉　曾宪孝
2002.04～2008.04	祁开斌	祁开斌 贺春喜	瞿宏辉　张先华　贺春喜 秦　燕　刘华斌
2008.04～2008.12	瞿宏辉	瞿宏辉	秦　燕　刘华斌　贺春喜

三、荣誉奖励

集体荣誉

1991 年，被湖南省财政厅、省人民银行评为“国库券兑付工作先进单位”。

1993 年，被省财政厅评为“全省财政系统文明卫生单位”。

1994 年，被省财政厅评为“全省函授招生工作先进单位”。

个人荣誉

1992 年，赵先桃、熊道衍、杨振康被省财政厅评为“湖南省财政系统先进个人”。

1993 年，胡智祖被省人民政府评为“湖南省税收、财务、物价大检查先进个人”。

1994 年，傅义勇被省财政厅评为“全省函授招生工作先进个人”。

1994 年，杨振康被财政部授予“全国财政监督工作先进个人”。

1995 年，刘仕龙被省财政厅评为“湖南省财政系统先进个人”。

第九章　汉 寿 县

汉寿县财政局局长　陈俊武

汉寿县历史悠久，西汉为索县地。2008 年，汉寿县下辖 14 乡、15 镇、1 区、562 个村（居）民委员会，总户数 268659 户，总人口 806708 人，其中：农业人口 665124 人，非农业人口 141584 人。县治所龙阳镇。

汉寿县位于湖南省北部，洞庭湖西滨，沅澧水尾闾。东临沅江市，南与资阳区、桃江县接壤，西及西北与鼎城区、武陵区毗邻，东北与南县、安乡县隔河相望。总面积 2034 平方公里，约占全省总面积的 1%。是老一辈无产阶级革命家帅孟奇的家乡。汉寿水陆交通十分便捷，长石铁路、319 国道、长常高速以及 S205 省道贯穿境内。实行“分税制”财政管理体制改革后，财政收入逐年大幅度增长，1996 年财政收入首次登上了亿元台阶，完成 10660 万元。10 年后财政收入又翻了一番，2006 年财政收入登上 2 亿元台阶，完成 21274 万元。其中工商税收也登上了亿元台阶，完成 11589 万元。1994 ~ 2008 年汉寿县财政上划中央增值税、消费税 37001 万元；2002 ~ 2008 年上划中央所得税 7463 万元，合计上划中央税收 44464 万元。2005 年取消农业税后，县财政收入仍然持续稳定增长，2008 年完成财政收入 27183 万元，比上年增加 1031 万元，增长 3.94%。其中县级一般预算收入完成 21379 万元，比上年增加 1608 万元，增长 8.13%；上划中央收入完成 5804 万元。

一、财政体制

1. 县级财政体制

1989 ~ 2008 年，汉寿县财政体制经历了两个时期。

一是改革开放后的分级包干体制。1987 年实行“定额上解，递增包干，超收全留”的预算管理体制，省核定固定上交 481.3 万元。从次年起，上解额年递增 5%。1990 年开始，县财政按照“递增包干上解”体制运行。递增包干上解是以 1987 年地方上解中央收入为基数，并参照后几年地方财政收入增长情况来确定上解额递增率，无论地方收入减少或增收均按递增率递增上解中央。是年，财政递增包干、定额上解 557.2 万元。1993 年再次调减递增上解比例为 4%。

二是构建社会主义公共财政的管理体制，即分税制。1994 年，改原有的财政包干体制为“合理划分中央税、地方税及中央和地方共享税”体制。其主要内容是：⑴收入的划分。消费税划属中央，营业税划属地方，增值税为中央和地方共享税，共享比例为 4：1。

当年对汉寿县财政核定的税收返还基数为1475万元。1994～2008年返还性收入为27152万元，其中2008年为2372万元。⑵支出的划分。分为中央预算支出和地方预算支出，当年上解预算支出为1044万元。其中：定额包干上解575万元，专项上解469万元。1989～2008年上解支出为41131万元，其中递增包干和定额包干上解11309万元，专项上解29822万元。2008年上解支出为2976万元。⑶基数的确定。以1993年决算数为基数，经过调整确定。⑷划分收支范围。汉寿县当年新体制基本形成并转入正常运转。以后，为实现分税制平稳过渡，县财政实行新旧体制双轨运行，新体制按分税制上解，老体制调整为“定额上解”，上解基数固定为575万元。分税制实施后，汉寿县当年财政收入和支出都较大幅度地超过了预算数额。主要是抓住了财税改革的契机，开辟新的财源和收入渠道，强化征管，保证了各项事业的正常运转。

2. 乡（镇）财政体制

1988年，对乡（镇）预算体制改为“核定基数，递增包干”，这一体制运行了10年。

1998年1月，改革乡（镇）财政管理体制，全县乡（镇）财政按照“一级政府、一级财政”的要求实行分税制财政体制改革，以分税制财政体制取代“递增包干上解”老体制。其核心内容是：划分收支范围，核定收支基数，递增包干上解，分级管理负责。是年，全县共有29个乡（镇）经省人民银行批准设立国库，开始进入财政体制改革试运行阶段。

1999～2008年，乡（镇）财政一直按照分税制体制运行。

二、财政收入

全县财政总收入包括两大块：一般预算收入和上级补助收入。汉寿县是农业县，县域内没有矿藏也没有大型企业，一般预算收入主要来源除工商税收以外就是农牧业税。1989年，全县农牧业税收完成811万元，占地方财政收入的23.71%。农牧业税收最高年份是2003年，完成5312万元，占地方财政收入的41.25%。1989～2008年，全县共完成农牧业税收37155万元，占同期地方财政收入的19.04%。根据农村税费改革政策，2004年取消农业特产税，2005年取消农业税。但耕地占用税和契税继续保留，随之这块主要收入来源比重逐年减少，保留上述两税于2008年共完成1447万元，占地方财政收入的6.77%。

1997年，随着国有企业体制改革的进一步深化，改制工作全面完成并实行平稳转换。从1998年开始取消了企业收入，但增加了国有资本经营收入。1989～2008年，共完成企业收入8059万元，占同期地方财政收入的4.13%。其中：1998～2008年，完成国有资本经营收入4002万元。

1994年，实行分税制体制改革后，其他收入和行政事业性收费纳入到了财政总收入预决算。1994～2008年共完成其他收入29543万元，占同期地方财政收入的16.72%；完成行政事业性收费26133万元，占同期地方财政收入的14.79%。1989～2008年共完成非税收入 79144 万元，占同期地方财政收入的 40.55%。

1996 年，在连续遭受两年特大洪涝灾害后，财政总收入首次登上亿元台阶，完成 10660 万元。

2006 年，大力推进“金税”、“金财”工程建设，实现税收精细化管理、网络化管理，确保了收入足额入库。是年，县财政总收入登上了 2 亿元台阶，完成 21274 万元。工商税收首次突破亿元大关，完成 11589 万元。

2008 年完成财政总收入 27183 万元，其中工商各税 14335 万元（含上划中央 5804 万元）。比 1988 年财政总收入 2690 万元增长 9.1 倍。

1989～2008 年，共完成财政总收入 239621 万元，是 1988 年的 89.08 倍，年平均增长 4.45 倍。

上级补助收入包括返还性收入、财力性转移支付收入和专项转移支付收入。其中返还性收入是 1994 年实行分税制财政体制后设立的新项目。1994～2008 年，返还性收入 27152 万元。1989～2008 年，财力性转移支付收入 213986 万元，专项转移支付收入 107155 万元。

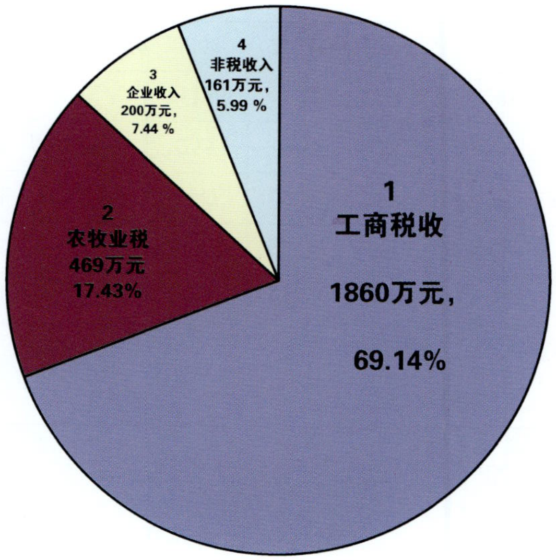

图 1:1988 年　基数

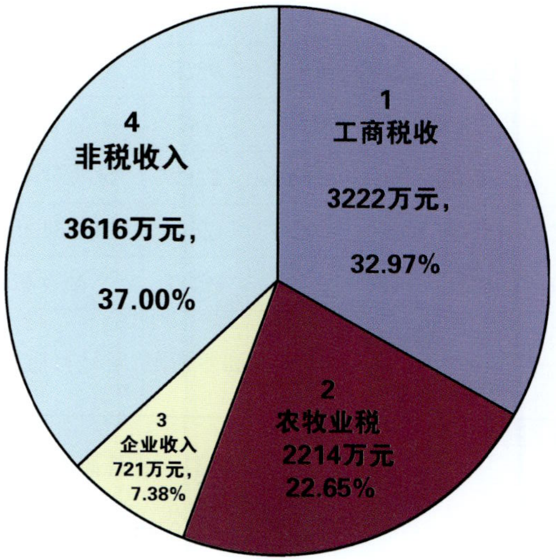

图 2:1998 年　基数

汉寿县 1989～2010 年财政总收入完成比例示意图

附表 1:　　金额:万元,比例:%

收入项目名称	完成金额	占预算%	
财政总收入	2690		
1. 工商税收	1860	69.14	
2. 农牧业税	469	17.43	
3. 企业收入	200	7.44	
4. 非税收入	161	5.99	

附表 2:　　金额:万元,比例:%、倍

收入项目名称	完成金额	占预算%	累计增长		10 年完成		
			增长额	%	总收入	年平均	倍数
预算收入合计	9773		7083	263.31	57021	5702	3.63
1. 工商税收	3222	32.97	1362	73.23	23121	2312	1.73
2. 农牧业税	2214	22.65	1745	372.07	13631	1363	4.72
3. 企业收入	721	7.38	521	260.50	4778	478	3.61
4. 非税收入	3616	37.00	3455	2145.96	15491	1549	22.45

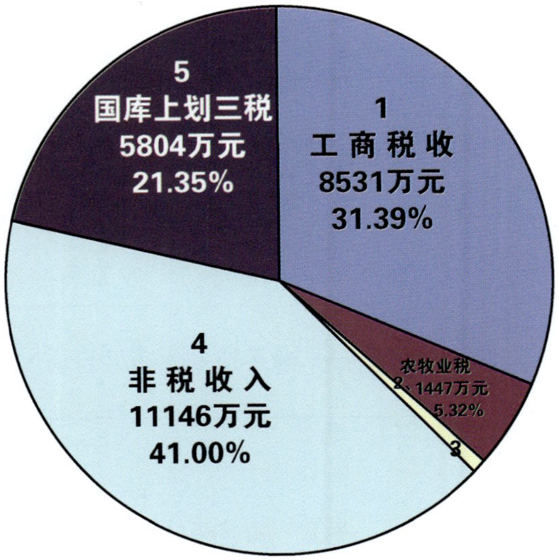

图 3:2008 年

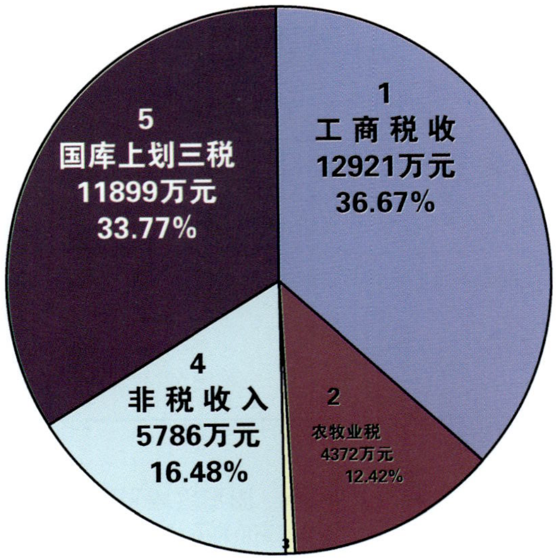

图 4:2010 年

汉寿县 1989～2010 年财政总收入完成比例示意图

附表 3:　　金额:万元,比例:%

收入项目名称	完成金额	占总收入%	累计增长		10 年完成		
			增长额	%	总收入	年平均	倍数
财政总收入	27183		24493	910.52	173415	17341	2.37
1. 工商税收	8513	31.39	6671	358.66	47678	4768	2.64
2. 农牧业税	1447	5.32	978	208.53	23524	2352	0.65
3. 企业收入	255	0.94	55	27.50	3281	328	0.35
4. 非税收入	11146	41.00	10985	6822.98	63653	6365	3.08
5. 国库上划三税	5804	21.35	5804	净	35279	3528	3.41

附表 4:　　金额:万元,比例:%、倍

收入项目名称	完成金额	占总收入%	累计增长		10 年完成		
			增长额	%	总收入	年平均	倍数
财政总收入	35233		32543	1209.78	63255	31627	1.3
1. 工商税收	12921	36.67	11061	594.68	23482	11741	1.52
2. 农牧业税	4372	12.42	3903	832.20	6125	3062	3.02
3. 企业收入	255	0.72	55	27.5	510	255	1
4. 非税收入	5786	16.48	5625	3493.79	14602	7301	0.51
5. 国库上划三税	11899	33.77	11899	净	18536	9268	1.75

汉寿县1989～2010年财政总收入分析情况表

单位：万元

年度	财政总收入					1. 工商税收						2. 农牧业税					
	财政总收入	增长数		累计增长		合计	占总收入%	增长数		累计增长		合计	占总收入%	增长数		累计增长	
		增长额	%	增长额	%			增长额	%	增长额	%			增长额	%	增长额	%
丁	1	2	3	4	5	6	7	8	9	10	11	12	13	14	15	16	17
1988(基数)	2690					1860	69.14					469	17.43				
1989	3421	731	27.17	731	27.17	2093	61.18	233	12.53	233	12.53	811	23.71	342	72.92	342	72.92
1990	3472	51	1.49	782	29.07	2069	59.59	-24	-1.15	209	11.24	776	22.35	-35	-4.32	307	65.46
1991	3478	6	0.17	788	29.29	2057	59.14	-12	-0.58	197	10.59	768	22.08	-8	-1.03	299	63.75
1992	3724	246	7.07	1034	38.44	2215	59.48	158	7.68	355	19.09	909	24.41	141	18.36	440	93.82
1993	4350	626	16.81	1660	61.71	2800	64.37	585	26.41	940	50.54	811	18.64	-98	-10.78	342	72.92
1994	6560	2210	50.8	3870	143.87	1485	22.63	-1315	-46.96	-375	-20.16	1687	25.72	876	108.01	1218	259.7
1995	8230	1670	25.46	5540	205.95	2042	24.82	557	37.51	182	9.78	1302	15.82	-385	-22.82	833	177.61
1996	10660	2430	29.53	7970	296.28	2577	24.17	535	26.2	717	38.55	1876	17.6	574	44.09	1407	300
1997	10835	175	1.64	8145	275.17	2561	23.63	-16	-0.62	701	37.69	2477	22.86	601	32.04	2008	428.14
1998	11476	641	5.29	8786	326.62	3222	28.08	661	25.81	1362	73.23	2214	19.29	-263	-10.62	1745	372.07
1999	10940	-536	-4.67	8250	306.69	3013	27.54	-209	-6.49	1153	61.99	2057	18.8	-157	-7.09	1588	338.59
2000	11554	614	561	8864	329.52	3150	27.26	137	4.55	1290	69.35	2799	24.23	742	36.07	2330	496.8
2001	12314	760	6.58	9624	357.77	3376	27.42	226	7.17	1516	81.51	2021	16.41	-778	-27.8	1552	330.92
2002	14170	1856	15.07	11480	426.77	3267	23.06	-109	-3.23	1407	75.65	4125	29.11	2104	104.11	3656	779.53
2003	15560	1390	9.81	12870	478.44	3348	21.52	81	2.48	1488	80	5312	34.14	1187	28.78	4843	1032.62
2004	16077	517	3.32	13387	497.66	4011	24.95	663	19.8	2151	115.65	2481	15.43	-2831	-53.29	2012	429
2005	18191	2114	13.15	15501	576.25	5279	29.02	1268	31.61	3419	183.82	580	3.19	-1901	-76.62	111	23.67
2006	21274	3083	16.95	18584	690.86	6118	28.76	839	15.89	4258	228.92	1422	6.68	842	145.17	953	203.2
2007	26152	4878	22.93	23462	872.19	7585	29	1467	23.98	5725	307.8	1280	4.89	-142	-9.99	811	172.92
2008	27183	1031	3.94	24493	910.52	8531	31.39	946	12.47	6671	358.66	1447	5.32	167	13.05	978	208.53
2009	28021	838	3.08	25331	941.67	10560	37.69	2029	23.78	8700	467.74	1753	6.26	306	21.15	1284	273.77
2010	35233	7212	25.74	32543	1209.78	12921	36.67	2361	22.36	11061	594.68	4372	12.42	2619	149.4	3909	832.2
合计	302875	32543	1209.78	年均增长54.99		94280	31.13	11061	594.68	年均增长27.03		43280	14.29	3909	832.2	年均增长37.83	
倍数	22年达到13.1倍，年平均0.6倍					22年达到6.95倍，年平均0.32倍						22年达到9.32倍，年平均0.42倍					

续上表

年度	3、企业收入						4、非税收入						5、国库上划三税收入							
	合计	占总收入%	增长数		累计增长		合计	占总收入%	增长数		累计增长		合计	占总收入%	其中：			增长数		增长额
			增长额	%	增长额	%			增长额	%	增长额	%			增值税和消费税	所得税	营业税和资源税	增长额	%	
丁	18	19	20	21	22	23	24	25	26	27	28	29	30	31	32	33	34	35	36	
1988（基数）	200	7.44					161	5.99												
1989	229	6.69	29	14.5	29	14.5	288	8.42	127	78.88	127	78.88								
1990	240	6.91	11	4.8	40	20	387	11.15	99	3438	226	140.37								
1991	241	6.93	1	0.42	41	20.5	412	11.85	25	6.46	251	155.9								
1992	248	6.66	7	2.9	48	24	352	9.45	-60	-14.56	191	118.63								
1993	250	5.75	2	0.81	50	25	489	11.24	137	38.92	328	203.73								
1994	278	4.24	28	11.2	78	39	1419	21.63	930	190.18	1258	781.37	1691	25.78	1691		1691		1691	
1995	417	5.07	139	50	217	108.5	2486	30.2	1067	75.19	2325	1444.1	1983	24.09	1983		292	17.27	1983	
1996	993	9.32	576	138.13	293	396.5	3097	29.05	611	24.58	2936	1823.6	2117	19.86	2117		134	6.76	2117	
1997	1161	10.72	168	16.92	961	480.5	2945	27.18	-152	-4.91	2784	1729.19	1691	15.61	1691		-426	-20.12	1691	
1998	721	6.28	-440	-37.9	521	260.5	3616	31.51	671	22.78	3455	2145.96	1703	14.84	1703		12	0.71	1703	
1999	660	6.03	-61	-8.46	460	230	3717	33.98	101	2.79	3556	2208.7	1493	13.65	1493		-210	12.33	1493	
2000	295	2.05	-365	-55.3	95	47.5	3620	31.33	-97	-2.61	3459	2148.45	1690	14.63	1690		197	13.19	1690	
2001	518	4.21	223	75.59	318	159	4675	37.96	1055	291.44	4514	2803.73	1724	14	1724		34	20.12	1724	
2002	355	2.51	-163	-31.47	155	77.5	3848	27.15	-827	-17.69	3687	2290.06	2575	18.17	1725	850	851	49.36	2575	
2003	287	1.84	-68	-19.15	87	43.5	3932	25.27	84	2.18	3771	2342.24	2681	17.23	1727	954	106	4.12	2681	
2004	288	1.79	1	0.35	88	44	6362	39.57	2430	61.8	6201	3851.55	2935	18.26	1935	1000	254	9.47	2935	
2005	183	1.01	-105	-36.46	-17	-8.5	7624	41.91	1262	19.84	7463	4635.4	4525	24.87	3450	1075	1590	54.17	4525	
2006	185	0.87	2	1.09	-15	-7.5	8078	37.97	454	5.95	7917	4917.39	5471	25.72	4244	1227	946	20.91	5471	
2007	255	0.98	70	37.84	55	27.5	10651	40.73	2573	31.85	10490	6515.53	6381	24.4	5317	1064	910	16.63	6381	
2008	255	0.94	0	0	55	27.5	11146	41	495	4.65	10985	6822.98	5804	21.35	4511	1293	-577	-9.04	5804	
2009	255	0.91	0	0	55	27.5	8816	31.46	-2330	-20.9	8655	5375.78	6637	23.68	5089	1548		833	14.35	6637
2010	255	0.72	0	0	55	27.5	5786	16.42	-3030	-34.37	5625	3493.79	11899	33.77	7319	2328	2252	5262	79.28	11899
合　计	8569	2.83	55	27.5	年均增长1.25		93746	30.95	5625	3493.79	年均增长158.8		63000	20.8	49409	11339		11899	年平均3705万元	
倍数	22年达到1.27倍，年平均0.06倍						22年达到35.94倍，年平均1.63倍						从1994年起税制改革后17年共上划三税63000万元							

（一）一般预算收入

1. 农业各税

农业税 1989 年以来，县内农业税征收采取征收代金、征收实物两种征收方式。1989 ~2001 年，全县农业税计税面积 70.02 万亩，正税按照平均税率 13.02%、常年产量 205 公斤/亩依率计征，农业税附加为正税的 14%。2002 ~2004 年，农村税费改革后，重新核定农业税计税面积 73.65 万亩，农业税正税平均税率 7%，常年产量 375 公斤/亩，农业税附加为正税的 20%。2004 年，农业税正税税率下降 3 个百分点即 4%，计税面积、常年产量均与上年相同，农业税附加也同步下调。2005 年取消农业税。

1990 年，全县农业税计税面积 70.02 万亩，常年产量 143450652.8 公斤。农业税征收以征收代金方式为主，统一按照"倒三七"（30% 按原统购价，70% 按原定购价）确定收购价格。是年，农业税入库 686.3 万元，占同期地方财政收入的 19.8%。

1991 年，常年产量由稻谷改为细粮计征。是年，农业税入库 665.5 万元，占同期地方财政收入的 19.13%。

1994 年，稻谷提价，88 元/100 斤，按提价折算计征。以后价格年年有调整，税额也随之变动。

1998 年，农业税以征收粮食为主，计税价格分别为：早籼稻 114 元/100 公斤，中、晚籼稻 126 元/100 公斤，与粮食部门结算、解缴。是年，入库农业税 1517 万元，占同期地方财政收入的 15.5%。

2002 年，农村税费改革全面铺开，税改的主要内容：取消乡镇统筹、农村教育集资等专门向农民征收的行政事业性收费和政府性基金；取消屠宰税；取消劳动积累工和义务工；调整农业税和特产税政策；改革村提留征收使用办法。2002 年 4 ~11 月实施改革，取消了乡镇统筹费、农村教育集资以及统一规定的劳动积累工和义务工，停止征收屠宰税和随税附征的其他收费项目。调整了农业税和农业特产税政策，确定全县综合税率为 6.9%。改革村提留征收和使用办法，确定了基本水费和排渍电费的收取标准，即基本水费 5 元/亩，湖区 25 个乡镇 25 元/亩，两项相加不得超过 30 元/亩。是年，按照"有地有税，有税有地"原则，当年入库农业税 3500 万元，占同期地方财政收入的 30.2%。

2004 年，农业税正税税率下调 3 个百分点。是年，入库农业税 2321 万元，占同期地方财政收入的 17.7%。

1989 ~2004 年，农业税入库累计完成 24956 万元，占地方财政收入的 20%。

2005 年，取消农业税。

农业特产税　1989 ~1994 年，农林特产税按照各种农特产品的收入金额计征，征税范围有园林作物收入，包括水果、茶叶等 6 种；林木收入，包括竹子、木材等 12 种；水生植物收入，包括湘莲等 3 种；水产养殖收入，包括鱼类、珍珠等 3 种，税率分别为 8% 和 5%，另随特产税征收 14% 的附加。

1994 年，农林特产税改称农业特产税。是年，入库农业特产税 240 万元。

1989～2003 年，全县农业特产税累计入库 6397 万元，占同期地方财政收入的 5.74%。

2004 年，取消除烟叶以外的农业特产税。

耕地占用税　县内执行 3 种税额标准：城关镇、蒋家嘴、南胡渔场为一类，每平方米征收 7 元；西湖片、中心片等乡镇为二类，每平方米征收 6.5 元；其他乡镇为三类，每平方米征收 5.5 元。农民建房占地减半征收。1989～2008 年，累计征收 2812 万元。耕地占用税征收额最高年份是 2006 年，征收额为 1030 万元。

契税　从 1990 年起，全面恢复契税征收。契税收入全部留存县本级财政，纳入预算管理。1994 年，契税征收步入正轨，当年入库 20 万元，在上年基础上翻了 5 番。1991～1996 年，契税征收税率为 6%。1997 年 7 月，根据新的契税条例规定开征土地转让契税，县内执行标准为房地产成交价格的 4%。1998 年 2 月，全县启用统一的湖南省契税完税证和湖南省契税纳税申请审批表。2004 年契税收入上百万台阶。1990～2008 年，累计完成契税收入 2990 万元。

1989～2008 年，全县累计完成农业各税 37155 万元，占地方财政总收入的 19.04%。

2. 工商各税

县工商各税由县国家税务局、县地方税务局分别征收、解缴。至 2008 年止，列入县财政收入的工商各税有增值税、产品税、营业税、企业所得税、个人所得税、资源税、城市维护建设税、房产税、建筑税、城市土地使用税、土地增值税、印花税、车船税、屠宰税、固定资产投资方向调节税和其他工商税。

1989～1991 年，征收了建筑税，共征收 203 万元。

1989～1993 年，征收了产品税，共征收 987 万元。

1989～1993 年，征收了其他工商税，共征收 39 万元。

1989～1997 年，征收了滞纳金罚没收入，共征收 36 万元。

1989～2002 年，征收了屠宰税，共征收 2104 万元。

1992～2000 年，征收了固定资产投资方向调节税，共征收 871 万元。

1995～2008 年，开征资源税，共征收 155 万元。

1995～2008 年，开征土地增值税，共征收 144 万元。

1998～2008 年，开征企业所得税，共征收 1480 万元。

1989～2008 年，除出上划中央部分，全县累计征收工商各税 70799 万元，占地方财政总收入的 36.28%。

3. 企业收入

1989 年，全县国有企业继续实行多种形式的经营承包，工资总额与企业效益挂钩，企业上缴利润和所得税。是年，企业上缴利润和所得税共 196 万元。另外还征收了国营企业调节税42万元，1990年停止征收。

1994～1997年，改征国营企业所得税、利润为国有资产占用费，由企业股负责收缴。1998年开始，国有资产占用费由国资办收取。

1989～2008年，全县企业收入共完成8059万元，占地方财政总收入的4.13%。

4. 非税收入

1993年，取消国有企业及其主管部门预算外资金决算，只保留地方财政部门和行政事业单位收支决算。纳入财政预算的财政收入有489万元。

1994年，制定《汉寿县行政事业单位专项收费收入管理办法》，规定了收费票据管理。1995年，制定了《汉寿县行政事业单位专项收费收入管理实施细则》、《汉寿县行政事业单位专项收费收入管理补充规定》和《关于印发汉寿县行政事业性收费及专项收费调节基金征收管理实施细则的通知》，当年征收政府调节基金164万元。上述两年纳入地方财力的预算收入分别为1419万元和2486万元。

1996年，汉寿县收费局成立，为具有行政职能的副科级事业单位，隶属县财政局管理。

1997年，全面推行“财政统一票据，单位执收执罚，委托银行代收，资金上缴财政”的收费管理体制，取消了单位收入过渡户，使“征、管、用”三权分离。是年，完成预算外收入10642万元，财政专户储存4175万元，专储率39.2%。

2002年，取消乡镇统筹收入及部分涉农收费。是年，完成预算外收入10315万元，财政专户储存9813万元，专储率95.1%。

2003年，取消28项事业性收费项目，降低22项事业性收费项目标准，12项事业性收费转为行政性收费并纳入预算管理。是年4月，县政府服务中心成立，实行大厅集中收费。当年全县完成预算外收入5811万元，下降41.7%。

2004年，《湖南省非税收入管理条例》颁布实施。是年，县政府制定了《汉寿县行政事业性（专项）收费及罚没收入管理暂行办法》。当年完成预算外收入7518万元，同比增长23.1%；预算外支出7514万元，同比增长23.8%；实行财政专户储存为100%。

2005年，汉寿县收费局更名为汉寿县非税收入管理局，升格为正科级事业单位，隶属汉寿县财政局管理。是年，实现行政事业性收费收入17202万元，罚没收入1705万元，政府性基金525万元。

2006年，县直非税收入单位进入非税收入网，实行网络管理。2008年，乡镇非税收入单位也进入非税收入网，实行网络管理。

1989～2008年，全县共完成非税收入79144万元，占地方财政总收入的40.55%。其中2008年完成11146万元，占当年一般预算总收入的52.14%。

（二）上级补助收入

上级补助收入包括返还性收入、财力性转移支付收入、专项转移支付收入。

1989～1993年，上级补助收入项目包括追加减补助、支出专项拨款、下放支出补助、企业上下划和其他补助等项目。该时期上级补助收入为5710万元。

1994年，增加增值税和消费税返还项目。是年，上级补助收入为2781万元。其中两税返还性收入1475万元。1994～2008年，两税返还收入23217万元。其中2008年两税返还收入1812万元。

1999年，增加上级对县内各项转移支付，包括工资性、一般性转移支付。是年，上级补助收入为6957万元。其中调整工资转移支付补助793万元。1999～2008年，调整工资转移支付补助68198万元。其中2008年13650万元。

2001年，农村税费改革后增加农村税费改革转移支付补助。是年，农村税费改革转移支付补助653万元。2001～2008年，农村税费改革转移支付补助52242万元。其中2008年农村税费改革转移支付补助10890万元。

2002年，增加所得税基数返还项目。是年，所得税基数返还481万元。2002～2008年，所得税基数和出口退税基数返还3935万元。近4年返还数均为560万元。其中2004年返还654万元中有出口退税基数返还为105万元。

1989～2008年，上级补助收入共348293万元，其中返还性收入27152万元，财力性转移支付收入213986万元，专项转移支付收入107155万元。2008年上级补助收入为85684万元。

汉寿县1989～2010年财政预算收入明细表

单位：万元

年度	预算收入总计	本年收入合计	一般预算收入																
			1. 工商税收																
			小计	增值税	产品税	营业税	企业所得税	个人所得税	资源税	城市维护建设税	房产税	建筑税	城市土地使用税	土地增值税	印花税	车船税	屠宰税	滞纳金罚没收入	其他工商税	固产投资方向调节税
乙	1	2	3	4	5	6	7	8	9	10	11	12	13	14	15	16	17	18	19	20
1989	4557	3421	2093	730	161	916		55		74	34	67	15		13	12	9	3	4	
1990	4665	3472	2069	660	172	900		80		66	53	58	20		15	16	12	8	9	
1991	5126	3478	2057	710	151	825		82		72	55	78	17		10	13	19	18	7	
1992	5566	3724	2215	757	259	838		92		77	57		18		11	13	21	1	9	62
1993	5892	4350	2800	1252	244	942		106		79	51		10		10	20	18		10	58
1994	7979	4869	1485	562		380		141		100	120		10		17	79	32	1		43
1995	10431	6247	2042	659		504		335	10	115	75		24	2	36	40	133	1		108
1996	13792	8543	2577	704		737		419	24	157	193		24		50	49	117	2		101
1997	13551	9144	2561	562		818		502	21	174	104		40	2	37	37	135	2		127
1998	14772	9773	3222	566		984	128	759	20	76	186		40	2	59	46	236			120
1999	17437	9447	3013	496		1006	100	517	11	114	151		16	1	43	50	279			229
2000	17691	9864	3150	563		987	184	521	10	135	153		20	3	12	39	500			23
2001	22921	10590	3376	575		632	594	707	5	140	143		22	1	17	40	500			
2002	30954	11595	3267	575		1601	51	406	6	247	197		27	2	26	36	93			
2003	34537	12879	3348	576		1707	41	330	5	381	209		33	5	26	35				
2004	42990	13142	4011	645		2146	46	343	5	416	288		30	6	48	38				
2005	53438	13666	5279	1150		2696	47	371	5	501	343		30	6	84	46				
2006	69206	15803	6118	1415		3044	54	423	6	569	417		38	4	99	49				
2007	92936	19771	7585	1628		3557	89	487	11	877	639		61	47	114	75				
2008	110898	21379	8531	1445		4301	146	452	16	1049	710		122	63	91	136				
2009	135697	21384	10560	1694		5938	203	399	28	932	875		174	65	106	146				
2010	157239	23334	12921	1687		6697	429	478	59	1001	959		616	659	189	147				
合计	872275	239875	94280	19611	987	42156	2112	8005	242	7352	6012	203	1407	868	1113	1162	2104	36	39	871

续上表

年度	一般预算收入																
	2. 农牧业税					3. 企业收入					4. 非税收入						
	小计	农业税	农业特产税	耕地占用税	契税	小计	国营企业所得税	国营企业调节税	企业上缴利润和经营收入	国有企业亏损补贴	小计	专项收入	行政事业性收费	罚没收入	国有资产有偿使用	国家预算调节基金	其他收入
乙	21	22	23	24	25	26	27	28	29	30	31	32	33	34	35	36	37
1989	811	724	55	32		229	186	42	10	－9	288	30		230		28	
1990	776	686	81	8	1	240	105		145	－10	387	38		321		28	
1991	768	666	89	10	3	241	73		180	－12	412	76		320		16	
1992	909	792	106	8	3	248	140		118	－10	352	58		283		11	
1993	811	714	89	4	4	250	107		153	－10	489	70		412		7	
1994	1687	1356	240	71	20	278	158		130	－10	1419	104	40	1000	20	5	250
1995	1302	1043	207	38	14	417	159		268	－10	2486	130	245	1592	80	3	436
1996	1876	1409	400	49	18	993	178		815		3097	78	881	1260			878
1997	2477	1817	600	30	30	1161	182		979		2945		1424	754			767
1998	2214	1517	600	42	55	721			721		3616	96	1644	970			906
1999	2057	1442	530	40	45	660			660		3717	81	1618	541	41		1436
2000	2799	1861	850	45	43	295			295		3620	61	1763	910			886
2001	2021	1046	900	45	30	518			518		4675	86	1700	902			1987
2002	4125	3500	500	45	80	355			355		3848	86	2200	945			617
2003	5312	4062	1150	45	55	287			287		3932	93	1790	1249			800
2004	2481	2321		46	114	288			288		6362	122	2230	1232			2778
2005	580			340	240	183			183		7624	256	2780	1705			2883
2006	1422			1030	392	185			185		8078	290	2200	1726			3862
2007	1280			415	865	255			255		10651	312	2591	1687	89		5972
2008	1447			469	978	255			255		11146	514	3027	2415	105		5085
2009	1753			836	917	255			255		8816	573	2702	1989	99		3453
2010	4372			2474	1898	255			255		5786	803	2381	2467	135		
合计	43280	24956	6397	6122	5805	8569	1288	42	7310	－71	93746	3957	31216	24910	569	98	32996

续上表

年度	上级补助收入																		调入资金	国债转贷收入	上年（滚存）结余
	上级补助合计	1. 返还性收入			2. 财力性转移支付收入										3. 专项转移支付收入					
		小计	增值税消费税返还	所得税和出口退税基数返还	小计	一般性转移支付补助	调整工资转移支付	结算补助	义务教育补助收入	农村税费改革补助	缓解县乡困难补助结算补助	农税、企业划转补助	其他财力性转移支付	调整收入任务补助	其他补助	小计	专项补助收入	增发国债补助			
乙	38	39	40	41	42	43	44	45	46	47	48	49	50	51	52	53	54	55	56	57	58
1989	896				206						163	－2		33	12	690	690		160		80
1990	941				286						163	－2		63	62	655	655		200		52
1991	1242				322						165	－2		78	81	920	920		388		18
1992	1417				336						165	－2		55	118	1081	1081		370		55
1993	1214				300						165	－2		106	31	914	914		240		88
1994	2781	1475	1475		384						165			72	147	922	922		150		179
1995	4011	1513	1513		688						165			207	316	1810	1810				173
1996	5085	1528	1528		861						371			194	296	2696	2696				164
1997	4112	1466	1466		899						558			90	251	1747	1747				295
1998	4348	1466	1466		948						558			227	163	1934	1934			433	218
1999	6957	1257	1257		1952		793				379			222	558	3748	3748			588	445
2000	6403	1469	1469		2473		1586				817			70		2461	2461				1424
2001	10852	1473	1473		6693		4062		653		1367			611		2686	2686				1479
2002	16394	1954	1473	481	10845	970	5370		3288		990			227		3595	3595				2965
2003	18442	2033	1473	560	12065	1490	5947		3288		1073	267				4344	4344			450	2766
2004	27185	2097	1443	654	18871	4532	6526		5787		1828	198				6217	6217			200	2463
2005	35855	2284	1724	560	25715	7839	6526		8456	1437	1418	39				7856	7856			50	3867
2006	47201	2362	1802	560	32601	10076	10088		8456	2361	1592	28				12238	12038	200		980	5222
2007	67273	2403	1843	560	45776	14729	13650	1217	11424	3587	816		353			19094	17981	1113			5892
2008	85684	2372	1812	560	51765	21057	13650	1706	10890	3172	1262		28			31547	29714	1833			3835
2009	111091	2924	1859	1065	57917	23089	13650	1968	10890	3897	889		433	1194	1907	50250	43085	7165		1300	1922
2010	123487	4552	2003	2549	67675	24884	13650	4209	11797	4778	1052		105		7200	51260	51260			2250	8168
合计	582871	34628	27079	7549	339578	108666	95498	9100	74929	19232	16121	522	919	3449	11142	208665	198354	10311	1508	6251	41770

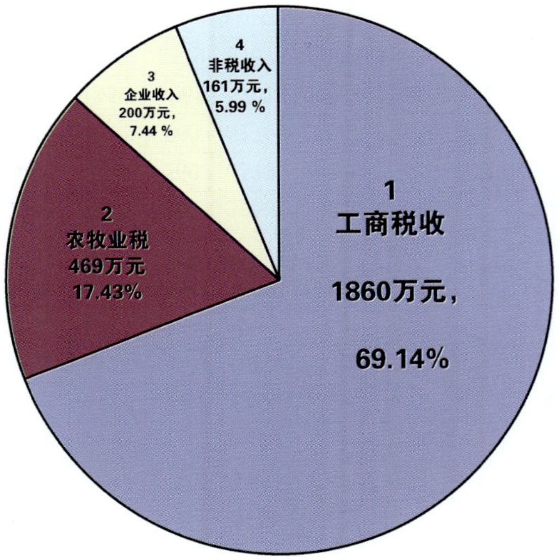

图1:1988年　基数

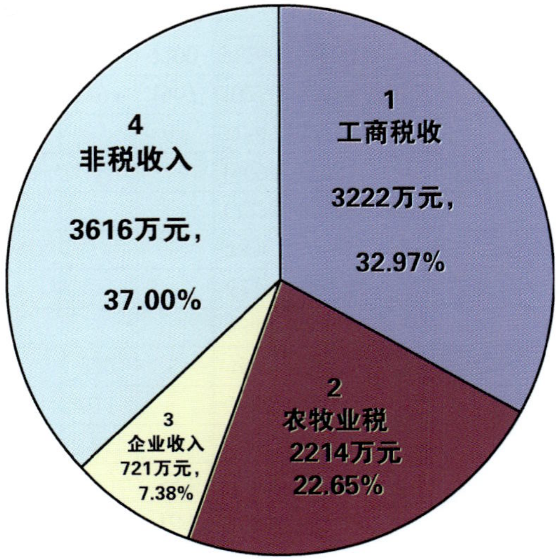

图2:1998年(10年前)

汉寿县1989～2010年财政一般预算收入完成比例示意图(县本级预算)

附表1:　　金额:万元,比例:%

收入项目名称	完成金额	占预算%	
预算收入合计	2690		
1. 工商税收	1860	69.14	
2. 农牧业税	469	17.43	
3. 企业收入	200	7.44	
4. 非税收入	161	5.99	

附表2:　　金额:万元,比例:%、倍

收入项目名称	完成金额	占预算%	累计增长		10年完成		
			增长额	%	总收入	年平均	倍数
预算收入合计	9773		7083	263.31	57021	5702	3.63
1. 工商税收	3222	32.97	1362	73.23	23121	2312	1.73
2. 农牧业税	2214	22.65	1745	372.07	13631	1363	4.72
3. 企业收入	721	7.38	521	260.50	4778	478	3.61
4. 非税收入	3616	37.00	3455	2145.96	15491	1549	22.45

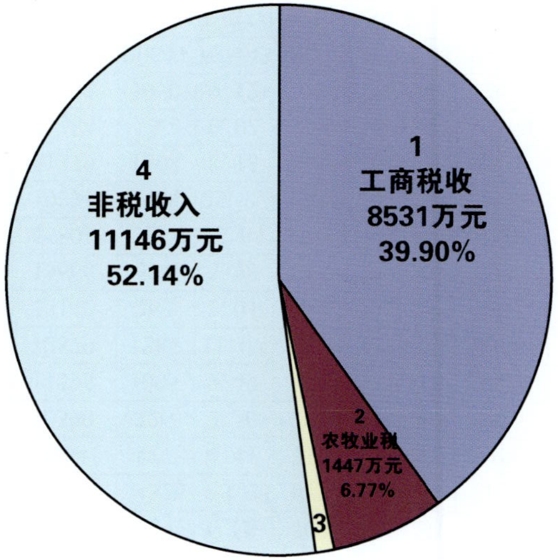

图 3:2008 年

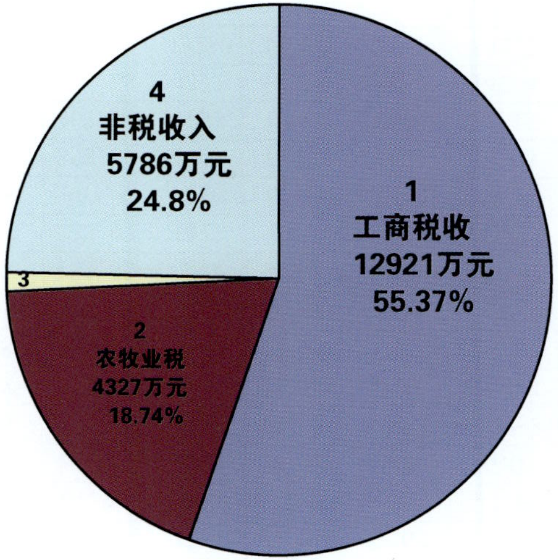

图 4:2010 年

汉寿县 1989～2010 年财政一般预算收入完成比例示意图(县本级预算)

附表 3:

金额:万元,比例:%

收入项目名称	完成金额	占预算%	累计增长		10 年完成		
			增长额	%	总收入	年平均	倍数
预算收入合计	21379		18689	694.76	138136	13813	2.19
1. 工商税收	8531	39.90	6671	358.66	47678	4768	2.64
2. 农牧业税	1447	6.77	978	208.53	23524	2352	0.65
3. 企业收入	255	1.19	55	27.50	3281	328	0.35
4. 非税收入	11146	52.14	10985	6822.98	63653	6365	3.08

附表 4:

金额:万元,比例:%、倍

收入项目名称	20 年完成总收入	占总收入%	年平均	20 年累计增长			20 年完成(倍)
				增长总额	年平均	%	
预算收入合计	23334		20644	767.43	44718	22359	1.09
1. 工商税收	12921	55.37	11061	554.68	23481	11741	1.52
2. 农牧业税	4372	18.74	3903	832.2	6125	3062	3.02
3. 企业收入	255	1.09	55	27.50	510	255	1
4. 非税收入	5786	24.80	5625	3493.79	14602	7301	0.51

汉寿县 1989～2010 年财政预算收入分析情况表

（县本级一般预算收入部分）

单位：万元

年度	地方一般预算收入					1. 工商税收						2. 农牧业税					
	预算收入合计	增长数		累计增长		合计	占预算收入%	增长数		累计增长		合计	占预算收入%	增长数		累计增长	
		增长额	%	增长额	%			增长额	%	增长额	%			增长额	%	增长额	%
丙	1	2	3	4	5	6	7	8	9	10	11	12	13	14	15	16	17
1988(基数)	2690					1860	69.14					469	17.43				
1989	3421	731	27.17	731	27.17	2093	61.18	233	12.53	233	12.53	811	23.71	342	72.92	342	72.92
1990	3472	51	1.49	782	29.07	2069	59.59	-24	-1.15	209	11.24	776	22.35	-35	-4.32	307	65.46
1991	3478	6	0.17	788	29.29	2057	59.14	-12	-0.58	197	10.59	768	22.08	-8	-1.03	299	63.75
1992	3724	246	7.07	1034	38.44	2215	59.48	158	7.68	355	19.09	909	24.41	141	18.36	440	93.82
1993	4350	626	16.81	1660	61.71	2800	64.37	585	26.41	940	50.54	811	18.64	-98	-10.78	342	72.92
1994	4869	519	11.93	2179	81	1485	30.5	-1315	-46.96	-375	-20.16	1687	34.65	876	108.01	1218	259.7
1995	6247	1378	28.3	3557	132.23	2042	32.68	557	37.51	182	9.78	1302	20.84	-385	-22.82	833	177.61
1996	8543	2296	36.75	5853	217.58	2577	30.17	535	26.2	717	38.55	1876	21.96	574	44.09	1407	300
1997	9144	601	7.03	6454	239.93	2561	28	-16	-0.62	701	37.69	2477	27.09	601	32.04	2008	428.14
1998	9773	629	6.88	7083	263.31	3222	32.97	661	25.81	1362	73.23	2214	22.65	-263	-10.62	1745	372.07
1999	9447	-326	-3.23	6757	251.19	3013	31.88	-209	-6.49	1153	61.99	2057	21.77	-157	-7.09	1588	338.59
2000	9864	417	4.41	7174	266.69	3150	31.93	137	4.55	1290	69.35	2799	28.38	742	36.07	2330	496.8
2001	10590	726	7.36	7900	293.68	3376	31.88	226	7.17	1516	81.51	2021	19.08	-778	-27.8	1552	330.92
2002	11595	1005	9.49	8905	331.04	3267	28.17	-109	-3.23	1407	75.65	4125	35.58	2104	104.11	3656	779.53
2003	12879	1284	11.07	10189	378.77	3348	26	81	2.48	1488	80	5312	41.25	1187	28.78	4843	1032.62
2004	13142	263	2.04	10452	388.55	4011	30.52	663	19.8	2151	115.65	2481	18.88	-2831	-53.29	2012	429
2005	13666	524	3.98	10976	408.03	5279	38.63	1268	31.61	3419	183.82	580	4.24	-1901	-76.62	111	23.67
2006	15803	2137	15.64	13113	487.47	6118	38.71	839	15.89	4258	228.92	1422	9	842	145.17	953	203.2
2007	19771	3968	25.11	17081	634.98	7585	38.36	1467	23.98	5725	307.8	1280	6.48	-142	-9.99	811	172.92
2008	21379	1608	8.13	18689	694.76	8531	39.9	946	12.47	6671	358.66	1447	6.77	167	13.05	978	208.53
2009	21384	5	0.02	18694	694.94	10560	49.38	2029	23.78	8700	467.74	1753	8.2	306	21.15	1284	273.77
2010	23334	1950	9.12	20644	767.43	12921	55.37	2361	22.36	110.61	594.68	4372	18.74	2619	149.4	3903	832.2
合计	239875	20644	767.43	年均增长 34.88		94280	39.3	11061	594.68	年均增长 27.03		43280	18.04	3903	832.2	年均增长 37.83	
倍数	22 年达到 8.67 倍，年平均 0.39 倍					22 年达到 6.95 倍，年平均 0.32 倍						22 年达到 9.32 倍，年平均 0.42 倍					

续上表

年度	3. 企业收入						4. 非税收入					
	合计	占预算收入%	增长数		累计增长		合计	占预算收入%	增长数		累计增长	
			增长额	%	增长额	%			增长额	%	增长额	%
丙	18	19	20	21	22	23	24	25	26	27	28	29
1988(基数)	200	7.44					161	599				
1989	229	6.69	29	14.5	29	14.5	288	8.42	127	78.88	127	78.88
1990	240	6.91	11	4.8	40	20	387	11.15	99	3438	226	140.37
1991	241	6.93	1	0.42	41	20.5	412	11.85	25	6.46	251	155.9
1992	248	6.66	7	2.9	48	24	352	9.45	-60	-14.56	191	118.63
1993	250	5.75	2	0.81	50	25	489	11.24	137	38.92	328	203.73
1994	278	5.71	28	11.2	78	39	1419	29.14	930	190.18	1258	781.37
1995	417	6.68	139	50	217	108.5	2486	39.8	1067	75.19	2325	1444.1
1996	993	11.62	576	138.13	293	396.5	3097	36.25	611	24.58	2936	1823.6
1997	1161	12.7	168	16.92	961	480.5	2945	32.21	-152	-4.91	2784	1729.19
1998	721	7.38	-440	-37.9	521	260.5	3616	37	671	22.78	3455	2145.96
1999	660	6.99	-61	-8.46	460	230	3717	39.36	101	2.79	3556	2208.7
2000	295	2.99	-365	-55.3	95	47.5	3620	36.7	-97	-2.61	3459	2148.45
2001	518	4.89	223	75.59	318	159	4675	44.15	1055	291.44	4514	2803.73
2002	355	3.06	-163	-31.47	155	77.5	3848	33.19	-827	-17.69	3687	2290.06
2003	287	2.23	-68	-19.15	87	43.5	3932	30.52	84	2.18	3771	2342.24
2004	288	2.19	1	0.35	88	44	6362	48.41	2430	61.8	6201	3851.55
2005	183	1.34	-105	-36.46	-17	-8.5	7624	55.79	1262	19.84	7463	4635.4
2006	185	1.17	2	1.09	-15	-7.5	8078	51.12	454	5.95	7917	4917.39
2007	255	1.29	70	37.84	55	27.5	10651	53.87	2573	31.85	10490	6515.53
2008	255	1.19	0	0	55	27.5	11146	52.14	495	4.65	10985	6822.98
2009	255	1.19	0	0	55	27.5	8816	41.23	-2330	-20.9	8655	5375.78
2010	255	1.09	0	0	55	27.5	5786	24.8	-3030	-3437	5625	3493.79
合计	8569	3.58	55	27.5	年均增长 1.25		93746	39.08	5625	3493.79	年均增长 158.8	
倍数	22 年达到 1.27 倍,年平均 0.06 倍						22 年达到 35.94 倍,年平均 1.63 倍					

三、财政支出

汉寿县是农业大县，经济发展相对滞后，可用财力十分有限。1989～2008年，县财政支出本着“量入为出，量财办事”的原则，一切从紧安排，在确保“吃饭”和各单位正常运转的资金需要外，其他支出一律不予考虑。20年间，做到了与时俱进、政通人和，县财政每年都实现了收支平衡。

1989～2008年，全县共完成支出579339万元。其中一般预算支出503314万元，上解上级支出41131万元。

（一）一般预算支出

1. 一般公共服务（行政管理）本类支出重点用于政权建设，保障政权机关正常运行，占财政支出比重较大。主要分为行政运行、一般行政管理事务、机关服务以及各项业务支出等。1989～2008年，一般公共服务累计支出88134万元，占一般预算总支出的17.51%。其中：2008年支出12253万元，占当年支出的11.55%，为1988年该项支出542万元的22.61倍。

2. 公共安全 公共安全支出包括公安局、检察院、法院和司法局经费支出。1989～2008年，公共安全累计支出28642万元，占一般预算总支出的5.69%。其中：2008年支出4530万元，占当年支出的4.27%。为1988年该项支出157万元的28.85倍。

3. 农林水事务 1989～2008年，农林水事务支出58874万元，占一般预算总支出的11.7%。其中2008年支出17178万元，占当年财政总支出的16.19%，为1988年该项支出511万元的33.61倍。此项支出中农业和水利占有比重较大，其中：农业支出32765万元，占一般预算总支出的6.51%。2008年，农业支出10921万元，占当年支出的10.29%。比1988年的89万元，增加了10832万元，增长121.7倍。水利支出13257万元，占一般预算总支出的2.63%。2008年，水利支出4738万元，比1988年的149万元，增加了4589万元，增长30.8倍。

4. 教科文 1989～2008年教科文总支出125393万元，占总支出的24.92%。其中教育支出110609万元，占一般预算总支出的21.98%；科学技术支出2371万元，占一般预算总支出的0.47%；文化体育计生与传媒支出12413万元，占一般预算总支出的2.47%。

教育支出一直是财政支出的大头，1989～2000年，教育支出来源为财政预算拨款、农村教育费附加收入、教育集资收入以及学杂费收入。2001年，教育支出由县教育局统筹，当年教育系统工资由县财政统发，其人员经费县财政直接打卡由银行部门发放，部分专项支出（老干特费、工会经费、遗属生活补助）拨付县教育局统筹，教育系统养老保险、医疗保险、失业保险经费由财政直接拨付到相关保险机构。

2008年，教育支出21836万元，占当年支出的20.58%，为1988年该项支出962万元的22.69倍。

2008 年，文化体育计生与传媒支出 2922 万元，占当年支出的 2.75%，为 1988 年该项支出 87 万元的 33.58 倍。

5. 社会保障和就业 社会保障和就业支出包括劳动社会保障和民政优抚支出。1989～2008 年，全县共支出 97639 万元，占一般预算总支出的 19.4%。其中 2008 年支出 23362 万元，占当年支出的 22.02%，为 1988 年支出 251 万元的 93.07 倍。⑴民政优抚和社会福利支出 1989～2008 年共 22859 万元，占一般预算总支出的 4.54%，其中：2008 年 4884 万元，占当年支出的 4.6%。为 1988 年支出 244 万元的 20 倍。⑵社会保障和就业支出 1989～2008 年共 74780 万元，占一般预算总支出的 14.86%。其中 2008 年支出 18478 万元，占当年支出的 17.42%，基本上属于净增（其执行管理办法在基金管理中具体说明）。

6. 医疗卫生 1989～2008 年，全县医疗卫生支出共 31403 万元，占一般预算总支出的 6.24%。其中 2008 年支出 9476 万元，占当年支出的 8.93%，为 1988 年该项支出 343 万元的 27.62 倍。卫生事业费转移支付也逐年增加，1996 年 47 万元，2008 年 666.68 万元，累计转移支付 3887.09 万元。2007 年 1 月 1 日正式启动新型农村合作医疗。是年，财政转移支付 1812.02 万元，县级财政投入 206.30 万元，参合农民 515761 人。2008 年财政转移支付 3404.8 万元，县级财政投入 324.29 万元，参合农民 540434 人。2008 年支付破产改制企业医疗保险资金 364.43 万元，支付城市医疗救助资金 133 万元. 2007～2008 年，支付农村医疗救助资金 350.3 万元，支付城镇居民医疗保险 452.66 万元。

7. 环保、城镇建设和交通运输 1989～2008 年，全县共支出 33603 万元，占财政总支出的 6.68%。其中环保支出 2945 万元，占一般预算总支出的 0.85%；城镇建设支出 19619 万元，占一般预算总支出的 3.9%；交通运输支出 11039 万元，占一般预算总支出的 2.19%。

1995～1996 年，汉寿县连续两遭受了特大洪水灾害，国家对县内基本建设投资重点是洞庭湖二期治理。主要是平垸行洪、退田还湖、移民建镇。此项工程涉及 6 个大堤垸、14 个乡镇。共移民 13057 户，43614 人。1989 年 10 月～2008 年 5 月，国家先后投入专项资金 21968.3 万元，其中：移民建房补助资金 19585.5 万元，配套基建资金 2382.8 万元。1998～1999 年，投入洞庭湖二期治理国债资金 9302.38 万元，投入蓄洪区安全建设国债资金 1174 万元。

1997 年 9 月，从预算股分离出来成立基建股。其主要职能：管理基本建设资金、城建资金、平垸行洪移民建镇资金等。2003 年 3 月更名为经建股。由于经济的快速发展，城建资金逐年增加。1989～1990 年未安排，1991 年预算安排 37 万元，至 2003 年累计安排 898 万元。2004 年开始加大投入，预算安排 169 万元。2004～2008 年预算共安排 3434 万元，其中 2008 年安排 1400 万元。

2008 年，国家为了加快基本建设、基础设施的投入，对我县投入扩大内需资金 3791.7 万元，涉及垃圾处理场建设、农产品质量安全体系、农村安全饮水、优质粮产业工程、农村沼气建设、乡镇文化站建设、病险水库加固、动物防疫体系、廉租房住房建设、农村计生站设施建设、农村卫生医疗基础建设、通乡通村公路建设等。

8. 农资综合补贴 2004 年，国家鼓励农民扩大粮食生产，政府给予补贴，拨入粮食直补资金 762.7 万元，按农业计税面积中的实际种粮面积，每亩补贴 11 元，直接补给农民。2004～2008 年，共拨入粮食直补资金 4663.5 万元。其中：2007 年、2008 年粮食直补均为 993.6 万元，补贴标准每亩 13.5 万元。

2006 年，石油价格上涨，国家对渔民、渔业企业、林业企业苗圃、城市公交、农村客运、出租车等群体给予石油价格财政补贴。2006～2008 年，共补贴 1176.5 万元。其中：2008 年补贴 724.53 万元。2006 年开始，还对种粮农民由于农药、化肥、地膜等上涨因素给予综合直补。2006～2008 年，农资综合补贴共 8669.6 万元。其中：2008 年农资综合补贴 5291.84 万元，每亩补贴 71.9 万元。

9. 工商业金融等事务 此类别包括旅游业、涉外发展、粮油事务、商业流通事务、安全生产、中小企业事务、其他工商业金融等事务以及税务等支出。1989～2008 年，全县共支出 18439 万元，占地方财政总支出的 3.66%。

10. 价格补贴、支援不发达地区以及其他支出 此类别包括价格补贴、支援不发达地区、综合开发、住房公积金、补助村民委员会、兵役征集及其他支出。1989～2006 年，价格补贴共支出 4803 万元、支援不发达地区共支出 4353 万元。1998～2006 年，综合开发支出 324 万元。2005 年住房公积金纳入预算管理，2005～2008 年共支出 2399 万元。在其他支出中含办案费、简易建筑费、中小企业发展、民族补贴、汶川地震等支出，1989～2008 年共支出 6453 万元。

（二）上解上级支出

1989～1993 年，上解支出按照“递增包干上解”原则执行，累计上解支出 2684 万元。

1994 年起，县财政实行分税制财政体制，原“递增包干上解”改为“定额上解”，老体制上解基数确定为 575 万元。专项上解项目包括农业税差价上解、中央借款上解、向中央贡献数上解、税务基数上解、土地使用税上解、统计事业费、工商和技术监督管理部门上划等。是年，上解支出 1044 万元，其中体制上解 575 万元、专项上解 469 万元。从 1997 年起，增加粮食风险基金上解项目。是年，上解支出 1715 万元。

固定上解项目：1994～2008 年每年定额上解 575 万元，2004～2008 年每年农业税差价上解 418 万元，1989～2008 年每年中央借款上解 143 万元，1990～2008 年每年向中央贡献数上解 40 万元，1995～2008 年每年税务基数上解 237 万元，2000～2008 年每年对统计事业费、工商和技术监督主管部门分别上划 3 万元、60 万元和 14 万元不等。

1989～2008 年，上解上级支出 41131 万元。其中：体制上解 11309 万元，专项上解 29822 万元。

汉寿县1989－2010年财政预算支出明细表

单位：万元

年度	预算支出总计本年支出	（一般预算）合计	一般预算支出																						
			一般公共服务（行政管理）	公共安全					农林水事务										教育	科学技术	文化体育与传媒				
				小计	公安	检察	法院	司法	小计	农垦农场	农业	畜牧水产	农机	林业	水利	支援农村生产支出	土地管理	乡企管理及其他			小计	文化	体育	广播电视	计划生育
戊	1	2	3	4	5	6	7	8	9	10	11	12	13	14	15	16	17	18	19	20	21	22	23	24	25
1988																									
1989	4557	3517	528	190	106	23	42	19	547	25	103	53	16	18	101	225	5	1	1119	7	117	39	15	31	32
1990	4665	3686	516	290	194	26	48	22	520	26	60	49	19	22	93	243	7	1	1162	14	114	39	10	29	36
1991	5126	4153	694	252	157	25	48	22	590	28	74	54	24	26	126	250	7	1	1339	26	121	41	11	26	43
1992	5566	4472	933	231	137	33	42	19	626	34	75	50	20	25	149	258	10	5	1365	36	137	41	9	36	51
1993	5892	4898	1109	311	177	38	70	26	603	23	80	35	20	22	122	286	10	5	1458	29	138	41	9	31	57
1994	7979	6762	1786	748	550	76	88	34	636	23	101	48	30	29	88	303	9	5	1901	49	176	54	16	36	70
1995	10431	9011	1988	789	585	87	80	37	1162	44	142	105	74	58	211	501	15	12	2322	59	198	74	14	24	86
1996	13792	12122	2707	921	540	219	125	37	1351	101	175	78	54	60	378	464	22	19	2572	209	311	98	34	42	137
1997	13551	11618	2600	1026	675	190	117	44	1179	99	156	96	67	78	261	314	94	14	3073	77	309	104	13	37	155
1998	14772	11965	2330	895	571	166	116	42	1301	65	146	65	64	118	395	388	51	9	2546	80	316	93	13	15	195
1999	17437	13568	2589	936	651	106	135	44	1559	69	157	67	55	21	717	405	68		3395	58	319	93	17	10	199
2000	17691	13615	3093	1373	765	381	190	37	1248	53	133	60	84	173	252	363	130		2570	66	337	82	15	130	110
2001	22921	17911	3868	1423	852	371	163	37	2510	139	1458	62	58	199	156	209	203	26	3627	69	395	101	19	73	202
2002	30954	24652	5382	1504	917	184	329	74	2601	125	1487	79	52	199	274	195	190		7192	83	443	110	32	46	255
2003	34537	28390	6421	1590	1081	165	250	94	2889		2352			273	264				7485	104	659	126	26	40	467
2004	42990	35037	7623	1902	1203	277	308	114	3641		2972			269	400				8693	106	843	152	18	93	580
2005	53438	45505	9962	2646	1679	421	409	137	3703		2915			211	577				9310	189	1129	261	93	138	637
2006	69206	59769	10950	3286	2243	374	427	242	4882		3676			303	903				10784	256	1529	387	114	154	874
2007	92936	86546	10802	3799	2509	436	617	237	10148		5582			897	3052	515	47	55	16860	290	1900	414	97	206	1183
2008	110898	106117	12253	4530	3092	464	684	290	17178		10921			819	4738	649	51		21836	564	2922	426	98	253	2145
2009	135697	125203	12029	4552	3186	470	538	358	23521		14117			2169	6415	772	48		22856	265	3884	554	140	233	2957
2010	157239	148164	16517	6122	4312	896	550	364	25245		11081			1088	5748	974		6354	24456	383	4066	872	146	367	2681
合计	872275	776681	116680	39316	26182	5428	5376	2330	107640	854	57963	901	637	7077	25420	7314	967	6507	157921	3019	20363	4202	959	2050	13152

续上表

年度	一般预算支出																								
	社会保障和就业			医疗卫生	环保和城建			交通运输	工业商业金融等事务									价补、支援不发达地区和其他支出							
	小计	民政优抚	社会保障		小计	环境保护	城乡社区事务		小计	旅游业	涉外发展	粮油事务	商业流通事务	安全生产	中小企业事务	其他工商业金融等事务	税务部门	小计	价格补贴支出	支援不发达地区支出	综合开发	住房公积金	补助村民委员会	兵役征集	其他
戊	26	27	28	29	30	31	32	33	34	35	36	37	38	39	40	41	42	43	44	45	46	47	48	49	50
1988																									
1989	176	169	7	313	94	33	61		79				34		32		13	347	193	4				5	145
1990	154	147	7	426	106	27	79		69				31		20		18	315	169	8				10	128
1991	143	138	5	402	104	39	65	11	118				60		53		5	353	196	11				4	142
1992	179	174	5	465	115	30	85	6	99	1			41		18		39	280	156	16				5	103
1993	197	193	4	467	118	31	87	5	285				30		196		59	178	45	13				5	115
1994	208	208		528	134	43	91	8	164				29		49		86	424	141	8				11	264
1995	579	579		654	225	70	155	9	387				122		198		67	639	61	19				10	549
1996	901	901		716	666	58	608	191	667				345		207		115	910	254	526				10	120
1997	405	369	36	665	478	23	455	5	376				329		47			1425	892	502				11	20
1998	1768	350	1418	554	441	87	354	208	258				195		29	34		1268	873	354	30			11	
1999	2907	599	2308	698	468	71	397	14	117						68	49		508	60	373	47			13	15
2000	3087	466	2621	602	350	55	295	223	38						38			628	133	407	65			13	10
2001	3941	626	3315	622	416	80	336		38					10	28			1002	590	337	58			11	6
2002	4973	945	4028	838	413	82	331		597				22		25	30	520	626	222	333	43			10	18
2003	5956	1715	4241	1195	473	74	399		823	8	4		15		85	55	656	795	217	310	11		216	16	25
2004	7363	2043	5320	1415	830	179	651	209	1281	6	6	15	95		53	74	1032	1131	217	320	23		541	10	20
2005	10669	2124	8545	2241	2047	271	1776	560	1107	20		84	61	27	55	207	653	1942	220	375	23	243	951	16	114
2006	13736	2701	11035	2656	2802	159	2643	1108	1971	45	2	171	90		91	570	1002	5809	164	437	24	502	961	15	3706
2007	16935	3528	13407	6470	6930	405	6525	3833	7086	38	7	522	85	70	1394	3253	1717	1493				738			755
2008	23362	4884	18478	9476	5354	1128	4226	4649	2879	41	16	577	204	74	118	708	1141	1114				916			198
2009	26870	6061	20809	13929	5929	2569	3360	4586	5650	38	173	259	2917	58	1350		855	1132				1104			28
2010	30860	7894	22966	18083	7130	3504	3626	2603	7084	44		342	3736	96	375	1446	1045	5615				5105			510
合计	155369	36814	118555	63415	35623	9018	26605	18228	31173	241	208	1970	8441	335	4529	6426	9023	27934	4803	4353	324	8608	2669	186	6991

续上表

年度	上解支出合计	专项上解支出																		
		递增包干定额上解支出	专项上解支出																	
			小计	农业税差价上解	耕地占用税上解	中央借款上解	向中央贡献数上解	工农业发展基金上解	税务基数上解	资源税上解	土地使用税上解	固产方向调节税上解	屠宰税上解	奖金税上解	国土出让收入上解	预算调节基金上解	统计事业费上解	工商上划	技术监督上划	其他上解支出
戊	51	52	53	54	55	56	57	58	59	60	61	62	63	64	65	66	67	68	69	70
1988																				
1989	988	530	458	276	15	143					3		4			14	3			
1990	972	557	415	196	2	143	40				4		7	6		14	3			
1991	918	512	406	190	2	143	40				3		12	5		8	3			
1992	1006	532	474	257	2	143	40				4		13	6		6	3			
1993	981	553	428	213	1	143	40				2		11	7		4	3		4	
1994	1044	575	469	243		143	40				6		13		4	3	3			14
1995	1256	575	681	187		143	40		237	6	14		40		9	2	3			
1996	1375	575	800	349		143	40	-140	237	14	14	10	49		13		3			68
1997	1715	575	1140	279		143	40	193	237	13	24	13	54		1		3			140
1998	2119	575	1544	347		143	40		237	12	24	12	64		1		3			661
1999	2215	575	1640	203		143	40	45	237	1	2	23	21		10		3			912
2000	2647	575	2072	252		143	40		237								3	57	10	1330
2001	2190	575	1615	183		143	40		237								3	57	14	938
2002	3066	575	2491	415		143	40		237	1	5		52				3	57	14	1524
2003	3348	575	2773	408		143	40		237								3	60	14	1868
2004	4114	575	3539	418		143	40		237								3	60	14	2624
2005	2760	575	2185	418		143	40		237								3	60	14	1270
2006	2709	575	2134	418		143	40		237								3	60	14	1219
2007	2732	575	2157	418		143	40		237	2	12				9		3	60	14	1219
2008	2976	575	2401	418		143	40		237	3	24				13		3	60	14	1446
2009	2326	575	1751	418		143	40		237	6	48						34	60	14	751
2010	2139	0	2139	418		143	40		237								24	60	14	1203
合计	45596	11884	33712	6924	22	3146	840	98	3792	58	189	58	340	24	60	51	118	651	154	17187

续上表

年度	上解上级支出								增设预算周转金	拨付国债转贷资金安排数	年终（滚存）结余	其中：	
	专项上解支出												
	其他上解支出其中：												
	粮食风险基金	世行贷款扣款	周转金扣款	融通扣款	出口退税专项上解	国债转贷扣款	再贷款扣款	其他				结转下年支出	净结余
戊	71	72	73	74	75	76	77	78	79	80	81	82	83
1988													
1989											52	29	23
1990											7		7
1991											55		55
1992											88		88
1993											13		13
1994								14			173		173
1995											164		164
1996								68			295		295
1997	127							13			218		218
1998	657							4		433	255		255
1999	752							160		588	1066	967	99
2000	515	37	148			76	395	159			1429	1010	419
2001	585	36		40			115	162			2820	2639	181
2002	954	131	4				205	230	500		2736	2527	209
2003	675						292	901		450	2349	2139	210
2004	627						488	1509		200	3639	3419	220
2005	339				31		285	615		50	5123	4900	223
2006	646				17		281	275		980	5748	5423	325
2007	655				20		266	278			3658	3330	328
2008	677				24		462	283			1805	1475	330
2009	589				22		-298	438			8168	7374	794
2010	593				47			563		21	6915	6580	335
合计	8391	204	152	40	161	76	2491	5672	500	2722	46776	41812	4964

汉寿县 1989 ~ 2010 财政预算支出完成比例示意图

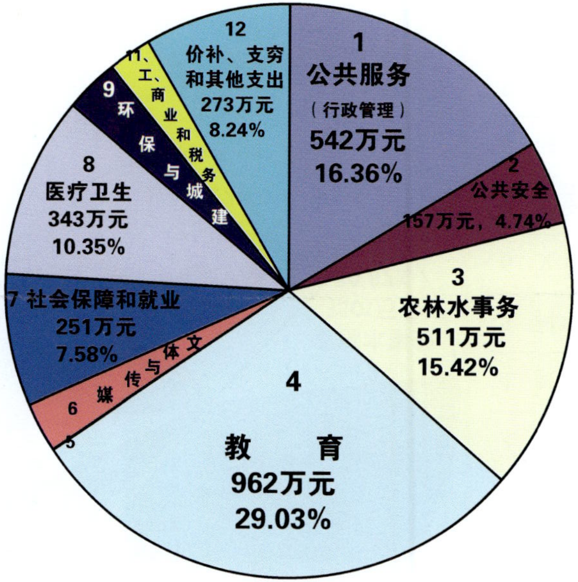

图 1:1988 年　基数

附表 1:　　　　金额单位:万元,比例:%

支出项目名称	完成金额	占预算支出%
预算支出合计	3313	
1. 公共服务(行政管理)	542	16.36
2. 公检法司	157	4.74
3. 农林水事务	511	15.42
4. 教育	962	29.03
5. 科学技术	4	0.12
6. 文体与传媒	87	2.63
7. 社会保障和就业	251	7.58
8. 医疗卫生	343	10.35
9. 环保与城建	100	3.02
10. 交通运输		
11. 工、商业和税务	83	2.51
12. 价补、支穷和其他支出	273	8.24

汉寿县 1989～2010 财政预算支出完成比例示意图

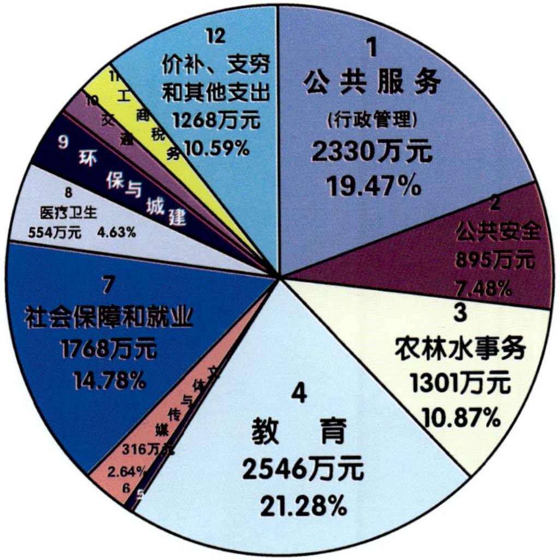

图 2:1998 年

附表:2 金额单位:万元,比例:%、倍

支出项目名称	完成金额	占预算支出%	累计增长		10 年完成		倍数
			增长额	%	总支出	年平均	
预算支出合计	11965		8652	261.15	72204	7221	3.61
1. 公共服务(行政管理)	2330	19.47	1788	329.89	15191	1519	4.30
2. 公检法司	895	7.48	738	470.06	5653	565	5.70
3. 农林水事务	1301	10.87	790	154.60	8515	852	2.55
4. 教　育	2546	21.28	1584	164.66	18857	1886	2.65
5. 科学技术	80	0.67	76	1900.00	586	59	19.00
6. 文化体育传媒	316	2.64	229	263.22	1937	194	3.63
7. 社会保障和就业	1768	14.78	1517	604.38	4710	471	7.04
8. 医疗卫生	554	4.63	211	61.52	5190	519	1.62
9. 环保与城建	441	3.69	341	341.00	2481	248	4.41
10. 交通运输	208	1.74	208	净	443	44	净
11. 工商与税务	258	2.16	175	210.84	2502	250	3.11
12. 价补、支穷和其他支出	1268	10.59	995	364.47	6139	614	4.64

汉寿县 1989～2010 财政预算支出完成比例示意图

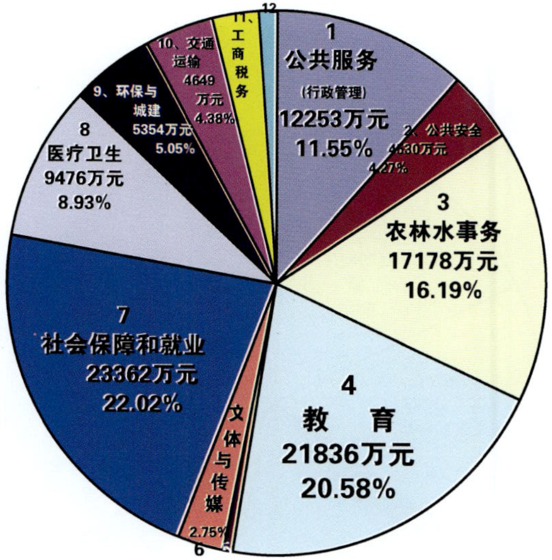

图 3:2008 年

附表:3

金额单位:万元,比例:%、倍

支出项目名称	完成金额	占预算支出%	累计增长		10 年完成		倍数
			增长额	%	总支出	年平均	
预算支出合计	106117		102804	3103.05	431110	43111	8.87
1. 公共服务(行政管理)	12253	11.55	11711	2160.70	72943	7294	5.26
2. 公检法司	4530	4.27	4373	2785.35	22989	2299	5.06
3. 农林水事务	17178	16.19	16667	3261.64	50359	5036	13.20
4. 教　育	21836	20.58	20874	2169.85	91752	9175	8.58
5. 科学技术	564	0.53	560	14000.00	1785	178	7.05
6. 文体与传媒	2922	2.75	2835	3258.62	10476	1048	9.25
7. 社保和就业	23362	22.02	23111	9207.57	92929	9293	13.21
8. 医疗卫生	9476	8.93	9133	2662.68	26213	2621	17.10
9. 环保与城建	5354	5.05	5254	5254.00	20083	2008	12.14
10. 交通运输	4649	4.38	4649	净	10596	1060	
11. 工商与税务	2879	2.71	2796	3368.67	15937	1594	11.15
12. 价补、支穷和其他支出	1114	1.04	841	308.06	15048	1505	0.88

汉寿县 1989～2010 财政预算支出完成比例示意图

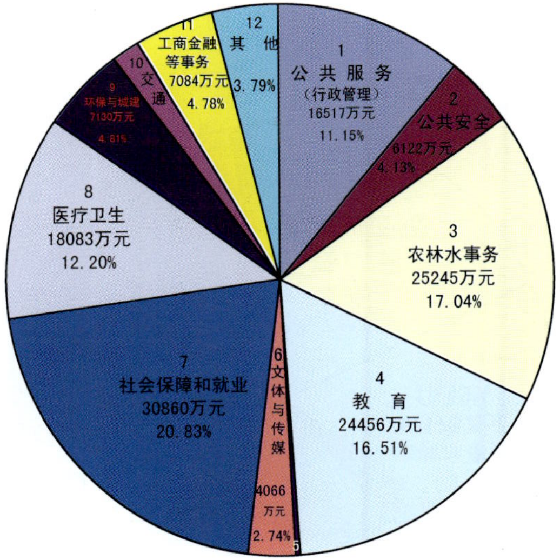

图 4:2010 年

附表:4　　　　金额单位:万元,比例:%、倍

支出项目名称	完成金额	占预算支出%	累计增长		2 年完成		倍数
			增长额	%	总支出	年平均	
预算支出合计	148164		144851	4372.20	273367	136683	1.4
1. 公共服务(行政管理)	16517	11.15	15975	2947.42	28546	14272	1.35
2. 公检法司	6122	4.13	5965	3799.36	10674	5337	1.35
3. 农林水事务	25245	17.04	24734	7840.31	48766	24383	1.47
4. 教　　育	24456	16.51	23494	2442.20	47312	23656	1.12
5. 科学技术	383	0.26	379	9475.00	648	324	0.68
6. 文体与传媒	4066	2.74	3979	4573.56	7950	3975	1.39
7. 社保和就业	30860	20.83	30609	12194.82	57730	28865	1.32
8. 医疗卫生	18083	12.20	17740	5172.00	32012	16006	1.91
9. 环保与城建	7130	4.81	7030	7030.00	13059	6530	1.33
10. 交通运输	2603	1.76	2603		7189	3594	0.56
11. 工商与税务	7084	4.78	7001	8435.00	12734	6367	2.46
12. 价补、支穷和其他支出	5615	3.79	5342	1957.00	6747	3374	5.40

四、财政管理

（一）预算管理

1. 预算编制 县财政预算编制一直按照“量入为出，量财办事，不打赤字预算”的基本原则编制。

1989 年，对全县行政事业单位实行经费包干的办法，在重点控制行政经费增长的同时，严格控制新增支出口子和人头经费，严格控制会议费、购置费、修缮费，严格控制非生产性建设，逐步完善预算资金管理和机动财力管理，强化对增支的控制。对支农支出、文教卫生科学事业费、公检法办案经费，特别是对农业和教育的投入，给予优先考虑。坚持一支笔审批，严格按预算进度拨款。

1990～1993 年，财政收支矛盾仍然尖锐，资金调度紧张。在编制预算时坚持“收入打足，支出从紧”的原则，维护安定团结大局，保证重点项目的需要。

1994 年 3 月起，执行《预算法》，强化预算管理。在编制预算时，做到与国民生产总值的增长率相适应，统筹兼顾，确保重点。在保证政府一般公共服务支出合理需要的前提下，妥善安排其他各类预算支出。

1996 年，在连续遭受两年特大洪涝灾害后，预算编制确定了“三个确保”，即确保财政收入增长目标的实现，确保工资基本兑现，确保财政收支平衡。是年，省政府湘政发〔1996〕16 号文件建立农业、工业发展专项资金增加县财政上解支出逐年增加，使地方财政负担逐年加重。

1997 年，坚持适度从紧的财政政策，在收入安排上克服难点，确保收入有一定增长。财政支出按照“控规模、调结构、保重点、增效益”的要求，调整支出结构，保证农业、教育、科技等重点支出需要。全县乡镇“7 站 8 所”人员经费纳入财政预算。是年，实行综合预算改革，改过去单一财政预算为综合财政预算，实行财政内外统筹。同时实行“费改税”征管体制改革，将原来向农民收取的乡统筹、村提留改为“农村公益事业费”统一征收，纳入预算管理。

1998 年，贯彻执行中央积极的财政政策，调整支出结构，大力控制和压缩一般性支出，加大农业产业化和综合开发力度，保证国有企业下岗职工基本生活保障和再就业资金的到位。是年，取消财政预算安排“基数加增长”的做法，全面实行“零基预算”和行政事业单位财政收支统管、财政预算内外资金统筹的财政综合预算。

1999 年，完善“工资基金专户”制度，实行工资封闭式管理，保证行政事业单位工资正常发放和重点项目的资金支付。

2003～2004 年，进行部门预算改革，对原纳入财政管理的全额拨款单位按部门、分单位编制预算，在综合预算、零基预算的基础上，实行项目预算和细化预算，将全年预算经费安排细化到项，财政预算编制更为科学、规范。

2005 年，进一步深化部门预算改革，对全县县直行政事业单位全面实行部门预算编制改革，改变过去“基数加增长”的粗放式预算管理体制，在综合预算、零基预算、项目预算和细化预算的基础上，科学编制财政预算，使预算管理走上了规范化、制度化、法制化的轨道。

2007 年，以科学发展观为指导，进一步深化部门预算改革。按照政府收支分类改革和国库集中支付改革的要求，科学编制 2008 年部门预算。是年 11 月底，全县 2008 年部门编制工作已基本完成，全县 76 个一级预算单位全部纳入部门预算编制范围。

2008 年，在上年部门预算编制基础上改进了预算编制方法，完善、细化了预算编制内容，对全县所有一级预算拨款单位实行综合预算，并对公安局等 12 个重点单位预算进行重点管理和调度。

2. 预算执行 各年度的形势与政策的变化，都会给预算执行带来新的课题，必须采取相应的措施保证预算执行的良性循环。1989～1992 年，县财政坚决实行紧缩的财政政策，继续抓好“双增双节”运动，完善经营机制，发展生产，加强监督，积极支持企业承包经营责任制。财政对各承包单位采取了按合同办事，多收的一律退库。在抓收入入库上，县委、县政府高度重视，在关键月份采取常委包片、县长分线、乡镇长包干、巡回督查以及银行协助解款等办法，促进了财政收入入库工作。在支出上，重新审核各单位的包干基数，大力压缩非生产性支出，保证了各项事业发展的需要。

1993 年，在原材料价格上涨、经济效益下降的严峻形势下，县委、县政府高度重视，先后下发了《关于努力增加财政收入、严控公用经费开支、确保财政收支平衡的通知》和汉政发〔1993〕42 号文件，推出了“增收节支”15 条措施和“冻结行政事业编制，严格控制财政支出”的 9 条措施确保收支平衡。

1994 年，积极推进分税制体制改革，实现了新旧体制的平稳转换。在新体制的约束下，县委、县政府把优化财力结构，着力开辟财源建设新路子作为工作的重中之重来抓，上半年召开了财源建设现场会，其次多次召开乡镇财源建设例会，千方百计来壮大地方财政实力。财政部门加强内部管理，开展“8.33”考核结账活动，确保了收入足额均衡入库。由于新体制的运行，收入增加相应支出也有增多。如企业挖潜改造支出、支援农村生产支出、办案费支出都大大超过了年初预算。文教卫生事业费比上年增长了 25.94%。特别是工资改革实行公务员新工资后，财政增支 900 万元。

1995～1996 年，汉寿连续两年遭受特大洪涝灾害，在严峻的形势面前，采取超常的措施，实现“三个确保”，即确保财政收入增长目标的实现、确保工资基本兑现、确保财政收支平衡。连续两年均实现了财政收入增长达到两位数。特别是 1996 年财政收入按老口径计算，登上了亿元台阶。

1997 年，狠抓增收节支保平衡，因地制宜找路子，大做“活工、强特、辟新”文章，取得了显著效果。是年，西港镇财政收入率先突破了 1000 万元大关。在“活工”上，全县11家国有工业企业，有3家实行了股份制，1家对外租赁，1家实行分体经营，1家实行一场多制，改革面达80%，分流人员1700多人，增加利润300多万元。在“强特”上，全县甲鱼、杨树、鲜鱼、珍珠、蔬菜等特色产业实现产值9.8亿元，创利税5000万元。在“辟新”上，如阳南塘等一批乡镇企业通过寻找新伙伴，开发新项目，研究新产品，在新的财源增长点上取得了令人瞩目的成果。

1998～2000年，由于预算收入结构问题，县财政收入年年下滑，增长幅度甚微。主要是能形成可用财力的工商税收短收，而不能形成可用财力的企业收入、行政性收费、罚没收入却年年扩大，导致县财力紧张，只能保“吃饭”的支出，保政权机构的正常运转。

2003年重点推进会计集中核算改革，首批进入会计核算中心管理的县直行政事业单位共86家。在收入征管上，国税局、地税局、财政局三家针对各自征收的税种以及征管工作难点、重点制定了过硬的、行之有效的征管措施，保证了及时足额入库。在支出上，坚持“控制总量，调整结构，有保有压，突出重点”的原则，做到了工资发放不跨月，保证了重点支出的拨付。

2006年，强化征收手段，创新征管机制，财税三局鼎力协作，完善考核体系，加大对重点税种、重点行业、重点企业征管。同时开展财税收入稽查，在联合开展的房地产行业税费“百日专项检查”活动中，查补入库税费326.1万元。在支出上确保了正常运转，为发放工资月平均调度资金近3000万元。是年，农村党支部书记工资纳入了财政统发范围。对新农村的支出1626万元，重点用于乡村公路建设、农村水利建设、沼气池建设、农村社会保障建设等方面。为深化涉农补贴资金信息化发放改革，制定了《汉寿县涉农补贴补助资金信息化发放管理办法》，建立了涉农 补贴资金“一卡通”发放模式，建立了财政涉农支出直通车。全年包括良种补贴、粮食直补、成品油补贴等16项涉农补贴资金4526万元，通过农税信息化网络系统直接发放到了农民手中。县财政还积极争取上级扶持，缓解财政支农难题。全年争取省对县“五奖二补”资金2356万元，比上年增长64%；争取一般性转移支付资金9097万元，比上年增长22.06%；争取上级专项追加指标12096万元，比上年增长53.97%。

2007年，主要抓了主体税种的增长，增值税入库1628万元，比上年增长15%；营业税入库3557万元，比上年增长16.8%。在支出上积极调度资金，月平均发放工资1800多万元。在新农村建设中，全年投入16000万元，其中县本级投入2800万元。重点用于乡村公路建设、农村水利建设、沼气池建设、农村社会保障建设等方面。

2008年，进一步加大征管力度，确保了收入的足额入库。对于财政支出也进一步优化，除正常的工资和重点支出外，还确保了涉农补贴发放到位。对粮食直补、良种补贴、综合直补、油菜补贴、退耕还林还草等各项涉农补助资金及时支付到位，全部实行打卡发放。是年，发放补贴大类26项，小类35项，发放了87项次，共计金额10365万元。当年还确保了各项社会保障支出。全年基本养老保险金支出11774万元，行政事业单位离退休支出 11294 万元，医疗保险金支出 2900 万元，发放最低生活保障金 2369 万元，其中城市低保 1659 万元，农村医保 710 万元，发放优抚社救人员生活补助 486 万元。支持新农村建设投入资金 565 万元。新建农村沼气池 2800 口，解决了 5 万多人的安全饮水问题。支持东岳庙和大南湖的农业综合开发，共投入 1593 万元。支持开发区建设，投入 1000 万元。交通建设投入 1379 万元，保证了汉寿沅水大桥顺利通车和其他公路建设的需要。支持城市建设，投入 1400 万元，完成了一系列配套工程。是年，还加快了国库集中支付改革，从 5 月 1 日起全县 79 个一级预算单位全面实施国库集中支付，共支付预算资金 40167 万元。对国有资产管理，全年共处置固定资产 21 宗，处置资产 696 万元，划拨资产 169 万元，实现处置收入 615 万元。

3. 财政决算 年终编报财政决算包括收入结算、支出盘查和往来清理。1989～1994 年，在收入结算中为保支出实现财政平衡，每年都调入自筹资金，共调入 1508 万元。1995 年开始，预算外资金纳入预算内统一核算管理。在支出上，按照“定额上解，递增包干，超收全留”的预算体制，1987～1990 年，上解递增 5%，1987 年确定上解额 481.3 万元，4 年共 2074 万元。1991～1993 年，上解比例改为递增 4%，1991 年定上解额 511.7 万元，3 年共上解 1596.7 万元。各事业单位的年终“经费包干结余”，采取预算结转的办法，留归单位使用，不列单位决算支出，以免虚增财政支出。

1994 年，实施分税制新体制的第一年，当年预算收入按财政体制计算留用的财力，加上级追加指标和税收返还基数、上年结余、预算外调入资金等，全县财政总收入为 7979 万元（不含两金），减去本年上解支出、预算支出、经费拨款等项目支出 7806 万元，当年预算内净结余 173 万元。1994～2008 年，按老体制每年固定上解额为 575 万元，累计上解 8625 万元。

1995 年，适应分税制体制，开辟新的财源增长点，行政事业性收费增收 245 万元，粮食议价专项增收 436 万元，国土有偿使用收入增收 80 万元。

1996 年，实施“九五”计划的第一年，地方财政总决算继续贯彻“真实、准确、及时、全面”的要求，加强政策性审查和财政监督，按照收付实现制的原则，凡当年已发生的财政收支，如实列入决算。凡政策规定采取收支两条线的办法列报的，不能采取抵留的方式处理。是年，县财政收入增长幅度大，达 36.75%，按老口径计算登上了亿元台阶，达 10660 万元。在支出上增长幅度同步，达到 34.52%，实际支出 12122 万元。除正常支出大幅度增长外，主要是以工代赈资金 515 万元从该年起纳入了预算管理。此外，行政性收费返还支出 695 万元。

1997 年，对决算报表有新的规定，对纳入预算管理的政府性基金要严格按照国务院《关于加强预算外资金管理的决定》和财政部财预字〔1996〕435 号的要求，切实加强基金的管理。是年，将“财政基金预算总表”正式纳入决算报表范围。县财政在前三年高增幅的基础上，由于前两年灾害的滞后影响，收入增长有所减慢，只增长 7.03%。支出由于救灾补助减少也有所下降，下降了4.16%。同时新的增支口子和政策性增支缺口也越来越大，仅生活补贴全部到位需2400万元，实际只支出280万元，缺口2120万元。粮食风险基金上解、工农业发展基金上解、粮食亏损挂账消化等直接增支700多万元。农业税灾减县财政负担了150万元。

1998~2005年，县财政收入一直增长缓慢，主要是收入结构问题，可用财力增长幅度不大，仅占地方财政收入总额的35%左右，导致支出紧张，财政风险加剧。2003年底，企业直接占用的县财政从上级借入的支持企业发展的预算资金余额高达1300万元。而政策性支出增幅较大，抚恤和社会福利救济费增长71.52%，卫生经费由于非典增加支出和行政事业单位全额进入医疗保险，导致支出增长达到了45.18%。另外由政府直接借入和担保形成的债务、周转金、世行贷款、其他金融机构借款等余额有8000多万元，每年还本付息都要由县财政负担年底结算扣缴。

2006~2007年，县财政收入均以两位数的增长速度发展。2006年县财政收入跨过两亿元大关，工商税收登上亿元台阶。2007年大力促进县域经济发展，财政收入增长速度加快，累计完成财政总收入26152万元，增长22.93%。其中县一般预算收入完成19771万元，增长25.11%。在支出上，不断调整和优化支出结构，保障民生民本支出，月平均发放工资1800多万元。农村义务教育“两免一补”支出371万元．新农村建设支出16000万元，其中县本级财政支出2800万元，重点用于乡村公路建设、农村水利建设、沼气池建设、农村社会保障建设等方面。社保支出及时，城镇居民最低生活保障支出219万元；企业养老保险12332人，支出7145万元；事业养老保险4383人，支出6678万元。农村“五保户”经费支出483万元，农村最低生活保障支出118万元，农村合作医疗支出194万元。

2008年，县财政总收入27183万元，虽然增长幅度不大，但县级一般预算收入21379万元，增加额有1608万元，增长8.13%。其中县财政完成12848万元，增长5.43%。当年完成财政基金预算收入4223万元，增长70.15%。按照分税制财政体制计算，全县一般预算收入21379万元，加上级补助收入、上年结余收入等共计110898万元，减本年一般预算支出、上解上级支出109093万元，年终滚存结余1805万元，减结转下年支出1475万元，财政一般预算累计净结余330万元。在实际支出中，确保了工资支出42020万元，其中在职人员统发工资14882万元，非统发工资1724万元，津补贴发放10200万元，社会保障和就业等工资性支出15214万元。教育支出21836万元，科学事业费支出564万元，农业支出17178万元，公共安全支出4530万元。涉农补贴支出10365万元，发放补贴大、小类87项次。新农村建设及农业综合开发支出2158万元。社会保障支出32564万元，其中行政事业离退休支出11294万元，重点建设支出3779万元。

4. 基金管理

（1）政府性基金 政府性基金是指各级人民政府及其所属部门根据法律、国家行政法规和中共中央、国务院有关文件的规定，为支持某项事业发展，按照国家规定程序批准，向公民、法人和其他组织征收的具有专项用途的资金。包括各种基金、资金、附加和专项收费。基金预算收支的管理是从1997年开始的，1997年以前没有基金预算这一概念，当时对于进入预算管埋的资金统称预算外资金，而且进入预算管理的仅地方财政税费附加部分为主，包括农业税附加、城镇公用事业费附加（指水电费附加、电力附加）、其他收入等。

1989～2001年，县内预算外企业共有8个：湖州局、名贵水产公司、特科所、围堤湖、大南胡、南胡渔场、夹堤农场。2002年，农村税费改革后，仅湖州局为预算外企业管理单位。从2005年起，预算外企业纳入预算内管理，征收项目改为国有资产经营收益。

1990年，县财政对预算外资金管理实行“专户储存、收支两条线”的管理办法。对行政事业单位实行定编定员，控制开支范围，控制用款数额。是年，完成预算外收入5417万元，为同期地方财政收入的156%，财政专户储存1377万元，专储率25.4%，完成预算外支出5304万元。

1991年，鉴于乡镇统筹经费管理混乱状况，按照市财政局《关于明确乡镇统筹经费由乡镇财政所管理的意见》，将乡镇统筹经费归口乡镇财政所管理。是年，完成预算外收入5509万元，同比增长1.7%，财政专户储存1464万元，专储率26.6%。

1996年，根据国务院《关于加强预算外资金管理的决定》要求，将养路费、车辆购置费附加、铁路建设基金、电力建设基金、三峡工程建设基金、新菜地开发基金、公路建设基金、民航基础设施建设基金、农村教育费附加、邮电附加、港口建设费、市话初装基金、民航机场管理建设费等13项数额教大的政府性基金纳入预算管理，并制订了政府性基金的预算管理办法。是年，将乡镇自筹、统筹收支及社会保障基金纳入预算外资金决算。当年还按照《湖南省征集防洪保安资金暂行规定》，在全县范围内开征防洪保安资金，作为政府性基金纳入财政基金预算管理。对在职行政事业单位干部职工按月工资收入水平分档次征收防洪保安资金，企业单位按年销售收入征收一定比例防洪保安资金。共征收防洪保安资金155万元。1997年，成立汉寿县防洪保安资金征收管理办公室，由县财政、地税、交警、工商、农机监理等部门协同征收，2005年停止征收。1996～2004年，全县累计征收防洪保安资金1684万元。

1997年1月1日起，以前的预算外名称变更为基金预算，其收支范围也发生了较大变化，育林基金、地方水利建设基金、土地出让收入等相继纳入的基金预算管理的范畴。而没有纳入基金预算管理的收费项目形成的收支则称为预算外资金，现在仍在专户中反映。

1999年，全县医疗收费、学校收费、乡镇统筹收费等均统一使用财政收费票据。是年，乡镇“七站八所”实行了“两无一统”，即站所无财务人员、无财务账，资金同一上缴财政。2001年，农村教育事业费附加和学校收费资金纳入财政专户管理，乡镇财政所设立预算外资金专账。

1989～1996年，全县预算外资金收入共完成5768万元。

1997～2008 年，全县完成政府性基金收入 17477 万元，完成政府性基金支出 22610 万元。

（2）社保基金 社保基金包括企业基本养老、机关事业养老、基本医疗、工伤和失业等五项保险基金。在征收社保基金的过程中经历了三个转变。一是“差额缴拨”向“全额缴拨”转变，即由原来缴费单位的上缴数与保险经办机构的拨付数相抵消后的差额缴拨转变为征收机关全额征缴、保险经办机构发放，实行收付分离。二是收缴责任由缴费单位向政府职能的转变，即由原来“以收定支”的缴费单位责任转变为征收机关征缴，政府承担了社会保障的筹资工作，健全了政府职能。三是基金收支一体管理向收支两条线管理转变，即基金收支由原来保险经办机构混合管理转变为征收机关征收、保险经办机构支付，基本实现了社会保险基金收、支、管、用运行过程的有序化和规范化。

1989～1995 年，社会保障基金由县财政局行财股管理，7 年累计支出 1636 万元。1996 年成立县财政局社会保障股，当年启动了社会养老保障制度，按时段把企业和机关事业单位退休人员工资纳入社会保障体系管理，建立养老保险基金财政专户，成立企业社会养老保险处和机关事业单位养老保险处，把退休人员养老金通过社会化打卡由银行部门发放。同时，国家加大对养老金的转移支付。1999 年开始转移支付养老金，当年转移支付 315 万元，2008 年转移支付 5367.2 万元。1999～2008 年累计转移支付 18969.3 万元。2000 年，启动城镇职工基本医疗保险，参保人数由启动时的 4400 人，2008 年达到 37320 人。2007 年，启动城镇居民基本医疗保险，参保人数 15345 人，2008 年达到 51047 人。

为保证优抚对象人头经费的及时到位，每年分两次（元月和七月）将人头经费及时拨付。2002 年拨付 192.85 万元，2008 年拨付 1001.18 万元。1999 年，启动城市最低生活保障工作，每年 3000～125000 人次。当年支付 40.5 万元，2008 年支付 1634.3 万元，累计支付 5573.2 万元。2003 年，启动农村特困户救助工作，并在 2006 年 10 月过渡为农村低保，每年 6 万人次到 16 万人次。2007 年农村最低生活保障金支出 72 万元，2008 年支出 542 万元。救灾资金的转移支付从 2002 年的 169 万元到 2008 年的 445.58 万元逐年增加。1999～2008 年，新建和改造敬老院 14 家，投入建设资金共 778.1 万元。

2000～2008 年，全县完成社会保障基金 99192 万元，基本养老保险基金 50842 万元，机关事业养老保险基金 33722 万元，失业保险基金 1062 万元，基本医疗保险基金 12960 万元，工伤保险基金 606 万元。

（二）控制社会集团购买力

1989 年 1 月 1 日起，凡社会集团购买专控商品，都要征收专控商品附加费。1989 年以前的专控商品审批年报及社会集团购买力指标执行年报均纳入了财政总决算。从 1989 年开始，因成立了独立的社会集团购买力控制办公室，其年报未纳入财政总决算，由各级社控组织对口上报。是年，县控办会同商业部门研究确定了专控商品销售专店，并统一制作专店牌照，印刷专用发票。从 1 月 1 日起，开征专控商品附加费。

1990 年，贯彻执行省控办制订的“四宽四严”专控商品审批原则，即对企事业单位放宽，行政机关、团体从严；生产性消费放宽，生活性消费从严；滞销平价商品放宽。紧俏商品从严；用自有资金放宽，财政拨款从严。

1991 年，对经济效益下降、亏损增加和欠交利税的企业，采取停批或限批的措施；对直接用于生产、经营、科研的商品，尽量给予方便和支持。是年，全县社会集团购买力总支出 501.4 万元，占分配指标的 73.7%。共压缩审批专控商品 186（台）件，计 64.5 万元，其中压缩小车 6 台、空调 8 台、彩电 8 台、四通打字机 3 台。此外对违控购买的小汽车罚款 2.5 万元。

1992 年 1 月 20 日起至 1999 年底止，开征“控制购买专控商品调节基金”。全县共征收调节基金 345.71 万元。从 2000 年 1 月 1 日起停止征收控购调节基金。

1993 年，适度放开控购政策，对经济效益好的企业购买专控商品放开审批尺度。对直接用于生产、经营、教学、医疗的专控商品从速办理审批文件。但对行政事业单位和亏损、欠交税利的企业则限制审批小汽车和高档消费品。

1994 年，对社团购买小汽车实行按配车标准严格控制。不准用贷款、集资款和专项资金购买供领导干部使用的小汽车，不准购买走私车。

1995 年，加强控购调节基金征收工作，将控购调节基金纳入财政预算管理。

1996 年，对专控商品实行“五不批”规定，即对凡不合规定超标准的、手续不全的、拖欠职工工资的、资金来源不当的、亏损欠缴利税的均不批购。是年，开展违控检查，查处违控案件 30 起，查出违控金额 120 万元，补征调节基金 25 万元。

1997 年 4 月开征帮困基金，凡超规定购置 1 台大哥大的单位，抵减 5000 元财政拨款；超购 1 台轿车扣减 20 万元财政拨款。

1998 ~ 1999 年，加强控购宣传，利用新闻媒介开办专题专栏，举办控购知识竞赛。对党政机关、企事业单位购买非生产性小汽车停止审批。严禁行政事业单位利用职权向企业索要、接受赠送小汽车或用公款垫付、长期挂账等方式购置小汽车，更不得以企业或公车私户、以租代买的名义购买小汽车。

2004 年，除具有行政管理职能或事业单位性质的国有企业外，不再对企业购买小汽车进行控购审批。

（三）政府采购

1999 年 12 月，县政府制订了《汉寿县政府采购暂行办法》，县财政设立“采购资金专户”。

2000 年 1 月，成立汉寿县政府采购中心。具体负责全县国家机关（含党委机关）、事业单位和社会团体使用财政预算拨款、财政专户管理的预算外资金及世行贷款等外资申购货物、兴建工程的服务和管理工作。当年完成政府采购额 230 万元，节约资金 24 万元。

2003 年 1 月 1 日，《中华人民共和国政府采购法》颁布实施。由于县级政府采购量小、采购面窄、采购额度不大，故未设专门采购机构。政府采购工作仍由采购中心承担，并按《常德市2003年集中采购目录及政府采购限额标准和招标数额标准》执行。当年完成政府采购额3108万元，节约财政资金250.3万元，分别较上年同期增长34.7%和52.2%，综合节约率达7.5%。

2004年，按照政府采购法努力拓宽采购领域，规范采购行为，实现政府采购率达10.1%（剔除课本采购）。

2006年，大力推行“阳光采购”，认真治理商业贿赂，优化服务质量，实现政府采购金额6141.4万元，节约财政资金519万元，综合节约率8%。

2007年，实现政府采购金额6233万元，节约财政资金445万元，综合节约率为6.7%。是年，汉寿县政府采购中心更名为汉寿县政府采购监督管理办公室（以下简称采购办）。改变过去既当裁判员又当运动员的身份，让采购办真正成为行使政府采购管理监督职能的部门。

2008年，实现政府采购金额10780万元，节约财政资金1285.5万元，节约率达10.7%。是年，按照县政府采购领导小组决定，采购金额达10万元以上的货物、工程、服务等必须在湖南省政府采购网上公示，确定了电器、办公用品、办公家具、公务车辆定点维修、公务车辆定点保险等8个项目26个协议供货和定点单位，全年在网上进行招投标20次。全县严格按政策、按程序审批公务用车，共办理社控手续35台，购车资金为624.8万元。

（四）文行单位财务管理

1989～1990年，对全额预算管理的行政事业单位继续实行预算包干办法，按核算的预算包干使用，年终结余留归单位使用。

1991年，按照省财政厅《关于进一步深化公费医疗管理改革的通知》挂钩，全面清理公费医疗享受范围，控制公费医疗开支。

1992年，实行医药费与公费医疗享受者经济利益适当挂钩的办法，规定门诊、住院药费个人负担20%。二等乙级以上革命伤残军人，个人负担比例略低。

1993年，严格控制公款宴请，限定接待宴请标准。县政府办公室以汉办发〔1993〕5号文件对县级领导机关接待工作实行暂行规定，副省级以上客人每席200元，正副厅级客人每席150元，正副县级客人每席100元，饮料、酒控制在宴请标准的50%以内。

是年，对全额预算单位实行“预算包干，结余留用，超支不补”的管理办法，对差额预算单位实行“核定收支，差额（定额或定项）补助，增收节支留用，减收超支不补”的管理办法。

1994年，县财政局以汉财行〔1994〕21号文件重申了行政事业单位有关财经制度和统一开支标准。要求建立健全会计人员岗位责任制，严格实行钱账分管，单位工作人员不准随意借用和拖欠公款。还对血防津贴、节育手术人员医疗卫生津贴、少数民族伙食补助、节假日加班补助、夜餐费、小车司机津贴、防暑降温补助、防寒取暖费、独生子女保健费、差旅费等 20 多项支出作了具体规定。

1995 年，严格控制支出，制定了会议费、接待费、专项资金以及文教行政周转金管理办法。加强了公有大哥大、BP 机、空调、音响设备等专控商品和公用电话的管理。是年，还下达了首批科技计划项目费，对名贵水果技术开发、八宝黑鸡引种、高效农业技术开发、新型高效养殖增温装备等项目都作了专项支出安排。

1996 年，改革机关单位养老保险制度，建立适应社会主义市场经济体制的社会养老保险体系。完善文化经济政策，开征文化事业建设费。

1997 年．统一全额预算单位、差额预算单位和自收自支单位预算管理形式。对事业单位实行“核定收支，定额或定项补助，超支不补，结余留用”的预算管理办法。是年，还提高了国家机关、事业单位工作人员死亡后遗属生活困难补助费标准。以划转形式归口管理离退休人员的离退休金、护理费、治丧费、各种补贴和津贴。

1998 年，开始执行《行政单位财务规则》，进一步规范了行政单位财务行为，加强了行政单位财务管理。是年，对部分乡镇遭受洪涝灾害的学校给予了经费补助，共有 25 所学校，支出金额 30 多万元。

1999 ~ 2000 年，成立会计人员管理中心。全县首批实行会计人员管理体制改革的县直机关事业单位 55 个，通过考试、考核选聘了 42 名会计人员。主要实行会计委派制和会计代理制两种。

2001 ~ 2003 年，加强乡镇有关人员的工资管理。2001 年将乡镇广播员工资、津补贴及保险纳入财政预算管理。2002 年统一发放农村中小学教职工工资。

2004 年，对党政领导干部拖欠公款进行了清理。按照“谁借出，谁收回”的原则，主动归还，不得以各类实物、有价证券抵还。是年，还对城关三小校园进行了改造。总投资 900 万元，其中向上级争取资金 500 万元，征地 17 亩，新修两栋教学楼、一栋科教楼、一栋风雨体育馆。

2005 ~ 2006 年，重点清理了人事变异情况。2005 年清理了各单位机构数、编制数、上岗人员情况、分流人员去向及待遇落实情况。2006 年对公检法的经费进行了改革，从人均经费 3.5 万元包干改为人员经费财政全额负担，公用经费人均 2.5 万元。

2007 年，按照湘教〔2007〕323 号文件规定，开展了农村义务教育经费保障机制改革，实行“两免一补”，即免除农村义务教育阶段中小学生学杂费（含信息技术教育费）；免费为贫困学生提供教科书，发放公平公正，范围不缩减；补助贫困学生寄宿费，确保农村义务教育经费保障机制改革工作顺利进行。

2008 年，落实上级财政部门有关精神，化解农村义务教育“普九”债务资金，由国库集中支付管理。通过省级农村义务教育“普九”验收合格发生的债务，由财政部安排化解农村义务教育“普九”债务中央补助资金和地方筹集的偿还资金。是年，还开展了义务教育经费保障机制改革督察、对 2007 年度农村义务教育免学杂费和校舍维修改造专项资金使用情况的绩效监督、对全县34所县直中学及乡镇中心学校农村义务教育免学杂费，提高公用经费保障水平经费拨款以及校舍维修改造资金拨付情况进行监督检查。

（五）财政工资统一发放

1999年，按照国家和省有关预算管理规定及《常德市财政负担人员工资发放管理暂行办法》，汉寿县成立工资发放中心。财政统发工资实行“财政、人事、编制共同管理，银行代发到人，全面动态管理”的原则，对行政事业单位在职职工工资由财政部门委托银行代发，直接拨付到个人工资账户。其发放模式是：经费预算足额安排，资金管理封闭运行，银行打卡按时发放。是年，首批进入工资发放中心管理的单位有25个，共1505人。

2000年，对全县行政事业单位在职人员、行政机关人员、教育系统教职员工进行全面个人信息录入，共有9000多人。2001年，将全县乡镇行政机关人员1223人、教育系统8138人纳入财政工资统发管理范围。

2002年，规范了农村中小学教职工编制，统筹安排财力，按照国家规定的工作项目和标准，统一发放农村中小学教职工工资。是年，还将农机监理站19名编内人员和6名提前离岗人员的工资纳入了工资发放中心统发，实行公务员管理。

2003~2008年，县编办、人事局、财政局及工资发放中心负责人经常在一起专题研究，加强对工资统发的管理与监督，不断更新人员信息等新录入数据，每年都有不同程度的变更。至2008年，全县财政工资统发人员共计9556人，发放工资总额14879.1万元。是年，制定了乡镇站所有关人事管理工作的实施意见，对乡镇站所（综合站、水利站、文广站、城建站、环保站、经管站）人员工资、养老保险金等一律执行由人事部门按统一政策核定的工资标准，确保基本工资（岗位工资+薪级工资）按月足额发放。同时还可发放一定的临时津补贴，发放标准要与岗位目标管理责任制挂钩，年人均标准5000~15000元，使站所人员基本生活得到保障。该年度县人事、编制、财政、纪检（监察）、教育等部门组成联合核查小组，对全县持统发卡不在岗（俗称“吃空饷”）人员进行了全面清理。共查出全县持卡不在岗人员423人，其中县直单位和乡镇共75人，教育系统各学校共348人。重点查处了自主离岗、岗编不符、停薪留职、脱产学习、病假、事假、外出务工等而照拿财政工资的人员。

（六）企业财务管理

1989年，全县国营企业仍然采取承包经营责任制，财政对各承包单位严格按合同办事，多收的一律退库。全县还有两家企业采取招标承包的办法经营生产。县棉纺厂、县印刷厂公开向社会招聘厂长，大胆实行资产经营责任制。每个企业都有20多人参与投标，经营承包期3年，风险抵押金各1万元。是年，完成企业收入（含所得税、调节税、上缴利润等）238.2万元，比上年同期增长11.4%。

1990年，全县国有企业开始第二轮承包，普遍实行全员风险抵押承包责任制。是年，由于市场疲软、产品滞销、原材料紧张、资金短缺等因素，导致企业效益下降亏损增加。全县 9 家工业企业有 4 家亏损，7 家商业企业有 6 家亏损。面对严峻形势，财政调整预算、兑现合同，确保了企业收入全部完成，完成额 249.5 万元，比上年增长了 4.91%。

1991 年，工业效益严重滑坡，商业市场极度疲软，经济效益下降，企业亏损严重。全县 28 户工商企业有 15 户亏损，亏损总额 734.9 万元。在如此情况下，财政入库决不手软，减销减利不减上交。是年，完成企业收入 253.3 万元，比上年增长 1.4%。

1992 年，随着改革开放政策的进一步放宽搞活，企业转换经营机制，生产经营形势逐步起死回生，经济效益有所好转。县商业系统在五交化公司进行“四放开”改革试点，即放开经营、放开价格、放开分配、放开用工。是年，全县完成企业收入 258 万元，增长 1.86%。

1993 年 7 月 1 日起，执行新的《工业企业财务制度》，理顺国家和国有企业收入分配关系。以推进规范化的增值税为核心，相应设置消费税、营业税，建立起新的流转税格局，统一企业所得税，不再推行企业承包上交所得税的办法。是年，县第一酒厂宣告破产还债，拉开了县内工业企业产权制度改革的序幕。县美术印刷厂首先实行国有工业企业个人租赁经营，租赁期 3 年，实行“全民所有，租赁经营，税利包干，自负盈亏”的经营机制。该年全县完成企业收入 260 万元，比上年增长 0.78%。

1994 年，随着分税制财政体制改革，国有企业产权制度改革也进一步深化。县商业局出台了国有民营改革方案，即“企业经营资产，职工经营商品”。各商场门市部的库存商品全部折价卖给职工，企业只向租赁门面柜台的经营者收取租金。

1996 年，县黄麻纺织厂亏损 2181.6 万元，资不抵债，不能清偿到期债务，由县人民法院依法宣告破产还债。其他亏损国有工业企业、集体工业企业也相继依法宣告破产还债。至 2004 年，全县仅有 3 家国有工业企业没有进行产权过渡。

1997 年，国有企业实行股份制改革，县恒惠香化厂改制组建有限责任公司，股本构成为国家股、职工个人股和集体股。公司成立后生产经营正常，终因资本不够发展缓慢，2002 年 4 月解散出售。

1998 年，商业企业改革进入改制阶段，企业改变性质，职工改变身份，县冷冻加工厂首批进入改制试点。1999 年，推行“两个买断”（企业买断资产，职工买断工龄）改革措施，县饮食服务公司和食品总公司变换资产安置职工，搞活了资产营运。随后，县五交化、副食品、纺织品、百货、冻库等国有企业先后宣告破产。至 2001 年底，县内国有商业企业改革结束。1998 年开始，县财政一般预算收入中取消了企业收入项目，改为了国有资本经营收入，列入非税收入计算。

2001 年，针对企业产品销路不畅、资金短缺、处于半停产状态的情况，实行了产权转让改革。县恒惠香化有限公司出让给林水森，出让价款 173 万元。县汽运公司出让给常德欣运公司，出让价 309 万元。

2004 年，县属国有工业企业有 16 家出让了产权，其中县工业局 11 家、部门工业 5 家。资产变现总价款 9416 万元，一次性补偿进行职工身份置换 5920 人，安置离（退）休职工 1493 人。是年，全县国有企业改制基本完成，取而代之的是一批民营企业和产权清晰的股份制企业。至此，全县共有规模工业企业 43 家，形成了棉麻纺织、食品加工、黑杨加工、生物医药、汽车制造、新材料和精细化工等六大支柱产业。

（七）农业财务管理

1994 年全省农财工作研讨会在汉寿召开。

1997 年，汉寿县纳入国家农业综合开发笼子，成为农业综合开发县。是年，成立了临时机构：汉寿县农业综合开发办公室，挂靠县农办，县财政局委派专人进行财务管理。2002 年机构改革，农业综合开发办公室划归财政局管理。

1999 年全国整顿财政周转金，财政支农周转金一律只收不放，移交预算股管理。

2002 年畜牧局和水产局合并为畜牧水产局。农业局实行机构改革，撤掉二层机构 5 个，合并 4 个，人员通过下岗分流、自谋职业等方式由原来 209 人精简到 90 人。是年，实行退耕还林粮食补助和退耕还林生活补助。退耕还林粮食补贴按核定的退耕还林实际面积每亩补助粮食 150 公斤，折人民币 210 元；退耕还林生活补助按核定的退耕还林实际面积每亩补助现金 20 元。时效：经济林补助 5 年，生态林补助 8 年。

2003 年起水利系统事业单位人事制度改革，到 2008 年水利系统由改革前 2072 人减少到 578 人，精简 1494 人，精简率达 72%。每年人员经费由 2374 万元减少到 727 万元/年，减少 67%。“二会三排”纳入县预算全额管理。

2004 年起，中央高度重视解决“三农”问题，连续 6 年以“中央 1 号文件”要求改善农民生产、生活条件，促进农业发展，农民增收，建设社会主义新农村，出台一系列惠农政策。是年，启动农村劳动力转移培训阳光工程，当年培训 1500 人，到 2008 年累计培训 10550 人。

2005 年推行水稻良种补贴，按实际种植良种水稻面积，早稻每亩 10 元，晚稻每亩 15 元对种植农户进行补贴。是年，实行农机购置补贴，对农户年内购买列入补贴目录的农机具，向当地农机部门提出申请，办理有关手续，即可享受最多 30% 的购机补贴。当年补贴 88 台套补贴资金 50 万元；2006 年 78 台套补贴 60 万元，2007 年 673 台套补贴 280 万元，2008 年 2218 台套补贴 495 万元。

2006 年农村综合改革，原国有洋淘湖农场实行撤场改镇。按属地管理原则，将农林事业场所整体移交所在乡镇管理。县油料所移交太子庙镇；县南洋咀渔场、国有阳南塘苗圃移交蒋家嘴镇；县家禽场、畜禽场、县农科所、县林科所、水科所移交龙阳镇；县清水坝园艺场、国有云台山林场移交株木山乡；县蚕种场移交洋淘湖镇。是年，建设社会主义新农村全县支付 1626 万元，重点用于乡村道路、农村水利、新能源建设。当年建立了涉农补贴资金“一卡通”发放模式，实现了财政涉农支出直通车。通过信息化网络系统直接将涉农补贴资金发放到农民手中；汉寿湖洲管理局解制并撤销，成立湖南省汉寿县西洞庭省级自然保护管理局，其财务管理划归财政局农业股。当年还启动农村安全饮水工程，解决农村饮水不安全人口2734人，到2008年累计解决农村饮水不安全人口69395人。

2007年启动生猪良种补贴，当年能繁母猪补贴17500头，补贴资金87.5万元；2008年补贴12164头，补贴资金121.6万元；油菜良种推广补贴按照实际种植油菜面积补贴10元/亩，当年补贴38万亩，补贴金额380万元，2008年补贴58万亩，补贴金额580万元。是年，还推行种植业和养殖业政策性农业保险，当年覆盖全县28个乡镇。水稻承保面积7189万亩，承保农户超过19万户；棉花承保面积2.9万亩，承保农户10万户，全年累计支付赔款617万元。能繁母猪承保17243头，涉及3643户，当年理赔743头，赔付金额64.3万.

2008年现代农业发展项目落户汉寿，争取中央财政资金300万元，拉开了汉寿县整合财政支农资金的序幕。

（八）国有资产管理

1991年，汉寿县国有资产管理办公室成立，属县财政局管理的独立二级事业单位。1996年，更名为汉寿县国有资产管理局，升格为副科级机构管理的事业单位。2002年，由“三定”撤销汉寿县国有资产管理局变更为汉寿县财政局产权统计评价股。2006年，更名为汉寿县财政局资产管理股。

1994～1999年，对国有企业进行第五次清产核资工作，县国资部门对全县82户国有工商企业、117户城镇集体企业、128户行政事业单位进行了政策性的清产核资。经过清产核资，产权界定，价值重估与资本金核实，摸清了家底，为全县企事业单位资产管理奠定了良好的基础。1999年底，全县国有企业单位共拥有各类资产总量164045万元，国有资产总量为44950万元。

2005年，针对行政事业单位资产家底不清的现状，下发了《关于开展行政事业单位固定资产清理的通知》、《行政事业单位固定资产清理报表》、《行政事业单位固定资产台账》。全县162个单位进行了清理，清理出账外资金3376万元。是年，参与处置固定资产22宗，其中处置汽车12辆、房屋6栋、土地2宗、电脑一批，处置收入163.64万元。还对14家有“非转轻”资产的行政事业单位进行了摸底，经统计，用于固定资产出租、经营的资产697万元，6188平方米，全年完成“非转轻”任务3万多元。

2006年，对机关幼儿园、大桥办、社区等7个二级单位和临时单位进行了清理，登记资产1749万元，处置划拨固定资产15宗，其中交通运输工具8台，土地1宗，专用设备和通用设备一批，处置收入39.12万元。对21家有“非转轻”资产的单位共收取3万多元。是年，对121个单位进行了不良金融资产清理调查，涉及金额10440万元。其中正常类单位22个，金额1734万元；歇业类单位19个，金额1700万元；破产类单位80个，金额7010万元。

2007 年，对全县 196 个行政事业单位进行了清理，汇总资产清查数 146195.91 万元、负债清查数 91779.39 万元、净资产清查数 55427.22 万元。盘盈资产 39687.8 万元（土地估价入账 33985 万元），清理出资产损失 1958.98 万元。是年，处置固定资产 13 宗，处置资产 180.61 万元，划拨资产 13.9 万元，处置收入 29.69 万元。对全县有经营性资产的行政事业单位从新摸底，有 32 家单位共有经营面积 43392 平方米，固定资产 5117 万元，全年可实现收入 544 万元。

2008 年，共处置固定资产 32 宗，处置资产 863.09 万元，划拨资产 179 万元，实现处置收入 67.71 万元。完成国有资产经营收入 255 万元。拍卖银和棉麻公司资产 4 宗，处置收入 932.5 万元。拍卖粮食企业资产 4 宗，拍卖收入 975 万元。

（九）会计管理

1989 年，贯彻执行财政部《会计工作达标升级试行办法》，从会计机构和会计人员、会计核算和管理、执行财政财务制度 3 个方面，提出了 23 条会计工作达标考核标准。1990 年，加强会计电算化管理，各单位需要采用电子计算机全部替代手工记账的，必须报经财政部门审核批准。

从 1992 年起，各类会计职称的取得除高级会计师资格仍然实行由评审认定外，一律实行全国统一考试取得。2005 年起，高级会计师资格的取得采取考、评结合办法执行。至 2008 年，全县已取得各类会计资格人数 2020 人，其中：高级会计师 2 人，会计师 278 人，助理会计师 793 人，会计员 947 人。

1999 年，全县 29 个乡镇财政所会计工作全面达标，15 个乡镇财政所成为会计工作规范化单位。是年 10 月，《中华人民共和国会计法》从新修订颁布实施，我县对会计人员进行了继续教育和业务培训。

2001 年，按照省财政厅《关于做好〈会计法〉执行情况检查工作的通知》要求，对全县行政事业单位组织开展了《中华人民共和国会计法》执行情况大检查，对会计工作不规范的单位进行了整顿。是年，为规范全县行政事业单位财务管理，县政府制订了《关于印发汉寿县行政事业单位会计委派和会计代理实施办法的通知》。经县人事局、财政局、纪委等部门联合组织通过考核择优录取了会计人员 42 名，其中委派会计 34 名、代理会计 8 名，对 30 个行政事业单位实行会计委派工作，25 个单位实行代理记账。2002 年 4 月，会计委派和会计代理工作停止。

2002 年，会计集中核算改革启动。2003 年 4 月，成立县会计核算中心，2008 年 4 月升格为汉寿县财政国库集中支付局。其主要工作职能是：严格贯彻执行国家财经法律、法规和制度，依法监督单位财务收支活动，维护财经纪律。会计集中核算工作在资金管理上，实行单一账户集中支付制度，按照财政核定的单位年度预算，对各单位的资金使用情况进行监控，提高财政性资金的使用效益。认真执行统一的财务会计制度，规范会计核算工作，真实、完整、及时地反映各有关单位的财务状况。是年，纳入会计核算中心管理的行政事业单位共有 88 个。

2004 年底，全县已纳入会计核算中心统管的行政事业单位有 93 个。是年，县会计核算中心共拒绝不真实、不合法原始凭证 19 笔共 483 万元；拒报超标准、超范围津补贴 5 笔共 4 万元；拒付违规采购 17 笔共 34 万元；退回不准确、不完整原始凭证 7 笔共 517 万元；拒付其他违规支出 9 笔共 20 万元。全县还陆续换发了财政部统一印制的全国通用“会计从业资格证书”。湖南省统一印制的“会计证”使用至 2004 年 12 月 31 日止，并从 2005 年 1 月 1 日起全部作废。

2007 年 10 月，开始筹备成立财政国库集中支付局。2008 年 4 月，汉寿县财政国库集中支付局正式挂牌运行，是县财政局管理的副科级事业单位，主要负责本级财政国库集中支付工作和部门预算执行监督工作。

2008 年 5 月，国库集中支付全面启动。全县 79 家一级预算单位全部纳入了国库集中支付的范围，其中 42 家单位实行单位自行记账，37 家单位实行支付局代理记账，改革面达 100%。是年，网上支付资金 6761 笔，金额 32648 万元。除部分专项资金外，一级预算单位的全部资金都实行了网上支付。其中直接支付 5564 笔，金额 29382 万元，占已支付资金的 90%（剔除向二级预算单位拨付的资金 9491 万元，实际直接支付占已支付的 61%）；授权支付 1197 笔，金额 3266 万元，占支付资金的 10%。达到了国库集中支付的原则要求。

（十）公债、国库券管理

为筹集国家经济建设资金，我国从 1981 年开始发行国库券，推销对象主要是各级财政、国有企业、集体所有制企业和部分事业单位。1982 年，国库券发行范围扩大到机关、团体、部队、事业单位和农村富裕队、城乡居民个人。县财政部门负责推销工作。

1990～1993 年，县财政局为常德市财政局代理推销国库券。1990～1992 年，每年推销五年期国库券 380 万元，1993 年推销五年期国库券 500 万元，三年期国库券 250 万元。

1994 年，汉寿县成立国库券推销办公室。是年，向城乡居民和机关、团体推销两年期国库券 380 万元。1995 年推销三年期凭证式国库券 320 万元。1996 年推销特种定向券 300 万元、无记名一期国债 120 万元。

1997～1998 年，县级没有国债推销任务。1999 年开始，国债推销由人民银行委托各专业银行代理，财政部门不再办理国债推销事务。

1991～1996 年，汉寿县共推销公债、国库券 1120 万元。其中：两年期国库券 380 万元，三年期凭证式国库券 320 万元，国债 420 万元（特种定向债券 300 万元、无记名一期国债 120 万元）。

五、财源建设

1989～2008 年，汉寿县财源建设大致经历了三个阶段。

一是任其发展、一般督导的顺其自然阶段。1989～1993年，县级没有财源建设专门班子，领导只在全县大会上强调和要求抓好财源建设。对于县级财源建设企业只单纯下达税金和利润的增长指标，没有具体的财源建设规划与奖励措施，财源建设发展缓慢，导致“三高一低”的情况出现。以1992年为例：人均占有财力低，仅为59.63元；人均可用财力低，只有38.13元，人均税负低，仅为41.65元，剔除农业税仅为31.10元，低于全省、全市的平均水平；刚性支出高，仅工资一项缺口3000万元。

二是规划部署、具体引导的稳步发展阶段。1994～2000年，全县财源建设在县财源办的规划和引导下，一步一步走向成熟，效果显著。1994年8月8日，汉寿县财源建设办公室成立，定事业编1名。1996年4月15日升格为副科级的事业单位，定事业编3名，设立独立办公室。其主要职能是：制定和指导全县财源建设发展规划和方向；筹集和管理全县财源建设专项基金；检查和督导全县财源建设重点项目执行情况，奖罚兑现；搞好财源建设调查研究，为县委、县政府领导科学决策提供真实可靠的依据；承担县委、县政府和财政局交办的其他工作事项；组织联系全县财源建设检查、考核与验收工作等。

1996年开始，不断优化财源建设结构，以产业化来促进增长方式的转变。特别是根据县情发展农业财源增加农业投入，把加强农业基础地位与培植农村财源紧密结合起来，争取财政部门产业化试点投资。是年，争取产业化试点投资960万元。酉港镇充分利用水面优势，大胆进行鱼鳖混养和特种水产养殖一条龙初具规模，多渠道投资750多万元，建成3000亩鱼鳖混养基地，产值上亿元。

1997年，县财政加大财源建设投入资金达2885万元，比上年增长21%。县三荣轻纺（集团）有限公司是1997年元月经县政府批准的首家股份制试点企业，县工商银行投入资金近千万元，当年完成产值6654万元，实现利税575.73万元，入库税收115.8万元。

1998年，县委、县政府解放思想，提高认识，加大财源建设力度，把发展民营经济和外向型经济当做“富民强县”的跨世纪整体战略来抓，分别下发了《关于大力发展民营经济的决定》和《关于大力发展外向型经济和鼓励招商引资的若干规定》，鼓励机关干部兴办和领办民营企业，对到民营企业任职的国家干部职工，政治待遇与机关干部一视同仁，经济待遇可按企业标准执行，档案工资不变并按政策予以调升。允许县内在职干部、职工受聘外资企业工作，受聘人员在原单位保留编制、级别和档案工资，在受聘企业享受经济待遇。同时，还建立经济保护区，重奖有贡献的单位和个人。对完成年初任务且比上年增长20%以上、进入全县前5名的乡镇场党政一把手，由县委、县政府各奖励现金2000元。对推荐、介绍外地企业老板来县投资者，按实际引进到位资金的0.5%～1%提取奖金，由受益单位给予奖励。是年，引进外资107万美元，比上年同期增长1.9%。累计引进外资达1098.85万美元。资金引进后完成产值6705万元，实现销售收入4410.5万元，上缴国税92万元，出口创汇69万美元。香港永昌盛木业（汉寿）有限公司投资100万美元落户汉寿。

1999～2000年，财源建设的重点在继续招商引资和发展民营企业的基础上，大力发展本地特色的财源建设。产业型农业企业颇具规模。全县放养水面24万亩，投放鱼种8300万尾，其中优质品种4600万尾，名贵鱼种800万尾。西竺山乡5000亩精养水面全部实行了名贵鱼套养。后续型财源建设全面启动。全县新建高效林果基地10965亩，其中名优水果基地7200亩、速生用材林基地3765亩。欧美黑杨是汉寿的支柱产业，1998年4月20日，中国特产之乡组委会命名汉寿县为“中国欧美黑杨之乡”。从1980年开始，全县大面积推广欧美黑杨，至2008年，全县杨树面积已达60.2万亩，总株数1986万株，活立木蓄积量163万立方米，年采伐量达8.5万立方米，年产值5100万元，销售税金600万元。打造了60个造林1.5万株以上的样板村，罐头嘴的洛水口、鸭子港的车昏等12村都在2万株以上。全县从事杨树加工的企业有400多家，包括营销人员共有17000多人。产品远销港澳台地区和东南亚及欧美国家，产值上亿元，创利税近千万元。全县芦苇面积已达10万亩，其中收割面积7万亩以上。年产芦苇4万多吨，产值1150万元，上缴税利480万元。

三是择优扶持、以奖代投的健康发展阶段。2001年7月，县财源办单独设立财源建设专项资金账户，多渠道筹集财源建设资金226万元，采取择优扶持、以奖代投的办法支持单位和个人发展。县政府为了切实抓好财源建设，下发了《关于开展财源建设“百十”工程及“升级上档”活动的通知》，明确提出了开展财源建设“百十”工程和乡镇场财源建设“升级上档”活动的工作目标及有关考核、奖励、处罚办法和具体要求。荣祺食品有限责任公司完成产值4000万元，上缴税金110万元，分别比上年增长100%、46%。银阳纺织公司总产值5800万元，上缴税收249万元。

2002年，县级财源建设专项资金正式纳入预算安排。2002～2008年县财政共安排财源建设资金2000万元。其中2002年100万元，2003年200万元，2004年200万元，2005年200万元，2006年300万元，2007年500万元，2008年500万元。2002年，县委、县政府响应常德市委号召，主要以“三个代表”重要思想为指针，以农业产业化为主线，抓好“五个百万亩工程”建设。全县黑杨面积达38万亩，高效立体水面21万亩，优质蔬菜17.2万亩，优质果木林6.5万亩，人工牧草4万亩，饲料粮2万亩。荣祺公司还建立了6000亩茭头基地。11月底，荣祺公司、金穗米业、湖洲野菜厂参加了第四届（国际）农博会，金穗米业的金泰牌香米在农博会上获得金奖。

2003～2008年，全县财源建设实施“项目立县、品牌战略”的方案，巩固发展第一产业，大力发展二、三产业，优化经济结构，提高经济实力，使财源建设一步一个脚印，不断迈上新台阶。2004年用好财源建设贴息资金，帮助企业高速发展。是年，利用100万元贴息资金促使国珍木业吸收680万元成功合股、洞庭木业吸收150万元扩股增资、康利来新增投资150万元做大做强、天河黑杨吸股东新资本100万元扩大基地。湖南康利来医疗器械有限公司于2002年成立，主要生产一次性使用输液器、无菌注射器、无菌注射针、输血器、静脉输液针、无菌加药器、吊瓶式输液器、袋式输液器等 8 大类、60 多个规格型号的一次性使用无菌医疗器械。2006～2008 年，财政支持贴息资金 30 万元，有效地帮助了企业发展。2008 年，该企业实现销售收入 1700 万元，上缴税收 94 万元，比上年增长 26%。

2005 年，县委、县政府下发关于《汉寿县招商引资优惠政策》的通知，在土地、纳税、规费等方面都制定了优惠政策。固定资产投入 100 万元～500 万元的项目，土地出让金县本级留成的三分之一奖给投资者；固定资产投入 500 万元～1000 万元的项目，土地出让金县本级留成的三分之二奖给投资者；固定资产投入 1000 万元以上且亩平固定资产投入不低于 60 万元的项目，土地出让金县本级留成部分全额奖给投资者等等。新办生产型企业（项目），2 年内企业所得税的县本级留成以及新办高新技术企业、出口创汇企业、县内规模以上农业重点产业企业，3 年内企业所得税的县本级留成都全额奖给企业等等。湖南康普制药有限公司于 2001 年落户汉寿县工业园，项目投资近亿元。主要生产奥美拉唑胶囊、快康胶囊、保圣康片、菲诺克片、肝炎灵注射液、硫酸软骨素注射液等。年生产能力 5 亿元，税收 5000 万元。对于该企业县财政累计扶持财源建设资金 285.45 万元，其中：2003 年以奖代投 5.3 万元，2004 年以奖代投 29.4 万元，先后对拆迁品补 100.7 万元。2005 年，该公司实现产值 2 亿元，税收过千万元，结束了汉寿县工业企业无千万元税收的历史。同时按照县优惠政策奖励企业 134.75 万元。

2007 年，县委、县政府再次下发关于《汉寿县招商引资优惠政策》的通知，在固定资产投资、财政贴息、纳税奖励等方面都作了优惠政策规定。固定资产投入 1000 万元～1 亿元（不含土地出让金），每亩用地县政府奖励 7 万元；对境外投资企业利用银行贷款进行固定资产投资，且建成投产后年纳税 20 万元以上的，按同期银行贷款基准利率的 30%～50% 给予贴息，单个项目贴息最长期限为 3 年，最高贴息额不超过 100 万元；对年纳税 100 万元～500 万元的按纳税额的 2%、500 万元～1000 万元的按纳税额 的 3%、1000 万元以上的按纳税额的 5% 奖励企业等等。汉寿县太子化工涂料有限公司产品市场占有率在全省民营企业同行业中名列前茅，为扩大企业再生产，帮助解决添置设备贴息资金 10 万元。该企业产量由 2006 年的 750 吨上升到 2007 年的 1200 吨，销售收入由 905 万元增加到 2400 万元，税收由 48 万元增加到 102 万元。支持汉寿鑫源纺纱印染有限公司设备和技术更新贴息资金 10 万元，变原始抛光钢领为油钢领，减少接头，减少断头和毛羽，提高了产量和质量。2007 年销售收入 11655 万元，比上年增加了 4480 万元，上缴税收 280 万元，比上年增加 62 万元。

汉寿是“中国苎麻之乡”，全县现有苎麻面积 12 万亩，占全县总面积的 6.5%，总产 1200 吨左右。苎麻加工业从 1994 年开始，现有加工企业 10 家，从业人员 3600 多人。产品已发展到油麻、精练麻、变形精干麻、丝光精干麻等四个系列，每年加工原麻 4 万吨，上缴税金 800 多万元，发放职工工资 2500 多万元。湖南广源麻业有限公司创建于 1996

年，是一家集苎麻脱胶、纺纱、织布为一体的纺织加工民营企业。有固定资产6800万元，员工2238人。主要生产精干麻、棉麻混纺纱、棉麻交织布、棉纱棉布、纯苎麻布等五大系列20多个品种。2005年和2007年获得省财政专项扶持资金60万元。现在“广源牌”精干麻产量居全国之首，市场占有率达48%。2007年公司被财政部纳入“农业综合开发项目示范企业”，中央财政（国家农业综合开发办）参股1500万元。2008年被评为国家级农业产业化龙头企业。该企业2006年上缴税收826.56万元，2007年上缴税收906.77万元，2008年上缴税收1148.74万元。

汉寿又是“中国珍珠之乡”，全县现有珍珠养殖水面11万亩，全县参与珍珠吊养农户近万户，吊养珍珠6000万只，繁育仔蚌15000万个。全县有12个1000亩以上的珍珠养殖大户。2008年珍珠产量167.5吨。周文庙乡农民向远德，集珍珠繁、养、加、销于一体，拥有珍珠养殖基地8000亩，并成立了湖南向八老珍珠有限公司，个人资产2000多万元。

汉寿县财政局园艺场是县财政局直接管理的财源基地，成立于1976年，原名为围堤橘园。总面积1500亩，其中：耕地1200亩，水域200亩，林地路道100亩。拥有固定资产250多万元。总人口438人，其中农牧工人312人。1982年柑橘产业开始受益，亩产近3000公斤，全场果业、渔业总产值达50万元，上缴税利10万元。1992年柑橘总产2500多吨，加上渔业收入，产值500多万元，上缴农业特产税35万元。1984～1994年，累计上缴农业特产税200多万元。1995～1996年，连续两年遭受特大洪涝灾害，橘树全部淹死。1997年从省农科院引进优质品种，种植碰柑1000亩、名柚20亩、砂糖橘50亩、葡萄50亩。2002年全面完成150户移民搬迁任务。

2008年，汉寿坚持“项目立县、工业强县、品牌兴县”发展战略，经济社会实现了又好又快发展。是年，全县实现生产总值79.49亿元，按可比价格计算，比上年增长13.2%。其中二、三产业增加值53.49亿元，增长20%。新增市以上品牌83个，其中：名牌产品1个，著名商标2个，无公害农产品11个，新技术企业3个，新技术产品1个，质量体系认证5个，农家乐生态游2个，商标注册4个，国家专利20个，科学进步奖4个，龙头企业8个，博览会金奖3个。

2001～2008年，共向上级争取贴息资金884万元，其中：2001年120万元，2002年33万元，2003年122万元，2004年100万元，2005年115万元，2006年164万元，2007年115万元，2008年115万元。2004～2008年，兑现优惠政策奖励15379.27万元，兑现经济工作奖励3763.68万元。

六、财政监督

1989年以来，为强化财政监督，维护财经程序，根据国家有关法律法规，财政部门依照财政管理体制和财政隶属关系，对各级预算内外收支相关、接受财政管理的部门和单位，均实施财政监督。

1989～2008年，财政监督共检查行政事业单位和国有、集体企业单位3768个/次，查出各类违纪金额18979.94万元，收缴财政1502.4万元，处罚处分违纪违法责任人15人/次。

1989年，对4个乡镇财政所和4个行政事业单位进行了检查，查出违纪金额178.8万元，收缴入库3.32万元。当年对财政系统内4名严重违纪人员进行纪律处分。

1990～1997年，财政监督检查工作以税收、财务、物价“三大查”为主，工作重点是各种专项资金、财政支农周转金、税收、罚没收入等方面。其中：1990～1993年，以“三大查”为重点，对“五税”、罚没收入、支援经济不发达地区发展专项资金进行了检查，共查了80个单位，查出各类违纪违法金额1698.2万元，收缴财政金额19.23万元，处罚财政人员10人。1994年，检查了8个单位，查出违纪违法金额22.25万元，收缴财政金额14.92万元。1995年，从财政、税务、审计等部门抽调业务骨干122人组成29个“三查”检查组，查出违纪违法金额538.18万元，收缴财政金额378.8万元。1997年，是连续13年税收、财务、物价大检查的最后一年。是年，全县开展“三大查”，共查出违纪违法金额462万元，收缴财政金额241万元。

1998年，取消“三大查”，财政监督工作逐步由突击性向经常性检查转变，着重加强财政预算执行情况监督。是年，查出违纪违法金额219.3万元，收缴财政金额34.9万元。

2000年，《湖南省财政监督条例》颁布实施，财政监察股更名监督检查股。监督工作主要为财务收支情况检查、《会计法》执行情况检查、各行政事业单位预算外资金管理检查以及专项资金管理检查。共检查单位8个，查出违纪违法金额118.52万元，收缴财政金额31.5万元。

2001年，加强财政监督力量，按财政部《财政机关内部监督检查暂行办法》的要求，开展财政内部监督检查工作。是年，共检查单位197个，查出违纪违法金额1472万元，收缴财政金额81.3万元。

2002年，按县委、县政府、县人大的要求，将财政性专项资金检查列入监督检查工作的重点项目。是年，共检查单位48个，查出违纪违法金额1207.23万元，收缴财政金额71.5万元。

2003年，组织财务骨干40多人，组成8个小组，对全县67个行政事业单位进行了一次“小金库”清理检查。共查出违纪违法单位59个（私设小金库的单位11个），违纪违法金额3331.66万元（小金库438.4万元），处理处罚应缴财政107.13万元。是年，加上日常监督检查共检查单位92个，查出违纪违法金额3954.91万元，收缴财政金额71.81万元。

2004年，加大财政性专项资金（基金）监督力度，从源头出发对财政性专项资金（基金）进行全程监控，由侧重财务收支检查向加强预算计划执行情况监督转变。是年，共检查单位44个，查出违纪违法金额2974.85万元，收缴财政金额60.16万元。

2005年，以财政专项事业费和“小金库”清理检查为重点，对全县45个单位进行了检查。查出违纪违法金额2843.57万元，处罚款41.45万元，收缴财政金额244.23万元。是年，对财政内部银行账号进行了清理复查，取缔了11个不符合规定的银行账号。

2006年，根据《湖南省财政监督条例》，以社保资金、计育事业费为重点对全县44个单位进行了检查。共查出违纪违法金额2085.94万元，收缴财政金额94.46万元。

2007年，对县直及其下属22个单位进行了检查，查出违纪单位20户，违纪金额1755.67万元，下达处理决定书18份，收缴财政金额224.57万元，对单位处罚款29.03万元，纠正偷漏非税收入行为并追缴财政专户收入182.75万元。

2008年，对42个单位和部门（含内设机构5个）进行了检查，对26个单位进行了处罚，收缴财政资金36万元。

七、财政机构和队伍

（一）现任领导及班子成员（图片）

汉寿县财政局领导成员合影

前排左起：郭十全　黄启向　刘以国　陈武俊　王众豪　梁　军

后排左起：刘　辉　李　华　郭永华　马永安　马柏山　李守顺　黄荣耀　郭为群

（二）机构沿革

1989 年，汉寿县财政局内设机构 15 个：办公室、预算股、监察股、社控办、综合股、行财股、农财股、政工股、企财股、会计股、农税股、国库券推销办、乡镇财政管理站、中华会计学校汉寿函授站、园艺场。30 个乡镇财政所，人、财、物属财政局管理。局机关人数 42 人，财政所 105 人。

1990 年，局机关内设机构 16 个，新增了农业税征管所。局机关人数 45 人，财政所 119 人。

1991 年，局机关内设机构 17 个，新增了国有资产管理办公室。局机关人数 55 人，财政所 109 人。1992 年机构未变，人数有增加。局机关人数 59 人，财政所 113 人。

1993 年局机关内设机构 18 个，新增了住房资金管理办。局机关人数 62 人，财政所 116 人。

1994 年，局机关内设机构 20 个，新增了财源办、会计师事务所。局机关人数 66 人，财政所 119 人。1995 年，机构未变，人数有异动。局机关 66 人，财政所 108 人。

1996 年，局机关内设机构 23 个，新增了收费局、社保股、农税稽查大队。是年，国资局、收费局、财源办均为副科级的事业单位，归口县财政局管理。局机关人数 79 人，财政所 109 人。

1997 年，局机关内设机构 24 个，新增了基建股。局机关人数 93 人，财政所 127 人。1998 ~ 1999 年，机构未变，人数有变动，1999 年局机关人数 99 人，财政所 151 人。

2000 年，局机关内设机构 27 个，新增了政府采购中心、工资发放中心、会计管理中心。局机关人数 99 人，财政所 153 人。

2001 年，局机关内设机构 28 个，将原来独立设置的征管所归口局机关管理。财政所机构 32 个，将县内洋淘湖、围堤湖、大南湖三个农场性质的财政所归口财政局管理。局机关人数 100 人，财政所 153 人。

2002 年，局机关内设机构 26 个，新增了正科级级别的事业单位农业综合开发办，归口财政局管理。取消了征管所、会计师事务所、农业税征管所。行财股更名为文行股，基建股更名为经建股、国资办降格并更名为统评股。局机关人数 111 人，财政所 142 人。

2003 年，局机关内设机构 24 个，取消了农税稽查大队、乡镇财政管理站。农税股升格为副科级级别的农税局。局机关人数 112 人，财政所 185 人。

2004 年，局机关内设机构 25 个，新增了国库股。局机关人数 114 人，财政所 199 人。

2005 年，乡镇合并，全县财政所合并为 29 个。局机关内设机构仍然是 25 个。是年。收费局升格为正科级的单位，更名为非税局。局机关人数 118 人，财政所 171 人。

2006 年，会计核算中心升格为副科级单位，为国库集中支付局，归口县财政局管理。是年，局机关人数 113 人，财政所 162 人。2007 年局机关人数 114 人，财政所 156 人。

2008 年，局机关内设机构 26 个，新增了财政投资评审中心，属股级单位。是年，财政局内共有正科级单位 2 个，副科级单位 3 个，股级单位 21 个。财政所 29 个。局机关人数 119 人，财政所 147 人。

（三）历任领导

1. 党组成员及职务（见下表）

任职时间	1989 年	1990 年	1991 年	1992 年	1993 年	1994 年	1995 年	1996 年	1997 年	1998 年
局　长	王尊华	李后将	李后将	李后将	李后将	李后将	李后将	李后将	李后将	李后将
副局长	李后将 刘德禄 廖麦秋	刘德禄 廖麦秋 李承信	刘德禄 廖麦秋 李承信	刘德禄 廖麦秋 李承信	刘德禄 廖麦秋 李承信	刘德禄 廖麦秋 李承信	李承信 解以刚 肖跃林	李承信 肖跃林	李承信 肖跃林	陈武俊 肖跃林 郭十全
党　组 书　记	王尊华	王尊华	王尊华	王尊华	刘德禄	刘德禄	王先植	王先植	王先植	王先植
党　组 副书记	李后将	李后将	李后将	李后将	李后将 马永安	李后将 马永安	李后将 马永安	李后将 马永安	李后将 马永安	李后将 陈武俊 马永安
纪　检 组　长	邹子金				肖庭湘	肖庭湘	肖庭湘	肖庭湘	肖庭湘	李爱国
监察室 主　任		肖庭湘	肖庭湘	肖庭湘						
工　会 主　席	张觉先	邹子金	邹子金	邹子金	邹子金	邹子金	廖麦秋	廖麦秋		
国　资 局　长					解以刚	解以刚		刘以国	刘以国	刘以国
财源办 主　任								马永安	马永安	马永安
收　费 局　长 （非税 局长）										李银武

任职时间	1999 年	2000 年	2001 年	2002 年	2003 年	2004 年	2005 年	2006 年	2007 年	2008 年
局　长	李后将	李后将	肖跃林	肖跃林	肖跃林	肖跃林	肖跃林	肖跃林	肖跃林	陈武俊
副局长	陈武俊 肖跃林 刘以国 郭十全 李银武 李爱国 （兼）	陈武俊 肖跃林 刘以国 郭十全 李银武 李爱国 （兼）	陈武俊 刘以国 郭十全 李银武 李爱国	陈武俊 刘以国 郭十全 李银武 李爱国	陈武俊 刘以国 郭十全 黄启向 李爱国	陈武俊 刘以国 郭十全 黄启向 李爱国	陈武俊 刘以国 郭十全 黄启向 李爱国	陈武俊 刘以国 郭十全 黄启向 李爱国	陈武俊 刘以国 郭十全 黄启向 李爱国	王众豪 刘以国 郭十全 黄启向 梁　军

续上表

任职时间	1999 年	2000 年	2001 年	2002 年	2003 年	2004 年	2005 年	2006 年	2007 年	2008 年
党组书记	陈武俊	陈武俊	陈武俊	肖跃林	肖跃林	肖跃林	肖跃林	肖跃林	肖跃林	陈武俊
党组副书记	李后将 马永安	李后将 马永安	肖跃林 马永安	陈武俊	陈武俊	陈武俊	陈武俊	陈武俊	陈武俊	王众豪
纪检组长					马永安	马永安	马永安	马永安	马永安	马永安
工会主席	刘桂林	刘桂林	刘桂林		李爱云	李爱云	李爱云	李爱云		刘　辉
国资局长	刘以国	刘以国	刘以国							
农税局长（乡财局长）				刘以国	刘以国	刘以国	刘以国	刘以国	刘以国	马柏山
财源办主任	马永安	马永安	马永安	马永安	郭永华	郭永华	郭永华	郭永华	郭永华	郭永华
收费局长（非税局长）					李守顺	李守顺	李守顺	李守顺	李守顺	李守顺
农开办主任					黄荣耀	黄荣耀	黄荣耀	黄荣耀	黄荣耀	黄荣耀
支付局长										李　华
党组成员						郭为群 马柏山	郭为群 马柏山	郭为群 马柏山 梁　军 刘　刚	郭为群 马柏山 梁　军 刘　刚	郭为群 刘　刚

2. 财政局历任领导任职时间

王尊华	1984. 08 ~ 1990. 03 党总支书记，局长，1990. 03 ~ 1992. 12 党总支书记
李后将	1984. 03 ~ 1990. 03 党总支委员，副局长，1990. 03 ~ 2001. 01 党总支副书记，局长
肖跃林	1994. 12 ~ 2001. 01 党组成员，副局长，2001. 01 ~ 2002. 03 党组副书记，副局长， 2002. 03 ~ 2007. 12 党组书记，局长
陈武俊	1998. 03 ~ 1999. 06 党组副书记，副局长（正科级调入）， 1999. 06 ~ 2002. 03 党组书记，副局长， 2002. 03 ~ 2007. 12 党组副书记，副局长，2007. 12 ~ 党组书记，局长

续上表

王先植	1994.10～1999.06 党组书记
刘德禄	1987.04～1992.12 党总支委员，副局长，1992.12～1994.10 党总支书记，副局长
肖庭湘	1990.04～1992.12 党总支委员，监察室主任，1992.12～1998.03 党总支委员，纪检组长
邹子金	1982.01～1984.03 党总支委员，副局长，1984.03～1987.04 总支委员，工会主席， 1987.04～1990.04 总支委员，纪检组长，1990.04～1994.11 总支委员，工会主席
廖麦秋	1987.04～1994.12 总支委员，副局长，1994.12～1996.04 总支委员，工会主席
李承信	1990.03～1998.03 总支委员，副局长
刘桂林	1998.12～2002.03 党组成员，工会主席
刘以国	1996.05～1999.06 党组成员，国资局局长，1999.06～2002.08 党组成员，副局长，国资局局长，2002.08～2008.01 党组成员，副局长，农税局长，2008.01～党组成员，副局长（2004 年 2 月正科级）
郭十全	1998.03～党组成员，副局长
李银武	1998.03～1999.05 党组成员，收费局局长，1999.05～2003.03 党组成员，副局长
黄启向	2003.03～党组成员，副局长（正科级调入）
王众豪	2008.01～党组副书记，副局长（2006 年 2 月副处级）
梁　军	2006.03～2008.01 党组成员，2008.01～党组成员，副局长
李爱国	1998.03～1998.10 党组成员，纪检组长，1998.10～2008.01 湖洲局局长，财政局副局长（兼）
马永安	1992.12～1996.05 党组副书记，1996.05～2002.03 党组副书记，财源办主任， 2002.03～2003.03 党组成员，财源办主任，纪检组长，2003.03～党组成员，纪检组长（2008 年 5 月正科级）
李爱云	2003.03～2007.03 党组成员，工会主席
李守顺	2003.03～2006.03 党组成员，收费局局长，2006.03～党组成员，非税局局长（2006 年 3 月正科级）
解以刚	1992.12～1994.12 党组成员，国资办主任，1994.12～1995.12 党组成员，副局长
郭永华	2003.03～党组成员，财源办主任

续上表

黄荣耀	2003.03～党组成员，农开办主任（正科级）
郭为群	2004.03～党组成员，农开办书记（正科级）
刘　刚	2006.03～党组成员
刘　辉	2008.01～党组成员，工会主席
马柏山	2003.03～2004.02 农税局党支部书记，2004.02～2008.01 党组成员，农税局党支部书记，2008.01～党组成员，乡财局局长
李　华	2008.01～党组成员，国库集中支付局局长

（四）荣誉奖励

1. 集体荣誉

单　　位	授奖单位	授奖名称	所属年度	备注
沧港财政所	湖南省财政厅	文明财政所	1990	
朱家铺财政所	湖南省财政厅	文明财政所	1992	
太子庙财政所	湖南省财政厅	文明财政所	1993	
鸭子港财政所	湖南省财政厅	文明财政所	1993	
西港财政所	湖南省财政厅	全省财政所先进单位	1997	
东岳庙财政所	湖南省财政厅	湖南省先进财政所	2002	
百禄桥财政所	湖南省财政厅	湖南省先进财政所	2002	
龙阳镇财政所	湖南省财政厅	湖南省先进财政所	2006	
龙阳镇财政所	湖南省财政厅	中国农民补贴网建设先进单位	2006	
岩汪湖财政所	湖南省财政厅	中国农民补贴网建设先进单位	2006	
毛家滩财政所	湖南省财政厅	中国农民补贴网建设先进单位	2006	
沧港财政所	湖南省财政厅	中国农民补贴网建设先进单位	2006	
西港财政所	湖南省财政厅	中国农民补贴网建设先进单位	2006	
罐头嘴财政所	湖南省财政厅	中国农民补贴网建设先进单位	2006	
周文庙财政所	湖南省财政厅	中国农民补贴网建设先进单位	2006	
坡头财政所	湖南省财政厅	中国农民补贴网建设先进单位	2006	
大南胡财政所	湖南省财政厅	中国农民补贴网建设先进单位	2006	

续上表

单　位	授奖单位	授奖名称	所属年度	备注
新兴财政所	湖南省财政厅	中国农民补贴网建设先进单位	2006	
岩嘴财政所	湖南省财政厅	中国农民补贴网建设先进单位	2006	
蒋家嘴财政所	湖南省财政厅	中国农民补贴网建设先进单位	2006	
农税局	湖南省财政厅	信息化建设单位一等奖	2006	
两税局	湖南省财政厅	信息化建设单位一等奖	2007	
财政局	湖南省财政厅	中国农民补贴网先进单位三等奖	2007	

2. 个人荣誉

个　人	授奖单位	授奖名称	所属年度	备注
李后将	湖南省财政厅	全省财政系统劳动模范	1989	
李建华	湖南省财政厅	全省财政系统年度先进个人	1991	
李承信	湖南省财政厅	全省财政系统双文明目标竞赛荣记大功	1992	
胥祥明	湖南省财政厅	全省财政系统双文明目标竞赛荣记大功	1992	
刘桂林	湖南省财政厅	全省财政系统双文明目标竞赛浮动晋升工资一级	1992	
刘桂林	湖南省财政厅	全省财政系统年度先进个人	1993	
李建华	湖南省财政厅	全省财政系统一等功	1998	
李建华	湖南省财政厅	全省财政监督检查先进个人	2002	
李建华	湖南省财政厅	全省会计工作先进个人	2004	
伍亚平	湖南省财政厅	全省优秀系统管理员	2006	
曾小兵	湖南省财政厅	全省优秀系统管理员	2007	
曾小兵	湖南省财政厅	全省优秀系统管理员	2008	

3. 财政宣传文章获省以上奖励情况

日　期	姓　名	文章标题	授奖单位	获奖级别
1988.12	徐正大 黄国才	对汉寿县特种水产研究所实行企业化管理的调查与思考	湖南省财政厅	二等奖

续上表

日　期	姓　名	文章标题	授奖单位	获奖级别
1992. 10	郭十全	加强总预算会计核算，发挥“总管家”作用	东北财经大学	二等奖
1993. 7	徐郁平 郭十全	面向市场发展医疗卫生事业	中国财经报	优秀奖
1994. 4	郭十全 徐郁平	尽快制定预算会计准则	中国财经报	优秀论文奖
1995. 7	郭十全	也谈“蛋糕”的做与切	中国财经报	二等奖
1995. 10	肖小莉 郭十全	完善分税制财政体制，促进县级财政收支平衡	预算会计	鼓励奖

第十章　德山开发区

德山开发区财政局局长　杨爱国

湖南常德德山经济开发区是1992年成立的湖南省重点开发区。1992年5月，湖南省体改委以湘体改字〔1992〕32号文件批复同意成立常德市德山经济科技开发区；1994年3月，湖南省政府湘政发〔1994〕5号文件批准德山开发区为省级开发区；1997年6月，湖南省政府常务会议又批准将德山开发区列入全省6大重点开发区之一。2006年1月，经国家发改委第三批审核公告，德山开发区被国家正式审定为省级开发区。辖区面积54平方公里，开发区托管一镇一街一场，即德山镇、德山街道办事处及德山林场，10个行政村，22个社区居委会。全区总人口为10万人，其中非农业人口58592人。

德山开发区工业园

中国优秀旅游城市标志——马踏飞燕

2008 年，全区完成国内生产总值 25 亿元，财政收入 22181 万元，其中地方一般预算收入 7141 万元，农民人均纯收入 7096 元，城镇居民可支配收入 14943 元。

一、管理体制

2002 年 1 月，根据开发区工作需要，经市政府研究决定，德山经济开发区正式成立财政局，属开发区的职能机构，受开发区管委会的直接领导。

2002 年 1 月 1 日起，开发区实行一级财政管理体制，财政收入的范围是德山镇和德山街道办事处的企业上缴增值税的 25%，营业税、车船使用税、房产税、土地增值税、城镇

左起李爱明、李立华、杨爱国、赵碧建

土地使用税，印花税、企业所得税、个人所得税、其他收入及辖区内的农业税、农业特产税、耕地占用税、契税。开发区的城市教育费附加和城市维护税全部上缴市级财政，市本级城教费附加开发区分成5%。根据事权划分，开发区财政主要承担区管会机关运转所需经费、开发区经济和事业发展等所需支出。

根据2004年市政府《关于进一步加快德山开发区的意见》的规定，市政府对开发区的财政体制还是执行以前镇街企业和个体工商户的税收的老体制，新进园区企业税收全部入市级财政，地方部分年底市财政按70%分成结算给区财政，市本级城市维护税按可用财力切块给德山10%包干使用，市财政每年支持高新园发展建设资金3000万元，从2004年1月1日起执行，暂定4年。

2006年市委、市政府进一步加大工业园区建设，明确在“十一五”期间，对德山开发区每年融资投入3亿元。

二、财源建设

从2002年1月起，市政府通过借贷款、财政投入等形式共投资69725万元，完成了开发区高新园10平方公里内的道路、通讯、供电、供热、给排水、土地平整的“六通一平”工程和及有关辅助配套设施的工程建设，在硬件环境上初步具备招商引资条件。

开发区不断加快招商引资步伐，先后修改制定了一系列优惠政策。到2008年，在区内注册登记的企业已达778户，其中高新技术企业21户，高新技术品种35种。企业从业人员36063人。2006～2008年，累计工业总产值1693978万元，其中高新产品产值863929万元，占总产值的51%；出口创汇14613万元，其中地方一般预算完成收25483万元。

2002～2008年，进区企业增加至466户，其中高新技术企业21户，高新技术产品35个。近三年完成工业总产值169.4亿元，全部财政收入完成66977万元，地方一般预算收入完成16890万元。

金健米业

常德纺机摇架生产车间

湖南云锦集团生产车间

恒安纸业厂门

2000 年以来，按照市委、市政府的决策，加速开发区的建设，积极培植财源。加速工业发展，初步形成了医药、纸业、食品、新材料、纺织、机械制造、饲料等 7 大工业板块。以三金制药、洞庭制药、金健药业、德海药业等企业为龙头的医药板块；以恒安纸业、常德纸业等为龙头的纸业板块规模；以金健米业、阳光乳业、德山酒业、武陵酒业等企业为龙头的食品板块；以力元新材、中南大学产业园等企业为龙头的新材料板块；以云锦纺织、东信棉业、特季轻纺、金帛化纤等企业为龙头的纺织板块；以常德纺机、金龙电机等企业为龙头的机械板块；以通威饲料、海大饲料、唐人神饲料等企业为龙头的饲料板块。

三、财政收支

开发区财政从 2002 年设一级财政，七年来的收入和支出情况如下：

开发区 2002 ~2008 年区域内税收收入情况表

单位：万元

年份	财政收入年度分布			
	中央省级	市级	区级	合计
2002	6849	2648	1108	10605
2003	8150	3141	1612	12903
2004	7571	3158	1375	12104
2005	13996	5332	2321	21649
2006	13845	5550	2557	21952
2007	13128	5486	3271	21885
2008	12287	7582	3271	23140

开发区 2002～2006 年财政支出情况表

单位：万元

支出项目	年份				
	2002	2003	2004	2005	2006
行政管理费	378	522	533	589	775
文教事业费	349	346	455	463	697
城市维护费	1594	1527	1819	2026	2071
农林水气象事业费	73	67	112	134	159
公检法支出	62	50	28	167	12
抚恤救济费	111	204	336	356	414
专项支出	43	107	195	483	471
其他支出	752	847	1103	1632	2264
合计	4262	3671	4581	5850	6863

开发区 2007～2008 年财政支出统计表

单位：万元

项　　目	2007 年	2008 年
一般公共服务	2902	3817
公共安全	175	169
教育	2027	2197
科学技术		13
文化体育与传媒	101	208
社会保险和就业	1226	1594
医疗卫生	164	313
环境保护	21	33
城乡社区事务	2468	6763
农林水事务	178	237

续上表

项　　目	2007 年	2008 年
交通运输	263	
工业商业金融等事务	44	558
地震灾后恢复重建		
其他支出	175	327
合　计	9744	16229

四、财政机构和队伍

开发区组建初期，财政局与其他进区单位均为所属市局的派出机构，同时接受开发区管委会的领导。2002 年 1 月 18 日经市委市政府批准，开发区管委会设一级独立财政，这样有利于各项优惠政策到位。同时开发区管委会下达任职通知，陈学贵任财政局局长，李爱明任副局长，2008 年 5 月杨爱国任财政局副局长、赵碧建任财政局副局长。

2004 年 4 月，开发区编办对财政局内增设 1 个机构会计核算中心，2007 年对财政局内又增设 1 个机构财政投资评审中心。开发区托管的一镇一街分别下设镇街财政所。

德山经济开发区 2002 年～2008 年财政收支总表

单位：万元

年度	收入						支出						
	合计	一般预算收入	上级补助收入	基金收入	其中：社保基金收入	上年结余收入	合计	一般预算支出	上解支出	基金支出	其中：社保基金支出	其中：社保基金支出结余	年终滚存结余
2002	5054	1571	3381	11		91	5054	4262	259	434			99
2003	4057	2084	1844	30		99	4057	3671	242	34			110
2004	5073	1964	2952	47		110	5073	4581	385	46			61
2005	6377	2974	3320	22		61	6377	5850	351	18			158
2006	7855	3746	3661	290		158	7855	6863	508	269			215
2007	10977	6003	4591	168		215	10977	9744	468	212			553
2008	20425	7141	9698	3033		553	20425	16229	521	3070			605
合计	59818	25483	29447	3601	0	1287	59818	51200	2734	4083	0	0	1801

德山经济开发区 2002～2008 年工商税税收入表

单位:万元

年　度	合　计	增值税	营业税	所得税	城市建设税	房产税	其　他
2002	1108	95	468	59		5	481
2003	1653	155	649	49		5	795
2004	1407	175	795	51		13	373
2005	2326	310	1075	69		19	853
2006	2562	444	1298	75		9	736
2007	4277	509	1672	104		10	1982
2008	5434	324	2298	184		56	2572

德山经济开发区2002～2008年农税收入统计表

单位：万元

年度	合计	农业税	农业特产税	耕地占用税	契税
2002	422	53	3	359	7
2003	721	40		657	24
2004	293	31		144	118
2005	764			673	91
2006	691			600	91
2007	1922			1879	43
2008	2476			2476	

德山经济开发区 2002～2006 年财政支出统计表

单位：万元

年度	合计	支援农村生产支出	农林水气象事业费	工交事业费	城市维护费	文教事业费	科学事业费	抚恤救济费	行政管理费	公检法支出	政策性补贴	支援不发达地区支出	专项支出	其他
2002	4262		73		1594	349	900	111	378	62			43	752
2003	3671		67		1527	346		204	522	50		1	107	847
2004	4581		112		1819	455		336	533	28			195	1103
2005	5850		134	1	2026	463		356	589	167			483	1631
2006	6863		159		2071	697		414	775	12			471	2264

力元新材生产车间

孤峰夕照

德山乾明寺

政务中心

第十一章　柳叶湖旅游度假区

一、度假区简介

柳叶湖财政局局长　韩先仿

常德柳叶湖旅游度假区成立于1994年，位于常德东北，是湖南省最大的山、水、城三位一体的生态型城市旅游休闲度假区，2001年被批准为国家首批AAA级旅游景区，是常德市委、市政府直接领导的省级旅游度假区。度假区的规划总面积由建区之初的39.6平方公里发展到现在的175平方公里，其中柳叶湖水域面积21.8平方公里，辖1个乡（白鹤山乡）、1个街道办事处（柳叶湖街道办事处），人口近5万人。

柳叶湖区位优势明显。景区位于湘西北黄金旅游走廊腹地，位于“长－张”旅游线路中点，西连张家界，东望岳阳，南接长沙，北通武汉，同时又地处常德市郊，南有桃花源，北有壶瓶山，有强大的城市群作为依托，有知名的大景点牵引带动。随着几条高速公路的拉通，常德作为湘西北旅游枢纽的地位日益呈现，柳叶湖旅游区位优势更加突出。

柳叶湖的生态优势明显。景区山水相连，湖面辽阔，鱼类繁多。柳叶湖北岸太阳山主峰海拔560.5米，是方圆千余平方公里的最高山峰。未来的柳叶湖将是一个水质清澈，林木繁茂，空气清新令人心旷神怡的度假胜地。

皮划艇比赛

柳叶湖文化优势明显。柳叶湖沉积着历史的神韵，具有丰厚的文化底蕴。这里是石板滩石器时代和炮楼山新石器时代遗址，是荆楚文化的发祥地之一；这里留下了屈原、刘禹锡等名人先贤的足迹和脍炙人口的诗篇；这里是清代大画家髡残、武昌起义智囊刘复基的出生地；这里是嫦娥奔月、后羿射日、刘海砍樵等神话传说的发源地。近些年，通过举办“亚洲皮划艇锦标赛”、“全国短道汽车拉力赛”、“湖南泛洞庭湖龙舟争霸赛”等一系列重大赛事，极大地提升了柳叶湖、常德市的人气和吸引力；通过挖掘柳叶湖的历史文化资源，推出了《湖南柳叶湖》、《湖光无尽》、《髡残画集》等一大批旅游文化作品。常德城区的第一个旅游产品"渔樵村——刘海故里风情游"已经建成并推向市场。

柳叶湖旅游区一角

柳叶湖基础优势明显。筹资4亿多元，建成了柳叶大道、环湖大道、常志路、2500米国际标准水上赛场等一大批基础设施；绿化、美化、亮化了6公里环湖风光带，贯通了3300米高档次亲水游道，柳泉路、柳溪路、环湖路排污管网等景区主要路网工程和柳湖春晓、司马楼等人文景观景点已经建成，景区基础设施基本框架逐步形成。景区内有一座集新概念高档客房、餐饮、娱乐、观光游乐、康体健身为一体的现代化、人性化、个性化的五星级会议休闲度假型酒店——共和酒店。

柳叶湖发展前景广阔。根据新修的柳叶湖总体规划，柳叶湖旅游度假区未来的整体布局分为"一带、两心、十二片"，呈现出"一带串明珠，双心呈锦绣"的空间形态，"一带"即环湖风光带，"两心"即戴家岗度假中心区、太阳山山地游览中心区，"十二片"即老堤障水景度假区、神路冲高尔夫度假区、极限竞速运动区、仙人洞山水游览区、白鹤山生态游览区、花山文化浏览区、月亮山自然游览区、蚂蟥溶湿地游览区、万寿水乡田园风情区、东江农耕渔业体验区、响水垱生态果林区、罗湾丘岗田园区。按照这个发展目标，常德市委市政府已将柳叶湖确定为常德市区"三山三水"旅游景区的优先开发区，将柳叶湖旅游度假区作为常德市争创"全国最佳旅游城市"的拳头产品进行建设。市政府专门出台了文件，对来柳叶湖投资的国内外投资商在土地出让、基础设施投资、税费征收、规划选址等方面给予更加优惠的政策。

柳叶湖已经成为常德市民休闲度假的乐园、国内外游客向往的旅游胜地、展示常德形象和魅力的响亮品牌，正向着生态优美的城市之湖、声名远扬的运动之湖、生机勃勃的产业之湖、底蕴深厚的文化之湖坚实迈进。

二、管理体制

柳叶湖度假区之初并没有成立财政部门，2000 年 9 月，根据工作需要，经市政府研究决定，成立常德市财政局柳叶湖旅游度假区财政分局，属市财政局派出机构，同时也接受柳叶湖度假区管委会的领导。

2008 年月柳叶湖旅游度假区区划调整后，正式成立常德柳叶湖旅游度假区财政局。《中共常德市委办公室 常德市人民政府办公室关于印发〈中共常德市柳叶湖旅游度假区工作委员会、湖南省常德柳叶湖旅游度假区管理委员会职能配置、内设机构和人员编制方案〉的通知》（常办〔2008〕53 号文件）明确了柳叶湖旅游度假区财政局的主要工作职责：负责履行县级财政、审计、国有资产管理职能。负责编制全区财政预算，负责机关事业单位财务预算管理，严格实行部门预算；负责在国家政策制度规定的范围内组织收入、分配资金；负责全区财源建设，区内财务制度执行情况的督察检查、审计工作；负责指导乡、办事处财政所制定好年度预算和决算工作；负责全区财务人员管理和培训，搞好会计委派工作；负责国有资产管理工作；负责机关行政事业单位全额拨款工作人员的工资发放工作；负责区属国有资产管理工作。

新竣工的司马楼

2009 年 3 月 31 日，根据市财政局《关于调整柳叶湖旅游度假区财政体制的通知》确定了柳叶湖旅游度假区新的财政体制：

（一）财政收入范围的划分

1. 市级固定收入

（1）常德机动车驾驶员考场管理处和常德市畅安科技服务有限公司缴纳的营业税；

（2）辖内的增值税、交通运输业营业税、建筑业营业税销售不动产和转让无形资产营业税、企业所得税、个人所得税、城市维护建设税、城镇土地使用税、土地增值税、车船税、契税和耕地占用税的市以下部分。

（3）辖内的教育费附加收入、地方教育附加收入、国有土地使用权出让金收入。

（4）市属行政事业单位应征缴的政府型基金收入、专项收入、行政事业性收费收入、罚没收入、国有资产经营收益等其他非税收入。

2. 区级固定收入

（1）辖区内的文化体育业营业税、娱乐业营业税和服务业营业税（常德机动车驾驶员考场管理处和常德市畅安科技服务有限责任公司除外）。

（2）辖内的资源税、房产税、印花税的市以下部分。

（3）区属行政事业单位应征缴的政府型基金收入（不含国有土地使用权出让金收入、地方教育附加）、专项收入（不含教育附加）、行政事业性收费收入、罚没收入、国有资产经营收益等非税收入。

（二）财政支出范围的划分

1. 市与区的支出划分暂按现行规定执行。

2. 城市管理职能按照市里统一的方案逐步下移。

（三）其他事项

1. 辖内的市级固定收入入市库，区级固定收入入区库。

2. 辖内的建筑业营业税，市财政按15%补助柳叶湖区。

3. 辖内的耕地占用税，区划调整前原属柳叶湖区的，市级财政按净额的40%补助柳叶湖区；区划调整前原属武陵区或鼎城区的，市财政按净额的20%补助柳叶湖区。

刘海故里——渔樵村

4. 辖内的国有土地使用权出让金收入，市财政按净额的5%补助柳叶湖区。

5. 按照“保基本、保运转、责权利益挂钩”的原则核定柳叶湖度假区财政收支基数，其中：收入基数以2008年实际完成数为准确定，为950万元，支出基数按照柳叶湖区事权参照市级支出标准测算，为4450万元。支出基数中基本支出为2250万元，项目支出为2200万元，其中：综治维稳100万元，社区事务300万元，教科文卫等事务300万元，财税事物50万元，环保经费150万元，农林水事务300万元，城市维护管理600万元，预备费400万元。市财政补助柳叶湖区3500万元，补助资金由市财政统筹解决。

6. 柳叶湖区行政事业性基本建设新建项目由市里负责（包括新建学校、公安派出所、办事处等），50万元以上的学校维修改造项目，市区按1：1分担经费。

7. 市财政积极支持柳叶湖区向上争取资金和项目，并且市本级专项资金的分配适当向柳叶湖区倾斜。

8. 城市管理职能调整后，将根据柳叶湖区实际承担的职能按一定的标准实行费随事转。

9. 对柳叶湖区区划调整前经市审计局审核认定的债务，以及渔樵村项目、亲水游道五标段、首届中国·常德桃花源旅游节公路、停车场项目经评审后的债务，由市里逐年安排资金偿还，具体的操作办法是：保持债务主体不变，仍由柳叶湖区承担债务，市财政每年视情况安排偿债资金，由柳叶湖区根据资金额度提出还款方案，经市财政审定后由市财政按审订方案直接偿付债权人。体制调整前的其他债务以及体制调整后的债务由柳叶湖区负责偿还。

10. 本方案暂定 4 年。其间如遇中央、省重大体制调整，则做相应调整。

三、财政收支

2008 年 9 月，柳叶湖财政局成立，成立以来收支情况如下：

（一）区本级一般预算收入情况：

单位：万元

项目 / 时间	税收收入	非税收入	其他收入	合　　计
2008. 9 ~ 2008. 12	107. 98	136. 19		244. 17
2009. 1 ~ 2009. 6	216. 22	479. 69		695. 91

（二）支出情况

单位：万元

时间 / 项目	2008. 9 ~ 2008. 12	2009. 1 ~ 2009. 6
一般公共事务	944. 77	833. 99
公共安全	61. 09	42. 50
教育	1. 50	647. 18
文化体育与传媒	1. 00	0. 27
社会保障和就业	217. 70	324. 72
医疗卫生	5. 67	103. 32
环境保护	306. 00	6. 00
城乡社区事务	279. 29	27. 69
农林水事务	63. 97	262. 02
工业商业金融等事务	120. 60	0. 00
粮油物质储备管理事务	0. 00	40. 00

续上表

项目＼时间	2008. 9 ~ 2008. 12	2009. 1 ~ 2009. 6
其他支出	295. 32	36. 44
合　计	2296. 91	2324. 13

四、财政机构和队伍

根据《中共常德市委办公室 常德市人民政府办公室关于印发〈中共常德市柳叶湖旅游度假区工作委员会、湖南省常德柳叶湖旅游度假区管理委员会职能配置、内设机构和人员编制放案〉的通知》柳叶湖旅游度假区财政局编制为 5 人，正副局长各 1 名，一般工作人员 3 名。现实有人数 8 人，局长：韩先仿，副局长：蒋杰。一般干部 6 人：李祖君、向凌桩、王珺、胡爱华、曹丽华、彭倩。区财政局直管两个财政所：白鹤山乡财政所和柳叶湖街道财政所，白鹤山乡财政所现有财政干部 9 人，柳叶湖街道财政所现有财政干部 5 人。

柳叶湖财政局领导班子合影
前排左起：王珺、龙功杰、韩先仿、蒋杰
后排左起：曹丽华、彭倩、向凌桩、胡爱华、李祖君

第十二章　西湖管理区

一、西湖管理区概况

西湖管理区财政局局长　吴鹏伟

西湖管理区位于洞庭湖西畔，沅、澧两水尾闾，是一个特殊建制的管理区，其前身是国营西湖农场。这里原是一片荒湖废洲，1954 年由省政府组织围垦，历经劳改农场（1954 ~ 1968 年）、军垦农场（1969 ~ 1971 年）之后，1972 年由柘溪库区新化、安化两县移民 3 万多人，并从常德、益阳、邵阳三个地区调配干部 300 名，部队留转 102 人，共同组成移民农场，是湖南省最大的移民集中安置区。1999 年改制成立西湖管理区管理委员会，作为市人民政府的派出机构。全区辖 6 个办事处、1 个建制镇，积雨面积 80 平方公里，耕地 7. 2 万亩，2008 年末总人口 5. 08 万人。

2008 年，实现国内生产总值 33000 万元。其中第一产业 18500 万元；第二产业 3800 万元；第三产业 10500 万元 。2008 年度财政总收入达到 15942 万元，其中一般预算收入 731 万元；上级补助收入 12035 万元；社保基金收入 2654 万元。完成固定资产投资 5600 万元，社会消费品零售总额 10200 万元，城镇居民可支配收入达到 6250 元，农民人均纯收入达到了 3580 元。

常德南方制药有限公司

二、西湖区财政局简介

西湖财政局办公区

2000年9月，常德市财政局下发《关于西湖农场建立财政体制的通知》，明确西湖建立一级财政管理体制。2001年3月，西湖农场改制为西湖管理区后，西湖区分别比照县、乡镇建立分税制财政体制，建立了一级财政，成立了西湖管理区财政局。2002年5月，西湖管理区区直机关完成机构人事制度改革，中共常德市委办、市政府办印发《中共常德市西湖管理区委员会、西湖管理区管理委员会机关机构改革方案》的通知明确了西湖管理区财政局为正科行政单位，定科级领导职数3人，科员办事员5人。2002年12月，西湖区委下达任职通知，任命谌贵诚任局长、王在勤、罗解恒任副局长。2007年5月，西湖区委对局领导进行领导班子调整，任命徐广湘任副局长。2008年5月，西湖区委对局领导再次进行领导班子调整，任命刘词顺任副局长。现有财政局领导班子为

常德市西湖棉麻有限责任公司

谌贵诚任局长、罗解恒、刘词顺、徐广湘任副局长。财政局内设机构包括财政预算股、财政企业社保股、财政文教卫生股、办公室，归口单位有乡镇财政管理局、会计核算中心，现有工作人员16名。财政局职能职责是：负责财政预算，负责机关事业单位财务预算管理，推行零基预算；负责在国家政策制度规定的范围内组织收入、分配资金；负责抓好管理区财源建设；负责管理区财务制度执行情况的监督检查管理工作；负责全区财务人员管理，搞好会计委派工作；负责国有资产管理工作；负责机关各部门的经费报账与工资发放工作；负责有关税费的征管协调工作，负责管理区各项资金的争取、使用与管理工作；负责管理区住房公积金管理工作。

三、财政收支完成情况

西湖管理区财政局从2001年成立，2001～2008年各项收入支出情况如下：

1. 西湖区2001～2008年财政总收入情况

2001年财政总收入1705万元，其中一般预算收入182万元、上级补助收入1250万元、社保基金收入273万元。2008年财政总收入达15942万元，其中一般预算收入731万元、上级补助收入12035万元、基金收入2654万元。9年间财政总收入年均增长速度为17.87%。

2001～2008年财政总收入统计表

金额单位：万元

项目年度	收入					
	合计	一般预算收入	上级补助收入	基金收入	上年结余收入	其中：社保基金收入
2001	1705	182	1250	273	273	
2002	2277	425	1574	277	277	1
2003	3087	524	2065	497	497	1
2004	6605	533	4494	1577	1577	1
2005	5774	522	3984	1267	1267	1
2006	8049	551	5566	1931	1931	1
2007	13781	663	10446	2661	2661	11
2008	15942	731	12035	2654	2654	522
合计	57220	4131	41414	11137	11137	538

2. 西湖区 2001 ~2008 年财政总支出情况

2001 年财政总支出 2441 万元，其中一般预算支出 2122 万元、上解上级支出 45 万元、社保基金支出 206 万元。2008 年财政总支出达 17672 万元，其中一般预算支出 13238 万元、上解上级支出 72 万元、社保基金支出 5167 万元。9 年间财政总支出年均增长速度为 14.4%。

西湖区 2001 ~2008 年财政总支出统计表

单位：万元

项目年度	支出						
	合计	一般预算支出	上解支出	基金支出	其中：社保基金支出	社保基金本年结余	年终滚存
2001	2441	2122	45	206	206	67	1
2002	2514	2182	54	248	248	29	1
2003	3350	2638	55	833	833	-177	1
2004	6338	4862	69	2534	2534	-1128	1
2005	7265	4610	69	2954	2954	-369	1
2006	9400	6210	69	3634	3634	-524	11
2007	14229	11046	74	3806	3806	-1219	522
2008	17672	13238	72	5167	5167	-806	1
合计	63209	46908	507	19382	19382	-4127	539

3. 西湖区 2001 ~2008 年工商税税收收入情况

西湖区 2001 ~2008 年工商税税收收入情况

单位：万元

年度	合计	增值税	营业税	所得税	城建税	房产税	其他
2001	67	30	27	9	1		
2002	164	40	45	2	2	1	74
2003	217	45	63	2	3	2	102
2004	362	54	67	2	5		234
2005	357	55	84	3	10	1	204
2006	519	65	120	8	6		320

续上表

年度	合计	增值税	营业税	所得税	城建税	房产税	其他
2007	597	19	163	14	7		394
2008	649	25	174	21	5	5	419
合计	2932	333	743	61	39	9	1747

4. 西湖区 2001 ~2008 年农税收入情况

西湖区 2001 ~2008 年农税收入情况

单位：万元

年度	合计	农业税	农业特产税	耕地占用税	契税
2001	113	113			
2002	251	222	28	1	
2003	275	240	35		
2004	131	130		1	
2005	8				8
2006	0				
2007	0				
2008	0				
合计	778	705	63	2	8

5. 西湖区 2001 ~2006 年财政支出项目情况

西湖区 2001 ~2006 年财政支出项目情况

单位：万元

项目年度	2001	2002	2003	2004	2005	2006	合计
支援农村生产支出	26						26
农林水气象事业费	27	22	108	141	123	142	563
工交事业费		39	19	38	14	14	124
城市维护费		10	10	9	65	71	165
文教事业费	595	559	603	712	1005	980	4454

续上表

项目年度	2001	2002	2003	2004	2005	2006	合计
科学事业费							0
抚恤救济费	94	186	191	252	269	386	1378
行政管理费	662	796	792	827	864	1007	4948
公检法支出	80	83	85	139	182	197	766
政策性补贴							0
支援不发达地区	115	43	70	55	35	64	382
专项支出			22	36	5	6	69
其　　他		35	27	64	158	313	597
合　　计	1599	1773	1927	2273	2720	3180	13472

6. 西湖区 2007 ~ 2008 年财政支出项目情况

单位：万元

项　　目	2007 年	2008 年
一般公共服务	1624	1798
外交		
国防	6	14
公共安全	290	347
教育	1097	1560
科学技术		2
文化体育与传媒	12	12
社会保险和就业	3932	5675
医疗卫生	423	673
环境保护	12	25
城乡社区服务	1343	525
农林水事务	1294	1968
交通运输	243	373
工业企业金融等事务	1	2

续上表

项　　目	2007 年	2008 年
地震灾后恢复重建		
其他支出	769	264
合　　计	11046	13238

7. 西湖区基本建设财政投入情况

2001～2008 年基本建设财政资金总投入共 7721 万元，其中：镇区建设投资为 2251 万元占总投资的 29%；教育基建投资为 1222 万元占总投资的 16%；农村公路建设投资 1028 万元占总投资的 13%；土地平整和农村饮水项目建设投资分别为 559 万元与 450 万元，分别占总投资的 7% 与 6%；其他项目投资占总投资的 29%。

西湖区 2001～2008 年基本建设财政投资情况

单位：万元

项目 / 年度	2001	2002	2003	2004	2005	2006	2007	2008	合计
农村公路	67	181	23			122	302	333	1028
农田水利	15	22	15	15	15	20	20	30	152
堤防工程		100		29		45	11	69	254
渠道护坡		28	40	42	77	60	20	77	344
机电排灌			62	30	30	11	40	50	223
农村饮水						140	137	173	450
教育基建		99	75	177	228	334	216	93	1222
镇区建设	7						2000	244	2251
农村沼气			11				6	92	109
廉租房建设								74	74
产业开发								33	33
司法办公房						11	11	17	39
乡村卫生院						35		42	77
国土所办公房								7	7

续上表

项目 年度	2001	2002	2003	2004	2005	2006	2007	2008	合计
养殖场建设								20	20
新农村建设						9	118	77	204
财源扶持投入	40	5	20	25	40	35	30	30	225
土地平整					102	132	160	165	559
合　计	129	435	246	318	492	954	3071	1626	7271

8. 西湖区移民资金收支情况。

2001～2008 年移民资金总收入为 11677 万元，其中：移民建设基金收入为 2599 万元占总收入的 22%；六年规划建设基金收入为 3498 万元占总收入的 30%；20 年后期扶持基金收入为 5580 万元占总收入的 48%。2001～2008 年移民资金总支出为 10490 万元，其中：移民建设基金收入为 2204 万元占总收入的 21%；六年规划建设基金收入为 3349 万元占总收入的 32%；20 年后期扶持基金收入为 4938 万元占总收入的 47%。

西湖区 2001～2008 年区移民资金收支情况表

金额单位：万元

项目 年份	收入				支出			
	合计	建设基金	六年规划	20 年后扶	合计	建设基金	六年规划	20 年后扶
2001	364	364			388	388		
2002	355	355			249	249		
2003	437	187	250		350	181	169	
2004	978	628	350		689	399	289	
2005	2. 038	468	1. 570		1. 102	173	929	
2006	1. 077	259	818		960	244	716	
2007	2. 909	157	272	2. 480	3. 591	374	767	2. 450
2008	3. 519	181	238	3. 100	3. 161	195	478	2. 488
合计	11. 677	2. 599	3. 498	5. 580	10. 490	2. 204	3. 349	4. 938

四、各年财政机构、人员变化情况

2002年区机关机构改革，财政局下设局乡镇财政管理局、会计核算中心、裕民办事处财政所、西州办事处财政所、下窖办事处财政所、新港办事处财政所、鼎港办事处财政所、东洲办事处财政所、西湖镇财政所9个机构，2008年现有编制59人，在编49人，其中农税员26人。大中专学历以上人员占90%。

单位：个、人

项目 年度	2001	2002	2003	2004	2005	2006	2007	2008
机构数	9	9	9	9	9	9	9	9
编制人数	59	59	59	59	59	59	59	59
在编人数	56	51	51	51	51	51	49	49
其中农税员	33	32	30	28	28	26	26	26
本科学历	5	5	5	5	5	5	3	3
大专学历	22	20	20	20	20	20	17	17
中专学历	22	20	20	20	20	20	24	24
高中学历	5	5	5	5	5	5	4	4
初中学历	1	1	1	1	1	1	1	1

五、会计专业技术资格考试、录用情况

2001年财政机构在编56人，其中农税员33人，取得会计证25人，获得初级职称14人，获得中级职称5人。2008年财政机构在编49人，其中农税员26人，取得会计证28人，获得初级职称14人，获得中级职称12人，持证人员均已受聘录用。在编人员中除农税员外有过半人员已持有中级职称。其间参加专业技术资格考试人数为3~5人次。

单位：个、人

项目 年度	2001	2002	2003	2004	2005	2006	2007	2008
参考人数	5	4	3	3	4	4	3	4
持证人数	25	25	25	25	26	27	28	28
录用人数	25	25	25	25	26	27	28	28
初级职称	14	14	13	13	12	11	11	10
中级职称	5	5	6	6	7	7	11	12

西湖管理区财政局领导班子合影
罗解恒　谌贵诚　刘词顺　徐广湘

六、财政改革及管理工作情况

1. 财政管理体制初步理顺。

原农场体制下存在的职能不全、有责无权和由此带来的政策落实不到位的问题，随着管理区的建立已基本得到解决，与上级职能部门的关系初步理顺。如社会保障、教育、民政、水利等过去很难纳入上级政府统筹规划的现象得到了改观。2001 年，西湖区分别比照县、乡镇建立分税制财政体制，建立了一级财政，设立了财政管理机构和国库，区域内的规费、罚没款和其他各项收入纳入财政统一管理。行政性支出、社会事业管理和建设支出等列入财政支出预算，从而基本解决了原农场体制下企业办社会、经费渠道不畅、负担过重的问题。

2. 机构和人事制度改革。2002 年，西湖区按照市委“三定”方案，完成了区直机关、办事处（镇）机关机构和人事制度改革。区直和办事处（镇）机关由农场时期的 101 个机构精简为 25 个，裁减 76.2%，人员由 576 人减为 251 人，裁减 56.6%；2003 年又对全区 25 个事业单位进行了改革，机构由 25 个减少至 22 个，工作人员由 883 人精简至 741 人。通过改革，理顺了单位体制，完善了用人机制，建立起了竞争激励机制，人员结构呈现年轻化、知识化、专业化的良好格局。2002 年 10 月，设立了区会计核算中心，各办事处（镇）设立了财政所。

3. 农村税费改革。2002 年以来，在市农村税费改革领导小组的具体指导下，西湖区农村税费改革工作进展顺利，农民负担大大减轻。2005 年，按照上级精神，全面取消了农业税及农业特产税，排渍费负担下降至20元/亩，极大地保护了广大农民的切身利益，调动了农民的生产积极性，为农业和农村经济发展创造了有利条件。2007年为进一步减轻农民负担，管理区作出了免除全部水费的决定，并且还将2006年收取的每亩20元基本水费退还给农民群众，在全市率先实现了农民“零”负担。

4. 收支两条线管理。2002年，在区委、区管委的领导下，全区财政实行“收支两条线”管理工作。各级通过清理整顿部门和单位预算外资金账户，把长期以来分散管理的预算外资金统一纳入财政专户管理。在全区建立了统一的财政专户体系和“上缴下拨”制度，解决了部分预算外资金体外循环问题。西湖区积极改革行政事业性收费征缴方式，认真推行“票款分离”制度，实行“单位开票、银行代收、财政统管”的办法，在全区初步建立起“收之有据、用之合理、调度灵活、运筹有方”的预算外资金管理新机制和“部门管事、财政管钱、收支脱钩、相互监督”的两条线运作方式。2002～2008年，全区累计实现预算外资金收入共3949万元。

5. 政府采购改革。为认真贯彻执行《政府采购法》，规范政府采购行为，提高政府采购资金的使用效益，维护国家利益和社会公共利益，保护政府采购当事人的合法权益，促进廉政建设，2003年西湖区推行了政府采购工作。按省市政府采购目录和方式，对货物、工程类采购分别实行了公开招标、竞争性谈判与询价等方式的采购。到2008年止，实现政府采购预算总额为621万元，合同总额为533万元，节约资金为88万元，资金节约率为14%。

6. 政府收支分类改革。2007年，为适应市场经济条件下转变政府职能、建立公共财政体系的总体要求，逐步形成较为规范合理的政府收支分类体系，西湖区推行了政府收支分类改革，按改革要求建立了新的政府收入分类、支出功能分类、支出经济分类和新的科目编码体系。2007年政府预算及部门预算的编制、执行和决算一律按新科目进行。

7. 推行会计集中核算。财政局在2002年完成机构人事制度改革时，随即推行了公共财政支出改革，其主要包括实行会计集中核算，它的主要内容就是在资金所有权、使用权、财务自主权不变的前提下，取消同级机关事业单位的银行账户、会计机构和会计岗位，以会计核算中心为单位集中办理会计核算工作和实行会计监督。实行会计集中核算后，西湖区有25家行政事业单位的会计业务纳入会计核算中心统一核算，严格按照国家统一的会计制度进行核算，提高了核算工作的质量和效率。纳入中心管理的单位支出通过一个账户进出，统一核算，减少了财务支出可能发生的违规违法行为。

七、财政管理工作存在的主要问题

1. 经济总量小，发展相对滞后，财税收入甚微。2008年全区国内生产总值还只有3亿元，人均国内生产总值与全省、全市相比，还有很大差距。经济结构不合理，仍然是以农为主。农业产业结构不优，产业化程度低，农业企业数量少、规模小、层次低，缺少龙头企业，农业增效和农民增收缓慢。工业是一条短腿，发展后劲不足。2000 年全区有工商企业 18 家，2001 年起对企业实行改制，除自来水公司、汽运公司外均已买断或破产，改制后重组或外商购买企业的发展境况不佳，现区内规模企业仅只有贝丹药业一家却业绩平平，因而工商业经济增长缓慢，财税收入甚少。2008 年工商业税收收入仅只有 649 万元。

2. 财政收支缺口大，支出逐年增加，收支无法平衡。2008 年全区的财政支出达 13238 万元，而本级财政实际收入不足 731 万元，除上级财政转移支付外，财政缺口达 1500 余万元，财政收支无法平衡。造成这一情况的重要原因是财政核定的供养人员与实际供养人数相差太大。2000 年 9 月，市财政局《关于西湖农场建立财政体制的通知》为西湖区核定的财政供养人员为 569 人。2002 年，西湖区根据市委、市政府制定的“三定”方案，全面实行了机构和人事制度改革，改革后全区财政供养人员为 992 人，远远大于原财政核定基数，加上当时核定支出标准偏低、一些社会事业项目没有纳入预算。而现在区财政实际供养人员为 1613 人，其中在职 1017 人、离退休 563 人、其他 33 人，远远大于原财政核定基数，加上当时核定支出标准偏低、一些社会事业项目没有纳入预算。最近几年工资补贴上调等因素影响，导致我区财政缺口逐年增大。

3. 管理体制有待进一步理顺。按照中共湖南省委、省人民政府《关于国有大中型农场体制改革的意见》文件精神，西湖区由过来的西湖农场改制为西湖管理区，相应建立行政、财政、司法体制。但在管理体制上仍存在没有执法主体资格（是市政府的派出机构）、司法体制不顺（西湖区公安体制已经理顺，正式挂牌成立了常德市公安局西湖分局，但检察、审判、司法机构尚未落实好）和机构编制偏紧等三个方面的问题。

4. 不稳定因素依然较多。主要是西湖区移民群众对比三峡移民待遇反差较大，怨气很大；移民带队干部按企业养老保险标准拿退休金，心里很不平衡；落实农业职工及其家属的城镇户口后，城镇低保面扩大，低保资金发放的压力明显增加。

第十三章　西洞庭管理区

西洞庭管理区财政局局长 谌贵诚

西洞庭地处鼎城区民主阳城垸内，是2000年根据省委《关于国有大中型农场体制改革的意见》由原国有西洞庭农场改建而成的县级管理区，比照县级人民政府行使职能职权。全区总面积110平方公里，总人口6.5万人。下辖4个办事处（镇），内设20个部委办局。2008年全年实现社会总产值12.95亿元，完成地区生产总值（GDP）4.93亿元，固定资产投资2.34亿元，财政一般预算收入2382万元，财税总收入4800万元，其中入库国地两税2893万元，农民人均纯收入4652元。

一、管理体制

2001年8月，根据省委办公厅、省政府《关于国有大中型农场改制后设立的管理区及乡镇机构编制问题的通知》及市委、市政府有关机构改革的文件精神，管理区成立财政局（加挂农业税征收管理局牌子）。建立区级财政体制，执行全省统一的财政体制模式。区财政局履行预算、国库、票据管理，支付中心、专项资金管理、政府采购、信息中心等工作职能。并不断加强财政制度建设，逐步完善和制定了预算管理制度、财政专项资金管理制度、财政票据管理和行政事业单位经费实施办法。管理区财政性支出纳入本级预算。体制上的变化主要体现在四个方面：

1. 管理体制上由计划经济的企业财务转变为市场经济的政府财政。原农场作为农工商一体化的国有农垦企业，既要按企业经营模式自负盈亏，上缴税收；又作为一个小社会要承担6.5万人口，110平方公里区域内的文教卫生、公检法司等社会事务。为了确保巨额的社会事务开支和行政运转费用，当时的农场财务对下属各企业、分场、科室实行统收统支，总筹总划，定额上交、分级核算、盈亏不管的财务制度。管理区成立后，按省委文件要求进行体制改革，建立一级财政，管理区才真正实行了政企分开、政事分开。对上按政策转移支付，税收核定基数上解，按比例共享分成。对下属企业法人实行自主经营、独立核算、自负盈亏。对行政事业单位采取预算管理、集中核算、统一支付。财政工作的主要任务转为组织收入，预算监管，保证社会公共事业支出和生产发展。

2. 自我发展上由以农为本的单一财务转变为以工为主的多元财政。在原企业管理模式下，农场的所有税收均上缴市财政，本级财务收入的主要来源为两块。一块是收取农业土地承包费；另一块是收取企业的利润与管理费。而工商企业在既要交税又要交费的双重负担下，经营十分艰难，利费上缴严重短缺。为谋划总场收支平衡，农场只能高额收取土地承包费。据以前的财务报表反映，农场在2000年以前，每年的预算盘子大约在4000万元左右，而每年从农业土地上收费就达3000万元，占75%，工业及其他收费只占25%。有了一级财政后，由于理顺了体制和关系，财政收入实现了多元化。除了有大块的上级转移支付外，在自我发展上还有税收收入、部分农业经营面积收益、土地资产收益等收入。特别是工商税收逐步占据了自我组织收入来源的主导地位。2008年全区的预算盘子达到8014万元，区本级可用财力达到3660万元，其中国税完成了1627万元，占44.45%；地税完成了1119万元，占30.57%；财政部门完成的其他收入为914万元，占24.98%。

3. 运行状况上由自身造血不足的赤字财务转变为输造结合的平衡财政。计划经济时期，农场作为企业，除了每年仅有37多万元的教育专项补助外，从上面再也要不到钱，没有任何转移支付和政策性补助，完全靠自己有限的农业面积收费和企业上缴利费来勉强维持日常运转与基本生产。那时的农场财务80年代和90年代初期还算可以，但步入市场经济后，由于企业破产改制重组，工业效益急剧下降，人员养老包袱和财政还债包袱日益沉重，农场财政实际上已经严重赤字。工作运转不了，财政平衡不了，就只能千方百计找银行贷款解难。截至2000年，全场累计负债3亿多元，资产负债率高达90%。农场变成管理区建立一级财政后，这种局面开始扭转，按核定的财政供养人员有了上级转移支付。随着政策完善和争资力度加大，各种政策性补助也逐年增多，管理区财政的输血功能也明显增强，从而极大地缓解了自身造血功能不足的压力，形成了输造结合平衡财政。

4. 支出保障上由保运转的吃饭财务转变为保发展的公共财政。原农场时期，由于财力严重不足，在支出保障上，基本上只能保上班人员的裸体工资，根本无钱安排更多的资金用于搞建设、谋发展，导致农场各种基础建设落后，工农业生产发展缓慢，城区面貌没有什么变化。特别是在2000年，农场由于从银行贷不到款，自身财源枯竭，已进入极端困难的境地，当时财政拖欠农业职工兑现款已达2000多万元，拖欠退休人员工资达1000多万元，连机关干教医一年只发5个月工资，每人还要集资2000元左右保农业生产。从而导致各种矛盾激化，社会极不稳定，人们失去信心，工作无法推动。近些年，随着财力的逐年增强，不仅干教医的工资能够按时足额发放，而且各种津贴近两年也全部启动到位，同时还补发了退休人员拖欠的工资2000多万元，偿还各种兑现款、工程款、集资款等债务达2000多万元。此外，每年根据财力还尽可能地挤出更多的资金用于文教卫生、社会保障等公共事业投入，加大了城镇基础建设和工业园区建设的投入力度。从2006年开始，财政每年安排资金用于城镇建设达1400多万元，用于工业园区建设达800多万元，用于新农村建设达500多万元，用于文教卫生及社会保障等公共事业投入达2000多万元。2008年全区财政总支出达到1.64亿元，较2001年的2247万元增长了7.3倍。

二、财源建设

西洞庭有工业企业42家，其中规模以上企业16家，行业涵盖造纸、制糖、粮油、食品加工、纺织、彩印包装、机械、服装、建材化工等，且来势较好。全区14家规模企业中有10家规模以上企业（其中产值过亿元的3家）集中在管理区祝丰镇境内S205沿线，形成了“工业走廊”。自成立管理区以来，充分发挥原有工业基础较好的优势，狠抓现有企业扩规改造和招商引资，累计投入工业发展资金近4亿元，促进了全区工业经济的快速发展。2008年创工业产值6亿多元，入库国地两税2893万元，其中地税1180万元。特别是食品加工业具有较好的基础和优势，共有食品加工企业4家均为规模以上企业，分别是新湘糖业、汇美食品、广益粮油、伊康食品。

常德市大顺彩印包装有限公司

银骏纺织

西洞庭区财政局在区党委和管委会的正确领导下，围绕深化和推动财政管理体制改革这条主线，明确做大财政收入蛋糕这个目标。突出“抓规范，求突破”的主题，进一步规范财政预算执行和财政资金核算。按照市政府提出的“提速、进位、增效”的工作要求，和我区经济工作的总体思路及财政中心任务，紧紧抓住体制改革和食品工业园建设带来的有利时机，以新一轮思想大解放推动管理区经济的快发展。在抓财源方面主要从以下三个方面入手：

湖南麒月香食品有限公司

（一）抓工业招商求发展。通过出台招商引资和鼓励企业技改扩规的优惠政策，引导企业做大做强，积极开展对外招商，从而使规模企业由2000年的4个增加到现在的16个，工业社会产值由2000年的2亿元增加到5亿多元。2008年以来全区共引进固定资产投资过千万元的项目5个，合同投资总额6亿多元。其中引进中冶美隆整体收购原常德天宏纸业资产，计划投资4亿多元建设9.8万吨制浆造纸企业。按照边建设边生产的发展思路，通过购买商品浆启动了3条静电复印纸生产线，年创工业产值6000多万元，并预定了1.68亿元的大型设备。引进安妮纸业与日本江守株式会社合作投资1亿元的无碳热敏纸涂布项目，老厂区两条生产线正在安装，新厂区已完成土地平整，预计今年可部分启动生产。投资2000多万元的麒月香食品一期厂房建设现现已竣工投产。另有分别投资2000万元的科雄饲料、柳城机械、正湘棉业年内即可投产。同时，扩规改造投入比较大。2008年新上3个扩规改造项目，固定资产投资4000多万元。其中广益粮油投入3000万元新建仓库、扩建车间，并新上了一条日生产能力100吨的色拉油生产线，投产到位后企业年销售收入可突破2亿元。大顺包装投资1000多万元新建一个4000平方米车间、新上一条4色彩印生产线的项目已完成厂房建设。杰豪包装投资200多万元进行了技改。预计到2010年全区工业销售收入可达16亿元。企业搞活，效益提高，上缴税收逐年增长，对财政的贡献也逐年加大。

（二）以农业产业化为依托，促进龙头企业的做大做强。围绕甘蔗、朝鲜蓟两大龙头产业的发展，重点在引项目、强服务、扩投资、增后劲上下工夫。汇美食品、广益粮油属省级农业产业化龙头企业，新湘糖业属市级农业产业化龙头企业。新湘糖业主要以生产蔗糖、酒精为主，日处理鲜蔗能力2000吨，年销售收入5000万元以上。汇美食品公司主要以生产出口罐头为主，年生产能力3万吨，其朝鲜蓟罐头原材料从西班牙引进，2007年发展到1万亩，仅朝鲜蓟罐头年创工业产值3000万元以上。目前该企业年销售收入已过亿元。

常德西洞庭新湘糖业有限责任公司

湖南广益粮油棉有限公司

（三）抓城镇建设，实施产业带动战略，发挥产业集聚功能。为把西洞庭打造成常德市民主阳城垸的“一个园区、五个中心”，从2006年开始，挤出资金加大了城建力度，累计投入4000多万元，编规划，扩道路，修街道，建设施，搞创建，使城区环境面貌不断优化和改善，带动土地开发增值，房地产迅速发展等三产业兴旺繁荣。通过拉通城镇道路骨架，炒热城镇周边土地然后公开拍卖开发，先后引进龙信房产、温州商会、娄底客商及本地民间资本，2008年区财政累计投资1400万元，重点实施了三项建设。一是投入600多万元对进出管理区的重要通道X042线清水塘至东北湾4.2公里路段进行升级改造，将有效路面由原来的6米的拓宽至14米，并用改型沥青摊铺，划定标志标线，改善了管理区对外交流的交通条件。二是投入350多万元对管理区城镇规划区南环大道1.87公里进行拓宽改造，建成双向6车道21米宽有效路面，并安装了红绿灯。三是投入350多万元对管理区城镇迎丰路、祝丰路2.5公里2.6万平方米人行道板铺装了高标准的透水砖，推动城镇硬件设施再上新的水平。

常德市汇美食品有限公司

湖南中冶美隆纸业有限公司

2009 年，常德市委、市政府为充分发挥农产品资源优势和西洞庭交通区位优势，高效对接全省产业布局，决定在西洞庭建设食品工业园，并于 7 月底由市政府正式下文成立了西洞庭食品工业园。目前园区总体规划已编制完成，园区机构已于 8 月上旬正式挂牌运作。食品工业园规划面积 33 平方公里，计划分 20 年开发完成。其中近期规划为 2010～2020 年，开发建设面积 16.4 平方公里，远期规划为 2021～2030 年，开发建设面积 33 平方公里。园区发展主要立足西洞庭现有食品工业基础，实施“3328、2050”工程。即围绕年产 3 万吨果蔬罐头、3 万吨食糖、3 万吨副食品、8 万吨色拉油、8 万吨精制面条、20 万吨大米、50 万头生猪肉制品深加工等大力发展上下游产业。

三、财政收支

管理区财政从 2001 年设立一级财政以来，财政收支情况如下（见附表）：

西洞庭管理区 2001～2008 年财政收支总表

单位:万元

年度	收入							支出						
	合计	一般预算收入	上级补助收入	基金预算收入	其中:社保基金	预算外调入资金	上年结余收入	合计	一般预算支出	上解支出	基金预算支出	其中:社保基金支出	社保基金支出结余	年终滚存结余
2001	1783	669	1114	0			0	1750	1061	689	0			33
2002	2596	949	1572	42			33	2513	1718	793	2			83
2003	3544	1088	2216	157			83	3433	2556	734	143			111
2004	7230	1011	6013	95			111	7039	6180	770	89			191
2005	6956	1042	5246	114	62	363	191	6941	6096	783	62	62		15
2006	9376	1237	7818	156	95	150	15	9143	8235	755	153	95		233
2007	16593	1796	14524	40	110		233	15567	14692	798	77	110		1026
2008	18932	2382	15446	78	131		1026	17387	16480	808	99	131		1545
合　计	67010	10174	53949	682	398	513	1692	63773	57018	6130	625	398	0	3237

西洞庭管理区 2001～2008 年工商税收收入表

单位：万元

年　度	合　计	增值税	营业税	所得税	城市建设税	房产税	其　他
2001	1040	800	2	221	1		16
2002	1181	925	74	106	51		25
2003	1231	928	86	102	57	28	30
2004	1258	932	117	101	44	36	28
2005	1327	944	142	115	62	35	29
2006	1788	1272	259	108	62	45	42
2007	2339	1568	362	120	82	65	142
2008	2714	1500	729	200	116	56	113
合　计	12878	8869	1771	1073	475	265	425

西洞庭管理区 2001 ~2008 年农税收入表

单位：万元

年　度	合　计	农业税	农　业 特产税	耕　地 占用税	契　税
2001	235	132	103		
2002	475	392	80	2	1
2003	528	393	110	1	24
2004	219	207		1	11
2005	12			1	11
2006	16			2	14
2007	19			2	17
2008	33			11	22
合 计	1537	1124	293	20	100

西洞庭管理区 2001～2008 年财政支出统计表

单位：万元

年度	合计	支援农村生产支出	农林水气象事业费	工交事业费	城市维护费	文教事业费	科学事业费	抚恤救济费	行政管理费	公检法支出	政策性补贴	支援不发达地区支出	专项支出	其他
2001	1061		47	3	20	338	3	31	322	38		20		239
2002	1718		39	31	23	396		22	589	84				534
2003	2556		81	41	34	548		48	615	60				1129
2004	6180		329	49	104	630		95	618	98				4257
2005	6096		338	90	59	959	7	158	913	132				3440
2006	8235		443	62	191	859	5	218	1168	175		4	50	5060
2007														
2008														
合　计	25846		1277	276	431	3730	15	572	4225	587		24	50	14659

四、财税机构设置

2000年8月挂牌成立常德市西洞庭管理区，同年经市财政局批准在西洞庭分理处设立代理金库，2001年8月成立西洞庭管理区财政局并加挂农业税征收管理局牌子，财政局内部履行预算、农财、社保、教科文、办公室等工作职能，因为区财政局人员少，所以内部实行交叉任职，没有单独设立股室等机构。财政局下设会计核算中心和农业综合开发办公室两个二层机构。四个农村办事处（镇）下设财政所。

2001年与2007年区财政局局长为曾正飞。2007年后谢学文同志被认命为第二任区财政局局长。

西洞庭管理区财政局领导班子合影

附 录

附　录

1989～1993年，全市各级财政部门认真贯彻落实党中央、国务院关于治理整顿和改革开放的一系列重大政策精神，解放思想，真抓实干，围绕“增收节支、开源节流”做了大量艰苦细致的工作。

（一）财政收入稳定增长。五年来，各级财政部门一方面狠抓财源建设，大力培养和开辟新财源，广辟财政收入渠道；另一方面根据改革中财源和税源结构的变化，合理调配征管力量，有针对性地改进征管办法，强化征管手段，堵塞财政收入的“跑、冒、滴、漏”，有效地保证财政收入的稳定增长。1989～1993年，全市共组织财政收入26.21亿元，平均每年递增10%以上。1993年，全市财政收入达7020万元，比上年增加17388万元，增长32.92%。

（二）大力支持经济发展。五年来，各级财政部门不断转变理财观念，在财政支出上始终坚持“量入为出、保证重点、兼顾一般”的预算安排原则，不断深化财政改革，优化以财政支出结构，尽可能保证全市经济建设和各项事业发展对财力的需要。1989～1993年，全市财政支出累计拨款25.72亿元，平均每年递增9.81%。1993年全市财政支出65648万元，比上年增加10512万元，增长19.05%。五年间，经济建设费共支出60621万元，占财政总支出的23.6%，文教卫科学事业费支出90452万元，占35.2%。企业投入财力9800多万元，其中财政负担5000多万元。农业投入不断增加，仅1993年一年财政支农支出达2947万元，比1989年增加1005万元，增长51.8%，平均每年递增8.9%。

（三）财政建设初具规模。五年来，全面开展“3581”财源建设活动和工商企业扭亏增盈活动，有成效地扶持了一大批工商企业和农场生产的发展，增加了地方财政收入来源。1993年全市乡镇企业当年实现利税35200万元，比上年增长20.6%，乡镇企业入库财政收入15876万元，占全市财政总收入的24%，比上年增加3008万元，增长23.3%。

（四）财政改革步伐加快，财政管理水平提高。省对常德市实行“定额上缴、递增包干”的体制后，经向省汇报反映情况，先后调整了津市等6个区、县（市）的财政收入上缴递增比例，核减了上缴基数，并将安乡财政体制由原“定额上交、递增包干”改为“定额补助”。鼎城、石门、桃源等区、县为了调动乡镇政府生财、聚财和用财的积极性，对乡镇财政实行了“定收定支、收支包干、一定一年”的财政包干体制。为了搞活国有大中型企业，提高经济效益，财政部门先后对国营工商企业实行了第二步利改税，签订了投入产出承包合同，完善了销售费用大包干办法，对商业企业实行“四放开”，加强国有资产管理等，促进了企业转换经营机制。下放了企业的自主权，卸掉了一些历史包袱。在支出改革方面，也做了不少新的尝试，如推行了行政事业单位编制经费大包干；实行了“定点医疗制度”，把公费医疗经费的核定与医院、单位、个人三者利益相挂钩；对会议费采取由办会单位包干的办法，超支不补，节余留用；对接待费进行集中使用等，通过改革，减轻了财政负担，遏制了铺张浪费。

（五）加强财务监督，维护财经纪律。五年来，各级财政部门始终坚持“依法理财”的指导思想，配合审计、监察等部门进行了一系列的财经纪律检查活动，取得了一定的经济和社会效益。1993年市财政局对35个乡级财政收支决算进行了检查，对支援经济不发达地区发展资金进行了专项检查，共查出违纪金额1100多万元，入库130万元；开展税收、物价、财务大检查，共查出违纪金额5675万元，入库3567万元。

1989～1993年全市财政部门共同努力，在以下八个方面做出了显著成绩：

1. 预算外资金管理。1989～1993年，全市预算外资金总收入234779万元，相当于预算内收入的89.6%，其中财政部门管理的有12289万元，占总收入的5.23%。全市预算外总支出234683万元，相当于预算内支出的91.3%。1993年底，全市预算外资金滚存结余4827万元，比1989年的3753万元增加1074万元，增长28.63%。平均每年递增5.16%。

2. 强化宏观调控，狠抓增收节支。全市财政部门在市财政局统一部署下，一方面全面清理减免税，取消不适当的政策规定；另一方面调整征管重点，努力开展财政收入“双过半”活动（即时间过半，财政收入任务完成过半），结合本地情况，将收入层层分解，落实到基层，并制定明确的奖罚责任制。从1993年7月开始，全市财政系统开展了财政收入月平均“8·33”结账活动（即要求每月完成财政年度计划的8.33%），这一活动得到了各级党政领导的大力支持，有效地促进了财政收入的足额均衡入库，为实现全年财政收支平衡打下了基础，为全市在分税制前争得一个较为理想的财政收支基数做出了积极的贡献。

3. 严格控制社会集团购买力。1989～1993年，全市社会集团购买力实现40525万元，购买非生产用专控商品9795万元，共压缩非生产用专控商品2153件，金额3251万元。五年间，共收取专控商品附加费1641万元。共查处违控案件478个，实施经济处罚312万元。

4. 国债发行超额完成任务。1989～1993年，全市国债发行共完成19938.4万元，其中国库券16191.8万元、特种债券530.6万元、保值公债3216万元，占省分配任务18643万元的106.95%。

5. 乡镇财政工作成绩显著。1989～1993年，全市乡镇财政所共完成预算内收入78755万元，预算外收入13620万元，乡镇自筹收入58110万元。1993年底，全市财政收入跨1000万元大关的乡镇有5个。全市实行“收支两条线”财政体制的乡镇278个，占乡镇总数的100%。全市乡镇财政所利用财政周转金，扶持乡镇企业和生产点3082个，新增税收1315万元，新增纯收入2354.2万元。全市已有42个市级文明财政所，13个省级文明财政所。

6. "三大查"有声有色。1989～1993年，全市共查出各类违纪金额28873.07万元，应入库14382.1万元，实际入库12175.37万元，入库为84.66%。其中：税收违纪应入库10666.09万元，实际入库9640.73万元，入库率为90.4%，财务违纪应入库4214.49万元，实际入库2016.24万元，入库率为47.8%，物价违纪应入库979.52万元，实际入库653.32万元，入库率为66.7%。五年间，全市有131136户行政事业单位和个体工商户进行了自查，自查面为99.7%。各级各部门共派出检查组、工作组2868个，参加检查人员达11653人次，对54644户进行了重点检查，重点检查面为38.7%。

7. 国有资产管理步入正轨。1993年9月，常德市国有资产管理处正式挂牌成立。当年，对全市1531个行政事业单位进行了资产清查登记。同时，还对全市国有工商企业、行政事业单位创办的各种经济实体的国有资产进行了产权登记。并认真抓了资产评估工作，对一切产权发生变化的经济行为的资产进行认真评估，有效地防止了国有资产流失，保证了国有资产的保值写增值。1989～1993年，共完成资产评估项目372个，评估增值12.41亿元，升值率达158%（含土地使用权）。

8. 信托投资初具规模。1989年列入全国金融系列公司进行清理整顿，1990年经湖南省人民银行检查验收，由中国人民银行总行批准恢复营业。1993年底公司自有资本金3344万元。1989～1993年5年间，共实现利税986万元，其中利润886万元。五年内公司为市内438家国营大中型企业提供了14801万元的贷款，1993年底，贷款余额由1989年的2113万元扩大到8099万元。支持了一部分工业企业的技术改造，帮助商业企业搞活流通和乡镇企业的发展，同时，还紧密配合财政部门实施3581工程，培植财源发挥了作用。1993年底，经上级批准市信托投资公司成立了银子部，参与同城票据传交，在全省首开办理结算先河。业务步入正轨，1993年12月，仅一个月就开设账户113户，吸收企业委托存款1500多万元，通过账户划收到期贷款300多万元，利息150多万元。

1993～1997年，全市各级财政部门认真贯彻落实党中央、国务院关于经济建设的一系列重大政策精神，解放思想、真抓实干，围绕"振兴财政"做了大量的工作，取得了显著成绩。

（一）财政收入稳定增长。1993～1996年全市共完成地方财政收入31.15亿元，平均每年递增20%以上。1997年全年完成地方财政收入达11亿元，比上年增长10%以上。

（二）财源建设初具规模。通过完善机构、明确目标、增加投入、主攻重点、加强考核，并在市县两级开展办财源建设联系点活动，使财源建设取得了比较实在的进展。1996年，全市一地方财政收入超过9.5亿元，桃源县、澧县登上亿元台阶，鼎城、石门、汉寿县登上8000万元台阶，安乡、武陵登上5000万元台阶。

（三）财政改革步伐加快。1994 年实施分税制，1995 年新的财税体制基本定型，并正常运转。1996 年启动乡镇财政体制改变。并在临澧县办乡镇财政体制改革的试点。1997 年，桃源、石油、津市全面实行了新增财政体制。

（四）财政管理水平提高。1996 年，市政府出台 10 多个强化财税管理的规范性文件，特别是政府的常政发〔1996〕5 号文件《关于规范财政经济秩序，严格财务会计管理的若干规定》的出台和实施，使用税规范化管理工作有了较大加强。在预算管理与支出控制方面，严格按预算管理收支行为。市县两级并出台了接待费、会议费、公费医疗、公费通讯等资金管理制度，还实施了专项资金跟踪管理办法，较好地控制了不合理的支出。在预算外资金管理方面，规范管理，积极推行预算内外综合统筹。

（五）财政监督成绩显著。1996 年完成全市预算外资金清理检查工作。1996 年全市“三大查”重点抽查 29640 户，检查面为 62.74%，有违纪问题的单位 18204 户，全市共查出违纪金额 11548 万元，应入库违纪金额 5261 万元，已入库 5128 万元，入库率为 97.4%。

五年中，全市财政工作存在的主要问题有如下四个方面：一是国有企业经济效益滑坡，亏得严重，致使企业欠税严重。二是财务制度不健全，财会人员素质不高，收入中的“跑、冒、滴、漏”和支出中的损失浪费现象时有发生。三是资金调度困难，企业流动资金短缺。四是财源建设整体推进不够，财政后劲不足。

1993～1997 年全市财政部门的共同努力，在以下七个方面取得了可喜成绩：

1. 财税改革。五年来全市财政系统，围绕深化财税改革、健全财税职能做了大量工作。1994 年国家实施分税制财政体制，明确了市县两级财权与事权，1996 年启动乡镇财政体制改革，并在符号条件的乡镇建立乡级金库。同时还在以下四个方面进行了合理的改革：一是有重点地推进税收征管改革。大力推进纳税人自行申报缴税制度，逐步建立征收、管理、检查相互制约、相互促进，申报、代理、稽查互相监督配合的税收征管新格局。二是深化事业单位财务改革。按预算内外统筹、收支统一管理的要求进行规范化管理。三是推进粮食财务体制改革。严格坚持“四分开，一并轨”的改革方向。财政部门按照分级负责的原则，积极参与粮食购、销、调、存各个环节的管理工作，有计划地消化粮食财务挂账。四是认真搞好资产管理改革。围绕国有企业改革这一中心，为促进企业转换经营机制，盘活国有资产存量，维护国有资本权益，逐步扩大保值增值考核范围，强化对经营者的考核。同时，进一步整顿资产评估秩序，成立了资产评估协会。较好地保证了国有资产的葆增值。

2. 财政收入均匀入库。1993 年以来，为促进财政收入均衡入库，确保财政经常性支出的正常拨付，市财政局在全市范围内开展了财政收入月平“8.33”考核结账活动。经过修改和不断完善考核办法，年年坚持“8.33”考核结账活动，使全市财政工作上了新水平。

3. 财政支出有秩规范。1993～1997年，全市财政收入虽然增长很快，但财政支出口子不断增加，政策性增支任务大，致使全市收支矛盾尖锐。为了克服困难全市上下在支出管理上，一方面严格控制，压缩；另一方面要保工资、保重点支出的拨付。并采取了三条有力措施：一是严格实施经费（编制）大包干管理办法，坚决一包到底。二是严格按计划、按进度拨款。三是抓大头，抓重点。严控会议费、接待费、车辆购置等费用支付。

4. 预算外资金管理到位。据统计，仅1995年一年，全市预算外资金收入达89020万元，项目371个。其中：行政事业性收费收入32220万元，项目289个；各类基金收入34629万元，项目47个；乡统筹资金10472万元，项目9个；其他收入4135万元，项目18个；市本级预算外收入40996万元，项目259个；各类基金收入22565万元，项目17个。

5. 财源建设新突破。1993年来，全市把财源建设当做财政工作的突破口来抓，重点围绕建立六大机制，大力推进财源建设。一是建立导向机制。二是建立投入机制。三是建立责任机制。四是建立征管机制。五是建立激励和约束机制。六是建立领导机制。

6. 收费管理走上正轨。1995年，经上级批准正式成立了常德市收费管理局。全市的行政性收费、预算外资金财务管理、事业性收费（基金）、社会公益性集资项目管理、收费票据制发、收费稽查等工作有条不紊。

7. 国有资产规范化、法制化。1993～1997年，全市产权管理、评估管理、资产处置、资本流动等工作步入正轨。1995年全市行政事业单位产权登记1020家；1996年，全市国有企业产权登记922家，产权登记面达到100%。资产评估全市共15家，1994年一年，就评估了441个项目，评估前资产净值40.3亿元，评估后资产净值79.5亿元，升值幅度为97.2%。1994～1996年三年间，全市共收取企业资产占用费6000多万元，其中市本级征收占用费4800多万元。

1997～2001年，市财政局紧紧围绕"量入为出、收支平衡"的理财原则，全力推进财政改革，努力抓紧财政促收，着力确保重点支出，致力规范财政管理，大力加强队伍建设，为全市改革、发展、稳定提供了财力保证。

（一）推进五项改革。一是全面推进乡镇财政体制改革。从1997年开始，把推进乡镇财政体制改革作为振兴地方财政的突破口来抓，在临澧县举办了乡镇财政体制改革的试点，按照分税制的要求制定了乡镇财政体制改革方案，并根据新体制运行情况，多次对乡镇财政体制进行修改完善。全市150个乡镇按分税制财政体制建立了金库，并组织开展乡镇财政收入"升级上档"活动，乡镇财政收入过500万元以上的56个，1000万元以上的8个。二是整体推进收费征管体制改革。按照加强"收支两条线"管理的规定，从本级到县乡逐年推行"财政统一票据、单位执收执罚、委托银行收代、资金缴存财政、综合预算分配、群众民主监督"的改革，严格执行罚缴分离、以票管费、票款分离。1997年，市本级取消收入过渡户374个，预算外资金的专储率达98%，征集政府调控资金14508万元。同时，建立预算外资金月管理制度、收费票据“三挂钩、四同步”管理制度、行政事业单位银行开户审批制度，极大地规范了收费行为，这一工作受到省财政厅和财政部的肯定。三是积极推进工资统发和会计集中核算改革。采取“编办核编、人事核标、财政核资、银行代发”的管理办法，在全省率先建立工资发放中心。实行财政负担人员的工资通过银行统一直接发放到干部职工个人。2001年底，全市（包括县乡镇）财政负担人员工资统发达到129408人。从2001年开始，市县两级按照取消行政事业单位会计岗位、取消单位银行账户的要求，实行了会计集中核算改革，其中市本级将350个行政事业单位纳入了会计集中核算，进入集中核算的银行账户资金累计余额7144万元。四是着力推进预算管理改革。打破长期以来基数加增长，按资金性质归口编制单位预算的做法，2001年把项目预算、零基预算、综合预算、部门预算有机结合起来，使预算编制、执行、监督三个环节相互分离、相互制约，实现了预算管理公开、透明、规范。五是深入推进政府采购制度改革。1998年底，全市全面启动政府采购制度改革，2001年又出了零下办公用品采购卡、小车定点加油、开辟政府采购网站。四年来，共举办了917次大型政府采购招标活动，采购商品总额1.8亿元，节减资金2311万元，节减率12.84%，工作经验受成财政部推广。

（二）狠抓财政收入。几年来，坚持把组织财政收入作为财政工作的中心环节来抓，通过明确促收、明确责任促收、严格考核促收科室配合促收、开展“两清一查”促收、启动经济增长促收，财政收入实现了稳步增长。5年来，全市共完成财政收入613596万元，年平均增长9.85%，其中市本级年平均增长幅度达14.66%。

（三）强化财政管理。一是强化预算管理。大力实行零基预算，大力压减非生产性开支。这几年，市本级和区县市的接待费、会议费、通讯费等均实现了零增长或负增长。市县两级连年均实现了收支平衡，并消化了历年滚存赤字3265万元。二是强化财务会计管理。主要是加大对各行政事业单位的财务管理力度，加强经常性财务监督检查。三是强化财务监督管理。坚持监督跟着资金走，实现收支监督并举、预算内外并举，强化日常检查和专项检查的有机结合。

（四）推进财政服务。一是加强财源建设。纳入考核指标，开展“3581”工程，大力支持农业结构调整和“五个百万亩工程”建设，大力支持国有企业改组、改制、改造和上市，参与并做好了65家国有企业的“两个置换”工作，大力支持优势企业和高新技术产业的做大做强，累计集资和投入资金10.6亿元。其中财源建设资金16350万元。到2001年底，全市地方财政收入过亿元的区县市达5个，比1995年增加4个。二是统筹兼顾确保重点支出。坚持“压缩一般、确保重点、勤俭办事”的原则。这几年，基本保障了政权建设、工资发放、农科教、社会保障及重点工程建设等重点支出的需要。2001年，全市财政支出达233514万元，比1995年增长111.83%，其中支农支出、文教卫支出、公检法司支出分别比1995年增长116.14%、117.85%、114.26%。五年来，为缓解县乡财政资金调度困难，市每年超调度资金上亿元。三是竭尽全力争取上级支持。1998年以来，争取国债项目 20 个，国债资金 21000 万元，其中拨款 18600 万元，再贷款资金 24000 万元。累计争取无偿资金 257092 万元。每年争取财源建设资金 1000 万元，争取地方配套的粮食风险下调 6 个百分点，每年减少配套资金 1000 多万元，尤其是 1999 年以来，争取了中央调整收入分配政策等对常德市的适当照顾，累计争取调资补助 47342 万元，社会保障资金补助 39275 万元。

1997 ~ 2001 年，在全市财政部门共同努力下，创造了五个方面的佳绩。

1. 财政收入质量明显提高。市政府进一步完善了财政收入考核办法，加大了对财政收入增长质量和区县市本级财政收入占财政总收入比重的考核力度。加强了对重点行业、重点企业、重点税种的征管。在农业税收征管上，克服农村费改税影响，实现了及时足额入库；在财政收入结构上，增值税、所得税、工商税、城建税等收入占财政收入的比重正在提高；非税收入占财政收入的比重开始下降，财政收入的内在结构趋向合理。

2. 重点支出得到较好保障。一是确保财政负担人员工资的正常发放；二是确保社公保障支出；三是确保政权机关正常运转支出；四是确保了农科教、稳定等重点支出。仅 2001 年全市机关运转支出、公检法司支出、农业支出、教育支出分别比上年增长了 16.59%、16.35%、14.61%、25.86%。

3. 财政改革取得积极进展。一是启动了预算管理体制改革。二是拓展了会计管理改革。三是推进了政府采购制度改革。四是深化收费征管体制改革。2001 年，全市财政专储资金达 122570 万元，比上年增长 28%，增加了政府的宏观调控能力。

4. 财政监管力度加大。各级财政部门以整顿规范财税秩序为契机，全面推行依法行政、从严理财。一是广泛开展税法宣传活动，大张旗鼓地宣传新《税收征管法》、新《会计法》、《湖南省乡镇财政管理条例》和《湖南省财政监督条例》等财税法规，营造良好的财税工作氛围。二是重点开展《会计法》执法大检查。组织全市 1637 个行政、企事业单位对照《会计法》进行自查自纠，对其中 160 家单位进行重点检查，并对违纪违规问题督促进行整改。三是有针对性地开展财政收入解缴和财政资金使用情况的专项检查。此外，还重点清理整顿了行政事业单位银行账户和经济鉴证类中介机构。

5. 财源建设不断升温。几年来，全市财政部门把财源建设作为经济工作的重中之重来抓。一是努力争取国家投入。全市向上争取国债资金、基本建设资金、农业综合开发资金、财政性无偿资金达 26.33 亿元。三是保证了国有企业改革的资金需要。财政部门通过资产变现、预算安排和向上争取等渠道，筹集拨付资金 18.5 亿元，保证了全市固有企业的“两个置换”。三是保证了“千百十”和“五个百万亩”工程建设的资金需要。全市建立了财源建设专项资金和项目数据库，重点项目挤进了上级财政扶持的笼子，并采取财政贴息、以奖代投等形式支持骨干财源做大做强。四是保证了城市建设和重点项目建设的资金需要。充分发挥了财政资金“四两拨千斤”的作用。

2002 ~ 2006 年，全市财政部门，紧紧围绕经济建设中心，抓财政促收、推财政改革、强财政管理、保财政支出。忠实履行了财政工作职能。

（一）与时俱进，稳步推进财政改革。围绕构建公共财政框架，深入推进各项财政收支改革，进一步健全了财政职能。一是启动了部门预算改革。二是推行了会计集中核算改革。三是深化了政府采购改革。四是开展了农村税费改革。五是国有资产管理改革。六是“收支两条线”改革。七是非税收入管理改革。八是乡镇财政管理体制改革。九是财政性补助资金发放改革。

（二）强化征管，全力组织财政收入。2002～2006年，全市共组织财政收入266.74亿元，比上五年的113.57亿元，增加115.17亿元，增长134.86%，年平均增长26.97%。

（三）统筹兼顾，优先保障重点支出。全市财政应负担人员工资实行统发，离休退休人员工资得到保障。同时，千方百计筹集资金确保社区保障支出。全市五年共用于社会保障支出达570119万元，比前五年的153356万元，增加416763万元，增长271.76%。较好地保证了下岗职工基本生活费、企业离退休人员离退休费和低保经费的及时发放。政权机关正常运转支出、稳定经费支出和农科教等重点支出也得到了保障。

（四）从严理财，不断加强财政监督。全市按照“目标管理、责任连带”的要求，将行政事业单位的财务管理纳入目标考核范畴，落实财务监管的具体任务和措施。开展专项资金检查的同时，重点抓“小金库”清理整顿。健全预算管理、资金管理、指标管理、内部审计等制度，建立了用制度管钱、按规矩办事的财政内控机制。

（五）突出重点，努力支持经济建设。围绕“工业化、产业化、城镇化”，全市财政部门采取财政贴息、以奖代投等方式给予扶持。全市五年共安排财源建设资金2.3亿元，重点扶持了313个重点项目，有力地促进了农业“五个百万亩”工程和企业“千百十”工程建设。特别是全市积极筹措资金，大力支持高新科技园建设和城市“五创”活动。

2002～2006年，全市财政部门扎扎实实抓改革、认认真真搞管理财政工作上了新的台阶，创造了优异的业绩。

1. 会计核算中心成立。2002年3月市会计核算中心经市偏委批准成立，各区县市年内相继成立了会计核算中心。它彰显了财政财务管理的新水平。一是提高了财政资金效益。二是规范了财务支出行为。三是加强了对单位财务透支的监管。四是扩大了政府采购范围。五是强化了财政投资评审职能。六是堵塞了税收漏洞。七是强化了财政监督职能。八是提供了财政相关改革的操作平台。2004年9月，更名为“常德市财政国库集中支付局”，各区县市也相继更名。负责财政国库集中支付和行政事业单位的会计集中核算工作。2006年，集中支付和集中核算资金总流量25.29亿元，日平均1011.6万元。规范和节约支出1亿多元。其中：拒报不合理开支530.3万元，退回不规范开支1327.57万元，督促4828.6万元资金纳入政府采购，监督234个基本建设和维修项目纳入财政投资评审，审减投资额2534.7万元。2006年，常德市财政国库集中支付局被评为：“湖南省文明单位”、“全国财政系统先进集体”。

2. 收费管理改革。2002年3月，全市收费管理局进行了改革，整章建制、理顺职责、文明办公使全市收费管理工作步入规范化、制度化的轨道。2004年，全面推行了“单位开票、银行代收、财政统管、政府统筹”的模式，建立了全面、真实、透明、规范的收入管理体系和网络体系。实现了非税收入增长与优化经济环境互促并进的新格局。仅2004年一年，市收费管理局征收管理的非税收入为9.6亿元（不包括罚没收入和其他非税收入）。

3. 住房公积金管理中心工作步入正轨。2002年单设由市财政管理后，全市实行垂直管理，人、财、物统一由市住房公积金中心管理。到2004年，全市归集公积金3.26亿元（其中市本级归集1.47亿元、区县市归集1.79亿元），全市共发放个人住房贷款2587户，贷款额达1.6亿元。2005年，全市归集额达4.43亿元，比上年增长73.6%，列全省第二名。个贷发放2.24亿元，比上年增长72.3%，列全省第三位。个贷回收本息6335.97万元，回收率达到了99.84%，实现增值收益975万元，比上年增长67.7%。全市支取1639万元，占归集额的37%。特别是2006年，当年归集6.64亿元，比上年增长50%，发放个贷3.83亿元，比上年增长72%，实现增值收益1730.35万元。截至2006年底，全市共有17.64万名职工建立住房公积金制度，覆盖率为82.62%，累计归集住房公积金22.65亿元，归集余额13.96亿元，累计发放个贷8.86亿元。

4. 农业综合开发获全省先进单位“三连冠”。2001年由市财政局负责管理以来，工作有声有色。几年来，围绕社会主义新农村建设，以改善农业基础生产条件、保护和优化农业生产环境为重点，以农业产业化为主攻方向，实施规模开发和农产品基地建设，大力发展特色农业、积极推进结构调整，全面实现了粮棉增产、农业增效、农民增收的目标。2002年向上争取资金4395万元，开发项目17个，完成投资8327万元。2003年向上争取资金4619.2万元，开发项目16个，完成投资7706.2万元。2004年向上争取资金5838万元，开发项目17个，完成投资10174万元。2005年向上争取资金5973万元，开发项目12个，完成投资12790万元。2006年向上争取资金6905万元，完成投资11302万元。为全市农业生产条件的改善、农业结构的调整、农产品加工转化及农民就业等做出了艰辛工作，取得了巨大的成就。

2007～2008年全市财政部门坚持以科学发展观为统领，紧紧围绕财政工作任务，强化责任、克难奋进、落实措施、增收节支，实现了预算收支执行良好，财政运行总体平稳的目标。

（一）夯实了财源基础。全市投入工业发展资金2.35亿元，投入园区建设资金5.56亿元。市本级在投入3亿元园区建设资金的同时，建立起了规模达8770万元的工业发展引导资金，安排财源建设扶持资金1200万元，落实招商引资经费891万元。市县财政投入新农村建设资金达1.7亿元，其中市本级安排新农村建设专项资金8350万元。全市还筹措水利建设资金1.23亿元、筹措农业综合开发资金6629万元、筹措生猪生产资金3891

万元、筹措大宗农作物保险试点资金280万元。通过积极争取上级支持、向金融部门贷款等方式，共融通到位资金9.21亿元，支持城市道路基础设施建设等重大城建项目。

（二）强化了收支征管。全市两年共完成财政收入244.89亿元，是前五年266.74亿元的91.8%。全市两年共完成财政支出201.95亿元，是前五年224.12亿元的90.11%。积极支持税务部门推行电子报税和税控机收税、积极推进房地产税收一体化征管和企业基础信息共享平台建设，强化科技促收、积极推进契税直征改革、积极完善非税收入征管网络系统。促进了收入稳固增长。这两年财政收入比前两年财政收入140.16亿元，增加104.73亿元，增长了174.72%。2008年全市财政收入136.98亿元，接近2005和2006年财政收入之和。

（三）改善了民生福祉。全市财政部门紧紧围绕落实省政"八件实事"和市政府"十件实事"，调整支出结构，支持各项事业发展，有效增进民生福祉。2007年，全市社会保障支出达21.78亿元，比上年增长30.35%。在上级财政支持下，市县财政积极配套，落实了多项劳动保障政策，提高了城镇低保补助标准，启发了农村低保。及时下达低保资金、救灾救济资金、五保户供养金、优抚经费等2.4亿元。累计投入资金1895万元，先后新建、改扩建农村五保户安居公程1100套、乡镇敬老院33所，村级五保之家55所。市财政2008年继续安排经费500万元，支持25个乡镇机关进行维修改造，安排补助资金300万元，支持了300个村级活动场所建设。2008年，市财政拨付2500万元，支持城区廉租房建设，帮助523户低收入家庭住房难问题。全市共投入2.42亿元，免除学杂费、提高公用经费等为主要内容的农村义务教育经费保障机制改革，受益学生达126.86万人次，累计为农民减负1.37亿元。全市安排计生经费1369万元，对农村计划生育实行了奖励扶持，并建立了计划生育利益导向机制。全市财政配套4766万元，支持农村实施了新型合作医疗。参保农民达366万人，市县财政安排1234万元，支持改造乡镇卫生院90所，村级卫生室366个，建成城市社区卫生服务中心12个、城市社区卫生服务站25个。全市财政投入4500万元，重点支持71家造纸企业关停治污。市本级安排991万元，支持25个乡镇机关和597个村级活动场所进行改造。2008年，市财政安排新农村建设专项资金11850万元，支持了通乡通村公路、农村安全饮水等项目建设，改善了农村经济发展条件和农民生产生活。

（四）深化了财政改革。1. 国库集中支付改革。市直集中支付单位扩大到215家，健全了集中支付网络，扩大了网络直接支付面，并加强了支付监管。各区县市国库集中支付改革扩面工作稳步推进，覆盖面达90%以上。2. 农综合改革。在巩固农村义务教育体制、县乡财政体制改革成果的基础上，拉开了新一轮乡镇机构改革和乡村区划调整，同步启动减轻湖区农民负担改革、基层水利管理体制改革和国有农林场改革。3. 实施规范津补贴改革。筹措资金2.31亿元，规范市直单位公务员津补贴改革，同时对市直大中小学教师、非参管全额事业单位人员以及部分特殊群体，进行了财政补助。区县市也按照三年到位的要求，规范了津补贴发放。4. 支农资金整合改革试点。结合新农村建设，开展了“支农资金管理年”活动，整合各类资金支持农村优势产业发展。5. 深化了政府采购改革。仅2008年，全市政府采购额达11.93亿元，比预价节约财政资金1.59亿元。6. 支持工业、城建发展。2008年，市本级建立了规模达8831万元的工业引导资金和1300万元的科技三项费用，突出支持了一批骨干企业和优势产业的发展壮大。采取盘活资产资源、搭建平台融资、加大预算投入等办、共筹措资金7.2亿元，重点支持了柳叶湖开发、西城区建设、德山开发区基础设施建设。市本级注入土地600亩、资金1亿元和部分酒店资产，做实了市城建投、市经建投和市财鑫投三大正文府性融金平台，全年融金到位9.01亿元，有效地支持了城市建设。

（五）规范了财务管理。在资金管理上，加强对财政资金使用情况的跟踪问效，对退耕还林、教育费附加等重点支出开展绩效评价。对预算安排500万元以上的专项资金开展专和检查堵塞管理漏水。在投资评审上，全市共审核财政投资工程预、决算项目681个，审减资金6.54亿元。市本级共审核285个，审减资金5.39亿元。在资产管理上，全面清理了行政事业单位国有资产，建立了信息化管理台账。在单位财务管理上，加强了财会人员的后续培训和考核管理，开展了《财务管理二十条》检查，提高了单位财务管理水平。在债务管理上，全市启动了新一轮融金平台建设，探索了债务管理的新途径。在税收管理上，大力支持税务部门开展电子报税、税控机收税和发票管税的同时，积极探索房地产税收、车船税和非税收入一体化征管，有效地堵塞了征收漏洞。

2007～2008年，全市财政系统以科学发展观为统领，以保运转、保重点、保发展、保民生为目标。强化责任，克难奋进，努力加强征管，锐意改革创新，各项工作取得了一定成效。

1. 财政收支执行良好。2007年，全市完成一般预算收入38.06亿元，比上年增长25.25%。其中市本级完成17.28亿元，比上年增长28.11%。全市一般预算支出主要项目完成情况：农林水事务97244万元，增长557.78%；科学技术4621万元，增长40.97%；教育178119万元，增长38.14%；公共安全53847万元，增长34.65%；社会保障和就业204169万元，增长37.86%；医疗卫生48532万元，增长43.12%。其中市本级：农林水事务12481万元，增长46.3%；科学技术1734万元，增长34.73%；教育31670万元，增长37.65%；公共安全18101万元，增长37.4%；社会保障和就业58930万元，增长42.86%；医疗卫生4314万元，增长44.18%。2008年，全市一般预算完成44.31亿元，增长16.39%；市本级完成21.22亿元，增长22.8%。全市完成一般预算支出107.96亿元，增长21.34%。市本级完成一般预算支出28.97亿元，增长28.36%。

2. 国库集中支付完善。市财政国库集中支付局荣获省、市文明单位，省文明窗口，全国巾帼文明岗称号。2007年，完成集中支付和集中核算资金总流量50.36亿元，其中集中支付资金23.71亿元，占支付总额的71.36%。特设专户资金17.36亿元。集中核算资金9.29亿元。2008年，完成集中支付和集中核算资金总流量53.23亿元。213家行政事业单位，全部实行网上审核、支付。

3. 住房公积金管理有序。2007年，全市归集金额5.98亿元，缴存人数19.53万人，新增缴存单位223家，新增缴存人数12906人，全市覆盖面达91.6%。全市共发放个人住房公积金贷款4.94亿元，比上年增长28.9%。实现增值收益2603万元，比上年增加了50.4%。全市提取额3.51亿元，占缴存额的59%。全年个人住房公积金贷款回收本息14225万元，回收率为99.84%。2008年全市实缴职工人数18.04万人，缴余总额达36.02亿元，累计提取总额14.61亿元，累计余额达21.41亿元，累计为20974户家庭发放个人住房贷款17.9亿元。2008年全市共归集住房公积金73418.68万元，比上年增长21.7%。全市共发放个人住房贷款41040.34万元，比上年减少16.9%。全市共提取住房公积金24118.48万元，占归集额的33%，比上年减少31.2%。市住房公积金中心连续四年被省建设厅、省财政厅评为全省住房公积金管理先进单位，被省人事厅、省编办评为全省优秀事业单位法人。

4. 农业综合开发创新。2007年，向上争取资金6221万元。全面完成了上年结转的投资和建设任务，完成了本年度计划99.2%的投资和建设任务。连续四年被评为全省农业综合开发工作先进单位。市直目标管理先进单位、市级文明单位、市双联工作先进单位、市财政系统先进单位。2008年，向上争取资金6717万元。连续五年被评为全省农业综合开发先进单位。全市双联工作先进单位、全市新农村建设先进单位、全市农村基层组织建设点村工作先进单位、全市农民负担监管先进单位、市财政系统先进单位。2008年5月，全省农业综合开发工作现场会在常德召开，会上向全省推介了常德市农业综合开发工作所取得的成绩和经验。“四位一体”的农业综合开发项目工程监理机制被国家农业综合开发办予以推广。

5. 非税征管水平提高。2007年，全市非税收入完成15.87亿元，比上年增收1.7亿元，增长12%。2008年全市非税收入完成20.57亿元。2007年常德市非税局被省财政厅、省非税局评为“全省非税收入管理先进单位”。津市、汉寿、武陵被评为“全省非税收入管理先进县（市区）”。2008年，全市非税收入突破20亿元大关，比上年增长29.6%。全市票据管理工作水平出现质的飞跃，“精细化管理”受到了省内外同行们的好评和省非税局的高度评价，并在全省作为非税管理工作的重点进行推广。全国各地曾多批次到常德学习观摩。2008年，全市全面启用了新版非税收入征管系统。提高了征管水平。

6. 国有资产监管上台阶。两年来，全市国有资产管理部门，围绕“登清家底、狠抓监管、强化服务、促进发展”的工作目标。扎实工作，努力创新，在理顺职能的基础上，积极开展工作。全面开展了国有资产清查，全市2885个行政事业单位共有总资产153.4亿元。并全面建立了资产台账。国有资产的购置、处置、调剂和监管全面实行了规范化、程序化、法制化的管理。全市资产的公开处置、公平调剂受到了省财政厅的高度评价。国有资产的信息化管理工作正在全省帅先启动。

2009年，是财政工作极不平凡的一年。面对国际金融危机严峻挑战和各种减收增支因素的巨大压力，常德市财政人坚持以科学发展观为统领，积极应对，克难奋进，真抓实干，开拓创新，较好地完成了各项财政工作任务。

（一）突出激活经济，带动了收入较快增长。财政部门认真分工形势，积极参谋建设，采取并落实了一系列措施刺激经济增长。通过落实增值税转型、减免企业收费等政策，支持企业技扩改，减轻企业负担，释放了企业活力；提请出台《关于推进市城区房地产业快速发展的意见》，运用奖励、规费减免缓等手段，拉动了住房消费，激活了土地市场；市本级财政安排创业扶持资金1000万元，县市区相应安排专项资金，采取以奖代投、补助贴息、专项扶持等方式支持了全民创业；积极落实家电、汽车、摩托车下乡及农机补贴、汽车以旧换新等政策，有效激活了全市农村消费市场。全市各级财政部门紧盯收入目标不放松，加强税源建设，推进房地产税、车船税和非税收入一体化征管，提供了征管效能。全年全市财政总收入跃上70亿元，一般预算收入跃上50亿元台阶。

（二）突出融资争资，支持了经济社会发展。2009年，全年市本级融资到位105.83亿元，大力支持了城建项目建设，为市财鑫担保公司注入资金2亿元，使其注册资本增加到3.1亿元，成为全省最大的担保公司。全年共为141家企业担保融资5.05亿元。积极争取上级财政资金，全年全市累计争取109.15亿元，比上年增长24.37%。

（三）突出民生民本，推动了和谐常德建设。全市各级财政始终把民生民本支出放在财政支出的首要位置，积极筹措资金，优化支出结构，全力保障惠民、改制企业解困、渔民解困、政府办实事等支出。为推动改制企业社区解困，整合资金4800多万元，从安全饮水、危房改造、基础设施、就业帮扶、特困救济等方面支持市直改制企业社区解困工作；全市751户无房渔民上岸定居，帮助945户渔民进行危房改造。为推动新农村建设，投资1.18亿元用于通村公路建设、农村安全饮水等项目。投入3.4亿元建设廉租房6651套，为1.3万住房困难户发放补贴；投入3286万元帮助410.75万名农民解决基本医疗问题，投入411万元帮助61万名城镇居民解决基本医疗保险问题；投入2000多万元支持公共卫生服务体系建设；投入1500多万元巩固义务教育经费保障机制，免除义务教育阶段学杂费，受益学生达92.42万人次；筹集资金564万元，改扩建乡镇敬老院28所，筹措资金18.4亿元，对17.44万职工发放基本养老金。

（四）突出改革监管，提升了财政管理水平。积极推进财政部门预算改革，提高预算编制完整程度，加大资金安排统筹力度，完善定员定额标准体系，强化部门监管职责，着力完善国库集中支付改革，强化部门单位银行账户管理，推进市本级财政拨款提速；完善政府采购管理和服务，扩大政府采购的规模和范围。在完善管理体制上，调整市与武陵区、德山开发区以及柳叶湖区的财政体制，规范收入分配关系；配合制定常德市成品油税费改革暨交通体制调整，医疗卫生等改革方案；配合推体“四费”公开，公务支出有效压减，厉行节约成效明显；拓展评审领域、完善评审机制，财政投资评审速度、质量和效益提高；出台资产管理办法，调剂配置资产资源，提高国有资产使用效益；开展财政资金跟踪问效和绩效监督评价，保证财政资金使用的高效、安全。

（五）突出阳光理财，促进了满意财政建设。加大专项、涉民资金分配网上公示力度，对500万元以上的专项资金分配、拨付、管理情况在常德财政网上进行公开公示，印刷6万份城乡居民财政补贴政策汇编，发放到全市乡工、村组、促进阳光理财；认真执行人大、政协机关的决定和决议，落实审议意见，认真办理建议和提案，自觉接受人大代表和政协委员监督，积极配合上级和同级审计，并及时予以整改，促进依法理财、依法行政。

1. 财政预算执行：2009年，全市一般预算收入完成51.16亿元，增长15.46%。其中：税收收入35.01亿元，增长18.32%；非税收入16.15亿元，增长9.71%。全市上划中央“两税”13.3亿元，增长16.96%；上划所得税5.57亿元，下降5.91%。全市一般预算收入加上划中央收入共完成70.03亿元，增长13.69%。全市一般预算支出为130.46亿元，增长15.47%。市级一般预算收入完成25.45亿元，增长19.88%，其中：税收收入17.67亿元，增长16.02%；非税收入7.78亿元，增长29.67%（主要是地方教育附加按上级要求纳入一般预算收入所致）。市级上划中央“两税”5.09亿元，增长34.3%（主要是对烟草公司新开征消费税所致）。上划所得税3.31亿元，下降2.36%。市级一般预算支出为31.82%，增长9.8%（市城区财政体制和城管体制改革后，部分支出下移到区县市里）。

2. 非税收入征管：2009年，全市共完成非税收入309946万元，为年度预算的119%。较上年增加30365万元，增长11%。从收入类别分：政府性基金收入完成38423万元，增长16%。专项收入完成73719万元，增长37%。行政性收费收入完成65453万元，较上年减少18%。罚没收入完成24907万元，增长4%。国有资本经营收入完成440万元，较上年减少68%。国有资产有偿使用收入完成30137万元，增长5%。其他非税收入完成76867万元，增长30%。从预算管理分：一般预算管理完成161532万元，基金预算管理完成38423万元，财政专户管理完成109991万元。从收入级次分：区县市完成206945万元，市本级完成103001万元。在市本级完成的非税收入中，非税局直接征收20516.34万元，占市本级收入的19.92%，较上年增长25.3%。防洪保安资金首次突破千万元大关，达1069.87万元。被征地农民征收社会保障费首次突破亿元大关，达到10449.28万元。

3. 财政集中支付：2009年，全市财政支出监管成绩显著，完成集中支付和集中核算资金总量66.98亿元，同比增长13.75亿元，日均流量2668.41万元。其中，集中支付32.44亿元，同比增长0.99亿元。退回和拒报不合理开支314笔，共计773万元。实行预算止付制度，全年共出具《预警通知书》430份，有50多家存在特殊情况的单位出具专门报告及情况说明。市直共有273家单位纳入监管范围，招待费完成节约指标的有183家，会议费完成节约指标的有241家，学习考察费完成节减指标的有212家，公务用车费能完成节减指标的有 149 家。全市网上审核、台账管理、信息公开、支出监控已经成为国库集中支付系统的亮点。

4. 住房公积金管理。2009 年，全市新增缴存单位 127 家，新增缴存人员 5592 人。全市实缴职工人数达 19.28 万人，全市累计归集住日公积金总额 45.34 亿元，累计提取 18.61 亿元，累计发放个人住房贷款 24.27 亿元。2009 年全市共归集住房公积金 9.32 亿元，比上年增加 1.98 亿元，增长 26.98%，其中市本级归集住房公积金 4.07 亿元，比上年增长 35.2%，2009 年全市共发放住房公积金个人委托贷款 6.49 亿元。比上年增长 58.29%。2009 年底全市累计为 24696 户家庭发放住房公积金贷款，为 3722 户家庭提供购建房资金支持，个人住房贷款余额为 16.65 亿元。2009 年全市提取公积金 4.02 亿元，占同期归集总额的 43.13%，市本级提取 2.01 亿元，占同期归集总额的 49.39%。2009 年，全市住房公积金系统：一是服务制度更加完善；二是服务内容更加透明；三是服务载体更加丰富。全年有 5 个单位获得了省、市级“青年文明号”或“巾帼文明岗”荣誉称号。市本级服务窗口获得“省青年文明号”和“市巾帼文明岗”荣誉称号。有 8 个管理部门获得了省、市“巾帼文明岗”或“青年文明号”荣誉称号。市住房公积金中心被市委授予创建学习型机关。

5. 农业综合开发。2009 年，全市共争取中央、省级财政资金 11179 万元，比上年增加 4330 万元，增长 63.2%。被省人事厅财政厅评为“全省农业综合开发工作先进单位”；获全省农业综合开发宣传调研工作、资金决算工作一等奖。被市委、市政府评为“全市文明标兵单位、农民负担监督管理工作先进单位、农村点村工作先进后盾单位、新农村建设工作先进单位”。2009 年，全面完成上年结转的投资和建设任务，完成本年度计划 99.7% 的投资和建党任务。通过综合治理，项目区新增和改善灌溉面积 6.86 万亩，新增和改善除涝面积 2.46 万亩，新增节水灌溉面积 2.32 万亩，新增农田林网防护面积 2.86 万亩，新增机耕面积 1.09 万亩，扩大良种种植面积 3.2 万亩。全市项目区通过土地治理比立项前年新增粮食生产能力 764.37 万公斤，新增棉花生产能力 25.37 万公斤，新增油料生产能力 47.89 万公斤，项目区农民新增纯收入总额 945.23 万元。2009 年，共争取到 8 个财政补贴项目，补贴资金达 799.5 万元。共争取贷款贴息项目 10 个，争取中央财政贴息资金 796 万元。

2010 年，为顺利推进财政“省直管县”体制改革，全市财政部门及时推进改革的政策措施。包括设立改革过渡期，在过渡期内实行“预算不做大的调整、已确定的配套不取消、奖补支持总额不减少、新农村示范点支持额度不打折、市对县市区四大家的补助不削减”的“五不”操作办法，理顺市县财政关系等，增强了县市适应改变和加快发展的信心和能力。同时代积极向上争取市县基数利益和转移支付补助，尽最大努力维护常德利益，保障改革的平稳有序推进。

（一）服务发展大局，支持地方经济发展。2010 年，市财政部门在支持城市建设方面，重点突破了城建融资和评审提速两大瓶颈，市本级全年融资到位81.45亿元；同时开展了“评审突击月”活动和评审提速行动，全年完成预（结）算项目600个，评审额59.82亿元；市财鑫担保公司注册资本金扩大到4亿元，为220家中小企业新增融资担保10.13亿元。在支持农业发展方面，安排新农村建设专项资金1.23亿元。在支持扩大消费方面，认真抓好家电汽摩下乡，发放其补贴赏金2.25亿元，汽车家电以旧换新补贴1672万元，在全省居于前列。

（二）着力保障民生，促进和谐常德建设。为加强就业保障，市本级筹措就业补贴资金1.4亿元，支持解决一大批下岗再就业、零就业家庭就业、城镇新增就业、新增劳动力转移就业等问题。为加强住房保障，各级财政投入4.2亿元，支持建设廉租房6219套，新增租赁补贴8195户，支持农村危房改造3793户。为加强养老保障，全市全年拨付企业基本养老补贴资金10.69亿元，确保月18.72万名企业离退休人员养老金按时足额发放。为加强生活保障，全市全年投入3.8亿元，推进城市低保提标，并筹集资金1700万元，为优抚、城乡低保、农村五保对象发放临时价格补贴。为加强医疗保障，在积极推进新型农村合作医疗、城镇居民基本医疗保险的同时，市县投入9255万元，推动了医疗卫生体制改革。为加强就学保障，巩固完善了义务教育经费保障新机制，落实中职学校家庭经济困难和涉农专业学生免学费以及普通高巾家庭经济困难学生实行国家助学金政策，提高了农村义务教育寄宿生生活补贴标准，推进实施了校舍安全工程。为加强社区运转保障，投入6838万元，支持社区平台建设和市直改制企业社区解困工作。

（三）强化财政监管，提高管财理财水平。在完善部门预算方面，将非税收入纳入预算管理；建立市本级防范财政风险准备金体系，到2010年底规模已达1.9亿元。在完善国库集中支付方面，不断提高支付速度和支付比例。在推进政府采购方面，市本级规范编制政府采购预算，实行代理机构随机抽取、代理费用财政支付、政府采购委托代理的新模式，2010年市本级采购规模达2.44亿元，增长41%。在加强资产管理方面，出台市直行政事业单位办公设施设备配置标准，规模行政事业单位资产处置。在加强财政监督方面，开展“小金库”专项行动，开展全市强农惠农资金专项清理，加强对上级转移支付资金及专项资金的绩效监督检查。

（四）立足阳光理财，推进满意财政建设。以“财政服务年”为抓手，整体推进财政争先创优、满意机关建设、作风效能建设等主题活动。在加强权力制约上，针对赏金拨付管理、项目确定程序等财政权利运行环节，编制详尽的权力目录和流程图，并上网公示，接受监督。在公开透明理财上，加大财政信息公开力度，将专项资金分配、相关政策信息及时对外公开，邀请市民代表列席局长办公会，促进财政科学决策。在推进依法行政上，认真执行市人大常委会有关财政工作的决定、决议以及审议意见，全年办理了70件人大代表建议；自觉接受审计监督，积极整改相关问题。

1. 财政预算：2010年，全市般预算收入完成70.02亿元，为预算的10.29%，增长

36.86%。其中：税收收入完成43.83亿元，增长25.19%。全市上划税收完成30.89亿元，增长63.61%。市本级一般预算收入完成38.32亿元，增长50.57%。其中：税收收入完成22.17亿元，增长25.47%。非税收入完成16.15亿元，增长107.58%。市本级上划税收10.81亿元，增长28.69%。市级一般预算支出为47.37亿元，增长44.77%财政收入跨越100亿。2010年，全市地方财政总收入首次突破百亿大关，达到100.91亿元，是2005年的2.84倍，五年间平均增长23.25%；全市区域内财政总收入完成302亿元，是2005年的3.13倍，五年间年均增长25.63%。体制改革推进。全面推进“省直管县”财政体制改革，理顺省与市，市与县财政管理模式，维护市本级长远利益，切实帮助区县争取既得利益。特别是过渡期“五不、三少、两停、一调”的财政政策，赢得各方理解，确保财政改革平稳推进。金财工程增效。与财政“省直管县”改革要求积极对接，顺利完成系统升级改造，采购、评审接口开始试点，工资发放系统升级，局机关内网办公系统成功应用，国有资产信息管理系统建立，与省厅视频会议系统连接成功，大幅提升财政信息化管理水平水。

2. 非税收入征收管理。2010年，全市共完成非税收入43.47亿元，增长40%。市本级完成18.83亿元，增长107.52%。其中基本建设项目统一收费和防洪保安资金分别完成0.94亿元和0.11亿元，分别增长116.2%和15.2%。

3. 财政国库集中支付。2010年完成集中支付和集中核算资金总量35.2亿元，同比增加3.8亿元，日均支付流量0.1376亿元。其中集中支付18亿元，增长10%。集中核算4.9亿元。全年完成集中支付和集中核算支付总笔数为108074笔。向人民银行、市财政局以及各代理银行出具和传递直接支付汇总清算通知单及报表4000余份，全年发出预警通知566份，全年规范或节约财政支出2.09亿元，其中：退回和拒报不合理开支931笔，共计0.1363亿元，督促1.4378亿元财政资金纳入政府采购，监督199个新建项目和大中型维修项目纳入财政投资评审，审减投资0.444亿元，督促0.0811亿元非税收入及时缴存财政专户，确保财政资金安全运行。

4. 住房公积金管理。2010年，常德市住房公积金管理中心被市委、市政府授予市级“文明标兵单位”称号，中心服务窗口获得“湖南省青年文明号”荣誉称号。武陵管理部获市级“文明窗口”称号。另有8个管理部先后获得湖南省“巾帼文明岗”、市级“巾帼文明岗”、市级“青年文明号”荣誉称号。全市共缴存总额达56.62亿元，累计提取额为23.57亿元，缴存余额33.06亿元，累计为30068户家庭发放个人住房贷款32.81亿元。2010年，全市共归集住房公积金11.28亿元，首次突破10亿元大关，其中市本级完成4.89亿元，占年计划的115%。全市共发放住房公积金委托代款8.53亿元，同比增长31.4%。其中市本级发放3.11亿元，同比增长17.3%。

5. 农业综合开发。2010年，市农业综合开发办共争取中央、省级财政资金1.28亿元。安乡县、桃源县成为市级高标准农田建设工程示范县。全年农业综合开发项目总投资

2720 万元，其中中央财政资金 1600 万元、省财政资金 640 万元、市财政资金 120 万元。全年共争取 12 个财政补助项目、6 个贷款贴息项目，共争取上级财政资金 1736 万元，同比增长 8.8%。宣传调研、资金决算、项目计划均被省农业综合开发办评为先进。纪检监察、支持新农村建设、党务工作等工作被市评为先进单位。

后记

后 记

编修史志，总结历史，传承经验，是中华文明的一个重要组成部分，也是中国历史文化长河中一笔宝贵的财富。

经过整整五年的艰苦努力，《常德财政志》编写完成，就要付梓出版了。在这部地方财政专业志编纂过程中，我们力求做到史料翔实、数据准确、内容全面、详略得当。整部志书上溯到1989年，下限于2010年末，客观地记述了22年来常德市财政事业的发展历程和巨大成就。它的编纂出版，填补了常德市财政史上的空白，将有助于广大财政工作者和各界人士透过《常德财政志》这样一个窗口，了解常德财政事业发展的历史脉络，总结经验，汲取教训，启发思路，从而为促进常德经济社会更快更好发展、全面推进“和谐常德”建设，发挥应有的作用。

一

2008年，经常德市财政局局党组会议研究决定，启动《常德市财政志》的编纂工作。

为了切实加强对这项工作的组织领导，常德市财政局成立了以卢武福局长为主任的《常德市财政志》编纂委员会，下设修志办公室，由卢武福局长担任主编，刘慎松副局长担任副主编，由柳明道主持修志办日常工作。同时，聘请了1940～1988年编修常德市财政志的黄定先，局办公室的陈章述、夏智，常德财经学校的廖金林担任专职编辑，具体从事志书的编修工作。其间，卢武福局长、刘慎松副局长多次组织召开会议，研究拟定了《工作规划》，初步确定了《篇目方案》。

2008年6月，局务会上卢武福局长将修志纳入中心工作。2009年3月，在卢武福局长主持召开《常德市财政志》编纂座谈会。这既是修志工作的动员会，又是一次统一思想、明确方向和步骤、确定修志工作总体基调的重要会议。针对财政志编纂工作中存在的一些模糊认识和倾向问题，确定了常德市财政志的篇章结构、截止下限和详略摆布，《常德市财政志》编纂工作正式启动。

二

到2009年4月，修志办人员全部到位，并着手开展工作。为取他山之石，提高编纂水平，修志办人员先后学习了青岛、柳州、成都、张家口等修志先进地区的方法和志书版式，向编修第一轮志书的老同志诚恳请教，汲取教益。

由于整部志书的跨度时间有22年，加之财政局的搬迁，历史资料有所缺失，修志办的同志先易后难，搜集整理了全局现有的档案资料，然后到档案局、市人大、审计局、图书馆及市直有关部门搜集了大量有关资料。在此基础上，对大量原始资料进行梳理、筛选与考证，对有用的资料，按照本志篇目设置，分门别类，整理汇编，作为撰写志稿的依据；对有些重要史实不清的问题，进行了反复的核实，以确保史料的真实可靠。

领导班子研究修志

为了进一步统一思想，确保在规定时间内保质保量地完成好财政志的编纂任务，出一部经得起考验的"精品"，卢武福局长先后召开了专题会议，着重强调了如何彰显时代性、如何出精品的问题，会上针对前一阶段搜集资料过程中出现的一些问题，对各科室作出了明确规定和具体要求。2010年10月卢武福局长为补征2009～2010年两年的内容又召开专题会。

到2012年10月，《常德市财政志》完成初稿，开始进行审改阶段。卢武福、刘慎松两位主编、副主编对书稿进行了初审，对各篇章节在内容、体例和详略程度上进行了规范，提出了修改意见，经过审定后，安排修志办工作人员按照分工进行补充和修改。

2012年11月到12月，常德市财政局动员全体党组成员，对《常德市财政志》进行了又一次审改。按照征求意见会上尹正锡局长的部署，各委员对相关资料，或内容进行了补充和修改；各区县市财政局也对区县市财政篇进行了认真修改。这次征求意见，删减文字近30万字，增加文字近15万字，使《常德市财政志》文字基本定型。修改稿完成后，由刘慎松副局长审稿，最后经卢武福局长亲自审查定稿。

三

遵照国家关于地方志编纂工作的规定，常德市财政局召开了《常德市财政志》评审会。与会的各位领导和专家对《常德市财政志》进行了认真评审。大家一致认为，该志指导思想正确，资料翔实，文字流畅，特色鲜明，框架结构符合志书体例和地方志的质量要求，原则通过，同时提出修改完善意见。随后，常德市财政局又召开征求意见会，进一步征求对评审稿的意见和建议。

针对评审中提出的意见和建议，再次对志书进行审改、补充和完善。常德市地方志办公室正式批复，认为《常德市财政志》内容体例符合要求，准予出版。

四

回顾《常德市财政志》的编纂历程，我们深深感到市委、市政府领导的重视和支持，老领导、老同志们的关心和帮助，各科室、各区县市财政局以及市直许多部门的配合和协作。历经五年多的修志历程，也是我们一次次被感动的过程，而这一次修志的经历，也给了我们很多体会。

体会一：领导的高度重视，是《常德市财政志》编修工作顺利进行的首要前提。市委常委、副市长卢武福同志一直关心和支持财政志编修工作，并亲自为《常德市财政志》提序。局长尹正锡在编修的指导思想、内容和体例及经费等方面，多次听取了汇报并给予明确的支持。副局长刘慎松作为《常德市财政志》的副主编，为财政编纂倾注了大量的心血，无论是体例结构的编排，资料的搜集编纂，还是总体风格的把握，版式设计的推敲，乃至具体内容的修改补充，照片、图片的选取，都亲自参与、亲自把关。

体会二：完成好这样一项纷繁复杂的系统工程，需要一股“韧”劲。历时五年的修志过程，实际上也是在同每个人的惰性斗争的过程。松一松、紧一紧，无论是工作进度上还是工作效果上，都会大相径庭。我们所以在五年中完成这样一部横跨22年的史志的编修工作，靠得就是这样一股劲、一种精神。主笔柳时道不仅担负着修志办日常组织协调的工作任务，本人还具体承担了说明、概述、大事记、简介、附录等20多万字的写作任务，以及各区县市财政局资料的审核。进入审改的编印阶段后，他还根据工作需要，积极主动的请方志办的领导和评审团的专家来进行指导，根据要求查询资料、拾遗补缺，体现了高度的工作责任感和认真负责的工作态度。

领导班子听取修志汇报

体会三：五年的编纂过程，再次彰显“众人拾柴火焰高”的道理。无论是收集资料、集中审改还是最后的编辑出版；无论是在职干部还是离退休、离岗的同志；不论是一线直接从事写作、创作和编排的人员，还是提供支援和保障的部门和个人，不分内分外，哪里的工作有需要，哪里就有我们同志的身影出现。在收集资料阶段，各科室、市直各单位和各区县市财政局都将完整的资料和图片交付编印，为保证资料的准确性、完整性，各部门都在收集的资料上一把手亲自签章。可以说，整部《常德市财政志》处处体现着全局同志的智慧、辛劳和奉献，每一个字符中间都凝结着全局同志的心血和汗水。

修志人员合影

本志的图片资料，由办公室李国清、老科协黄定先提供整理。市直各机关的照片主要有市直各单位提供。各区县市章区的照片主要由各区县市财政局提供。此外，本志也从一些公开发表的资料中选取了部分照片，由于作者没有署名，敬请作者理解并原谅。

到2010年底，编写组先后搜集资料880万字，其中：复印350万字，手抄120万字，征集410万字。征集图片380张。2010年1月，编写组开始编写。2013年12月份完成讨论稿。2014年6月征求意见，进行修改，完成送审、定稿。

《常德市财政志》编纂工作由常德市财政局负责组织。2009年3月，组成编写组开始搜集资料，同时向各区县（市）财政局和局属各单位、科室征集有关史料。

《常德市财政志》融史料、时代和可读性于一身，在如何使地方志作品由枯燥变得生动方面做了积极有益的探索。全书收录了反映不同财政体制时期常德财政发展和重大事件的照片260幅，同时配置了各种图表 张，图文并茂，形象生动，意在存史的同时，能够满足不同层次，方方面面读者的阅读需要。

《常德市财政志》是众手合成的集体著作。说明、概述、大事记、简介、附录由柳明道执笔，财政管理由陈章述、夏智执笔编写第一、二、三、四、五、六、七、九、十章。由黄定先执笔编写第八、十一、十二章。财政收入由廖金林执笔编写。财政支出由廖金林执笔编写第一、二、三、四章。由陈章述、夏智执笔编写第五、六、七、八章。初稿完成后由陈章述、夏智、廖金林校订统计数字，由柳明道修改总纂成讨论稿。讨论稿送请有关方面审议后，由柳明道、陈章述、夏智、廖金林根据各方意见分工修改，再由柳明道总纂成送审稿。最后，由常德市地志编委会与财政志编委会研制具体订正意见，经柳明道再次修正后送请常德市地方志编委会定稿出版。

为方便查询，本志设置了总目录，并在全书中设置了照片、图表，希望能为读者提供方便。

本志编写过程中，市委办、市人大、市政府办、市档案局、市统计局、市审计局、市党史办、市志办、市财政局各科室、局属各单位、各区县市财政局给予了及时指导和大力支持，提供了大量资料与修改意见，为顺利完成本志的编纂工作提供了保证和条件。在此，一并表示衷心感谢。

编史修志，对我们来说是一项崭新的工作，只能在摸索中前进。由于撰稿人水平有限，经验不足，编辑时挂一漏万，书中疏漏、错误之处在所难免，诚恳请求读者谅解和批评指正。

对本志书有任何建议和意见，请致电常德市财政局。电话：0736－7222802；

编者

2014 年 6 月